ACCOUNTING THOUGHT AND PRACTICE THROUGH THE YEARS

Edited by Richard P. Brief

A Garland Series

International Congress of Accountants
" (5th: 1938: Berlin, Germany)

THE FIFTH INTERNATIONAL CONGRESS ON ACCOUNTING
Volume IV

Garland Publishing, Inc.
New York and London
1986

For a complete list of Garland's publications in accounting,
please see the final pages of Volume 4.

This facsimile has been made from a copy in the
New York Public Library.

Library of Congress Cataloging-in-Publication Data

International Congress of Accountants (5th : 1938 :
Berlin, Germany)
The Fifth International Congress on Accounting.

(Accounting thought and practice through the years)
German, English, French, and Italian.
Reprint. Originally published: Kongress–Archiv 1938
des V. Internationalen Prüfungs– und Treuhand–
Kongresses. Berlin : Kommissionsverlag Preussische
Druckerei– und Verlags–Aktiengesellschaft, 1939.
Includes index.
1. Accounting—Congresses. I. Title. II. Series.
HF5603.I58 1939   657   86-12008
ISBN 0-8240-7878-0

Design by Bonnie Goldsmith

The volumes in this series are printed on acid-free, 250-year-life paper.

Printed in the United States of America

Kongreß-Archiv
1938

des V. Internationalen Prüfungs- und
Treuhand-Kongresses · Berlin 1938
in 4 Bänden (A bis D)

Band D

I n h a l t :

Fachthema 7: Treuhand und Beratung
Fachthema 8: Preiskontrolle
Vorträge Schybergson und Schranz

Kommissionsverlag
Preußische Druckerei- und Verlags-Aktiengesellschaft, Berlin

Gesamtübersicht

Quadro Prospettico | Table of Contents | Apercu général

Band D des Kongreß-Archivs enthält die Generalberichte und die Nationalberichte zu den Fachthemen:

Il Volume D dell'Archivio del Congresso contiene le Relazioni generali e nazionali sui temi:	Volume D of the Records of the Congress contains general and national papers on the following subjects:	Tome D des Archives du Congrès contient les rapports généraux et nationaux sur les thèmes professionnels:

7. Sonstige Prüfungs- und Beratungstätigkeit
8. Grundsätze der Kalkulation und Öffentliche Preiskontrolle

7. Altre Attività di Verifica e Consulenca	7. Other Auditing and Advisory Work	7. Fontions Diverses de Vérificateur et d'Expert
8. Principii del Calcolo Commerciale e Controllo Ufficiale dei Prezzi	8. Methods of Computing Cost and Control of Prices by Public Authorities	8. Principes du Calcul Commercial et Influence Gouvernementale sur les Prix

sowie die Vorträge

come pure le conferenze	as well as the scientific lectures	ainsi que les discours

Deutsche und amerikanische Theorien des Rechnungswesens
Internationaler Vergleich der betriebswirtschaftlichen Forschung und Lehre

Le Teorie Americane e Germaniche della Contabilità	German and American Theories on Accountancy	Les Théories de Comptabilité en Allemagne et aux Etats-Unis.
Rassegna degli Studi e delle Dottrine Internazionali di Economia Aziendale	International Comparison of Research into, and Study of Business Co-operation	Etude Comparative des Recherches et de l'Enseignement Relatifs à l'Economie des Entreprises dans les Différents Pays.

Jedes Thema ist für sich zusammengefaßt und gesondert mit Seitenzahlen, jeweils beginnend mit 1, versehen. Jedem dieser Teilbände sind eine fachliche Einführung und ein Inhaltsverzeichnis vorausgesetzt. Vor jedem Bericht finden sich mehrsprachige Inhaltsübersichten und Zusammenfassungen.

Die Aussprachen, die bei dem Kongreß zu jedem Thema stattgefunden haben, sind im Band A des Kongreß-Archivs abgedruckt.

Die Vorträge werden mit dem vollen Wortlaut in allen vier Kongreßsprachen gebracht. Eine Aussprache hat nicht stattgefunden; das Schlußwort des Sitzungspräsidenten, WP. Dr. P. van Aubel, ist ebenfalls im Band A enthalten.

Ogni singolo tema è stato accuratamente repertato a parte e tutte le pagine numerate cominciando sempre dall 1.	Each subject is dealt with in a separate booklet, the pages of which are numbered, in each case from 1 onwards.	Les rapports de chaque thème y apparaissent recueills l'énumération s'est fait en particulier pour les différents thè-

Ogni volume è preceduto da un'introduzione professionale e da un indice.

Ogni Relazione è preceduta da un indice in più lingue e da un riassunto.

Le discussioni svoltesi, durante il Congresso, su ogni singolo tema, sono state pubblicate nel Volume A dell'Archivio del Congresso.

Le conferenze vengono riprodotte nel loro testo completo in tutte le lingue del Congresso. Non ha avuto luogo discussione. Anche le parole di chiusura del Presidente della seduta, WP. Dr. P. van Aubel, sono riprodotte nel Volume A.

Each booklet contains an introduction and a table of contents and each paper is preceded by a précis and summary in several languages.

The discussions which took place at the Congress on the various subjects are printed in volume A of the Records of the Congress.

The full text of the scientific lectures will be issued in all four languages of the Congress. No discussion followed these lectures; however, the summing up by the chairman at the session, Wirtschaftsprüfer Dr. P. van Aubel, is included in volume A of the Records of the Congress.

mes commençant chacun avec page no. 1. Chaque parti du tome est précédé d'une introduction professionnelle et d'un index. Au commencement de chaque rapport il y a l'index et le résumé en plusieurs langues.

Les discussions sur les thèmes qui ont eu lieu au cours du congrès ont été publiées dans le tome A des Archives du Congrès.

Le texte complet des discours est imprimé dans les quatre langues du congrès. Il n'y avait pas de discussions; Tome A contient également le discours prononcé par le président de séance, Wirtschaftsprüfer Dr. P. van Aubel.

Sonstige
Prüfungs- und Beratungstätigkeit

Altre Attività di Verifica e Consulenca

Other Auditing and Advisory Work

Fonctions Diverses de Vérificateur et d'Expert

Inhaltsverzeichnis

Fachliche Einführung

Wenn auch noch in vielen Ländern die Jahresabschlußprüfung das Hauptgebiet der beruflichen Tätigkeit des Wirtschaftsprüfers darstellt, so sind doch die sonstige Prüfungs- und die Beratungstätigkeit schon heute wichtige andere Arbeitsgebiete des Berufes. Ihr Anteil an der gesamten Berufstätigkeit nimmt zudem offensichtlich ständig zu. Daher erschien es mit Recht geboten, den Stand und Umfang dieser Prüfungs- und Beratungsarten in den einzelnen Ländern festzustellen und die Formen und Verfahren der praktischen Durchführung zum Gegenstand einer Fachsitzung zu machen. In den eingereichten Länderberichten werden insbesondere folgende Tätigkeiten als Aufgabengebiete des freiberuflichen Wirtschaftssachverständigen herausgestellt: Allgemeine Wirtschaftsberatung, beratende Mitwirkung bei Gründungen, Sanierungen, Betriebsumstellungen, Kapitalaufnahmen, Konkurs- und Vergleichsabwicklung, gerichtliche und außergerichtliche Gutachtertätigkeit, Organisations-, Steuer- und Devisenberatung, Vermögensverwaltung und sonstige Treuhandtätigkeiten. Daneben fallen alle Sonderprüfungen außerhalb der Abschlußprüfung, insbesondere Kreditwürdigkeits-, Rentabilitäts- und Unterschlagungsprüfung, unter diesen Beratungsgegenstand.

Der von Italien gelieferte Generalbericht unterstreicht in systematischer Zusammenfassung die Bedeutung der hier behandelten Tätigkeitsgebiete für den Wirtschaftsprüferberuf.

V. Internationaler Prüfungs- und Treuhand-Kongreß
BERLIN · SEPTEMBER 1938

Generalbericht • Relazione Generale General Paper • Rapport Général	Thema
Sonstige Prüfungs- und Beratungstätigkeit Altre Attività di Verifica e Consulenza Other Auditing and Advisory Work Fonctions Diverses de Vérificateur et d'Expert	7

von — di — by — par
Francesco Soletti, Cav. Rag., Turin.

Inhalt • Indice • Contents • Contenu

● Bei der Ausschreibung für den Kongreß wurden für die Ausarbeitung dieses Themas folgende **Richtlinien** aufgestellt:

Treuhandfunktionen bei Interessenvertretungen und Vermögensverwaltungen, Unterstützung unternehmerischer Tätigkeit durch Wirtschafts- und Organisationsberatung, gerichtliche und außergerichtliche Gutachtertätigkeit, Sonderprüfungen außerhalb des Jahresabschlusses. In diesem Vortrag soll die Tätigkeit außerhalb der laufenden Jahresabschlußprüfung nach den in den einzelnen Ländern den Berufsangehörigen tatsächlich zufallenden praktischen Prüfungs-, Treuhand- und Beratungsfunktionen dargestellt werden. Fragen der Verwaltungsorganisation sollen bevorzugt behandelt werden.

● Indicendo il Congresso, vennero stabilite, per la trattazione di questo tema, le seguenti **direttive:**

Rappresentanza e amministrazione fiduciaria, aiuto dato all'attività aziendale mediante consulenza economica e organizzativa, attività peritale giudiziaria od altra, verifiche speciali all'infuori del bilancio annuo. Questa ralazione studierà l'attività esplicata all'infuori dell'ordinaria verifica del bilancio annuo, secondo le pratiche funzioni di verifica, amministrazione fiduciaria e consulenza, che effettivamente spettano ai periti contabili nei singoli Paesi. Si tratteranno specialmente i problemi di organizzazione amministrativa.

● In setting up regulations for the Congress the following **rules** were given for the preparation of this subject:

The work of pool accountants; trustee functions in general; advisory assistance to business men in commercial matters and questions of organization; giving of expert opinion in legal proceedings or in non-contested matters; special audits. This paper should describe the work in connection with trustee, auditing and advisory matters, which actually falls to be done in the various countries by members of the profession, apart from the usual annual audits. The paper should deal with questions of organization especially.

● A la mise au concours de ce sujet pour le Congrès, on a donné les **règles** suivantes concernant la composition:

Représentation et administration fiduciaire, assistance offerte à l'entrepreneur par égard pour l'économie générale et l'organisation, expertises judiciaires et extra-judiciaires, vérifications spéciales indépendantes de celle du bilan annuel. Ce rapport étudiera les fonctions, exercées par les comptables des différents pays en dehors de celle de vérificateur du bilan annuel; il présentera le volume et le caractère des fonctions de vérificateur, d'expert et de mandataire fiduciaire effectivement exercées par les experts comptables. Il est prévu de traiter spécialement questions d'organisation.

● Der Generalbericht wird an Hand der nachstehend aufgeführten zum V. Internationalen Prüfungs- und Treuhandkongreß eingereichten **Nationalberichte** erstattet:

● La Relazione Generale si basa sulle seguenti **Relazioni Nazionali** presentate al V Congresso Internazionale di Contabilità:

● The General Paper is based on the **National Papers** submitted to the Vth International Congress on Accounting as mentioned below:

● Le Rapport Général est établi au moyen des **Rapports Nationaux** présentés au Vème Congrès International de Comptabilité qui figurent ci-après:

Land: Paese: Country: Pays:	Nationalberichterstatter: Relatore Nazionale: National Reporter: Rapporteur National:	Ordnungs- nummer: No d'Ordine: Ordinal Number: No d'Ordre:
Dänemark	N. F. Torner, Kopenhagen.	7/5
Deutschland	Wirtschaftsprüfer Dr. jur. Wilhelm Bonnet, Stuttgart.	7/6
Frankreich	Charles Rabaute, Expert-Comptables Breveté par l'Etat, Chevalier de la Lègion d'Honneur, Toulouse, und Prof. Pierre Garnier, H. E. C., Professeur à l'Ecole des Hautes Etudes Commerciales, Secrétaire Général de la Compagnie des Experts-Comptables de Paris Brevetés par l'Etat, Expert près les Tribunaux, Paris.	7/7
Großbritannien	E. Cassleton Elliott, F. S. A. A., London.	7/8
Italien	Prof. Alessandro Grosso, Rag. Comm., Mailand.	7/9
Niederlande	Drs. A. Th. de Lange, und Drs. C. L. Spits, Amsterdam, Mitglieder des „Nederlandsch Instituut van Accountants", Amsterdam.	7/10
Norwegen	Major Andreas Gjems, Staatsautorisert Revisor, Oslo.	7/11
Rumänien	N. K. Constantinescu, Vice-Präsident de l'Association des Experts-Comptables de Roumanie, Directeur, de la revue „Arhiva Contabila", Bukarest	7/13
Ungarn	Ung. Wirtschaftsprüfer Dr. Alexander Riesz, Budapest.	7/17

1*

7/0 — Soletti — Italien

Generalbericht — Inhaltsübersicht

Relazione Generale — Indice

General Report — Table of Contents

2. *Advisory work:*
Increasing importance of the advisory work for the profession. — Extension of the sphere of activity for the accountant. — A. Advisory work for the organisation of enterprises. — B. Advisory work for the establishment of bookkeeping. — C. Variety in the advisory work. — D. General remarks on advisory work

3. *Tasks of administration and trusteeship:* the question of specialising. — A. Administration of capital and investments for third persons. — B. Administration of bankruptcy, sequestration, and legal liquidation. — C. Expert opinion on arbitration. — D. Executor of wills and administration of inheritance

Conclusion. — Consequences of the extension of the tasks of an accountant

Rapport Général — Table des Matières

Introduction

1. *Fonctions de l'expert-comptable:*
Tâches générales, formes et buts des vérifications. — Les tâches du vérificateur du conseil d'administration dans les différents pays. — Règles concernant la rédaction des expertises pour les tribunaux. — Vérifications spéciales des sociétés par actions

2. *Fonctions consultatives:*
Importance croissante de la fonction consultative de la profession. — Elargissement du chap de travail des experts-comptables. — A. Fonction consultative pour l'organisation d'une entreprise. — B. Fonction consultative pour la tenue des livres.— C. Diverses fonctions consultatives. — D. Observations générales sur l'activité professionnelle

3. *Tâches administratives et fiduciaires:* — La spécialisation professionnelle. — A. Gérances financières et mises en valeur pour tierces personnes. — B. L'expert-comptable comme syndic des faillites, séquestre et liquidateur judiciaire. — C. Expertises arbitraires. — D. Exécutions testamentaires et gérances d'héritages

Conclusions. — Les conséquences de l'élargissement des tâches professionnelles des expert-comptables

5

Relazione Generale *)

(Text des Generalberichts — General Paper — Rapport Général)

Nell'iniziare questa mia relazione sento il dovere di esprimere alla Direzione del Congresso il mio ringraziamento più sentito per l'onore che mi è stato fatto nel chiamarmi a relatore generale sul Tema n° 7, concernente le attività varie della professione del ragioniere alla quale ho l'orgoglio di appartenere. E'pertanto motivo di viva soddisfazione per me l'esporre dinanzi ai Colleghi esercenti la mia professione nei vari Stati d'Europa i risultati cui sono giunte nell'indagine compiuta sulle varie relazioni presentate, ed il sottoporre alla discussione di essi quei punti sui quali ritengo particolarmente oppertuno richiamare l'attenzione, al fine di una sempre maggiore affermazione a valorizzazione della professione nostra.

Avanti d'entrare in argomento, debbo precisare che in questa mia relazione non indugerò in un'analisi critica delle singole relazioni presentate poichè ciò avrebbe a mio avviso una ben scarsa utilità pratica e non porterebbe a quelle conclusioni ed alla determinazione di quegli indirizzi che da questo Congresso è lecito attendersi. Invece, esposto a rapidi cenni le funzioni dei ragionieri professionisti, quali emergono dalle relazioni presentate, procurerò, per quanto mi sarà possibile, di definire verso quali forme vada naturalmente evolvendosi la professione nostra, e per conseguenza in qual modo debbano indirizzare la loro attività i ragionieri, in relazione, beninteso, alle condizioni sociali ed economiche dei vari Paesi. Assurdo sarebbe infatti il considerare la professione nostra alla stessa stregua di altre arti liberali, quali ad esempio: la medicina, e la chimica 6: l'evoluzione di queste ultime è essenzialmente dominata dal progresso della scienza; l'evoluzione della nostra professione, oltre che legata al progresso della scienza ragioneristica, è intimamente connessa con le condizioni politiche, sociali, economiche e giuridiche dei vari paesi. Onde le conclusioni alle quali giungerò nella mia disamina avranno forzatamente carattere generale, e per essere adatte ai vari Paesi si dovrà tener conto delle rispettive loro condizioni e legislazioni.

Data la loro molteplicità e diversità, ritengo opportuno classificare le funzioni del ragioniere nelle fondamentali categorie di:

I) funzioni revisionali;

II) funzioni consultive;

III) funzioni amministrative e fiduciarie.

Ognuna di esse poi può suddistinguersi in giudiziaria e extra giudiziaria, secondo che l'incarico al professionista proviene dall'Autorità giudiziaria ovvero da singoli Enti o persone o Società.

---

*) Die deutsche Übersetzung ist abgedruckt auf S. 19.

A lato di queste funzioni fondamentali esistono poi nei vari Paesi funzioni di carattere accessorio, alle quali accennerò nel corso della presente esposizione.

I°) *Funzioni revisionali*

Tutte le relazioni presentate a questo Congresso dedicano molto spazio alla funzione revisionale dei ragionieri, il che è un'indice dell'importanza che essa ha per la nostra professione nei vari Paesi. Come giustamento rilevano i dott. A. Th. de Lange e C. L. Spits di Amsterdam nella loro relazione, il ragioniere, per gli studi compiuti, può essere definito il tecnico della revisione in materia di scritture, conti, bilanci ed attività economica in genere delle imprese.

Fondamentalmente, il contenuto di codesta funzione non presenta grandi differenze nei vari Paesi: Sindacati in Società azionarie, verifiche di conti e scritture nell'interesse di determinate persone, verifiche di rendiconti relativi a certi affari e alla gestione dell'impresa per un certo periodo di tempo, perizie in materia civile e penale.

Riservandomi di accennare in seguito alle funzioni revisionali giudiziarie, intendo qui soffermarmi sulla revisione generale.

Sovente si ritiene — e ciò appare anche da talune delle relazioni che ho esaminato — che la funzione revisionale del ragioniere debba eminentemente, se non in modo esclusivo, consistere in un controllo meccanico dell'esattezza delle cifre e delle relative impostazioni. A questo riguardo debbo dire che a mio giudizio qui esiste un non lieve errore nell'interpretazione delle funzioni nostre. Il ragioniere non deve limitare l'attività ad un controllo formale, e direi meccanico, di documenti e scritture, ma deve spingere la propria indagine anche e sopratutto alla sostanza dei fatti che sono oggetto del suo esame: non basta cioè che il ragioniere controlli, ad esempio, se i bilanci e i conti „quadrano" numericamente, se le impostazioni contabili sono esatte, che „spunti" le cifre per mezzo delle quali si giunge a determinati risultati, ma occorre che porti la sua attenta indagine — ben più ardua di quella ricordota — alle valutazioni effettuate dalle persone sottoposte al controllo, agli atti compiuti da tali persone. Non è necessario certamente ch'io ricordi a quante rovine economiche, nel passato remoto e recente, hanno pertato valutazioni di bilancio non giustificate dalle condizioni economiche generali e dalla situazione particolare dell'impresa, valutazioni sulle quali gli organi preposti al controllo delle imprese omisero di portare la loro indagine. Ove si pensi che per essere state guidati da amministratori poco scrupolosi e animati da fallace ottimismo, sono crollati grandi complessi aziendali gettando nella disoccupazione migliaia e migliaia di lavoratori e seminando rovine, si comprende perfettamente l'alta importanza non solo economica, ma anche — e forse sopratutto — sociale che assume la revisione, al fine di prevenire con un intervento tempestivo ed efficace che all'impresa siano dati indirizzi suscettibili di condurre alla temuta rovina. Giustamente N. F. Torner nella sua relazione osserva — parlando del controllo nelle imprese bancarie — che i ragionieri sono responsabili „non solo per l'esattezza numerica, ma anche per l'esattezza reale dei conti, cosicchè (essi) devono nelle Banche sottoporre ad indagini anche i valori e le obbligazioni". A mio avviso però, è opportuno completare il concetto: il controllo, per essere efficiente, deve essere integrale nel senso che deve occuparsi di tutta l'attività dell' impresa, senza lasciare lacune ad angeli morti. Pertanto il revisore deve estendere la sua indagine — oltre che alle valutazioni — anche al merito delle operazioni compiute, all'accertamento se l'infelice esito di taluno di esse sia dovuto e non colpa e dolo degli amministratori o gerenti.

Infine, non può dimenticare il revisore oculato che l'impresa sottoposta al suo controllo non costituisce un'entità a sè stante, ma è una parte, sia pur piccola, dell'organizzazione economica della Nazione, onde nel considerare la situazione di una determinata impresa non deve astrarre dalla situazione e dalle tendenze del mercato economico e finanziario. Questo va detto specialmente per le valutazioni, nonchè per l'ampliamento degli impianti. Quante volte, amministratori illusi che la prosperità degli affari debba continuare all'infinito, sono indotti ad ampliare gli impianti ed accrescere la capacità produttiva degli stabilimenti propri quando il mercato, attraverso molteplici segni premonitori — ignoti al profano ma perfettamente intelligibili all'esperte — indica che il periodo di „boom" volge al termine? E quanti amministratori, in sede di Bilancio effettuano le valutazioni in base ai così detti costi — configurati nella guida più svariate — trascurando di tener conto che il mercato attribuisce, o tende ad attribuire, alle rimanenze ogetto di valutazione un valore ben inferiore?

Data la natura e lo scopo che la presente relazione si prefigge, non intendo addentrarmi in considerazioni particolari: solo intendo richiamare l'attenzione, dei partecipanti al Congresso su un aspetto particolare della revisione, che non mi pare sia stato illuminato da quasi tutte le relazioni presentate e sottoporre alla discussione dei Congressisti i procedimenti che la loro esperienza suggerisce più opportuni per il raggiungimento di una revisione aziendale completa, la quale non sia solo fredda analisi, ma sia al tempo stesso anche diagnosi e ricerca dei mezzi ritenuti più adatti per correggere determinate situazioni o tendenze, oppure per migliorare vieppiù risultati favorevoli.

Importantissima funzione revisionale è costituita dal Sindacato nelle Società per azioni, sul quale si diffondono pressochè tutte le relazioni. A quanto però ho potuto rilevare, il compito di Sindaco non è dalle singole legislazioni riservato ai ragionieri, in quanto chiunque può essere nominato sindaco purchè possegga certi requisiti di carattere generale. Alcune legislazioni prescrivono per determinati incarichi sindacali l'appartenza ad albi speciali, ai quali sono ammessi solo coloro che in seguito a pubblico concorso diano garanzie di sapere compiere la funzione revisionale. AD es. in Italia è stato di recente istituito l'albo dei revisori dei conti, al quale possono essere iscritti coloro che — avendo una condotta incensurata — siano stati per almeno un quinquennio Sindaci di Società per azioni aventi capitale superiore a L. 5 milioni, ovvero abbiano ricevuti incarichi di natura equivalente; da tale albo le Società per azioni aventi capitale superiore a 5 milioni hanno l'obbligo di scegliere uno o tre dei loro Sindaci. In Italia ancora, l'attività bancaria, data la sua delicatezza, è sottoposta al controllo ed alla vigilanza di uno speciale organo „Ispettorato per la difesa del risparmio e per l'esercizio del credito" il quale è presieduto da S. E. il Capo del Governo.

In Cecoslovacchia il controllo sull'attività bancaria è esercitata da speciali organi statali costituiti da esperti contabili.

Sarebbe però auspicabile che, per una sempre maggior efficacia della funzione dei Sindaci, le legislazioni dei vari Paesi imponessero la scelta loro fra coloro che, per studi compiuti, esperienza professionale, attività quotidiana sono meglio in grado di controllare l'attività delle imprese: intendo dire dei ragionieri.

Rientrano nell'attività revisionale del ragioniere le perizie, alle quali ricorre sovente il Magistrato per essere informato da persona particolarmente competente in merito a certi fatti o situazioni attinenti a conti o scritture. In taluni Paesi codesti incarichi possono — a termine di legge — esser affidati solo a ragionieri regolarmente abilitati ed iscritti negli albi professionali, mentre in altri Paesi per ottenere gli incarichi sopra ricordati non occorrono tali requisiti. Da tutti i relatori le perizie giudiziarie sono considerate come uno dei più importanti campi dell'attività professionale e, salvo le immancabili differenze di procedura dovute alle varie legislazioni vigenti nei vari Paesi, le relazioni presentate concordano unanimemente nel fissare la linea fondamentale di condotta cui deve attenersi il perito contabile:

a) Avendo la perizia per unico scopo di far conoscere la verità su certi fatti, egli deve procedere nella sua indagine con la massima obbiettività, corredare ogni sua affermazione di fatti concreti e provabili e mai giungere a conclusioni in base a semplici supposizioni o congetture. Questo rappresenta un pericolo che si corre in occasione della redazione di ogni perizia, a motivo delle difficoltà di ricostruire fatti ed eventi a distanza, ben sovente, di anni frammezzo al disordine di documenti, e senza alcun aiuto da parte delle persone che sarebbero in grado di chiarire molte circostanze, ma che, allo stato delle cose hanno interesse a tacere od a indirizzare su una via sbagliata le indagini del perito.

b) Egli deve assolutamente astenersi dal formulare apprezzamenti o dal dare giudizio in merito all'operato delle persone sottoposte alla sua inchiesta. Egli deve limitarsi ad esporre se furono compiuti fatti determinati, ad illustrare le conseguenze cui essi hanno portato, rispondendo in modo completo ai quesiti posti dal Magistrato. Spetta poi a quest' ultimo, e solo a quest'ultimo, di esprimere sulla base degli elementi fornitigli il suo giudizio, decidendo sulla controversia fra due persone, ovvero, preannunciandosi sull'esistenza o meno dei reati di cui una persona è stata imputata.

Anche quando trattasi di perizia che non viene richiesta dal Magistrato, ma viene presentata in giudizio ad iniziativa dell'imputato o di una delle parti in causa, l'esperto deve procurare d'esser obbiettivo nel più alto grado possibile e non deve — per un malinteso spirito di tutela per il suo cliente, lasciarsi indurre ad affermazioni non conformi il vero, le quali non di rado raggiungono un effetto opposto a quello che si propone il perito.

Alcune legislazioni (come l'italiana e la rumena) prevedono poi una particolare attività revisionale dei ragionieri, alla quale accenno mentre l'argomento verte sulle perizie. Qualora siavi fondato sospetto di gravi irregolarità nell'adempimento dei proprii doveri da parte degli amministratori e sindaci di una società per azioni, i soci rappresentanti almeno una certa frazione del capitale sociale possono denunciare i fatti al Tribunale. Le accennate gravi irregolarità riguardano principalmente: falsità di bilanci, distribuzione di utili fittizi, manovre intese a tener bassi i dividendi e conseguentemente il prezzo delle azioni. Il Tribunale, dopo aver sentiti gli amministratori ed i Sindaci, può — ove riconosca l'urgenza di provvedere prima dell'assemblea generale — ordinare l'ispezione dei libri della Società e nominare a tal uopo uno o più commissari a spese dei richiedenti. Il Commissario che, data la natura dell'indagine, è nella generalità dei casi un ragioniere — esamina i libri della Società al fine di accertare i fatti denunciati dai ricorrenti.

Il Tribunale esamina la relazione — che dev'esser presentata entro un termine perentorio prefisso — e pronuncia con decreto.

II°) Funzioni consultive

E'questo un campo di attività che, se nel passato non attirò in modo notevole l'attenzione dei ragionieri rivolti particolarmente agli incarichi giudiziali, sta divenendo — ed è destinato a diventare ancor più in futuro — una delle più notevoli fonti del loro lavoro. La sempre maggior complessità della vita economica, le esigenze sempre crescenti dei mercati, la progrediente razionalizzazione nell'organizzazione delle imprese rendono necessario di ricorrere a persone competenti per aver consigli e pareri in merito alle questioni più svariate. Venendo ad abbracciare le funzioni consultive, la professione del ragioniere allarga la sua sfera di attività: non è più il campo contabile inteso in senso stretto quello che costituisce la ragion d'essere della professione nostra, ma accanto ad esso sorge e si afferma la consulenza, la quale se da un lato esige nel ragioniere una cultura più vasta ed una somma di cognizioni maggiore del passato, d'altro lato, mentre amplia il suo campo di attività, viene a renderlo responsabile — almeno moralmente — dell'indirizzo dato alle imprese con il suo consiglio e dell'esito di operazioni dalle quali può talora dilendere la vita di'un'azienda.

Ritengo superfluo indugiare in un tentativo di classificazione delle varie specie di consulenza, sia perchè ciò non è essenziale ai fini dell'esame che mi accingo a compiere sia perchè una classificazione, per quanto accurata, è pur sempre incompleta. Solo accennerò che la consulenza richiesta al professionista può riferirsi alle seguenti materie: organizzazione in generale d'una nuova impresa o riorganizzazione di imprese già esistenti, sia sotto l'aspetto economico che finanziario, impianto delle scritture e tenuta dei conti, imposte e tributi in genere, assicurazioni.

A) Consulenza relativa all'organizzazione di un'impresa

A differenza di quanto ritiene qualche relatore, io penso che a questo riguardo l'attività del ragioniere non debba rimanere circoscritta all'espletamento delle formalità necessarie per la legale e regolare costituzione di un'azienda, ma debba comprendere tutto un complesso di lavoro che va dallo studio della produzione da attuare alla quantità che si prevede di poter smerciare, dalla determinazione del costo degli impianti necessari e dei capitali approssimativamente occorrenti sia per la costruzione degli impianti stessi sia per fondi d'esercizio alla ricerca delle vie più convenienti per il loro procacciamento, dalla determinazione presuntiva dei costi di produzione e dei conseguenti prezzi rimunerativi di vendita alla congettura degli utili che si spera di conseguire. Come si rileva, trattasi di determinazioni che sovente riguardano il futuro ed esigono — per giungere a risultati sia pur solo largamente approssimativi — nel ragioniere una cultura ed una somma di cognizioni non indifferenti; le quali vanno dalla conoscenza — almeno a grandi linee — del processo tecnico di produzione alla conoscenza della situazione e delle prospettive del mercato finanziario e del commercio.

Ove si pensi che sovente l'esito di un'impresa dipende dal modo con cui essa fu costituita e che dal non aver tenute presenti certune circostanze al momento della fondazione — forse perchè allora ritenute irrilevanti — derivano in seguito a conseguenze di notevole importanza per l'esistenza stessa dell'impresa, si può agevolmente intendere la grande importanza

11

che deve essere attribuita alla consulenza relativa all'organizzazione dell'impresa. Si vide che aziende ben organizzate poterono — grazie alla loro sana costituzione tecnica, finanziaria ed economica — superare senza eccessive difficoltà crisi economiche anche gravi, mentre in tutti i Paesi si potè constatare che aziende affette da vizi di costituzione solo stentatamente — pur in periodi di prosperità — erano in grado di trascinare l'esistenza e che al sopravvenire d'una crisi ovvero col passar del tempo dovettero cessare ogni loro attività od essere sottoposte ad interventi radicali, tendenti a sanare, per quanto possibile, i difetti del passato.

L'ottima relazione del dott. Bonnet di Stoccarda tratta in modo dettagliato della consulenza relativa all'organizzazione delle imprese, fissando concisamente i limiti entro i quali es sa può essere svolta efficacemente ed in problema in generàle che può riguardare. Leggesi infatti a pag. 6 della sopracitata relazione:

„Wohl wird besonders in mittleren und kleineren Betrieben der Betriebsführer beim Bestehen eines weitgehenden Vertrauensverhältnisses seinen Treuhänder über besondere Fragen seines Betriebes hören und zu Rate ziehen, wie etwa darüber, ob er neue Erzeugnisse zur Herstellung aufnimmt, wie er seinen Absatzmarkt besser erschließt, wie er in seinem Betrieb Einsparungen machen kann, wie er am richtigsten seinen Kapitalbedarf deckt und dergleichen mehr. In diesem Sinne ist der Treuhänder zweifellos — und zwar meist in der Stellung eines beratenden Geschäftsfreundes — berufen, auch allgemeine Wirtschaftsberatung auszuüben. Eine deutlichere Herausstellung der Aufgaben und festere Formen erhält die Wirtschaftsberatung in den Fällen der Mitwirkung bei Gründungen, Umwandlungen, Zusammenschlüssen, Auseinandersetzungen und Liquidationen, bei der Beratung in Versicherungsfragen, in Devisenangelegenheiten und bei der Steuerberatung. Zweck dieser Wirtschaftsberatung ist die Auswertung wirtschaftswissenschaftlicher Erkenntnisse mit dem Ziel, die bestmögliche rechtliche Ausgestaltung und rechtliche Formgebung für die verschiedensten Vorgänge des Wirtschaftslebens und für die verschiedensten Wirtschaftsbetätigungen zu finden."

B) Consulenza relativa all'impianto-delle scritture contabili

E' questo il campo nel quale il ragioniere può essere considerato il tecnico, e nel quale egli esercita una funzione che a ragione può dirsi di sua esclusiva spettanza. Non è necessario che io mi dilunghi nell'illustrare l'importanza di un razionale ed adatto sistema di scritture ai fini di un'efficace amministrazione economica delle imprese e di un efficiente controllo sulla gestione loro. Tutte le relazioni delle quali ho preso conoscenza sottolineano l'importanza dei sistemi contabili e la necessità di un accurato loro ordinamento. Debbo però osservare che molte di queste relazioni si sono essenzialmente limitate a prendere in considerazione le sole scritture contabili sistematiche, quelle cioè che vengono tenute al fine di determinare i risultati economici della gestione. Alcuni relatori tuttavia — e mi piace fra essi ricordare il dott. Bonnet, il sig. Cassbeton Elliott, il sig. N. F. Torner, il dott. Parodi, — hanno chiaramente esposto nei loro elaborati che le scritture sistematiche possono in modo efficace venir utilizzate solo ai fini della determinazione del reddito. Ma per chi debba amministrare un'azienda ciò non basta: gli occorre conoscere molti altri dati relativi alla gestione dell'azienda stessa, i quali vanno dalle determinazioni preventive e consuntive di costi configurati nelle guisa più svariate, alla determinazione delle scorte di magazzino, alla ripartizione secondo criteri svariati delle spese generali e d'amministrazione. Codeste determinazioni, diversa a seconda degli scopi che si prèfiggono, non possono — com'è agevole intendere — esser attuate mediante le scritture sistematiche le quali devono sempre esser tenute secondo uno schema già prefissato „ab initio" e non suscettibili di modificazioni. Occorre quindi tenere accanto alle scritture sistematiche altre scritture — e questa necessità è già stata sentita dalle imprese, le quali hanno introdotte le scritture in esame nei loro, ordinamenti amministrativiche da taluni autori di ragioneria sono dette ausiliari e da altri statistiche o extra contabili.

Tali scritture, è ovvio, variano da aziende ad azienda a seconda dei bisogni e degli scopi che con essi si vogliono raggiungere, onde non è possibile fissare di esse in questa sede un quadro completo anche nei particolari. Solo accennerò che, secondo l'esperienza compiuta, si dimostrano, particolarmente utili — e talora necessarie — le scritture statistiche o extra contabili volte ai seguenti fini:

— determinazione preventiva dei costi di produzione speciali e complessivi e conseguente determinazione dei presunti prezzi rimunerativi di vendita;

— determinazione consuntiva dei costi di produzione sia a scopo di controllo, sia nell'intento di valutare il grado d'efficienza produttiva dell'azienda;

— determinazione dell'andamento dei ricavi comparativamente nel volgere degli ultimi anni, e dei mesi dell'esercizio in corso, allo scopo di ricercare quei rimedi che valgano ad ovviare gli inconvenienti resi manifesti dai dati stessi;

— determinazione — in genere per via di percentuali — dell'incidenza dei costi complessivi e sui ricavi delle varie categorie di costi generali, amministrative e finanziarie e raffronto con l'incidenza che i costi stessi avevano negli esercizi precedenti;

— determinazione del grado di liquidità dell'impresa, la quale assume particolare importanza nelle aziende bancarie. A questo riguardo, ritengo opportuno far rilevare che a mio avviso la situazione di liquidità d'una impresa non deve limitarsi ad aver per oggetto — come accenna il sig. N. F. Torner nella sua relazione — il confronto fra le disponibilità immediate e gli impegni in scadenza. Tale raffronto può solo dire se in questo momento può farsi fronte alle obbligazioni divenute esigibili. Ma una situazione di liquidità per essere in un certo grado completa deve considerare non solo il presente, ma anche il futuro; onde esse dovrà mettere a raffronto le disponibilità che si presume di avere fra 15 giorni, ad es., con gli impegni che in tale epoca verranno a scadenza, le disponibilità presunte fra un mese, 2 mesi, con le obbligazioni che scadranno rispettivamente fra 1, 2 mesi. Attraverso questa disamina potranno ricercarsi le vie più adatte per conseguire quell'equilibrio finanziario che è indispensabile per la vita dell'impresa, e per adottare i provvedimenti necessari all'ottenimento dell'equilibrio stesso ove esso venisse alterato.

C) Consulenza varia

A motivo della sempre maggior complessità dei sistemi fiscali moderni, il singolo imprenditore non di rado per la risoluzione di determinate questioni relative ad imposizioni di tributi o contestazioni con le Amministrazioni finanziarie, trovasi costretto a sottoporre le vertenze al professionista versato in materia aziendale e finanziaria, per aver da lui consiglio in merito alle vie più opportune per il raggiungimento della composizione. Un speciale tema di questo Congresso ha per oggetto la materia fiscale nell'attività professionale del ragioniere, onde io debbo limitarmi a dare quì appena un cenno di quest'attività professionale che nel volgere dell'ultimo ventennio ha assunto un'importanza sempre crescente nella nostra professione. In questi ultimi tempi, essendo state introdotte nei vari Paesi molteplici e complesse norme regolatrici in materia di scambi con l'Estero, il parere del ragioniere può essere richiesto in merito al trasferimento dei capitali da un paese ad un altro, ovvero per effettuare il pagamento di merci importate o riscuotere crediti sull'Estero.

Il Dott. Bonnet si occupa dettagliatamente della situazione che al riguardo è venuta a crearsi in Germania e dedica all'argomento le seguenti acute osservazioni che, per quanto riferite alla sua Nazione, hanno una portata di carattere generale: „Die devisenrechtlichen Beschränkungen greifen vielfach in altbewährte Geschäftsbeziehungen und Zahlungsgewohnheiten ein; sie erstrecken sich häufig nicht nur auf die unmittelbaren Zahlungsvorgänge, sondern auch auf Handlungen, bei denen der Uneingeweihte an die devisenmäßigen Zusammenhänge nicht denkt, und schließlich sind die devisenrechtlichen Bestimmungen infolge der

Sonderart dieses Rechtsgebiets oft nur in Form von allgemeinen Richtlinien und Grundsätzen verkündet."

D) Osservazioni varie in merito alle funzioni consultive

Dai rapidi cenni dati in precedenza, appare che il ragioniere nella sua
attività di consulente può interessarsi di tutto quanto riguarda l'attività
economica di un'azienda. E devesi riconoscere che nella moderna
economia aziendale si è appalesata la tendenza a ricorrere al parere del
professionista non solo per la materia contabile — come avveniva
generalmente in passato ma per tutte le esigenze amministrative dell'impresa, di guisa che — mi si passi l'espressione — il professionista viene
ad assumere quasi la figura di un tutore dell'impresa che ha in lui riposto
la sua fiducia.

Non ritengo però — a differenza di quanto accenna il Dr. Bonnet —
che in seguito a questo moltiplicarsi ed estendersi delle funzioni del
professionista debba inevitabilmente determinarsi un processo di
specializzazioni rimarchevole per modo che taluni ragionieri abbiano a
dedicarsi esclusivamente alla consulenza contabile, altri alla consulenza
tributaria, altri alla revisione aziendale.

Se non si può negare l'opportunità che i ragionieri approfondiscano
particolarmente le loro conoscenze in un campo determinato, è pur
necessario riconoscere che essi non devono ignorare gli altri settori del
campo professionale, nei quali può essere richiesta l'opera loro da parte,
può anche darsi, di quelle imprese che si erano in passato rivolte ad essi
per consigli in quel ramo nel quale hanno acquistato particolare competenza. Occorre non dimenticare che, sostanzialmente, le varie attività
revisionali, consultive ed anche amministrative, fanno parte di un
complesso inscindibile, nel quale sovente è perfino difficile distinguere se
una funzione sia propriamente consultiva oppure revisionale ovvero
amministrativa. Oltre a ciò va ricordato che un eccessivo spezzetamento
dell'attività professionale avrebbe come conseguenza un aumento nel
costo che le aziende devono sostenere per l'opera del professionista, con
il pericolo correlativo di far venir meno la convenienza per essa di ricorrere all'opera sua.

III°) Funzioni amministrative e fiduciarie

Su questa classe si può comprendere una gamma di funzioni diverse
sia per il contenuto, sia in relazione alla legislazione vigente nei vari
Paesi. Mi limiterò quindi a tratteggiare nelle loro linee essenziali quelle
funzioni che sono comuni a tutti i paesi, procurando di mettere in evidenza
quelle differenze fondamentali che ho potuto rilevare attraverso la
lettura delle varie relazioni presentate a questo Congresso.

15

A) Amministrazione ed impiego di patrimoni di Terzi

Se una persona non desidera o non si trova nella possibilità, di attendere all'amministrazione del suo patrimonio o della propria azienda, può affidare la medesima ad una persona di sua fiducia, la quale ha il compito di curare la percezione dei frutti, di sostenere le spese ovvero di curare il funzionamento dell'azienda, ed ha l'obbligo di rendere al suo mandante conto del proprio operato al termine di determinati periodi di tempo. A quanto rispettivamente riferiscono il Sig. Cassleton Elliott ed i Dott. de Lange e Spits nelle loro relazioni, quest'attività è largamente diffusa in Inghilterra ed in Olanda; mentre scarsa importanza essa ha in Germania, Italia, Danimarca ed Ungheria. Altre relazioni tacciono in proposito, il che è un indice che la funzione in oggetto ha una scarsa importanza.

B) Curatele fallimentari, Sequestri, Liquidazioni giudiziarie

Gli incarichi sopra indicati rientrano nella più generale funzione dell'amministrazione di patrimoni di terzi, però, date le particolari norme che li reggono, le modalità con le quali deve effettuarsi l'amministrazione e gli enti dai quali gli incarichi stessi possono essere conferiti, è opportuno tener distinte le funzioni indicate in epigrafe da quelle di cui ho in precedenza parlato.

L'autorità giudiziaria può affidare ad un professionista l'incarico:
— di amministrare il patrimonio di una persona caduta in stato di dissesto e di realizzare in denaro la sua consistenza al fine di soddisfare
— secondo norme particolari contenute dettagliatamente in tutte le legislazioni — le obbligazioni del debitore fallito e di consegnare quanto eventualmente può dopo residuare al debitore stesso, il cui fallimento — secondo le legislazioni italiana e francese — può essere dichiarato solo se è commerciante (ossia se per professione abituale compie atti di commercio). La legislazione inglese, invece, ammette la possibilità di dichiarazione di fallimento a carico di qualsiasi persona debitrice;
— di amministrare aziende, patrimoni o singole cose in merito alla proprietà od al possesso delle quali esistono contestazioni fra due o più persone e fino alla risoluzione delle contestazioni stesse;
— di aministrare e di procedere alla realizzazione in denaro di patrimoni d'aziende sociali i cui membri per motivi d'indole varia deliberarono la messa in liquidazione ed il deferimento all'Autorità giudiziarie della nomina del professionista al quale l'incarico viene conferito.

Sostanzialmente, in tutti questi casi, apparentemente così diversi, la posizione del professionista è analoga e costanti sono gli obblighi suoi:
— gestire gli affari affidatigli in modo da tutelare l'interesse delle varie parti in causa, procedendo in ogni suo atto con il massimo spirito di obiettività;

— sempre che il professionista agisca entro i limiti del mandato conferitogli, e con l'osservanza delle norme imposte dalla legge al riguardo, egli non contrae nessuna responsabilità personale per le conseguenze della sua amministrazione;

— egli ha l'obbligo di tener esatta e completa memoria di tutti gli atti della sua gestione, e di rendere conto al termine dell'opera sua, dell'amministrazione tenuta all'Autorità che gli conferì l'incarico, corfedando le sue conclusioni ed i risultati di tutte le idonee pezze giustificative.

Dato il carattere pubblicistico degli incarichi in parola, considerata la delicatezza loro, — basti pensare alle conseguenze penali che possono derivare da una dichiarazione di fallimento, ai giudizi da cui sono provocati i sequestri - tutte le legislazioni hanno provveduto a disciplinare con apposite norme la opera dei professionisti, ed hanno stabilito che solo ai professionisti regolarmente abilitati in conformità alle legislazioni dei vari Paesi ed iscritti ad appositi Albi possano essere affidati tali incarichi.

C) Arbitrati

E' questa una funzione eminentemente fiduciaria, la quale consiste in un giudizio che una persona — la quale deve essere capace a termini di legge e in materia amministrativa è sovente un ragioniere — è chiamata a dare dalla concorde volontà delle parti su una controversia esistente fra di esse.

Le legislazioni vigenti non prescrivono per la nomina ad arbitro particolari requisiti salvo quelli generali relativi alla capacità di agire; tuttavia mi sia lecito osservare che in una materia così delicata come è quella dell'arbitrato — nel quale l'arbitro è sostanzialmente un giudice, e secondo talune legislazioni è in determinati casi addirittura giudice inappellabile — sarebbe opportuno venisse stabilito dalle leggi l'obbligo di scegliere fra i componenti del Collegio arbitrale uno o più ragionieri esercenti legalmente la professione, allorchè si tratta di controversie riguardanti materia contabile od amministrativa.

In tal guisa l'istituto dell'arbitrato — al quale si ricorre in modo ben più frequente di quanto non si creda — ne risulterebbe avantaggiato in guisa non lieve, in quanto il giudizio pronunciato con il concorso di persone tecniche presenterebbe un grado di attendibilità ben superiore.

D) Esecuzioni testamentarie ed amministrazione di masse ereditarie

Alcuni relatori (Dott. Bonnet, Sig. Torner) hanno accennato che in Germania ed in Danimarca i ragionieri possono essere incaricati dai testatori di eseguire le loro volontà e di amministrare il patrimonio ereditario fino a quando non sia definito ogni rapporto fra i coeredi. E' però questa un'attività che non è generale a tutti i Paesi partecipanti al Congresso nè è riservata ai professionis ti in quanto chiunque — purchè capace — può essere nominato esecutore testamentario. Non si può però negare l'opportunità che tale compito sia affidato ad un ragioniere, data la natura squisitamente amministrativa della materia di cui si tratta.

Nelle brevi note che precedono ho procurato di gettare uno sguardo, sia pur solo superficiale, sulle funzioni del ragioniere professionista nei diversi Paesi rappresentati a questo Congresso e ritengo di poter concludere che, in linea di massima, non esistono differenze sostanziali nella loro natura, tranne lo sviluppo più o meno ampio assunto nei vari Stati da determinate funzioni in confronto di altre.

Le differenze maggiori, invece, sorgono là ove intervengono le legislazioni a disciplinare determinate materie od attività. Data però la innegabile tendenza del diritto commerciale a creare norme uniformi nei vari Paesi, si può confidare che in virtù di essa abbiano ad attenuarsi, se non a scomparire del tutto, differenze dianzi accennate nella professione nostra.

Su una questione, comunque ritengo necessario richiamare l'attenzione dei partecipanti al Congresso: ed è la necessità che in tutti gli Stati (a differenza di quanto ora avviene) siano dalle leggi definite le funzioni caratteristiche della professione del ragioniere e sia riservato esclusivamente ai professionisti legalmente esercenti l'esercizio delle funzioni stesse. Le varie legislazioni in determinate materie (come procedure fallimentari, sindacati nelle società per azioni, perizie giudiziarie, ...) sono già intervenute a dettare norme al riguardo. Ma si tratta di una disciplina frammentaria, mentre sarebbe sommamente desiderabile una regolamentazione organica e completa della nostra professione, similmente a quanto avviene per le altre professioni liberali.

Con ciò verrebbe eliminata l'incertezza tutt'oggi esistente in merito all'effettivo campo d'attività dei ragionieri — incertezza lamentata in parecchie relazioni da me esaminate — e verrebbe data una sistemazione giuridica alla professione nostra, con la conseguente elevazione, in quanto scomparirebbe la piaga attualmente esistente in molti Paesi di ragionieri o affaristi che — senz'essere legalmente abilitati — esercitano la professione in modo abusivo, gettando talora — a motivo della loro incapacià — il discredito su di essa.

Text des Generalberichts

Bei der Abfassung dieses Berichtes möchte ich der Kongreßleitung meinen verbindlichsten Dank für die Ehre aussprechen, die mir in der Bestellung zum Generalberichterstatter des Themas 7 „Sonstige Prüfungs- und Beratungstätigkeit" erwiesen worden ist.

Mit großer Befriedigung kann ich den Berufskollegen der verschiedenen europäischen Staaten die Ergebnisse meiner Durcharbeitung der einge- reichten Nationalberichte vorlegen und ihnen diejenigen Punkte für die Diskussion aufzeigen, auf die nach meiner Meinung im Interesse einer immer größeren Anerkennung und Bestätigung unseres Berufes besondere Aufmerksamkeit verwandt werden sollte.

Bevor ich zum Thema selbst komme, muß ich klarstellen, daß ich in meinem Generalbericht nicht eine kritische Analyse der verschiedenen eingereichten Nationalberichte geben will, weil dies nach meiner Meinung wenig praktischen Wert hätte und nicht zu den Entschließungen und Klarstellungen führen würde, die von unserem Kongreß erwartet werden können. Vielmehr möchte ich in großen Zügen an Hand der vorliegenden Nationalberichte die Aufgaben der Wirtschaftsprüfer im freien Beruf darlegen und nach Möglichkeit herausarbeiten, in welchen Formen sich unser Berufsstand natürlich entwickelt und in welcher Weise infolge- dessen die Wirtschaftsprüfer ihre Prüfertätigkeit — selbstverständlich unter Anpassung an die sozialen und wirtschaftlichen Verhältnisse der verschiedenen Länder — ausüben sollen. Es wäre in der Tat abwegig, an unsern Berufsstand die gleichen Maßstäbe anlegen zu wollen, wie an andere freie Berufe, z. B. den des Mediziners oder den des Chemikers. Die Entwicklung der genannten Berufe wird wesentlich beherrscht von den Fortschritten der Wissenschaft; die Entwicklung unseres Berufes ist, abgesehen von ihrer Verknüpfung mit den Fortschritten der wissen- schaftlichen Betriebswirtschaftslehre und den Theorien des Rechnungs- wesens, eng verbunden mit den politischen, sozialen, wirtschaftlichen und rechtlichen Verhältnissen der verschiedenen Länder.

Daher werden die Schlußfolgerungen, zu denen ich bei meiner Unter- suchung komme, notwendigerweise allgemeiner Art sein. Für eine An- wendung auf die verschiedenen Länder wird man deren besondere Ver- hältnisse und Gesetzgebungen berücksichtigen müssen. Bei der Viel- fältigkeit und Verschiedenheit dieser Verhältnisse erscheint mir eine Ein- teilung der Berufsaufgaben des Wirtschaftsprüfers in folgende grund- legende Arten zweckmäßig:

1. Prüfungsaufgaben; 2. Beratungstätigkeit; 3. Verwaltungs- und Treuhandtätigkeit.

2•

Jedes dieser Aufgabengebiete kann wiederum unterteilt werden in gerichtliche und außergerichtliche Tätigkeit, je nachdem, ob der Auftrag den Berufsangehörigen von den Gerichtsbehörden oder einzelnen Personen, Gesellschaften oder Organisationen erteilt wird. Neben diesen grundlegenden Berufsaufgaben gibt es in den einzelnen Ländern zusätzliche Aufgaben, auf die ich im Laufe meiner Darlegungen noch zurückkommen werde.

I. Prüfungsaufgaben

Alle zum Kongreß eingereichten Berichte äußern sich ausführlich über die Prüfungsaufgaben des Wirtschaftsprüfers; das beweist zur Genüge die Bedeutung dieser Aufgaben für den Berufsstand in den verschiedenen Ländern. Wie die Herren Dr. A. Th. de Lange und Dr. C. L. Spitz, Amsterdam, mit Recht hervorheben, kann der Wirtschaftsprüfer auf Grund seiner Ausbildung als der Prüfungssachverständige in Angelegenheiten der Buchhaltung, der Konten, der Bilanz und überhaupt der wirtschaftlichen Betätigung von Unternehmungen bezeichnet werden.

In ihren Grundzügen weisen die Prüfungsaufgaben in den verschiedenen Ländern keine großen Unterschiede auf: Aufsichtsratsprüfer (sindacati) in Aktiengesellschaften, Prüfung von Büchern und Belegen im Auftrage bestimmter Personen, Prüfung von Erfolgsrechnungen bestimmter Geschäfte oder der Geschäftsführung ganz allgemein für bestimmte Zeitabschnitte, einschlägige Gutachten in Zivil- und Strafsachen.

Indem ich mir vorbehalte, später auf die gerichtlichen Prüfungsaufgaben zurückzukommen, möchte ich zunächst die allgemeinen Prüfungsaufgaben behandeln.

Häufig wird angenommen — und dies scheint mir auch aus einigen eingereichten Nationalberichten hervorzugehen —, daß die Prüfungsaufgaben des Wirtschaftsprüfers hauptsächlich, wenn nicht gar ausschließlich, in der mechanischen Kontrolle der Genauigkeit der Ziffern und der entsprechenden Buchungen bestünden. Nach meiner Ansicht liegt hier ein nicht geringer Irrtum hinsichtlich der Umschreibung unserer Berufsaufgaben vor. Der Wirtschaftsprüfer darf seine Tätigkeit nicht auf eine formale Kontrolle oder auf eine mechanische Prüfung von Belegen und Buchungen beschränken, vielmehr muß er seine Untersuchungen auch und vor allem auf den wirtschaftlichen Inhalt der Prüfungsgegenstände erstrecken. Es genügt daher z. B. nicht, daß der Wirtschaftsprüfer die zahlenmäßige Übereinstimmung der Bilanzen und Konten sowie die Genauigkeit und Richtigkeit der Bucheintragungen prüft. Ebenso genügt es nicht, daß er die Ziffern abstimmt, die bestimmten Ergebnissen zugrunde liegen, sondern er muß seine aufmerksame Prüfung — viel aufmerksamer und genauer als die erwähnten formellen Prüfungen — auf die von den zu prüfenden Personen vorgenommenen

Bewertungen und sonstigen geschäftlichen Handlungen richten. Es ist gewiß nicht nötig, an die vielen wirtschaftlichen Zusammenbrüche der früheren und der jüngsten Zeit zu erinnern, zu denen nach der allgemein-wirtschaftlichen Lage und nach den besonderen wirtschaftlichen Verhältnissen der Unternehmung nicht berechtigte Bilanzbewertungen geführt haben, Bewertungen, deren Prüfung und Untersuchung die dazu berufenen Organe unterlassen hatten. Oder man denke daran, daß unter Führung von wenig verantwortungsbewußten oder allzu optimistischen Verwaltungsorganen große Unternehmungen zusammengebrochen sind, Tausende und aber Tausende Arbeitslose und wirtschaftliche Ruinen hinterlassend. Daraus erhält zur Genüge die hohe, nicht nur allgemein-wirtschaftliche, sondern auch und vor allem soziale Bedeutung der Prüfung den Zweck, durch wirksames und rechtzeitiges Eingreifen das Unternehmen auf die gefährlichen Anzeichen eines drohenden Zusammenbruchs aufmerksam zu machen. Mit Recht bemerkt N. F. Torner in seinem Bericht bei der Erläuterung der Bankenprüfung, daß die Wirtschaftsprüfer „nicht nur verantwortlich für die zahlenmäßige Richtigkeit, sondern auch für die wirkliche Richtigkeit der Konten sind, so daß sie bei Bankunternehmungen auch in Stichproben die Vermögensgegenstände und die Verpflichtungen prüfen müssen". Es erscheint mir angebracht, diese Gedanken noch zu ergänzen: Die Prüfung muß, um wirksam zu sein, die gesamte wirtschaftliche Tätigkeit der Unternehmung erfassen, ohne Lücken oder tote Punkte übrig zu lassen. Daher muß der Prüfer seine Untersuchungen, außer auf die Bewertungen, auch auf die Geschäftsvorfälle ausdehnen sowie auf die Feststellung, ob bei ungünstigem Ergebnis dieses nicht vielleicht auf ein Verschulden der Verwaltungsorgane oder Sachbearbeiter zurückzuführen ist.

Schließlich darf der umsichtige Revisor nicht vergessen, daß die von ihm zu prüfende Unternehmung nicht eine auf sich beruhende Einheit ist, sondern ein, wenn auch nur kleiner, Teil der wirtschaftlichen Gesamtorganisation der Nation; bei der Betrachtung der Verhältnisse eines bestimmten Unternehmens darf man also nicht die allgemeinwirtschaftlichen und finanziellen Markttendenzen außer Betracht lassen. Dies gilt insbesondere bezüglich der Bewertungen sowie für die Beurteilung einer etwaigen Erweiterung der Anlagen. Häufig werden Verwaltungsorgane in der trügerischen Hoffnung, daß der geschäftliche Aufstieg ins Ungemessene sich fortsetzen werde, verleitet, die Betriebsanlagen zu erweitern und die Produktionskapazität ihrer Fabriken zu erhöhen, wenn der Markt auf Grund vielfacher bedrohlicher Anzeichen — dem Uneingeweihten unbekannt, aber für den erfahrenen Fachmann einwandfrei erkennbar — das Ende einer Aufstiegsperiode, eines „Boom" anzeigt. Viele Unternehmungsleiter nehmen die Bewertung in ihren Bilanzen zu sogenannten Selbstkosten, ermittelt auf die allerverschiedenste Art, vor und lassen dabei außer Betracht, daß der Markt den zu bewertenden

21

Bilanzvorräten bereits einen wesentlich geringeren Wert beimißt oder beizumessen sich anschickt.

Der Natur und dem Zweck des vorliegenden Generalberichtes entsprechend, möchte ich mich nicht auf weitere Einzelbetrachtungen einlassen, vielmehr die Aufmerksamkeit der Kongreßteilnehmer auf einen besonderen Prüfungsgesichtspunkt hinlenken, der nach meiner Meinung in den eingereichten Nationalberichten an fast keiner Stelle erörtert worden ist. Ich möchte für die Diskussion in der Kongreßsitzung diejenigen Maßnahmen zur Erörterung vorschlagen, die die Berufserfahrung als die geeignetsten zur Erzielung einer vollständigen Unternehmungsprüfung ansieht; eine solche Prüfung soll nicht nur eine einfache Analyse enthalten, sondern gleichzeitig eine Diagnose geben, geeignete Vorschläge für die Korrektur bestimmter Situationen oder Tendenzen machen und u. U. auch der Verbesserung von bereits günstigen Ergebnissen dienen.

Eine außerordentlich wichtige Prüfungsaufgabe ist dem Aufsichtsratsprüfer (sindacato) der Aktiengesellschaften übertragen, über den sich fast alle Berichte äußern. Soweit ich jedoch feststellen konnte, ist die Aufgabe des Aufsichtsratsprüfers in den Gesetzgebungen der verschiedenen Länder nicht ausschließlich den Wirtschaftsprüfern vorbehalten; vielmehr kann jeder zum Aufsichtsratsprüfer ernannt werden, der bestimmte allgemeine Voraussetzungen erfüllt. Die Gesetze einzelner Länder schreiben für die Wahrnehmung bestimmter Aufsichtsratsprüferaufgaben die Aufnahme in besonderen Berufslisten vor, zu denen nur diejenigen zugelassen sind, die auf Grund öffentlicher Bestellung die Gewähr für die Fähigkeit zur Erfüllung der Prüfungsaufgaben bieten. In Italien ist z. B. erst kürzlich die Liste der Rechnungsprüfer eingerichtet worden, in die unter Voraussetzung eines allgemein einwandfreien Leumundes diejenigen eingetragen werden können, die wenigstens 5 Jahre lang Aufsichtsratsmitglieder von Aktiengesellschaften mit einem Kapital über 5 Millionen Lire waren oder Aufgaben gleichwertiger Art wahrgenommen haben. Aus dieser Berufsliste müssen die Aktiengesellschaften mit einem Kapital über 5 Millionen Lire einen oder drei Aufsichtsratsmitglieder bzw. Aufsichtsratsprüfer wählen. In Italien ist außerdem die Tätigkeit der Banken auf Grund ihrer besonderen Bedeutung der Überwachung und Kontrolle eines Spezialorgans „Inspektorat für die Verteidigung des Sparwesens und für die Handhabung des Kredites" — Ispettorato per la difesa del risparmio e per l'esercizio del credito — unterworfen, das unter der Leitung S. Exz. des Regierungschefs steht.

In der Tschechoslowakei wird die Kontrolle über die Tätigkeit der Banken von besonderen staatlichen Stellen ausgeübt, denen Buchhaltungssachverständige angehören.

Es wäre jedoch wünschenswert, daß zur ständigen Weiterentwicklung der Aufgaben der Aufsichtsratsprüfer (sindacati) die Gesetzgebung der verschiedenen Länder ihre Auswahl in der Weise festlegen würde, daß den durch Berufserfahrung, fachliche Ausbildung und tägliche Übung für die Ausübung der Kontrolle in den Unternehmungen geeigneten Kräften, d. h. den Wirtschaftsprüfern, die Wahrnehmung dieser Aufgaben übertragen wird.

Zu den Prüfungsaufgaben des Wirtschaftsprüfers gehören auch die Gutachten, auf die häufig die Gerichtsbehörden zurückgreifen, um über bestimmte Tatsachen und Verhältnisse auf Grund der Buchführung durch besonders sachverständige Personen unterrichtet zu werden.

In einzelnen Ländern können diese Aufgaben kraft gesetzlicher Vorschrift nur den Wirtschaftsprüfern übertragen werden, die regelrecht bestellt und in die Berufsliste eingetragen sind; in anderen Ländern werden für die Übernahme solcher Aufgaben die erwähnten Voraussetzungen nicht verlangt. In allen eingereichten Nationalberichten wird die Abgabe gerichtlicher Gutachten als eins der hauptsächlichsten Tätigkeitsgebiete des Berufes angesehen; abgesehen von den unvermeidlichen Verfahrensunterschieden auf Grund der unterschiedlichen Gesetzgebungen in den einzelnen Ländern, stimmen die eingereichten Nationalberichte in der Festlegung grundsätzlicher Richtlinien für die Erstattung von Gutachten in Wirtschafts- und Buchhaltungsfragen überein:

a) Da das Gutachten den alleinigen Zweck der Wahrheitsfeststellung über bestimmte Tatbestände hat, muß es mit der höchstmöglichen Objektivität ausgearbeitet und erstattet werden und in allen seinen Feststellungen mit konkreten und beweisbaren Tatsachen ausgestattet sein; es darf niemals zu Schlußfolgerungen auf Grund einfacher Annahmen und Mutmaßungen kommen. Gerade dies stellt eine Gefahr dar, die bei der Erstattung eines Gutachtens wegen der Schwierigkeiten der Rekonstruktion von Tatbeständen und Ereignissen in einem späteren Zeitpunkt auftritt, umsomehr, wenn der Zeitpunkt des Gutachtens Jahre später liegt und aus der Unordnung der verfügbaren Dokumente wie aus dem Fehlen irgendwelcher Hilfe durch Personen, die durch ihre frühere persönliche Beteiligung manche Begleitumstände aufklären könnten, aber nach dem Sachstand das Interesse haben, zu schweigen oder die Untersuchung des Sachverständigen auf eine falsche Fährte zu lenken besondere Schwierigkeiten erwachsen.

b) Der Gutachter muß sich unbedingt von Werturteilen fernhalten. Er darf auch nicht ein Urteil über die Handlungsweise der seiner Untersuchung unterliegenden Personen abgeben. Er muß sich darauf beschränken, bestimmte Tatbestände zu erläutern und die aus ihnen erwachsenden Folgen darzulegen, wobei er sich gleichzeitig in vollem Umfange an die von den Gerichtsbehörden gestellten Fragen halten muß. Es ist daher die Aufgabe der Gerichtsbehörden, und nur ihre Aufgabe, auf Grund der ihnen gelieferten Tatbestände ihr Urteil zu sprechen, indem sie in einer Streitsache zwischen zwei Personen entscheiden oder indem sie sich über das Vorhandensein oder Nichtvorhandensein von Verfehlungen äußern, die einer Person zur Last gelegt werden.

Auch wenn es sich um Gutachten handelt, die nicht von Gerichtsbehörden verlangt, die aber vor Gericht von einem Angeklagten oder von einer der Parteien in ihrer Angelegenheit vorgelegt werden sollen, muß der Sachverständige im höchstmöglichen Maße objektiv sein und darf sich nicht aus schlecht begründeten Schutzabsichten für seinen Mandanten verleiten lassen, wahrheitswidrige Feststellungen zu treffen, die nicht selten eine den Absichten des Sachverständigen entgegengesetzte Wirkung haben.

Einige Gesetzgebungen (z. B. die italienische und rumänische) sehen noch eine besondere Prüfungstätigkeit der Wirtschaftsprüfer vor, die ich erwähne, obwohl sie sich der Gutachtertätigkeit nähert. Wenn der begründete Verdacht schwerer ·Unregelmäßigkeiten bei der Geschäftsführung von Vorstands- und Aufsichtsratsmitgliedern von Aktiengesellschaften besteht, können die Gesellschafter mit einem bestimmten Mindestkapitalanteil diese Angelegenheit beim Gericht zur Anzeige bringen. Derartige Unregelmäßigkeiten betreffen vor allem: Bilanzfälschungen, Ausschüttung unechter Gewinne, Manipulationen zur Niedrighaltung der Dividenden und entsprechend des Aktienkurses. Das Gericht kann nach Anhörung der Vorstands- und Aufsichtsratsmitglieder — vorausgesetzt, daß die Dringlichkeit eines Eingreifens vor Abhaltung einer Generalversammlung bejaht wird — eine Prüfung der Gesellschaftsbücher anordnen und zu diesem Zweck auf Kosten der Antragsteller einen oder mehrere Kommissare benennen. Der Kommissar, bei der Natur derartiger Untersuchungen im allgemeinen ein Wirtschaftsprüfer, prüft die Bücher der Gesellschaft, um die von den Antragstellern angezeigten Tatbestände festzustellen. Das Gericht prüft den erstatteten Bericht, der zu einem vorher bestimmten Termin eingereicht werden muß, und erläßt sein Urteil.

II. Beratungstätigkeit

Dieses Tätigkeitsgebiet hat in der Vergangenheit die Aufmerksamkeit der Wirtschaftsprüfer, die sich besonders gerichtlichen Aufgaben widmeten, nicht in nennenswertem Umfange gefunden, es beginnt jedoch, eine der wichtigsten Berufsaufgaben zu werden, und dürfte bestimmt sein, es in Zukunft noch mehr zu sein. Die stetig wachsenden Schwierigkeiten des wirtschaftlichen Lebens, die ständig wachsenden gesetzlichen Anforderungen, die fortschreitende Rationalisierung in der Unternehmungsorganisation machen es notwendig, auf sachverständige Personen zur Beratung und Begutachtung in den verschiedensten Angelegenheiten zurückzugreifen. Mit der Übernahme von Beratungsaufgaben erweitert der Berufsstand der Wirtschaftsprüfer sein Tätigkeitsgebiet. Nicht mehr das Gebiet der Buchhaltung im engsten Sinne stellt die Grundlage der Berufsausübung dar, sondern daneben tritt und bestätigt sich die Beratungstätigkeit. Diese verlangt auf der einen Seite vom Wirtschaftsprüfer eine erhöhte Fachkenntnis und ein wesentlich größeres Maß von Erfahrung als in der Vergangenheit, auf der anderen Seite erweitert sie sein Betätigungsfeld und macht ihn, wenigstens moralisch, für die den Unternehmungen erteilten Ratschläge verantwortlich, von deren Ausführung und Erkenntnis u. U. die weitere Existenz der Unternehmung abhängen kann.

Ich halte es für überflüssig, den Versuch einer Rangordnung oder Klassifizierung der verschiedenen Beratungstätigkeiten zu machen, weil dies für den Zweck meines Berichtes nicht unbedingt erforderlich ist und weil auch eine sehr genaue Klassifizierung immer unvollständig bleiben würde. Ich möchte nur andeuten, daß die dem Wirtschaftsprüfer übertragenen Beratungsaufgaben sich auf folgende Gebiete erstrecken können: Allgemeine Organisation eines neuen Unternehmens oder Reorganisation bereits bestehender Unternehmungen sowohl vom wirtschaftlichen wie vom finanziellen Standpunkt, Einrichtung von Buchhaltungen und Führung von Konten, Steuerberatung, Versicherungsberatung.

A) Beratungstätigkeit für die Organisation einer Unternehmung

Im Gegensatz zu den Ausführungen verschiedener Nationalberichte bin ich der Auffassung, daß in dieser Hinsicht die Berufstätigkeit des Wirtschaftsprüfers nicht allein in der Erfüllung der allgemein gesetzlichen Gründungsvorschriften eines Unternehmens sich erschöpfen kann, sondern vielmehr eine Unmenge von Arbeiten umfassen muß: z. B. Untersuchung der Erzeugungsverhältnisse, Absatzschätzungen, Veranschlagung der notwendigen Anlageninvestitionen und der geschätzten Finanzierungsmöglichkeiten sowohl für den Bau der Fabrikanlagen als auch für die Beschaffung der Betriebsmittel, Untersuchung der geeigneten Wege für ihre Beschaffung, ferner Vorausschätzung der Produktionskosten und der entsprechend erforderlichen Verkaufspreise sowie schließlich Vorausschätzung der voraussichtlichen Erträge. Wie man sieht, handelt es sich um Feststellungen und Schätzungen, die häufig in die Zukunft reichen und die zur Erzielung auch nur einigermaßen zutreffender Ergebnisse von dem Wirtschaftprüfer Fachkenntnisse und eine Summe von Erfahrungen nicht geringer Art verlangen. Diese Anforderungen umfassen, wenigstens in den Grundzügen, den technischen Erzeugungsprozeß, daneben die Kenntnis der Marktlage und der Marktaussichten sowohl in wirtschaftlicher wie auch in finanzieller Beziehung.

Wenn man berücksichtigt, daß häufig das Gedeihen eines Unternehmens davon abhängt, in welcher Form es gegründet wurde, und daß die

25

Nichtberücksichtigung bestimmter Verhältnisse bei der Gründung — weil man sie vielleicht damals für unwesentlich hielt — später zu Folgen von beträchtlicher Bedeutung für die Existenz des Unternehmens führen kann, so wird man die große Bedeutung erkennen, die der Organisationsberatung eines Unternehmens zukommt.

Gut organisierte Unternehmungen konnten dank ihrer gesunden technischen, finanziellen und wirtschaftlichen Einrichtung ohne außergewöhnliche Schwierigkeiten auch schwere Wirtschaftskrisen überstehen, während in allen Ländern die Feststellung getroffen werden konnte, daß bereits bei der Gründung mit Organisationsmängeln behaftete Unternehmungen sogar in Zeiten wirtschaftlichen Wohlstandes nur mit Mühe ihre Existenz behaupten konnten und daß sie bei Beginn einer Wirtschaftskrise mehr und mehr ihre Tätigkeit einschränken oder radikalen Eingriffen zur Sanierung und, soweit möglich, Heilung der vergangenen Fehler unterworfen werden mußten.

Der ausgezeichnete Bericht von WP. Dr. Bonnet, Stuttgart, behandelt in ausführlicher Weise die Organisationsberatung der Unternehmungen und umschreibt genau die Grenzen, innerhalb deren diese Tätigkeit wirksam ausgeübt werden kann, sowie die allgemeinen Fragen, um die es sich dabei handelt. Ich lasse die entsprechende Stelle des betr. Berichtes S. 6 folgen:

„Wohl aber wird besonders in mittleren und kleineren Betrieben der Betriebsführer beim Bestehen eines weitgehenden Vertrauensverhältnisses seinen Treuhänder über besondere Fragen seines Betriebs hören und zu Rate ziehen, wie etwa darüber, ob er neue Erzeugnisse zur Herstellung aufnimmt, wie er seinen Absatzmarkt besser erschließt, wie er am richtigsten seinen Kapitalbedarf deckt und dergleichen mehr. In diesem Sinne ist der Treuhänder zweifellos — und zwar meist in der Stellung eines beratenden Geschäftsfreundes — berufen, auch allgemeine Wirtschaftsberatung auszuüben.

Eine deutlichere Herausstellung der Aufgaben und festere Formen erhält die Wirtschaftsberatung in den Fällen der Mitwirkung bei Gründungen, Umwandlungen, Zusammenschlüssen, Auseinandersetzungen und Liquidationen, bei der Beratung in Versicherungsfragen, in Devisenangelegenheiten und bei der Steuerberatung.

Zwecks dieser Wirtschaftsberatung ist die Auswertung wirtschaftswissenschaftlicher Erkenntnisse mit dem Ziel, die bestmögliche Ausgestaltung und Formgebung für die verschiedensten Arten der Wirtschaftsbestätigung zu finden."

B) *Beratungstätigkeit bei Einrichtung von Buchhaltungen*

Auf diesem Tätigkeitsgebiet kann der Wirtschaftsprüfer als besonderer Sachverständiger angesehen werden, und hier nimmt er eine Aufgabe

26

wahr, die man naturgemäß als ihm allein vorbehalten bezeichnen kann. Es ist nicht notwendig, daß ich die Bedeutung eines zweckmäßigen und geeigneten Buchhaltungssystems für eine wirksame Verwaltung und wirtschaftliche Betriebsführung sowie für eine wirksame Kontrolle der Geschäftsführung im einzelnen erläutere. Alle eingereichten Nationalberichte unterstreichen die Bedeutung der Buchhaltungssysteme und die Notwendigkeit ihrer zweckentsprechenden und ordnungsmäßigen Einrichtung. Ich bemerke jedoch, daß viele der eingereichten Nationalberichte sich im wesentlichen auf eine Erörterung der systematischen Buchhaltungsformen beschränkt haben, d. h. derjenigen Buchhaltungen, die zur Ermittlung der Ergebnisse wirtschaftlicher Betriebsführung geführt haben. Immerhin haben einige Nationalberichte, unter denen ich Dr. Bonnet, Herrn Cassleton Elliott und Herrn N. F. Torner nenne, sehr klar dargelegt, daß die systematischen Buchhaltungsformen in wirksamer Weise nur zur Ermittlung der Rentabilitätsergebnisse dienen können. Für die Verwaltung und Überwachung eines Unternehmens genügt dies jedoch nicht, hierfür ist vielmehr auch die Kenntnis vieler anderer Angaben betr. die Unternehmungsführung notwendig, z. B. Voranschläge und Kostenberechnungen der verschiedensten Art, Vorausschätzungen der Lagervorräte, Aufteilungen der General- und Verwaltungsunkosten nach den verscheidensten Maßstäben. Naturgemäß können solche Voranschläge und Ermittlungen entsprechend dem jeweiligen verschiedenen Zweck nicht aus den Ziffern der systematischen Buchhaltung entnommen werden; diese müssen stets in einem von vornherein festgelegten Kontenschema bleiben, das keinen Veränderungen unterworfen ist. Daher ergibt sich die Notwendigkeit, neben den systematischen Buchhaltungen andere Aufzeichnungen zu führen — und diese Notwendigkeit ist schon von den Unternehmungen empfunden worden, die entsprechende Aufzeichnungen in ihrer Verwaltungsorganisation vorgesehen haben —, die von einigen Fachschriftstellern der Betriebswirtschaftslehre als Hilfsrechnungen und von anderen als Statistik oder Nebenbuchhaltungen bezeichnet werden.

Diese Aufzeichnungen unterscheiden sich natürlich von Betrieb zu Betrieb und je nach den Erfordernissen und Zwecken, die von ihnen erfüllt werden sollen, so daß hier keine vollständige Übersicht auch in den Einzelheiten über diese Einrichtungen gegeben werden kann. Ich möchte nur auf Grund der praktischen Erfahrung darauf hinweisen, daß diese statistischen, außerbuchhalterischen Aufzeichnungen sich als besonders nützlich, häufig sogar unbedingt notwendig, für die folgenden Zwecke erweisen:

Einzel- und Gesamtproduktionskosten, Voranschläge und entsprechende Voranschläge für die angemessenen Verkaufspreise; Voranschlag der Produktionskosten entweder zu Kontrollzwecken oder zum Zwecke der

Überwachung des Wirkungsgrades im Betriebe. Aufstellungen der Ertragsentwicklung im Vergleich der letzten Jahre und der verschiedenen Monate des laufenden Geschäftsjahres zum Zwecke der Festlegung von Abhilfemaßnahmen der etwa hieraus festgestellten Unzuträglichkeiten.

Meist in Verhältniszahlen gebrachte Aufstellungen über die Gesamtkosten und die Erträge der verschiedenen Gruppen von Generalunkosten, Verwaltungskosten, Finanzierungskosten im Vergleich mit diesen Posten in den vorhergehenden Geschäftsjahren.

Übersichten über den Liquiditätsgrad des Unternehmens, die besondere Bedeutung für Bankunternehmungen haben. Hierzu möchte ich besonders darauf hinweisen, daß nach meiner Meinung die Liquiditätslage eines Unternehmens nicht allein dadurch zum Ausdruck kommt, — wie Torner in seinem Bericht andeutet — daß man zwischen den unmittelbar verfügbaren Mitteln und den fälligen Verpflichtungen einen Vergleich zieht. Ein solcher Vergleich kann nur ermitteln, ob das Unternehmen in diesem Zeitpunkt den fällig gewordenen Verpflichtungen nachkommen kann. Damit jedoch eine Liquiditätsübersicht in gewissem Sinne vollständig sei, muß man nicht nur die Gegenwart betrachten, sondern auch die Zukunft; eine solche Übersicht muß also in Vergleich setzen die verfügbaren Mittel, z. B. innerhalb der nächsten 15 Tage mit den Verpflichtungen, die im gleichen Zeitraum fällig werden, ferner die voraussichtlich verfügbaren Mittel in einem Monat, in zwei Monaten mit den entsprechenden Fälligkeiten in einem oder zwei Monaten. Auf Grund dieser Untersuchung kann man die geeignetsten Wege ermitteln, um das finanzielle Gleichgewicht zu erhalten, das für den geregelten Geschäftsgang unerläßlich ist, und kann dann ferner die notwendigen Vorkehrungen treffen, um die Finanzlage zu ordnen, wenn sie irgendwie gestört werden sollte.

C) Verschiedene Beratungstätigkeit

Auf Grund der weiterfortschreitenden Verwicklung und Schwierigkeit der modernen Wirtschaftssysteme ist der einzelne Unternehmer nicht selten zur Klärung bestimmter steuerlicher Zweifelsfragen oder für die Durchführung von Rechtsmitteln bei den steuerlichen Verwaltungsspruchinstanzen auf den Rat eines freiberuflichen Sachverständigen in Angelegenheiten der Unternehmungsbesteuerung angewiesen; nur ein solcher Rat kann ihm oft den geeigneten Weg zur Durchsetzung seiner Wünsche bei der Steuerveranlagung zeigen. Eine besondere Fachsitzung auf diesem Kongreß hat die Steuerberatung und Steuerprüfung im Rahmen der Berufsaufgaben des Wirtschaftsprüfers bzw. in ihrem Verhältnis zu diesen Aufgaben zum Gegenstand; ich kann mich daher darauf beschränken, diese Berufsaufgaben anzudeuten, die im Laufe der letzten 20 Jahre eine stetig wachsende Bedeutung für unseren Beruf gewonnen haben.

Da in der jüngsten Vergangenheit in den verschiedenen Ländern viel-
fältige und verwickelte Vorschriften über den Devisenverkehr mit dem
Auslande erlassen worden sind, kommt eine Beratung durch Wirtschaftsprüfer häufig auch für die Ausfuhr von Kapitalien und Vermögens-
werten von einem Land in das andere in Betracht oder auch für eine
Regelung von Zahlungen für importierte Waren oder die Einziehung von
Krediten im Ausland.

Wirtschaftsprüfer Dr. Bonnet beschäftigt sich in seinem deutschen
Nationalbericht sehr ausführlich mit den Verhältnissen des Devisenrechts
und der Devisenberatung in Deutschland; er gibt hierzu die nachstehenden aufschlußreichen Erläuterungen, die zwar auf die deutschen Verhältnisse abgestellt, aber doch von einer ganz allgemeinen Bedeutung sind:

„Die devisenrechtlichen Beschränkungen greifen vielfach in altbewährte Geschäftsbeziehungen und Zahlungsgewohnheiten ein; sie erstrecken sich häufig nicht nur auf die unmittelbaren Zahlungsvorgänge,
sondern auch auf Handlungen, bei denen der Uneingeweihte an die devisenmäßigen Zusammenhänge nicht denkt, und schließlich sind die
devisenrechtlichen Bestimmungen infolge der Sonderart dieses Rechts-
gebietes oft nur in Form von allgemeinen Richtlinien und Grundsätzen
verkündet.“

D) Allgemeine Bemerkungen über die Beratungstätigkeit

Aus dem in den vorstehenden Ausführungen in groben Umrissen gegebenen Überblick ergibt sich, daß der Wirtschaftsprüfer bei seiner Beratungstätigkeit das gesamte Gebiet der wirtschaftlichen Betätigung in
einem Unternehmen in seinen Arbeitsbereich einbeziehen kann. Man muß
daraus die Erkenntnis schöpfen, daß in der modernen Wirtschaftsent-
wicklung der großen Unternehmungen die Tendenz zur Heranziehung
des Wirtschaftsprüfers als Buchhaltungssachverständigen in der Vergangenheit zurücktritt gegenüber einer Heranziehung des Wirtschaftsprüfers in Verwaltungsfragen des Unternehmens ganz allgemein. Wenn
ich mich so ausdrücken darf, dann hat der Beruf des Wirtschaftsprüfers
heutzutage in etwa die Form eines Betreuers und Vertrauensmannes der
Unternehmung angenommen. Im Gegensatz zu der von Wirtschaftsprüfer Dr. Bonnet entwickelten Auffassung bin ich jedoch der Meinung,
daß diese Vervielfältigung und Ausdehnung der Berufsaufgaben nicht
notwendigerweise zu einer besonderen Spezialisierung in der Weise
führen muß, daß einzelne Wirtschaftsprüfer sich nur noch ausschließlich
mit Aufgaben der Buchberatung, andere nur mit Steuerberatung und
schließlich andere nur mit der Prüfung von Unternehmungen befassen.
Wenn man auch nicht die Zweckmäßigkeit leugnen kann, daß einzelne
Wirtschaftsprüfer ihre Kenntnisse auf einem bestimmten Gebiet besonders vertiefen, so ist doch unbedingt die Ansicht notwendig, daß

sie die anderen Betätigungsgebiete des Berufes nicht vernachlässigen und ignorieren dürfen. Denn auch auf diesen Gebieten kann ihre Betätigung gefordert werden, vielleicht sogar gerade von den Unternehmungen, die in der Vergangenheit eine Beratung auf dem von den betreffenden Berufsangehörigen bevorzugt bearbeiteten Spezialgebiet in Anspruch genommen haben. Man darf dabei nicht vergessen, daß grundsätzlich und notwendig die verschiedenen Prüfungs-, Beratungs- und auch Verwaltungsaufgaben ein untrennbares Ganzes bilden, wobei häufig nicht einmal genau zwischen den eigentlichen Prüfungsaufgaben, Beratungsaufgaben und Verwaltungsaufgaben unterschieden werden kann. Darüber hinaus sei darauf hingewiesen, daß eine allzu starke Verzettelung der beruflichen Betätigungsgebiete notwendig eine Erhöhung der von den Unternehmungen für die entsprechenden Arbeiten zu entrichtenden Gebühren im Gefolge hätte mit der Gefahr, daß der Vorteil der Heranziehung von Angehörigen unseres Berufes für den Auftraggeber geringer würde.

III. Verwaltungs- und Treuhandaufgaben

Unter dieser Art von Berufsaufgaben kann man eine ganze Reihe von Tätigkeiten zusammenfassen, die sich nicht nur nach ihrem Inhalt, sondern auch nach der in den verschiedenen Ländern geltenden einschlägigen Gesetzgebung unterscheiden. Ich möchte mich hier darauf beschränken, diejenigen Aufgaben in ihren Grundzügen zu behandeln, die in allen Ländern gleichmäßig auftreten, indem ich dabei gleichzeitig die hervortretenden grundsätzlichen Unterschiede herauszuarbeiten versuche, die ich aus den verschiedenen zum Kongreß eingereichten Nationalberichten entnehmen konnte.

A) Vermögensverwaltung und Vermögensanlage für Dritte

Wenn eine Person die Verwaltung ihres Vermögens oder einer in ihrem Besitz befindlichen Unternehmung nicht selbst wahrzunehmen wünscht oder hierzu nicht in der Lage ist, so kann sie diese auf eine Vertrauensperson übertragen, deren Aufgabe die Einziehung der anfallenden Erträge, die Bestreitung der entsprechenden Kosten oder ganz allgemein die Besorgung oder Überwachung der Betriebsführung ist, und die ihren Mandanten in bestimmten Zeitabschnitten über ihre Verwaltungstätigkeit Rechnung legen muß. Wie sich aus den Nationalberichten der Herren Cassleton Elliott und der Drs. de Lange und Spits ergibt, ist diese Tätigkeit in Großbritannien und den Niederlanden sehr weit verbreitet, während sie umgekehrt in Deutschland, Italien, Dänemark und Ungarn für die Berufsangehörigen weniger Bedeutung hat. Andere Nationalberichte bringen hierüber keine Angaben, woraus ebenfalls auf eine geringere Bedeutung dieser Berufsaufgaben zu schließen ist.

B) Konkursverwaltung, Zwangsverwaltung und gerichtliche Abwicklungs-
tätigkeit

Die obenerwähnten Aufgaben gehören zu dem allgemeinen Betätigungsgebiet der Vermögensverwaltung für Dritte. Mit Rücksicht
auf die besonderen Regeln, die für sie gelten, und auf die Formen der
Durchführung und den Kreis der Auftraggeber ist es zweckmäßig, diese
Berufsaufgaben von den vorher erwähnten gesondert zu behandeln.

Die Gerichtsbehörden können einem Berufsangehörigen folgende Aufträge erteilen:

Die Vermögensverwaltung für eine in Zahlungsschwierigkeiten ge-
kommene Person und die Versilberung des Vermögens eines in Konkurs
gegangenen Schuldners zum Zwecke der Befriedigung der Gläubiger auf
Grund besonderer gesetzlicher Bestimmungen, die im Rechtssystem aller
Länder vorhanden sind; ferner die Auszahlung eines etwaigen Abwick-
lungsüberschusses an den Schuldner, der im übrigen nach den Gesetzesbestimmungen in Italien und Frankreich nur in Konkurs gehen kann,
wenn er Kaufmann oder zumindesten in kaufmännischen Geschäften
tätig ist. Die englische Gesetzgebung gestattet demgegenüber die Konkurserklärung für Schuldnerpersönlichkeiten jeder Art.

Verwaltung von Unternehmungen, Vermögensmassen oder einzelnen
Vermögensgegenständen, über deren Eigentum oder Besitz zwischen
zwei oder mehr Personen Streitigkeiten bestehen, bis zur Klärung dieser
Streitfälle.

Verwaltungen und Abwicklungen von Vermögensanteilen an Ge-
sellschaftsunternehmungen, deren Gesellschafter aus Gründen ver-
schiedenster Art die Liquidation beschlossen haben; die Ernennung
eines für diese Aufgaben geeigneten freiberuflichen Verwalters wird
häufig den Gerichtsbehörden übertragen.

In allen diesen Fällen, die offenbar so verschieden sind, ist grundsätzlich
die Stellung des Berufsangehörigen gleichartig und entsprechend auch
seine Pflichten, nämlich:

die ihm anvertrauten Geschäfte in der Weise zu führen, daß er die
Interessen der beteiligten Parteien pflichtgemäß wahrnimmt und in
seinen Handlungen mit der größten Objektivität vorgeht;

daß er stets innerhalb der ihm durch den Auftrag gezogenen Grenzen
und unter Berücksichtigung der entsprechenden gesetzlichen Bestimmungen handelt, und daß ihn niemals eine persönliche Haftung auf Grund
seiner Verwaltungstätigkeit trifft; daß er schließlich die Verpflichtung
zu genauer und vollständiger Berichterstattung über sämtliche Einzelheiten seiner Verwaltungstätigkeit und schließlich zur Rechenschafts-
legung bei Beendigung seiner Tätigkeit hat; über die Ergebnisse der Verwaltung muß ein Abschluß mit sämtlichen notwendigen Belegen und
Unterlagen vorgelegt werden.

Mit Rücksicht auf den öffentlichen Charakter dieser Aufträge und ihre besondere Schwierigkeit und Verantwortlichkeit — man denke z. B. an die strafrechtlichen Folgen einer Konkurserklärung oder an Urteile, auf Grund deren Zwangsverwaltungen verfügt werden — enthalten alle Gesetzgebungen Vorschriften, um in geeigneter Weise die Tätigkeit der Berufsangehörigen zu überwachen; darüber hinaus sind meist Bestimmungen erlassen, daß ausschließlich nur regelrecht nach den entsprechenden gesetzlichen Bestimmungen der einzelnen Länder bestellte und in besondere Berufslisten eingetragene Berufsangehörige mit solchen Aufgaben betraut werden dürfen.

C) Auseinandersetzungsgutachten

Es handelt sich hierbei um eine Aufgabe ganz besonders treuhänderischer Art, die im wesentlichen in dem Urteilsspruch einer fachlich, in Fragen der Gesetzesauslegung und in Rechnungs- und Verwaltungsangelegenheiten besonders erfahrenen Person, also häufig eines Wirtschaftsprüfers, auf Grund übereinstimmender Entschließung der beteiligten Parteien in einer zwischen ihnen schwebenden Meinungsverschiedenheit abgegeben wird.

Die geltenden Gesetze sehen für die Ernennung von Schiedsrichtern keine besonderen Voraussetzungen vor außer der allgemeinen Voraussetzung der entsprechenden Befähigung; immerhin sei mir die Bemerkung gestattet, daß bei einer so schwierigen Aufgabe, wie sie Schiedsgutachten darstellen, der Erlaß gesetzlicher Bestimmungen sehr wünschenswert wäre, daß in Fällen, wo es sich um Streitigkeiten in Buchhaltungs- oder Verwaltungsangelegenheiten handelt, für die Zusammensetzung eines Schiedsrichterkollegiums einer oder mehrere Wirtschaftsprüfer aus den regelrecht bestellten Berufsangehörigen ausgewählt werden müssen; dies umsomehr, als ein solches Schiedsgutachten praktisch ein Urteil darstellt, auf Grund der Gesetzgebung mancher Länder sogar in bestimmten Fällen ein Urteil, gegen das eine Berufung nicht gegeben ist.

Die Aufgaben eines Schiedsgutachters, auf die man viel häufiger, als allgemein angenommen wird, zurückgreift, würden dadurch in sehr erheblicher Weise gefördert, weil die Erstattung von Schiedsgutachten durch fachlich besonders erfahrene Personen notwendig einen viel höheren Grad von Zuverlässigkeit haben würden.

D) Testamentsvollstreckung und Erbschaftsverwaltung

In den Nationalberichten von Dr. Bonnet und Herrn Torner wird angedeutet, daß in Deutschland und in Dänemark die Wirtschaftsprüfer von Erblassern mit der Durchführung ihrer Testamente und mit der Verwaltung von Erbschaften bis zur endgültigen Regelung der Beziehung zwischen den Erben beauftragt werden können. Es ist dies jedoch ein

Tätigkeitsgebiet, das nicht allgemein in allen am Kongreß teilnehmenden Ländern vorhanden ist, noch auch den Berufsangehörigen insofern vorbehalten ist, als jeder irgendwie hierzu Befähigte zum Testamentsvollstrecker ernannt werden kann. Man wird jedoch die Zweckmäßigkeit nicht leugnen können, solche Aufgaben einem Wirtschaftsprüfer zu übertragen angesichts der ausgesprochen treuhänderischen Verwaltungstätigkeit, die einem solchen Auftrag zugrunde liegt.

* * *

In den vorliegenden kurzen Ausführungen habe ich versucht, einen wenn auch nur oberflächlichen Überblick über die Aufgaben des Wirtschaftsprüfers im freien Beruf in den verschiedenen auf dem Kongreß vertretenen Ländern zu geben. Ich fasse meine Ausführungen dahin zusammen, daß in den Grundzügen keine wesentlichen Unterschiede in der Art dieser Berufsaufgaben bestehen, abgesehen davon, daß in den verschiedenen Ländern bestimmte Aufgaben eine mehr oder weniger weitgehende Entwicklung genommen haben als in anderen. Die größten Unterschiede entstehen jedoch da, wo die gesetzlichen Vorschriften bestimmte Aufgaben oder Tätigkeitsgebiete regeln. Angesichts der unleugbaren Tendenz des Handelsrechts zur Schaffung einheitlicher Vorschriften in den verschiedenen Ländern kann man jedoch der Erwartung Ausdruck geben, daß diese im vorstehenden angedeuteten Unterschiede in der Berufsausübung sich angleichen, wenn nicht überhaupt verschwinden werden.

Auf eine Frage möchte ich jedoch die besondere Aufmerksamkeit der Kongreßteilnehmer richten, nämlich auf die Notwendigkeit, daß viel mehr als bisher in allen Staaten von Gesetzes wegen die besonderen Berufsaufgaben des Wirtschaftsprüfers bestimmt werden und daß dem nach den gesetzlichen Vorschriften bestellten, praktisch tätigen Berufsangehörigen diese Aufgaben ausschließlich vorbehalten werden. Die verschiedenen Gesetzgebungen haben in bestimmten Angelegenheiten (z. B. Konkursverwaltung, Aufsichtsratsprüfer in Aktiengesellschaften, Gerichtsgutachten usw.) bereits entsprechende Vorschriften erlassen. Es handelt sich hierbei jedoch um eine nur stückweise Regelung, während es außerordentlich wünschenswert wäre, daß eine organische und vollständige gesetzliche Regelung unseres Berufes, ähnlich wie bei den anderen freien Berufen, erfolgen würde.

Dadurch würde eine heute allgemein bestehende Unsicherheit beseitigt, wie mit Recht in einigen eingereichten Nationalberichten bedauert wird, daß nämlich das Betätigungsgebiet der Wirtschaftsprüfer nicht einheitlich geregelt ist, und es würde gleichzeitig eine gesetzliche Regelung unseres Berufes überhaupt erreicht werden. Dadurch würde auch insofern eine wesentliche Reform stattfinden, als der augenblicklich in vielen Ländern bestehende bedauerliche Zustand verschwinden würde, daß Wirtschaftsberater oder Geschäftsleute ohne gesetzliche Bestellung Wirtschaftsprüferaufgaben in mißbräuchlicher Weise wahrnehmen und dadurch auf Grund ihrer mangelnden Befähigung den Beruf selbst häufig in Mißkredit bringen.

V. Internationaler Prüfungs- und Treuhand-Kongreß

BERLIN · SEPTEMBER 1938

Nationalbericht — National Paper — Rapport National

Sonstige Prüfungs- und Beratungstätigkeit	Thema	Dänemark	Land
Other Auditing and Advisory Work	7	Denmark	5
Fonctions Diverses de Vérificateur et d'Expert		Danemark	

von — by — par

N. F. Torner, Kopenhagen.

Inhaltsübersicht

A. *Bilanzprüfungen bei Betrieben bestimmter Wirtschaftszweige:* Banken — Gemeinden — Privatunternehmen

B. *Beistand in Gerichtssachen*

C. *Beistand in kaufmännischen Angelegenheiten*

D. *Treuhandfunktionen und Vermögensverwaltungen*

E. *Vergleiche usw.*

F. *Abschließende Bemerkungen*

Table of Contents

A. *Special examinations:* Banks — Municipal Undertakings — Private Undertakings

B. *Assistance in legal Matters*

C. *Assistance in commercial Matters*

D. *Trustee Functions etc.*

E. *Arbitration*

F. *Conclusion*

Table des Matières

A. *Vérifications spéciales:* Banques — Communes — Entreprises privées

B. *Assistance dans des Procès*

C. *Assistance dans des Questions commerciales*

D. *Administration fiduciaire etc.*

E. *Questions d'Accomodement*

F. *Conclusion*

Zusammenfassung

Selbst für sehr verschiedenartige Revisionen gibt es eine gemeinsame, allgemeine Revisionstechnik, die den besonderen Erfordernissen von Spezialrevisionen angepaßt wird.

Als Haupttypen verschiedenartiger Prüfungen sind zu nennen:

1. Geldinstitute, und zwar Banken, Sparkassen, Kreditvereine und Hypothekenvereine;
2. Gemeinden;
3. Private Betriebe (die nicht in Form einer Aktiengesellschaft organisiert sind).

Für Banken gilt das Gesetz vom 15. 4. 1930 neben dem gewöhnlichen Aktiengesellschaftsgesetz. Eine Standardform für die Rechnungslegung, besondere Prüfungsbestimmungen sowie Aufsicht durch Behörden sind vorgeschrieben. Für Sparkassen gilt das Gesetz vom 18. 5. 1937 mit Bestimmungen über eine Standardform für die Rechnungslegung, besondere Prüfungsbestimmungen sowie Aufsicht durch Behörden. Für Kreditvereine und Hypothekenvereine wird auf die Gesetze vom 7. 4. 1936 verwiesen.

Bei Prüfungen von Banken, Sparkassen, Kredit- und Hypothekenvereinen sollen im allgemeinen staatsautorisierte Revisoren beauftragt werden.

Für Gemeinden sind Regeln über das Rechnungswesen und die Prüfung im Gesetz vom 25. 3. 1933 enthalten.

Für private Betriebe gelten die Bestimmungen in der Bekanntmachung vom 6. 4. 1933.

Die staatsautorisierten Revisoren werden häufig zur Untersuchung von Rechnungsfragen bei kriminellen und zivilen Gerichtssachen herangezogen; diese Aufgaben sind jedoch den Revisoren nicht vorbehalten. Allgemeine Regeln für diese Gutachtertätigkeit sind nicht vorhanden.

Die staatsautorisierten Revisoren werden häufig auch mit der Einrichtung von Buchhaltungen, Lagerrechnungen und Kalkulationen beauftragt. Ferner werden die staatsautorisierten Revisoren oft zu Kreditwürdigkeitsprüfungen der Banken herangezogen. Sie dürfen jedoch nicht Mitglied von Aufsichtsräten in Aktiengesellschaften oder Liquidatoren sein.

Treuhandfunktionen und Vermögensverwaltungen werden im allgemeinen nicht von staatsautorisierten Revisoren ausgeführt.

Vergleichsangelegenheiten, sowohl freiwillige Vergleiche als auch Zwangsvergleiche, werden teilweise von staatsautorisierten Revisoren durchgeführt. Hierfür ist eine besondere Bestellung notwendig, diese kann aber leicht erreicht werden.

Summary

However varied the class of audit to be done the methods of auditing to be employed are universal and have merely to be suited to the special class of audit in question.

As typhical audits may be mentioned:

1. Financial Institutions: Banks — Savings-Banks — Mortgage-Institutions;
2. Municipal Undertakings;
3. Private Firms (which are not organized as joint-stock companies).

For Banks the Law of 15. 4. 1930 and the Companies Law of 15. 4. 1930 govern the situation. A standard-form for the set-up of the accounts and special rules for the audit as well as supervision on behalf of the Government are prescribed. For the Savings-Banks the Law of 18. 5. 1937 applies in which a standard-form for the set-up of the accounts and special rules for the audit and supervision on behalf of the Government are prescribed. For Mortgage-Institutions the Laws of 7. 4. 1936 apply.

On the audit of Banks, Savings-Banks as well as in Mortgage-Institutions Certified Public Accountants should generally be employed.

For the Municipal Institutions rules for the accounting and the audits are contained in the Law of 25. 3. 1933.

For the Private Firms the decrees of 6. 4. 1933 are in force.

Certified Public Accountants are frequently employed on investigations of accounting matters arising out of criminal and civil proceedings; these investigations are, however, not exclusively dealt with by Certified Public Accountants. General rules for this kind of work do not exist.

Certified Public Accountants to a great extent are employed for the planning or reorganizing of accounting systems, and for stock and cost accounting.

Further Certified Public Accountants are often employed for investigations, forming the basis for the credit to be given by a bank. They may not be members of Boards of Directors in joint-stock companies nor act as liquidators.

Trustee functions and administration of property are, as a rule, not carried out by Certified Public Accountants.

For the preparation of Arrangements, voluntary as well as compulsory ones Certified Public Accountants are to some extent employed. For this they must be in possession of a special authorization, which, however, is easily obtained.

Résumé

Même dans des vérifications de nature très diverse une rechnique de vérification commune et ordinaire est appliquée; elle se conforme aux vérifications spéciales.

Parmi les vérifications les plus importantes on peut citer celles des:

1. Institutions financières Banques — Caisses d'Epargne — Sociétés de Crédit Mutuel et Sociétés d'Hypothèques;

2. Communes;

3. Entreprises privées (qui ne sont pas organisées comme Sociétés Anonymes).

Pour les Banques la loi du 15. 4. 1930 ainsi que la loi ordinaire pour les Sociétés Anonymes sont en vigueur. Une méthode ordinaire pour la comptabilité et des règles spéciales pour la vérification ainsi qu'une surveillance au nom de l'autorité publique sont prescrites. Pour les Sociétés de Crédit Mutuel et les Sociétés d'Hypothèques référence est fait aux lois du 7. 4. 1937. Pour les vérifications de Banques, de Caisses d'Epargne, de Sociétés de Crédit Mutuel et de Sociétés d'Hypothèques des experts-comptables agréés par l'Etat sont généralement à employer.

Pour les Communes les règles de comptabilité et de vérification se trouvent dans la loi du 25. 3. 1933.

Pour les Entreprises privées l'Ordonnance du 6. 4. 1933 est en vigueur.

Pour la vérification des questions de compte concernant les procès en matière répressive et civile un certain nombre d'experts-comptables agréés par l'Etat sont employés; ces vérifications ne sont cependant pas réservées exclusivement à ces experts agréés par l'Etat. Des règles générales pour ce genre de travail n'existent pas.

Les experts-comptables agréés par l'Etat sont employés amplement pour l'organisation ou le remaniement des comptabilités, de même que pour les comptes relatifs au stock ou aux calculs.

De plus, des experts-comptables agréés par l'Etat sont souvent employés pour des vérifications qui servent de base aux crédits à fournir par la banque.

Ces experts-comptables ne peuvent pas être membres de conseils d'administration, et ne doivent pas être liquidateurs.

L'administration fiduciaire et la gestion des biens ne se font généralement pas par les experts-comptables agréés par l'Etat.

Pour la préparation des affaires d'accord, autant d'accords volontaires que d'accords forcés, les experts-comptables agréés par l'Etat sont beaucoup employés. Pour cela il leur faut une nomination spéciale; celle-ci s'obtient facilement.

Text des Berichts — Paper — Rapport

Da die Verwaltungsorganisation an sich im allgemeinen nicht von den staatlich autorisierten Revisoren gemäß § 1 der Vorschriften vom 6. April 1933 durchgeführt wird, muß ihre Darstellung als nicht· zu dem eigentlichen Berichtsthema gehörend hier leider fortfallen. Ich werde jedoch in nachstehenden Ausführungen versuchen, einige andere den staatlich autorisierten Revisoren obliegende Spezialaufgaben zu beschreiben, die nicht schlechthin in den Rahmen der gewöhnlichen Prüfung von Aktiengesellschaften fallen.

A. *Bilanzprüfungen bei Betrieben bestimmter Wirtschaftszweige.*

Ebenso vielgestaltig wie das Wirtschaftsleben in seiner Gesamtheit ist die Prüfung der Einzelbetriebe seiner verschiedenartigen Zweige. Den allermeisten dieser Prüfungen wird allerdings ein gemeinsamer Grundzug, eine gemeinsame Prüfungstechnik eigen sein, die je nach den besonderen Aufgaben, dem Gepräge des betreffenden Betriebes, etwaigen gesetzlichen Spezialvorschriften, den Gesellschaftsstatuten usw. zu erweitern oder zu ergänzen sind, wobei es naturgemäß unmöglich ist, hier sämtliche in der Praxis vorkommenden Sonderprüfungsarten auch nur aufzuzählen, geschweige denn im einzelnen zu schildern.

Es gibt jedoch Wirtschaftszweige, bei denen die Bilanzprüfung der Einzelbetriebe sich von der landläufigen so stark unterscheidet, daß einige Ausführungen hierüber wohl angezeigt erscheinen. Als solche Typen sind zu nennen:

1. Geldinstitute, und zwar: a) Banken, b) Sparkassen, c) Kreditvereine und Hypothekenvereine.

2. Gemeinden und

3. Privatunternehmen, die nicht in der Form einer Aktiengesellschaft betrieben werden.

1. *Geldinstitute.*

Zu 1a) Banken. Da sämtliche Banken nach dem Bankgesetz vom 15. April 1930 als Aktiengesellschaften organisiert sein sollen, gelten für ihre Prüfung die Vorschriften des Gesetzes über Aktiengesellschaften, jedoch ergänzt durch die Sondervorschriften des § 14 des Bankgesetzes. Sie haben hiernach ihre Erfolgs- und Vermögensrechnung in einer Standardform mit folgenden Hauptposten aufzustellen:

39

Gewinn- und Verlustrechnung für das Jahr 193..
Einnahmen.

1. Diskont inländischer Wechsel . . . .
2. Zinsen von Hypothekenbriefen und Darlehen . . . .
3. Zinsen von Kassakredit, Kontokorrent u. a. m. . . . .
4. Zinsen, Ertrag, Courtage und Kursgewinn von Schuldverschreibungen
   und Aktien . . . .
5. Zinsen von ausländischen Guthaben, Gewinn an Sorten usw. . . . .
6. Provision . . . .
7. Sonstige Einnahmen . . . .
8. Einbezahlt auf früher abgeschriebene Forderungen . . . .
9. Mehrkurs bei Aktienerweiterungen usw. . . . .
10. Vortrag des Vorjahres. . . . .
11. Verlust in die neue Rechnung vorzutragen . . . .

Kr.

Ausgaben.

1. Zins von Folio . . . .
2. Zins von Einlagen . . . .
3. Zins von Kontokorrent, an inländische Banken und Sparkassen usw. .
4. Kosten:
   a) Honorare usw. an Vertreterschaft, Aufsichtsrat und
      Rechnungsprüfer . . . .
   b) Gehälter und Löhne an Vorstand und Gefolgschaft .
   c) Steuern und Abgaben . . . .
   d) Ruhegehaltausgaben . . . .
   e) Mietzins, Beleuchtung, Heizung, Reinigung usw. . . . .
   f) Bürobedarf und andere Ausgaben . . . .

5. Abschreibungen und Rücklagen:
   a) Außenstände . . . .
   b) Schuldverschreibungen und Aktien . . . .
   c) Grundstücke und Inventar . . . .
   d) Kassenunterschiede . . . .
   e) Gründungs- und Entgeltungskonto. . . . .

6. Abschreibung von Verlust der früheren Jahre . . . .
7. Vorwegige Rücklegungen für Reserven . . . .
8. Zur Verfügung Kr. . . . ., die laut dem § der Satzungen so zu verteilen sind:

. . . .
. . . .
. . . .

Vorschlag für die Verteilung des Restes:

. . . .
. . . .
. . . .

In neue Rechnung vorzutragen . . . .

Kr.

Bilanz pr. 31. Dezember 193..

Aktiva.

1. Kassenbestand . . . .
2. Inländische Banken und Sparkassen:

    a) Einlagen . . . .
    b) Kredite und Darlehen . . . .

3. Ausländische Korrespondenten (Banken und Bankiers) . . . .
4. Sorten und Wechsel auf das Ausland . . . .
5. Ausländische Schuldverschreibungen und Aktien . . . .
6. Inländische Schuldverschreibungen und Aktien:

    a) Staats- und Gemeindeobligationen u. dgl. . . . . .
    b) Pfandbriefe der Kreditvereine . . . .
    c) Pfandbriefe der Hypothekenvereine . . . .
    d) Industrieobligationen u. dgl. . . . .
    e) Zur Notierung zugelassene Aktien . . . .
    f) Andere Aktien . . . .

7. Eigene Aktien (Nennwert Kr. . . . .) . . . .
8. Hypothekenbriefe . . . .
9. Inländische Wechsel . . . .
10. Kredite . . . .
11. Kassakredit . . . .
12. Kontokorrent:

    a) Inländische Rechnung . . . .
    b) Ausländische Rechnung . . . .

13. Verschiedene Schuldner . . . .
    Unter den deponierten Sicherheiten unter 9—13 betragen eigene Aktien
    Kr. . . . . Nennwert.
14. Gewährleistungen . . . .
15. Grundstücke . . . .
16. Inventar und Schließfachanlagen . . . .
17. Zinsscheine, Börsen- und Stempelmarken . . . .
18. Zinsguthaben . . . .
19. Gründungs- und Entgeltungskonto . . . .
20. . . . .
21. . . . .
22. Verlust . . . .

                                                        Kr.

Passiva.

1. Aktienkapital (davon Kr. . . . . Vorzugskapital) . . . .
2. Gesetzlicher Rücklagefonds . . . .
3. Andere Rücklagen:

    a) Unterstützungsfonds . . . .
    b) Kursregulierungsfonds . . . .
    c) Ertragsregulierungsfonds . . . .
    d) Vortrag in neue Rechnung . . . .

41

Vortrag . . . . .

4. Folio Konto . . . .
5. Kontokorrent:
   a) Inländische Rechnung . . . .
   b) Ausländische Rechnung . . . .

6. Einlagen auf Bankbuch u. dgl. mit kürzerer Kündigungsfrist als 1 Monat
7. Einlagen auf 1 Monat oder längere Zeit . . . .
8. Inländische Banken und Sparkassen:
   a) Einlagen . . . .
   b) Kredite und Darlehen . . . .

9. Ausländische Korrespondenten (Bankiers und Banken) . . . .
10. Rediskontierte Wechsel:
   a) Inländische Wechsel . . . .
   b) Ausländische Wechsel . . . .

11. Gewährleistungen . . . .
12. Annahmekonto . . . .
13. Verschiedene Schuldner . . . .
14. Hypothekenschulden . . . .
15. Gewinnkonto:
   a) Nicht erhobener Gewinn von früheren Jahren . . . .
   b) Gewinn für 193., .. v. H. . . . .

16. Tantiemekonto:
   a) Vertreterschaft . . . .
   b) Aufsichtsrat . . . .
   c) Vorstand und Gefolgschaft . . . .

17. Vorausgezahlter und fälliger Zins und Diskont . . . .
18.   . . . .
19.   . . . .

Kr.

Für die Banken gilt weiter im besonderen, daß sie der Aufsicht eines vom Staat hierfür errichteten Organs, des Bankenaufsichtsausschusses unterliegen, der nach den im Bankgesetz festgelegten Bestimmungen arbeitet. Ungeachtet dieser besonderen behördlichen Aufsicht haben die in der Generalversammlung gewählten Bilanzprüfer der Bank (mindestens zwei, von denen wenigstens einer staatlich autorisiert sein soll) besondere prüferische Verantwortung für die Richtigkeit der Rechnungslegung.

Seit Jahren hat übrigens eine unterschiedliche Auffassung des Begriffs „Richtigkeit der Rechnung" bestanden. Im Hinblick auf die Vorschriften des § 54 des Gesetzes über Aktiengesellschaften und des § 8 der Revisorverordnung vom 6. April 1933 in Verbindung mit dem Inhalt des Bankgesetzes als Ganzem dürfte sich jedoch nunmehr wohl die Auffassung durchgesetzt haben, daß die Bilanzprüfer die persönliche Verantwortung nicht nur für die zahlenmäßige, sondern auch für die reale Richtigkeit der Rechnungslegung tragen und somit die Aktiven und Passiven der Bankbilanzen materiell zu beurteilen haben.

Wenn auch die Aktiven einer Bank, die aus Anlagen, Wechseln, Forderungen usw. bestehen können, an sich von den Aktiven andersgearteter Betriebe nicht grundsätzlich wesensverschieden zu sein brauchen, so erfordern doch wegen ihres besonderen Charakters zumindest die Forderungen im allgemeinen andere Prüfungsmaßstäbe als die Außenstände beispielsweise von Fabrik- und Handelsunternehmungen. Es würde zu weit führen, hier näher auf die verschiedenen Methoden einzugehen, die dem Prüfer für die Gewinnung eines Urteils über die Qualität der Bankdebitoren offenstehen. Jedenfalls darf er sich nicht in Einzelheiten verlieren, und er wird gerade bei dieser Untersuchung Gelegenheit haben, ein besonderes Verständnis für die allgemeinen wirtschaftlichen Zusammenhänge zu zeigen und auszuwerten.

Von den Passiven will ich insbesondere auf die Posten 6 und 7 hinweisen, die gewöhnlich die weitaus meisten Einzelsalden enthalten. Deren Umfang macht es dem Revisor praktisch kaum möglich, sich von ihrer Richtigkeit durch Unterlagen der Bank oder durch unmittelbare Anfragen bei den Konteninhabern zu überzeugen. Letzteres stößt auch schon insofern auf Schwierigkeiten, als es die Banken begreiflicherweise nur ungern sehen, wenn ihre Kunden dahingehend bemüht werden. Bei diesen, zumal bei den Einlegern, dürfte hierfür auch kaum ein genügendes Verständnis zu erwarten sein, so daß der Prüfer es meist nicht wird verantworten wollen, der Bank gegenüber auf einer lückenlosen Kontenkontrolle in dieser Form zu bestehen. Er wird sich daher mit Stichproben begnügen und über deren Ausmaß und Durchführung von Fall zu Fall befinden müssen.

Das Bankgesetz enthält eine Reihe von Bestimmungen über die Geschäftsfähigkeit, die Kapitalverhältnisse und die Liquidität, mit denen sich der Prüfer bekanntzumachen und deren Einhaltung er zu überwachen hat. Die Einzelheiten ergeben sich aus dem Gesetz selbst.

Die Bankrevision soll sich nicht nur auf die Vermögens-, sondern auch auf die Erfolgsrechnung erstrecken. Da diese außerordentlich weitgehend gegliedert ist, ist es für den Prüfer besonders wichtig, sich vorerst über die Tiefe der Einzeluntersuchungen völlig klar zu sein und er wird hier verhältnismäßig früh auf die Grenzpunkte stoßen, bis zu denen diese Kontrollen im Rahmen des Revisionsprogramms vorgetrieben werden können. Bis zu einem gewissen Grade wird er sich daher auf innere Kontrollen stützen müssen, deren Umfang und Ergebnisse er feststellen und auswerten kann. Nach § 14 Abs. 2 des Bankgesetzes ist der Minister für Handel und Industrie ermächtigt, über die

Durchführung der Revision Vorschriften zu erlassen, die sich auch auf die Aufsicht über die laufende Buchführung erstrecken. Da jedoch bisher derartige Vorschriften nicht ergangen sind, muß der Prüfer bis auf weiteres sein eigenes Programm persönlich verantworten. Zweifellos gehört es hiernach zu den Pflichten des Prüfers, sich durch eigene Untersuchungen die Überzeugung von der Ordnungsmäßigkeit der laufenden Buchführung zu verschaffen, wobei er sich wohl auf interne Kontrollen stützen darf, diese jedoch auf ihre Planmäßigkeit und Zuverlässigkeit hin periodisch zu überwachen hat. Dies gilt auch dann, wenn die Bank besondere Revisoren beschäftigt oder die vorgesehenen Kontrollen jeweils von Angestellten vornehmen läßt, die in anderen Abteilungen beschäftigt sind.

Es ist vielleicht angezeigt, hier eine rein technische Angelegenheit zu erwähnen, nämlich, daß die Struktur und der Geschäftsumfang der Banken sie im allgemeinen für eine weitgehende Mechanisierung der Buchführung und damit für eine Vereinfachung der Prüfungsgänge besonders geeignet erscheinen lassen. Die Einführung entsprechend eingerichteter Maschinen würde mechanische Kontrollbuchungen ermöglichen und eine Durchsicht der Einzelposten in der Regel überflüssig machen.

Zu 1b) Sparkassen. Die Bestimmungen über die Prüfung der Sparkassen sind im Gesetz vom 18. Mai 1937, insbesondere in § 13 enthalten. Da die Sparkassen laut § 1 dieses Gesetzes keine Bankgeschäfte betreiben dürfen und nicht als Aktiengesellschaften aufgezogen sind, fällt ihre Prüfung nicht unter die Bestimmungen des Gesetzes über die Aktiengesellschaften oder des Bankgesetzes. Hinsichtlich der Form der Rechnungslegung bestimmt § 12 des Gesetzes, daß der Minister für Handel, Industrie und Schiffahrt auf Vorschlag des Sparkasseninspektors für die Jahresbilanzen Einheitsformen vorschreibt. Das Rechnungsjahr läuft vom 1. April bis 31. März. Zur Zeit liegt eine solche Einheitsform noch nicht vor; man darf aber als sicher annehmen, daß sie in ihren Hauptzügen der im Anschluß an das frühere Sparkassengesetz aufgestellten Einheitsform entsprechen und nur in einzelnen Punkten von ihr abweichen wird. Das Gesetz bringt übrigens in § 11 eingehendere Vorschriften über die Buchführung, und aus der Formulierung des erwähnten Paragraphen ist zu schließen, daß es jetzt möglich sein wird, mit Genehmigung des Sparkasseninspektors maschinelle Buchführungssysteme einzuführen. Dies muß als bedeutender Fortschritt angesehen werden, da der Geschäftsgang und -umfang auch bei den Sparkassen die Voraussetzungen einer solchen Mechanisierung durchaus erfüllen.

In § 2 des Gesetzes ist vorgeschrieben, daß, wie früher, der Staat durch einen vom König ernannten Sparkasseninspektor die Aufsicht über die Sparkassen ausübt. Somit gilt auch hier, ebenso wie für die

Banken, die Bestimmung, daß zwar die öffentliche Aufsicht einem selbständigen Organ übertragen ist, dieses aber unabhängig von den Bilanzprüfern arbeitet. Über die Bilanzprüfer bestimmt das Gesetz in § 13, daß die Bilanz einer Sparkasse von mindestens zwei bilanzkundigen Revisoren zu prüfen ist, von denen einer staatlich autorisiert sein muß. Hierfür ist jedoch eine fünfjährige Übergangsperiode festgesetzt, wie auch dem Sparkasseninspektor hinsichtlich der Forderung, daß einer der Prüfer staatlich autorisiert sein muß, eine Dispensationsbefugnis zusteht. Man hat hierbei vermutlich an die kleinen Sparkassen gedacht, für die der Aufwand für einen staatlich autorisierten Bilanzprüfer voraussichtlich zu groß sein würde. Sicherlich wird man aber damit rechnen dürfen, daß Wege gefunden werden, die es ermöglichen, auch die kleinen Sparkassen allmählich der Prüfung durch staatlich autorisierte Prüfer zu unterwerfen. Vom volkswirtschaftlichem Standpunkt aus kann man jedenfalls nur zu dem Ergebnis gelangen, daß sachverständige Revisoren mindestens ebenso nützlich und notwendig in den kleinen wie in den großen Sparkassen sind.

Hinsichtlich des Arbeitsgebietes und der Arbeitsmethoden der Prüfer hat das frühere Sparkassengesetz (vom 4. Oktober 1919, § 14) recht eingehende Vorschriften enthalten, die im neuen nicht wiederholt oder durch andere ersetzt sind. Dagegen verleiht § 13 nunmehr dem Minister für Handel, Industrie und Schiffahrt die Befugnis, eingehendere Vorschriften über die Durchführung der Revision sowie über die Beaufsichtigung der laufenden Buchführung zu erlassen.

Ungeachtet dessen, daß bis jetzt besondere Bestimmungen über den Umfang und die Durchführung der Prüfung nicht bestehen, muß doch angenommen werden, daß sie grundsätzlich der Prüfung der Bankbilanzen zu entsprechen hat, und somit, wie letztere, sich nicht nur auf den formellen, sondern auch auf den materiellen Bilanzinhalt zu erstrecken hat. Es dürfte kaum die Absicht des Gesetzgebers gewesen sein, die Bedeutung der Prüfung durch geringere Anforderungen abzuschwächen, wenn er gleichzeitig vorschreibt, daß sie von staatlich autorisierten Revisoren durchzuführen ist. Außerdem bescheinigt die Unterschrift des (lt. § 8 der Revisorverordnung) Prüfers auch die Richtigkeit der Bilanz, sofern dies nicht im Prüfungsvermerk durch einen Vorbehalt oder Hinweis auf einen Sonderbericht eingeschränkt ist. Nicht materiell geprüfte Sparkassenbilanzen müßten demnach durchweg Prüfungsvermerke mit derartigen Vorbehalten aufweisen, was zweifellos dem mit der Prüfung angestrebten Ziel zuwiderlaufen dürfte.

Zu 1c) Kreditvereine und Hypothekenvereine. Mit den Gesetzen Nr. 109 und 110 vom 7. April 1936 sind über die Tätigkeit der Kreditvereine und auch der Hypothekenvereine recht eingehende Bestimmungen getroffen, die sich auch auf das Rechnungswesen und dessen Prüfung erstrecken. Ein besonderes öffentliches Aufsichtsorgan, wie bei den Banken und Sparkassen, ist nicht vorgesehen; dagegen unterliegen diese Vereine hinsichtlich des Kreditstandes und der Einhaltung der Vorschriften des erwähnten Gesetzes der Aufsicht des Innenministers. Die Prüfungsbestimmungen sind in den §§ 16 bis 18 enthalten, wonach die Prüfung von mindestens zwei Prüfern vorzunehmen ist, von denen einer durch den Innenminister ernannt werden kann. Einer der Prüfer soll staatlich autorisiert sein. Zum besseren Verständnis dieser Vorschriften ist zu bemerken, daß die Kredit- und Hypothekenvereine, die nicht Aktiengesellschaften sind, auch nicht den für letztere geltenden Prüfungsvorschriften unterliegen. Bemerkt sei, daß die angeführten Paragraphen zwar verschiedene Einzelheiten enthalten, aus diesen jedoch nicht ganz klar hervorgeht, ob, wie bei den Aktiengesellschaften, die Prüfung sich auch auf den materiellen Bilanzinhalt zu erstrecken hat. Hinsichtlich des bedeutendsten Aktivums des Vereins, nämlich der von ihm ausgestellten Hypothekenbriefe, verlangen die Prüfungsvorschriften eine Überwachung mit der Formulierung: „. . . daß die an den Verein ausgestellten Hypothekenbriefe vorhanden und in gehörigem Zustand sind." Rein sprachlich erlauben diese Worte sowohl eine engere als auch eine erweiterte Auslegung. Eine engere insofern, als lediglich das physische Vorhandensein und die formale Ordnungsmäßigkeit der Hypothekenbriefe festzustellen wäre, und eine erweiterte insofern, als sich die Prüfung auch mit der Qualität der betreffenden Forderungen zu befassen hätte. Diese letztere Auffassung wird von den Vorschriften des § 17 gestützt, nach denen die Revision bezweckt, Sicherheit für die Richtigkeit der vom Vorstand aufgestellten Jahresrechnungen und für das Vorhandensein sämtlicher Aktiven zu gewähren. Es muß hiernach angenommen werden, daß sich der Prüfer ein begründetes Urteil über den tatsächlichen Wert dieses wesentlichsten Aktivpostens zu bilden hat nicht nur, wenn man eine Analogie zu der Bankenprüfung konstruiert, sondern auch wenn man sich fragt, welchem Zweck die Prüfung anderenfalls überhaupt dienen sollte.

Nach dem erwähnten § 17 hat die Prüfung gleichzeitig darüber zu wachen, daß die Geschäftsführung des Vorstandes den gesetzlichen und satzungsmäßigen Bestimmungen entspricht. Dies könnte, ebenso wie andere Ausdrücke in den Prüfungsvorschriften, dahin verstanden werden, daß die Prüfer in Bezug auf die Überwachung der Vereinsleitung eine weitergehende Verantwortung tragen als sie den Prüfern bei Aktiengesellschaften gewöhnlich auferlegt ist. Ich glaube jedoch nicht, daß mit jener Bestimmung Anweisungen an die Prüfer beabsichtigt gewesen sind, sich als „Oberdirektion" aufzuspielen, und bin der Überzeugung, daß der Revisorenstand selbst in diesem Punkte den auch in seinem Interesse liegenden erforderlichen Takt zeigen wird.

Weiterhin schreibt § 17 vor, daß die Buchführung des laufenden Rechnungsjahres zu prüfen ist, eine positive und beachtenswerte Bestimmung, deren Fehlen im Gesetz über die Aktiengesellschaften die bereits erörterten abweichenden Auffassungen über die Notwendigkeit der „laufenden Prüfung" hervorgerufen hat; hier ist eine solche Prüfung dagegen ausdrücklich vorgeschrieben.

Ich mache darauf aufmerksam, daß das Gesetz ziemlich neu und sein Anwendungsgebiet wegen der verhältnismäßig geringen Anzahl von Kredit- und Hypothekenvereinen beschränkt ist, so daß noch einige Zeit vergehen dürfte, bevor man seine Auswirkung auf die Praxis genügend wird beurteilen können.

2. Gemeinden

Die Vorschriften über das Rechnungswesen und die Prüfung der Land- und Stadtgemeinden sind im Gesetz vom 25. März 1933 enthalten.

a) Landgemeinden. Der Einsatz autorisierter Bilanzprüfer wird nicht verlangt, vielmehr ist gesetzlich vorgeschrieben, daß die Bilanzprüfungen von zwei kommunal gewählten Prüfern und alsdann noch von einem Prüfungsorgan, nämlich den Kreisprüfern, vorgenommen werden. Es gibt auch für keines der Prüfungsorgane einen gesetzlich festgelegten Prüfungsplan, wenn auch die Kreisprüfer, jedenfalls stellenweise, dem Innenminister gegenüber ein bestimmtes Arbeitsschema befolgen.

Da die Landgemeinden von stark unterschiedlicher Größe sind — die bedeutendsten von ihnen sind wesentlich größer als die kleinsten Städte —, ist das Rechnungswesen der Landgemeinden und ihre Verwaltung von sehr ungleichmäßigem Aufbau und Umfang. In den kleinsten Gemeinden hat der Gemeindevorsteher faktisch alle Rechnungs- und Kassengeschäfte unter sich, und von den kleinsten bis zu den größten Gemeinden sind alle Varianten von Rechnungssystemen anzutreffen, darunter stark ausgebaute und gut eingerichtete mit getrennter Buchhaltung, Kassenführung usw.

In demselben Grade wie die Verwaltungsarbeit in den Landgemeinden zugenommen hat — wobei ich vor allem an die Kriegs- und Nachkriegszeit von 1914 bis in die Zwanziger Jahre mit ihren Schwierigkeiten erinnere, die der Verwaltung der Gemeinden ihren Stempel aufdrückten —, hat auch das Rechnungswesen steigende Arbeitsleistungen erfordert, und man hat beobachtet, daß seine Entwicklung mit dem Steigen des Arbeitsvolumens oft nicht Schritt gehalten hat. Dies hat sehr stark an dem Entstehen und dem Verlauf der zahlreichen „Affären" mitgewirkt, bei denen sich oft herausgestellt hat, daß der Gemeindevorsteher oder andere Personen in der Gemeinde der von ihnen zu tragenden Verantwortung nicht gewachsen gewesen sind. Ich bin der Ansicht, daß in sehr zahlreichen Fällen, in denen Unstimmigkeiten in der Kassenführung festgestellt worden sind, eine betrügerische Absicht überhaupt nicht vorgelegen hat, sondern ihre Ursachen lediglich darin zu suchen sind, daß den Verantwortlichen die Arbeit über den Kopf gewachsen war. Man muß daher mit Freude die Feststellung begrüßen, daß von den Landgemeinden in immer steigendem Maße sachverständige Prüfer herangezogen werden und das Rechnungswesen dadurch rechtzeitig in geordnete Bahnen gelangt.

Die Rechnungslegung der Landgemeinden erfolgt häufig in Form einer Kassenrechnung, der ein Verzeichnis der Aktiven und Passiven beigefügt ist. Die doppelte Buchführung im eigentlichen Sinne und also auch eine aus ihr abgeleitete Erfolgsrechnung und buchmäßig abstimmbare Bilanz ist gewöhnlich nur bei den großen Landgemeinden mit ausgebautem Rechnungswesen anzutreffen. Wenn auch ihr Fehlen selbstverständlich die Klarheit der Rechnungslegung nicht notwendig zu beeinträchtigen braucht, so bietet doch, falls die Prüfung nicht von genügend sachkundigen Personen vorgenommen wird, die doppelte Buchführung mit ihrer Schlüssigkeit zweifellos eine stärkere Sicherheit vor etwaigen Unstimmigkeiten.

Eine Verpflichtung zu „laufenden Prüfungen" besteht für die Prüfer nicht, dagegen haben sie außer der Prüfung der Rechnungslegung im Laufe des Jahres die Kasse zu revidieren.

Von den Kreisprüfern wird verlangt, daß sie die Abrechnungen durchgehen, wenn diese mit Belegen versehen vorliegen, wogegen sie im allgemeinen an Ort und Stelle Prüfungen oder Bestandsaufnahmen nicht vornehmen. Auch die Kreisprüfung ist nicht allein den staatlich autorisierten Prüfern vorbehalten, wenn sie auch von solchen in einigen Fällen durchgeführt wird, und man darf wohl annehmen, daß hier in steigendem Maße beruflich ausgebildete Prüfer eingesetzt werden.

Zur Beleuchtung des Rechnungswesens einer Landgemeinde seien nachstehend die Hauptposten eines Rechnungsschemas angeführt:

Einnahmen.

	Spezifikation Seite	Rechnung	Haushaltsplan
I. Bestand aus dem Vorjahr			
II. Einnahmen aus Kapitalien, Grundstücken u. dgl.			
III. Verbrauch von Aktiven			
IV. Aufgenommene Anleihen			
V. Außerordentlicher Staatszuschuß . . .			
VI. Andere Einnahmen			
VII. Eingeschätzte Steuern			
VIII. Entgeltung für Einziehung der Staatssteuern			
Einnahmen insgesamt			

Ausgaben.

I. Zinsen und Abträge von Anleihen ...
II. Steigerung der Aktiven ....
III. Ausgaben laut dem Gesetz Nr. 181 vom 20. Mai 1933 über öffentliche Fürsorge .
IV. Ausgaben laut Gesetzesverordnung Nr. 205 vom 20. Mai 1933 über Arbeitsvermittlung und Arbeitslosenversicherung u. a. m. und anderen Gesetzen ....
V. Ausgaben laut Gesetz Nr. 182 vom 20. Mai 1933 über Volksversicherung
VI. Zuschuß an Vereine und Institutionen laut Gesetz Nr. 88 vom 25. März 1933, § 15 Litra f über die Verwaltung der Landgemeinden ....
VII. Schulwesen ....
VIII. Wegwesen usw. ....
IX. Sandfluchtswesen ....
X. Feuerlöschwesen, Spritzenbestand, Wächterwesen, Wasserversorgungsstellen u. dgl. ....
XI. Wasser- und Grenzscheidebesichtigung
XII. Abgelöste Pflichtarbeit wie Kirchenarbeit, Spanndienst usw. ....
XIII. Sonderzuschuß an den Kreisfonds (nur von den südjütländischen Gemeinden) ...
XIV. Verwaltungsausgaben ....
XV. Sonstige Ausgaben..........
XVI. Bestand beim Jahresausgang .....

Ausgaben insgesamt ....

Aufstellung über Vermögen und Schulden.

Vermögen der Gemeinde.

1. April 193.. 31. März 193..

I. Die der Gemeinde gehörenden in Hypothekenbriefen oder in anderer Weise angelegten Kapitalien, worüber nicht ohne Genehmigung des Kreisausschusses verfügt werden kann ....
II. Eisenbahnaktien und andere Zuschüsse an Privatbahnen ....
III a) Eigener Kassenbestand der Gemeinde .
b) Einnahmerückstände ....
c) Abrechnungskonto I ....
IV. Vorschußweise abgehaltene Ausgaben, die zurückerstattet werden ......
V. Wert der Bestände kommunaler Werke
VI. Grundstücke ....

Insgesamt

Schulden der Gemeinde.

	Betrag der Schulden am 1. April 193.	Neue im Laufe des Jahres aufgenommene Schulden	Summe voranstehender 2 Rubriken	Abträge und Abzahlungen im Laufe des Jahres	Betrag der Schulden 31. März 193.
Anleihen aufgenommen für					
Wohlfahrtswesen .					
Schulwesen					
Privatbahnanlagen .					
Andere Zwecke:					
Wegwesen . . .					
Bodenareale . .					
Altersversorgung .					
Wasserwerk					
Gasanstalt . . .					
Elektrizitätswerk .					
Insgesamt					

b) Stadtgemeinden. Für die Stadtgemeinden ist durch innenministerielles Rundschreiben vom September 1929 ein Erfolgsrechnung und Bilanz enthaltendes Rechnungsschema vorgeschrieben, und in der Regel wird die doppelte Buchführung angewendet, die jedoch häufig den besonderen kommunalen Zwecken angepaßt ist. Zu Revisoren sind zwei Personen zu wählen, die regelmäßig während des Rechnungsjahres die laufende Rechnung durchzugehen haben. Es ist nicht vorgeschrieben, daß die Prüfer sachverständig, geschweige denn staatlich autorisiert sein sollen, doch werden jedenfalls von den meisten Stadtgemeinden sachverständige und in mehreren Fällen staatlich autorisierte Revisoren herangezogen.

Die revidierte Rechnung wird im Innenministerium durchgesehen.

Während somit für die Prüfer hinsichtlich des Prüfungsplans eine gewisse Freiheit besteht, besonders wenn bezahlte Mitarbeiter angestellt sind (wofür eine gesetzliche Regelung gilt), haben sich allmählich hinsichtlich des Revisionsumfanges bestimmte Richtlinien herausgebildet, die gewöhnlich in dem zwischen Gemeinde und Revisor jeweils getroffenen Abkommen festgelegt sind.

Der Prüfer muß nicht nur mit der allgemeinen Revisionstechnik, sondern auch sehr genau mit den zahlreichen gesetzlichen Vorschriften über die Einnahmen und Ausgaben der Gemeinden vertraut sein. Wenn auch die allermeisten Stadtgemeinden mit den von ihnen betriebenen Elektrizitäts-, Gas- und Wasserwerken sowie mit dem Erwerb und der Verwaltung von Wohnhäusern usw. Funktionen ausüben, die denen der freien Wirtschaft ähneln, so muß doch der Prüfer stets bedenken, daß das Rechnungswerk der Gemeinden letzten Endes den Hauptzweck hat, den richtigen Steuersatz festzulegen.

3. Privatunternehmen.

Hier ist an solche Unternehmen gedacht, die im Hinblick auf ihre Organisation oder aus anderen Gründen revisionsmäßig den Aktiengesellschaften nicht gleichzustellen sind oder besonderen Prüfungsbestimmungen unterliegen.

Wenn eine Schadenversicherungsgesellschaft etwa in der Form einer Gesellschaft auf Gegenseitigkeit, also nicht einer Aktiengesellschaft betrieben wird, muß ihre Prüfung laut Gesetz vom 2. Mai 1934 nach den Prüfungsvorschriften des Gesetzes über die Aktiengesellschaften vorgenommen werden. Man könnte hiernach erwarten, gesetzliche Bestimmungen darüber vorzufinden, daß auch Genossenschaften hinsichtlich ihrer Rechnungslegung und Prüfung den Aktiengesellschaften gleichzuachten wären. Eine solche Vorschrift besteht indessen ebensowenig wie eine kodifizierte Genossenschaftsgesetzgebung überhaupt, und die Prüfung der Genossenschaften muß daher grundsätzlich nach den für Privatunternehmen geltenden Bestimmungen erfolgen. Das hierfür geltende Grundgesetz ist in der Revisorverordnung vom 6. April 1933, insbesondere in § 8 enthalten, worin es heißt:

„Die Unterschrift staatlich autorisierter Revisoren sowie der in §§ 2 und 4 erwähnten Revisionsfirmen und Revisionsgesellschaften auf einer Rechnung umfaßt die Richtigkeit der Rechnung, falls nicht in dem Vermerk selbst Vorbehalte gemacht sind oder auf einen besonderen Bericht hingewiesen ist."

Die Bestimmungen sind so zu verstehen, daß zwar der Revisor und sein Klient den Prüfungsumfang frei verabreden können, ersterer sich aber in seinem Vermerk über das Prüfungsergebnis deutlich äußern muß. Selbstverständlich werden Satzungen (z. B. bei Genossenschaften und Vereinen) oder Beschlüsse (z. B. in Interessengemeinschaftsverträgen) auf den Umfang und das Verfahren der Revision bestimmend einwirken können, aber abgesehen hiervon kann der Arbeitsvertrag auf freier Grundlage geschlossen werden. Es sei hier noch auf die Vorschriften über die Geschäftsfähigkeit in § 7 der erwähnten Verordnung aufmerksam gemacht, die auch bei der Prüfung von Privatfirmen einzuhalten sind.

B. Beistand in Gerichtssachen

Die staatlich autorisierten Prüfer werden nicht selten zur Klärung buchmäßiger Fragen herangezogen, die in Zivil- oder Strafverfahren von Bedeutung sind. Gesetzliche Bestimmungen für dieses Arbeitsgebiet gibt es nicht, und die dahingehenden rechnungsmäßigen Untersuchungen werden daher, je nach den Wünschen der betreffenden Antragsteller, sehr verschiedenen Charakter haben.

Es ist auch nicht gesetzlich vorgeschrieben, daß buchmäßige Untersuchungen in Zivil- oder Strafverfahren den staatlich autorisierten Prüfern vorbehalten sind. Deren Heranziehung ist dagegen in § 69 der

4*

Gewerbeordnung vom 28. April 1931 vorgeschrieben insofern, als ihren gerichtlichen Gutachten über Fragen der geschäftlichen Buchführung öffentliche Glaubwürdigkeit beigemessen wird, ohne daß jedoch Gegenbeweisführung ausgeschlossen wäre. Weiterhin ist in § 70 vorgeschrieben, daß zu Auskünften über Buchführungsfragen in öffentlichen Verfahren (wobei wohl an Strafverfahren gedacht ist) vorzugsweise staatlich autorisierte Prüfer heranzuziehen sind.

In Zivilsachen ist der Ablauf gewöhnlich so, daß der Kläger zur Klarstellung oder Stützung seines Antrages das betreffende Problem gründlich und sachverständig beleuchtet haben möchte, wofür naturgemäß gern die staatlich autorisierten Prüfer mit ihren Spezialkenntnissen und dem ihnen entgegengebrachten besonderen Vertrauen verwendet werden. Im weiteren Verlauf des Verfahrens werden oft ergänzende Untersuchungen benötigt, oft auf Wunsch des Klägers, nicht selten aber auch auf Wunsch des Beklagten, etwa wenn dieser bestimmte Punkte, deren Erörterung im ersten Revisionsbericht er für nicht eingehend genug hält, hervorgehoben oder vertieft haben möchte.

Wenn auch der oder die herangezogenen Prüfer hier einigermaßen an die Wünsche der Parteien gebunden sind, so müssen sie sich doch selbstverständlich stets jene Unvoreingenommenheit bewahren, die eine der Grundstützen ihres Wirkens ist und — was oft schwierig genug sein kann — scharf darauf bedacht sein, daß der Bericht keine subjektive Prägung bekommt. Übrigens kann weder der Anwalt des Klägers noch der des Beklagten sachlich ein Interesse daran haben, daß der Revisionsbericht nicht völlig unbefangen ist, und ich glaube, daß nur sehr wenige Anwälte hierüber anderer Meinung sein werden. Gewiß wird in der Praxis nicht selten der Prüfer mit dem Anwalt über Inhalt und Form seines Berichts zu diskutieren und den Wünschen der Klienten zu folgen haben, doch darf dies, wie ich wiederhole, niemals auf Kosten der Unvoreingenommenheit geschehen.

Erscheint es hiernach ganz natürlich, daß in Zivilsachen von dem Gutachten sowohl eines von dem Kläger als auch eines von dem Beklagten herangezogenen Revisors Gebrauch gemacht wird, so kann nicht ohne weiteres behauptet werden, daß derartige Gutachten und Gegengutachten auch in Kriminalsachen allgemein von Vorteil sind. Wo der Revisor von der Anklagebehörde mit bestimmten Untersuchungen des kriminellen Tatbestandes betraut wird, muß er sich stets ganz besonders vor Augen halten, daß es nicht Aufgabe der Anklagebehörde ist, der Ermittlung des Sachverhaltes subjektive Feststellungen zugrunde zu legen. Ebenso wie die Anklagebehörde Tatbestände sowohl zugunsten als auch zuungunsten des Angeklagten zu würdigen hat, muß der Prüfer besonders sorgfältig darauf achten, daß sein Gutachten durchaus objektiv ausfällt. Es ist hierbei nicht seine Aufgabe, lediglich entscheidende Beweise gegen die Angeklagten zu erbringen, sondern sachverständigen, gewissenhaften Beistand zu leisten. Vielleicht hat eine nicht immer genügende Würdigung dieser Gesichtspunkte dazu beigetragen, daß in vielen Strafverfahren die Verteidigung eine Gegenrevision beantragt hat, nicht allein wegen bestimmter, in dem betreffenden Gutachten vermuteter Irrtümer und Fehlschlüsse, sondern in der Absicht, die Sachlage allgemein vom Standpunkt des Verteidigers aus zu beleuchten. Beide Prüfungsorgane werden hier kaum vor leichten Aufgaben stehen, und meines Erachtens wäre für solche Fälle die richtige Regelung die, daß der Sachverständige — also hier der staatlich autorisierte Prüfer — von der Anklagebehörde mit Zustimmung der Verteidigung oder vom Richter herangezogen wird. Vermutlich werden einer solchen Regelung jedoch gerichtstechnische Schwierigkeiten entgegenstehen, die sich indessen mit der Zeit wohl beseitigen ließen, falls sich die Überzeugung von der Zweckmäßigkeit der vorgeschlagenen Änderung durchsetzt.

Soweit es sich bei der Aufgabe des Gutachters nicht um Tatbestände, sondern um Ermessensfragen handelt, kann selbstverständlich nicht von einer absoluten Objektivität gesprochen werden, sondern lediglich von dem Grad der den betreffenden Erörterungen zugrunde liegenden Sachkenntnis und Gewissenhaftigkeit. Die Auffassung des Gutachters könnte in solchen Fällen mit der eines anderen staatsautorisierten Prüfers verglichen werden, an den sich die Gegenpartei dann auch wohl wenden wird.

Zu den wenig angenehmen Seiten der Tätigkeit als Sachverständiger gehört es, wenn dieser in Zivilverfahren, besonders aber in Strafverfahren dem Kreuzfeuer von Fragen der Anwälte und des Anklägers ausgesetzt ist und er seinen Bericht bei der mündlichen Vernehmung häufig erläutern muß. Erfahrungsgemäß wird er hierbei immer dann am besten fahren, wenn er die Interessen keiner Partei zu vertreten hat und sich auf seine sachlichen Feststellungen stützt.

C. Beistand in kommerziellen Angelegenheiten

Eins der Ziele, die sich ein von der Hauptversammlung gewählter Prüfer setzt, ist neben den rein bilanzmäßigen Untersuchungen das, von der Geschäftsleitung möglichst weitgehend zu Beratungen in kaufmännischen, verwaltungstechnischen und sonstigen Fragen herangezogen zu werden, wozu er dank seiner Ausbildung und Erfahrung besonders befähigt ist. Er wird, wenn er seine Aufgabe versteht, dem von ihm geprüften Unternehmen auf vielen Gebieten eine gute Stütze sein können. Der Typ des Revisors, den man nur hat, weil man ihn haben soll, wird, wie ich glaube, immer seltener.

Bei den wachsenden Erfahrungen und Kenntnissen und dem steigenden Ansehen der dänischen staatlich autorisierten Revisoren wird eine Beratung durch den Revisor immer im eigenen Interesse der Wirtschaft liegen nach dem guten alten Sprichwort, daß es gut ist, einen erfahrenen Mann zu besuchen. Es wird häufig vorkommen, daß die Geschäftsleitung die Ansicht des Revisors über Rentabilitäts-, Finanz- und Organisations fragen usw. zu hören wünscht, Fragen, wie sie gleicher oder ähnlicher Art der Vorstand einer Aktiengesellschaft mit dem Aufsichtsrat zu erörtern pflegt. Dies legt den Gedanken nahe, ob es nicht richtiger wäre, daß der staatlich autorisierte Revisor bei Dispositionen der Gesellschaft als verantwortlicher Ratgeber, zum Beispiel als Aufsichtsratsmitglied, mitwirkt, anstatt nur unverantwortlicher Ratgeber zu sein. Eine solche Regelung ist indessen nach den jetzigen Gesetzen (vgl. handelsministerielle Bekanntmachung vom 6. April 1933 § 1) nicht zulässig, da man der Ansicht war, daß die staatlich autorisierten Revisoren als Kontrollorgane der Wirtschaft frei und unabhängig zu wirken hätten und ihre Unbefangenheit und Unabhängigkeit nicht dadurch zu gefährden sei, daß sie als Mitglied eines Gesellschaftsorgans, wie des Aufsichtsrats, fungieren. Man hat geglaubt, daß sich die kritisierende Mentalität mit der disponierenden nicht vereinen lasse, aber es ist doch die Frage, ob die künftige Entwicklung nicht zu einer Änderung dieser Auffassung führen wird. Natürlich wird der Prüfer nicht gleichzeitig Aufsichtsratsmitglied und Revisor derselben Gesellschaft sein können, aber so weit braucht man kaum zu gehen, wenngleich eine ähnliche Regelung in anderen Ländern besteht.

Den angeführten Bestimmungen entsprechend hat sich das Handelsministerium unter dem 30. August 1923 dahin geäußert, daß die Stellung des Liquidators einer Aktiengesellschaft mit der eines staatlich autorisierten Revisors in der Regel als nicht vereinbar anzusehen ist, und diese Ansicht ist in der Bekanntmachung vom 6. April 1933 § 1 wiederholt, wo vorgeschrieben wird, daß ein staatlich autorisierter Prüfer die Abwicklung der dort genannten Unternehmen nicht ohne Genehmigung des Handelsministeriums vornehmen darf.

Ein Aufgabengebiet, zu dem staatlich autorisierte Revisoren vielfach herangezogen werden, ist die Organisation oder Umorganisation von Buchhaltung, Lagerwesen oder Kalkulation. Bei der auf diesem Gebiet in den letzten Jahrzehnten außerordentlich starken Entwicklung hat sich ihnen hier ein sehr weites Arbeitsfeld geboten. Es ist vielleicht zweckmäßig, hier darauf hinzuweisen, daß die Revisoren ihre Klienten naturgemäß grundsätzlich nach deren Belangen anleiten und beraten, ohne damit irgendwelchen persönlichen Vorteil durch die Empfehlung dieses oder jenes Buchführungssystems zu verbinden, seien es Bücher, Karten oder mechanische Einrichtungen. Die Fabrikanten oder Verkäufer der verschiedenen Systeme müssen ihre Ware selbst empfehlen und deren Vorzüge hervorheben. Gerade aber weil man bei den für das laufende Unternehmen Disponierenden nicht immer die genügende Sachkenntnis erwarten kann, um den wirklichen Wert der Argumente des Verkäufers zu beurteilen, wird von der unparteiischen sachlichen Beratung, zu der der Revisor dank seiner vielseitigen Erfahrung auf diesem Gebiet befähigt ist, sehr häufig Gebrauch gemacht. Der Prüfer soll also nicht als Vertreter oder Agent für irgendein Buchführungssystem auftreten. Täte er dies, so würde er sein Ansehen bei seinem Klienten schwächen.

Es wird zuweilen behauptet, daß Revisoren Gegner neuzeitlicher Buchführungssysteme seien, weil sie sich bereits auf eine Prüfungsmethode eingestellt hätten, die auf die älteren bekannten Systeme zugeschnitten sei, und daß sie keine Neigung zeigten, die mit einer Änderung ihrer Arbeitsmethode verbundene Mühe auf sich zu nehmen. Ich glaube indessen, daß im allgemeinen der Prüfer als vorsichtiger Berater allem Neuen und Unbekannten nur zurückhaltend gegenübersteht, solange er von den Vorzügen des angebotenen Neuen nicht überzeugt ist und daß er anderenfalls auch eine Änderung seiner Prüfungsmethoden nicht scheuen wird.

Ein weiteres Gebiet, auf dem die Wirtschaft sich in ausgedehntem Maße der staatlich autorisierten Prüfer bedient, sind Berufsverbände und ähnliche Zusammenschlüsse, wo die für die Mitglieder getroffenen Abkommen von Bedeutung durch einen Außenstehenden zu überwachen sind. Hierfür besitzen gerade die staatlich autorisierten Revisoren wegen ihres Einblicks in die verschiedensten Wirtschaftszweige, ihrer Kenntnis des Rechnungswesens sowie des ihnen entgegengebrachten besonderen Vertrauens die sachliche Qualifikation.

D. Treuhandfunktionen bei Interessenvertretungen und Vermögensverwaltungen

Man kann nicht behaupten, daß die Ausübung treuhänderischer Funktionen ein alltägliches Arbeitsgebiet des staatlich autorisierten Prüfers darstellt, vielmehr werden sie gewöhnlich den praktizierenden Anwälten überlassen. Wenn die Revisoren derartige Aufträge nur hin und wieder übernehmen, so ist dies sicherlich dem Umstand zuzuschreiben, daß die Treuhandfunktionen, nämlich „Interessen wahrzunehmen und Dispositionen im Wirtschaftsinteresse zu treffen", jener Gruppe von Tätigkeiten zumindest nahekommen, deren Ausübung den staatlich autorisierten Prüfern laut § 1 der Revisorverordnung vom 6. April 1933 untersagt ist. Da dieses Verbot bezweckt, „die Unparteilichkeit und Unbefangenheit der staatsautorisierten Revisoren nicht zu gefährden", könnte es auch auf die hier erörterten Treuhandfunktionen bezogen werden.

Auch die Vermögensverwaltung, nämlich die Entgegennahme und Anlegung von Werten der Auftraggeber, liegt im allgemeinen außerhalb des Arbeitsgebietes der staatsautorisierten Revisoren und würde sich auch kaum mit deren gewöhnlichen Aufgaben vertragen. Ein Gewissenskonflikt zwischen Verschwiegenheitspflicht und Auftraggeberinteressen würde sich hier kaum vermeiden lassen, falls der Revisor während seiner Prüfungstätigkeit in den Besitz von „inside information" gelangte.

E. Vergleichssachen u. a. m.

Wenn ein Schuldner in die bedauerliche Lage gerät, seinen Verbindlichkeiten nicht nachkommen zu können, so wird er gewöhnlich Konkurs anmelden müssen oder einen Zwangsvergleich, einen außergerichtlichen Vergleich oder die Liquidation betreiben. In allen diesen Fällen wird er einen buchsachverständigen und oft revisionskundigen Beistand benötigen, und naturgemäß ist hier der staatsautorisierte Prüfer am richtigen Platz.

Im allgemeinen werden die bei Konkursen erforderlichen Vermögensaufstellungen vom Konkursgericht oder durch den von diesem bestimmten Konkursverwalter veranlaßt. Sind jedoch laut § 79 der Konkursordnung vom 25. März 1872 besondere Untersuchungen vorzunehmen, so sollen diese laut § 6 des Revisorgesetzes vom 15. April 1930 vorzugsweise den staatlich autorisierten Revisoren übertragen werden.

Die Vorschriften über den Zwangsvergleich außerhalb des Konkurses sind im Gesetz vom 14. April 1905 enthalten. Damals existierte die Institution der „staatsautorisierten Revisoren" noch nicht, und die buchmäßigen Funktionen bei Vergleichsaufstellungen wurden „rechnungskundigen Vertrauensmännern" übertragen, die vom Justizministerium ohne berufliche Prüfung autorisiert wurden. Obwohl zu erwarten gewesen ist, daß das Revisorgesetz die staatsautorisierten Prüfer den „rechnungskundigen Vertrauensmännern" ohne weiteres gleichstellen würde, ist dies nicht geschehen; vielmehr sollen die staatsautorisierten Revisoren, um in Vergleichssachen fungieren zu können, vorerst zu rechnungskundigen Vertrauensmännern ernannt sein. Dieser unzweckmäßige Zustand besteht noch heute, wenn auch praktisch seine nachteiligen Auswirkungen durch den angeführten § 6 des Revisorgesetzes gemildert sind, demzufolge vorzugsweise auch die staatsautorisierten Prüfer zu „rechnungskundigen Vertrauensmännern" autorisiert werden können.

Die Aufgaben der „rechnungskundigen Vertrauensmänner", hier also auch der staatlich autorisierten Prüfer, sind eingehend in dem Gesetz über den Zwangsvergleich festgelegt. Ich weise hier nur darauf hin, daß sie im wesentlichen darauf hinausgehen, die jeweilige Sachlage möglichst klar und deutlich darzustellen, die Ursachen der Zahlungsunfähigkeit des Schuldners zu beleuchten und möglichst aufzuklären sowie zu dem Vergleichsvorschlag Stellung zu nehmen. Dagegen gehört es nicht zu den Obliegenheiten des Prüfers (oder Vertrauensmannes), durch Verhandlungen mit den Gläubigern namens des Schuldners an dem Zustandekommen des Vergleichs mitzuwirken.

Außerordentlich zahlreiche Vergleiche werden außergerichtlich durchgeführt, oft nach vorangegangenem Vorschlag des schuldnerischen Anwalts unter Mitwirkung eines staatsautorisierten Revisors, oft aber auch nach dem Vorschlag von Vergleichsvereinen oder Gläubigervereinen. Es sind dies (meist geschäftszweigmäßige) Zusammenschlüsse von Gläubigern, die auf diese Weise eine genaue und einheitliche Rechnungsgrundlage für die Vergleiche anstreben. Es kommt vor, daß staatsautorisierte Revisoren solchen Verbänden Beistand leisten, die dann oft dieselben Revisoren heranziehen.

Auch die erwähnten außergerichtlichen Vergleichsvorschläge werden oft wie gerichtliche aufgezogen, um keine Zeit zu verlieren für den Fall, daß die Zustimmung sämtlicher Gläubiger nicht erlangt werden kann.

Während sowohl der außergerichtliche und Zwangsvergleich als auch der Konkurs den gemeinsamen Hauptzweck haben, gleichgestellten Gläubigern gleiche Rechte zu sichern, hat der Vergleich beider Formen im Gegensatz zum Konkurs auch den Zweck, dem Schuldner die Weiterführung seines Geschäftes zu ermöglichen. Diese Zielsetzung ist bestimmend für die Stellung der Gläubiger und beeinflußt auch in verschiedener Hinsicht die Technik der Vermögensaufstellung.

Abschließende Bemerkungen

Die vorstehenden Ausführungen dürfen keineswegs als eine lückenlose Darstellung aller Arbeitsgebiete eines staatsautorisierten Prüfers außerhalb der aktienrechtlichen Bilanzprüfung betrachtet werden, da es unmöglich und für weitere Kreise auch wohl nicht besonders interessant sein dürfte, hier sämtliche Arten von Beistandsleistung anzuführen. Auch hinsichtlich der erörterten Arbeitsgebiete hat eine systematische Darstellung der Prüfungstechnik im Rahmen dieses Berichtes unterbleiben müssen.

Es ist jedoch nicht ausgeschlossen, daß ein am Revisionsfach Interessierter — besonders wenn er die Verhältnisse in unserem kleinen Lande nur aus der Ferne kennt — in diesen Ausführungen Punkte findet, die ihm beachtlich erscheinen und für ein tieferes Eindringen in das hier erörterte Thema von Nutzen sein können.

Diesem Zweck sollen die vorstehenden Ausführungen dienen und ich hoffe, daß sie dafür verwertbar sind.

V. Internationaler Prüfungs- und Treuhand-Kongreß

BERLIN · SEPTEMBER 1938

Nationalbericht — National Paper — Rapport National

Sonstige Prüfungs- und Beratungstätigkeit Other Auditing and Advisory Work Fonctions Diverses de Vérificateur et d'Expert	Thema 7	Deutschland Germany Allemagne	Land 6

von – by – par

Wirtschaftsprüfer Dr. jur. Wilhelm Bonnet, Stuttgart.

Inhaltsübersicht

Table of Contents

59

    2. Administration of claims and goods

    3. Legal trusteeships

    4. Executors of wills, trustees in bankruptcy, etc

    5. Arbitrators, adjudicators, administrators of estates, etc

II. *Advisory Assistance in commercial matters.* General

    1. Advisory assistance in the foundation, conversion and liquidation of companies.

    2. Consultations in foreign currency matters

    3. Consultation in insurance protection

III. *Advisory work in organization.* Definition, importance, functions

    1. Organization of system of accounts: (a) Business accounts; (b) Work accounts; (c) Costing methods; (d) Business statistics; (e) Wages and salaries

    2. Organization of stock, purchase and production accounts

    3. Sales organization

    4. Organization of management

IV. *The giving of expert opinion*

V. *Auditing apart from the audits of annual accounts.* Auditing of books and balance sheets, investigation of creditability, calculation of the profitableness of business operations, audits of syndicates and deposits

Table des Matières

Introduction. Définition des fonctions du syndic

I. *Fonction proprement dite*

    1. Soin des intérêts des actionnaires, des sociétaires et des créanciers

    2. Soin des créances et des marchandises

    3. Groupements de syndics prévus par la loi

    4. Exécuteurs testamentaires, syndics de faillites etc.

    5. Arbitres, intermédiaires, administrateurs de biens etc

II. *Conseils industriels.* En général

    1. Conseils pour la fondation d'entreprises, la transformation, le règlement d'indivis

    2. Conseils en matière de devises

    3. Conseils en matière de protection par l'assurance

III. *Conseils d'organisation.* Définition, importance, mission

    1. Organisation de la comptabilité: a) Comptabilité commerciale; b) Comptabilité industrielle; c) Calcul des prix de revient; d) Statistiques d'entreprises; e) Salaires et traitements

    2. Organisation du magasinage, des achats et de la fabrication

    3. Organisation de la vente

    4. Organisation de la partie administrative

IV. *Fonction des experts et des techniciens*

V. *Fonction de revision eb dehors de la revision de fin d'exercice.* Revision des livres, des bilans, des crédits, de la valeur et de la rentabilité des entreprises, des associations, des dépôts

Zusammenfassung

Von einem engeren, rechtlichen Begriff der Treuhandtätigkeit ausgehend, der die Wahrnehmung fremder Rechte und die Betreuung fremder Güter im eigenen Namen umfaßt, ist das Aufgabengebiet des Treuhänders in Deutschland mehr und mehr in das der Prüfung des kaufmännischen Rechnungswesens, der Beratung auf diesem Gebiet und der Beratung in allen Wirtschaftsfragen, im besonderen in Organisations- und Steuerfragen, hineingewachsen.

Die Grundtätigkeit bildet die Buch- und Bilanzprüfung, besonders die gesetzliche Bilanzprüfung der Aktiengesellschaft seitens des Wirtschaftsprüfers. Die Tätigkeit als Treuhänder im reinen Rechtssinne, vor allem die Gläubigerfürsorge und die reine Vermögensverwaltung, stehen durchaus im Hintergrund. Vertretung von Aktionär- und Gesellschafterrechten, Schlichter- und Schiedsrichtertätigkeit, Konkursverwalteramt, Geschäftsabwicklungen, Testamentsvollstreckungen, Nachlaßverwaltungen sind mehr zufällige und zusätzliche Betätigungsgebiete. Doch sind Warenbetreuungen häufig als Sonderbetätigungsgebiet des Treuhänders von zeitweilig größerer Bedeutung zu betrachten.

Wichtig ist die Wirtschaftsberatung, innerhalb der sich der Wirtschaftsprüfer nach den verschiedensten Richtungen betätigt. Es handelt sich hierbei um die mitwirkende Vorbereitung und Durchführung von Gründungen, Umwandlungen, Auseinandersetzungen, Sanierungen und Abwicklungen, um die Beratung in Devisenfragen und um die Beratung in Versicherungsangelegenheiten. Der Vollständigkeit halber ist hier auch die Steuerberatung zu nennen, der gemäß ihrer großen Bedeutung eine besondere Abhandlung (Thema Nr. 6) gewidmet ist.

Ein sehr wichtiges Betätigungsfeld im Rahmen der Wirtschaftsberatung bildet die sogenannte Organisationsberatung beim Auf- und Ausbau des kaufmännischen Rechnungswesens der Unternehmung und im weiteren bei der wirtschaftlichen Ausgestaltung des Unternehmens überhaupt. Dabei sind namentlich die Einrichtung der kurzfristigen Erfolgsrechnung und der Selbstkostenrechnung zu erwähnen.

Die Sachverständigen- und Gutachtertätigkeit ist eine solche, wie sie in jedem Berufe hilfsweise und zusätzlich vorkommt, allerdings gegenüber anderen Berufen wohl in gesteigertem Ausmaß, weil wirtschaftliche und rechnungsmäßige Feststellungen beim Austrag von Meinungsverschiedenheiten eine große Rolle spielen.

Schließlich gibt es außerhalb des Jahresabschlusses noch eine große Anzahl von Anlässen, die eine Buch- oder Bilanzprüfungstätigkeit auszulösen vermögen: die einmalige oder regelmäßige Prüfung der Bücher zur Überwachung einzelner oder mehrerer Teilgebiete, dann die sogenannte Unterschlagungsprüfung, die Nachprüfung der organisatorischen Einrichtungen unter Sicherungsgesichtspunkten, die Mitwirkung bei Lagerund Bestandsaufnahmen.

Als sonstige Veranlassungen für Sonderprüfungen sind die Gründung einer Unternehmung, vor allem einer Aktiengesellschaft, die Beteiligungsveränderung, die Gesellschafterauseinandersetzung, die Abwicklung, der Konkurs zu erwähnen. Nachprüfung der Kreditwürdigkeit, Errechnung des Unternehmungswerts und Anstellung von Wirtschaftlichkeits- (Rentabilitäts-) berechnungen sowie schließlich noch die Verbands- und die Depotprüfungen mit besonderen Zwecken sind weitere Tätigkeitsgebiete des Berufs.

Insgesamt wird es wenige Berufe geben, denen wie beim Treuhänder und Wirtschaftsprüfer Gelegenheit zu so vielfältiger, so bedeutsamer und so einflußreicher Betätigung gegeben ist. Um so höher sind freilich die Anforderungen an die Leistungsfähigkeit des Berufes und um so größer ist seine Verantwortung.

Summary

The sphere of action of trusteeships in Germany which originally was restricted to trusteeship in the narrower legal definition of that term, that is to say, to the administration of the rights or goods of others, as gradually widened in scope and, at present, comprises the auditing of commercial accounts and the advisory assistance in this field of work as well as in all other commercial matters and, last not least, in matters affecting organization and taxation.

The principal duties of accountants are at present the auditing of accounts and balance sheets, the statutory audits of joint stock companies, while the trusteeship according to the strict definition of the law, that is to say the safeguarding of creditors' rights in the first instance and the administration of estates are thrown into the background. Additional more contingent fields of work are the administration of shareholders' and partners' rights, the work of arbitration and adjudication, the executorship, the trusteeship in bankruptcy and the administration of estates, legacies and bequests. The administration of goods, however, as a special branch of the accountants' activity are at times of great importance.

Advisory assistance in commercial matters is an important branch of business which causes the activity of the accountant to be extended in a great many directions. In this field of work accountants assist in the preparatory work and the carrying out of foundations, conversions, reorganizations and liquidations of companies and give advice to their clients in foreign currency matters as well as in questions of insurance. Finally, the consultation in tax matters may be mentioned which in view of its special importance has been dealt with in a special paper (Subject No. 6).

A very important branch of the consultatory work in commercial matters is the advisory assistance of business men in organization, the arrangement and elaboration of an efficient system of book keeping and in general business planning. Practical short-term profit and loss accounts and costing methods may be specially mentioned in this connection.

The giving of expert advice, which may also occur in any other profession as a temporary and accessory work, assumes a comparatively greater proportion among the ordinary work of accountants, because the elucidation of points and facts referring to finance and accounting are, of course, very instrumental in the settlement of disputes.

Finally there are a great number of occasions, apart from annual accounts, which call for the audit of books and balance sheets, as for instance, the irregular or regular audits of accounts made in order to keep control over one or several branches of book keeping, then extraordinary audits in cases where frauds are suspected, the investigation of matters of organization carried out as a security measure, the co-operation in stock taking or making up the inventory.

Other causes of special audits are the foundation of business enterprises, in particular those of joint stock companies, the change or dissolution of partnerships, liquidation and bankruptcy. Finally the examination of the creditability in order to ascertain the business value of an enterprise may be mentioned in this connection as well as the calculation of the economic efficiency (profitableness) of a business and syndicate and deposit audits.

Résumé

En Allemagne le domaine des fonctions du syndic industriel a quitté de plus en plus le cadre d'une définition limitée à la conception légale de la représentation des droits de tierces personnes et de la gestion bona fide de biens de tiers en nom personnel, pour pénétrer davantage dans celui de la revision de la comptabilité commerciale, des conseils en cette matière et dans toutes les questions économiques, spécialement dans celles de l'organisation et en matière fiscale.

La fonction principale consiste des syndics dans la revision des livres de comptabilité et des bilans, surtout dans la revision prévue par la loi des bilans des sociétés par actions par le syndic d'industrie. Reléguée à l'arrièreplan, on retrouve la fonction strictement définie du point de vue légal, à savoir la curation des créanciers et l'administration proprement dite des biens. Comme domaines plutôt occasionnels et subsidiaires de leur activité, nous citons la représentation des droits des actionnaires et des sociétaires, les fonctions d'arbitre et d'intermédiaire dans les différends, celle d'administrateur de faillite, les liquidations d'entreprises, les exécutions testamentaires, l'administration des successions.

Cependant les soins assumés pour des marchandises acquièrent souvent comme activité spéciale du syndic une importance très considérable.

Une grande importance est revêtue par les conseils industriels, domaine dans lequel le syndic remplit ses fonctions dans les sens les plus divers. Il s'agit ici de la préparation et de la réalisation avec sa collaboration de fondations, de transformations, de sories d'indivis, d'assainissements et de liquidations, des conseils en matière de devises et de questions d'assurances. Citons encore, pour être complets, le conseil en matière fiscale qui occupe un rapport spécial en raison de sa grande importance (Thème No 6).

Dans le domaine des conseils industriels, nous trouvons encore un champ d'activité particulièrement important, notamment les conseils d'organisation pour l'établissement ou l'extension d'un système de comptabilité commerciale des entreprises et, en général pour le développement économique tout court. Il faut mentionner ici entre autres l'établissement d'un compte à court terme pour vérifier le rendement et pour établir les prix de revient.

La fonction d'expert et de technicien est pareille à celle qui se présente occasionnelle-ment et subsidiairement dans chaque profession, bien que les experts-comptables soient appelés plus souvent à cette tâche, que les experts d'autres professions, parce que les constats économiques et comptables jouent un grand rôle dans le règlement des différends.

Enfin, il reste, en dehors des clôtures de bilan, un grand nombre d'autres occasions qui exigent l'entrée en fonction du reviseur de comptabilité et de bilans: la vérification unique ou répétée régulièrement des livres en vue de surveiller certains domaines partiels, le contrôle dit de fraude, la revision des dispositifs d'organisation des points de vue des garanties, la participation aux inventaires de dépôts et de stocks.

D'autres occasions de revisions spéciales sont la fondation d'une entreprise, surtout de sociétés par actions, les changements survenant dans les conditions de participation, les règlements entre sociétaires, la liquidation, la faillite. La contrôle du crédit, le calcul de la valeur de l'entreprise et de sa rentabilité ainsi que, finalement, les revisions des associations et des dépôts dans des buts particuliers sont d'autres branches d'activité de la profession de syndic.

En somme il existe probablement peu de professions qui offrent comme celles du syndic et de l'expert-comptable autant de possibilités d'une activité aussi diverse, aussi importante et aussi influente. Il est vrai que les exigences quant au savoir et à la respon-sabilité de ceux qui l'exercent croissent également dans la même mesure.

Text des Berichts — Paper — Rapport

Der Treuhandtätigkeit ist in Deutschland ein weites Betätigungsfeld belassen. Diese Tatsache hat ihre Gründe in entwicklungsgeschichtlichen Vorgängen. Mangels einer gesetzlichen Festlegung und Abgrenzung der Treuhandtätigkeit ist eine solche durch bekannte, gerichtliche Entscheidungen auf der Grundlage der tatsächlichen Handhabung des Berufs erfolgt. Vom engeren rechtlichen Begriff der Treuhandtätigkeit im Sinne einer Verwaltung fremden Vermögens im eigenen Namen kam die Rechtsprechung schließlich zu einem erweiterten Verkehrsbegriff, nach welchem die Treuhandtätigkeit folgende Gebiete umfaßt:

1. Die allgemeine Treuhandtätigkeit, bestehend in Anlage und Verwaltung von Vermögen Dritter im eigenen Namen.

2. Die Fürsorge für Gläubiger bei Verlustgefahr und die Bildung und Betreuung entsprechender Schutzvereinigungen.

3. Die Revision von Büchern und Bilanzen anderer Unternehmungen.

4. Die Wirtschaftsberatung und die Beratung in Steuer- und Vermögensangelegenheiten.

Zu dieser Aufteilung ist allerdings zu bemerken, daß das Schwergewicht der Treuhandtätigkeit heute nachdrücklich zu den Betätigungen nach Ziffer 3 und 4, also nach der Seite der Prüfung und der Wirtschaftsberatung verlegt ist. Der Lehrstoff zur Schulung für den Beruf umfaßt demgemäß auch vorwiegend diese Gebiete. Es liegt dann freilich in der Natur der Dinge begründet, daß bei dieser Vielfalt der Betätigungsmöglichkeit und bei der weiten Umgrenzung des Stoffgebiets der einzelne Treuhänder oder Wirtschaftsprüfer sich auf eines oder einige wenige dieser Fachgebiete in der Ausübung seiner Tätigkeit beschränkt, und erst wieder die Arbeitsgemeinschaft mehrerer, die in der Form der Bürogemeinschaft oder in der Form der Gesellschaft sich zu gemeinsamer Berufsausübung zusammengeschlossen hat, in umfassender Weise mehreren oder allen der genannten Arbeitsgebiete sich widmet. Auch mag hier erwähnt sein, daß ein Teilgebiet des Prüfungswesens, nämlich das der gesetzlichen Bilanzprüfung bei Aktiengesellschaften, dem öffentlich bestellten Wirtschaftsprüfer vorbehalten ist. Mit dieser Tätigkeit beschäftigt sich der Bericht 1.

I.

Wir befassen uns zuerst mit der Ausübung der sogenannten eigentlichen Treuhandtätigkeit. Diese ist begrifflich dann gegeben, wenn einem Treuhänder Vermögensteile oder Rechte derart kraft besonderen Vertrauens übertragen sind, daß er über sie gleich wie der Inhaber im eigenen Namen verfügen kann, sie jedoch nicht zu seinem eigenen Vorteil, vielmehr nur zu dem seines Treugebers gebrauchen und ausüben darf.

Das rechtliche Eigentum am Treugut im Falle der Treuhandschaft kann beim Treuhänder liegen, das wirtschaftliche ist stets beim Treugeber. Diese letztere Tatsache hat zur Folge, daß dem Treugeber im Konkurs- oder Vergleichsverfahren über das Vermögen des Treuhänders ein Aussonderungsrecht am Treugut zugebilligt wird; ebenso kann auch der Treugeber bei Zwangsvollstreckung in das Treugut seitens eines Gläubigers des Treuhänders solche durch ein ihm zustehendes Widerspruchsrecht verhindern. Von Bedeutung ist die Unterscheidung zwischen rechtlichem und wirtschaftlichem Eigentum beim Treugut auch für das Steuerrecht. Die Besteuerung erfolgt bei dem wirtschaftlichen Eigentümer, dem Treugeber.

1. Solche Fälle von Treuhandschaft liegen vor, wenn Aktionäre, Gesellschafter, Inhaber von Schuldverschreibungen oder Forderungsgläubiger aus irgendwelchen Gründen — örtliche Entfernung, mangelnde Sachkenntnis, Wettbewerbsbehinderung — an der eigenen Geltendmachung ihrer Rechte behindert sind und deshalb diese Rechte auf den Treuhänder übertragen, der dann ihre Stimmrechte für sie in den Gesellschafterversammlungen ausübt, die Erträge einzieht und weiter darüber wacht, daß keinerlei unzulässige Benachteiligung in den Rechten eintritt. Die Rechtsverhältnisse zwischen Treugeber und Treuhänder werden in einem solchen Fall durch einen besonderen Treuhandvertrag, der die Sonderverhältnisse berücksichtigt, geregelt.

2. Diese Art von Treuhandschaft ist weiter gegeben im Falle der Forderungs- und Warenbetreuung bei Sicherungsabtretung und bei Sicherungsübereignung. In diesen Fällen wird vom Geldgeber vielfach ein Treuhänder zwischengeschaltet, dem vor allem die Obhut über die Zuführung des Treuguts zu seinem Endzweck, der Befriedigung, sowie bei wechselnden Lagerbeständen und wechselnden Forderungen die Überwachung der vertraglichen Ersatzbeschaffung obliegt. In Zeiten starker Eigenfinanzierung der Unternehmungen, wie sie in Deutschland zur Zeit gegeben ist, tritt dieses Treuhandgeschäft mehr in den Hintergrund.

3. Unter den Begriff der „Treuhandtätigkeit" im eigentlichen Sinne fallen ferner eine Reihe gesetzlich geregelter Verhältnisse wie:

a) Der Gläubigervertreter nach dem Reichsgesetz betreffend die gemeinsamen Rechte der Besitzer von Schuldverschreibungen, der den gemeinsamen gesetzlichen Vertreter einer Schutzvereinigung von Gläubigern darstellt.

b) Der Vertreter der Gläubiger von Schuldverschreibungen im Sinne des § 1189 des Bürgerlichen Gesetzbuchs, der für und gegen die jeweiligen Gläubiger von Schuldverschreibungen, die auf den Inhaber lauten, bestimmte Verfügungen über die Hypothek, die zur Sicherung von Schuldverschreibungen dient, trifft und die Gläubiger bei der Geltendmachung der Hypothek vertreten kann.

c) Der Treuhänder des Hypothekenbankgesetzes, der als Vertreter der Pfandbriefgläubiger das Vorhandensein einer vorschriftsmäßigen Deckung vor der Ausgabe von Pfandbriefen sicherzustellen und für Erhaltung dieser Deckung Sorge zu tragen hat.

d) Der Treuhänder zur Überwachung des Deckungsstocks nach dem Gesetz über die Beaufsichtigung der privaten Versicherungsunternehmungen und Bausparkassen.

5

Es ist zu beachten, daß die Ausübung aller in dieser Ziffer aufgeführten Treuhandtätigkeiten nicht dem Beruf allein vorbehalten ist, daß sie vielmehr häufig von sachverständigen Personen außerhalb des WP-Berufs ausgeübt wird.

4. Der Begriff „Treuhandtätigkeit" umfaßt weiter üblicherweise die Ämter des Testamentsvollstreckers, des Nachlaß- und Konkursverwalters und schließlich des Liquidators, welch letzterer in der neuen Gesetzessprache „Abwickler" genannt wird.

Der Treuhänder erwirbt in diesen Fällen zwar nicht das Eigentum am Treugut, wohl aber steht ihm ein weitgehendes Verfügungsrecht zu.

Der Testamentsvollstrecker führt kraft des von einem Erblasser übertragenen Amtes die Verwaltung und Auseinandersetzung des Nachlasses oder die Wahrnehmung sonstiger Rechte durch. Nachlaß- oder Konkursverwalter nehmen ein bestimmtes Vermögen in Besitz, um es nach festliegenden gesetzlichen Grundsätzen zur Gläubigerbefriedigung zu verwalten, zu verwerten und zur Verteilung zu bringen. Der Abwickler endlich, der im Falle der Auflösung eines Unternehmens tätig wird, ist gesetzlicher Vertreter der Gesellschafter bzw. der juristischen Person und hat als solcher die Abwicklung der Geschäfte der aufgelösten Gesellschaft, die Verflüssigung des Vermögens und schließlich dessen Verteilung durchzuführen.

Bei der Ausübung dieser genannten Ämter überschneiden sich vielfach rechtliche und wirtschaftliche Tätigkeit; ihre Ausübung setzt darum Kenntnisse und Erfahrungen auf beiden Gebieten voraus.

5. Schließlich zählen hierher noch eine Anzahl von Aufgaben, die dem Treuhänder auf Grund besonderen ihm entgegengebrachten Vertrauens und auf Grund seiner besonderen wirtschaftlichen Sachkenntnisse übertragen werden:

so die Tätigkeit als Schiedsrichter zur Schlichtung von Streitigkeiten, besonders zwischen Geschäftsinhabern bei Auseinandersetzungen und dergleichen mehr;

die Betreuung mit der Durchführung eines Stundungsverfahrens bei einem festgefahrenen Schuldner, womit gleichzeitig eine weitgehende Überwachung der Geschäftsführung zugunsten der stillhaltenden Gläubiger verbunden sein kann;

das Amt der Vertrauensperson zur Durchführung des Vergleichsverfahrens;

die Verwaltung einer Vermögensmasse, bei der zugleich die Gewährleistung der Zuführung der Mittel bzw. Erträge an einen bestimmten Zweck durch den Treuhänder beabsichtigt ist, wie z. B. bei Pensions- und Unterstützungskassen;

die Übernahme des Amtes als Aufsichtsratsmitglied für einen Großaktionär oder eine Aktionärgruppe mit dem Auftrag, für diese die mit dem Amt verbundene Überwachungstätigkeit in besonderem Maße auszuüben.

II.

Wie wir einleitend gesehen haben, fällt in das Gebiet der Treuhandtätigkeit auch die Wirtschaftsberatung schlechthin im Sinne der Unterstützung unternehmerischer Tätigkeit durch Wirtschafts- und Organisationsberatung.

Soweit es beim Wirtschaftenden um die letzten großen Unternehmungsfragen geht, also um die eigentlichen Fragen der Geschäftspolitik, ist es im allgemeinen nicht die Aufgabe des Wirtschaftsprüfers, die Geschäftsleitung verantwortlicherweise zu beraten oder ihr etwa gar hierin die letzten Entscheidungen abzunehmen. Wohl aber wird besonders in mittleren und kleineren Betrieben der Betriebsführer beim Bestehen eines weitgehenden Vertrauensverhältnisses seinen Treuhänder über besondere Fragen seines Betriebs hören und zu Rate ziehen, wie etwa darüber, ob er neue Erzeugnisse zur Herstellung aufnimmt, wie er seinen Absatzmarkt besser erschließt, wie er in seinem Betrieb Einsparungen machen kann, wie er am richtigsten seinen Kapitalbedarf deckt und dergleichen mehr. In diesem Sinne ist der Treuhänder zweifellos — und zwar meist in der Stellung eines beratenden Geschäftsʃreundes — berufen, auch allgemeine Wirtschaftsberatung auszuüben.

Eine deutlichere Herausstellung der Aufgaben und festere Formen erhält die Wirtschaftsberatung in den Fällen der Mitwirkung bei Gründungen, Umwandlungen, Zusammenschlüssen, Auseinandersetzungen und Liquidationen, bei der Beratung in Versicherungsfragen, in Devisenangelegenheiten und bei der Steuerberatung. (Letztere wird im Rahmen eines besonderen Vortrags behandelt und hier weiter nicht berücksichtigt.)

Zweck dieser Wirtschaftsberatung ist die Auswertung wirtschaftswissenschaftlicher Erkenntnisse mit dem Ziel, die bestmögliche Ausgestaltung und Formgebung für die verschiedensten Vorgänge des Wirtschaftslebens und für die verschiedensten Arten der Wirtschaftsbetätigung zu finden.

Wirtschaftsberatung muß in diesem Zusammenhang sich oft mit Rechtsberatung verbinden. Dabei sind nun die Grenzen zu beachten, welche in Deutschland das „Gesetz zur Verhütung von Mißbräuchen auf dem Gebiete der Rechtsberatung" von 1935 zieht. Danach dürfen unter den Angehörigen des Treuhandberufs die Wirtschaftsprüfer und die vereidigten Bücherrevisoren in Angelegenheiten, mit denen sie beruflich befaßt sind, die rechtliche Bearbeitung insoweit übernehmen, als diese mit den Aufgaben des Wirtschaftsprüfers oder Bücherrevisors in unmittelbarem Zusammenhang stehen.

1. In Ausübung solcher Wirtschaftsberatung sind z. B. für die Gründung eines Unternehmens zunächst Untersuchungen und gutachtliche Feststellungen zu machen über den Geldbedarf für die Errichtung und die erste Zeit der Geschäftsführung des Betriebs, über die Auswirkung der Lage des Standorts zu den Rohstoffquellen und den Absatzgebieten, über die Absatzmöglichkeiten und überhaupt über alle für die Lebensfähigkeit des Unternehmens wichtigen Umstände. Die Feststellungen des Bedarfs an Kapital, der Art der Kapitalaufbringung, der künftigen Belastung durch Steuern und öffentliche Abgaben, bilden wiederum die Unterlagen zur Bestimmung der bestgeeigneten Unternehmungsform. Und schließlich ist es dann Aufgabe des Beraters, unter Berücksichtigung der Wünsche der Beteiligten hinsichtlich ihrer wirtschaftlichen Stellung im Unternehmen, ihrer Haftung und ihrer Beteiligung am Gesellschaftsvermögen sowie am Ertrag, entsprechende Ausgestaltungen der Verträge vorzuschlagen.

Ähnliche Erwägungen und Untersuchungen sind anzustellen, wenn es sich um Umwandlungen von Unternehmungen, also Änderungen der Unternehmungsform, handelt.

Bei Auseinandersetzungen, z. B. im Falle des Ausscheidens eines Gesellschafters, hat sich die Ratserteilung vor allem auf die richtige Bewertung des Auseinandersetzungsvermögens sowie auf die rechtmäßige Bestimmung des Auseinandersetzungsanspruchs unter entsprechender Vertrags- und Gesetzesauslegung zu beziehen.

2. Einen beachtlichen Gegenstand der allgemeinen Wirtschaftsberatung bildet neuerdings die Devisenberatung, deren Ausübung wiederum gesetzlich geregelt ist. Dem Wirtschaftsprüfer ist die Ausübung dieser Beratung auf Grund einer Verordnung vom Juni 1936 gestattet.

Im Hinblick auf die Neuartigkeit und Besonderheit dieser Berufsbetätigung mag es erlaubt sein, sich hier des näheren mit ihr zu befassen.

Die Aufgabe der Devisenbewirtschaftung ist, den ungeregelten Abfluß von Devisen aus der deutschen Wirtschaft zu unterbinden und die vorhandenen und anfallenden Devisen zweckmäßig zu bewirtschaften. Die Erfüllung dieser Aufgabe hatte als erste Voraussetzung die Zusammenfassung aller Devisenvorräte und Devisenanfälle bei der Zentralnotenbank. Dieser wurde zu diesem Zweck das alleinige Recht zum Devisenankauf verliehen und gleichzeitig wurden die in privater Hand befindlichen Devisenwerte zum Verkauf an die Reichsbank aufgerufen, auch wurde jeder weitere Devisenanfall aus Ausfuhrerlösen, Erbschaften und dergleichen der Anbietungs- und Ablieferungspflicht unterworfen. Der Zusammenfassung aller Devisenvorräte und Devisenanfälle entspricht die zentrale Verteilung nach der Dringlichkeit des Bedarfs, die in der Weise gesichert wurde, daß grundsätzlich jede mittelbare oder unmittelbare Auslandszahlung, wie überhaupt jeder Vorgang, der sich in der Zahlungsbilanz auswirkt, von einer devisenbehördlichen Genehmigung abhängig gemacht wurde.

Diese Maßnahmen hatten selbstverständlich tiefe Eingriffe in den Geschäftsverkehr aller Unternehmungen, die geschäftliche Beziehungen mit dem Ausland verbinden, zur Folge. Verhältnismäßig am wenigsten Schwierigkeiten machte die Anwendung des Devisenrechts auf dem Gebiet des Warenverkehrs, weil es sich hier in der Hauptsache um ein einfaches Antrags- und Zuteilungsverfahren handelt, sofern man von einigen Sonder- und Ersatzformen des internationalen Warenaustauschs absieht, der sich in den vergangenen Jahren herausgebildet hat (private Verrechnungsgeschäfte, Rohstoffkreditgeschäfte usw.). Schwieriger gestalten sich die Verhältnisse dagegen beim Dienstleistungsverkehr und vor allem beim Kapitalverkehr. Hier geht es in der Regel um umfangreiche und weit ausholende Geschäftsvorgänge, deren Auswirkung auf die Zahlungsbilanz oft schwer zu beurteilen ist. Es sei hier nur an Lizenzvergebungen und die Gründung bzw. Unterhaltung von Niederlassungen und Zweigstellen im Ausland erinnert.

Es ist zu beachten, daß die Vorschriften des Devisenrechts nicht privates Recht darstellen, deren Außerachtlassung oder unrichtige Anwendung schlimmstenfalls wirtschaftliche Nachteile zur Folge haben könnte; das Devisenrecht ist vielmehr öffentliches Recht und als solches gemäß der Bedeutung der zu schützenden Rechtsgüter mit einem äußerst wirksamen Strafschutz ausgestattet. Die devisenrechtlichen Beschränkungen greifen vielfach in altbewährte Geschäftsbeziehungen und Zahlungsgewohnheiten ein; sie erstrecken sich häufig nicht nur auf die unmittelbaren Zahlungsvorgänge, sondern auch auf Handlungen, bei denen der Uneingeweihte an die devisenmäßigen Zusammenhänge nicht denkt, und schließlich sind die devisenrechtlichen Bestimmungen infolge der Sonderart dieses Rechtsgebiets oft nur in Form von allgemeinen Richtlinien und Grundsätzen verkündet. Berücksichtigt man all das, so wird es wohl verständlich, daß die Wirtschaft sich veranlaßt sah, in weitestem Umfang sachverständige Personen zur Beratung in Devisenangelegenheiten zuzuziehen.

Es hat sich auch gezeigt, daß dieses Bedürfnis nicht etwa nur in der ersten Zeit der Devisenbewirtschaftung bestand, als die stürmische Entwicklung des jungen Rechtsgebiets und die damit verbundene Häufung von Verordnungen und Erlassen es den Betriebsführern beinahe unmöglich machte, die Fülle der Einschränkungen, Verbote und sonstigen Vorschriften sowie ihre Auswirkung auf den Geschäftsbetrieb des Unternehmens zu übersehen. Das Bedürfnis besteht vielmehr auch noch, nachdem die Grundzüge des Devisenrechts Allgemeingut aller Wirtschaftenden geworden sind und nachdem es in seinen wichtigsten Einrichtungen feststeht.

Im einzelnen haben sich von der einfachen Auskunftserteilung über die Ausarbeitung von Anträgen, der eingehenden Prüfung und Begutachtung von Geschäftsvorgängen, der Vertretung vor Behörden, bis zur laufenden Überwachung und Beratung alle Stufen der Zuhilfenahme fremder Unterstützung in der Devisenbewirtschaftung ausgebildet.

Zwischen den verschiedenen Gebieten der Devisenberatung haben im Laufe der Jahre Verlagerungen stattgefunden, welche die Entwicklung des Devisenrechts widerspiegeln. Zuerst lagen die Aufgaben für die Devisenberatung vor allem auf dem Gebiet des Warenverkehrs. Durch die Einführung des „Neuen Plans" im September 1934, durch den die Einfuhrüberwachung auf neue Grundlagen gestellt wurde, trat dann hier eine Veränderung ein. Seitdem wird die Beratung vor allem für das private Verrechnungsgeschäft, für das Rohstoffkreditgeschäft, für den Verkehr über die Ausländersonderkonten bei Inlandszahlungen (Aski), für den Transithandel und für die Nebenkosten des Warenverkehrs in Anspruch genommen. Der gewöhnliche Verkehr mit den Überwachungsstellen pflegt sich dagegen heute ganz ohne fremde Unterstützung abzuwickeln. Auch ist das private Verrechnungsgeschäft ziemlich ausgeschaltet und der Verkehr über die Ausländersonderkonten für Inlandszahlungen immer mehr eingeschränkt. Auch der Verkehr über die Verrechnungsabkommen bereitet heute kaum noch Schwierigkeiten.

Ein gleiches gilt mit gewissen Einschränkungen für den Dienstleistungsverkehr. Immerhin stellt hier die Behandlung von Lizenzen, Regiespesen, Veredelungslöhnen und dergleichen noch manche Frage, die der Devisenberatung bedarf.

Das Schwergewicht der Devisenberatung liegt heute auf dem Gebiet des Kapitalverkehrs. Aus der Fülle der hier auftretenden Fragen mögen einige beispielsweise genannt werden:

In erster Linie sind hier zu erwähnen die devisenrechtlichen Vorschriften, die den deutschen Vermögensbestand im Ausland bzw. den deutschen Bestand an ausländischen Werten betreffen. Ein großer Teil dieser Werte mußte der Reichsbank zum Verkauf angeboten werden und es darf fast ausnahmslos nur noch mit Genehmigung über solche Werte verfügt werden. Besondere Schwierigkeiten bereiteten in diesem Zusammenhang von Anfang an die Regelung der Verhältnisse der deutschen Auslandsniederlassungen und die Beziehungen der inländischen Mutterfirmen zu diesen.

Ein zweiter nicht weniger wichtiger Ausschnitt der Devisenbewirtschaftung befaßt sich mit den in Deutschland liegenden bzw. in deutschen Werten angelegten Vermögen von Ausländern: Auslandsforderungen und Guthaben, ausländischer Besitz in deutschen Wertpapieren, ausländischer Grundbesitz in Deutschland, ausländische Beteiligungen an deutschen Unternehmungen usw. Die vertragsmäßige Abwicklung der Schuldbeziehungen zum Ausland und die vertragsmäßige Bedienung des ausländischen Besitzes an deutschen Wert a ieren ist bekanntlich seit längerer Zeit zufolge des Devisenmangels unmöglich. Die inländischen Schuldner oder Beteiligungsfirmen wenden sich nun hier an ihren Devisenberater, um mit ihm im Rahmen der Devisengesetze den möglichen Weg zur Befriedigung der ausländischen Berechtigten zu ermitteln. So sind die häufigsten Beratungsangelegenheiten hier die Transferierung von Erträgen vor allem nach Ländern mit Transferabkommen und die Frage der zweckmäßigen Anlage des Vermögens im Inlande, hierbei wiederum die Darlehensgewährung und Beteiligung unter Verwendung erworbener Sperrmark.

Ein weiteres Gebiet, auf dem die Devisenberatung erheblichen Umfang angenommen hat, bietet die Aus- und Einwanderung. Wichtig ist hier insbesondere auch die Beratung nach erfolgter Auswanderung, da Auswanderer auch nach der Übersiedlung ins Ausland in bestimmtem Umfang den deutschen Devisenbestimmungen unterliegen. Bei der Beratung von Einwanderern handelt es sich zunächst um das Schicksal ihrer bei der Einwanderung vorhandenen Vermögenswerte, die Erfüllung einer etwaigen Anbietungspflicht sowie die Beantragung eines Härteausgleichs, wenn sie aus Abwertungsländern kommen.

Schließlich sei noch auf die Fälle der Erbschaften hingewiesen. Ausländische Erbschaften, an denen Inländer beteiligt sind, oder inländische Erbschaften, an denen Ausländer beteiligt sind, geben eine Reihe devisenrechtlicher Fragen auf, welche die Beteiligten meist nicht ohne die Unterstützung eines Beraters lösen können.

3. Einen weiteren Gegenstand wirtschaftlicher Beratung bildet die Beratung über richtigen und ausreichenden Versicherungsschutz. Es ist eine allerdings weniger häufige Art der Beratungtätigkeit, weil sie ganz besonders Einzelkenntnisse auf dem Gebiet des Versicherungswesens erfordert. Es geht hier um die Ratserteilung in der für ein Unternehmen oft sehr bedeutungsvollen Frage, ob alle wirtschaftlich berechtigten und zweckmäßigen Möglichkeiten der verschiedenen Versicherungszweige genützt sind. Hier sind von unabhängigen Treuhändern zu prüfen: die Frage des Deckungsumfanges, die Bemessung der Versicherungssummen, die richtige Anpassung der einzelnen Versicherungsart an die zeitweiligen Erfordernisse der Wirtschaft, die Anpassung der Versicherungsverträge an besondere Gefahren und dergleichen mehr.

III.

Einen Abschnitt für sich bildet innerhalb der Wirtschaftsberatung als Unterstützung unternehmerischer Tätigkeit die Organisationsberatung kraft der außerordentlichen Bedeutung, die vornehmlich das Rechnungswesen für jede Unternehmung hat.

71

Nun ist ja, wie wir schon eingangs gesehen haben, eine der hauptsächlichsten Betätigungen des Treuhandberufs die Prüfung der kaufmännischen Bücher und Bilanzen und damit also des kaufmännischen Rechnungswesens. Und so ist es natürlich auch das Gegebene, daß der Treuhänder zuvörderst berufen ist, am Auf- und Ausbau des kaufmännischen Rechnungswesens und in weiterer Folge des Einkaufs-, Verkaufs-, Lager-, Fertigungs- und Verwaltungswesens mitzuwirken.

Mit dieser wichtigen Betätigung der Organisationsberatung soll sich bestimmungsgemäß dieser Fachvortrag eingehender befassen.

Grundsätzlich erstreckt sich die Organisationstätigkeit auf die wirtschaftliche Gestaltung von Betrieben, mit dem Ziel, den Einzelbetrieb in seiner Eigenschaft als Bestandteil der Volkswirtschaft zur bestmöglichen Leistung zu befähigen. Dies wird angestrebt teils unmittelbar durch zweckmäßige Ausgestaltung des Erzeugungs- und Verteilungswesens, teils mittelbar durch Schaffung derjenigen Unterlagen, die dem Unternehmer Maßstab und Wegweiser für den wahren Erfolg der Unternehmung sind. Wenn wir in diesem Zusammenhang von „Betrieben" sprechen, so denken wir dabei an Unternehmungen und an öffentliche, in selteneren Fällen an private Haushalte.

In Deutschland hat die Entwicklung in vielen Fällen eine Arbeitsteilung zwischen technischer und wirtschaftlicher Organisationsberatung gebracht. Doch hat der Umstand, daß beide Gebiete sich in zahlreichen Punkten berühren, zu wechselseitiger Betätigung geführt. So befaßt sich namentlich auch der wirtschaftliche Organisationsberater mehr und mehr mit der technischen Seite des Betriebsablaufs und sucht seine Maßnahmen so zu gestalten, daß beide Ziele, nämlich technische Zweckmäßigkeit und betriebliche Wirtschaftlichkeit, so weit als möglich erreicht werden.

Die Durchführung der Organisation erfolgt durch den unabhängigen, außerhalb des Betriebs stehenden Berater, der sie weit unbefangener und sachlicher als etwa ein Angestellter der Unternehmung zu bewerkstelligen vermag. Da beim Treuhänder diese Voraussetzungen in besonderem Maße erfüllt sind, ist er vor allem zur Ausübung der Organisationsberatung berufen. Häufig wird dann diese Tätigkeit vom Treuhänder als ein Sonderberuf ausgeübt. Außerdem gibt es wiederum Spezialisten für besondere Geschäftszweige, z. B. die Textilindustrie, den Maschinenbau, die Brauereien. Dagegen ist die ausschließliche Betätigung auf einem einzelnen Arbeitsgebiet der Organisation, wie z. B. der Messung der menschlichen Arbeit, bei uns in Deutschland wenig üblich.

Jede organisatorische Maßnahme hat in erster Linie eine betriebliche Aufgabe zu erfüllen, nämlich die Überwachung und Steigerung der Wirtschaftlichkeit des Unternehmens. Daher muß jede Organisation darauf abgestellt sein, auf Grund der Ergebnisse abgelaufener Zeitabschnitte Erkenntnisse zu vermitteln, die sowohl die Aufdeckung bestehender Fehler- und Verlustquellen als auch die erfolgreiche Leitung des Betriebs für die Zukunft ermöglichen.

Da der einzelne Betrieb als Werkgemeinschaft ein geschlossenes Ganzes mit einem Eigenleben darstellt, muß jede Organisationstätigkeit auf die Eigenart des Betriebs Rücksicht nehmen und die zu treffenden Maßnahmen an diese Eigenart anpassen. Der Aufbau der Organisation darf darum auch nicht in starren Formen erfolgen, sonst besteht die Gefahr, daß die Organisation zum Selbstzweck wird.

Wo der Staat selbst leitend, planend und ordnend in das Wirtschaftsgefüge eingreift, werden die durch eine zweckmäßige Organisation geschaffenen Unterlagen eines Betriebs zugleich zu einem wertvollen Werkzeug der Wirtschaftspolitik. So hat die Organisationstätigkeit in Deutschland, das im Rahmen seines Vierjahresplans ein großes Wirtschaftsprogramm zu erfüllen hat, erhöhte Bedeutung erlangt.

Diese volkswirtschaftliche Bedeutung der Betriebsorganisation wird besonders deutlich durch den Erlaß des Reichs- und Preußischen Wirtschaftsministers vom 12. November 1936, in dem der Organisation der gewerblichen Wirtschaft die Aufgabe gestellt wird, „ihre Mitglieder zu größtmöglicher Wirtschaftlichkeit und zu höchster Leistung zum Nutzen von Volk und Staat zu erziehen". Vor allem werden in diesem Erlaß die Verbesserung des betrieblichen Rechnungswesens und die Aufstellung einheitlicher Buchführungs- und Kalkulationsrichtlinien als vordringliche Aufgaben gestellt. Um die auf Grund dieser Aufgabenstellung einsetzenden Arbeiten auf sämtlichen Gebieten des Rechnungswesens nach einheitlichen Gesichtspunkten auszurichten, wurde im Frühjahr 1937 im Auftrag des Reichs- und Preußischen Wirtschaftsministers und des Beauftragten für den Vierjahresplan der Reichsausschuß für Betriebswirtschaft beim Reichskuratorium für Wirtschaftlichkeit gebildet.

Als vordringlichste Arbeitsgebiete des Reichsausschuß für Betriebswirtschaft wurden festgesetzt:

1. Richtlinien zur Organisation der Buchführung (im Rahmen eines einheitlichen Rechnungswesens) und Schaffung eines einheitlichen Kontenrahmens.
2. Richtlinien für die Kalkulation.
3. Einheitliche Terminologie im Rechnungswesen.

Als Ergebnis dieser Gemeinschaftsarbeit wurden unter Auswertung der Erfahrungen, die das Reichskuratorium für Wirtschaftlichkeit seit mehreren Jahren bei seinen zweigwirtschaftlichen Betriebsuntersuchungen sammeln konnte, nunmehr zunächst Grundsätze für Buchhaltungsrichtlinien geschaffen und in dem Erlaß des Reichs- und Preußischen Wirtschaftsministers und des Reichskommissars für die Preisbildung am 11. November 1937 herausgegeben. Dieser Erlaß enthält neben Richtlinien zur Organisation der Buchführung einen Kontenrahmen. Auf dieser Grundlage sollen die Gruppen der Organisation der gewerblichen Wirtschaft nunmehr ihre besonderen Richtlinien ausarbeiten. Wir stehen also gegenwärtig in Deutschland mitten in der Schaffung eines einheitlichen Rechnungswesens für die Wirtschaft.

Im einzelnen erstreckt sich die Betriebsorganisation auf

die Organisation des Rechnungswesens,
im besonderen der Geschäftsbuchhaltung (Finanzbuchhaltung), der Betriebsbuchhaltung, der Selbstkostenrechnung, der Statistik, des Lohn- und Gehaltswesens;
die Organisation des Einkaufs,
des Lager- und Fertigungswesens,
die Organisation des Verkaufs,
die Organisation des Verwaltungswesens.

Jede organisatorische Maßnahme auf einem einzelnen dieser Gebiete erfordert natürlich die sinnvolle Eingliederung ins Ganze und die richtige Verbindung der Teilgebiete untereinander.

1. Wir befassen uns zuerst mit der *Organisation des Rechnungswesens.*

a) *Die Geschäftsbuchhaltung (Finanzbuchhaltung)* hat die Geschäftsvorgänge zu erfassen, die sich aus dem Verkehr des Betriebs nach außen ergeben. Im einzelnen obliegt ihr die Ermittlung der Vermögens- und Schuldbestände, die Erfassung der Aufwendungen und Erträge während eines Betriebsabschnitts nach Arten und der Ausweis des Erfolgs am Ende eines Betriebsabschnitts, und zwar sowohl im Rahmen der Jahresbestands- und Erfolgsrechnung als auch gegebenenfalls für die kurzfristige Erfolgsrechnung. Dagegen dient die Geschäftsbuchhaltung nicht ohne weiteres einer besonderen Verarbeitung der Aufwands- und Ertragsziffern für innerbetriebliche Zwecke.

Bei der Einrichtung einer Geschäftsbuchhaltung ist die Hauptaufgabe die, den Plan über Zahl und Arten der Konten richtig auszugestalten. Dabei müssen die besonderen betrieblichen Verhältnisse des Unternehmens wie z. B. Größe und Erzeugungsgang vor allem ihre Berücksichtigung finden. Weiter sind hierbei die gesetzlichen Vorschriften für die Aufgliederung der Bilanz sowie der Gewinn- und Verlustrechnung maßgebend. Diese Vorschriften gelten an sich zwar nur für die Aktiengesellschaften, jedoch ist ihre sinnvolle Anwendung in den erwähnten Richtlinien auch für die andern Unternehmungen als erwünscht bezeichnet.

Die weitere Aufgabe des Organisators bei der Errichtung einer Geschäftsbuchhaltung ist es, eine zweckmäßige Gliederung des Arbeitsablaufs durchzuführen und eine richtige Auswahl der Arbeitsmittel zu treffen. Diese letztere Aufgabe umfaßt vor allem die Ordnung des Belegwesens, die Auswahl der Buchungsmittel (Buchungsmaschinen) und die räumliche Unterbringung der Buchhaltung. Insbesondere sind auch

Untersuchungen über die notwendigen Sicherungen zur Vermeidung von Unterschlagungen anzustellen und entsprechende Einrichtungen zu schaffen.

b) Aufgabe der *Betriebsbuchhaltung* ist es, die innerbetrieblichen Mengen- und Wertbewegungen rechnerisch zu erfassen, um die Grundlage für die Preisstellung, die Kostenüberwachung, die Preisprüfung, die Überwachung der Betriebsgebarung, die Planung und damit der Verfügungen der Betriebsleitung zu schaffen. Mit dieser Zielsetzung hat die Betriebsbuchhaltung eine der wichtigsten Aufgaben im Betrieb zu erfüllen. Mit Rücksicht auf diese allgemeine Bedeutung der Betriebsbuchhaltung sehen die erwähnten Richtlinien zur Organisation der Buchführung die Errichtung einer Betriebsbuchhaltung im Rahmen des allgemeinen Kontenrahmens zwingend vor. Hierbei wird es dem einzelnen überlassen, ob er die Betriebsbuchhaltung kontenmäßig mit der Finanzbuchhaltung verknüpfen oder sie rechnerisch verselbständigen will. Bei getrennten Buchführungen müssen die einzelnen Teile der Buchführung in einem organischen Zusammenhang stehen. Im allgemeinen dürfte es sich, insbesondere bei Mittel- und Großbetrieben mit mannigfaltiger Einzelfertigung empfehlen, Geschäfts- und Betriebsbuchhaltung zu trennen und jeder der beiden Buchhaltungen einen eigenen Kontenkreis zuzuordnen. Der Anschluß der Betriebsbuchhaltung an die Geschäftsbuchhaltung kann dann durch Einschaltung einer besonderen Kontengruppe in der Betriebsbuchhaltung erfolgen, die die in Frage kommenden Posten der Geschäftsbuchhaltung übernimmt, so daß jederzeit eine gegenseitige Abstimmung beider Rechnungen möglich ist.

Der im erwähnten Erlaß vorgeschriebene Kontenrahmen sieht folgende Kontenklassen vor:

0 Ruhende Konten bzw. Anlage- und Kapitalkonten,
1 Finanzkonten,
2 Abgrenzungskonten,
3 Konten der Roh-, Hilfs- und Betriebsstoffe bzw. Wareneinkaufskonten,
4—7 Konten der betrieblichen Leistungsabrechnung,
8 Erlöskonten bzw. Warenverkaufskonten,
9 Abschlußkonten.

Die Klassen 4 bis 7 sind danach der Betriebsbuchhaltung vorbehalten, deren weitere Ausgestaltung den einzelnen Wirtschaftsgruppen überlassen ist. Die Richtlinien sehen lediglich vor, daß innerhalb der Betriebsbuchführung Konten der Kostenarten, Halb- und Fertigerzeugnis- und Erlöskonten zu führen sind. Besonderes Gewicht ist auf die Darstellung der Kostenarten und Kostenträger zu legen. Unter Kostenarten sind die nach der Verkehrsbezeichnung geordneten Kosten zu verstehen, wie z. B. Gehälter, Löhne, Abschreibungen usw. Kostenträger sind die Erzeugnisse des Betriebs. Je nachdem, ob die Kostenarten unmittelbar oder mittelbar auf die Kostenträger umgelegt werden, werden Einzelkosten oder Gemeinkosten unterschieden. Die Verrechnung der Einzelkosten erfolgt ohne weiteres im Rahmen der Betriebsbuchhaltung, während die Umlegung der Gemeinkosten auf die Kostenträger wahlweise in der Betriebsbuchführung oder in einen Betriebsabrechnungsbogen durchgeführt werden kann. Die Umlegung der Gemeinkosten auf die Kostenträger geschieht über die Kostenstellen, worunter die Stellen zu verstehen sind, bei denen die Kosten entstehen (Betriebsabteilungen usw.). Die Eingliederung der Kostenstellen in die Buchführung ist nur Betrieben mit Divisionskalkulation zu empfehlen. Im übrigen sollten die Kostenstellen soweit erforderlich aus der Buchführung herausgenommen und ein besonderer Betriebsabrechnungsbogen erstellt werden. Die Umlage der anfallenden Gemeinkostenarten auf die Kostenstellen erfolgt häufig im Wege der Schlüsselung.

Die Aufgabe des Betriebsabrechnungsbogens besteht darin, die Ergebnisse dieser Umlegung zu verzeichnen. Im allgemeinen werden die Kostenstellen gruppenmäßig zu Fertigungsstellen, Fertigungshilfsstellen, Verwaltungs- und Vertriebsstellen zusammengefaßt. Die Ergebnisse der Kostenumlegung im Betriebsabrechnungsbogen werden dann wiederum durch Belastung der betreffenden Kostenträgerkonten in die Betriebsbuchhaltung übernommen. Die Verbindung zwischen dem Betriebsabrechnungsbogen und der Betriebsbuchhaltung muß jederzeit aus den Aufzeichnungen ersichtlich sein, damit der organische Zusammenhang der einzelnen Teile des betrieblichen Rechnungswesens gewährleistet ist.

Der Betriebsabrechnungsbogen hat eine zweite der Selbstkostenrechnung unmittelbar dienende Aufgabe zu erfüllen. Die in dem Betriebsabrechnungsbogen gesammelt erscheinenden Gemeinkosten einer Fertigungsperiode für jede einzelne Kostenstelle geben die Zuschlagssätze, die dann in der Selbstkostenrechnung zur Verrechnung der Gemeinkosten Verwendung finden. Damit stellt der Betriebsabrechnungsbogen die Verbindung zwischen Buchführung und Kalkulation dar, die auf diese Weise durch die Buchführung stets leicht nachprüfbar ist.

Mit der planmäßigen Aufzeichnung der Kosten und ihrer Verteilung auf die Kostenträger sind die Möglichkeiten der Auswertung einer Betriebsbuchhaltung jedoch keineswegs erschöpft. Um vielmehr die Erfahrungen der Vergangenheit auch der Zukunft dienstbar zu machen, muß der Organisator die Betriebsbuchhaltung, wie überhaupt das gesamte betriebliche Rechnungswesen so ausgestalten, daß es innerhalb der planmäßigen Aufzeichnung der Kostenentwicklung die Ursachen dieser Entwicklung, namentlich Fehler- und Verlustquellen, frühzeitig und zwangsläufig aufzeigt. Damit tritt das betriebliche Rechnungswesen in den Dienst der Kostenplanung.

Die Planung stellt eine betriebliche Vorschaurechnung dar, Grundlage für die Planung ist die Untersuchung der Betriebsvorgänge der Vergangenheit unter Einbeziehung der angestrebten Entwicklung in der Zukunft. Durch Vergleich der Sollziffern des Wirtschaftsplanes mit den Istziffern der tatsächlichen Kostenentwicklung wird erreicht, daß Abweichungen beider Größen voneinander erfaßt und auf ihre Ursachen hin untersucht werden können.

Wie schon erwähnt, kann die Planung außerhalb oder innerhalb der Betriebsbuchhaltung vorgenommen werden. Letzteres Verfahren hat den Vorteil, daß die gewünschten Ergebnisse unmittelbar und zwangsläufig aus der Betriebsbuchhaltung selbst sich ergeben.

Zu diesem Zweck muß die Betriebsbuchhaltung, die gewöhnlich nur die Istkosten verrechnet, zur Normalergebnisrechnung ausgestaltet werden. Die Normalergebnisrechnung ist dadurch gekennzeichnet, daß die Über- oder Unterdeckungen der einzelnen Aufwendungen gegenüber der Vorkalkulation einzeln bei jedem Arbeitsgang ermittelt und die sich ergebenden Unterschiede besonderen Deckungskonten zugeführt werden. Dieses Verfahren hat zur Voraussetzung, daß die Sollkosten für jeden Arbeitsgang ermittelt werden, denen die entsprechenden Istkosten gegenüberzustellen sind. Weichen die tatsächlichen Aufwendungen von den vorkalkulierten Werten ab, dann ergeben sich auf den einzelnen Konten Differenzen, die auf eine besondere Kontengruppe „Differenzen zwischen Normalaufwand und tatsächlichem Aufwand" überzuführen sind. Die letztere Kontengruppe wiederum ist aufgeteilt nach den einzelnen Kostenelementen, so daß nach Abschluß einer Abrechnungsperiode jeweils festgestellt werden kann, welche Unter- bzw. Überdeckungen entstanden sind. Auf diese Weise gelangen zum Ausweis einerseits das Normalergebnis als Differenz zwischen Normalaufwand und tatsächlichem Erlös und andererseits die Differenz zwischen Normalaufwand und tatsächlichem Aufwand bei den einzelnen Kostengruppen, also bei Rohstoffen, Fertigungslöhnen, Fertigungsgemeinkosten, sowie Verwaltungs- und Vertriebskosten. Aufgabe der Betriebsführung ist es dann, aus dem durch die Betriebsbuchführung gelieferten Zahlenmaterial die notwendigen Schlußfolgerungen zu ziehen.

c) Aufgabe der *Selbstkostenrechnung* ist die Stückkostenrechnung, also die Umlegung der Kostenarten auf die einzelnen Kostenträger. Die Nachkalkulation dient der Leistungs-, Kosten- und Preiskontrolle, die Vorkalkulation vorwiegend der Preisstellung und der Preispolitik, ferner, wie bereits im Zusammenhang mit der Darstellung der Betriebsbuchführung erwähnt, der Überwachung der Betriebsgebarung.

Insbesondere als Grundlage für die Preisgestaltung hat die Selbstkostenrechnung in letzter Zeit in Deutschland eine erhöhte Bedeutung erlangt, nachdem der Staat zur Verhinderung unberechtigter Preissteigerungen durch allgemeine Verbotsbestimmungen (Preisstopverordnung) und zum Teil auch durch besondere Preiserrechnungsvorschriften in das Preisgefüge eingegriffen hat. Infolgedessen ist die Möglichkeit der richtigen Nachprüfung der Preisunterlagen für das einzelne Unternehmen sehr wichtig.

Für die praktische Durchführung der Selbstkostenrechnung hat der Organisator eine Reihe von Voraussetzungen zu erfüllen. Grundlage für die Erstellung von Kostenrechnungen bildet die Erfassung des Fertigungsmaterials, der Materialgemeinkosten, der Fertigungslöhne und der Fertigungsgemeinkosten, die zusammen die Herstellungskosten bilden. Hierzu sind die Verwaltungs- und Vertriebsgemeinkosten sowie die Vertriebssonderkosten und der Gewinn zu schlagen.

Die Erfassung der Einzelkosten (Material und Löhne) erfolgt durch entsprechende Einrichtungen innerhalb des Fertigungs-, Lager- und Lohnwesens, während die Gemeinkosten durch die Betriebsbuchhaltung bzw. durch den Betriebsabrechnungsbogen nachgewiesen werden. Von besonderer Bedeutung in der Selbstkostenrechnung ist die Wahl der Zuschlagsgrundlagen zur Ermittlung der Zuschlagssätze für die Gemeinkosten. Hierbei kann eine ins einzelne gehende Kostenstellenrechnung im Rahmen der Betriebsbuchführung von großem Nutzen sein.

Wir haben bereits ausgeführt, daß wesentliche Teile der Selbstkostenrechnung von der Betriebsbuchführung selbst erledigt werden können, wenn diese entsprechend organisiert ist. Durch die oben dargestellte Normalkostenrechnung erübrigt sich bei entsprechender Organisation die zeitraubende und meist verspätet durchgeführte Aufstellung von Nachkalkulationen, weil die Über- und Unterdeckungen der vorkalkulierten Kosten bei dieser Rechnung für jeden Arbeitsgang ermittelt und auf besonderen Konten der Betriebsbuchhaltung planmäßig geordnet bereits erfaßt werden.

d) Die *Betriebsstatistik* ist ihrem Wesen nach Vergleichsrechnung. Ihre Aufgabe besteht darin, allen im betrieblichen Rechnungswesen anfallenden Zahlenstoff zusammenzufassen, zu ordnen und auszuwerten. Dies kann wiederum nur dann richtig geschehen, wenn zwischen der Betriebsstatistik und dem übrigen betrieblichen Rechnungswesen ein organischer Zusammenhang besteht. Vor allem wird der Organisator bei der Errichtung einer Betriebsstatistik auch darauf zu achten haben, daß die einzelnen statistischen Vergleichsrechnungen zusammen ein geschlossenes Bild der gesamten Betriebsgebarung geben, so daß die Statistik ihrerseits wiederum das wichtigste Werkzeug für die Betriebsdisposition und für die Planung abzugeben vermag.

e) Beim *Lohn- und Gehaltswesen* liegen die Aufgaben einfacher. Hier tritt die Frage der besten buchungstechnischen Einrichtung für den Einzelfall (Rechenmaschine, Durchschreibe- und Lochkartenverfahren) in Erscheinung, um das Ziel der raschesten Erledigung der stoßweise anfallenden, umfangreichen Arbeiten zur Fertigstellung einer Lohnabrechnung zu erreichen. Man hat sich weiter mit der Frage der bestgeeigneten Festlegung des jeweiligen Zeitabschnitts für die Abrechnung (Lohnperiode) zu befassen. Schließlich sind für die Abrechnung die notwendigen Einrichtungen zu treffen, um eine Erfassung der Aufwendungen für jeden Arbeiter und für jede Leistung, letztere wiederum getrennt nach Fertigungslohn und nach Hilfslohn, zu ermöglichen.

2. Einen weiteren Gegenstand der Organisationstätigkeit bildet das *Einkaufs-, Lager- und Fertigungswesen.*

Im Abschnitt des Einkaufs gehören hierher das Angebotswesen, das Bestellwesen, die Warenannahme und -prüfung.

Die Einkaufstätigkeit wird ausgelöst durch das Fertigungsprogramm bzw. durch die Erfordernisse der Bereitstellung des Materials am Lager. Die Bedarfsmeldung des Lagers wird dem Einkauf durch eine Materialanforderung übermittelt. Um die günstigste Einkaufsquelle zu ermitteln, werden Einkaufskarteien bzw. Bezugsquellenkarteien eingerichtet, die Angebotsvergleiche ermöglichen.

Bei der Organisation des Bestellwesens ist zu beachten, daß die Überwachung der unerledigten Bestellungen jederzeit ohne besondere Schwierigkeiten durchgeführt werden kann. Als Hilfsmittel werden im Einkauf weitgehend Formblätter verwendet, die einer Vereinfachung und Vereinheitlichung der einzelnen Arbeitsgänge dienen. Dazu gehören Formblätter für die Anfrage-, für die Bezugsquellenkartei, für den Angebotsvergleich, für die Bestellung und für die Materialanforderung. Bei den Entwürfen für diese Formblätter sind die jeweiligen betrieblichen Verhältnisse ganz besonders zu berücksichtigen.

Im Lagerwesen ist für die Materialbereitstellung besonders wichtig, daß sich aus den Bestandsnachweisen nicht nur der tatsächliche, sondern auch der verfügbare Bestand ergibt. Weiterhin gehören zur Organisation des Lagerwesens Bestimmungen über die Lagerart, eine Lagerordnung, eine Materialkontrolle, eine Erfassung der Lagerausgabe und eine Kontrolle der Bestände.

Die Organisation des Fertigungswesens ist weitgehend vom Fertigungsprogramm wie überhaupt von der Art und Größe des Betriebs abhängig. Es gehören hierher die Fertigungsvorbereitung, die Arbeitsvorbereitung und die Herstellung.

Aufgabe der Fertigungsvorbereitung ist die Erfassung und Ergänzung von Maschinen und Betriebsanlagen; die Prüfung der Leistungsfähigkeit von Maschinen und die Raumgestaltung. Die Fertigungsvorbereitung umfaßt weiter in den verschiedenen Industriezweigen die konstruktive Durcharbeitung des herzustellenden Gegenstands, das Förderwesen und das Prüfwesen.

Die Arbeitsvorbereitung befaßt sich mit der Bereitstellung und Anweisung der notwendigen Arbeitskräfte. Ferner gehört hierher das Auftragswesen, durch das der Auftragsumfang festgelegt wird und mittelbar wiederum das Lagerwesen, das der Bereitstellung des erforderlichen Materials dient.

3. Die *Organisation des Verkaufs* einschließlich der Werbung umfaßt das gesamte Gebiet des Absatzwesens. Im weiteren Sinn gehört hierher auch der Versand. Zu den Aufgaben der Organisation zählt hier die Schaffung von Einrichtungen für die Angebots- und Auftragserledigung, die Vertriebs- und Verkaufskontrolle und der Ausbau des Kundendienstes.

4. Ergänzend ist noch die *Organisation des Verwaltungswesens* zu nennen, zu dem unter anderem der Schriftverkehr und das Schriftgutablagewesen gehören.

Die bisherigen Ausführungen zeigen, wie vielseitig die Aufgaben auf dem Gebiet der organisatorischen Beratungen sein können und welch dankbares Betätigungsfeld sie darum für den Beruf bieten.

IV.

Eine zusätzliche Tätigkeit des Berufs bildet die als Sachverständiger und Gutachter, vor allem auf dem Gebiet des Buchführungs- und Bilanzwesens, wie aber auch überhaupt in wirtschaftlichen Fragen. Eine solche Tätigkeit kann auf Grund freiwilligen Auftrags von irgendeiner Seite erfolgen, in der Hauptsache wird sie aber bei Behörden und insbesondere bei Gericht in Frage kommen.

Bei Gericht kann sie vorkommen im Gebiet des Zivilprozesses, des Strafprozesses und des arbeitsgerichtlichen Verfahrens. Die Aufgabe dieser Tätigkeit bildet die Schaffung von Grundlagen für richterliche Entscheidungen im Anschluß an besondere Beweisbeschlüsse. Der Tatbestand, auf Grund dessen der Gutachter seine sachverständigen Feststellungen zu treffen hat, kann schon aus dem Beweisbeschluß oder aus den Akten sich ergeben. Sehr häufig wird es aber auch so liegen, daß der Gutachter erst durch eingehende Buchprüfungen den Sachverhalt aufzuklären und damit erst die Unterlagen für seine Meinungsäußerung zu beschaffen hat. Die Berichterstattung selbst bzw. die Abgabe des Gutachtens kann im Einzelfall, je nach den Anordnungen des Gerichts, mündlich und oder durch schriftliches Gutachten erfolgen.

V.

Wir haben schon wiederholt festgestellt, daß im Laufe der Entwicklung die Prüfung des kaufmännischen Rechnungswesens vor allem in Gestalt der Buch- und Bilanzprüfung eines der wichtigsten Arbeitsgebiete des Treuhänders geworden ist. Wir haben ferner schon erwähnt, daß ein

Großteil dieser Prüfungstätigkeit, nämlich der Jahres-Buch- und Bilanzprüfung für Aktiengesellschaften, aus dem Rahmen der übrigen dadurch
herausfällt, daß sie einerseits gesetzlich geregelt und andererseits einer
bestimmten Berufsgruppe innerhalb der Treuhänderschaft, nämlich dem
öffentlich bestellten Wirtschaftsprüfer, vorbehalten ist. So ist denn auch
die gesamte Prüfung des Jahresabschlusses, und zwar einschließlich der
freiwilligen Prüfungsaufträge, einer Sonderbehandlung (vgl. Thema Nr. 3)
vorbehalten; im Rahmen unserer Ausführungen sind nur die Sonderprüfungen außerhalb des Jahresabschlusses zu besprechen.

Auch bei solchen Sonderprüfungen kann es sich sowohl um reine Buchprüfungen als auch um Bilanzprüfungen oder um Verbindungen von
beiden handeln.

Als reine *Buchprüfungen* kommen derartige Sonderprüfungen vor,
wenn ein Unternehmen zur Überwachung einzelner oder mehrerer Teilgebiete seines Rechnungswesens, z. B. des Zahlungsverkehrs, der Lohnabrechnung, des Warenein- und -ausgangs einmalige oder laufende Buchprüfungen durch den Treuhänder, etwa an Stelle betriebseigener Prüfungen, besonders auch an Stelle betriebseigener Konzern- und Zweig-
stellenprüfungen vornehmen läßt. Die Gründe für die Erteilung solcher
Aufträge an den außenstehenden Prüfer können in seiner Unabhängigkeit, in seiner besonderen Sachkenntnis und schließlich auch in dem
Wunsche nach einer weiteren Entlastung liegen.

Sonderprüfungen der Bücher pflegen auch die sogenannten Unter-
schlagungsprüfungen zu sein. Das sind vor allem die Prüfungen, bei denen
in einem vorliegenden Verdachtsfall zur Überwachung einzelner Personen
bestimmte Prüfungshandlungen durchgeführt werden. Diese Aufgaben
zählen zu den undankbarsten des Berufs, weil der Auftraggeber die Möglichkeit einer solchen Feststellung falsch einzuschätzen pflegt und im Fall
der Ergebnislosigkeit bei späterer Feststellung von Unterschlagungen nur
allzu leicht dem Prüfer die Haftung zuzuschieben geneigt ist. Es ist
darum gut, vor der Durchführung eines derartigen Auftrags weitgehende
Aufklärung über die gegebenen Möglichkeiten zu erteilen und auch das
Prüfungsgebiet genauestens abzugrenzen. In gewissem Sinn gehören
hierher auch die Nachprüfungen des gesamten Rechnungswesens eines
Unternehmens oder bestimmter Teile, um das Ineinandergreifen zu
Sicherungszwecken in der Richtung der Vermeidung von Unterschla-
gungsmöglichkeiten festzustellen.

Die Bedeutung einer vorbeugenden Maßnahme haben auch die Aufträge zur Nachprüfung der Ordnungsmäßigkeit einer Buchführung für
steuerliche Zwecke. Durch sie wird die Vermeidung späterer Beanstandungen seitens der Steuerbehörde angestrebt.

Eine hierher gehörige Prüfung besonderer Art bildet die Mitwirkung
bei der Rohstoff- und Warenaufnahme oder sonstiger Bestandsaufnahmen

am Bilanzstichtag oder einem sonstigen Stichtag. Sie bezweckt die Überwachung der Inventuraufnahme im Hinblick auf eine spätere Bilanzaufstellung oder Vermögensaufnahme.

Sonderbuch- und Bilanzprüfungen außerhalb der Prüfung der Jahresabrechnung pflegen vor allem beim Entstehen und bei Beendigung eines Unternehmens oder bei besonderen Ereignissen vorzukommen. Hierher zählt in erster Linie die vom Gesetz bei der Gründung von Aktiengesellschaften, namentlich bei Sachgründung, vorgeschriebene Prüfung. Dabei geht es vor allem um die Nachprüfung und Begutachtung von Wertansätzen. Auch im Falle der Beendigung des Unternehmens, also bei der Liquidations- und der Konkursprüfung, geht es weitgehend um Wertfestsetzungen, die in diesen Fällen für die Quotenberechnungen und dergleichen Anhaltspunkte liefern. Im Konkursfall kommt dann freilich oft auch der Buchprüfung weitgehende Bedeutung zu, weil etwa festgestellt werden soll, ob Vermögensgegenstände nicht zu Unrecht verschleudert oder verschoben worden sind.

Bei Beteiligungsveränderungen, vor allem bei Aufnahme neuer Gesellschafter, bei Kapitalerhöhungen, aber auch bei Kapitalrückzahlungen und bei Abfindungen von Teilhabern oder Gesellschaftern sind eingehende Prüfungen am Platze, bei denen besonders auch die Nachprüfung der Ertragsfähigkeit des Unternehmens eine Rolle spielt.

Bei Kreditaufnahmen fordert der Geldgeber häufig die besondere Prüfung der Kreditwürdigkeit und der Leistungsfähigkeit. Bei kurzfristigen Krediten steht dann die Prüfung der Liquidität, der voraussichtlichen Liquiditätsentwicklung und der Nachhaltigkeit des Ertrags im Vordergrund. Bei langfristigen Krediten, besonders solchen mit Grundstückssicherheit, bedarf es zudem einer Beurteilung der Vermögensabwicklungswerte.

Prüfungen zum Zweck der Berechnung des Unternehmungswertes oder der Ertragsfähigkeit (Rentabilitätsberechnungen) gehören gleichfalls in diese Gruppe. Sie finden namentlich bei Verkäufen des Unternehmens im ganzen oder beim Ausscheiden, oder der Aufnahme von Gesellschaftern und Teilhabern statt. Die Schwierigkeit bei dieser Art von Aufgaben besteht vor allem in der Feststellung der stillen Reservenbewegung, der Ausscheidung von Außeneinflüssen, die sich im Betriebsergebnis auswirken und schließlich der Festlegung des Kapitalisierungszinsfußes.

Als Sonderprüfungen sind hier schließlich noch die Verbandsprüfungen zu erwähnen. Diese können sich beziehen auf eine Prüfung des Verbandes selbst hinsichtlich seiner Vermögensverwaltung und Beitragsverwendung oder aber auf die Prüfung der dem Verband angeschlossenen Betriebe, bei den letzteren besonders hinsichtlich der Einhaltung von Vertragsbedingungen. Diese Prüfungen können sich dann erstrecken auf wertmäßige Überwachungen wie Preis, Einkauf, Verkauf, Umsatz, auf mengenmäßige Überwachungen wie Erzeugung oder Absatz, auf sonstige Überwachungen wie Lieferungs- und Zahlungsbedingungen, Kartelle, Gebietskartelle und dergleichen mehr.

Eine Besonderheit für sich bilden in diesem Zusammenhang die Bankdepotprüfungen. Sie erfolgen auf der Grundlage des Gesetzes über die Verwahrung und Anschaffung von Wertpapieren. Maßgebend für die Durchführung sind die von der Wirtschaftsfachgruppe des Kreditgewerbes aufgestellten Richtlinien. Durch jene erfolgt auch die Bestellung zum Depotprüfer. Der Zweck der Prüfungshandlungen, nach dem sich auch der Prüfungsumfang und der Berichtsinhalt richten, ist die Feststelulng und Überwachung, daß die zur Sicherung des Wertpapierbesitzes festgelegten gesetzlichen Bestimmungen über die Wertpapierverwahrung eingehalten werden.

V. Internationaler Prüfungs- und Treuhand-Kongreß
BERLIN · SEPTEMBER 1938

Nationalbericht — National Paper — Rapport National

Sonstige Prüfungs- und Beratungstätigkeit	Thema	Frankreich	Land
Other Auditing and Advisory Work	7	France	7
Fonctions Diverses de Vérificateur et d'Expert		France	

von — by — par

Charles Rabaute, Toulouse,
Expert-Comptable Breveté par l'Etat, Chevalier de la Légion d'Honneur, und

Pierre Garnier, H. E. C., Paris,
Professeur à L'Ecole des Hautes Etudes Commerciales, Secrétaire Général de la Compagnie des Experts-Comptables de Paris Brevetés par l'Etat, Expert près les Tribunaux

Inhaltsübersicht

Table of Contents

6. *Commissions by public authorities:* a) commissions for organisation and surveyance, expert opinion — b) judicial expert opinion

7. *Conclusion*

Table des Matières

Text des Berichts — Paper — Rapport

1. Préscriptions générales

La question des fonctions, mandats et missions que peuvent accepter les Experts-Comptables a fait l'objet de plusieurs rapports dans les Congrès d'Experts-Comptables en France. Notamment à un Congrès qui s'est tenu à Toulouse, au mois de Juillet 1928, notre regretté collègue, M. Georges *Reymondin*, a présenté un travail remarquable, qui témoigne de sa part d'un souci très élevé de notre dignité professionnelle.

Il importe en effet que le rôle de l'expert-comptable du Commerce et de l'Industrie soit bien défini par les groupements corporatifs, afin d'obtenir une très nécessaire unité de vues sur les conditions d'exercice de notre profession. Celle-ci offre à nos activités un champ assez vaste pour que nous ne cherchions pas à l'étendre encore au détriment de professions connexes.

Pour éviter des intrusions dont les intéressés se plaignent un peu partout à juste titre, il y a lieu de déterminer, dans la mesure du possible, en se basant sur l'expérience et le bon sens, quelles doivent être les activités principales ou accessoires de cette profession. Une détermination réglementaire, nécessairement rigide, pourrait aller à l'encontre du but que l'on veut atteindre et qui est une meilleure organisation de l'Economie Nationale. Seule une réglementation librement consentie, fondée sur des règles professionnelles loyalement déterminées et admises, nous paraît pouvoir donner les résultats escomptés.

Nous allons, dans l'espoir d'y contribuer, examiner rapidement les fonctions, mandats et missions que peuvent accepter les experts-comptables du Commerce et de l'Industrie.

2. Mission d'organisation des comptabilités

Si l'on prend la fonction comptable d'une entreprise à son origine, le premier rôle qui échoit à l'expert-comptable est celui d'organisateur-conseil en comptabilité. Ce rôle de conseil en organisation comptable, il doit l'exercer durant toute l'existence de l'entreprise, d'abord pour créer la fonction comptable, plus tard et d'une façon permanente pour veiller à ce que les services comptables conservent un rendement maximum pour une dépense minima, et soient aptes à remplir intégralement toutes les missions que le chef d'entreprises peut être appelé à leur confier; c'est une tâche de tous les instants, souvent ingrate, et qui nécessite de la part de l'expert organisateur, avec une connaissance approfondie des règles et méthodes de l'organisation scientifique, un esprit clair et lucide, une patience sans borne, une ténacité sans défaillance.

3. *Mission de contrôle des services comptables et de leurs travaux*

a) *Centralisation d'écritures* — Nous sommes ici sur un domaine mixte, qui appartient à la fois au comptable (et spécialement à celui qu'on a appelé «comptable ambulant» ou «entrepreneur de comptabilités») et à l'expert-comptable.

La distinction pouvant être faite entre les deux missions est que, dans la tenue de la comptabilité, le comptable est amené à passer toutes les écritures jusqu'à en extraire le bilan, tandis que l'expert-comptable ne devra jamais accepter de passer des écritures originaires, c'est-à-dire d'inscrire pour la première fois en comptabilité un fait. Son rôle doit être ici purement mécanique: il consistera seulement à centraliser les totaux des journaux auxiliaires préparés par un comptable et à en extraire le bilan dont il a besoin pour sa mission propre de contrôle et d'information.

Presque toujours ce travail de centralisation, purement matériel, ne lui est laissé par le chef d'entreprise que pour lui permettre de mieux contrôler les écritures originaires et lui laisser le soin de dresser le bilan qui en résulte; c'est donc encore ici, et malgré les apparences, un rôle de contrôle qui est dévolu à l'expert-comptable.

b) *Contrôle des Comptabilités* — Cette fonction de l'expert-comptable, qui prend tous les jours plus d'extension, donne sans conteste d'excellents résultats; elle n'enlève rien à la valeur du personnel, ni surtout du chef comptable; par le fait que l'expert-comptable, contrôleur de comptabilités, est appelé à voir de nombreuses entreprises appartenant souvent à de mêmes branches d'industries, il acquiert une expérience qui fait nécessairement défaut au chef comptable; il lui apporte donc de précieux conseils; et, souvent, le contrôleur de la comptabilité vient renforcer de son autorité plus grande, auprès du chef d'entreprise, celle du chef comptable qui ne jouit pas toujours, vis-à-vis de son employeur, de cette indépendance d'esprit qui doit être celle du témoin qu'il est par profession. Inutile d'ajouter que ce contrôle exige, pour éviter toute friction, d'être exercé avec tact.

c) *Etablissement et vérification d'inventaires et de bilans* — Au moment de l'arrêté du bilan, de très importantes questions économiques, financières, juridiques se posent; des lois nouvelles surgissent à chaque instant; le chef d'entreprise, dont le souci est de produire, n'a pas le temps matériel de se tenir au courant de questions diverses qui exigent des spécialistes; le chef comptable, le plus souvent absorbé par son travail quotidien, ne peut, faute de temps, suivre ces questions.

C'est alors qu'apparaît un rôle des plus importants de l'expert-comptable; il consistera à conseiller le chef d'entreprise en toute indépendance et en toute liberté d'esprit dans des conjectures souvent délicates; aussi fera-t-on appel à lui autant pour la droiture de son jugement et de sa conscience, que pour son expérience et sa valeur professionnelles.

d) Expertises officieuses et vérifications décritures — Les missions envisagées précédemment son presque toujours des missions permanentes, quotidiennes, mensuelles, ou annuelles; celle-ci est le plus souvent une mission exceptionnelle, par laquelle on demande à l'expert de s'assurer de la sincérité d'un bilan ou de donner son avis sur la tenue d'une comptabilité; la mission peut être plus ou moins étendue ou restreinte; il appartiendra à l'expert de la faire déterminer avec soin, de façon à mettre en évidence, d'une part, les points sur lesquells son mandant désire obtenir son avis, d'autre part, ceux que l'expert entend laisser strictement en dehors de sa mission.

4. Exploitation des sources comptables

a) Prévisions budgétaires et coontrôle de l'exécution du budget — Les difficultés économiques actuelles ont mis en valeur la nécessité pour un chef d'entreprise:

aa) de dresser avant le début d'un exercice des prévisions budgétaires,

bb) de contrôler en cours d'exercice comment se sont réalisées ces prévisions.

C'est là encore, et au premier chef, une mission de l'expert-comptable: c'est l'expert-comptable qui extraira de la comptabilité tous les renseignements permettant au chef d'entreprise de dresser son budget; c'est la centralisation mensuelle ou hebdomadaire des écritures qui permettra par des moyens comptables, ou parfois extra-comptables, de voir comment les faits répondent aux prévisions.

C'est trop souvent au moyen de simples statistiques que les budgets sont dressés ou qu'ils sont contrôlés. Il faut bien répéter ici que les moyens statistiques ne doivent être considérés que comme un pis-aller; ils ne doivent être utilisés qu'à défaut d'une comptabilité correctement organisée, qui fournirait, sans plus de frais et avec plus de certitude, les mêmes renseignements.

b) Détermination du prix de revient — Ici, la collaboration de l'expert-comptable et de l'ingénieur est indispensable; il n'appartient pas à l'expert-comptable d'empiéter sur les questions techniques de fabrication, mais c'est à lui qu'appartient le soin de relever en comptabilité tous les éléments du prix de revient et d'agencer les comptes de telle sorte qu'ils puissent à tout moment fournir, de source strictement comptable, tous les renseignements sur le coût de fabrication dont le chef d'entreprise peut avoir besoin.

En cette matière, il collaborera avec le technicien, qui lui fournira les renseignements élémentaires, tels que marchandises ou matières consommées en quantité et en valeur, main-d'oeuvre employée, machines utilisées, ateliers exploités ou en chômage, frais directement imputables et frais indirects.

Mais l'expert-comptable ne devra pas se contenter de recevoir ces documents les yeux fermés; il lui appartient d'organiser la comptabilité en vue de les contrôler par tous les moyens en son pouvoir, de façon à fournir des renseignements strictement vérifiés.

Trop souvent le technicien se leurre sur le prix de revient d'un produit nouveau dont la fabrication va être entreprise; c'est à l'expert-comptable qu'il appartient de trouver, dans ses archives, le cas déjà observé qui permettra au chef d'entreprise de se décider, sinon en complète connaissance de cause, du moins avec des éléments plus certains d'appréciation. Un contrôle de cette sorte, qu'il s'agisse d'un prix de revient à priori ou d'un prix de revient à posteriori, appartient indiscutablement à l'expert-comptable.

c) Etudes financières — C'est encore à l'expert-comptable que l'on aura recours pour déterminer la valeur d'une entreprise.

Souvent il devra se faire aider, en cette matière, en demandant à certains techniciens, ingénieurs, architectes, géomètres, de lui remettre des rapports spéciaux portant sur certains points particuliers de son étude; mais c'est à lui qu'il appartiendra de faire en son rapport la synthèse de toutes les études faites et de déterminer l'intérêt d'une affaire, les capitaux qui peuvent y être investis raisonnablement, la rémunération qui pourra leur être accordée.

Dans ce domaine, l'intervention de l'expert-comptable est fréquente, qu'il s'agisse de réduction ou d'augmentation de capital, de fusions, de détermination de la valeur d'une affaire et, par suite, de ses titres s'il en existe.

d) Commissariat aux comptes — Un bilan est une évaluation de la situation d'une affaire à un instant donné; si c'était le résultat d'un ensemble d'opérations arithmétiques, la tâche du commissaire serait aisée; s'agissant d'une évaluation, c'est d'abord et avant tout la sincérité et la bonne foi des administrateurs qui ont préparé et dressé le bilan que le commissaire doit apprécier.

Une sérieuse expérience des affaires est incontestablement indispensable ici, mais le commissaire doit être familiarisé avec le langage des comptes; bien plus qu'un contrôle matériel, c'est un contrôle de compréhension qu'il doit exercer.

Il ne semble pas que cette mission puisse être remplie efficacement par d'autres que des experts-comptables qui, en règle générale et sauf des exceptions personnelles toujours possibles, paraissent être seuls à réunir systématiquement les deux qualités requises: bien connaître toutes les branches diverses de l'Industrie et du Commerce, qui toutes s'interpénètrent, et savoir lire tous les comptes.

90

5. Missions diverses

a) Conseil d'Entreprises — C'est une mission nouvelle et de grande importance. De même que les entreprises, qui pourtant disposent souvent de services de contentieux bien organisés et avertis, ont besoin fréquemment de recourir au service d'avocats, d'avoués ou de notaires, de même — et de plus en plus fréquemment — elles éprouvent le besoin de s'attacher le concours plus ou moins permanent d'experts-comptables à titre de conseils.

C'est là, en général, une mission étendue qui leur est confiée en raison de leur expérience à forme très diverse. Les experts-comptables sont souvent consultés par les entreprises, leurs clientes, même en dehors de toute question comptable, sur des points de droit, de fiscalité, ou même de législation sociale, ou de propriété industrielle.

Il appartient à l'expert, à la fois, de répondre sur les questions qui peuvent être de sa compétence et de désigner à son client un spécialiste, homme de loi ou technicien, qui pourra, mieux que lui, répondre sur les autres points.

Que l'expert ne croie pas se diminuer en refusant ainsi de répondre à des questions étrangères à sa compétence propre; la confiance que ses clients ont en lui n'en sera pas entamée, bien au contraire, car ceux-ci seront désormais certains de ne recevoir de lui que des avis consciencieux et expérimentés.

b) Arbitre amiable — Bien des missions d'arbitres exigent l'utilisation de renseignements comptables. L'arbitre ne doit pas s'en remettre à de simples employés aux écritures du soin de le documenter: il doit pouvoir lui-même puiser aux sources.

C'est ainsi que, bien souvent, tant en raison de sa compétence générale que de ses connaissances comptables, l'expert-comptable sera tout désigné au choix des parties pour leur servir d'arbitre.

c) Administrateur de Sociétés — Il a été dit parfois que le mandat d'administrateur ou de gérant d'une société n'est pas incompatible avec l'exercice de la profession d'expert-comptable.

Nous sommes d'un avis radicalement opposé: dès l'instant qu'il a les intérêts d'une entreprise à défendre, et du fait des liaisons si nombreuses existant entre les entreprises les plus diverses, l'expert-comptable peut se trouver gêné pour exercer sa mission, qui exige de lui une entière liberté d'esprit, une entière indépendance.

Observons que ne sont point admis comme experts-comptables près les Tribunaux, ceux qui exercent les fonctions d'administrateurs ou de gérants de sociétés, et qu'enfin des dispositions législatives récentes viennent de déclarer incompatibles ces fonctions en ce qui concerne les commissaires aux comptes des sociétés faisant appel au public.

d) Expert-consultant — C'est une mission trop rare, et qui mérite d'être étendue, que celle confiée par un expert, ou sur la demande d'un expert, à un autre expert. En médecine, il est d'usage constant que le médecin traitant appelle en consultation tel de ses confrères, le plus souvent un spécialiste, pour lui demander son avis dans un cas particulier; le médecin traitant ne se croit pas diminué de ce fait; son client lui en est reconnaissant et considère le fait comme normal et naturel. C'est trop rarement que j'ai vu des experts-comptables faire appel à un collègue spécialisé ou plus qualifié, pour lui demander son avis sur un cas particulièrement délicat; ce devrait être de pratique constante entre nous.

e) Gérant de fortune — Il arrive fréquemment, étant donnée l'importance de la fonction comptable dans le commerce de l'argent, que l'on confonde pour ainsi dire le comptable et le banquier; on demande au comptable d'être au courant de toutes les choses de la banque et de la Bourse, comme s'il ne s'agissait pas d'un autre métier, d'une technique dont il a seulement à enregistrer les opérations, comme il enregistre les opérations d'une industrie métallurgique, d'une industrie textile, sans être pour cela un technicien de la métallurgie ou du tissage.

Aussi, de confusions en confusions, en est-on arrivé souvent à considérer que la mission de gérant de fortune est une des missions pouvant être normalement confiée à tout expert-comptable.

Nous estimons qu'il s'agit d'une profession nettement différente; mais, dans toute la mesure où ce gérant de fortune agit comme simple conseil d'une personne ou d'une entreprise, qu'il ne prend de ce chef ni la qualité de commerçant, ni celle de salarié, nous ne voyons pas qu'il puisse exister là une incompatibilité.

f) Expert-comptable organisateur-conseil — Nous avons déjà examiné cette mission de l'expert-comptable et nous avons dit qu'à notre avis, elle est peut-être sa mission essentielle dans l'entreprise. Or il arrive bien souvent que la comptabilité, en s'organisant, rende inévitable, par les renseignements qu'elle exige et par l'exemple d'ordre qu'elle donne, l'organisation des autres services; et à cet instant, lorsque ceux-ci se résignent à s'organiser, c'est l'expert-comptable que ces autres services viennent consulter pour lui demander son avis; l'expert-comptable se trouve ainsi amené à faire de l'organisation générale.

Là encore, il n'existe pas d'incompatibilité; il appartient seulement à l'expert, dans le cas où il serre de trop près une question technique, de faire appel aux spécialistes, ingénieurs ou architectes le plus souvent. Il en sera ainsi lorsque, amené à faire une modification d'organisation des locaux, il devra envisager d'abattre des cloisons, d'ouvrir des fenêtres, de dégager des issues. Il en sera encore de même lorsque, pénétrant dans l'atelier, il tendra à organiser une fabrication dans le seul but, à son point de vue professionnel, d'obtenir des renseignements précis, rapides, exacts, sur les travaux effectués.

Encore faut-il que l'expert-comptable, pour remplir convenablement cette mission étendue, possède de très sérieuses connaissances en organisation scientifique, qui ne lui font aujourd'hui que trop souvent défaut.

6. Missions confiées par des administrations publiques

a) *Organisation, contrôle, expertises amiables* — Il arrive parfois, depuis quelques années, que des ministères ou des administrations publiques s'adressent aux experts-comptables pour leur confier des missions d'organisation, ou de contrôle, ou d'expertise amiable.

Aucune règle particulière n'est à signaler ici, l'Administration publique devant être considérée par l'expert-comptable comme un client particulier, sans que la qualité du mandant puisse influer sur la mission à remplir; il importe seulement de faire remarquer que certaines de ces missions peuvent avoir une importance considérable. L'expert-comptable qui laisserait absorber la totalité de son activité par une administration publique, même en n'en faisant pas officiellement partie, cesserait néanmoins, en fait, d'exercer une profession libérale, tout comme l'expert-comptable qui, recevant de nombreuses missions d'une société ou d'un groupe de sociétés, ne peut plus accepter de mission d'aucun autre client. Il reste bien entendu expert-comptable, et breveté de l'Etat s'il a reçu ce titre, mais on ne peut plus dire qu'il exerce à proprement parler une profession libérale, celle-ci exigeant une indépendance matérielle et morale complète de la part de l'expert-comptable, comme du médecin ou de l'avocat.

b) *Missions judiciaires* — Tout expert-comptable breveté de l'Etat peut être appelé, comme tout professionnel, (médecin, architecte, entrepreneur, etc...) à recevoir une mission d'expertise des Tribunaux.

Il faut bien distinguer la profession d'expert-comptable ou le titre d'expert-comptable breveté de l'Etat, de la mission d'expert près les Tribunaux.

Actuellement, en France, les Tribunaux ont conservé l'usage, déjà ancien, de constituer chacun leur liste d'experts, auxquels ils font appel selon leurs besoins, le plus souvent en tenant compte des spécialités qu'ils ont reconnues à ces experts; c'est ainsi qu'il existe des listes d'experts près le Tribunal Civil et la Cour d'Appel, le Parquet de la Seine, le Tribunal de Commerce (ils reçoivent ici le nom d'arbitres-rapporteurs), le Conseil de Préfecture.

Les experts près le Parquet sont tous des experts-comptables.

Les experts près les Tribunaux appartiennent à toutes les professions, y compris la profession d'expert-comptable.

Les conditions de recrutement sont fixées par les Tribunaux, qui sont maîtres de leurs listes, l'expert étant considéré comme un conseiller technique que le juge doit pouvoir choisir librement.

7. Conclusion

Nous avons essayé de résumer rapidement ici les diverses missions qui peuvent incomber à l'expert-comptable.

Mais pour terminer, nous croyons utile d'insister sur ce fait que ces missions peuvent être exercées par l'expert sous différentes formes, car il importe d'éviter de confondere trois choses bien distinctes:

Le titre d'expert-comptable breveté de l'Etat, décerné en France à ceux qui, ayant l'intention de se consacrer à cette profession, ont subi un examen préliminaire, fait un stage de 5 ans chez un expert-comptable breveté de l'Etat, et subi avec succès les épreuves d'un examen définitif;

La profession libérale d'expert-comptable, très voisine à bien des points de vue de deux autres professions libérales: médecine et architecture; l'expert-comptable, comme tel, n'est pas forcément, jusqu'à ce jour, breveté par l'Etat;

Les missions d'expert-comptable qui sont parfois confiées dans une grande entreprise, soit à un employé supérieur, inspecteur de comptabilité et contrôleur, soit à un expert-comptable attaché à l'entreprise;

En sorte qu'en résumé, on peut dire qu'actuellement en France la profession d'expert-comptable peut être exercée, soit sous forme de profession libérale, soit, dans quelques grands établissements, sous la forme salariée, et que, dans l'un et l'autre cas, le titre d'expert-comptable breveté de l'Etat demeure facultatif.

V. Internationaler Prüfungs- und Treuhand-Kongreß
BERLIN · SEPTEMBER 1938
Nationalbericht — National Paper — Rapport National

| Sonstige Prüfungs- und Beratungstätigkeit Other Auditing and Advisory Work Fonctions Diverses de Vérificateur et d'Expert | **Thema** 7 | *Grossbritannien* *Great Britain* *Grande Bretagne* | **Land** 8 |

von — by — par

E. Cassleton Elliott, F.S.A.A., London.

Inhaltsübersicht und Zusammenfassung

Einleitung: Beratungstätigkeit — Eine Entwicklung hohen Ranges — Persönliche Verantwortlichkeit — Gegenseitige Beratung von Teilhabern (Sozien) untereinander

Kartellrechnungen: Konferenzen von Reedereien — Aktienverkaufskartelle

Treuhänderfunktionen eines Wirtschaftsprüfers:

Besondere Bestallungen zum Treuhänder: Als Testamentsvollstrecker und Treuhänder eines Erblassers — Als Treuhänder bei Konkursfällen oder Vergleichen

Ernennungen mit Funktionen, die wesentlich einem Treuhänderamt gleichkommen: Als Liquidator einer Gesellschaft — Als Masseverwalter: für Inhaber von Schuldverschreibungen; für hypothekarisch belastete Grundstücke; in Eigentumsrechtsstreitfällen; in Teilhaberschaftsstreitfällen; für Minderjährige und Geistesgestörte

Liquidator einer Gesellschaft: Freiwillige Auflösung — Liquidation unter gerichtlicher Aufsicht oder auf gerichtliche Anordnung — Vorschriften für Liquidationen

Masseverwalter für Inhaber von Schuldverschreibungen: Verfahren — Sicherstellung

Treuhänder in Konkursfällen: Verfahren — Konkursgesetze — Kosten einschließlich Honorar — Rechnungslegung und Einreichung der Rechnung beim Board of Trade

Treuhänder bei Vergleichen: Gesetz vom Jahre 1914 — Ein Vergleich ist freiwilliger Natur — Verfahren — Sicherstellung — Rechnungslegung und Einreichung der Rechnung beim Board of Trade

Beratung in Handelssachen und Fragen der Organisation:

Veranschaulicht durch die Ernennung von Wirtschaftsprüfern zu Direktoren und Finanzberatern von Gesellschaften: Kann a) ein gewöhnlicher Direktor oder b) ein spezieller Finanzdirektor sein, der als Berater in Fragen der Finanzierung, Organisation und Rechnungsführung fungiert. Umstände, unter denen die Ernennung erfolgt

95

Faktoren, die im Falle einer Gesellschaftsumbildung zu berücksichtigen sind

Herausgabe von Prospekten: Sowohl juristische Rateinholung wie auch persönliches Studium sind notwendig

Besondere Charakterzüge von Direktorämtern in Treuhandgesellschaften, Versicherungsgesellschaften, Bergbaugesellschaften und Grundstücksgesellschaften

Stellung des geschäftsführenden Direktors; Anstellung von Personal

Vorbereitung der Geschäftsrechnung und periodischer Aufstellungen für den Verwaltungsrat

Erledigung schablonenmäßiger Arbeit

Selbstkostenrechnungen und ihre Beziehung zu finanziellen Rechnungen und periodischen Statistiken

Die Haftpflicht von Direktoren — Elemente der Treuhänderschaft in Direktorspflichten

Fachmännische Gutachten in Gerichtsverfahren: Der Wirtschaftsprüfer als sachverständiger Zeuge — Sachverständigenzeugnis vor amtlichen Schiedsrichtern

Wirtschaftsprüfer als Schiedsrichter: In Streitfällen um Verrechnungssachen — Ernennung von Schiedsrichtern und Unparteiischen — Verfahren und Abwicklung — Recht auf gerichtliche Berufung

Besondere Rechnungsprüfungen: Viele Abarten besonderer Prüfungen — Rechnungen von Börsenmaklern und Börsenjobbern — Rechnungen von Lloyd'schen Versicherern (Underwriters) — Das Versicherungsgesetz vom Jahre 1909

Buchführung auf mechanischem Wege: Ihr Wert im Verhältnis zur Organisation — Die Anwendung von mechanischen Hilfsmitteln und ihre richtige Auswahl — Fragen des Prinzips — Periodische Betrachtung von mechanischen Buchführungssystemen

Table of Contents and Summary

Introduction: Advisory Work — A development of a high order — Individual responsibility — Consultation between partners

Pool accounts: Shipping Conferences — Share Pools

Trustee functions of an accountant:

Specific appointments as a Trustee: As Executor and Trustee of a Testator — As Trustee in Bankruptcy or under a Deed of Arrangement

Appointments involving functions, substantially those of a Trustee: As Liquidator of a Company — As Receiver for Debenture Holders — As Receiver of Mortgaged Premises — As Receiver in disputes as to the ownership of property — As Receiver in Partnership Disputes — As Receiver on behalf of Infants or Lunatics

Liquidator of a Company: Voluntary Liquidation — Liquidation under supervision of the Court or by order of the Court — Companies Winding-Up Rules

Receiver for Debenture Holders: Procedure — Security to be given

Trustee in Bankruptcy: Procedure — Acts of Bankruptcy — Costs including Trustee's remuneration — Accounts and filing thereof with Board of Trade

Trustee under a Deed of Arrangement: Deeds of Arrangement Act 1914 — A Deed of Arrangement is voluntary — Procedure — Security to be given or may be dispensed with — Accounts and filing thereof with Board of Trade

Advisory assistance in commercial matters and questions of organization:

Illustrated by the appointment of practising accountants as Directors and Financial Advisers to Companies: May be (a) an ordinary Director or (b) Special

Financial Director to advise upon Finance, Organization and Accounting Records. Circumstances under which appointment is made

Considerations in cases of re-construction

Issue of Prospectuses — legal advice and personal perusal both necessary

Special features as regards Directorships of Trust Companies, Insurance Companies, Mining Companies and Property Companies

Position of the Managing Director; appointments to staff

Preparation of accounts and periodical statements for Board

· Conduct of routine business

Relation of cost accounts to financial accounts and periodical returns

Liabilities of Directors — Elements of Trusteeship in duties of Director

Expert opinion in legal proceedings: The Professional Accountant as an expert witness — Expert evidence before Official Referees of the High Court

Arbitration by professional accountants: Invoked in disputes where matters of account are involved — Appointment of arbitrators and an umpire — Procedure and delivery of Award — Parties' right of appeal to Court

Special audits: Many types of special audits — Stockbrokers and stockjobbers accounts — Accounts of Lloyds' Underwriters — Assurance Act of 1909

Machine accounting: Value of in relation to organization — Application of machine accounting calls for discrimination — Questions of principle — Periodical review of machine accounting systems

Table des Matières et Résumé

Préface: Du Rôle de Conseil — Ordre élevé de ce développement — Responsabilité personnelle — Consultation entre associés

Comptes en commun: Conférences d'armateurs — Cartels de rente des actions

Mandat fiduciaire de l'Expert-Comptable:

Nomination expresse aux fonctions de fidéicommissaire: En qualité d'exécuteur ou fidéicommisaire testamentaire — En qualité de Syndic de faillite ou en vertu d'un Concordat

Nominations comportant des fonctions quasi-analogues à celles d'un fidéicommissaire: En qualité de Liquidateur de Sociétés — Séquestre pour le compte de porteurs d'obligations — Séquestre de Biens grevés d'une hypothèque — Séquestre en matière de revendication de propriété — Séquestre à l'occasion de différends entre associés — Séquestre pour le compte de Mineurs et Interdits

Liquidateur de Sociétés: Liquidation volontaire — Liquidation sous la surveillance des Tribunaux ou par ordre des Tribunaux — Règlements relatifs à la liquidation

Séquestre pour le compte de porteurs d'obligations: Procédure — Cautionnement à fournir

Syndic de Faillites: Procédure — Lois sur la faillite — Frais, y compris la rémuneration du Syndic — Justification et Dépôt des comptes au Ministère du Commerce

Syndic en vertu d'un Concordat: Loi de 1914 sur les Concordats — Caractère volontaire d'un Acte de Concordat — Procédure — Cautionnement à fournir — Justification et dépôt des comptes au Ministère du Commerce

Rôle de conseil en ce qui concerne les questions commerciales et celles relatives à l'organisation:

Illustré par la nomination d'experts-comptables en qualité d'Adm nistrateurs ou de Conseils Financiers de Sociétés: (a) Soit en qualité d'Administrateur ordinaire, ou (b), soit en qualité d'Administrateur Financier pour donner des avis sur les questions concernant les Finances, l'organisation et la tenue de la comptabilité. Circonstances qui conduisent à cette nomination

Eléments dont il convient de faire état en cas de reconstruction

Publication de prospectus — nécessité d'avis juridiques ainsi qu'une étude personnelle de leur contenu

Caractéristiques particulières du mandat d'Administrateur dans les Sociétés Fiduciaires, d'assurances, Minières et Foncières

Situation de l'Administrateur-Délégué: nominations du personnel

Etablissement des Comptes et des relevés périodiques destinés au Conseil d'Administration

Expédition des affaires de routine

Rapport du compte frais avec les comptes financiers et les relevés périodiques

Responsabilité des Administrateurs. Caractère fiduciaire du mandat d'Administrateur

Témoignage d'expert dans les instances judiciaires: L'Expert-Comptable professionnel comme témoin-expert — Témoignage d'expert devant l'arbitrage officiel de la Cour Suprême

Arbitrage par Experts-Comptables professionnels: Dans les différends comportant des questions de comptabilité — Nomination des arbitres et d'un sur arbitre — Procédure et rendement de la sentence — Droit des parties de se pourvoir devant la Cour

Vérifications particulières: Diversité des vérifications particulières — Comptabilité des agents de change et « Stockjobbers » — Comptabilité des assureurs du Lloyds — Loi de 1909 sur les Assurances

Comptabilité mécanique: Son mérite par rapport à l'organisation — Choix qu'il convient d'exercer dans son emploi — Questions de principe — Examen périodique des systèmes de comptabilité mécanique

Text des Berichts — Paper — Rapport

Introduction

A considerable amount of advisory work arises from the more well defined branches of professional practice. The character of such problems, however, is by no means limited and many problems presented to the Accountancy Profession cover a much wider area. This position has arisen from the evolution of modern accountancy as practised professionally. In my view Advisory Work represents a development of a high order and is very important to us as well as to our Clients. Advisory work, therefore, has received considerable attention in the profession in recent years in Great Britain.

The character of advice given to Clients depends upon the experience and judgment of the practitioner, for which he must necessarily take individual responsibility. I emphasise this aspect because there have been one or two recent developments in professional organization to provide for mutual consultation: but these developments must not be regarded as weakening in any way the individual responsibility of the accountant in public practice.

In large and well established firms of accountants, the consultation between partners upon problems with which any of them, or the Firm, is dealing, is of immense value, and a fund of experience is brought to bear upon the particular matter under consideration. Incidentally, this aspect indicates at least one of the valuable advantages derived from professional accountancy being carried on by a partnership, as distinct from a sole practitioner.

Certain definite sub divisions have been suggested by the Committee and I have endeavoured to keep within these sub-divisions as far as possible. The scope of accountancy practice to-day however, is wide and varied and it may be that certain subjects are discussed which, strictly speaking, should not have been included, and, on the other hand, others may have been omitted which could possibly have been included.

Pool accounts

It is a little difficult to compress into a comparatively short space the work of pool accountants as the subject, if dealt with fully in all its aspects, would require a paper to itself. It is assumed that the pools referred to in the Syllabus are those connected with business and finance.

Shipping Conferences. In Great Britain there have been, for many years past, Shipping Conferences by means of which freights and fares have been stabilised both for goods and passenger traffic. The conference is composed of a number of shipowners or shipping lines operated nowadays, almost exclusively, through limited companies, which undertake to charge certain rates to certain ports and not to undercut these rates either for goods or passengers. The shipper and the passenger are left free to choose a particular shipping line, and such choice may result in a preponderating amount of freight or number of passengers being carried by a particular member of the conference to the detriment of the others. Then as such member benefits materially from the stabilisation of rates, the company concerned contributes to the other members, who have not been so fortunate, a certain proportion of the freight or passage money it has earned. The method by which this is done is to allocate to each member, by a percentage or fractional share of the total receipts, a proportion of the freights and passage money earned during the period, for which it is agreed by the Conference the arrangement shall remain in force. Numerous conditions are introduced in regard to ports at which certain members have the option of calling. Provision is made for changes which may occur in the shipping capacity of the members during the fixed period. At the end of each year, or periodically from returns furnished by the various members, during the period to the managers of the Conference, a correct allocation of what is due to each member is calculated. Any member having received more than the share to which he is entitled, contributes a certain proportion of such excess to those members who have not received their due percentage or fraction. In calculating the proportion of such excess, regard is had to the several factors, which have been carefully embodied in the Conference agreement, or to any alterations which have been agreed between the Conference members at regular meetings held from time to time. The members of the Conference may decide to appoint a Professional Accountant to audit these returns, or each member may send certified returns to the managers of the Conference; but sometimes the managers of the Conference prepare the figures and certify them as correct without the intervention of Professional Accountants.

Share Pools. Another kind of pool is a share pool. In this case, it is desired to establish a reasonable price for the shares of a certain company. It may be that large blocks of shares are held by comparatively few people. If these blocks of shares were sold on the market about the same time, the result would be a fall in the price of the shares to a figure below their intrinsic value. Assuming that the holders wish to sell their shares, but not at a sacrifice, they combine between themselves to form a pool for the purpose of marketing the shares. The management of the pool may be in the hands of stockbrokers or, in some cases, in the hands of Accountants appointed specially for that purpose. The members of the pool undertake to supply to the market, through the stockbrokers appointed for that purpose, shares as and when they are sold, in the proportions in which the members have agreed to contribute to the pool. In the same way, support is given to the market from time to time for the purpose of keeping the price stable. As already indicated, Accountants may act as managers of the pool, or they may be called upon to audit the accounts of the managers of the pool. The audit of the Pool Accounts is a very simple one and only requires the verification of the purchases and sales and a check of the proportions in which the shares have been actually contributed to the pool by the various members, against the agreed contributions.

During the last few years, quite another type of pool has come to the notice of the public, and these pools have shown considerable activity, namely, Football Pools and similar pools of a gaming character. Provided such pools are strictly lawful and are conducted in a reputable manner, the returns in relation to the pools are audited by Professional Accountants: the purpose of their certificates is to give assurance to those who have subscribed in regard to the periodical distribution of the funds in the pool.

Trustee functions of an accountant

The functions of a Trustee in the British Isles are numerous and varied, and in many circumstances Professional Accountants are appointed to this important office.

The Accountant as Executor and Trustee. There is an increasing practice for an individual to appoint his Accountant as one of the Executors and Trustees to act in regard to his estate after death. The Accountant is intimately acquainted with the Testator's affairs and is therefore well able to fulfil this important task. In Great Britain, to assist those who have no Accountant and those who do not wish to burden their friends with this duty, the office of Public Trustee was created by the Government in 1908. The Public Trustee is bound to accept the office, where so appointed, in consideration of certain fees, which by Statutory authority, are charged at definite rates on the value of the estate and the annual income. Most of the large Banks have also created special departments for this purpose and they are well qualified to deal with this function. A Testator therefore has a wide choice in the appointment of persons to act for his estate after death. The office of Executor and Trustee of a Testator is a fiduciary one and as such carries no remuneration with it. In appointing an Accountant as one of the Executors and Trustees of a Testator, therefore, it is usual to insert in the Will or testamentary document a charging clause, whereby the Accountant is permitted to charge for all the relevant work, whether done by him personally or by his firm. It is not unusual also for the Testator to bequeath to his Accountant, who accepts the office, a legacy, which varies considerably according to the size of the estate.

101

The Accountant as Liquidator of a Company. In the case of insolvent concerns, Professional Accountants, almost without exception, are appointed as Trustees (or Liquidators), and, in general terms, this applies to businesses which are carried on under limited liability or are in individual ownership. The winding-up of a limited company is termed a liquidation, and the trustee is termed a liquidator; but in effect he is a trustee appointed for the purpose of liquidating the business and applying the assets and proceeds for the benefit of the creditors, and, in cases where there is a surplus, after the creditors have been paid in full, for the benefit of the Shareholders.

The modes of winding-up a Company are: —

(1) Voluntary, now subdivided into Members' Winding-up and Creditors' Winding-up.

(2) Under the supervision of the Court, which is simply a Voluntary Liquidation under the constant supervision of the Court.

(3) Compulsory, by the Court.

All these modes of winding-up are governed by the Companies Act 1929 and are controlled by the Court having jurisdiction.

A Voluntary Liquidation is always started by a resulution of the Company, though if the Company be insolvent, the creditors have certain rights and a large measure of control, particularly in the appointment of the Liquidator, who, in effect, is the agent of, and the Trustee for, the Company. In matters of difficulty, he can apply to the Court for assistance and any creditor or shareholder can also apply for certain matters to be controlled by the Court. The Liquidator has to make certain returns to the Registrar of Joint Stock Companies and is also bound to pay into the Companies' Liquidation Account at the Bank of England any unclaimed or undistributed balances.

In a Voluntary Liquidation under the supervision of the Court, the Liquidator is an officer of the Court and is under its direct control. The Court, on making the order, gives such directions as may seem necessary for carrying out the liquidation properly and efficiently. The Liquidator is, however, free to administer the assets and the liquidation.

In a Compulsory Liquidation, the Liquidator is appointed by the Court and is an officer of the Court and is also a Trustee for the creditors. In all questions of administration, he is under the complete control of the Board of Trade, to whom he must account, and also of the Official Receiver, who represents the Board of Trade. Very strict directions are laid down in the Companies Act and in the Companies' Winding-up Rules, to which reference must be made by the Liquidator, and the Act and the Rules govern the whole of the Liquidator's conduct in the management of the Liquidation. It is only in the case of a compulsory liquidation that a public examination of Directors, Promoters and Officers of a Company can take place.

The appointment of a liquidator of a limited company is made, in the case of a voluntary liquidation, either by the shareholders or the creditors, and in the case of a liquidation under supervision or of a compulsory liquidation, by the Court, on the nomination of the creditors and the shareholders, who are generally referred to as contributories. The Liquidator, who is in effect, a trustee, is nearly always a professional accountant and his remuneration is fixed either by the contributories, by the creditors or by the Court. In many instances a Committee of Inspection is appointed to advise and assist the Liquidator, such Committee being representative of the creditors; its members render their services without remuneration, although they are usually paid expenses incurred in attending meetings. Such is a general outline of liquidations which are governed by numerous rules and regulations, but these cannot be. dealt with in detail within the scope of this paper.

The Accountant as Receiver for Debenture Holders. Before leaving Limited Liability Companies, it is necessary to discuss briefly the position of Debenture Holders who are vitally affected when a Company is insolvent. In Great Britain, Debenture Holders advance money to a Company on loan on stated terms for a fixed rate of interest. Repayment is generally secured by a first charge on the fixed assets such as land, buildings etc. and by a floating charge on all the other assets; a loan made by Debenture Holders is due to be repaid before the creditors and shareholders. If the Debenture Holders are numerous, it is usual to appoint under a Trust Deed, executed for their protection, Trustees for the Debenture Holders. In the event of the half yearly interest or periodical repayments not being met by the Company, the Debenture Holders are entitled to appoint a person, whose position is in the nature of a trustee, to protect their interests, and such trustee is termed a Receiver. Upon the happening of the events mentioned above, the Trustees for the Debenture Holders have the right to appoint a Receiver, whose duties are to realise the mortgaged assets and distribute the proceeds pro rata to the Debenture Holders to the amount of the loan outstanding, including all interest in arrear. If a Company goes into liquidation or suspends payment, the right to appoint a Receiver arises immediately. It is advisable, wherever possible, to ask the Court to appoint the Receiver on the nomination of the Trustees for the Debenture Holders, so that the Receiver may have the full protection of the Court in all that he does.

A mortgagee also has the right to appoint a Receiver of mortgaged premises, where the terms or conditions of the mortgage are not being carried out, and in most of these cases a Professional Accountant is so appointed.

Other Receiverships. There are many other cases where a Receiver may be appointed by the Court or by an interested party, and in most of these cases, it is preferable to ask the Court to make the appointment. Some of these cases arise from the following circumstances: —

(1) Where a dispute has arisen as to the ownership of property.

(2) To protect the interests of an infant, where the father or guardian is insolvent or of bad character.

(3) Partnership disputes.

(4) On behalf of Lunatics.

The Receiver has to give security as directed. This is usually effected by taking out a Fidelity Guarantee Bond with an Insurance Company, recognised by the Court, for double the estimated value of the Estate. As the Estate is realised and distributed, and is thereby reduced in value, the amount of the Guarantee Policy is also reduced on application to the Court.

The Receiver's remuneration is a first charge on the assets realised and is fixed by the person or persons appointing him or, where the Court has made the appointment, by the Court.

The Accountant as Trustee in Bankruptcy. Insolvency, which is defined as the inability of a debtor to pay his debts as they arise, results in the appointment of a trustee for the benefit of his creditors, unless he is able to make financial arrangements to satisfy their demands. The necessary procedure is contained in the Bankruptcy Act, 1914, the Bankruptcy Rules, 1915, and the Bankruptcy (Amendment) Act, 1926. Before a person can be made bankrupt he must have committed one or more specified Acts of Bankruptcy, upon any one of which a creditor may found a petition to the Court, praying for a declaration that the Debtor may be made bankrupt with the attendant consequences. The following incidents are Acts of Bankruptcy: —

(1) Conveyance of all Property to a Trustee for the benefit of Creditors.

(2) Fraudulent Conveyance to defeat or delay creditors.

(3) Fraudulent Preference to any creditor.

(4) If the debtor leaves England or remains out of England to defeat or delay creditors.

(5) If an execution be levied on part of his goods.

(6) If the debtor files with the Court a declaration of insolvency or files his own petition.

(7) If a creditor has secured a final judgment and issues a bankruptcy notice calling upon the debtor to pay his debt within seven days and such debt is not paid or secured to the satisfaction of the creditor.

(8) If the debtor gives notice to any of his creditors that he has suspended or is about to suspend payment of his debts.

A petition for adjudication of the Debtor as a Bankrupt can be presented by a creditor who is owed fifty pounds or more, within three months of the commission of any of the above acts of Bankruptcy. Two or more creditors may join to make a total debt of £50. Immediately on the presentation of the petition, the Court, on being satisfied that it is necessary for the protection of the Estate, may appoint the Official Receiver (who is an official of the Court) to be Interim Receiver of all the property and may stay all actions. The Official Receiver, who is in effect a Trustee for the creditors, may appoint a Special Manager — usually a professional Accountant — to conduct the business of the debtor. The next step is that the Court, on being satisfied that all the conditions have been fulfilled, makes a Receiving Order, by which the Official Receiver becomes receiver of the property of the debtor, who is, however, not made bankrupt at this stage. The debtor is called upon to lodge a statement of affairs within a certain specified period and the Official Receiver, within a certain time, must summon a meeting of creditors, who will have to decide whether they will accept a scheme of composition or apply for adjudication of the debtor to be made bankrupt; in the latter case, they may elect a Trustee and a Committee of Inspection. The Court in due course adjudges the debtor bankrupt and thereupon his property vests in the Trustee and becomes divisible among his creditors. The Trustee is almost invariably a Professional Accountant. The Board of Trade may object to the appointment on various grounds, and does always object where the person nominated as the Trustee in the Bankruptcy is, or was, the Trustee appointed previously under a Deed of Arrangement, which is upset by the Bankruptcy.

The Trustee must give the security in such a manner as the Board of Trade may direct: the Board fixes the amount and nature of such security and may also increase or diminish the security from time to time. Upon security being given to the satisfaction of the Board of Trade, the Board grants a certificate accordingly and the appointment takes effect from the date of the certificate. The remuneration of the Trustee is fixed by the creditors or by the Committee of Inspection, if the creditors so resolve, such Committee having been appointed by them at their first meeting simultaneously with the Trustee.

The powers of the Trustee are to realise the estate of the debtor to the best advantage, but the exercise of some powers requires the sanction of the Committee of Inspection. These are special powers and not general powers; for instance, in the absence of specific permission, the Trustee must not carry on the business or enter into or continue any legal action, nor must he compromise claims or allow the bankrupt to manage his business or property. He can, however, without permission, sell any of the assets by public auction or private contract, either as a whole or in parcels, and is permitted to apply to the Court for directions.

The Committee of Inspection must be not less than three nor more than five in number and must meet at least once a month. The members act without remuneration. The Trustees must have regard to the directions of the creditors or the Committee of Inspection, and if the latter are at variance with the former, the former prevail. The costs of the Bankruptcy, including the Trustee's remuneration, are payable in a certain fixed order out of the proceeds of the realisation of the assets, and after these have been paid or provided for, certain preferential debts are paid and the balance is divided pro rata between the creditors.

After he has completed his duties and paid a final dividend to the creditors, the Trustee applies to the Board of Trade for his release. Provided he has carried out his duties properly and his accounts have been fully vouched and audited at certain definite periods, the release is granted and gazetted. When the Trustee has been released, he must hand over to the Official Receiver all books kept by him, and all other books, documents, papers and accounts in his possession relating to the particular Trusteeship.

The Accountant as Trustee under a Deed of Arrangement. To avoid the stigma and publicity of bankruptcy, a debtor often has recourse to the Deeds of Arrangement Act, 1914, by which he can make a composition with his creditors. In many cases this is effected by the debtor executing a Deed of Arrangement, by which he assigns his property to a Trustee for the benefit of his creditors generally. The actual execution of the Deed is, in itself, an act of bankruptcy. The Deed of Arrangement is purely voluntary on the part of the debtor, and is only binding on those creditors who assent to it. There are three parties to the Deed:— the debtor, the Trustee (who is invariably a professional accountant), and the creditors.

The Deed recites that the debtor is indebted to his creditors and he assigns to the Trustee all his property except that which has onerous covenants, such as leasehold property and the like; but the debtor undertakes to do all that is necessary to transfer or assign such leasehold or onerous property when called upon to do so by the Trustee. Under the Deed, the Trustee has power to realise the assets, to pay the costs of the Deed and the costs of administration, including his own remuneration, and to pay the balance to the creditors to the extent of 20/— in the £. Should there be any surplus the Trustee, by the Deed, undertakes to hand over such surplus to the debtor. The Trustee may make an allowance to the debtor, if his assistance is required in the realisation of the Estate, but, as previously mentioned, a Deed of Arrangement does not free the debtor from his liabilities, except so far as those creditors who have assented to it are concerned.

There are various regulations in regard to registration which must be complied with. The first important point is that the Deed must be registered with the Registrar appointed by the Board of Trade within seven clear days after its execution by the debtor. As soon as possible after the execution of the Deed, the Trustee should summon a meeting of the creditors to explain the position fully to them, and at that meeting he will be able to see what support the creditors are prepared to give him. Sometimes, and in fact very often, before the Deed is actually executed, a preliminary meeting of the important creditors is held to give them an opportunity of nominating the Trustee to be appointed. This course is advisable because as a rule, the creditors are willing to follow the action of the larger creditors and thus at the full meeting of creditors support is readily forthcoming. Within twenty-one days after registration, the Deed, to be valid, must have received the assent of a majority in number and value of the creditors. A statutory declaration that the requisite majority has assented within the proper time must be filed by the Trustee with the Inspector General in Bankruptcy (who is an Official of the Board of Trade) within twenty-eight days of registration.

As the execution of the Deed is, in itself, an act of bankruptcy, a bankruptcy petition can be lodged, within three months of the date of the execution of the Deed, by any creditor whose debt amounts to £ 50. In that case, the Official Receiver becomes the Trustee for the time being and a new Trustee is appointed, thus dispossessing the Trustee under the Deed. Generally speaking, the Trustee under a Deed of Arrangement is not absolutely secure in his position until the three months have elapsed and until he has complied with the regulations referred to; but this time can be shortened by giving specific notice to any creditor who has not assented. It is most important that these rules should be complied with to the letter, because the slightest non-compliance would upset the Deed.

As with most trusteeships, it is provided that security should be given by the Trustee; but if the majority, in number and value, of the creditors decide that security is not required, then a statutory declaration to that effect is filed with the Inspector General in Bankruptcy. If security is required, it takes the form of a bond of an approved guarantee or insurance society.

A Trustee is under a personal liability and must be careful to see that in dealing with, and distributing, the Estate he does not incur liability, since the property of the debtor vests in him and he has no power of disclaimer. For this reason, property of an onerous nature is not transferred to him. At the meeting of creditors, it is customary to suggest that a Committee of Inspection should be appointed, which usually consists of not less than three or more than five of the largest creditors, and, generally speaking, such Committee gives most valuable assistance in the realisation of the Estate.

One of the chief objections to a Deed of Arrangement is that there are not vested in the Trustee the same powers of recovery of property and assets, which have been the subject of transfers made prior to the signing of the Deed, as there are in bankruptcy. For this reason, some creditors refuse to assent until the Trustee has thoroughly investigated the position and satisfied himself that the debtor has disclosed the whole of his assets and that he has not fraudulently converted any of his assets prior to the execution of the Deed. It is necessary for all creditors to assent to the Deed later on, because only those who have so assented are entitled to any dividend.

Unclaimed monies have to be paid into Court in the usual way and the Trustee must be careful to file his accounts with the Board of Trade, the first return being due within thirty days after the expiration of twelve months from the date of registration of the Deed. The accounts must be in a prescribed form and verified by affidavit. Under the Act, provision is made for audit of the accounts, if the majority in number and value of the creditors so request in writing; but this is not generally demanded unless exceptional circumstances have arisen, which necessitate an audit taking place. The Trustee obtains his discharge automatically when he has carried out the terms of the Deed, that is, after he has realised the whole of the assets and distributed the proceeds.

Advisory assistance in commercial matters and questions of organisation.

To-day, the Professional Accountant is consulted by business men much more extensively than was the case a decade or so ago. In commercial and industrial affairs, the Accountant's activities are expressed in a wide range of appointments and responsibilities and include directorships of companies, appointments as financial adviser and as an investigator of various types of business, whether manufacturing or distributing.

The Practising Accountant as Director and Financial Adviser to Companies.

A public company, about to make an issue of its capital, frequently includes in its board of directors a Professional Accountant, and companies which are old established and have hitherto recruited Directors from the commercial world now turn to the Accountancy Profession to fill vacant Directorships. A commercial mind and a practical outlook are essential qualifications for the Accountant who becomes the Director of a commercial company. A number of practising Accountants have developed these qualities in a marked degree. To a considerable extent the day has gone when a director was invited to join the board of an important company because of his social qualifications. In these days of intense competition, it is most important that a director should have definite knowledge of some part of the business which is being carried on. The Accountant has that knowledge in regard to Accountants' records and accountancy matters, which is so essential to a well conducted business, and if in addition he has a certain commercial sense, it is claimed that his appointment as a Director strengthens the Board and gives confidence to the shareholders. It is not necessary for the Accountant to be a whole time director of the company, although there are certain outstanding cases, in Great Britain, where the managing director is wholly employed in the service of the company, although he started his career as a Professional Accountant. Generally speaking, the invitation to become a director is ascribed to one of two causes. The first is that the company has got into financial difficulties and the Accountant is invited to join the board with the object of assisting the company to rehabilitate its position and perhaps also to impress the shareholders. In these cases, it need scarcely be said that it is absolutely essential for the Accountant to make a complete investigation of the position in order to see whether it is possible to resuscitate the company and to put the business on a sound footing; because, if not, it is far better for him to leave the business alone. It often happens in these cases that the troubles which have afflicted the business are due almost entirely to mismanagement. To remedy past mismanagement, the Accountant Director, before accepting the appointment, will report fully to the board his opinion upon the position in which the company finds itself, and the causes thereof, his suggestions for the future administration and management of the company, and, if these are accepted, his willingness to join the board. These invitations are always difficult because, generally speaking, they are likely to come from important clients whom the Accountant is anxious to help in every possible way, or they are the result of a personal friendship. In either case it is difficult to refuse the invitation although in certain circumstances it may be impossible to accept it. For this reason the Accountant makes his investigations with strict impartiality and satisfies himself as to his conclusions. He does not pretend for one moment that he is a super-man and that he can thoroughly manage and administer either a manufacturing or a distributing business; but he does make claim to a modicum of common sense, and by being detached from the business in his own office, he may be able to envisage the position much more clearly than those directors who are immersed in the daily detail and sometimes, to use a colloquialism, "cannot see the wood for the trees".

Relations between Directors and Co-operation of Staff. The report of the Accountant must be accepted wholeheartedly by his future fellow-directors, because the success of a business depends entirely upon harmonious working. If the directors, after full discussion round their board table, are not in harmonious agreement, this unhappy position will be reflected throughout the whole organization. Thus, in framing his suggestions, the Accountant should have regard to this important factor, and in the course of his report should point out any apparent lack of loyalty on the part of the chief members of the staff, with whom he will have come into contact in the course of his investigations. Harmony is essential from the very outset and any officer who imagines he has a grievance should be entitled to lay his grievance before the head of his department, or before the managing director; but such grievance should be dealt with officially in the ordinary course of administration.

The business of a limited company is controlled by its board, consisting of a chairman and other directors, one or more of whom may be appointed a managing director. Sometimes the chairman himself is a managing director. The other directors may be termed ordinary directors, whose duties are generally limited to attendance at board meetings, annual general meetings, and any special committee meetings called for the purpose of considering specific matters. The Accountant is usually one of these ordinary directors, but in addition he is sometimes given an office under the title of financial adviser; for this he receives a special annual fee, as his work is more extensive and onerous than that of an ordinary director. He will be specially consulted in regard to financial matters and will be expected to give general advice on finance to the Managing Director and to the board, at their regular meetings, when occasion arises.

Considerations arising in case of reconstruction. Contemplated alterations in the company's capital, methods of accountancy, banking arrangements and similar matters will receive his special consideration.

In the alteration of the company's capital, it is his duty to consider the structure of the capital, and whether a reconstruction is necessary. If so, he will frame, for the consideration of his fellow directors, the method of writing down the capital and the corresponding assets. For this purpose, it is generally necessary to have valuations made of the fixed assets, such as the land and buildings, plant and machinery, and of the liquid assets, such as stock, book debts and the like, which will require very careful scrutiny. When the real value of the assets has been ascertained, he will consider what amount of capital must be written off to provide for the writing down of the assets. In doing so he will pay particular regard to the rights as between the various classes of shareholders, preference and ordinary. Having considered his scheme and laid it before his fellow directors, he may probably consult the largest shareholders to see whether the proposals are acceptable to them, and for this purpose he will invite them to meet him. This is essential in order to ensure that the scheme will be acceptable to the majority of the largest shareholders.

Issue of Prospectuses. Attention has been drawn to the cases where a director is invited to join the board of a company which finds itself in financial difficulties, but there are other and different circumstances in which a Professional Accountant may be invited to become a director.

110

The company may be successful and old established or established for a number of years, and it is considered desirable to strengthen the board by the addition of an Accountant. In cases like these it is essential that the past history should be fully known to the intending director. For this purpose, he should be afforded an opportunity of examining not only the published accounts of the Company, but also the detailed accounts leading up to the published accounts, which will give him much more information than is afforded by those which are published.

If on the inception of a company he is invited to join the board, he is generally named as a director by the signatories to the Memorandum of Association, or he may be appointed by the Articles themselves. In the latter case he must file with the Registrar of Joint Stock Companies a consent in writing to act as a director. Almost without exception, the director of a public company is bound to be a shareholder, and must hold a certain number of shares as prescribed in the Articles themselves. For these shares he has to pay cash and they must be held in his own right and not as a nominee of any other person. The minimum qualification is generally fixed at a low figure and in some cases perhaps it would be better if a director's qualification was more substantial than it is.

In the case a new company, which is issuing a prospectus to the public, inviting the subscription of share capital, a director has to satisfy the Registrar of Companies that he has taken, or will take, and pay for his qualification shares. The directors, as officers of the Company, are fully responsible for the prospectus, but they will have been advised by Solicitors who in turn have consulted a Barrister, expert in company law and in the drafting of prospectuses. Nevertheless, the Directors for their own satisfaction should read the prospectus individually and assure themselves that it means what it says and that the average investor is not in any way misled by any of the statements in the prospectus. The average investor, if he intends to apply for shares in a public company which is issuing new capital, studies the prospectus and relies to a considerable extent upon the honesty and integrity of the board of directors. For this reason alone, and for the sake of his own reputation, it is essential that, although the prospectus may comply in law with the terms of the Companies Act, 1929, the director should satisfy himself that the prospectus is a straightforward document and easily understandable by the public. The investor treats the board with unqualified confidence until he has discovered that he has been misled.

Special Features of Trust, Insurance, Mining and Property Companies. Reference has been made chiefly to manufacturing and distributing companies, but there are other classes of companies, the boards of which Professional Accountants are invited to join. In particular the trust companies and the insurance companies of Great Britain, which are large, important and very influential companies, often have a Professional Accountant on the board, and, in fact, some of the leading trust companies have been founded by Professional Accountants.

A Director of Trust Companies must have experience of Stock Exchange business. It may be that in some instances, directors are invited to join the Boards of Insurance Companies because of the business which they can influence. At the same time, it is desirable that Insurance Company Directors should be familiar with Insurance generally and with Investment business, since one of the important duties falling to them is to consider the investment of surplus funds and accrued premiums.

Mining companies and mining trust companies are in a class by themselves and unless a director has some knowledge of mining, even though of a theoretical nature, it is generally inadvisable for him to join the board. At the same time it may be mentioned that a number of Accountants have travelled considerably, and it should not be difficult to find some who, without professing to be practical mining engineers, have acquired useful knowledge of mining by visits to mines in different parts of the world. If a young Accountant is called upon to audit a mining company's accounts at the mine itself, it is wise for him to ask that he should be allowed to examine the actual operations of the mine, so that he will be able to conduct his audit with a certain amount of knowledge of the actual mining operations. If this is done continuously, he will find that he has obtained experience which may be very useful to him in later years.

Property companies are also in a class by themselves and here the theoretical knowledge which can be obtained from studying the accounts of property companies can be supplemented by a certain amount of practical knowledge which is extremely useful.

In this and in other cases, however, the potential director should realise the limitations of his knowledge and that he cannot consider himself an expert. There is an English saying that "a little knowledge is a dangerous thing", but if the "little knowledge" is constantly increased and used circumspectly, it can be most useful to the director of a public company.

There are other classes of companies to which reference could be made, but the general position has been examined sufficiently to emphasize the point that a director should not be invited to join a board for the sake of his name alone, or for his social qualifications.

Responsibilities of Directors. The organization of a joint stock company, through its board of directors, must be very carefully planned to ensure the success of the company and especially because the directors are responsible to the shareholders for the care and use of their property which has been placed in the hands of the Board for the purpose of earning profits. The board as a whole is, in fact, the accounting party to shareholders and it is the directors who can be made fully responsible for their acts. Even if some of the directors are whole-time officials of the company and wholly employed in its business, the board has to delegate to certain officials, — whether these officials be fellow directors or employees of the company, — the duties and responsibilities which devolve upon them.

The organization of a board of directors does not vary greatly in different classes of companies. There is usually a chairman, who may be supported by a deputy chairman, and there are several directors, one of whom may be, and generally is, a managing director. In some cases there are two or more managing directors who devote their full time to the company's affairs. The chairman, and the deputy chairman, if it is considered desirable to elect one, are chosen by the directors from amongst their own number: they receive a slightly higher fee and this practice is generally provided for in the Articles of Association.

Position of the Managing Director: Appointments to Staff. The managing director is appointed by the board and usually has an agreement for a period of years, his remuneration being fixed according to the terms of his contract, generally a fixed salary and sometimes, in addition, a percentage of profits or a percentage of the increase of profits over a defined datum time. The managing director is the chief executive of the company and his principal duty is to put into effect the policy determined by the board. To assist him in his work, the board appoints a Secretary who may, where no separate Accountant is appointed, combine with his secretarial duties those of an Accountant.

The Professional Accountant is often called upon to assist in the appointment of a Secretary-Accountant because he knows the special qualifications which are needed to fulfil this office satisfactorily. It sometimes happens, in the event of a vacancy, that after careful consideration an appointment to this office may be made from his own staff, and such appointments have, generally speaking, been most successful.

The board directs the policy of the company, which is put into execution by the managing director assisted by the secretary. The various executive officers are under the direct control of the managing director and usually consist of, on the one side, the production manager, and, on the other side, the sales manager, with an officer dealing with finance in between. This officer is usually the secretary, and where a separate accountant is appointed the general duties in regard to finance are controlled by him; but he should, and does, refer to the secretary for instructions from the board.

Periodical Statements. The Accountant or the Secretary-Accountant must present to the board regularly returns which will enable the Directors to know how the business is progressing, instead of the previous practice, which was dropped many years ago, of waiting for the annual accounts to see the result of the actual trading during the year. If there is a Professional Accountant on the board, it is generally considered advisable to call him into consultation with the managing director and the secretary, so that they may determine the form of accounts or statements which will be regularly presented to the Board. These statements should not be too voluminous, but concise and clearly understandable by the members of the board. The offices must be organized so that the statements can be produced within a reasonable time after the close of the period which they cover. It so often happens that the directors are supplied with voluminous statements comprising masses of figures which convey very little to them, and it is far better to have a short concise statement showing the progress of the business. With the knowledge of Statistics which Professional Accountants now have to acquire for the purpose of their examinations, it is possible to present statements to directors in the form of graphs which show trading results and other information pictorially. Even if these are not produced for each member of the board, it is most useful for the managing director to have them in his own office. The collection of the data for the statements or returns for the board is arranged by the secretary and passes through his office.

Each director is free, at any time, to ask the secretary, without going to the managing director, to elucidate any points in these statements and returns. The reason for this being stated so definitely is that, although the managing director is the chief executive officer of the company, the directors themselves are responsible to the shareholders and they must be careful to exercise reasonable oversight and not allow him to deal with the company's assets, or incur excessive liabilities, to the detriment of the shareholders.

Conduct of Routine Business. Board meetings are held at stated intervals, at least once a month and sometimes once a fortnight, and at these meetings formal business is conducted and the policy of the company decided upon. The chairman and the managing director settle the Agenda with the secretary, a day or so before the meeting. The meeting is conducted in a businesslike manner, and it is essential that the chairman should not dominate the meeting to such an extent that his fellow directors are not given an opportunity of expressing their views without unduly lengthening the proceedings. It is essential that directors should state their opinions, and decisions arrived at should, if possible, be unanimous; but in the case of a director dissenting from a decision, his objection should be recorded in the minutes. These minutes must be very carefully drawn up and they are usually circularised to each member of the board before the next meeting for his consideration and approval. Thus when the meeting commences the chairman will state that unless anyone has any objection he will sign as correct the minutes in the form in which they have been circulated.

After the signing of the minutes and discussion of any matters arising out of the minutes, which are not already on the Agenda, the next item is generally finance. This question is most important and it is the secretary's or the secretary-accountant's duty to bring before the board statements showing the latest financial position. For this purpose he should discuss with the financial director the form in which they can most appropriately be produced. If possible the information should be in the form of a condensed balance sheet, with fixed assets and floating assets shown separately and current liabilities deducted. It is also essential for the success of a company that it should have sufficient working capital from its inception, and when a company is formed, or floated, the amount of fixed capital must exceed the value of the fixed assets, to provide the necessary surplus of capital to be used for working capital.

Relation of Cost Accounts to Financial Accounts and Periodical Returns. In a manufacturing business, it is usually possible to estimate with reasonable accurancy the value of the stock on hand, provided cost accounts have been kept. A study of these accounts shows the percentage of gross profit which is being earned. If this percentage after making an allowance for loss and wastage be deducted from the figure for sales since the date of the previous return, the cost price of the goods sold is ascertained. Taking the aggregate of the stock as shown on the previous account and of purchases since the relevant date, and deducting the cost price of goods sold, the difference represents the estimated value of the stock on hand at the end of the period. Having ascertained by this means the value of stock in hand, it should be possible, within a few days after the close of each month, to show in balance sheet form, the floating assets consisting of estimated stock in hand (calculated as indicated above), book debts and cash; and after deducting from this total the current liabilities, the balance shows the working capital in the business. Similarly the statement should comprise figures for the fixed assets, consisting of land and buildings, plant and machinery, fixtures and fittings, motor cars and the like, and on the other side of the balance sheet will appear fixed capital, including reserves. Only a general outline of the form of the statement has been given, because the requirements of each business call for variations to enable the statement to be presented in the most suitable form.

Sales are reported to the board and the figure for sales up to the end of the previous week can generally be given. It is always advisable to give comparative figures for the corresponding period in the previous year and if there have been any variations, due to seasonal changes, such as Easter occurring early in the previous year and later in the year under

8*

review, notes should be made to this effect. Purchases should also be reported from the buying department, because in connection with finance it is necessary to be certain that funds are available to meet the payments for these purchases at their due dates.

Capital expenditure, before being incurred, must always be reported to the board and should be considered in relation to the monthly financial statements referred to above; this is most important because, unless there is a surplus of fixed capital, it follows that any extra capital expenditure must be provided out of the ordinary working capital, which will reduce the resources of the business, and this is sometimes dangerous. In connection with this subject, a successful business when opportunity arises usually reinvests, by the purchase of new plant and machinery, the amount of depreciation which is provided in the annual accounts, thus bringing its plant and machinery up to date to enable the company to compete successfully in the markets.

Various other matters are discussed by the board and it is a director's duty, whether he be a Professional Accountant or otherwise, to familiarise himself as far as possible with the company's business, by constant attendance at the board meetings. It is he who is responsible to the shareholders and not the officers or employees who have been appointed to carry out certain definite duties.

At fixed periods, profit and loss accounts, whether actual or estimated, should be presented to the board for their consideration. In certain cases these accounts can be presented weekly, but generally speaking they are presented at fixed monthly periods. The month can either be a calendar month or four weeks, and in the latter case there are thirteen four-weekly periods over the whole calendar year. In the profit and loss account, whether estimated or otherwise, comparative figures for the same period in the previous year should be given. Without periodical profit and loss accounts, it is impossible for directors to know whether the managing director is carrying out the policy which has been decided upon by the board, and whether he is an efficient managing director: he can only be judged by the results which he produces, and although, in many cases, there are reasons for results not coming up to expectations, it is for the managing director to report matters of this kind to his board before they are disclosed by the figures prepared by the Secretary-Accountant.

A very important matter in regard to a manufacturing business is the introduction of proper cost accounts if they are not in existence already. If cost accounts are in existence, they should be examined by the Accountant Director, from the point of view of principle and of their day to day operation. If not, it will be his duty to consider with the managing director the best system which can be introduced according to the necessities of the business.

Liabilities of Directors: Elements of Trusteeship in their Duties. Sufficient has been said in regard to the organization of companies generally to show that the Professional Accountant as a director of any company can fulfil a most useful purpose either as an ordinary director, or as the holder of a special office in addition, such as Financial Adviser or Accountant Director. The latter position would involve his giving more attention to the affairs of the company in conjunction with the managing director than he would, were he an ordinary director.

Finally it should be emphasized that the director of a limited company is in the position of a trustee for any money the company has received, which must be dealt with according to the Memorandum and Articles of Association, and he is liable to make good any of the company's funds which have not been dealt with properly or utilised in any unauthorised way, even though he has derived no benefit from the money himself, and the payment has been made with no criminal motive. Directors who join in any misapplication of money are jointly and severally liable to make good the losses of the company, but they are not liable for the acts of others in which they had no part. A director is not liable for breaches of trust of which he is ignorant, or which occurred before he became a director. At the same time he must keep himself well informed of what is being done by the other directors. He is not liable for the misapplication by others of a cheque which he signed for a lawful purpose. It has been held that the mere presence of a director at a Board meeting, at which the minutes setting forth any resolution relating to a wrongful act were read and signed, would not create liability on the part of one who took no part in that act; but a director protesting against a resolution which sanctions a wrongful act, may still share liability. A director is, therefore, a trustee and in accepting office has undertaken duties which he must carry out.

Expert Opinion in Legal Proceedings

The Professional Accountant as an Expert Witness. The Professional Accountant is often retained to give evidence in litigation concerning matters in which accounts are involved. In certain previous well known cases, he has been called upon to give his opinion as to whether a brother Professional Accountant had done all that was reasonably necessary in the auditing of accounts before appending his certificate.

When the evidence relates purely to questions of fact, the accountant usually finds no difficulty in giving his evidence, because facts are not a matter of opinion. When, however, as more often happens, the accountant is called upon to express an opinion as to what, in his view, should have been done in certain circumstances, this is a difficult task. There is inevitably some variation in professional opinion as to what should be included in the Balance Sheet or the Profit and Loss Account or as to how the items should be stated (before the certificate of the auditor is appended). It may happen that in cases of litigation an accountant is retained by each side and their respective views are submitted to the Court and it is left to the Judge to decide. Generally speaking it is only by a careful study of the law as laid down by the Courts in decided cases of this kind that a considered opinion can be formed.

There was one such outstanding case a few years ago, as a result of which the wording of the Profit and Loss Account is now more precisely drawn, with the object of showing that the profits of trading for the year have been derived purely from that source and not from any extraneous source, received either during the year or in previous years and brought to credit in the year under review.

In the Law Courts, the Judges listen very carefully to the Professional Accountant in cases where his evidence relates purely to questions of fact, because there can rarely be two opinions as to entries in books and records; but a Judge must find it a little difficult in giving his decision, in cases where he has before him the evidence of eminent Accountants on both sides, holding different opinions.

Evidence before Official Referees of the High Court. Where a case in the High Court involves the detailed consideration of accounts and figures, the Judge will frequently refer the matter to one of the Official Referees who are Officers of the High Court. The Official Referee has more time to hear the evidence, which may go on day after day, and he has special experience to give a decision in matters of this kind.

In one case, where there was a dispute between members of a stock Exchange firm, the matter was remitted by the Judge to an Official Referee. The plaintiffs claimed a large sum of money. The books, documents and records were voluminous, and the evidence on behalf of both sides was given almost entirely by Professional Accountants. The Official Referee sat about five hours a day and each account had to be examined in detail. After about fourteen days, when the evidence in the case was coming to a conclusion, the plaintiffs, realising the weakness of their own case, came to the defendants and suggested a settlement which, fortunately for all parties, was agreed at a satisfactory figure. Failing this settlement, the case would have taken much longer, as, after the evidence had been given, Counsel would have addressed the Official Referee and necessarily it would have taken the Official Referee a considerable time to come to a final decision. There is no doubt that the Professional Accountants' evidence, which was purely upon facts as disclosed by the books and documents, was of the highest value not only to the Official Referee, but also to the litigants, because as the case developed, it was very clear that the plaintiffs' claim was grossly exaggerated and could not be substantiated.

Arbitration

In Great Britain recourse is sometimes had to arbitration as a means of settling disputes between parties, particularly in commercial matters, instead of bringing actions to be decided by the Court.

Where the matter in dispute involves the consideration of accounts, records and figures, an Accountant may be appointed the Arbitrator for the purpose of hearing and deciding the dispute. The plaintiff in a case may suggest to the defendant, through their respective Solicitors, that the matter shall be referred to arbitration, and if the two litigants can agree upon an independent accountant being appointed the Arbitrator, then the matter is referred to him. It may happen, however, that the plaintiff will name one Arbitrator and the defendant another and they find it impossible to agree upon a common name. In these cases the two Arbitrators are appointed and they have the power to make the Award or to appoint an Umpire. Where an Umpire is appointed, the two Arbitrators and the Umpire sit to hear the case, but in advance of the hearing, a submission to the Arbitrators has to be carefully prepared setting out the questions to be heard upon which a decision is to be given by them. The submission is drawn up by the Solicitors, and must include all matters in dispute, because the Arbitrators have no power to decide upon matters which are not submitted or referred to them.

The case having been heard, the Arbitrators, with the Umpire, decide upon their Award, which is in writing under their signatures and is handed to the litigants upon the Arbitrators' and Umpire's fees being paid. The general course is for the Arbitrators, or the Umpire, to inform the plaintiff and the defendant that the Award is ready and will be delivered upon payment of their fees, the amount of which is stated. It is important, in arbitrations, to decide upon facts, and if the Award is on this basis and not on points of law, it is very seldom that an appeal is made to the Court against the Award. If, however, the Award is based upon a point of law, then the litigants may exercise their right of appeal to the Court. If the Award is based upon facts, there is also a right of appeal, but in these cases the Court will very rarely upset an Award. A straightforward Arbitration, where the litigants can agree upon a sole Arbitrator, should be less expensive than an action in the Courts, but where the litigants are unable to agree and an Umpire has to be appointed, the costs are likely to be heavier than if an action were brought and the case decided by the Court.

Special Audits

There is a reference in the subject matter to special audits. It is difficult to know exactly from what point of view to approach special audits because every audit is, more or less, special, having regard to the

119

variety of businesses, the accounts of which are subject to regular periodical audits. To name but a few:— the accounts of professional men and professional firms, manufacturing concerns, investment companies, finance companies, Stock Exchange firms, Underwriters, and there are many others which are too numerous to mention in detail. Certain fundamental principles have, no doubt, been dealt with by the gentlemen who have written the other national papers, particularly on Auditing. There are, however, one or two special audits to which brief reference can be made.

Stockbrokers and Stockjobbers Accounts. The first to which attention may be drawn is the audit of the accounts of members of the Stock Exchange, who in London, are divided into two classes, namely, Stockbrokers and Stockjobbers. Accounts are specialised and the larger firms have now, to a considerable extent, adopted machine accounting.

The principal point in the audit of Stockbrokers' accounts is the verification, by inspection or through independent certification, of all the assets, including the outstanding items for stock to be delivered to clients against payment or to be received on account of clients against payment. It is very important that verification of the assets and liabilities by actual inspection, as necessary, shall take place on the precise date of the balance sheet, which is usually the last Stock Exchange Account Day in a calendar year or half-year, or which, as the fiscal year in Great Britain ends on the 5th April, may be the last Account Day prior to the 5th April.

The other steps in the audit, such as vouching, follow the usual course and the investments are checked to the nominal ledgers. It is practically impossible, however, to check all the entries in a Stockbroker's accounts to the personal ledgers, which are the accounts of clients or Jobbers. Therefore particular attention should be paid to the method of accountancy which has been adopted to see that no leakage can occur. A Broker buys from a Jobber for delivery to a client, and, therefore, all transactions in stock and money should balance each Account. There are small differences in regard to splits and extra fees, payable by reason of such splits, but these do not require any special attention.

Accounts of Lloyds' Underwriters. Special reference may also be made to the accounts of Underwriters at Lloyds'. Under the Assurance Companies Act of 1909, all Insurance Underwriters are compelled to have their accounts audited each year. The Committee of Lloyds', which is appointed by the members, is very jealous of the reputation of the name of Lloyds' and of Lloyds' Underwriters and consequently the Committee treats very seriously the provision in the Act that the accounts shall be audited. The Accountants, who are appointed by the Members to audit their accounts, are approved by the Committee, which then issues detailed instructions to them as to the manner in which the audit is to be conducted. These instructions are of a private and confidential nature, but it can be said that they pay particular attention to the verification of the assets and the values at which these are to be taken for the purposes of the audit. The instructions comprise regulations as to the manner in which the outstanding liability for claims is to be calculated, and, after setting out fully all the details, the Committee expects the Professional Accountants who are appointed as auditors to conduct the audit not only in the letter but in the spirit, and to report to them if any facts emerge from the audit which the auditors think should be so reported.

Machine Accounting

Finally I should like to refer to machine accounting, because, although I do not propose to discuss all its implications, we should not omit from consideration the relation of our professional work to the installation and operation of machine accounting. Moreover I think the subject is relevant to one of the Sub-Headings of my paper which includes questions of Organization.

No doubt machine accounting of an extensive characters is limited to concerns of the larger type, though in smaller undertakings also some machine accounting has been introduced. Machine accounting is likely to extend in regard to both large and small undertakings (in so far as it can be usefully and economically applied to smaller concerns). It can relieve the Partners or Directors of a business of a considerable burden in exercising control and enables records to be kept up to date. The actual capacity of any accounting machine, its mechanical construction and operation, are outside our sphere. This is the business of the Companies which sell these ever improving products. But I do suggest that the up—to—date practitioner should understand what the various types of machine can accomplish, what particular relief they can bring into an organization, and equally what are their limitations.

It is well to realise that machine accounting cannot be applied indiscriminately, that it has some limitations, and that those who use it, or recommend its installation, must understand that in certain respects it is not infallible. The installation and operation of machine accounting are expensive matters, and in approaching these problems the practitioner must relate ends to means and keep his eye on the costs.

It is necessary, by consultation with the Manufacturers and with the Management of the Clients' business, to be quite sure what it is the machines are required to do. If this understanding is not complete, one can imagine that a set of machines might be installed which would not do what was expected of them, with very serious results. I do not mean that a system of machine accounting at the beginning can necessarily be complete or that it is not capable of improvement. Improvements will inevitably suggest themselves. Moreover, I consider that on the whole it is better to introduce machine accounting gradually, so that at the later stages advantage may be taken of the experience gained in these earlier operations.

A certain amount of literature has recently been written in regard to the effect of machine accounting upon auditing. I do not propose to deal with the question of auditing. As adviser, however, the professional accountant should keep in touch with the system of mechanical accounting of a Client to see that it is not developing any weakness of principle, and to suggest improvements. A number of short cuts and the elimination of unnecessary books are bound to become possible as time goes on. The details of machine accounting must be studied in connection with card systems and up to date types of loose leaf ledgers.

A machine system operated successfully is of enormous advantage but a bad defect in principle or faulty operation can lead to very serious results. The professional accountant must be progressive but he should be vigilant.

Conclusion. Reviewing all the matters treated in this paper, I feel that the Congress Committee rightly apprehended the importance of Advisory Work as a branch of professional practice, by including the subject in the programme of papers. The responsibilities which it brings to practising accountants are readily accepted and I consider that in the future Advisory Work is likely to increase in volume and importance.

V. Internationaler Prüfungs- und Treuhand-Kongreß
BERLIN · SEPTEMBER 1938

Nationalbericht — Relazione — National Paper
Rapport National

Sonstige Prüfungs- und Beratungstätigkeit Other Auditing and Advisory Fonctions Diverses de Verificateur et d'Expert Altre Attività di Verifica e Consulenza	Thema	Italien Italy Italie Italia	Land
	7		**9**

von — di — by — par

Prof. Rag. Comm. Alessandro Grosso, Mailand.

Inhaltsübersicht

Indice

Table of Contents

123

Table des Matières

Text des Berichts — Relazione — Paper — Rapport

1. Le funzioni del ragioniere professionista

D'ordine del „Sindacato Interprovinciale Fascista Ragionieri di Milano", al quale appartengo dalla fondazione, mi accingo a svolgere per il Congresso Internazionale di Ragioneria di Berlino del 1938 — XVI° E. F. —, il VII° tema riguardante le attività diverse professionali.

Ritengo anzitutto opportuno esporre il quadro generale delle „Funzioni del Ragioniere professionista in Italia", quale venne da me pubblicato al principio del 1927 in armonia ai vecchi programmi scolastici (R. D. 2 Ottobre 1891) alle leggi professionali fondamentali (legge 15 Luglio 1906 e Reg. 9 Dicembre 1906) e sopratutto alle gloriose tradizioni della nostra professione, specie in Lombardia.

Tale quadro dal 1927 viene pubblicato in tutti gli Albi dei Collegi e dci Sindacati dei Ragionieri e servì di base per la classificazione delle funzioni del ragioniere professionista (R. D. Legge 28 Marzo 1929) e dell'esercente in materia di economia e commercio (R. D. 28 Marzo 1929); la professione, peraltro, é praticamente unica e indivisibile. Le funzioni sono già eposte nel rapporto nazionale del collega (V. Rapporto 1, pap. 14/15).

Senonché, anche escludendo dalla trattazione, la formazione e la verifica del bilancio delle imprese in genere e delle società per azioni in specie, la consulenza tributaria, e le poche altre funzioni già incluse nei precedenti temi del congresso, troppo resterebbe a dire sulle rimanenti; dovrò pertanto limitarmi a riassumere poche nozioni su talune funzioni soltanto, fra le più caratteristiche, quale la consulenza in materia amministrativa e contabile in genere; le perizie giudiziarie e stragiudiziarie; gli arbitrati; il commissariato giudiziale per l'ispezione dei libri nelle società per azioni; tanto più che dal punto di vista generale e teorico, molte funzioni di ragioneria e di tecnica professionale riguardanti amministrazione, controllo e specialmente liquidazione di aziende, sono sostanzialmente le stesse che assumono in particolari circostanze, aspetti speciali diversi.

Vi sono incarichi giudiziali, e fra questi alcuni (fallimenti e concordati preventivi) affidati soltanto agli iscritti nel ruolo degli amministratori giudiziali compilato dal Ministro di Grazia e Giustizia); incarichi di onoraria giurisdizione (per la scelta del professionista in liquidazioni volontarie, amministrazione di beni e di aziende, arbitrati ecc.).

Spesso poi più che alla natura delle funzioni, deve badarsi al modo col quale le funzioni stesse sono esercitate, onde soggettivamente sono di competenza del ragioniere professionista in quanto svolte nella sua libera attività non come impiegato ma con studio proprio aperto al pubblico.

125

Il ragioniere professionista può così avere incarichi anche da compagnie fiduciarie; ma se diventa direttore e quindi funzionario della compagnia perde la sua autonomia professionale; si tentò anche la costituzione di un istituto di revisione aziendale da parte di professionisti. In quest'ultimo caso naturalmente, trattandosi di associazione di professionisti, caratterizzata anzi, come nei paesi tedeschi, per la lotta contro le società fiduciarie, cade sostanzialmente la incompatibilità sovraccennata.

Il professionista perde logicamente in modo irrevocabile la sua qualità quando diventa impiegato di quelle compagnie fiduciarie a carattere speculativo che fanno appunto concorrenza al ragioniere libero professionista; fiduciarie delle quali ebbi occasione di parlare nel mio articolo „il socialprofessionista" pubblicato sul bollettino mensile fascista di cultura professionale „Il Ragioniere Professionista" il 15 febbraio 1927: „Concorrente nuovo, futuro collega senza nome, senza titolo di studio, senza certificato di iscrizione ad alcun ordine professionale, senzatessera di sindacato, senza alcuna carta del lavoro, di provenienza ignota."

Dieci anni fa ero anche più intransigente nella mia tesi e scrivevo: „Premesso che le Fiduciarie per esplicare la loro attività (che è una attività squisitamente professionale) devono necessariamente valersi dell'opera di professionisti, a prescindere dalla considerazione che per ciò stessa si rende superflua la funzione sociale delle fiduciarie, domando chi dovrebbero essere codesti professionisti costretti o disposti a dividere con poco senso di dignità cogli azionisti il frutto esclusivo del loro lavoro professionale, in imprese nelle quali il capitale non ha alcuna diretta funzione?"

E' ovvio che dopo essere stata disciplinata l'attività delle fiduciarie da un'apposita legge il professionista può legittimanente assumere incarichi professionali dalle predette compagnie; se invece è assunto stabilmente, ne diventa funzionario e quindi impiegato.

In confronto alla Corporazione non può ancora precisarsi se praticamente l'attività professionale potrà aumentare per effetto di nuove funzioni nell'ambito delle corporazione stessa, o se, al contrario, la corporazione assorbirà la libera professione, almeno in granparte.

E' indubitato in ogni modo che resteranno le funzioni professionali, anzi si consolideranno e aumenteranno col progredire degli studi della ragioneria e delle sua applicazioni.

Nella relazione da me presentata al 3° Congresso Internazionale di Ragioneria che ebbe luogo in New York nel settembre 1929, affermavo che una professione trae sempre la sua ragione di essere e la energia per svilupparsi e perpetuarsi da una scienza generatrice la quale dopo averne dato i natali ne rifornisce la linfa quotidiama.

In una monografia da me pubblicata nel 1932 X° sulle „Esclusività professionali", affermavo che nella rilevazione delle esclusività professionali, la difficoltà non doveva ricercarsi nel loro numero ma nella natura delle funzioni stesse, derivanti tutte da una materia d'insegnamento, e concludevo che, come la ragioneria è scienza sopratutto di applicazione, così bisognava essere molto prudenti nella precisazione delle esclusività professionali nostre, per non comprometterе, allo stato attuale degli studi e della legislazione professionale, l'avvenire a danno sopratutto dei giovani ai quali sono affidate le fortune della nostra scienza e della nostra professione.

La Legge 15 Luglio 1906 già stabiliva che „l'esercizio pubblico della professione di ragioniere spetta ai ragionieri regolarmente iscritti al Collegio" (Art. I). Ora che la nuova Legge in corso di attuazione, riafferma esplicitamente la obbligatorietà della iscrizione agli albi per l'esercizio della professione, si insiste più che mai pel riconoscimento di almeno alcune esclusività.

Il regolamento 9 Dicembre 1906 già disponeva che „Le Autorità Giudiziarie, ove non sianvi ragioni in contrario, affideranno i vari incarichi in materia di ragioneria, agli iscritti ai Collegi" (Art. 17) e l'art. I della Legge 28 Marzo 1929 precisa (enumerandoli) „Gli incarichi in materia di ragioneria di cui all'art. 17 del regolamento 1906", ma senza pregiudizio „neppure ai fini del conferimento di incarichi giudiziari e amministrativi, quale può formare oggetto dell'attività professionale di altre categorie di professionisti, a norma di Legge o di regolamento" (art. 2).

Dovendosi badare più all'interesse pubblico che all'interesse particolare di una determinata Categoria, è evidente che in economia corporativa anche il problema dell'esclusività professionale viene a perdere da un punto di vista obbiettivo molta della sua importanza, per rinsaldare invece il principio della omogeneità delle funzioni, che per essere di ragioneria richiedono uno studio sempre più vasto e profondo di tale materia, sicchè nell'interesse nazionale le funzioni stesse saranno sempre svolte meglio (indipendentemente dal modo) da chi = ragionieri o dottori in scienze economiche e commerciali = liberi professionisti o funzionari, più preparati saranno nelle applicazioni molteplici della ragioneria ai bisogni della vita.

Devo d'altra parte rilevare che il recente decreto del Capo del Governo (29 Gennaio 1938 XVI°) che approva la tariffa nazionale per le prestazioni professionali dei ragionieri, in quanto è aplicabile solo a coloro che esercitano legalmente la professione di ragioniere, consolida allo stato degli atti la libera professione.

2. *Consulenza in materia di amministrazione e contabilità in genere*

Per saper controllare sul serio un'azienda è necessario essere anche in grado di amministrarla; d'altra parte male la si amministrerebbe ove non sie sapesse controllarla; la ragioneria che insegna il controlla amministrativo di un'azienda è anche guida sicura per bene amministarla.

Ne consegue logicamente che nessuno meglio del ragioniere professionista è in grado di dare pareri e consigli in materia di amministrazione e contabilità in genere.

In talune professioni (e specialmente in quella del medico), vi sono innumerevoli specializzazioni; anche nella professione dell'avvocato c'è chi si dedica prevalentemente al penale, altri al civile o al commerciale. Nella nostra professione vi sono degli specialisti in materia fiscale.

Il Duce in Campidoglio ad un congresso di medici fascisti ebbe a dire: ,,Io non sono tanto favorevole alla eccessiva specializzazione. Non vorrei che a furia di guardare l'albero si dimenticasse la foresta; non vorrei che al guardare un lato, un elemento, un frantumo del corpo umano si dimenticasse il complesso del corpo umano, il quale, o Signori, è unitario e totalitario come il Regime Fascista.''

Qualche cosa di analogo si può dire anche per lo studio della vita aziendale dove in ogni ciclo di gestione fatti ed atti amministrativi, che non si succedono a caso, devono essere rilevati, valutati e rappresentati in relazione alle loro cause ed agli effetti che producono, in una mirabile armonia fra l'analisi e la sintesi, fra il patrimonio studiato nel suo aspetto statico e dinamico, la determinazione del reddito, e l'equilibrio delle entrate e delle uscite.

Nel lavoro di consulenza il ragioniere professionista secondo le tradizioni lombarde è un pò come il medico di casa: l'uno cura la salute del corpo, l'altro quella del portafoglio. Ed è un lavoro di assistenza per lo più continuativo che va considerato in senso integrale seguendo l'azienda dal principio alla fine, in ogni fase, in ogni vicenda: lavoro che proviene naturalmente da relazioni personali e che si appoggia sulla fiducia reciproca.

Erroneamente si ritiene da molti che si deve ricorrere al ragioniere professionista solo in contingenze allarmanti, o eccezzionali. Invero il ragioniere professionista, per essere completamente tale, deve essere iscritto oltre che all'albo del sindacato di categoria, anche in particolari ruoli, onde avere dall'Autorità Giudiziaria quegli speciali incarichi che gli attribuiscono una caratteristica fondamentale nell'esercizio pubblico della professione e talvolta anche come pubblico ufficiale: curatele fallimentari, procedure di concordati preventivi, graduatoria giudiziali, perizie civili e penali, arbitrati, sequestri giudiziali di beni e di aziende, commissariati giudiziali per l'ispezione di libri delle società per azioni, tutele, curatele di beni di interdetti e minori, di eredità giacenti, curatele al ventre ecc. Il curatore di fallimenti e il commissario giudiziale dei concordati preventivi, deve essere iscritto, come già rilevai, nel ruolo degli amministratori giudiziali; nel pensiero del Ministro Alfredo Rocco che attuò la riforma 10 Luglio 1930 della legislazione sul fallimento e sul concordato preventivo, gli amministratori giudiziali sono destinati a rappresentare le persone più idonee ad assumere incarichi giudiziali riflettenti amministrazioni e perizie, di natura amminstrativa e contabile.

Ma il ragioniere professionista attualmente ha sempre anche una clientela privata, né cura solo liquidazioni volontarie, riordinamenti di contabilità arretrate e confuse, controlli e inchieste, revisioni di bilanci, conti e scritture ecc.; ma cura l'organizzazione amministrativa di aziende e il conseguente ordinamento dei libri e dei conti; compila progetti preventivi, provvede alla costituzione, trasformazione, fusione di società commerciali; gestisce patrimoni e tiene la relativa contabilità; compila inventari, preventivi, rendiconti, bilanci, situazioni ecc.

Nel complesso, delicato e continuativo, lavoro di consulenza, il ragioniere professionista esplica più che mai una attività che mira a mantere l'amministrazione nella sua massima efficienza e nella più efficace e legale regolarità la contabilità relativa.

Sarebbe interessante esaminare nei suoi particolari e molteplici aspetti tale attività che il ragioniere professionista svolge nelle varie specie di azzenda individuali e sociali, private civili, commerciali e pubbliche. Devo limitarmi ad alcune esemplificazioni fra le più caratteristiche.

Nelle aziende cosidette signorili (aziende miste dometisco = patrimoniali) il ragioniere professionista consulente, pur non curando direttamente l'ordinaria amministrazione e senza tenerne materialmente la contabilità, interviene nelle direttive generali per l'amministrazione delle terre, l'affittanza dei beni rustici ed urbani e la compilazione dei relativi contratti; e a dare consigli nell'impiego di capitali disponibili, in acquisto di stabili, mutui ipotecari, o nell'assunzione di mutui con istituti di credito fondiario o privati, nelle contestazioni con l'agenzia delle imposte ecc.

Sorveglierà anche l'amministrazione ordinaria per quanto riflette la regolare riscossione di affitti e interessi attivi; il pagamento di eventuali interessi passivi, oneri e spese di riparazioni, manutenzione ecc.; controllerà la contabilità relativa; rileverà dalle scritture o controllerà il rendiconto patrimoniale di esercizio e predisporrà magari anche il bilancio preventivo per l'esercizio nuovo.

E poiché segue la vita dell'azienda in tutto il suo normale svolgimento, così curerà naturalmente anche tutte le pratiche relative alla divisione creditaria nel caso in cui venga a mancare il suo titolare (parenti o affini) onde disporre per la redazione dell'inventario, la denuncia di successione, la divisione di diritto e di fatto, predispondendo il progetto divisionale e i relativi conti di codequazione: e anche in tali casi é, più che mai, il suo prestigio personale che varrà ad evitare conflitti fra eredi.

Nelle aziende commerciali, individuali in genere, l'attività del ragioniere professionista consulente avrà di mira sopratutto il perfetto ordinamento amministrativo e computistico; egli sorveglierà perché la contabilità sia sempre aggiornata; assisterà l'azienda creditrice in eventuali procedure fallimentari di clienti; provvederà alla liquidazione di conti normalmente sara lui stesso a contestati, gliare la consultazione di avvocati nell'eventualità di cause o pareri legali; curerà pratiche relative a finanziamenti; darà le direttive per il bilancio annuale; dirigerà le operazioni relative all'eventuale trasformazione in azienda sociale.

Nelle società commerciali il consulente ha spesso la carica di segretario del consiglio di amministrazione o di sindaco; oltre al lavoro già accennato curerà la pubblicazione dei bilanci, la trasformazione della società o la fusione con altre.

3. Perizie in materie contabile

Bisogna distinguere le perizie giudiziali da quelle extragiudiziali, in materia civile e in materia penale rilevando subito che in queste ultime vi può essere di fronte al perito di ufficio (nominato dal Giudice istruttore) il consulente tecnico (in difesa dell'imputato).

In materia contabile il ragioniere professionista inscritto al suo sindacato é il perito naturale e legittimo nella sua materia, senza che debba occorrere la iscrizione in particolari altri albi speciali di periti.

In questa materia delicatissima il ragioniere professionista dovrebbe sempre procedere con molta obbiettività non preoccupandosi tanto dell'interesse delle parti, ma bensì di quello della verità, e sopratutto in materia penale limitarsi all'accertamento dei fatti in risposta ai quesiti che gli sono sottoposti dall'Autorità giudiziaria senza formulare apprezzamenti che sono invece di competenza del Giudice, sia per quanto riflette l'esistenza del reato come la sua rubricazione.

In materia penale non sono in gioco soltanto interessi economici, ma l'onore dell'uomo, sicché ogni negligenza da parte del perito, nella rilevazione degli elementi di fatto e nella raccolta della loro documentazione, e peggio ogni esagerazione o insinuazione soggettiva o generica, può essere di nocumento alla giustizia intesa nella sua concezione altissima, perché giustizia vera non deve mirare solo a punire il colpevole, ma bensì anche a evitare ingiustizie a galantuomini. Si eviterà cosi anche lo sconcio di periti di parte, e di periti erroneamente chiamati anzi di accusa e di difesa in conflitto fra loro su questioni di fatto rilevate con criteri tecnici, ove il ragioniere dovrebbe rapprésentare l'uomo di fede pubblica in materia di conti.

Nelle perizie giudiziarie sia civili che penali il perito presta giuramento avanti l'autorità giudiziaria dalla quale, è richiesto o è chiamato per incarichi di parte; è vincolato come già accennai da quesiti sottopostigli dal magistrato; e la relazione di perizia in competente bollo (in cause civili) o in carta libera (in procedimenti penali) deve essere depositata entro il termine perentorio stabilito. Le perizie giudiziali (civili o penali) che sono le vere e proprie perizie, dal punto di vista tecnica rientrano nell'ordine delle revisioni contabili generali o particolari.

Sostanzialmente anche le relazioni compilate dal curatore del fallimento (inoltrate per il tramite del Giudice Delegato al Procuratore del Re colle sue osservazioni, e che per altro dovrebbero rimanere segrete) e specialmente la seconda (sulle cause e circostanze del fallimento, sul tempo a cui risale il dissesto, sulla responsabilità del fallito o di altri e su quanto può interessare anche ai fini dell'istruttoria penale) rappresentano perizie. Senonchè il curatore anche se chiamato a confermare le relazioni avanti il Giudice Istruttore, non presta giuramento; giura invece come testimonio nel processo penale, avanti il Pretore o il Tribunale. Accade invece talvolta che il Giudice istruttore anche in procedure fallimentari ordini una perizia contabile da contrapporre alle relazioni del curatore.

Il nuovo Codice di Procedura Penale dà facoltà all'imputato di nominare per mezzo del suo difensore e a proprie spese un consulente tecnico, scegliendolo fra le persone che reputa idonee; della nomina è dato avviso sotto pena di decadenza, al Giudice Istruttore e al Pubblico Ministero. Se gli imputati sono diversi possono essere assistiti da due consulenti tecnici complessivamente e non più, eccetto il caso di conflitto di interessi.

Il consulente tecnico non è considerato un vero e proprio perito ma un difensore tecnico della parte; ha facoltà di esaminare le relazioni peritali e di averne copia a spesa della parte; può fare osservazioni alla perizia di ufficio; ne fa anzi la critica colla massima obbiettività; rileva eventuali errori nel quale il perito può essere incorso; compila una relazione nella quale contrappone le sue conclusioni a quelle del perito. Il consulente tecnico non presta giuramento ma è tenuto al segreto d'ufficio e alla fedeltà; la sua relazione, che non è considerata, ripeto, una controperizia per quanto lo sia sostanzialmente dal punto di vista tecnico, viene dall'avvocato difensore depositata presso il Cancelliere del Giudice Istruttore almeno cinque giorni prima del dibattimento.

Il perito d'ufficio può essere chiamato all'udienza su richiesta del Pubblico Ministero per dare schiarimenti; ma non è ammessa la citazione del consulente tecnico. Anche il Pretore, il Tribunale, la Corte,

9*

hanno facoltà di disporre d'ufficio la citazione del perito quando nel dibattimento ne risulti la necessità; a quanto esposto invece dal consulente tecnico nella sua relazione viene creduto semplicemente nei limiti in cui si crede ai difensori.

Il perito non può ricusare l'incarico che gli viene conferito dall'autorità giudiziaria sotto pena di provvedimenti penali ove riesca ad ottenere la esenzione con mezzi fraudolenti (reclusione fino a sei mesi; multa sino a Lire 5.000, —; interdizione dell'esercizio della professione).

Arbitrati

Bisogna distinguere gli arbitrati di conciliazione e per compromesso.

Quando si tratti di esaminare conti, scritture e registri, il Tribunale può procedere alla nomina di uno o più arbitri conciliatori, con incarico di sentire le parti e se possibile conciliarle, o in difetto di dare il loro parere.

Gli arbitri conciliatori a norma dell'art. 402 del Codice di Procedura Civile, sono nominati di ufficio dal Tribunale se le parti non si accordano sulla scelta dei medesimi.

Il compito affidato all'arbitro conciliatore è pertanto duplice: quello di tentare la conciliazione fra le parti, e in caso negativo di esprimere il suo motivato parere. Egli dovrà pertanto esaminare i documenti e le memorie presentate dalle parti; una funzione delicata che richiede non solo competenza tecnica, ma anche profondo senso psicologico, è quella concernente le trattative per la definizione amichevole della vertenza oggetto del procedimento civile: e più dei vantaggi della transazione potrà spesso influire la chiarificazione di eventuali equivoci e il conseguente disarmo degli spiriti.

Se la conciliazione riesce verrà compitato regolare verbale da sottoscriversi dalle parti, verbale che sostanzialmente rappresente un vero e proprio atto di transazione.

Se la conciliazione non riesce, l'arbitro conciliatore è tenuto, come dissi, a esprimere il suo parere motivato in una relazione che depositerà nel termine stabilito alla Cancelleria.

Dal punto di vista tecnico anche tale relazione rappresenta sostanzialmente una perizia. Ciò nonostante non devesi confondere il motivato parere colla perizia vera e propria innanzitutto perchè il perito presta giuramento e l'arbitro conciliatore no; e poi anche perchè nella relazione di perizia il perito deve preoccuparsi di rispondere a precisi quesiti formulati dal magistrato, mentre nel motivato parere 'ha una assoluta libertà di argomentazione.

In caso di controversie le parti anzichè provocare l'intervento delle autorità giudiziarie possono affidare la decisione delle proprie controversie a uno o più arbitri in numero dispari.

Gli arbitri nominati a norma dell'art. 8 del Codice di Procedura Civile devono pronunciarsi in base allo stretto diritto, vale a dire alle leggi, al Codice, e alla giurisprudenza.

Ma per l'art. 20 dello stesso Codice di Procedura Civile, essi possono essere autorizzati a decidere come amichevoli compositori, e in questo caso potranno pronunciarsi non solo con diritto ma anche con equità, coi criteri del buon padre di famiglia.

Nel primo caso il giudizio è appellabile, e inappellabile invece nel secondo caso.

Inutile dire che in entrambi i casi gli arbitri hanno l'obbligo di decidere con assoluta imparzialità. Il mandato è conferito coll'atto di compromesso (atto pubblico o scrittura privata regolarmente registrata); esso deve contenere sotto pena di nullità il nome e cognome degli arbitri e delle parti, e precisare esattamente le controversie da risolvere, oggetto dell'arbitrato; fisserà inoltre la sede del Collegio e il domicilio delle parti e il termine per la pronunzia del lodo.

So gli arbitri non hanno firmato il compromesso, è necessario che essi accettino la nomina per atto scritto da notificarsi alle parti. Gli arbitri procederanno quindi all'esame dei documenti, dei libri, dei conti, sentiranno le parti ed eventuali testimoni sempre collegialmente e del tutto dovrà essere steso regolare verbale. Procederanno ad eventuali rilievi, nomineranno periti, compileranno inventari e quant'altro necessario per istruire completamente il giudizio arbitrale.

Compiuta l'istruttoria, ove non occorrano sentenze interlocutorie, gli arbitri sulla base degli elementi raccolti ed opportunamente valutati, dovranno prendere le loro decisioni compilando il lodo. La sentenza degli arbitri è deliberata a maggioranza di voti; essa deve contenere nome e domicilio delle parti, indicazione dell'atto di compromesso, i motivi in fatto e in diritto, il dispositivo, la data per intero della pronunzia del lodo e la firma degli arbitri.

Le sentenze arbitrali possono portare la clausola di esecuzione provvisoria.

Il lodo insieme all'atto di compromesso deve essere depositato alla Cancelleria della Pretura del mandamento in cui fu pronunziato nel termine di giorni cinque, e del deposito dovrà essere dato atto con regolare verbale sottoscritto dal Pretore e dal Cancelliere oltre che dall'arbitro che ne effettua il deposito.

5. Il Commissariato giudiziale per l'ispezione dei libri nelle società per azioni

L'azionista ha sempre anche singolarmente il diritto di denunciare i fatti che ritiene censurabili, ai sindaci i quali hanno il dovere di tenerne conto nelle loro relazioni all'assemblea. Quando la denuncia sia fatta ai sindaci, da tanti soci che rappresentino almeno un decimo del capitale sociale, allora i sindaci sono obbligati a presentare le loro osservazioni e proposte sui fatti denunciati; e se ritengano fondate ed urgente il reclamo, devono immediatamente convocare l'assemblea generale, perchè deliberi intorno al reclamo stesso.

E' principio giuridico fondamentale nella legislazione italiana, che l'azione di responsabilità contro gli amministratori competa esclusivamente all'assemblea. L'assemblea è sovrana ma in realtà che decide è il gruppo della maggioranza.

Nell'interesse delle minoranze provvede l'art. 153 del Codice di Commercio.

Qualora siavi fondato sospetto di gravi irregolarità nell'adempimento dei doveri degli amministratori e dei sindaci, i soci rappresentanti la ottava parte del capitale sociale, possono denunciare i fatti al Tribunale.

Le gravi irregolarità consistono principalmente nella falsità dei bilanci, nella distribuzione di utili fittizi o nella manovra intesa a tener bassi i dividendi e conseguentemente il prezzo delle azioni, nascondendo i maggiori utili in riserve occulte salvo fare una speculazione quando si metterà in evidenza la ricchezza dissimulata.

Il Tribunale, sentiti in Camera di Consiglio gli amministratori ed i sindaci, ove riconosca l'urgenza di provvedere prima dell'assemblea generale, può ordinare con decreto l'ispezione dei libri della società, e nominare a tale uopo uno o più commissari a spese dei richiedenti, determinando la cauzione da darsi per le spese. L'ispezione non ha luogo finchè i richiedenti non abbiano dato tale cauzione sicchè il termine accordato ai Commissari decorre dalla data del deposito della suddetta cauzione.

Il Commissario esamina i libri della società al fine di accertare i fatti denunciati dai ricorrenti; nè la legge gli consente un più largo esame per scrutare l'operato sospetto degli amministratori e dei sindaci. Dal punto di vista tecnico deve essere tenuta ben presente l'influenza dell'inventario finale sulle risultanze del bilancio e conseguentemente del conto perdite e profitti; che i criteri di valutazione non possono normalmente costituire fondamento per un'accusa di falso in bilancio; il falso in bilancio esiste quando vengono scientemente (cioè mediante appostazioni in bilancio di rimanenze non rispondenti alle chiusure dei conti e alle rilevazioni dell'inventario) omesse attività o esposte passività inesistenti, per ridurre l'utile effettivo o fare emergere una perdita che non ci fu o peggio esposte attività ovvero omesse passività per fare risultare un utile non conseguito.

La relazione dei Commissari deve essere depositata presso la cancelleria nel termine perentorio stabilito dal Tribunale.

Il Tribunale esamina la relazione in Camera di Consiglio e pronuncia con decreto.

Se il sospetto non appare fondato, il Tribunale può ordinare che la relazione sia pubblicata nei giornale degli Annunci Giudiziari per intero o solo nelle sue conclusioni.

In caso contrario il Tribunale ordina i provvedimenti urgenti (che possono consistere nella sospensione di delibere contrarie alla legge) e l'immediata convocazione dell'assemblea generale straordinaria per udire la relazione del Commissario giudiziale e deliberare sulle irregolarità riscontrate per provvedimenti relativi.

A questo punto si cade ancora nel dominio del gruppo di maggioranza.

Sempre a salvaguardia dei diritti delle minoranze, il progetto del Codice di Commercio stabilirebbe che l'assemblea generale deve essere presieduta „dal Giudice del Registro o da un suo delegato"; e che l'azione di responsabilità contro amministratori o sindaci deve essere votata da tanti soci che rappresentino il quarto del capitale sociale.

La riforma proposta è indubbiamente molto opportuna; ma bisogna ancora aggiungere che ove l'azione di responsabilità non potesse essere favorevolmente votata nemmeno dal quarto del capitale sociale, al singolo socio portatore anche di una sola azione spetta sempre il diritto di far valere l'azione di danni a carico di amministratori e sindaci previo giudizio penale promosso d'ufficio o su denunzia dell'interessato.

6. L'avvenire

Ma chi può negare la competenza del ragioniere professionista in altri campi ove occorra la cultura e l'esperienza in materia di amministrazione e di controllo amministrativo ?

Già ho accennato a future funzioni del ragioniere professionista nell'economia corporativa. Una dissertazione su tale argomento sembra per il momento ancora prematura. Ma già si delineano e concretano forme nuove di attività professionale, come la nomina del liquidatore in deroga alle disposizioni dell'art. 197 Codice di Commercio.

Ad evitare il fallimento di aziende di notevole importanza, nel pubblico interesse, il Ministero delle Corporazioni può procedere in luogo dell'assemblea degli azionisti alla nomina di un liquidatore. Il Ministero delle Finanze d'accordo coi Ministri di Grazia e Giustizia e delle Corporazioni può autorizzare l'I. R. I. (Istituto per la Ricostruzione Industriale) a rilevare la partecipazione azionaria. Colla nomina del Commissario liquidatore viene impedita la dichiarazione di fallimento pur venendo applicate le disposizioni penali in materia.

Con Decreto Prefettizio può essere nominato un Commissario coll'incarico di procedere alla liquidazione di due enti cooperativie alla fusione di essi in una nuova cooperativa, adottando i provvedimenti necessari all'assetto dell'azienda nuova a norma delle vigenti disposizioni del Codice di Commercio.

La elencazione potrebbe continuare.

135

V. Internationaler Prüfungs- und Treuhand-Kongreß

BERLIN · SEPTEMBER 1938

Nationalbericht — National Paper — Rapport National

	Thema	*Niederlande*	Land
Sonstige Prüfungs- und Beratungstätigkeit			
Other Auditing and Advisory Work	7	*Netherlands*	10
Fonctions Diverses de Vérificateur et d'Expert		*Pays-Bas*	

von — by — par

Drs. A. Th. de Lange und Drs. C. L. Spits, Amsterdam,

Mitglieder des „Nederlandsch Instituut van Accountants".

Inhaltsübersicht

Table of Contents

Table des Matières

Zusammenfassung

Die von der Kongreßleitung zu diesem Beratungsgegenstand gegebenen Erläuterungen lassen erkennen, daß die Vielfalt der Funktionen des Wirtschaftsprüfers untersucht werden soll. Hier ist geprüft worden, ob diese recht verschiedenartigen Funktionen auf einen gemeinsamen Nenner gebracht werden können. Die gesuchte gemeinschaftliche Grundlage wurde in der Theorie des erweckten Vertrauens gefunden, wie sie von dem Amsterdamer Professor Th. Limperg Jr. entwickelt worden ist. Diese Theorie lehrt, daß der Wirtschaftsprüfer durch die Erfüllung der allgemeinen Funktion eines Vertrauensmannes der Wirtschaft und durch die Ausführung speziell umschriebener Aufträge bei den Lesern seines Prüfungsberichts ein gewisses Maß von Vertrauen erweckt. Dieses Vertrauen kann natürlich das der verrichteten Arbeit entsprechende Maß nicht übersteigen.

Untersucht wurde, zu welchen Schlüssen diese Theorie führt, wenn sie auf die besonderen Funktionen, welche den Gegenstand dieses Referats bilden, angewandt wird. Die verschiedenen Tätigkeiten lassen sich in Prüfungs-, Beratungs- und Verwaltungsfunktionen des Wirtschaftsprüfers gliedern.

Das Kennzeichen der prüfenden Funktion des niederländischen Wirtschaftsprüfers liegt darin, daß der Wirtschaftsprüfer auf Grund seiner Prüfung zur Abgabe einer Beglaubigung gelangen kann, in der er die Richtigkeit bestimmter administrativer Belege bescheinigt. Die prüfenden Funktionen lassen sich in solche mit einem allgemeinen und solche mit einem besonderen Zweck unterteilen, von denen letztere in der Praxis unter dem Namen „investigations" bekannt sind. Zur Erläuterung der Verhältnisse, die sich bei der Erfüllung der prüfenden Funktion mit einem besondern Zweck ergeben können, sind die erörterten theoretischen Betrachtungen in der Anwendung auf einige der wichtigsten Gruppen von „investigations" veranschaulicht worden. In diesem Zusammenhang wurde der Frage, ob eine Verbindung der prüfenden mit der beratenden Funktion für den Wirtschaftsprüfer auch unter allen Umständen annehmbar ist, besondere Aufmerksamkeit gewidmet.

Das Kennzeichen der beratenden Funktion des niederländischen Wirtschaftsprüfers liegt darin, daß er in seiner Eigenschaft als Betriebswirtschaftler sich ein persönliches Urteil über bestimmte betriebswirtschaftliche Probleme im geprüften Betriebe bildet. Untersucht wurde, inwieweit die sich aus dem Gutachten ergebende Verantwortlichkeit des Wirtschaftsprüfers eine Gefahr für seine Objektivität bei der späteren Ausübung der prüfenden Funktion bedeuten kann. Weiter wurde geprüft, welcher Maßstab an die Zuverlässigkeit des Zahlenmaterials anzulegen ist, das dem Wirtschaftsprüfer als Grundlage für sein Gutachten dient.

Die Verwaltungsfunktion des niederländischen Wirtschaftsprüfers besteht in der Verwaltung von Vermögen und der Leitung von Betriebsorganisationen. Ferner wurde nachgeprüft, ob die Ausübung dieser Verwaltungsfunktionen mit der allgemeinen Funktion des Wirtschaftsprüfers vereinbar ist. Schließlich wurde untersucht, ob der Wirtschaftsprüfer, dem die Verwaltung obliegt, auch zugleich mit der Prüfung beauftragt werden kann.

Summary

The more detailed transcription of the heading of this treatise by the Board of the Congress shows that it is required to investigate the various differentiations in the functions of the professional Accountant. The question has been considered as to whether it is possible for these various functions to be combined in one general frame-work. The common basis sought for can be found in the theory of inspired confidence, as developed by the Amsterdam Professor Th. Limperg Jr. This theory teaches that by fulfilling the general function of a trusted person in business intercourse, and the particular functions appertaining to other work of a special nature which he may be asked to carry out, the professional accountant inspires a certain confidence with those who read the written reports on the results of his work. The degree of confidence inspired will not be greater than the quality of his work justifies.

The question has been considered, as to what conclusions this theory leads to, when applied to the various functions which form the subject matter of this treatise. These may be divided as between the auditing, the advisory and the managing functions of the Accountant.

The characteristic of the auditing function of the Dutch professional Accountant is to be found in the fact that the Accountant on the basis of the audit he has carried out feels himself under the obligation to issue a certificate, in which he confirms the correctness of certain accounting documents. The auditing functions may be divided as between those of a general nature and those carried out for a special purpose, the latter being in practice usually known as "Investigations". As an illustration of the various circumstances which may arise in carrying out audits with a special purpose, the theoretical observations discussed have been applied to some of the most important types of "Investigation". In this connection special attention has been paid to the question as to whether the combination of the auditing and the advisory functions is under all circumstances acceptable for the professional Accountant.

The characteristic of the advisory function of the Dutch Accountant lies in the fact that the Accountant, as an expert in business and economic matters, forms his own personal opinion on the problems of that nature arising in the business which he audits. The question has been considered as to what extent the responsibility of the professional Accountant for his expert opinion constitutes a danger for his objectivity in carrying out his future auditing duties.

The question has also been considered as to what standard of reliability is to be applied to the facts and figures on which the Accountant, as advisor, bases his expert opinion.

The managing function of the Dutch Accountant consists of managing units of property, and directing business organisations. The question has been examined as to whether these managing duties are compatible with the general functions of a professional Accountant. Finally the question has been considered as to whether the Accountant who is responsible for the management, may also be entrusted with the Audit.

Résumé

Les précisions données par la Présidence du Congrès sur le titre de ce rapport démontrent qu'il faudra soumettre à un examen la diversité des fonctions de l'Expert-Comptable. Il a été examiné si ces fonctions très dissemblables peuvent être groupées dans un cadre général. La base commune, objet de ces recherches, a été trouvée dans la théorie de la confiance suscitée, telle que cette théorie a été développée par Monsieur le Professeur Th. Limperg Jr. d'Amsterdam. Elle nous apprend que l'Expert-Comptable, soit en remplissant sa fonction générale d'homme de confiance dans la vie sociale, soit en exécutant des mandats nettement définis, inspire une certaine confiance aux lecteurs des rapports établis par lui à la suite de ses recherches. Bien entendu, la confiance suscitée par lui ne pourra être plus grande que ne le permet le travail qu'il aura fait.

Il a été examiné à quelles conclusions aboutirait cette théorie si elle était appliquée à l'égard des fonctions spéciales faisant l'objet de ce rapport. Celles-ci peuvent être subdivisées en fonctions de l'Expert-Comptable comme vérificateur, conseil et dirigeant.

Le caractéristique de la fonction de l'Expert-Comptable néerlandais comme vérificateur réside en ce qu'en vertu de son enquête il peut être amené à délivrer une déclaration attestant l'exactitude de certains documents justificatifs de l'administration. Les fonctions de vérification peuvent être distinguées en celles ayant un but général et en celles ayant un but spécial. Ces dernières sont connues dans la pratique sous la désignation de «investigations». Pour illustrer les rapports qui peuvent comporter l'accomplissement de fonctions de vérification ayant un but spécial, les considérations théoriques exposées ont été appliquées à quelques groupes principaux d'investigations. A ce propos l'attention toute spéciale a été attirée sur la question de savoir si la combinaison de la fonction de vérificateur et celle de conseil est acceptable pour l'Expert-Comptable dans toutes les circonstances.

Le caractéristique de la fonction de conseil, exercée par l'expert-comptable consiste dans le fait qu'en sa qualité d'économiste industriel l'expert-comptable formule un jugement personnel sur certains problèmes d'économie industrielle qui se présentent dans l'entreprise sur laquelle s'étend son enquête. Il a été examiné dans quelle mesure la responsabilité, résultant pour l'expert-comptable de son avis, pourra mettre en danger l'objectivité nécessaire dans l'exercice ultérieur de sa fonction de vérificateur. De plus, il a été examiné quelle norme devra être appliquée pour la véracité des données numériques sur lesquelles est basée l'appréciation de l'expert-comptable conseil.

La fonction de dirigeant consiste pour l'expert-comptable néerlandais dans la gestion d'éléments de fortune et dans la direction d'organisations d'entreprise. Il a été examiné si les fonctions de dirigeant sont compatibles avec la fonction générale de l'expert-comptable. Finalement on a étudié la question de savoir si l'expert-comptable, chargé de la direction, peut être chargé en même temps de la vérification.

Text des Berichts — Paper — Rapport

Einleitung.

Die Überschrift dieses Referats ist nur verständlich im Zusammenhang mit den Titeln der Themata, welche neben dem obengenannten, auf dem Internationalen Prüfungs- und Treuhandkongreß zur Erörterung stehen. Die nähere Umschreibung des Themas durch die Kongreßleitung läßt darauf schließen, daß verschiedene Funktionen des Wirtschaftsprüfers einer Untersuchung zu unterwerfen sind. Wird doch darin gesprochen von seinen Verwaltungsfunktionen („Treuhandfunktionen bei Interessenvertretungen und Vermögensverwaltungen"), über seine beratenden Funktionen („Unterstützung unternehmerischer Tätigkeit durch Wirtschafts- und Organisationsberatung") und über seine prüfenden Funktionen („Sonderprüfungen außerhalb des Jahresabschlusses"). Vor allen Dingen soll untersucht werden, ob diese sehr verschiedenartigen Funktionen sich in einem allgemeinen Rahmen unterbringen lassen, bzw. ob sie möglicherweise gegenseitig zusammenhängen in dem Sinne, daß all diese verschiedenen Funktionen in einem gemeinschaftlichen Boden wurzeln. Diese Untersuchung wird sich sodann nicht auf genannte prüfende, beratende und Verwaltungsfunktionen des Wirtschaftsprüfers beschränken dürfen, sondern alle diese Funktionen umfassen müssen und demnach insbesondere auch mit der Funktion des Wirtschaftsprüfers als Prüfer der Jahresabschlüsse der Unternehmungen rechnen müssen.

In den Niederlanden haben die Funktionen des Wirtschaftsprüfers, wie diese nunmehr in ihrer Mannigfaltigkeit in Erscheinung treten, in der Prüfungstätigkeit ihren Ursprung gefunden. Namentlich ist die Prüfung des Jahresabschlusses der Ausgangspunkt für die weitere Ausgestaltung des Berufes gewesen. Die Prüfungstätigkeit ist nach wie vor die wichtigste der mannigfaltigen Aufgaben; auf sie richten sich die theoretischen Betrachtungen über die Funktionen — und die sich daraus ergebende Aufgabe und Verantwortlichkeit — des Wirtschaftsprüfers. Man wird denn auch mit einer theoretischen Fundierung der prüfenden Funktion anfangen müssen, wonach zu untersuchen ist, ob die beratenden- und Verwaltungsfunktionen des Wirtschaftsprüfers die gleichen theoretischen Grundlagen haben, oder ob sie sich vielmehr auf andere Grundsätze stützen.

Nachfolgende Betrachtungen über die Stellung, die Aufgabe und die Verantwortlichkeit des Wirtschaftsprüfers sind in den Niederlanden als die Theorie des erweckten Vertrauens bekannt, wie sie von dem Amsterdamer Professor Th. Limperg jr. entwickelt und bereits persönlich von ihm in einem Referat für den Internationalen Kongreß 1926 in Amsterdam formuliert worden ist.

141

Diese Theorie weist in erster Linie darauf hin, daß das öffentliche Leben auf fast jedem Gebiete der Beglaubigung von Erklärungen bedarf, die sich an einen größeren Personenkreis richten. So kennt man die Erklärungen des Tierarztes über den Gesundheitszustand des untersuchten Viehs, des Aktuars über die Richtigkeit der berechneten mathematischen Reserve einer Lebensversicherungsgesellschaft. Auf Grund dieser Erklärungen erlangt das Publikum die Gewißheit, daß die vorgelegten Mitteilungen richtig sind. Durch die Entwicklung kapitalintensiver Großunternehmungen ist beim Publikum gleichzeitig das Bedürfnis für Erklärungen über die finanzielle Lage und die finanziellen Ergebnisse der Betriebe erweckt worden. Demnach ist auch der Wirtschaftsprüfer, der ja die Jahresabschlüsse von Aktiengesellschaften und die finanziellen Angaben in Emissionsprospekten bescheinigt und für die Banken die Kreditnehmer kontrolliert, ein sehr bedeutender Sicherheitsfaktor im Gesellschaftsleben geworden. Namentlich im Zusammenhang mit der Finanzierung der Betriebe bezwecken seine Erklärungen, den Kapitalgebern, den Sparern, den Banken und den sonstigen Kreditgebern, die auf dem Kapitalmarkt erscheinen, Sicherheit über die Zuverlässigkeit der Kreditnehmer zu verschaffen.

Will der Wirtschaftsprüfer auf diese Weise seinen Platz im Wirtschaftsleben ausfüllen, so ist es notwendig, daß das Publikum, das von seinen Erklärungen Kenntnis nimmt, sich auf deren Richtigkeit verlassen kann. Dieses Vertrauen wird sich nur bilden und erhalten können, falls und solange die Tätigkeit und die Erklärungen des Wirtschaftsprüfers durch seine Unabhängigkeit und seine Sachkenntnis getragen werden. Nur ein Funktionär, der vollkommene Selbständigkeit besitzt, vermag Vertrauen zu erwecken. Dabei ist es nicht als hinreichend zu betrachten, daß der Wirtschaftsprüfer juristisch unabhängig von demjenigen ist, dem die Revision gilt, viel wichtiger ist seine wirtschaftliche Unabhängigkeit, wobei man wiederum nicht in erster Linie an die finanzielle Unabhängigkeit zu denken hat, sondern namentlich an den Umstand, daß der Wirtschaftsprüfer für die Verwaltung des geprüften Betriebes nicht mitverantwortlich ist.

Außer in die Unabhängigkeit des Wirtschaftsprüfers soll das Publikum in dessen Sachkenntnis Vertrauen setzen können. Dies betrifft naturgemäß vor allem die administrativen Kenntnisse, ohne die der Wirtschaftsprüfer dem Entstehen der Jahresrechnung nicht folgen kann. Zur Prüfung der Jahresrechnungen und sonstigen ziffernmäßigen Aufstellungen bedarf der Wirtschaftsprüfer weiter einer gründlichen Kenntnis der Prüfungsmethoden, die etwaige Unrichtigkeiten mit absoluter Sicherheit an den Tag bringen. Die Entwicklung des Betriebslebens hat aber gleichzeitig zur Folge gehabt, daß mit der Aufstellung der Jahresrechnungen der Betriebe mehrere betriebswirtschaftliche Probleme verknüpft sind. Von dem Wirtschaftsprüfer werden denn auch mit Recht betriebswirtschaftliche Kenntnisse verlangt, damit für die Öffentlichkeit Gewißheit besteht, daß die Betriebsereignisse und -zustände in betriebswirtschaftlich richtiger Weise in der mit einer beglaubigenden Erklärung versehenen Jahresrechnung dargestellt worden sind.

Es leuchtet ein, daß die oben umschriebene Unabhängigkeit und die Sachkenntnis des Wirtschaftsprüfers nur als Bedingungen für eine gute Erfüllung der buchrevisorischen Funktion zu betrachten sind. Sie gewähren noch keinen Aufschluß über den Inhalt einer bestimmten von dem Wirtschaftsprüfer zu erfüllenden Tätigkeit und noch weniger über die zu erledigende Aufgabe und die zu tragende Verantwortung.

Hierüber belehrt uns die Theorie des erweckten Vertrauens, daß der Wirtschaftsprüfer durch seine ständische Bindung die Erfüllung seiner allgemeinen Funktion eines Vertrauensmannes der Wirtschaft und mit seinen Beglaubigungen ein gewisses Vertrauen beim Publikum sichert. Der Wirtschaftsprüfer hat sich dessen bewußt zu sein, daß, schon auf Grund seiner Stellung im Wirtschaftsleben, das Publikum in einem gewissen Umfang Zutrauen zu seinen Erklärungen hat. Dies bringt mit sich, daß, wenn der Wirtschaftsprüfer eine bestimmte besondere Funktion verrichtet, mit anderen Worten einen genau umschriebenen Auftrag auszuführen hat, er sich zunächst über die Art und den Umfang des durch die Erfüllung dieser besonderen Funktion von ihm beim Publikum zu erweckenden Vertrauens vergewissern soll. Wird der Wirtschaftsprüfer doch erst, wenn er von diesem Umfang genau unterrichtet ist, mit Hilfe seiner Fachkenntnisse bestimmen können, welche Aufgabe, mit anderen Worten welche Prüfungsarbeiten von ihm zu verrichten sein werden. Nun könnte hier allerdings die Schwierigkeit entstehen, daß der Wirtschaftsprüfer die Art und den Umfang des durch die Erfüllung der Funktion beim Publikum erweckten Vertrauens nicht kennt, weil das Publikum seine bezüglichen Erwartungen nicht genau zu umschreiben pflegt. Aber diejenigen, die als sachkundige Wirtschaftsprüfer tätig sind, wissen, daß im Laufe der Jahre allgemein bekannte, gefestigte Auffassungen entstanden sind, die dem Verkehr eine Norm für ihren Inhalt entnehmen. Dem Wirtschaftsprüfer sind denn auch diese Normen bekannt und mithin auch die gehegten Erwartungen über die Art und den Umfang des Vertrauens, das man zu der Erklärung über das Resultat der Erfüllung der Funktion haben darf. Demnach ist es dem Wirtschaftsprüfer bekannt, daß mit jeder ihm anvertrauten Funktion eine bestimmte Vertrauensnorm verbunden ist.

Auf Grund dieser Kenntnis des von ihm erweckten Vertrauens wird der Wirtschaftsprüfer als Fachmann bestimmen müssen, welche Arbeiten technisch zu verrichten sind, welches also seine Aufgabe sein wird. Und hiermit ist gleichzeitig die Grundlage für seine Verantwortlichkeit gelegt worden. Deren Umfang wird durch den Umfang der Aufgabe bedingt; nur wenn die Aufgabe nicht in ihrem vollen Umfang erledigt wurde, ist von einem Versäumnis die Rede. Nur bei restloser Erfüllung der Aufgabe vermag der Wirtschaftsführer die Verantwortung, die er durch die Erfüllung der besonderen Aufgabe übernommen hat, zu tragen.

Um in einem bestimmten Falle die Verantwortlichkeit des Wirtschaftsprüfers festsetzen zu können, ist es also erforderlich, daß der Inhalt der sie erfüllenden Sonderfunktion bekannt ist. Aus diesem Grunde wird der Wirtschaftsprüfer den Prüfungsauftrag in der von ihm nach Beendigung der Prüfung abgegebenen Erklärung deutlich angeben müssen. Die Erklärung erlangt sodann eine Doppelbedeutung: sie legt die besondere Funktion fest, und sie bringt das Ergebnis der Prüfung. In dieser Weise legt der Wirtschaftsprüfer jedesmal, wenn er eine Erklärung abgibt, fest, welche Sonderfunktion er erfüllt hat, und es wird von ihm anerkannt, daß er den Umfang des Vertrauens, das die Öffentlichkeit oder der Auftraggeber der Mitteilung über das Ergebnis der Prüfung als Norm beimißt, auch hinsichtlich seiner Erklärung für gerechtfertigt hält.

Aus Obigem darf man jedoch nicht die Schlußfolgerung ziehen, daß eine ausdrückliche Umschreibung des gesteckten Zieles der Prüfung stets erforderlich und erwünscht wäre. In sehr vielen Fällen kann die erfüllte Funktion bereits aus der Mitteilung über das Ergebnis der Prüfung hergeleitet werden. So wird es bei der Unterfertigung der Jahresrechnung durch den Wirtschaftsprüfer einem jeden einleuchten, daß die Feststellung der Richtigkeit der unterfertigten Schriftstücke Ziel der Prüfung gewesen ist. Der Umstand, daß die Unterfertigung deren Richtigbefund in sich schließt, erübrigt eine weitere Umschreibung des Zweckes der Prüfung. In anderen Fällen jedoch, in denen die Art der Prüfung nicht so allgemein bekannt ist, wird eine Umschreibung der erfüllten Aufgabe sich wohl als notwendig erweisen, um jedem Mißverständnis über die Bedeutung des mitgeteilten Ergebnisses der Prüfung vorzubeugen.

In denjenigen Fällen, wo die Umschreibung des Zieles nun nicht erforderlich ist, soll untersucht werden, ob Aufnahme dieser Umschreibung dennoch erwünscht ist. Im allgemeinen wird bestritten werden können, daß dies wünschenswert sei. Liegt doch die Möglichkeit vor, daß die Gewohnheit, der Sonderfunktion Erwähnung zu tun, zu einer unrichtigen Anwendung derselben führt, indem irrationelle Einschränkungen der Prüfung in der Umschreibung der Funktion verarbeitet werden, um auf diese Weise auch die Verantwortlichkeit zu beschränken. Würde Irrationalität der Beschränkungen in ihren Folgen in der Erklärung deutlich hervor gehoben, so ließe sich dagegen nichts einwenden, aber es ist selbstverständlich, daß eine Erklärung, in welcher die Irrationalität der

Prüfung und demnach die Wertlosigkeit des Ergebnisses genau erläutert wird, keinerlei Bedeutung hat und deshalb weder abgegeben, noch verlangt werden wird. Es besteht vielmehr die Gefahr, daß die Beschränkungen zwar in der Erklärung erwähnt werden, das nichtsachverständige Publikum jedoch nicht imstande sein wird zu beurteilen, in welchem Maße dadurch die Bedeutung der Erklärung beeinträchtigt wird. Auch wenn der Auftrag, in welchem eine irrationelle Funktion umschrieben wird, in seinem vollen Umfange in die Erklärung aufgenommen würde, so daß dieser Auftrag auch dem Interessierten vollkommen bekannt wäre, würde trotzdem der Wirtschaftsprüfer mit seiner Erklärung ein größeres Vertrauen erwecken, als seine Prüfung rechtfertigt, weil das Publikum die Tragweite der in der Prüfung angebrachten Beschränkungen nicht zu beurteilen vermag. Aus diesen Gründen ist es erwünscht, daß man sich hinsichtlich der allgemein bekannten Prüfungen zur Regel macht, die Funktion nicht in der Erklärung zu erwähnen, weil man auf diese Weise erreicht, daß die Verantwortlichkeit des Wirtschaftsprüfers vollständig ist und das Publikum also vollkommenes Zutrauen zu der Erklärung haben kann. ¡Nur wenn die erfüllte Sonderfunktion nicht allgemein bekannt ist, wird des gesteckten Zieles der verrichteten Prüfung in der Erklärung Erwähnung getan werden müssen, damit sich daraus, auch im Zusammenhang mit dem Ergebnis der Prüfung, die Verantwortlichkeit des Wirtschaftsprüfers genau bestimmen lasse.

Diese Auffassungen erfordern noch eine nähere Ausarbeitung nach der Seite der Bedeutung des Auftrages hin. Wenn es in der Tat wahr ist, wie oben auseinandergesetzt wurde, daß der Umfang des in die Erklärung gesetzten Vertrauens nicht durch die Abfassung der Erklärung bedingt wird, sondern vielmehr durch die laut der Mitteilung über das Ergebnis der Prüfung erfüllte Sonderfunktion, dann führen die gleichen Erwägungen zu der Auffassung, daß auch der Auftrag nur aus der Andeutung des gesteckten Zieles der Prüfung bestehen kann. Dabei läßt sich zweierlei bemerken. In erster Linie soll das gesteckte Ziel einen rationellen Inhalt haben: die Prüfung soll eine tatsächliche Bedeutung haben für diejenigen, die später von den Ergebnissen der Prüfung Kenntnis nehmen müssen. Zweitens darf der Auftrag keinerlei Umschreibung der zu verrichtenden Arbeiten enthalten. Nur der Wirtschaftsprüfer vermag auf Grund objektiver fachtechnischer Erwägungen zu bestimmen, welche Arbeiten erforderlich sind, um das gesteckte Ziel zu erreichen.

Im obigen ist die Theorie des erweckten Vertrauens in groben Zügen wiedergegeben worden. Es ist nunmehr noch zu untersuchen, zu welchen Schlußfolgerungen diese Theorie führt, wenn sie auf die im Anfang dieses Referats bereits in Gruppen angedeuteten Sonderfunktionen angewandt wird. Dort wurde unterschieden zwischen den prüfenden und den beratenden Funktionen und den Verwaltungsfunktionen des Wirtschaftsprüfers. Bei der praktischen Ausübung des Berufes erweist sich

diese Einteilung als noch viel zu grob. Faktisch haften jeder Sonderfunktion, jedem Auftrag Eigenarten an, so daß der Wirtschaftsprüfer bei
der Übernahme jeder dieser Tätigkeiten festzustellen haben wird, welcher
Art sein Auftrag ist, was man also von ihm erwartet. Im Verfolg dieses
Referats wird untersucht, welche Erwägungen dem Wirtschaftsprüfer
dabei zur Richtschnur dienen.

Aus dem Vorhergehenden geht bereits hervor, daß es eine Mannigfaltigkeit von Sondertätigkeiten gibt, so daß es kaum möglich ist, jede
derselben einer näheren Erörterung zu unterziehen. Nur eine begrenzte
Anzahl wird hier behandelt werden können.

Um eine gewisse Systematik in diese Erörterung zu bringen, werden die
Betätigungen zunächst ihrer Natur nach gruppiert. Im Anschluß an die
in der Praxis vielfach vorgenommene Gruppierung wird nachfolgende
Unterscheidung angewandt werden:

a) die Prüfungstätigkeit mit allgemeinem Zweck;

b) die mit einem besonderen Zweck;

c) die beratende und

d) die Treuhand- (Verwaltungs-) Tätigkeit.

Bevor wir zu einer Besprechung eines jeden dieser Gebiete schreiten,
ist es notwendig, die gemachte Unterscheidung näher zu erläutern. Bei
der Prüfungstätigkeit richtet sich die Prüfung auf die Feststellung der
Richtigkeit der vorgewiesenen Verwaltungsbelege, wobei nicht nur an die
administrative, sondern auch an die betriebswirtschaftliche Richtigkeit
gedacht wird. Bei der beratenden Berufsausübung dagegen wird das
Urteil des Wirtschaftsprüfers über bestimmte betriebswirtschaftliche
Fragen eingeholt.

Die Wirtschaftsprüfung des niederländischen Wirtschaftsprüfers wird
somit dadurch gekennzeichnet, daß er auf Grund seiner Prüfung dazu
kommen kann, eine Bescheinigung auszustellen, in der er die Richtigkeit
bestimmter ziffernmäßiger Aufstellungen anerkennt. Die Richtigkeit der
administrativen Rechnungsablage läßt sich objektiv feststellen, und die
Bescheinigung der Anerkennung dieser Richtigkeit ist denn auch in ihrer
Wirkung absolut, d. h. ihre Gültigkeit steht unter allen Umständen und
einem jeden gegenüber fest. Der Wirtschaftsprüfer ist verantwortlich
für jede Unrichtigkeit, die das als richtig beglaubigte Schriftstück enthalten sollte, und die sich durch eine fachtechnisch vollständige Prüfung
hätte aufdecken lassen können.

Die beratende Tätigkeit des niederländischen Wirtschaftsprüfers kennzeichnet sich dadurch, daß er als Betriebswirtschafter sich ein persönliches Urteil über bestimmte betriebswirtschaftliche Probleme in dem
geprüften Betriebe bildet. Naturgemäß wird auch dieses Urteil fundiert
sein müssen; aber dies bringt noch nicht mit sich, daß das Urteil damit

etwa stets die gleiche Bedeutung hätte wie der Prüfungsvermerk. Bei der Beratung kann es sich in der Regel nicht um die Feststellung objektiver Tatsachen handeln. Grundsätzlich handelt es sich dann um die betriebswirtschaftlichen Schlüsse, zu welcher eine Rechnungsablage Anlaß gibt, und um die Ermittlung der Ursachen, die zu festgestellten betriebswirtschaftlichen Erscheinungen geführt haben. Häufig wird der Wirtschaftsprüfer dabei seine Ansicht über die Art und die Folgen der zu ergreifenden Maßregeln äußern müssen, um in Zukunft diese betriebswirtschaftliche Begebenheit in einer Richtung zu leiten, die für seinen Auftraggeber gut ist. Die gesamte Beratung wird durch die Subjektivität, welche dem Urteil des Wirtschaftsprüfers notwendig anhaftet, gekennzeichnet. In diesem Licht ist auch die Verantwortlichkeit des Wirtschaftsprüfers für die Zuverlässigkeit seines Urteils zu betrachten. Der Umfang des Vertrauens, das dem Gutachten des Wirtschaftsprüfers entgegengebracht werden kann, wird von der Art des Gutachtens wesentlich abhängig sein. Diese Seite der Analyse der beratenden Funktion wird weiter in diesem Referat nähere Erörterung finden. Wohl läßt sich schon jetzt feststellen, daß die vollständige Verantwortlichkeit, wie solche der prüfenden Funktion anhaftet, hier grundsätzlich nicht wird erreicht werden können. In diesem Zusammenhange wird sodann gleichzeitig untersucht werden müssen, ob im Zusammenhang mit der Verantwortlichkeit des Wirtschaftsprüfers das Gutachten lediglich gegenüber dem Auftraggeber Gültigkeit hat, falls dasselbe nur unter Berücksichtigung der Interessen desselben erteilt worden ist, oder ob die Erklärung des Wirtschaftsprüfers, ebenso wie bei der eigentlichen Prüfung, vielmehr einem jeden gegenüber gültig ist.

Es ist sehr gut denkbar, — und es kommt auch in den Niederlanden regelmäßig vor, — daß eine prüfende und eine beratende Aufgabe in ein und demselben Auftrag vereinigt sind. Es wird dann von der Art der erforderten Beratung abhängen, ob der Wirtschaftsprüfer den gesamten Auftrag übernehmen kann. Er wird untersuchen müssen, ob die Erteilung des Rates mit seiner Prüfungspflicht in Widerspruch kommen kann. Dieser Punkt wird weiter unten näher ausgearbeitet werden.

Die Verwaltungstätigkeit des Wirtschaftsprüfers besteht aus der Verwaltung von Vermögensbestandteilen und aus der Leitung von Betriebsorganisationen. Diese Betätigungsart unterscheidet sich scharf von der prüfenden und beratenden Berufsausübung. Sie ist zwar historisch aus jenen hervorgegangen, aber grundsätzlich hat sie einen ganz anderen Ausgangspunkt. Erfüllt der Wirtschaftsprüfer seine prüfenden und seine beratenden Aufgaben auf Grund des in ihn gesetzten Vertrauens derart, daß seine Erklärungen durch seine Fachkenntnisse und seine Unabhängigkeit getragen werden, so wird er zur Verwaltung von seinem Auftraggeber herangezogen, weil dieser ihn wegen seiner Unbestechlichkeit, die er bei der Erfüllung der prüfenden und der beratenden Tätigkeit gezeigt hat, achtet. Daß der Auftraggeber außerdem die für die Verwaltungsaufgaben erforderlichen Sachkenntnisse bei dem Wirtschaftsprüfer als vorhanden voraussetzt, ist eine zweite wichtige Erwägung, aber diese Eigenschaft kann er auch bei einem in anderer Richtung herausgebildeten Funktionär antreffen. Dieser Punkt wird weiter unten in diesem Referat näher erörtert.

Die eigentliche Prüfungstätigkeit

Bei der Einteilung der Prüfungstätigkeit wurde zuvor die allgemeine und die besondere Betriebsprüfung unterschieden. Die allgemeine Prüfung erfolgt anläßlich des Jahresabschlusses. Der Zweck dieser Prüfung besteht also in der Feststellung der Richtigkeit des Abschlusses, ohne daß darin bestimmten Sonderinteressen gedient wird. Die Prüfung hat aber einen besonderen Zweck, wenn sie sich insbesondere auf die Feststellung der Richtigkeit bestimmter Unterteile der administrativen Rechnungslegung richtet, um einen Prüfungsvermerk für Interessenten zu erlangen, die sich ausschließlich für die Richtigkeit dieser bestimmten Teilgebiete interessieren. Letztere Gruppe von Prüfungen bezeichnet man in der Praxis mit dem Namen „investigations".

Die jährliche allgemeine Wirtschaftsprüfung liegt außerhalb des Rahmens dieses Themas und wird daher im Folgenden auch weiter außer Betracht bleiben. Hier werden ausschließlich die übrigen Aufgaben des Wirtschaftsprüfers behandelt werden. In der praktischen Ausübung des Berufes nehmen die „investigations" einen bedeutenden Platz unter den übrigen Betätigungen ein. Sie werden denn auch hierunter einer näheren Erörterung unterzogen, soweit sie zu interessanten Problemen Anlaß geben.

In erster Linie verrichtet der Wirtschaftsprüfer in den Niederlanden „investigations" im Auftrage von Personen, die sich finanziell an einem Betriebe zu interessieren wünschen, sei es durch Beteiligung, sei es als Geldgeber. Bei der Beteiligung kann man dabei denken an Ankauf von Aktien der betreffenden Gesellschaft oder an den Eintritt als Sozius in eine offene Handelsgesellschaft, aber namentlich auch an die völlige Übernahme eines schon bestehenden Geschäftes. Die Geldhergabe kann in der Form eines langfristigen Darlehens oder durch Gewährung kurzfristiger Kredite erfolgen. In allen diesen Fällen wird der zur Finanzierung Bereite einen richtigen Einblick in die Finanzlage und in die finanziellen Ergebnisse des Betriebes verlangen und hinsichtlich der Richtigkeit derjenigen Ziffern Sicherheit haben wollen, auf Grund deren über die Bedingungen der Beteiligung, bzw. der Geldhergabe verhandelt wird. Der zum Verkauf (der Aktien oder der teilweisen oder gänzlichen Beteiligung an dem Geschäft) Bereite wird sich gleichfalls ein Urteil über den

Preis, den er billigerweise verlangen kann, bilden wollen. Beide werden die Hilfe eines Wirtschaftsprüfers in Anspruch nehmen können, und beide werden sodann diesem Wirtschaftsprüfer einen Prüfungsauftrag erteilen. Für den Kaufwilligen wird das gesteckte Ziel der Untersuchung die Prüfung der Berechnung des von dem Verkaufswilligen als Kaufpreis des Geschäftes verlangten Betrages sein. Dem Wirtschaftsprüfer ist deshalb die Prüfung der Buchführung vom Geschäfte des Verkäufers aufgetragen, um auf Grund dieser geprüften Ziffern die Gewinnkapazität und die finanzielle Lage des Betriebes auf zuverlässige Weise beurteilen zu können. Aus dem Bericht des Wirtschaftsprüfers wird sich dann weiter herausstellen müssen, welche Faktoren den Verkaufswert des Geschäftes bedingen, und welcher Wert jedem dieser Faktoren auf Grund der geprüften Buchführung beizumessen ist. Das gesteckte Ziel des Unternehmens bringt mit sich, daß der Wirtschaftsführer hinsichtlich des Wertes, der auf Grund der Betriebsergebnisse in der Vergangenheit gerechtfertigt ist, eine Schlußfolgerung wird ziehen müssen, damit der Käufer bei den Verhandlungen mit dem Verkäufer sich auf eine zuverlässige Basis stützen kann.

Dieselbe Prüfung kann von demjenigen, der das Geschäft verkaufen will, aufgetragen werden. Auch er erwartet sodann eine Auseinandersetzung der Faktoren, welche den Verkaufswert des Geschäftes bedingen, und eine Berechnung des jedem dieser Faktoren beizumessenden Wertes. Diese Berechnung ist für ihn naturgemäß von Wichtigkeit, um eine Grundlage für den verlangten Preis zu erlangen, aber daneben — und das ist die Hauptsache — wünscht er die Berechnung des Wirtschaftsprüfers zur Begründung der Berechtigung des verlangten Preises gegenüber jedem Käufer zu benutzen. Daraus geht hervor, daß der wirkliche Zweck der Prüfung in der Erlangung einer Bescheinigung des Wirtschaftsprüfers liegt, in welcher dieser erklärt, daß die aufgestellte Berechnung des verlangten Preises zuverlässig sei. Und damit ist die Revision rein prüfender Art geworden. Das gesteckte Ziel ist die Erlangung einer Erklärung, daß die gemachten Berechnungen und die denselben zugrunde liegenden ziffernmäßigen Aufstellungen richtig und demnach einem jeden gegenüber maßgebend sind. Der Wirtschaftsprüfer tritt in Wahrheit als der Vertrauensmann sämtlicher Kaufwilligen auf.

Aus obigem geht hervor, daß der Wirtschaftsprüfer, sowohl dann, wenn er den Auftrag von dem Käufer als auch wenn er ihn von dem Verkäufer erhält, der Prüfung das gleiche Ziel stecken soll: die Festsetzung des Wertes des Geschäftes auf Grund der geprüften Buchführung des betreffenden Betriebes. Für den Inhalt des Berichtes ist es also faktisch durchaus gleichgültig, wer dem Wirtschaftsprüfer den Auftrag erteilt hat. Auf Grund des Gegensatzes zwischen den Interessen des Käufers und des Verkäufers behauptet man wohl mitunter, daß durch diesen Interessenwiderspruch auch die Richtigkeit der Prüfung bedingt werde, und daß es zulässig sei, wenn der Wirtschaftsprüfer, falls er für den Verkäufer auftritt, seinen Bericht optimistischer abfasse, als wenn er seinen Bericht für den Käufer aufstelle. Aus vorstehender Analyse des bei der Prüfung gesteckten Zieles läßt sich bereits schließen, daß diese Auffassung nicht annehmbar ist. Der Wirtschaftsprüfer ist in beiden Fällen verpflichtet, mit sämtlichen den Wert des Geschäftes beeinflussenden Faktoren zu rechnen. Nur auf diese Weise vermag er zu einer objektiven Festsetzung des Wertes zu gelangen. Hätte doch eine der Parteien in dem Interessenstreit, wenn z. B. der Käufer nachweisen könnte, daß der Wirtschaftsprüfer betreffs bestimmter Punkte in seinem Bericht ausgesprochen optimistisch kalkuliert hat, um den berechneten Übernahmepreis im Interesse des Verkaufswilligen erhöhen zu können, allen Grund, auch an der unbeschränkten Zuverlässigkeit der übrigen Ziffern zu zweifeln. Auf diese Weise würde der Wirtschaftsprüfer das Zutrauen zu der Zuverlässigkeit seiner Erklärung hinsichtlich der Richtigkeit der Ziffern schwächen und damit die Grundlage seiner Funktion erschüttern. Es ist vielmehr die Funktion des Wirtschaftsprüfers, beiden Parteien eine unanfechtbare Grundlage für die Verhandlungen zu verschaffen, eine Grundlage, worauf beide Teile in gleichem Maße vertrauen können.

Dies schließt nicht aus, daß der Wirtschaftsprüfer neben seiner prüfenden Funktion, die für beide Teile gleichen Wert hat, noch für eine der Parteien eine beratende Funktion erfüllen kann. Ist es doch sehr gut möglich und in der Praxis auch häufig der Fall, daß der Käufer z. B. bei der Festsetzung des äußersten Preises, den er für das Geschäft anlegen kann, nicht nur mit dem Werte, den das Geschäft an sich hat, rechnen soll, sondern auch allerlei besondere Faktoren, die ausschließlich ihn selbst oder sein Geschäft berühren, zu berücksichtigen hat. Der Wirtschaftsprüfer würde eine rationelle Funktion erfüllen, wenn er dem Kaufwilligen diesbezüglich Rat erteilte. Aber diese Aufgabe hat grundsätzlich mit der oben umschriebenen Prüfung nichts zu tun. Es ist denn auch wünschenswert, daß der Wirtschaftsprüfer die Ausführung beider Funktionen scharf getrennt hält, d. h., daß er seine Prüfungs- und Beratungsberichte nicht vereinigt.

Im Zusammenhang hiermit ist es noch von Wichtigkeit, darauf hinzuweisen, daß es gewiß nicht erwünscht ist, daß, wenn der Wirtschaftsprüfer die Prüfung im Auftrag des Verkäufers erfüllt, er in seinen Bericht irgendwelche Gutachten an Käufer aufnimmt. Namentlich gilt dies für die Prüfung des Emissionsprospektes von Betrieben, die den Vermögensmarkt in Anspruch zu nehmen wünschen. Dann wird der Wirtschaftsprüfer sich ausschließlich auf die Prüfung der in dem Prospekt aufgeführten Ziffern beschränken müssen, wie auch auf die Untersuchung, ob

alle für die Anbieter von Vermögen wichtigen Daten richtig wiedergegeben worden sind, so daß der Prospekt ein vollkommenes Bild der
finanziellen Lage und der Ergebnisse des Betriebes gewährt. Schon
hinsichtlich der Zukunftsprophezeiungen wird er sich jeglichen Urteils
enthalten müssen, und noch weniger wird er irgendwelche Empfehlung
für die Anlagebedürftigen in seine Erklärung aufnehmen dürfen. Dergleichen Empfehlungen können nur erteilt werden, wenn der Vermögens-
zustand des Anlagebedürftigen vollständig bekannt ist. Für jeden einzelnen Anleger werden wieder andere Erwägungen zur Beteiligung an
einer Emission von Wichtigkeit sein.

Vorstehende Ausführungen über die Pflichten des Wirtschaftsprüfers
bei der Übernahme eines Geschäftes gelten gleichfalls für die Annahme
bzw. Gewährung von Darlehen. Bei den Darlehen treten noch andere
interessante Probleme in den Vordergrund, sobald der Schuldner nicht
mehr imstande ist, seinen Verbindlichkeiten nachzukommen. In der
Regel wird man dann versuchen, eine Regelung zwischen Schuldner und
Gläubiger herbeizuführen, wodurch, unter Wahrung der Interessen des
Gläubigers, den finanziellen Schwierigkeiten des Schuldners möglichst
Rechnung getragen wird.

Es ist in erster Linie denkbar, daß die Initiative zur Beseitigung der
Schwierigkeiten von dem Gläubiger ergriffen wird. Er wird sich sodann
ein Bild der Finanzlage machen wollen, auch im Zusammenhang mit den
Einkünften des Schuldners, um an Hand desselben feststellen zu können,
welche Leistung er billigerweise von dem Schuldner verlangen darf.
Und wenn auch der Schuldner schon eine Anzahl bezügliche Daten verschafft hat, so wird trotzdem der Gläubiger die Gewißheit haben wollen,
daß er durch diese Daten ein vollständiges Bild der finanziellen Kraft
seines Schuldners besitzt, aber außerdem verlangt er Gewißheit hinsichtlich der Richtigkeit der Daten. Über diese zwei Punkte wird die Prüfung
durch den Wirtschaftsprüfer ihm die verlangte Gewißheit verschaffen
können. In erster Linie erfüllt der Wirtschaftsprüfer hier eine prüfende
Tätigkeit: die Darlegung der finanziellen Lage und der Gewinnquellen
des Betriebes des Schuldners in zuverlässigen Ziffern. In der Regel wird
sich hiermit eine beratende Funktion verknüpfen hinsichtlich der Weise,
wie sich eine befriedigende Abmachung mit dem Schuldner treffen ließe.
In letzterem Falle wird der Wirtschaftsprüfer ausschließlich auf die
Interessen des Gläubigers achten müssen, um die vorteilhafteste Regelung
zu entwerfen, welcher der Schuldner noch nachkommen kann. Er braucht
dabei also ebensowenig die Interessen etwaiger sonstiger Gläubiger zu
berücksichtigen.

Es kann sich nunmehr die Frage ergeben, ob, falls der Gläubiger von
dem Schuldner die Erlaubnis verlangt, eine buchrevisorische Untersuchung
einleiten zu dürfen, damit er seine finanzielle Lage kennenlernt, dieser

Auftrag dann von dem schon bei dem Schuldner angestellten Wirtschaftsprüfer zweckentsprechend ausgeführt werden kann. Aus dem Vorhergehenden läßt sich bereits schließen, daß, insoweit dieser Auftrag eine Wirtschaftsprüfung in sich schließt, dagegen weder der Schuldner, noch der Gläubiger, noch der Wirtschaftsprüfer Bedenken zu tragen brauchen. Wird sich doch die Prüfung sodann ausschließlich auf die Feststellung objektiver Tatsachen richten, die im Zusammenhang mit dem Zweck der Prüfung von Bedeutung sind. Der Schuldner wird begreifen, daß ein von dem Gläubiger bestellter Wirtschaftsprüfer dieselbe Prüfung vornehmen wird, wie sein eigener Wirtschaftsprüfer; der Gläubiger wird darauf vertrauen können, daß die vom Wirtschaftsprüfer des Schuldners abgegebene Erklärung den gleichen Wert haben wird, wie die eines jeden andern Wirtschaftsprüfers, weil er weiß, daß dergleichen buchrevisorische Erklärungen absolute Gültigkeit besitzen. Auch der Wirtschaftsprüfer braucht, sobald der Schuldner grundsätzlich die Prüfung gestatten will, keinen Konflikt seiner Aufgaben zu befürchten. Hinsichtlich der Prüfung liegt also gegen diese Verhältnisse keinerlei Bedenken vor.

In derselben Lage befindet sich der Wirtschaftsprüfer des Schuldners, wenn der Schuldner selber die finanziellen Schwierigkeiten mit seinen Gläubigern vorhersieht und mit ihnen durch Anbietung eines Vergleichs eine Regelung treffen will. Er wird die finanzielle Lage seines Betriebes seinen Gläubigern in vollem Umfange aufdecken müssen, damit sie den Vergleichsentwurf vollständig beurteilen können. Es liegt im Interesse des Schuldners, wenn er dem Bericht über seine finanzielle Lage und dem Entwurf der Regelung die Erklärung seines Wirtschaftsprüfers, daß dieser sich mit beiden Schriftstücken einverstanden erklärt, beilegen kann.

In der Praxis wird dies in der Regel in der Form vor sich gehen, daß in dem Bericht über das Verhältnis zwischen Aktiven und Passiven und über die Gewinnkapazität des Betriebes auch der Vergleichsentwurf aufgenommen und dieser Bericht von dem Wirtschaftsprüfer zusammen mit dem Schuldner unterfertigt wird.

Es bestehen keine Bedenken dagegen, daß der Wirtschaftsprüfer auf diese Weise tätig wird, wenn er sich nur die Art seiner Funktion deutlich vor Augen hält. In Wahrheit tritt er hier als Vertrauensmann sämtlicher Gläubiger auf, denen der Entwurf angeboten wird. Seine Aufgabe wird also nicht nur darin bestehen, daß er untersucht, ob die in dem Bericht aufgeführten Ziffern an und für sich richtig sind, sondern ebensosehr, ob alle für die Gläubiger wichtigen Daten und Umstände auf richtige Weise verarbeitet worden sind. Der Wirtschaftsprüfer trägt hier mithin genau dieselbe Verantwortlichkeit, als wenn ihm der Auftrag geradeswegs von der Gesamtheit der Gläubiger erteilt worden wäre. Irgendeine Beschränkung seiner Wirksamkeit wird er sich nicht gefallen lassen können, weil er der sich daraus ergebenden Beschränkung der Verantwortlichkeit in seiner Erklärung Erwähnung tun müßte; dadurch würde diese aber für die Gläubiger ihre Bedeutung verlieren. Namentlich wird er die Ausführbarkeit des Vergleichsentwurfes prüfen und bestätigen müssen.

Der Umstand, daß der Wirtschaftsprüfer gegenüber der Gesamtheit der Gläubiger eine vollkommene Verantwortung für die Richtigkeit und Vollständigkeit der Ziffern und für die Ausführbarkeit des Vergleichsentwurfs trägt, legt ihm hinsichtlich der Prüfung des Vergleichsentwurfes noch andere Pflichten auf. Im Vorhergehenden wurde bereits bemerkt, daß der Wirtschaftsprüfer des Schuldners wird untersuchen müssen — ebenso wie der des Gläubigers dies getan hätte —, ob auf Grund sämtlicher Daten aus der Vergangenheit und der bereits bei der Prüfung bekannten Umstände in Zukunft der angebotene Vergleich als ausführbar betrachtet werden darf. Dabei braucht der Wirtschaftsprüfer es keineswegs auf spekulative Voraussetzungen über die Zukunft ankommen zu lassen. Im Gegenteil, er wird die Verantwortung für etwaige sich nicht an tatsächliche Ziffern aus der Vergangenheit anschließende Etatsziffern ausdrücklich ausschließen und, sollten die veranschlagten Ziffern einen wesentlichen Teil des Vergleichsentwurfes ausmachen, sogar seine Verantwortung für den ganzen Vergleichsentwurf ausschließen müssen. Auf jeden Fall wird er die Gründe für diese Verantwortungsbeschränkung erwähnen müssen. Nur auf diese Weise behält er eine klare Stellung, sowohl dem Schuldner als auch den Gläubigern gegenüber.

Der Umstand, daß der Wirtschaftsprüfer der Vertrauensmann sämtlicher Gläubiger ist, bringt weiter mit sich, daß er keiner Regelung seine Mitwirkung schenken darf, wobei einer oder mehrere Gläubiger ohne triftige Gründe vor anderen Gläubigern bevorzugt werden, es sei denn, daß letztere dazu mit vollkommener Kenntnis der Sachlage ausdrücklich ihre Zustimmung erteilt hätten. Sollte der Wirtschaftsprüfer einen anderen Standpunkt einnehmen, so könnten nicht alle Gläubiger ihm mehr ihr Vertrauen schenken. Der Wirtschaftsprüfer bietet jedem einzelnen Gläubiger nicht nur die Gewißheit, daß die vorgelegten Ziffern richtig sind, sondern auch die Gewißheit, daß die allgemeinen und besonderen Rechte jedes einzelnen Gläubigers in vollem Umfange berücksichtigt werden. Letzteres bildet einen ebenso wichtigen Bestandteil des Prüfungsinhaltes wie ersteres.

Falls der Wirtschaftsprüfer auf diese Weise seinen Beruf auffaßt, wird er nach dem Zustandekommen des Vergleichs zwischen Schuldner und Gläubigern die Überwachung der Erfüllung der Vergleichsbestimmungen im Besitz des vollen Vertrauens der Gläubiger verrichten können. Auch hier erfüllt er wieder eine rein prüfende Funktion: die Ausführung der Übereinkunft kann objektiv beurteilt werden. Der Wirtschaftsprüfer tritt wiederum als Vertrauensmann der Gesamtheit der Gläubiger auf.

Der Auftrag zur Überwachung der Erfüllung des Vergleichs kann von der Gesamtheit der Gläubiger oder vom Schuldner erteilt werden. Was die reine Prüfungstätigkeit betrifft, so wird es ganz einerlei sein, wer den Auftrag erteilt. In beiden Fällen wird der Wirtschaftsprüfer feststellen, ob die Regelung gemäß den Bestimmungen des Vertrages und den Absichten der Parteien ausgeführt wird. In der Praxis wird sich aber mit der Prüfung nahezu immer eine beratende Tätigkeit verknüpfen. Nicht nur werden die Gläubiger sich über die Nützlichkeit der Wirkung des geschlossenen Vergleichs unterrichten lassen, sondern es wird namentlich dem Schuldner ein Bedürfnis sein, die bei seiner Betriebsführung aufkommenden Probleme mit dem Wirtschaftsprüfer zu besprechen und seinen Rat bei deren Lösung in Anspruch zu nehmen.

In diesem Zusammenhang drängt sich die Frage auf, ob auch bei der Beratung die Stellung des Wirtschaftsprüfers völlig die gleiche ist, je nachdem sämtliche Gläubiger oder vielmehr der Schuldner ihm den Auftrag erteilt hat. Im ersteren Falle werden, sowohl wenn der Wirtschaftsprüfer seine Gutachten geradeswegs den Gläubigern, als wenn er sie den Schuldner abgibt, diese sich ausschließlich auf Probleme beziehen können, die unmittelbar oder mittelbar die Interessen der Gläubiger berühren. Die Ratschläge des Wirtschaftsprüfers werden außerdem in beiden Fällen ausschließlich in den Interessen seiner Auftraggeber ihren Ursprung finden. Die Einstellung des Wirtschaftsprüfers mag hierdurch eine ganz objektive sein, für den Schuldner bringt ein solches Verhältnis trotzdem Schwierigkeiten mit sich. Die Abhängigkeit des Schuldners gegenüber seinen Gläubigern wird scharf betont, und in dem Schuldner wird, vielleicht in manchen Fällen durchaus zu Unrecht, das Gefühl aufkommen, daß der Wirtschaftsprüfer seine Interessen gar nicht berücksichtigt hat.

Das Verhältnis des Wirtschaftsprüfers zum Schuldner wird ein ganz anderes, wenn er den Auftrag auch von ihm empfängt. Hinsichtlich der Ausführung des abgeschlossenen Vergleichs mag das Verhältnis dasselbe bleiben, hinsichtlich der beratenden Funktion wird der Schuldner alle Vorteile eines „eigenen" Wirtschaftsprüfers erlangen können. Es wird hier für den Wirtschaftsprüfer nur eine einzige Grenze bestehen: das Vertrauen der Gläubiger darf nicht getäuscht werden durch die Erteilung von Gutachten, bei deren Befolgung die Ausführung der zwischen Schuldner und Gläubigern getroffenen Regelung beeinträchtigt wird. Innerhalb dieser Grenze jedoch wird der Wirtschaftsprüfer die Interessen des Schuldners in jeder Hinsicht wahren können. Richtet man das Verhältnis der Beteiligten auf diese Weise ein, so werden die Selbständigkeit des Schuldners und seine Freiheit, alle diejenigen Maßregeln zu treffen, die seiner Ansicht nach im Interesse seines Geschäfts liegen können, anerkannt. Der Wirtschaftsprüfer wird auf diese Weise sich nicht nur des

Vertrauens der Gläubiger, sondern auch des Schuldners erfreuen können. Die Gläubiger werden aber bei diesem Verhältnis bedenken müssen, daß eine Beratung zu ihrem Nutzen ganz ausscheidet, und daß Bemerkungen über die Nützlichkeit der Wirkung der geschlossenen Übereinkunft ganz unterbleiben werden. Sie werden sich mit dieser Stellung des Wirtschaftsprüfers aber nur dann begnügen können, wenn sie an dessen Beratung kein Interesse haben.

Die oben erörterte Aufgabe, die Ausführung eines abgeschlossenen finanziellen Vergleichs zu überwachen, ist faktisch nur ein besonderer Fall unter den vielen Fällen der Überwachung der Ausführung bindender Bestimmungen aus Gesetzen oder Verträgen im allgemeinen. Grundsätzlich wird die Stellung des Wirtschaftsprüfers nur durch die Frage bedingt werden, ob bei den beteiligten Parteien nur das Bedürfnis für eine Prüfungstätigkeit vorliegt, oder ob vielmehr eine derselben oder beide ebensosehr der Gutachten des prüfenden Wirtschaftsprüfers bedürfen. Hält die Partei, in deren Interesse die Revision vorgenommen wird, gleichzeitig den Beistand eines Beraters für notwendig, so wird der Wirtschaftsprüfer nicht mehr zwischen den Parteien stehen, sondern seine Arbeit ausschließlich für die erstere Partei verrichten. Ist es dieser Partei jedoch allein darum zu tun, eine Erklärung zu erhalten über die Überwachung der Ausführung von Gesetzen oder Übereinkünften, so wird der Wirtschaftsprüfer zwischen den Parteien oder sogar auf der Seite der überwachten Partei stehen können. Er wird sodann wissen, daß seine Erklärung für die Gegenpartei bestimmt ist, aber er wird unter Berücksichtigung dieses Verhältnisses in seinen Gutachten an seinen Auftraggeber vollkommen frei sein.

Der Beispiele dieser Verhältnisse findet man in der Praxis viele. Sehr wichtig ist die Funktion des Wirtschaftsprüfers, der im Auftrage des Kartellvorstandes die Erfüllung der Kartellübereinkunft überwacht. In dem Falle wird der Vorstand sich nicht nur die Sicherheit verschaffen wollen, daß etwaige Verletzungen der Übereinkunft aufgedeckt werden, sondern er wird daneben verlangen, fortwährend von den der Kartellregelung anhaftenden Mängeln unterrichtet zu werden. Er wird also eines Beraters bedürfen, und weil der Wirtschaftsprüfer durch seine tiefgehende Beobachtung der der Regelung beigetretenen Betriebe und durch seine sachkundige Einsicht in die praktische Wirkung dieser Regelung für zuständiger als irgend jemand anders erachtet werden kann, etwaige Mängel aufzudecken und Maßregeln zur Verbesserung zu nennen, wird ihm, neben der eigentlichen prüfenden — auch die sich daraus ergebende beratende Fähigkeit anvertraut werden. Aus dieser Analyse geht hervor, daß die Überwachung der Erfüllung einer Kartellübereinkunft am zweckmäßigsten von dem vom Kartellvorstand bestellten Wirtschaftsprüfer verrichtet werden kann, und daß also in diesem Zusammenhang keine

Zuständigkeit für den Wirtschaftsprüfer des überwachten Betriebes besteht. Es könnte die Frage gestellt werden, ob der Prüfungsauftrag nicht dem Wirtschaftsprüfer des zu überwachenden Betriebes aufgetragen werden könnte, und an Hand der Berichte desselben der Wirtschaftsprüfer des Kartellvorstandes seine Gutachten abgäbe. Einfach vom Standpunkte der Überwachung der Ausführung der Übereinkunft aus betrachtet brauchten dagegen keine Bedenken erhoben zu werden, hätte dieses Verhältnis sogar bedeutende finanzielle Vorteile, weil die Prüfungsarbeiten, die sowieso schon im Auftrage der Leitung oder der Inhaber des überwachten Betriebes erfolgen müssen, nicht von dem Kartellrevisor wiederholt zu werden brauchen, während der Erklärung des eigenen Wirtschaftsprüfers ja ein gleich großer Wert beigelegt werden kann wie der des Kartellrevisors.

Es wird jedoch einleuchten, daß der beratende Wirtschaftsprüfer des Kartells gegen diese Konstruktion Bedenken tragen wird, weil er die Beratung nur dann vollständig ausüben kann, wenn er sich dabei auf eine vollständige eigene Kenntnis der Organisation und Tätigkeit, kurz der gesamten Struktur der dem Kartell angeschlossenen Betriebe stützen kann. Prüfung und Beratung sind also hier dermaßen eng miteinander verbunden, daß sie sich nicht ohne Schaden trennen lassen. Aus diesen Gründen können dem Kartellvorstand nur die Dienste eines Wirtschaftsprüfers genügen, der in doppelter Beziehung Einblick und Urteil besitzt.

Als Beispiel der Überwachung der Ausführung von Gesetzen kann man die Überwachung der Erfüllung wirtschaftlicher Vorschriften von Staats wegen nennen. In den Niederlanden sind diese Vorschriften namentlich auf agrarwirtschaftlichem Gebiete von Bedeutung geworden. Die Produktionsordnung und der Verkauf landwirtschaftlicher Produkte hat eine Reihe behördlicher Maßregeln im Gefolge gehabt, deren Erfüllung für den Staat von der größten Bedeutung ist. Die niederländischen Behörden machen dazu jetzt von einem eigenen buchrevisorischen Dienste Gebrauch, der für sie nicht nur die Ausführung der bereits getroffenen Maßregeln überwacht, sondern dessen Aufgabe es gleichzeitig ist, die verwaltenden Körperschaften über die möglichen Verbesserungen der Vorschriften zu beraten. Auch die Ansammlung von Daten für die Aufstellung von Statistiken, die die landwirtschaftliche Führung unterstützen müssen, liegt diesem Dienst ob. Aus denselben Gründen, wie sie bei der Besprechung der Kartellübereinkünfte angegeben sind, wird der Staat also ebensowenig die Prüfung den privaten Wirtschaftsprüfern der überwachten Betriebe übertragen wollen.

Die beratende Funktion des Wirtschaftsprüfers

Bis hierher wurde von dem Wirtschaftsprüfer in seiner Prüfungstätigkeit gesprochen, daneben erfüllt jedoch der niederländische Wirtschaftsprüfer im öffentlichen Leben eine zweite wichtige Aufgabe: er tritt als Berater des Betriebslebens auf betriebswirtschaftlichem Gebiete auf.

In erster Linie gibt der Wirtschaftsprüfer Gutachten auf dem Gebiete des Buchführungswesens ab, die aus dem Grunde von so großer Wichtigkeit sind, weil eine zweckmäßige Einrichtung der Buchführung, in welcher die Daten nach den richtigen betriebswirtschaftlichen Grundsätzen verarbeitet werden, sowohl für die Betriebsleitung selber wie für die Erfüllung einer ständigen Betriebsberatung durch den Wirtschaftsprüfer unentbehrlich ist.

So wird der Wirtschaftsprüfer über nachfolgende Fragen Gutachten abgeben:

a) genaue Kenntnis der Betriebsgeschehnisse als Grundlage zu ergreifender Maßregeln (kurzfristige Erfolgsrechnungen, Betriebsetat und Statistiken);

b) die Mittel, deren sich die Betriebsleitung bedient (Planung, Betriebsetat, Instruktionen, interne Kontrolle);

c) Fragen buchhalterisch-technischer Art (Einrichtung von Büchern und Formularen, Mechanisierung und Rationalisierung der Methoden).

Hinsichtlich der betriebswirtschaftlichen Fragen beschäftigt sich der Wirtschaftsprüfer u. a. mit nachfolgenden Themen:

a) Finanzierungsfragen;

b) Fragen der Festsetzung der Gewinne;

c) Problemen der Selbstkostenberechnung, Betriebsbesetzung;

d) Fragen der Verkaufspolitik (Marktanalyse, Verkaufsorganisation, Verkaufspreise);

e) Problemen innerer Betriebsorganisation (Aufbau des Betriebes, Verteilung der Funktionen, Anwendung rationeller Arbeitsmethoden, Systemen der Arbeitsbelohnung).

Diese selbständigen beratenden Funktionen des Wirtschaftsprüfers haben namentlich während der letzten Jahre sehr an Bedeutung gewonnen, und allem Anschein nach ist diese Entwicklung einstweilen noch nicht zum Stillstand gekommen.

Bevor wir jedoch näher auf diese für den Beruf so wichtige Erscheinung eingehen und einige Probleme behandeln, die durch diese Entwicklung entstanden sind oder jedenfalls sich schärfer ausgeprägt darbieten, ist es wünschenswert, sich zunächst von der von dem niederländischen Wirtschaftsprüfer heutzutage verrichteten beratenden Arbeit ein Bild zu machen.

Die beratende Betätigung ist nicht neu; sie besteht, solange der Beruf des Wirtschaftsprüfers besteht. Gutachten auf dem Gebiete der Einrichtung der Verwaltung, der Berechnung von Selbstkosten, der Finanzierung des Betriebes u. dgl. wurden schon abgegeben, als noch die eigentliche Prüfung noch in den Kinderschuhen stand, und auch bei der Bücherrevision mit besonderem Zweck nimmt die beratende Funktion eine bedeutende Stelle ein. Die wichtigste beratende Arbeit ist aber die, welche von dem Wirtschaftsprüfer als Berater der Betriebsleitung auf dem

Gebiete der Organisation geleistet wird, und es ist dies die Seite des Berufes, die gerade in letzter Zeit so beträchtlich an Bedeutung gewonnen hat.

In erster Linie liegt die Ursache dieser Erscheinung in dem Streben nach einer zielbewußteren und besser durch exakte Daten fundierten Betriebsleitung, welches Streben während des Weltkrieges und nach demselben infolge des ungeheuren Wachstums der Unternehmungen und der immer größeren Kompliziertheit der Betriebe und des Wirtschaftslebens entstanden ist. Dieses Streben ist in hohem Maße durch die Arbeit der Betriebswirtschafter und die Bewegung für „scientific management" (wissenschaftliche Betriebsverwaltung) gefördert worden. Es ist aber schließlich die Krisis des Jahres 1929 nebst dem darauf folgenden wirtschaftlichen Tiefstand gewesen mit ihren großen Veränderungen und Verschiebungen in der Struktur des Wirtschafts- und des gesamten öffentlichen Lebens, die das Wachstum der hier geschilderten Bewegung in bedeutendem Maße beschleunigt hat und, soweit erforderlich, die Auffassungen und Ansichten der Wirtschaftsführer in dieser Beziehung stark beeinflußt hat.

Durch den schlechten Geschäftsgang entstand ja die Notwendigkeit der Kostenersparnis, der Reorganisation, der Zusammenarbeit, kurz der Zwang zu Maßnahmen, die einerseits eine bessere Analyse der Ergebnisse des Betriebes notwendig machten, andererseits so einschneidender Art waren, daß das Bedürfnis an sachverständiger Beratung sich immer kräftiger fühlbar machte. Und daß es der Wirtschaftsprüfer war, an den man sich wandte, ist leicht verständlich.

Denn der Wirtschaftsprüfer hatte sich dank des Ausbaues des Prüfungswesens, allmählich zu einem anerkannten Sachverständigen auf betriebswirtschaftlichem Gebiete herangebildet, dessen Urteil, auch wegen seiner Vertrauensstellung innerhalb des Betriebes begehrt wurde.

So ist die beratende Berufstätigkeit aus einer bereits erfüllten Prüfertätigkeit herausgewachsen. An den nun einmal als betriebswirtschaftlichen Sachverständigen bekannt gewordenen Wirtschaftsprüfer wendet sich aber die Wirtschaft gern auch in Fällen, in denen ein Gutachten ohne vorheriger Durchführung eines Prüfungsauftrages gebraucht wird. So entsteht die selbständige beratende Tätigkeit.

Diese Entwicklung des Berufes zeitigt nunmehr die nachfolgenden Probleme:

1. Inwieweit gilt die Theorie des erweckten Vertrauens bezüglich der Aufgabe und Verantwortlichkeit des Wirtschaftsprüfers auch hinsichtlich der von ihm ausgeübten Beratung?
2. Inwieweit bedeutet die Verantwortlichkeit, welche der Wirtschaftsprüfer mit der Erteilung eines Gutachtens übernommen hat, eine Gefahr für die Objektivität bei der weiteren Ausübung der prüfenden Tätigkeit, und welche Folgen ergeben sich daraus für den Wirtschaftsprüfer?

3. Welchen Maßstab soll man an die Zuverlässigkeit des Ziffernmaterials anlegen, das der Wirtschaftsberater als Grundlage seines Gutachtens benutzt?

Was erstgenanntes Problem betrifft, so wurden bereits bei der Besprechung des kennzeichnenden Unterschiedes zwischen Prüfung und Beratung einige Bemerkungen gemacht. Dabei wurde hervorgehoben, daß die Beratung in der betriebswirtschaftlichen Sachkenntnis und Erfahrung des Wirtschaftsprüfers wurzelt. Als Sachverständiger gibt der Wirtschaftsprüfer sein Gutachten ab, das naturgemäß gleichzeitig das Gepräge seiner persönlichen Anschauung trägt. Das von der Wirtschaft in ein solches Gutachten des Wirtschaftsprüfers gesetzte Vertrauen ist also im wesentlichen weiter nichts als ein Vertrauen zu dessen Sachkenntnis und als solches von derselben Natur, wie das Vertrauen, das man im allgemeinen dem Gutachten eines Arztes entgegenbringt. Das sachverständige Urteil vertritt, ungeachtet der Tatsache, daß es sich ganz oder zu einem beträchtlichen Teile auf Ziffernmaterial stützt, dessen Richtigkeit sich genau feststellen läßt, eine persönliche Anschauung und hieraus ergibt sich, daß auch das vom öffentlichen Leben dem sachkundigen Gutachten entgegengebrachte Vertrauen durch das subjektive Element des Gutachtens bedingt wird.

Hieraus geht hervor, daß die Verantwortlichkeit, die der Wirtschaftsprüfer mit der Abgabe des Gutachtens übernimmt, einen andern Charakter trägt als die, welche übernommen wird bei der Erteilung einer Richtigkeitsbescheinigung über eine bestimmte Aufstellung von Ziffern; sie reicht grundsätzlich nicht so weit, und in der Praxis zeigt es sich auch, daß der Gesellschaftsverkehr in dieser Hinsicht entsprechende Ansprüche stellt.

Nun sei hier allerdings festgestellt, daß der Wirtschaftsprüfer sich eines Urteils oder Abgabe eines Gutachtens enthalten muß, wenn ihm die dazu erforderliche Sachkenntnis fehlt oder der Auftrag ein höheres Maß an Sachkunde voraussetzt als er tatsächlich besitzt. Hier liegt eine Verantwortlichkeit für den Wirtschaftsprüfer, welche niemals durch den Umstand getarnt werden darf, daß das Gutachten notwendigerweise ein persönliches Element in sich schließt.

Hier liegt eine Gefahr für die weitere Entwicklung des Beratungswesens, eine Gefahr, die aus dem Grunde so groß ist, weil für die hier erforderliche Sachkenntnis noch nicht die Normen feststehen, wie sie sich allmählich hinsichtlich der zur Durchführung von Prüfungen erforderlichen administrativen und prüfungstechnischen Sachkenntnis entfaltet haben. Es braucht wohl kaum hervorgehoben zu werden, daß die verlangte Sachkundigkeitsnorm sich nach und nach wird entfalten müssen, wie man schließlich auch das Wachstum der Sachverständigkeitsnormen, die für die Erfüllung der prüfenden Funktionen jetzt angenommen werden, hat beobachten können. Trotzdem wird an dieser Entwicklung der Wirtschaftsprüfer selber einen beträchtlichen Anteil nehmen müssen, und zwar in dem Sinne, daß einerseits bei der Heranbildung des Wirtschaftsprüfers an die betriebswirtschaftlichen Kenntnisse die höchsten Anforderungen gestellt werden, welches Problem in den Niederlanden auch schon kräftig in Angriff genommen worden ist, so daß in den abgelegten Examen deutlich die hier verlangten Normen in den Vordergrund treten, und andererseits der Wirtschaftsprüfer sich nicht scheut, einen Auftrag abzulehnen, wenn ihm in der Tat die erforderlichen Kenntnisse und Erfahrungen fehlen, das verlangte Gutachten abzugeben.

Bis hierher ist von der beratenden Tätigkeit an sich gesprochen worden, also ganz abgesehen von irgend einem Zusammenhang mit der Prüfungstätigkeit, die gleichfalls zum Behufe der Betriebsleitung ausgeübt wird. Weil dieser Zusammenhang in der Praxis aber sehr eng ist, einmal, weil die beratende Funktion vielfach anschließend an die prüfende Tätigkeit ausgeübt wird, und zweitens, weil in das Ziffernmaterial, auf Grund dessen der Wirtschaftsprüfer sein Gutachten abgibt, die Forderung der Zuverlässigkeit gestellt werden muß, entstehen hierdurch einige Probleme, die unter den Punkten 2 und 3 genannt werden.

Hinsichtlich der möglichen Gefahr eines Konfliktes zwischen der von dem Wirtschaftsprüfer bei der Abgabe eines Gutachtens übernommenen Verantwortung und seiner Objektivität bei der weiteren Erfüllung seiner Prüfungsaufgaben in demselben Betriebe muß festgestellt werden, daß grundsätzlich diese Gefahr nicht besteht. Wenn in der Tat das Gutachten auf richtige Weise abgegeben worden ist, d. h., wenn es sich auf die vorgelegten Daten und auf die erforderliche Sachkenntnis stützt, so liegt kein Grund zum Tadel vor, wenn sich nachträglich erweist, daß das Gutachten unrichtig gewesen ist.

Dieser Schluß ist von sehr einschneidender Bedeutung. Die Beraterfunktion im Betriebe nimmt nämlich in beträchtlichem Maße an Bedeutung zu, bzw. es wird deren Ausübung sehr erleichtert, wenn sie mit einer ständigen prüfenden Funktion verknüpft ist. Hierfür lassen sich verschiedene Gründe angeben.

In erster Linie erhellt, daß der Wirtschaftsprüfer, der infolge seiner Kontrolle den betreffenden Betrieb durch und durch kennt, bei der Erteilung seiner Gutachten an dieser Kenntnis eine beträchtliche Stütze hat. Dies bedeutet jedoch lediglich eine Erleichterung bei der Ausübung der beratenden Funktion; besäße der Wirtschaftsprüfer die nötigen Kenntnisse und das erforderliche Ziffernmaterial nicht bereits aus seiner Prüferstellung, so würde er diese erst nachträglich erlangen müssen. Zweitens gewinnt die Beratung an Bedeutung, wenn dem Berater Gelegenheit gegeben wird, die Folgen des abgegebenen Gutachtens genau zu untersuchen und zu analysieren. Dies läßt sich dadurch erreichen, daß man dem Wirtschaftsprüfer gleichzeitig die Betriebsprüfung anvertraut. So sieht man in der Praxis auch in vielen Fällen eine einmal verrichtete betriebswirtschaftliche Prüfung in eine regelmäßige Kontrolle der Buchführung mit einer damit verknüpften Beratung übergehen.

Das dritte Problem, das sich bei der Ausübung der beratenden Funktion aufdrängt, ist die Frage, welcher Maßstab von Zuverlässigkeit für das von dem Wirtschaftsprüfer als Grundlage seines Gutachtens gebrauchte Ziffernmaterial anzulegen ist.

Diese Frage ist aus dem Grunde so wichtig, weil die Gefahr vorliegt, daß der öffentliche Verkehr den von dem Wirtschaftsprüfer für die Erteilung seines Gutachtens verwendeten Ziffern ein Maß von Zuverlässigkeit zuerkennen wird, das entweder unbewußt oder bewußt durch die Tatsache beeinflußt werden wird, daß der Berater gleichzeitig Buchprüfer ist und als solcher kraft seiner allgemeinen Prüfungsqualifikation ein gewisses Vertrauen erweckt.

Das Vertrauen der Wirtschaft zu der Richtigkeit der verwendeten Ziffern wird durch das gesteckte wirtschaftliche Ziel des verlangten Gutachtens bedingt. Diese Bestimmung des Gutachtens und des Gegenstandes, worauf es sich bezieht, sind bedingende Faktoren für den Umfang des erweckten Vertrauens.

Dies bedeutet also, daß da, wo die verschiedenen Gutachten, die man von dem Wirtschaftsprüfer verlangt, sehr von einander abweichen, auch der Umfang des erweckten Vertrauens zu jedem Gutachten starken Schwankungen unterliegen wird.

Dies bringt die praktische Schwierigkeit mit sich, daß durch das verhältnismäßig kurze Bestehen der Beratereigenschaft des Wirtschaftsprüfers für jede Art von Gutachten noch keine Vertrauensnormen entstanden sind. Dadurch wird es sich als wünschenswert erweisen, daß der Wirtschaftsprüfer in seinem Gutachten merken läßt, welche Bedeutung man dem Gutachten, auch hinsichtlich der Zuverlässigkeit des Ziffernmaterials, beimessen darf. Der Wirtschaftsprüfer wird selbst bei der Bildung der Vertrauensnorm noch eine bedeutende Rolle spielen können. Dabei wird er wenigstens dafür sorgen müssen, daß bereits bestehenden Normen entsprochen wird.

Als Richtschnur für den Aufbau der Normen (wobei stets berücksichtigt werden muß, daß je höher die Norm, desto bedeutender die Beratung ist) könnte angenommen werden, daß jeder Vertrauensumfang zur Norm werden kann, wenn die Berufstätigkeit bei diesem Umfange erwartet werden darf. Da aber bei der Auftragserteilung bewußt geringere Anforderungen an die Grundlagen des Gutachtens gestellt werden können, so besteht die Möglichkeit, daß Gutachten der gleichen Art einen verschiedenen inneren Wert besitzen, je nach der Norm des Vertrauens, der sie entsprechen. Es wird daher um so notwendiger sein, in der Er-

klärung die ins Auge gefaßte Norm in den Vordergrund zu rücken.
Liegt die Norm hoch, so wird sie sich durch einen Vorbehalt für nicht
übernommene Verantwortlichkeit formulieren lassen.

Wird das Problem auf diese Weise gestellt, so ist die Festsetzung der
Aufgabe des Wirtschaftsprüfers bei der Aufstellung des Gutachtens
einfach die Festsetzung der zu verrichtenden Arbeiten, um in erster
Linie dem Gutachten eine richtige betriebswirtschaftliche Grundlage zu
verschaffen und zweitens, um hinsichtlich der Richtigkeit der gebrauchten
Ziffern dasjenige Maß der Sicherheit zu erlangen, das angesichts des
gesteckten wirtschaftlichen Zieles notwendig ist.

Die Treuhandtätigkeit des Wirtschaftsprüfers

Diese von dem niederländischen Wirtschaftsprüfer im Wirtschaftsleben ausgeübte dritte Betätigung ist von bedeutend geringerer Wichtigkeit als die sonstigen schon erörterten Seiten seiner Berufsausübung.

In einer Treuhänderstellung tritt der Wirtschaftsprüfer u. a. auf bei
der Verwaltung von Vermögen, als Mitglied des Aufsichtsrates einer
A.G., als Konkursverwalter oder als Verwalter bei einem Moratorium, als
Testamentsvollstrecker, als Liquidator, als Vertreter oder Treuhänder
spezieller Interessen, als Leiter bei der Bildung und Ausführung von
Kartellübereinkünften.

Die obengenannten Verwaltungsfunktionen unterscheiden sich voneinander hinsichtlich der Folgen, welche die Ausübung der geführten
Verwaltung haben kann. Dem entspricht eine verschieden große Verantwortlichkeit. In einem Punkte aber stimmen sie überein: der Wirtschaftsprüfer tritt in dem gesellschaftlichen Produktionsverfahren aktiv auf, er
trifft persönlich als Verwalter Entscheidungen, die bestimmte Folgen
mit sich bringen; dadurch weicht diese Tätigkeit grundsätzlich von den
beiden übrigen ab und auch die übernommene Verantwortung ist ganz
anderer Art. Hier drängt sich das Problem auf, ob die erwähnten Verwaltungsaufgaben sich mit der allgemeinen Stellung des Wirtschaftsprüfers vereinigen lassen. Würden doch, wenn sich herausstellte, daß die
Verwaltungsaufgaben die allgemeine Berufsstellung erschütterten, damit
auch die prüfende und die beratende Tätigkeit geschädigt und es wäre,
wenn der Wirtschaftsprüfer in der Tat seine allgemeine Stellung aufrecht
erhalten will, die Verwaltungstätigkeit hiermit unvereinbar. Dieses
Problem läßt sich dadurch lösen, daß man untersucht, ob das Vertrauen,
das das Publikum dem Wirtschaftsprüfer als Verwalter und Treuhänder
entgegenbringt, durch die Arbeit des Wirtschaftsprüfers gerechtfertigt
werden kann.

Dazu hat man zunächst festzustellen, auf Grund welcher Erwägungen
die Wirtschaft den Wirtschaftsprüfer darum angeht, eine Verwaltungs-

funktion auszuüben, mithin, was die wirtschaftliche Grundlage der Verwaltungsfunktion ist.

Diese Grundlage bildet sich, wie bereits hervorgehoben wurde, durch das ganze Gefüge von Eigenschaften, die den Wirtschaftsprüfer bei seiner Prüfungs- und Beratungstätigkeit kennzeichnen. Es sind dies einerseits seine Unbestechlichkeit, Objektivität und Unabhängigkeit, und anderseits seine Sachkenntnis, die den Verkehr dazu veranlassen, ihm die Verwaltung in bestimmten Fällen anzuvertrauen.

In denjenigen Fällen, in denen die Verwaltung dem Wirtschaftsprüfer namentlich mit Rücksicht auf seine Unbestechlichkeit, Objektivität und Unabhängigkeit anvertraut wird, ist im allgemeinen ein Konflikt mit der allgemeinen Funktion des Wirtschaftsprüfers nicht zu befürchten, weil auch diese durch die genannten Eigenschaften getragen wird. In der Praxis jedoch wird dem Wirtschaftsprüfer vielfach eine Verwaltungsaufgabe angetragen, weil man überdies annimmt, daß er zu deren Erfüllung eine ganz besondere Sachkenntnis besitzt. Und gerade, weil man ihn schon bei der Ausübung seiner prüfenden und beratenden Funktionen kennen gelernt hat, vertraut man darauf, daß, wenn der Wirtschaftsprüfer die angebotene Verwaltungsfunktion übernimmt, er selbst auch von seiner Sachkenntnis überzeugt ist. Auf diese Weise übernimmt also der Wirtschaftsprüfer mit dem Auftrage auch eine große Verantwortung hinsichtlich seiner Sachkenntnis. Es kommt also darauf an, daß er sich hinsichtlich jeder der vorgenannten Tätigkeiten fragt, ob er in der Tat die erwartete Sachkenntnis besitzt.

Dies bringt in den Niederlanden eine Schwierigkeit mit sich, indem der Wirtschaftsprüfer nur noch in einer verhältnismäßig geringen Anzahl von Fällen als Treuhänder herangezogen wird. Letzterer Umstand hat zur Folge, daß sich noch nicht, was den Umfang der Verantwortlichkeit betrifft, Normen haben bilden können, die von dem Wirtschaftsprüfer bei der Erfüllung von jeder dieser Tätigkeiten mit übernommen werden. Es ist denn auch begreiflich, daß in der Praxis häufig der Fall auftritt, daß der Auftraggeber dem Wirtschaftsprüfer ein Vertrauen in größerem Umfang entgegenbringt, als das, welchem der sachkundigste Wirtschaftsprüfer zu entsprechen vermag. Aus diesem Grunde liegt dem Wirtschaftsprüfer, falls er eine Verwaltungsfunktion aus rationellen Gründen übernimmt, die Pflicht ob, dafür zu sorgen, daß auch der Auftraggeber nach wie vor keine größere Verantwortlichkeit vor Augen hat, als er auf Grund seiner Arbeit und Erfahrung übernehmen kann. Was diese Sorge betrifft, wird der Wirtschaftsprüfer stets zweierlei im Auge behalten müssen. In erster Linie liegt es in seinem Interesse, daß unter Berücksichtigung der Grenzen seiner eigenen Sachkenntnis, die Vertrauensnorm möglichst hoch gestellt wird, weil auf diese Weise seine Treuhandstellung sehr an Bedeutung gewinnt. Zweitens darf er die Norm niemals so niedrig stellen, daß seine Bestellung zum Treuhänder keinen Zweck mehr hätte.

11*

Es ist von Wichtigkeit, noch näher zu untersuchen, ob der Wirtschaftsprüfer, dem die Verwaltung anvertraut ist, gleichzeitig mit der Prüfung beauftragt werden kann, dabei ist zu unterscheiden: bezweckt der Auftraggeber mit der Einführung der Prüfung, auf diese Weise Sicherheit hinsichtlich des guten Geschäftsganges in dem von dem Wirtschaftsprüfer verwalteten Betrieb zu erlangen, so liegt dem Wirtschaftsprüfer die Pflicht ob, ihn darauf hinzuweisen, daß er diesen Auftrag nicht übernehmen kann, weil er dann seine eigene Verwaltung zu überwachen hätte und somit die Grundlage zu seiner eigenen Entlastung verschaffen müßte. In diesem Sinne ist also eine Kombination der prüfenden und der verwaltenden Tätigkeit bei ein und demselben Wirtschaftsprüfer unzulässig; eine Kontrolle wäre unmöglich. Anschließend an diese Auffassungen bestimmen die Statuten des „Nederlandsch Instituut van Accountants", daß es den Mitgliedern verboten ist, als Wirtschaftsprüfer aufzutreten bei dem Unternehmen oder Institut, bei dem sie Mitglied des Aufsichtsrats sind oder eine Verwaltungsstellung bekleiden.

Eine andere Sache ist es jedoch, daß die innerhalb des Betriebes von dessen Verwalter auszuübende Kontrolle, wohl von dem die Verwaltung führenden Wirtschaftsprüfer ausgeübt werden kann. Diese Kontrolle bildet nur einen Unterteil der Verwaltung und hat also keinerlei Bedeutung für denjenigen, der zur Verwaltung Auftrag erteilt hat. Notfalls hat der Wirtschaftsprüfer jegliches diesbezügliche Mißverständnis beim Auftraggeber zu beseitigen.

V. Internationaler Prüfungs- und Treuhand-Kongreß

BERLIN · SEPTEMBER 1938

Nationalbericht — National Paper — Rapport National

Sonstige Prüfungs- und Beratungstätigkeit Other Auditing and Advisory Work Fonctions Diverses de Vérificateur et d'Expert	**Thema** 7	*Norwegen* *Norway* *Norvège*	**Land** 11

von — by — par

Major Andreas Gjems, Staatsautorisert Revisor, Oslo.

Inhaltsübersicht

Treuhandfunktionen
Wirtschafts- und Organisationsberatung
Laufende Revision
Gerichtliche und außergerichtliche Gutachtertätigkeit
Andere Sonderaufträge

Table of Contents

The functions of the professional accountant
Advice on business and organisation questions
Auditing carried out currently
Employment as expert in cases before the Court or otherwise
Other work of a special nature
Recapitulation

Table des Matières

Les fonctions fiduciaires
Mandats commerciaux et conseils d'organisation
Vérification courante
Expertises par nomination par la Cour ou engagements en représentation de l'une
   des parties
Autres mandats spéciaux.

Zusammenfassung

Die Tätigkeit des norwegischen Revisors bewegt sich eng in dem Rahmen seiner Ausbildung als Sachverständiger auf dem Gebiete der Buchführung. Der norwegische Revisor konkurriert nicht mit dem Juristen.

Er sucht durch seine Aussagen vor Gericht und auch sonst, alle Aussagen auf Gebieten, auf denen er nicht Sachverständiger ist, zu vermeiden. Mit desto größerer Sicherheit wünscht er sich auf seinem eigenen Gebiete auszusprechen. Und dieses Gebiet ist für einen erfahrenen und anerkannten Wirtschaftsprüfer besonders groß.

Die Erfüllung der großen ethischen Anforderungen, welche an einen Wirtschaftsprüfer gestellt werden, ist mindestens ebenso wichtig, wie fachmännische Ausbildung und logisches Denken.

Summary of Contents

The work of the Norwegian auditor comes entirely within the scope which his training as an accountancy expert naturally suggests. The Norwegian auditor does not compete with the lawyer.

In his statements in legal proceedings and otherwise he tries to avoid giving any opinion on subjects in which he is not an expert. He expects therefore with all the more assurance to be allowed to state his opinions on those subjects on which he is an expert. The range of such subjects for an experienced auditor of recognised ability is very considerable.

The fulfilment of the great ethical demands which should rightly be made on the auditor, is not less important than professional training and logical thought.

Résumé

Le travail de l'expert-comptable norvégien est strictement limité aux vacations pour lesquelles il est qualifié par suite de sa formation professionelle comme expert en matière de comptabilité.

L'expert-comptable norvégien ne fait pas concurrence pas aux jurisconsultes. Il cherche dans ses observations devant la cour et ailleurs, à éviter toute déclaration au sujet de chose dans lesquelles il n'est pas expert. — Avec une sûreté d'autant plus grande il désire s'expliquer sur le domaine ou il est expert. Et pour l'expert-comptable renommé et experimenté, ce domaine est bien vaste.

Il est de rigeur que l'expert-comptable satisfasse aux exigences de probité et d'intrégité au même titre qu'a celles regardant la formation professionelle et la sûreté de jugement.

166

Text des Berichts — Paper — Rapport

Ich bemerke im voraus, daß das Hauptgewicht bei der Bearbeitung dieses Themas auf die Darstellung des Auftretens von Revisoren als Sachverständige vor Gericht gelegt worden ist; ich behandle unter diesem Gesichtswinkel zunächst:

Die Treuhandfunktionen. Die norwegischen Revisoren stehen in keinerlei Wettbewerb mit den Juristen, und in der Praxis der norwegischen Revisoren kommen, soweit mir bekannt, Interessenvertretungen überhaupt nicht vor.

Vermögensverwaltung kommt so selten vor, daß man sie als eine Tätigkeit bezeichnen muß, die ein einzelner Revisor neben seiner Revisorentätigkeit ausüben kann.

Wirtschafts- und Organisationsberatung. In Norwegen gibt es aus der Zeit vor der staatlichen Zulassung von Revisoren einige wenige Spezialrevisoren für einzelne Geschäftszweige, aber selbst diese betreiben keine Wirtschaftsberatung.

Organisationsberatung kommt dagegen in ständig wachsendem Maße vor. Unsere Handelsschulausbildung beschäftigt sich nicht besonders mit Organisationsfragen. Und gelegentlich sind die Abrechnungen von Unternehmen durch sogenannte Rationalisierungsfachleute außerhalb unseres Berufs organisiert. Das Studium der Organisationsfragen hat zugenommen. Der erfahrene Revisor hat jetzt oft Betriebe in Organisationsfragen zu beraten, wie er auch aus eigenem Antrieb Veränderungen in den Betrieben vorschlägt, mit denen er ständig arbeitet.

Es kann sich z. B. um eine ganz neue Einrichtung der Buchführung handeln, um diese übersichtlicher zu gestalten, und zwar oft in Verbindung mit Einrichtung eines Systems für Kalkulation und Selbstkostenrechnung: Hierbei arbeitet der Revisor mit dem Personal des Geschäftes oder Betriebes zusammen. Die Aufgabe des buchhaltungskundigen Revisors muß hier unter anderem darin bestehen, alle Kalkulationen so stark wie möglich als einen festen Teil dem gesamten Abrechnungssystem einzugliedern, um die Kalkulation auf diese Art sicherer zu gestalten, als es bei den isolierten Berechnungen der Fall ist.

Wenn sich in einem einzelnen Teile des Geschäftes Schwund oder Unregelmäßigkeiten zeigen, kann der Resisor in Zusammenarbeit mit dem Inhaber oder dessen Vertreter Kontrollverfahren auch außerhalb der eigentlichen Buchführung vorschlagen, indem er gleichzeitig versucht, den betreffenden Ausschnitt buchhaltungsmäßig so weit herauszulösen, daß die Nachprüfung erleichtert wird.

Laufende Revision. Die Jahresprüfung wird in Norwegen von dem gleichen Revisor durchgeführt, der während des Jahres die laufende

Revision vornimmt. Die laufende Revision nimmt den größten Teil der Arbeitskraft des Revisors in Anspruch.

Bei der laufenden Revision hat der Revisor zu beachten, daß die tägliche Leistung in Übereinstimmung mit den Vorschriften der Gesellschaft und im Interesse der Gesellschaft vorgenommen wird und sodann, daß die im Gesetz vorgeschriebene ordnungsmäßige und ausreichende Buchhaltung geführt wird, die die getroffenen Dispositionen richtig wiedergibt. Dazu kommt die Verantwortung des Revisors für die innere Kontrolle der Gesellschaft. — Der Revisor muß vorstellig werden, wenn keine ausreichende Kontrolle des eigenen Personals des Geschäftes auf den Gebieten durchgeführt wird, in denen er selbst keine ausführliche Prüfung im einzelnen durchführen kann.

Dann erst prüft er die Buchführung der getroffenen Dispositionen und prüft zu unbestimmten Zeiten Bestände und Guthaben, Wechsel und auch Außenstände durch Einholung von Saldobestätigungen nach.

Es ist üblich, daß der Revisor selbst oder sein Mitarbeiter in weitem Ausmaße Einzelrevision von Anlagen und Büchern vornimmt.

Bei größeren Unternehmen mit einer guten inneren Kontrolle kann die Einzelrevision sich nach Übereinkunft weitgehend auf eine Überwachung der Buchführung mit Stichproben im laufenden Jahre wie auf Nachprüfung des Jahresabschlusses beschränken.

Gerichtliche und außergerichtliche Gutachtertätigkeit. Unter den besonderen Aufträgen eines Revisors ist in Norwegen in erster Linie seine Stellung als Sachverständiger in einer Rechtssache zu nennen, sowie die Aussagen, die er als solcher abgibt. In weitem Ausmaße gelten die Ausführungen darüber auch dem Auftreten eines Revisors bei anderen besonderen Aufträgen.

Ich behandle verhältnismäßig ausführlich die Stellung als Sachverständiger nach norwegischem Recht, und das Auftreten des Revisors als solcher. Ich versuche dabei die sittlichen Forderungen auszuarbeiten, die der Gesamtarbeit des Revisors überhaupt gelten. Im Anschluß daran werde ich ganz kurz die anderen besonderen Aufträge streifen.

Die Stellung des Revisors bei Aussagen vor Gericht. Vor Gerichtshöfen tritt der Revisor als Sachverständiger auf. Dieser Zweig der Arbeit des Revisors stellt wohl die größten Anforderungen an seine Denkkraft, Denk- und Darstellungsklarheit, Vielseitigkeit, Erfahrung und an seine Moral. Er kann Einfluß auf bedeutende wirtschaftliche Interessen und in Strafsachen sogar auf menschliche Schicksale bekommen. Das Gebiet des Revisors als Sachverständiger kann das gesamte Arbeitsfeld unseres Standes umfassen. Es ist wichtig zu betonen, daß die Handlungsart und Denkweise der Sachverständigen bezüglich ihrer Unparteilichkeit der des Richters gleichkommt.

Die Ernennung von Sachverständigen vor Gericht beruht in Norwegen letzten Endes in der alten Einrichtung der Begutachter. In unserer früheren Rechtsordnung konnten die Begutachter selbst richterliche Gewalt in den ihnen vorgelegten Fragen ausüben. Jetzt gibt es in der norwegischen Rechtspflege dieses beweiskräftige Gutachten nicht mehr. Auf den verschiedenen Gebieten werden Sachverständige ernannt, buchhaltungskundige, technische und andere; alle Aussagen von ihnen sind der freien Beurteilung durch das Gericht unterworfen. Das bewirkt, daß der Sachverständige eingehender erklären muß, wie er zu seinem Ergebnis gelangt ist.

Zunächst will ich die vom Gericht ernannten Sachverständigen behandeln und über ihre Ernennung folgendes mitteilen:

Sie sollen vorzugsweise aus den Reihen derjenigen gewählt werden, die eine öffentliche Stellung bekleiden oder eine wissenschaftliche, künstlerische oder andere freiberufliche Tätigkeit ausüben. In der Regel sollen mindestens zwei Sachverständige ernannt werden, wenn die Rechtsgegner nicht ihr beiderseitiges Einverständnis dazu gegeben haben, daß nur einer ernannt wird. Vor der Ernennung soll das Gericht beiden Parteien Gelegenheit geben, sich zu äußern.

Das gilt vom bürgerlichen Gesetz und vom Strafgesetz. Beide Gesetze enthalten Bestimmungen, durch die Sachverständige ausgeschlossen werden sollen, die den Gegnern gegenüber nicht völlig frei dastehen oder in der Sache selbst befangen sind. Gegenüber den Beteiligten gestattet die Zivilprozeßordnung den Sachverständigen, an die Parteien und Zeugen Fragen zu stellen. Nach der Strafgerichtsordnung müssen sich die Sachverständigen an den Gerichtshof wenden, wenn ihnen Auskünfte fehlen.

Die Sachverständigen hören gegenseitig ihre Erklärungen an und dürfen sich miteinander beraten, bevor sie ihre Erklärung abgeben. Der Gerichtshof kann von ihnen zusätzliche Erklärungen verlangen und neben den zuerst ernannten neue Sachverständige ernennen. Die Sachverständigen bestätigen ihre Aussagen im allgemeinen eidlich.

Hieraus ergibt sich ganz klar, daß beide Gesetze erzielen sollen, eine Sachverständigenaussage zu erhalten, die auf möglichst vollständiges Material aufgebaut ist und von solchen Sachverständigen stammt, die in möglichst hohem Grade sowohl das Vertrauen des Gerichtshofes als auch der Rechtsgegner besitzen.

Unsere Rechtspflege erlaubt in Sachen, bei denen besondere Sachkenntnis verlangt wird, Richter aus den verschiedenen Begutachtungsausschüssen zu ernennen.

Hiergegen wenden die Rechtswissenschaftler ein, daß dieses den Richter behindern kann, andere Sachverständige zu ernennen, deren Hinzuziehung im Verlauf der Sache wünschenswert erscheinen kann.

Die sachverständigen Richter haben ja im wesentlichen eine richterliche Tätigkeit auszuüben, bei der ihre Sachkenntnis sie unterstützen
soll. Ich gehe nicht weiter darauf ein, sondern halte mich vorläufig
an die vom Gericht ernannten Sachverständigen, die sich außerhalb
der Schranke befinden und die Helfer des Richters sind. Gewöhnlich
sollen sie den vorgelegten Stoff durchforschen und dann eine schriftliche
Erklärung abgeben. Sodann werden sie zur Abgabe mündlicher Erklärungen und zur Vernehmung in gleicher Art wie Zeugen herangezogen. Ihre Aufgabe kann sein, den Rechtsverhandlungen zu folgen,
sich mit anderen Sachverständigen zu beraten, im Zivilprozeß unmittelbare Fragen an Rechtsgegner und Zeugen zu stellen oder im Straf-
prozeß Auskünfte durch den Gerichtshof einzuholen.

Auf dieser Grundlage geben sie dann unter Umständen eine neue
Erklärung ab, und zwar entweder gemeinsam mit den übrigen Sachverständigen oder getrennt, wenn die Sachverständigen nicht einig
werden. Ihren Auftrag erhalten die Sachverständigen vom Gericht
oder von der Anklagebehörde. Oft kann klar umrissen werden, womit
die Nachforschung sich beschäftigen soll. Besonders bei unordentlicher
Buchführung kann es indessen vorkommen, daß der Auftrag nicht so
klar angegeben wird, und der Sachverständige muß dann selbst dafür
sorgen, daß alles Wesentliche so klar wie möglich herausgearbeitet wird.
Ein genaues Studium der Akten ist höchst notwendig, damit der Sachverständige seine Aufgabe lösen kann.

Ich erwähne einige Aussprüche über die Hilfe, von denen die Rechts-
gelehrten meinen, daß sie der Sachverständige dem Richter leisten soll,
und zwar besonders, was hierbei in das Aufgabengebiet des Revisors
fällt. Professor Scheie sagt, daß der Richter Beistand bei dem Sachverständigen sucht, wo die Kenntnisse des gewohnten Richters nicht
ausreichen, und fügt hinzu:

„Ein solcher Beistand ist zur Erkennung des tatsächlichen Zusammenhanges oft
notwendig.

Nicht selten muß der Richter auch bei der juristischen Bewertung eines Tatbestandes
Hilfe haben, wenn es sich um die Frage handelt, ob eine schädliche Handlung fahrlässig
genannt werden muß oder ob ein Vorgehen mit gutem Geschäftsgebaren übereinstimmt.

In vielen Fällen ist die Erklärung der Sachverständigen unantastbar. In anderen wird
die Aussage der Sachverständigen dagegen zum Überzeugungsgrund; beispielsweise wenn
eine Erkenntnisregel oder Bewertungsnorm umstritten ist und der Richter darauf angewiesen ist, der Ansicht der Sachverständigen darüber zu vertrauen, — — — oder wenn die
Aussage nicht auf Berechnung und Forschung beruht, sondern ein Ausdruck der Schätzung
ist."

Für die Erstattung der Gutachten gilt im einzelnen, besonders auch
in Buchhaltungssachen, wo der Auftrag vielfach nicht scharf umrissen
werden kann, folgendes:

Die Aussage muß auf einem möglichst vollständigen Material beruhen.

Der Sachverständige hat bei seiner Forschung auch die Pflicht, seine Sachkenntnis zur Beschaffung von Material anzuwenden, von dem er vermuten kann, daß es erreichbar ist, und kann sich nötigenfalls in dieser Angelegenheit an das Gericht wenden.

Die Aussage muß erschöpfend und klar sein und alles Wesentliche über die vorliegenden Tatsachen enthalten. Damit sei nicht gesagt, daß alle Vorarbeiten eines Revisors im Bericht geschrieben stehen sollen. Vieles wird in seiner Mappe liegen bleiben können, viel wird aber auch mitgenommen werden müssen, um möglichen Einwendungen zu begegnen. — Um die Aussagen nicht zu überhäufen, sollten größere Aufstellungen in besonderen Anlagen Raum finden.

Der Zweck der Aussage ist ja der, die Sache einem weniger sachverständigen Richter und vielleicht einem in dieser Sache gänzlich unkundigen Gerichtshof vorzulegen. In einer verwickelten, unordentlichen Abrechnung kann es beispielsweise erwünscht sein, zu erklären, wie man zu einzelnen Tatsachen, die man feststellt, durchgedrungen ist.

Der Sachverständige muß sich in der Kunst üben, sein Vorgehen logisch und einfach darzustellen und ohne überflüssige Anwendung von Fachausdrücken. Selbst bei Menschen ohne jegliches Sachverständnis kann man dadurch erstaunlich viel erreichen. Ich habe besonders inhaltsleere Aussagen gesehen, die sich unter einem überwältigenden Wulst von Fachausdrücken verbargen. Auf einen Fachmann macht das keinen Eindruck, und dem nichtsachverständigen Gerichtshof geben sie nicht die Fingerzeige, die er braucht, um sich eine Überzeugung zu bilden. Wenn ein Revisor Eindruck erwecken will, dann möge er es durch seine sichere, logische Darstellung tun.

Zwar ist es so, daß die Feststellung von Tatsachen einen sehr wichtigen Teil der Arbeit eines Revisors ausmacht. Einige wollen gerne nicht weiter gehen. Aber es ist die Pflicht des sachverständigen Revisors, seine Sachkenntnis auch zu Erwägungen zu benutzen, wenn es die Aufgabe erfordert.

Ist er mit der Darstellung der tatsächlichen Zusammenhänge fertig, kann es notwendig sein, durch Berechnung und Überlegung diese tatsächlichen Dinge zu verbinden und einen einwandfrei begründeten Schluß zu ziehen, der so gestaltet ist, daß auch Nichtsachverständige ihn verstehen können. Diese Forderung kann bereits im Auftrage zum Ausdruck gebracht werden. — Es ist auch möglich, daß bei der Arbeit mit einer Sache gänzlich neue Fragen auftauchen, die Überlegungen erfordern. Ist ein Revisor im Zweifel darüber, muß er die Lösung darin suchen, daß er seinen Auftrag und das allgemeine Ziel der Sachverständigen in Erwägung zieht: dazu beizutragen, daß Richter und Gerichtshof sich auf Grund aller Auskünfte selbst ihre Ansicht bilden können.

Es muß indessen immer deutlich in Erscheinung treten, wenn der Revisor die Darstellung der Tatsachen verläßt und beginnt, Überlegungen anzustellen. Hier darf überhaupt nicht die mindeste Andeutung eines Zweifels möglich sein.

Die gänzlich unparteiische Einstellung des Revisors kann bewirken, daß er seine Berechnungen und Schlüsse in mehreren Alternativen aufstellen muß. Es ist dann zu wünschen, daß er dem Gerichtshof erläutert, welche Lösung der Revisor bei dem vorliegenden Material für die wahrscheinlichste hält, und aus welchem Grunde. Sonst kann er auch die Gründe anführen, die für jede der einzelnen Lösungen sprechen.

Revisoren müssen bei dieser schweren Aufgabe unter Umständen auf ein Verhör vorbereitet sein, bei dem man gezwungen wird, die Linie seiner Überlegungen weiter zu verfolgen. Ein unerfahrener Revisor kann dabei möglicherweise aufs Glatteis geraten, wenn einer der Rechtsgegner ihn ausfragt.

Am vorsichtigsten und ungefährlichsten ist es, sich mit einer Darstellung der Tatsachen zu begnügen. Aber ich glaube, daß ein Revisor, der sich die Fähigkeit einer logisch sicheren und klaren Darstellung einer Sache zutraut, auch die moralische Pflicht hat, ohne Umschweife diese Arbeit und diese Verantwortung auf sich zu nehmen, wenn er meint, daß das für die Lösung seiner Aufgabe notwendig ist. Vor allem muß er sich vor Einseitigkeit und Formalismus hüten. Selbstverständlich müssen die Schlüsse des Revisors sich im Rahmen des Gebietes halten, auf dem er Sachverständiger ist.

Ein Schluß ohne Begründung ist gänzlich unzulässig. Die Begründung erfordert mehr als Kenntnisse und Logik. — Sie erfordert Fachbildung und Takt, um die Grenze ziehen zu können zwischen der Begründung und der Rechtsauslegung, die den Anwälten vorbehalten werden muß.

Der Sachverständige kann sich darüber aussprechen, inwieweit ein Geschäftsverfahren oder eine Buchführung ordnungsmäßig ist. Hier muß man eine vielseitige Erfahrung und ein gesundes menschliches Urteil besitzen.

Am schwierigsten und verantwortungsvollsten von allem ist es, wenn er Fragen über Unachtsamkeit, guten Glauben u. a. beantworten muß. Zwar kommt es wohl nicht so oft vor, kann aber zu seiner Pflicht werden. Auch Rechenschaften können das Gepräge eines guten oder schlechten Gewissens tragen. Ich glaubte z. B. einmal mit vollem Rechte aussagen zu können, daß eine sehr bedeutende Buchung den Eindruck hervorrief, sie sei in den Abrechnungen versteckt worden. Wenn man diesen schwierigen Fragen gegenübergestellt wird, muß die Begründung besonders klar sein. Die Forderung ist einfach:

Die Sachverständigen des Gerichtes sprechen sich unabhängig von parteiischen Rücksichten und von der Prozedur auf Grund allseitig betrachteten Materials und mit klarer Begründung aus. Die Durchführung ist schwieriger.

Auftrag von einem der Gegner in einer Rechtssache. Auch ohne Ernennung durch den Gerichtshof können bei den Hauptverhandlungen in einer Strafsache vom Angeklagten oder den Anklagebehörden Sachverständige eingeführt werden. Ihre Stellung ist umstritten, aber im allgemeinen gibt man ihnen die gleichen Rechte wie den Ernannten. Ihre Aussagen sind Gegenstand freier Beurteilung. Sie werden wie die ernannten Sachverständigen vereidigt. Ihre Aussage wird eingeholt, selbst wenn sie zu den Rechtsgegnern in einem solchen Verhältnis stehen, daß sie als Zeugen befangen sein würden.

Die Sachverständigen, die die Rechtsgegner in einem Zivilprozeß selbst vorführen, haben prozeßmäßig keine Stellung als Sachverständige. Man nennt sie volkstümlich „sachverständige Zeugen", aber die Rechtspflege kennt diese Bezeichnung nicht. Sie werden wie andere Zeugen verhört und vereidigt.

Es ist für den Revisorenstand wichtig, sich klar vor Augen zu halten, welche Anforderungen er an die nicht ernannten Sachverständigen zu stellen hat. Da diese Sachverständigen im Gerichtshof auf Wunsch eines der Rechtsgegner vorgeführt werden, ist es von Bedeutung, die Stellung dieser Gegner vor Gericht etwas näher zu betrachten und zu hören, was die Rechtswissenschaftler darüber mitteilen.

Über den Vertreter der Anklagebehörde in einer Strafsache sagt Professor Francis Hagerup:

„Der Gerichtshof und die Anklagebehörde vertreten tatsächlich bei der Strafverfolgung die gleichen öffentlichen Belange. Die Öffentlichkeit hat kein unbedingtes Interesse an der Verurteilung des Angeklagten, sondern legt ebenso großen Wert darauf, daß ein Unschuldiger nicht verurteilt wird, wie darauf, daß ein Schuldiger bestraft wird." „Die Anklagebehörde würde nicht nur dann pflichtwidrig handeln, wenn sie Auskünfte verberge, die zugunsten des Angeklagten sind, sondern auch, wenn sie bei Erbringung von Beweisen nicht alles berücksichtigte, was zur Aufklärung der Sache dienen kann." Schwieriger ist es, in der Praxis Richtlinien für die Stellung des gegnerischen Anwalts aufzuziehen. Gewiß soll er die Belange seines Klienten wahrnehmen. Von einem Verteidiger in einer Strafsache sagt Hagerup: „Als Vertreter der öffentlichen Interessen in Strafsachen hat der Verteidiger die Aufgabe, die Wahrheit zu beleuchten und niemals zu verdunkeln. Er handelt gegen seine Pflicht, wenn er positiv Beweise unterdrücke."

Aber Hagerup sagt auch: „Er ist nicht berechtigt, eine positive Betätigung bei Beschaffung von Beweisen zu erweisen, welche dem Angeklagten schaden" — und — „Er handelt nicht in Übereinstimmung mit seiner Aufgabe als Verteidiger, wenn er Schriftstücke vorlegt oder Zeugen verhört, welche die Anklage stützen."

Die eine Anforderung scheint hier mit der anderen in Konflikt zu kommen. In einem Prozeß ist allgemein anerkannt, daß ein Verteidiger die Argumente, welche den Angeklagten belasten, unberücksichtigt läßt. Die Darstellung des Gegenanwalts kann von der Darstellung des Gerichtes sehr weit entfernt sein.

Der Revisor hingegen muß hier besonders vorsichtig sein, um durch seine Aussagen oder den Gebrauch derselben von Seiten des Gegners nicht in eine schiefe Stellung zu geraten.

Er muß wissen, daß unsere Rechtspraxis keine anderen als rein objektive Sachverständigenaussagen anerkennt. — Wir haben kein Recht, etwas unberücksichtigt zu lassen, was zu unserem Auftrage gehört, weil es nicht dem Zwecke einer Partei dient. Der Sachverständige soll nach unserer Rechtsauffassung keinen Gegner haben. Es ist für die Rechtsordnung und nicht zuletzt für unseren Stand von Bedeutung, daß der Revisor seine Stellung als Sachverständiger deutlich zu erkennen gibt und seine Vermutungen nicht zu einem einseitigen Vorgehen werden läßt.

Ein verantwortungsvoller Revisor wird gewiß der Versuchung entgehen, seine Darstellung zugunsten eines Gegners zu färben. Außerdem soll er seine Aussagen mit dem Eide bekräftigen. Es kann jedoch größere Gefahr bestehen, wenn von ihm eine Aussage gefordert wird, bevor er das vollständige Material erhalten hat, welches die ernannten Sachverständigen später erhalten.

Auch kann der Gegenanwalt seine Fragen derart stellen, daß das Mandat einseitig begrenzt bleibt, ohne daß dieses aufgeklärt wird. Dieses kann zwar bei den Hauptverhandlungen vor Gericht aufgeklärt werden, doch kann in der Zwischenzeit die Erklärung des Sachverständigen mißbraucht oder mißverstanden worden sein zum Schaden der Wahrheit und unseres Standes.

Es ist eine ehrliche Sache, ein begrenztes Mandat zu übernehmen und hierzu eine Aussage abzugeben. Hier müssen jedoch sowohl die nicht ernannten Sachverständigen wie auch die „sachverständigen Zeugen" sehr genau vorgehen und in ihrer Aussage Auftrag und Unterlagen deutlich angeben.

Wenn unter den Sachverständigen ein Fachstreit bestehen bleibt und ein Revisor eine Sonderaussage gibt, soll der Revisorenstand von seinen Vertretern verlangen, daß ihre Aussage nicht ein Plädieren wird, sondern daß sie alle wesentlichen Momente ehrlich berücksichtigen und sie in der für einen Sachverständigen gehörigen Weise darstellen. Demgemäß haben sie klar und sachlich zu motivieren, warum sie einzelnen Momenten ein größeres Gewicht beilegen müssen, als ihre Kollegen es tun.

Wenn ein Sachverständiger dieses versäumt, ist es meines Erachtens die Pflicht der anderen Sachverständigen, einzugreifen und die Bedeutung der Aussage seiner Kollegen für die vorliegende Sache klarzustellen.

Unser Stand hat eine klare Richtschnur. Er hat nicht die Aufgabe, Wortführer für die Anschauungen anderer zu sein, sondern eine ehrliche und begründete fachmännische Aussage laut seines Mandates zu geben.

Oft kann man nicht wissen, ob die Gutachten des Revisors in einer Rechtssache vorgelegt werden. — Ein erfahrener Revisor wird bei seinem Gutachten immer darauf achten, sein Mandat und sein Material anzugeben.

Andere Sonderaufträge, die ich kurz berühren möchte:
Revision der Konkursmasse. Der Revisor wird vom Amtsgericht bestellt.

Wenn der Revisor bereits bestellt ist, soll er bei der Aufnahme der Konkursmasse zugegen sein.

Sodann hat er die Aufgabe, die Buchführung und Geschäftsführung des Schuldners zu prüfen und darüber einen Revisionsbericht abzugeben, der nach Möglichkeit vor der zwecks Prüfung der Forderung abzuhaltenden Sitzung fertig sein muß.

Bei seiner Arbeit kann der Revisor verlangen, daß der Schuldner ihm mit all den Auskünften, die der Revisor wünscht, beisteht.

Der Revisionsbericht enthält oft eine Übersichtstabelle über den Status und das Gewinn- und Verlustkonto sowie über Umsatz und Verbrauch während der letzten Jahre. Dazu sind kritische Bemerkungen zu machen. Hierdurch wird das Abrechnungsmaterial für den Konkursverwalter so bearbeitet, daß er sich über den Grund des Konkurses äußern kann.

Für die letzte Zeit vor dem Konkurs wird eine genaue Untersuchung vorgenommen, um unter anderem zu sehen, ob der Schuldner der Masse Aktiva beispielsweise durch Geschenke, Verkäufe zu Schleuderpreisen, Bezahlung nicht fälliger Schulden, Anwendung außergewöhnlicher Bezahlungsmittel und ähnlichem entzogen hat.

Man erwartet von dem Revisor, daß er sich darüber äußert, wie der Konkursschuldner die Handelsgesetze und gegebenenfalls die Aktiengesetze befolgt hat.

Schließlich muß der Revisor dem Konkursverwalter dabei helfen, mit dem Schuldner zusammen einen vollständigen und erschöpfenden Status aufzustellen, und diesen mitunterzeichnen.

Dem Bericht des Konkursverwalters sind auch die des Revisors beizufügen.

Revision der Vergleichsmasse. Der Revisor wird hier nicht vom Amtsgericht, sondern von der Verwaltung der Vergleichsmasse angestellt. Die Arbeit des Revisors ist im wesentlichen dieselbe wie bei einem Konkurs. Der Revisor hat übrigens die besondere Pflicht, Verhältnisse anzuzeigen, die eine öffentliche Untersuchung erfordern.

Mit der Testamentsvollstreckung wird bei größeren Erbmassen ein Revisor vom Amtsgericht bestellt.

Der Revisor hat die Aufgabe, bei der Aufstellung des Nachlaßverzeichnisses mitzuwirken. Außerdem hat er die Masse während der Verwaltungszeit zu prüfen und die Verwertung zu überwachen.

Bei größeren gewöhnlichen Hinterlassenschaften stellen die Erben nicht selten einen Revisor an.

Schiedsrichter. Es kommt vor, daß ein Revisor zusammen mit einem Geschäftsmann als Schiedsrichter in Geschäftsstreitigkeiten oder Familienstreitigkeiten von mehr oder weniger geschäftlicher Art herangezogen wird.

Untersuchung einer Gesellschaftsleitung. Diesen Auftrag kann ein Revisor teils auf Grund öffentlicher Einwendung, zugunsten einer Minderheit (§ 68 des Aktien-Gesetzes) erhalten, teils auf Grund privater Übereinkunft. Die Arbeit ist zum Teil die gleiche wie bei Konkursmassen, einschließlich der Aussagen vor Gericht. Unter anderem gehört dazu die Arbeit des Nachprüfens, ob die Leitung ihre Zuständigkeit überschritten hat.

Hilfe bei Selbsteinschätzungen. Die norwegischen Revisoren haben Gelegenheit, ihren Klienten hierbei beizustehen.

Vertrauensmann für Kartelle. In der letzten Zeit ist es ganz allgemein geworden, daß ein Revisor den Auftrag erhält, für ein Kartell die Produktionsquoten oder Verkaufsquoten zu kontrollieren oder Preiskontrollen durchzuführen. Besonders die Preiskontrolle erfordert große Aufmerksamkeit. Es ist ziemlich leicht, die fakturierten Preise zu kontrollieren. Aber der Revisor muß gelegentlich eine Untersuchung der ganzen Buchhaltung vornehmen, um die Umwege zu finden, durch welche das Geschäft seinen Käufern einen Preisabschlag geben kann, — durch direkte Geldüberweisung, mehr oder weniger verborgen, Extrawarenpartien, billigen Preis für andere Waren, Frachterleichterungen usw.

Untersuchung der Kreditwürdigkeit. Die Banken benutzen ein besonderes Schema, welches die größeren Darlehnsnehmer jährlich auszufüllen haben. Dieses Schema mit kritischen Bemerkungen ist bei Kredituntersuchungen anwendbar.

Beurteilung eines zu übernehmenden Geschäftes. Ich halte die Aufgabe eines Revisors hier für begrenzt auf die Vorlage einer möglichst genauen Übersicht über den Stand des Geschäftes, dessen Umsatz sowie des gesamten Gewinn- und Verlustkontos (am besten als Tabelle für die letzten Jahre). Hieran knüpft sich eine kritische Bewertung aller wesentlichen Verhältnisse, und zwar zunächst der einzelnen Guthaben des letzten Status, dann aber auch der früheren. Für die Bewertung eines Geschäftes „earning power" ist es von sehr großer Bedeutung, zu ergründen, ob die versteckten Reserven auch herangezogen worden sind.

Es ist wünschenswert, daß der Revisor seine Bemerkungen mit seiner Kenntnis anderer Geschäfte ergänzen kann. Der Revisor wird auch mit der Zeit seine Schlüsse ziehen und vertrauliche Auskünfte über das Personal geben können.

176

Indessen soll der Revisor sich unbedingt enthalten, direkte Ratschläge zur Übernahme zu geben. Selbst wenn ein Revisor bedeutende Kenntnisse der verschiedenen Branchen besitzt, kann er nicht auf allen Gebieten Sachverständiger sein. Außerdem soll der Käufer allein die Verantwortung für den Einfluß tragen, den ein Wechsel in der Leitung des Geschäftes auf das Verhältnis zu Geschäftsverbindungen und auf den Betrieb im ganzen haben.

Zum Schluß noch einige Worte über das Gebiet der Beratungstätigkeit eines Revisors:

Für einen erfahrenen anerkannten Revisor mit der Fähigkeit logischen und selbständigen Denkens und dem Ansehen eines zweifellos rechtschaffenen Mannes ist dieses Gebiet zu groß, als daß sich alle verschiedenen Fälle aufzählen ließen.

V. Internationaler Prüfungs- und Treuhand-Kongreß

BERLIN · SEPTEMBER 1938

Nationalbericht — National Paper — Rapport National

| Sonstige Prüfungs- und Beratungstätigkeit

Other Auditing and Advisory Work

Fonctions Diverses de Vérificateur et d'Expert | Thema

7 | Rumänien

Roumania

Roumanie | Land

13 |

von — by — par

N. K. Constantinescu, Bukarest,

Vice-Président de l'Association des Experts-Comptables de Roumanie, Directeur de la revue „Arhiva Contabila".

Inhaltsübersicht

Table of Contents

Professional organization: Law relative to the organization of the Corporation of Bookkeepers and Accountants — Various laws — Law relative to the organization of the Corporation of Bookkeepers and Officials of Cooperative Societies — Civil Servants Law

IV. Summary

Table des Matières

Text des Berichts — Paper — Rapport

I. Aperçu Général

Dans l'exercice des différentes fonctions du domaine comptable, en Roumanie, on distingue deux aspects fondamentaux. L'un, tenant de l'institution ayant recours à la comptabilité, comme instrument ou modalité pour la tenue des comptes dans l'administration des biens publics ou privés; l'autre, tenant de la fonction même, laquelle utilise la comptabilité comme discipline ou technique pour sa propre réalisation.

*

Du point de vue *institutionnel*, nous constatons que la comptabilité peut être groupée en Roumanie de la manière suivante:

Comptabilité publique, Comptabilité commerciale, Comptabilité des institutions Corpératives, Comptabilité des institutions non lucratives.

Cette énumération nous donne une indication suffisante sur la manière dont on considère dans ce pays la comptabilité, par rapport aux institutions ayant besoin d'une systématisation dans la tenue des comptes. Nous devons ajouter pourtant que, même là où on avait l'habitude d'employer le système caméraliste, on constate la tendance de recourir au système de la partie double, comme l'a fait dernièrement la loi sur la comptabilité publique, introduisant l'élément patrimoniale dans la tenue des comptes.

En ce qui concerne l'aspect fonctionnel on peut détacher les différentes fonctions rencontrées dans ce domaine plutôt d'après le classement de ceux qui les remplissent, notamment:

Teneur de livres (Bookkeeper, Buchhalter)

Comptable (Accountant, Buchführer)

Vérificateur (Auditor, Prüfer)

Expert (Expert, Sachverständiger).

Il est à remarquer que, entre comptable et teneur de livres on ne fait pas une demarcation tranchante, car on emploie généralement le terme de comptable pour désigner tantôt le teneur de livres tantôt le comptable même, ou bien le comptable chef ou comptable organisateur.

Quant à la fonction de vérificateur, on rencontre plusieurs termes pour désigner ceux qui s'en occupent. Ainsi, on emploie la dénomination de «contrôleur», «inspecteur» ou celle d'«expert-comptable», d'après la position qu'occupe celui qui exerce cette fonction.

Le terme de «comptable-conseil» est plus rarement employé à cause du développement relatif récent de la fonction ainsi désignée.

Enfin, on emploie l'expression d'«expert-comptable» pour désigner celui appelé à faire une expertise dans les livres de comptabilité, mais aussi pour indiquer la qualification de celui chargé d'une vérification comptable, de l'organisation d'une comptabilité et généralement de toute opération préparatoire à la tenue régulière des livres de comptabilité.

Donc, d'une manière courante, on emploie en Roumanie le terme de comptable pour désigner ceux qui s'occupent de la comptabilisation proprement dite; tandis que, pour les opérations de contrôle, vérification, organisation, etc., on emploie sans trop discriminer, des termes variés selon plutôt la situation de la personne qui exerce ces opérations. Seulement pour l'accomplissement des expertises comptables on emploie le terme d'expert-comptable, selon une consacration légale et de fait.

*

L'attitude de la théorie n'est pas plus rassurante. Ainsi, afin d'illustrer seulement la manière dont différents auteurs considèrent le contrôle et la revision, nous nous permettons de réproduire quelques définitions:

Joseph Reiser: L'organisation du contrôle et la technique des vérifications comptables, Paris, Dunod, 1933, pag. 19.

Il faut distinguer d'abord entre contrôle et revision. Les deux mots sont généralement employés l'un pour l'autre, mais il convient, pour être systématique, d'en préciser le sens. *Le contrôle* est exercé à l'intérieur de l'entreprise. Il est une mesure préventive; son action est permanente et s'étend à tous les rouages de l'organisme comptable. *La revision,* au contraire, est une mesure repressive. Elle est exercée généralement par les personnes étrangères à l'entreprise. Leur intervention est occasionnelle ou périodique et d'une portée forcément limitée.

Prof. Friedrich Leitner: Die Kontrolle in kaufmännischen Unternehmungen, Frankfurt a. M., 1934, pag. 5.

Der Ausdruck Kontrolle, d. i. die in die Betriebsorganisation eingegliederte Beaufsichtigung und Überwachung, ist nach unserer Meinung der weitgehende, er schließt die Revision als ein Kontrollmittel in sich.

Dipl.-Kfm. Dr. Rudolf Wipper: Revisionstechnik und Buchführungsverfahren, Stuttgart, 1936, pag. 1.

Die Kontrolle ist eine betriebseigene zwangsläufige oder freiwillige Einrichtung. Im Gegensatz hierzu ist die Prüfung eine nachträgliche geistige Arbeitswiederholung, die in gewissen Zeitabständen von dem Betrieb nicht unmittelbar angehörenden Personen vorgenommen wird. Die Prüfung steht über der Kontrolle und schließt die Prüfung der Wirkungen der Kontrolleinrichtungen mit ein.

D'après les compte rendus du Congrès International de Comptabilité, tenu à Paris le mois de septembre 1937, il résulte qu'un des rapporteurs *M. J. Dumarchey* avait soutenu que ‹le contrôle est le procé scientifique par lequel une opération est refaite par une ou plusieurs méthodes afin d'arriver à la convinction que le résultat est exacte. La vérification est le procédé primitif pour arriver à la certitude ou quasi-certitude que des erreurs n'ont pas été commises.›

Les traces bablyoniennes de la comptabilité *(V. Arthur H. Woolf: A Short history of Accountants and Accountancy,* London, 1912) se miroitent donc abondamment dans la situation qu'on recontre de nos jours soit dans la théorie, soit dans la pratique de cette discipline et laquelle explique jusqu'à un certain point aussi la situation des professionnels de la comptabilité.

Cette situation détermina la *Confédération Internationale des Travailleurs Intellectuels* (C. I. T. I.), siégeant à Paris (2 Rue Montpensier) à la suite de la résolution votée par le Congrès International des Professionistes Intellectuels, tenu à Genève le mois de novembre 1936, d'entreprendre une enquête internationale en vue de réaliser une nomenclature uniforme et un classement général dans le domaine comptable afin de pouvoir établir les bases pour la protection du titre et la réglementation de la situation du comptable, en général et surtout de celle de l'expert comptable.

La C. I. T. I. est appuyée dans cette action par le Bureau International du Travail, dont la Commission Consultative des Travailleurs Intellectuels, dans sa VI-e session (28 et 29 Mai 1937) a passé à la suite d'un rapport préparé par *Mr. G. Artus* du B. I. T., la résolution suivante:

Considérant:

Que les membres des professions comptables souhaitent, dans leur grande majorité, pour maintenir un niveau suffisant de leur recrutement et de leur existence que les conditions de leur travail soient l'objet d'un examen en vue de leur conférer un statut;

qu'il est dans l'intérêt de la collectivité que des professions qui ont acquis dans l'économie moderne une si grande importance reçoivent un tel statut et que les fonctions et les titres des personnes exerçant ces professions soient de cette manière définis et protégés;

que cette oeuvre de définition et de protection a commencé dans plusieurs pays et qu'elle y a donné des résultats satisfaisants, tant pour le public en général;

la Commission consultative des travailleurs intellectuels recommande que, dans chaque pays, les fonctions et appellations des personnes exerçant les diverses professions comptables soient délimitées et classées dans toute la mesure du possible. Ce travail de définition et de classement devrait permettre de régler les conditions d'acquisitions et l'usage des titres relatifs à la profession d'expert-comptable le port de ces titres devant être interdit en l'absence des conditions prévues et l'exercice de cette profession devant être reservé aux personnes qui ont satisfait à ces conditions;

et prie le Conseil d'Administration du Bureau International du Travail de charger ce dernier de poursuivre l'étude de cette question en vue d'un accord international.

Parallèlement à ces efforts pour l'organisation de la profession comptable, nous devons mentionner l'action déployée par la *Fédération Internationale des Associations d'Experts*, siégeant à Bruxelles laquelle organise périodiquement des Congrès, dans lesquels on étudie la situation de l'expert-comptable en tant qu'expert. Les questions mises en discussions au dernier congrès tenu à Paris (21—23 Juin 1937) prouve le même souci, provoqué par le manque d'une base générale pour la réglementation de la profession, même si elle est bornée à un secteur limité comme celui de l'expertise.

Nous rappelons ces actions puis que les experts comptables de Roumanie se trouvent en étroites relations avec lesdites organisations, en vue de contribuer à une systématisation rationnelle de la profession comptable, laquelle gagne chaque jour une importance des plus remarquables, par le rôle qu'elle est appelée à jouer dans l'administration des bien publics et privés.

II. Contrôle, Vérification et Expertise Comptable

Revenant à la situation actuelle en Roumanie nous nous proposons d'exposer les conditions dans lesquelles s'exercent les fonctions remplies par le comptable en qualité de vérificateur, conseil, organisateur et expert.

Nous nous heurtons, pourtant, à une grande difficulté. Ces fonctions ne sont pas délimitées d'après un critérium précis, ni du point de vue légal, ni de celui professionnel. Ainsi, la réglementation se manifeste par l'organisation du contrôle. La vérification se trouve réglementée comme opération accessoire au contrôle. En tant que fonction, celle-ci se développe beaucoup plus tard. De même les fonctions de comptable-conseil et organisateur. La fonction exercée par l'expert suit un développement spécial.

C'est pourquoi, afin de préciser notre point de vue, nous insisterons d'abord sur la situation résultant de cette législation.

A) L'Organisation du Contrôle.

Les plus anciens vestiges d'organisation du contrôle se trouvent cités en relations avec les finances publiques des moyens âges, autant qu'on peut appeler publics les systèmes financiers pratiqués dans ces temps-là.

Le *Prof. Constantin C. Giuresco* (dans: *Organizarea financiară a Tării Românesti in epoca lui Mircea cel Bătrân*, Bucarest, 1927, pag. 50) nous précise la situation existante au XIV. siècle dans le passage suivant:

La principauté de Valachie, comme d'ailleurs la pluspart des pays d'Europe, n'a pas connu au moyen âge la distinction entre les revenus de l'Etat et les revenus du souverain.

Le principe du système romain, transmis plus tard au Byzantins selon lequel on faisait une séparation nette entre *fisc* et *res privata*, ne s'est pas appliqué chez nous que beaucoup plus tard. A l'époque de Mircea (1386—1418) il n'était pas connu.

Néanmoins, on tenait des comptes et même des livres pour contrôler les revenus et les dépenses. Mais les conditions dans lesquelles regnaient les princes de la Valachie et de Moldavie (V. le même, pag. 5 et suiv.) expliquent les causes des disparitions de ces documents.

Dr. Laurentiu Grigoresco cite: (dans son ouvrage: *Controlul finantelor publice*, Bucuresti, 1936, pag. 25) d'après *N. Blarenberg: (Institutions et lois de Roumanie)*, un document de 1652 suivant lequel le Prince Mathieu Bassarab, à la suite d'une malversation produite dans les deniers du souverain, par certains grands dignitaires, constitue une commission composée de boyards et six négociants pour demander les comptes aux malmeneurs et les contrôler.

Un peu plus tard, en 1712, le Prince Nicolas Mavrocordato, rassemblant le conseil des boyards, leurs présente le livre des revenus et des dépenses ainsi que les documents sur lesquels s'appuiaient les différents postes y inscrits.

Partant de cette date, les Princes suivent pendant le XVIII-e siècle le bon exemple de rendre compte des revenus et des dépenses, montrant un soin tout évident de présenter les dépenses balancés par les revenus *(Alex. Xénopol: Finanţele in epoca Fanarioţilor).*

Nous ne devons pas oublier que pendant le XVIII-e siècle l'enseignement du système camèraliste était déjà répandu en Europe et surtout dans les pays allemands *(V. E. Schmalenbach: Dynamische Bilanz,* Leipzig 1933).

La séparation du domaine publique a pour conséquence l'introduction du contrôle budgetaire, réalisé par le Réglement Organique de 1832 et mis au point par l'établissement de la Haute Cour des Comptes en 1864, et l'application de la loi sur la comptabilité publique promulgée dans la même année.

Un nouveau développement a été déterminé par la distinction, dont on a été forcé de tenir compte, entre le domaine public et le domaine privé, c'est à dire entre les biens publics d'un caractère inalienable et ceux sousmis par leur nature aux dispositions de droit privé. C'est ainsi qu'on est arrivé à la loi de 1929 sur l'organisation et l'administration des entreprises et biens publics et l'institution d'une Commission Supérieure de Contrôle.

*

Le contrôle des finances publiques, du domaine public et de celui privé, appartenant à l'Etat, aux départements et aux communes ou aux institutions publiques, réglementé par la loi de la comptabilité publique, celle de la Haute Cour des Comptes et diverses lois spéciales, comprenant trois formes distinctes:

1° Le controle administratif exercé par:

a. la comptabilisation des opérations, selon instructions spéciales, dans des livres dont le modèle est généralement établi par l'autorité supérieure ou centrale;

b. l'institution du «contrôle preventif» introduit en 1929 par la modification apportée à la loi de la comptabilité publique;

c. inspections et vérifications exécutées par les organes de contrôle et inspection de chaque administration;

d. le contrôle exercé par le Ministère des Finances sur les mouvements des fonds par rapport à l'exécution du budget;

e. le contrôle et la vérification du patrimoine public effectués toujours par les organes de contrôle et d'inspection des différentes administrations.

Dans l'organisation et l'exécution de ce contrôle on constate en général des améliorations progressives, lesquelles dépendent surtout des prévisions budgétaires. En effet, les organes qui remplissent cette fonction, appartenant directement à l'administration intéréssée dans cette opération, le nombre et la qualité de ceux qui s'en occupent dépendent des possibilités financières de l'administration respective.

Mais en dehors de ces possibilitées matérielles, nous estimons que la cause principale qui empêche une systématisation entre contrôle et vérification, dans le sens soutenu par Reiser et Wipper (Voir plus haut) est justement le manque de précision qu'on prête encore à ces deux notions.

Les gens avisés, les organisations professionnelles ainsi que celles qui s'occupent de ce problème ont demandé, en différentes occasions la concentration des organes chargés de la revision auprès du Ministère des Finances ou bien auprès de la Haute Cour des Comptes. On n'a reussit que partiellement par l'institution du «service de l'économie financière» attaché comme service au Ministère des Finances. Les attributions de ce service sont limitées plutôt à la surveillance qu'au contrôle, dans le sens de revision, laquelle reste un problème qui n'a pas encore trouvé une solution adéquate, sous le rapport dont nous la considérons dans ce paragraphe*).

2° *Le controle juridictionnel*, attribué principalement à la Haute Cour des Comptes, établie comme institution indépendante de l'administration proprement dite.

Les différents gestionnaires, prévus par la loi de la comptabilité publique, sont obligés à présenter à cette institution les comptes de leur gestion, afin d'être vérifiés, dans le but final d'obtenir une déclaration générale de conformité, laquelle constitue le déchargement de leur gestion.

En dehors de cette vérification, ayant rapport direct avec l'exécution du budget, la Haute Cour des Comptes exerce le contrôle sur l'existence et le maintien des biens composant l'inventaire de l'Etat, sur l'émission des titres publics, sur la manipulation des fonds et matériaux déclarés publics, etc.

La compétence de cette institution est donc assez étendue et variée, ainsi que ses attributions, car elle agit comme organe supérieur de contrôle, sur les opérations déjà mentionnées, et comme organe judiciaire jugeant en première et dernière instance les gestions et les gestionnaires publics.

---

*) Ce service vient d'être transformé entretemps dans l'office de coordination financière ayant pour attribution la surveillance de la politique financière.

En outre, suivant les dispositions de la Constitution du Fevrier 1938, on a établi un Corps supérieur de Contrôle ayant pour attribution les plus étendus pouvoirs de contrôle dans toutes les institutions publiques.

La vérification des comptes est exécutée par des organes spéciales, les référendaires, dont les attributions, à cet égard, sont fixées dans ce texte:

Les référendaires sous la surveillance des référendaires-chefs étudient, contrôlent et vérifient par eux-mêmes et à l'aide des référendaires-stagiaires, qui leurs sont attachés, les travaux qui leurs sont répartis.

Ils adressent à la section respective de la Cour un rapport motivé relatif à ces travaux, contenant leurs observations sur la Légalité des opérations, la validité des actes présentés, les défauts de comptabilité et toute autre observation qu'ils tiennent pour nécessaire d'être amenée à la connaissance de la Cour. En ce qui concerne le contrôle des actes justificatifs des ordonances, le référendaire rapportera seulement dans les cas où il constatera, des manques, des erreures, ou autres irrégularités. Dans tout autre cas, il certifie le bordereau pour constater l'exécution de la vérification.

Nous avons cité ce passage afin de laisser voir que, même si la vérification constitue une attribution importante de cette institution, elle n'est pas considérée comme une opération par soi-même, mais bien un moyen pour satisfaire au but principal de contrôle, avec lequel elle se trouve investie.

Par là, cette institution se rapproche, quant au contrôle qu'elle exerce, des définitions de Leitner et Dumarchey, que nous reproduisons plus haut. Pourtant, la revision, considérée comme une fonction distincte, ne trouve par la satisfaction qui lui est due, en tant que fonction, parceque le cercle vicieux «fonction-spécialité» lève une barrière qui n'est pas facile à franchir, à cause d'une foule d'impédiments qu'on rencontre encore dans beaucoup de pays.

En outre, le contrôle juridictionnel est exercé aussi par d'autres administrations, en ce qui concerne la gestion de certains sousalternes; ou bien par des organes collectifs, comme les conseils départementaux, pour les gestions des communes selon les dispositions de la loi administrative de 1936, ou encore par des commissions spéciales, comme celles des régies et caisses autonomes, introduites surtout à la suite de la séparation du domaine sujet aux dispositions du droit privé.

La caractéristique générale de toutes ces autorités et commissions-individus ou quorums — en ce qui concerne l'exercice du contrôle, est l'absence de procédure fonctionnelle, réduisant presque complètement le rôle de la revision, comme telle.

3° *Le contrôle parlementaire* exercé en Roumanie par la Chambre des députés, à la suite de la séparation des pouvoirs publics, s'étend sur le compte général de gestion des finances publiques ainsi que sur le compte général d'exécution du budget de l'Etat.

L'opération matérielle de vérification revient à la charge de la Haute Cour des Comptes, laquelle suivant une procédure spéciale doit prononcer des déclarations de conformité des comptes généraux, que nous venons de mentionner et de dresser un rapport public sur ce qu'elle constate en fait.

Ce système de contrôle n'est pas exempt de critique, surtout en ce qui concerne les principes de la procédure adoptée pour sa réalisation, car toute la vérification, qui en forme la base, devient forcément une formalité stéréotype.

En résumé, la fonction de vérification comptable, dans le sens de revision, étant subordonnée au contrôle, comme attribution spéciale des différentes institutions que nous venons d'indiquer, se trouve handicapée à cause du système général qui règne à l'établissement du contrôle même, pris comme institution et non pas comme fonction. Aussi, les organes qui exercent ces opérations ne peuvent pas se dérober complètement de ce caractère institutionaliste, dans l'accomplissement de leur tâche, considérée liée plutôt à l'institution qu'à la fonction. En fin, ces causes empêchent en même temps le développement du comptable qui doit être attaché en qualité de spécialiste à la fonction et non pas à l'institution, comme il se passe de nos jours.

En un seul mot, toute cette situation dépend du système qu'il faut modifier du fond au comble, opération d'un caractère plutôt politique que professionelle.

*

Une seconde étape dans l'organisation du contrôle, réalisable par différents moyens dont la vérification comptable en forme un des principaux, nous la trouvons dans le code de commerce.

En effet, la réglementation des attributions des comissaires aux comptes dans les sociétés anonymes prévoit la vérification des comptes comme un des moyens pour l'accomplissement de cette charge, dont la responsabilité est réglée d'après les normes du mandat.

Mais, quand même, on ne peut pas prétendre que la vérification dans le sens de revision soit ainsi reglementée d'une façon fonctionnelle.

Les modifications qu'on a apporté au code de commerce par la loi pour l'organisation et la réglementation du commerce de banque, en 1934, introduisant certaines obligations en ce qui concerne la forme et le contenu du bilan et du compte de profit et perte, ne réglemente non plus cette fonction. La vérification même d'après cette loi est toujours un moyen pour la réalisation du contrôle comme attribution principale des commissaires aux comptes.

Nous trouvons pourtant la pratique de la revision dans les institutions qui accordent du crédit et dans les entreprises consortielles.

En ce qui concerne le crédit, la Banque Nationale de Roumanie, ainsi que les grandes banques et instituts de crédit spécial, comme le Crédit Industriel, le Crédit Agricole, au moment où on leur solicite des crédits, afin de vérifier le pouvoir financier et économique des entreprises solicitantes, leurs vérifient ce pouvoir employant entre autres moyens la revision des comptes.

Cette revision est effectuée par des inspecteurs qui sont des fonctionnaires de l'institution, à laquelle s'adresse la demande de crédit.

La loi de 1934, plus haut mentionnée, sur le commerce de banque, oblige ces entreprises à présenter périodiquement des situations sur leurs comptes, d'après certains modèles établis par le Conseil Supérieur Bancaire, institué comme organe superieur de contrôle. Une revision proprement dite n'est pas exercée, pourtant, ni par cet organe, la loi ne l'ayant pas prévue.

Les entreprises consortielles sont vérifiées plus souvent, mais toujours par des fonctionnaires propres du groupe ou de la centrale qui en dirigent l'activité.

Le caractère intime qu'on garde en général aux opérations consortielles est étendu aussi sur celle de revision, laquelle étant considérée comme adjacente à l'activité principale de ces institutions est conduite par rapport aux intérêts principaux, en vertu dont on en fait usage.

La loi sur le contrôle des cartels, de date toute récente (Mai 1937), prévoit la revision parmi les moyens du contrôle des prix, qui en forme l'objet principal. Le contrôle comptable ainsi institué s'exerce sur l'analyse du prix de revient, qu'on doit établir selon un schéma arrêté par le département du Commerce et de l'Industrie. La courte existence de cette disposition ne nous donne pas une indication suffisante sur l'intention d'établir la revision permanente et systématisée à la base du contrôle des prix pratiqués par les cartels en Roumanie. Pendant l'année 1937, de 88 cartels contrôlés en base de cette loi, on a vérifié le prix de revient par des experts comptables dans un seul cas.

En résumé, le contrôle institué par le code de commerce et les lois, qui en modifient les dispositions, n'est pas de nature à faire de la revision comptable des entreprises, une fonction permanente et organisée systématiquement, selon des règles qui fassent d'elle un champ d'activité professionnelle.

De ce que nous venons de mentionner, on voit pourtant, que la nécessité de cette fonction se fait sentir comme une réalité qu'on ne pourra plus longtemps ignorer. D'ailleurs, les spécialistes et les organisations professionnelles demandent sa réglementation à l'occasion de la modification du code de commerce qui est en étude, appuyant cette demande sur la situation de fait qu'on constate, comme nous allons le voir tout de suite.

Le contrôle budgétaire, introduit depuis peu de temps et seulement par un nombre restreint d'institutions, se trouve au début de son expérience pour pouvoir juger son influence du point de vue professionnel.

*

Poursuivant notre exposé sur la réglementation légale du contrôle, nous devons mentionner celui organisé par la loi sur la coopération.

Des banques populaires, ayant pris un certain essor au début du XX-e siècle, on procéda en 1903 à leur organisation par une loi spéciale, laquelle institua une Caisse Centrale avec droit de contrôle sur les unités coopératives qui s'en adressaient pour crédit.

Ce contrôle, développé systématiquement, s'exerça par des fonctionnaires de la Caisse Centrale, c'est à dire par des controlleurs et inspecteurs considérés et déclarés fonctionnaires publics, lesquels en effet faisaient fonction de revision comptable.

Avec les modifications successives qu'on a apporté à la loi de 1903 ont était arrivé à englober sous le contrôle de la Caisse Centrale toutes les formes de sociétés coopératives qui avaient pris naissance.

En 1912, avec la création de la Caisse Centrale des Artisans, on transfera sous la juridiction de celle-ci les coopératives des bourgs, laissant à l'autre centrale les banques populaires et coopératives villageoises. Mais le système de contrôle demeura le même.

Les modifications ultérieures, dont la plus importante fut celle de 1918, ne changèrent non plus le système de contrôle.

C'est en 1929 qu'on apporta une modification fondamentale à l'échafaudage légal de la coopération. Pour l'exécution du contrôle on créa un nouvel organisme «les unions coopératives» dont l'attribution principale fixée par le texte de la loi fu celui d'organiser l'auto-contrôle. Cette disposition est maintenue par une autre modification, celle de 1935, à la suite de laquelle les unions ne sont plus déclarées obligatoires, quoiqu'elles sont reconnues comme organes principaux pour l'exércice de l'autocontrôle.

Dans tout ce labyrinthe de la législation sur la coopération le principe de la revision, comme principal moyen de contrôle, se maintient comme le fils d'Ariane. Son application se réalise à l'aide du personnel propre, soit des institutions centrales soit de celles régionales (unions et fédérales districtuelles).

Cette situation a facilité la formation des contrôleurs et inspecteurs de la coopération, très bien équipés pour la revision de ces institutions, mais non pas des professionnels de la fonction même.

*

Une autre source de la réglementation du contrôle est celle qui dérive de la loi sur les syndicats, associations professionenelles, fondations et en général les organisations à but non-lucratif, comme les Comités scolaires etc.

Toutes ces institutions doivent se conformer aux dispositions prises par le Ministère du Travail sur la manière de présenter les comptes en vue du contrôle exercé sur elles par cette autorité.

Le contrôle implique, bien entendu, la vérification, mais d'une manière tout à fait accessoire. Il est effectué par les organes de contrôle du Ministère de Travail.

En outre, nous devons mentionner dans ce paragraphe le contrôle exercé par les Tribunaux sur les tutèlles, curatelles, successions, communautés de biens, etc. mais lesquelles ne sont pas vérifiées que d'une manière orale, en séance, ou bien rarement par un professionnel qualifié sur la demande des intéressés.

Le développement actuel de ces institutions, ainsi que la base légale de leur existence, ne peut pas influencer la création d'une classe de vérificateurs comptables professionnistes.

Pour conclure ce point, nous devons mentionner que les demandes des lois fiscales ont donné dernièrement la possibilité de la formation d'une classe de vérificateurs. Mais, la question forme l'objet d'un rapport spécial auquel nous nous en référons.

B. *La Vérification*

La vraie fonction de vérificateur comptable dans le sens qu'on donne au terme «revision» suit en Roumanie le même développement qu'elle a prise dans les temps modernes et surtout de nos jours dans la plupart des pays ou on en constate l'existence.

En effet, la nécessité qui a déterminé l'institution du contrôle, ayant pris une envergure plus ample, avec le développement des institutions dans lesquelles il était appliqué, mais surtout avec le changement structurel provoqué par la vie économique en plein épanouissement, et, en général, la différentiation des diverses fonctions de ce domaine, donc tout un ensemble de conditions, étroitement liées entre elles, ont influencé la formation d'une fonction spéciale.

C'est ainsi qu'on constate aussi en Roumanie la même tendance qu'on trouve ailleurs, de faire une distinction nette entre le contrôle des opérations et la vérification des gestions ou de la situation patrimoniale.

En dehors de ce que nous venons de mentionner plus haut, en ce qui concerne la vérification de l'état financier des entreprises, à l'occasion d'une demande de crédit, on constate une tendance, qui s'affirme d'une manière progressive, d'introduire la vérification comme un opération régulière dans l'existence des entreprises.

L'exercice de cette fonction poursuit:

191

1° *L'observation des normes pour la tenue régulière des livres.*

Selon les dispositions du code de commerce roumain ceux qui exercent un commerce quelconque, doivent suivre certaines règles d'après lesquelles ils sont obligés à tenir leurs livres de comptabilité. Elles comprennent:

a. formalités essentielles;

b. normes relatives à la forme dont on tient les livres;

c. normes relatives au fonds à y comptabiliser.

2° *L'observation des éxigences fiscales relatives à la tenue des livres de comptabilité.*

La loi des contributions directes et certaines lois des impôts indirectes demande aussi la tenue régulière des livres pour en faire un moyen de probatoire à l'établissement du revenu imposable.

Pour satisfaire aux exigences fiscales on est obligé à observer:

a. la régularité du bilan;

b. la concordance du bilan avec les livres;

c. la régularité des livres;

d. la sincérité des enregistrements;

e. la conformité aux dispositions des lois.

3° *L'adaptation des nécessités de l'entreprise aux normes et éxigences légales.*

La loi ne prescrit aucune limitation en ce qui concerne la modalité technique ou le système de livres à employer pour la comptabilisation des opérations. Le comptable jouit de ce point de vue de toute sa liberté professionnelle.

4° *La juste représentation dans les livres des opérations et de la situation de l'entreprise.*

Vu l'importance des livres de comptabilité, comme élément de preuve en justice et devant le fisc, toute l'attention du comptable est concentrée sur le soin de ne pas diminuer ce caractère des livres.

5° *La défense contre fraudes et malversations* (soit de dehors soit de dedans).

L'exécution de ces opérations est confiée dans la plupart des cas au gens appartenant au personnel propre de l'institution.

Dans les derniers temps on constate la bonne pratique d'avoir recours aux gens qualifiés qui exercent cette fonction en libres professionnels. Leur nombre n'est pas pourtant si important comme dans beaucoup d'autres pays.

Le champ limité d'activité à la disposition des vérificateurs, libres professionnels, force ceux-ci d'entreprendre aussi les opérations de comptable-conseil, organisateur et expert-comptable.

En général, ceux qui exercent les fonctions de vérificateur, conseil, organisateur, dans les entreprises privées sont dans la grande majorité des experts-comptables, qualifiés comme tels par le Corps des Comptables

Autorisés et Experts Comptables. Rien n'empêche pourtant qu'elles soientremplies par des comptables qualifiés seulement comme «comptables autorisés» par le même corps, ou bien par des gens ayant une qualification de faite obtenue par la pratique, mais reconnus et appréciés capables pour telle besogne.

A plusieurs reprises, des gens qualifiés, possédant une pratique assez étendu dans ces opérations, ont essayé d'établir des organisations sur le modèle des sociétés fiduciaires, existant à l'étranger. Mais le manque d'encouragement, de ceux qui pouvaient s'en servir, les ont déterminé a y renoncer.

Pourtant, nous pouvons affirmer que le rapide développement des entreprises industrielles et commerciales ne tardera pas longtemps à mettre en évidence la nécessité de telles organisations. Une indication nous est fournie par les principes mis en discussion à l'occasion de la modification du code de commerce, actuellement en étude au Conseil Legislatif.

C. L'Expertise Comptable

La procédure civile roumaine prévoit l'expertise parmi les moyens préparatoires de la preuve administrée en justice.

A cet effet, si les juges trouvent nécessaire à avoir l'opinion d'un ou plusieurs spécialistes d'un domaine technique quelconque, afin de s'éclaircir sur un sujet ou une situation dont il est question dans le jugement qu'ils doivent prononcer, il peuvent avoir recours à cette catégorie de gens qu'on appele «experts».

Par extension, toute instance de jugement peut user des dispositions de la procédure civile. Ainsi, entre autres, les chambres arbitrales, les commissions fiscales, les juges d'instructions etc., en font un large usage. En outre, dans bien des différents entre litigants qui ne veulent pas paraître devant les tribunaux, on emploie les services des experts comptables. Dernièrement, le code pénal a introduit la disposition suivant laquelle les parts en litige peuvent être assistées par des experts pendant l'instrumentation judiciaire.

L'action d'éclaircissement, qu'exercent les experts, même si elle constitue pour bien de gens une occupation permanente, n'est pas considérée comme une profession proprement dite. Elle constitue plutôt une mission, comme le soutient la Fédération Internationale des Associations d'Experts (V. *La Revue Générale des Expertises;* V., 1934, Bordeaux).

Pourtant, en Roumanie, comme d'ailleurs, dans plusieurs pays d'origine latine, on donne le nom d'expert-comptable à toute personne qualifiée comme telle et considérée comme détenant un dégré supérieur de l'hiérarchie comptable.

Ayant discuté cette situation dans notre rapport présenté au Congrès International des Travailleurs Intellectuels (Genève 1936), nous nous bornons à rappeller ici les principes d'après lesquels s'exerce la mission de l'expert-comptable, en tant qu'expert.

En effet, l'expert reçoit du juge ou de l'instance qui l'a chargé d'entreprendre une expertise, une mission par voie de délégation.

Jusqu'en 1921, date de l'institution du Corp des Comptables Autorisés et Expert-Comptables, il était suffisant, pour être désigné expert, dans une affaire de comptes, de remplir deux conditions: a. *etre spécialiste* dans la vérification des comptes; b. *avoir la capacité légale* pour remplir une telle mission. Après 1921, suivant la loi qui institue ledit Corps, l'expert-comptable doit *être qualifié* comme tel.

D'après la loi de 1921, pour avoir le droit d'être nommé expert la comptable détenant cette qualification, doit être inscrit dans un tableau dressé par le Corps dont nous venons de parler. Pour les expertises fiscales, depuis 1933, on doit en outre figurer aussi sur un tableau spécial approuvé par le Ministère des Finances.

Donc, la possession de la qualification décernée par ce Corps constitue aujourd'hui la condition fondamentale pour être nommé expert.

La forme juridique de la délégation conférée au expert est celle du mandat. Notamment un mandat professionnel, exprès et directe, qui ne peut pas être exécuté par voie d'équivalence. Il est ainsi un mandat special, salarié.

Quant au caractère de cette délégation elle est limitée à la nature de la cause, qui détermine la mission en question, c'est à dire elle est limitée au montant d'information requise pour éclaircir la cause en litige.

En fin, le but poursuivit par la mission confiée au expert est celui d'avoir un avis de spécialité, basé sur la vérification du probatoire administré devant la justice.

La loi sur les contributions directes, par la modification qu'on lui a apporté en 1933, à limité pourtant le rôle de l'expert, dans les expertises fiscales, à l'explication des différents postes d'ordre technique, lui interdisant expressement le droit de se prononcer sur l'imposabilité ou la nonimposabilité des postes qu'on lui soumet pour vérification, renforçant ainsi le caractère technique de la mission qu'on lui confère.

D'une manière ou d'une autre, nous constatons, donc, que la fonction remplie par l'expert comptable, en tant qu'expert, tout en reposant sur le caractère technique de sa spécialité, se trouve limitée par les termes de la délégation en vertu de laquelle il entre dans l'action de sa profession. Sa responsabilité est pour ce motif sujette aussi aux dispositions relatives aux témoins.

Voilà pourquoi le comptable ne peut pas entrer dans l'exercice de la délégation qu'il reçoit avant d'avoir déposé le serrement légal.

III. Le Cadre d'Exercice de ces Fonctions.

Les différentes fonctions que nous venons d'énumérer — vérificateur, conseil, organisateur, expert — peuvent être exercitées en Roumanie, parlant tout généralement de trois manières.

Par voie *conventionnelle*, les gens qualifiés pour remplir les fonctions de vérificateur, conseil ou organisateur, peuvent être engagés soit pour une, soit pour toutes les opérations ainsi désignées, dans les termes qu'on établit pour chaque cas en particulier.

Généralement, à cause de la structure économique et juridique actuelles, les gens qui s'en occupent remplissent toutes ces fonctions sous le titre de comptable-conseil, lequel prend quelque consistance dans les derniers temps. C'est pourquoi on ne peut pas encore parler de contrats-types, de conditions précises d'engagement ou d'honoraires fixés selon des normes préétablies. Ceux qui exercent ces fonctions reçoivent soit un salaire mensuel, soit un appointement global lequel inclue d'habitude la rénumération pour la clôture du bilan.

Les gens ainsi occupés peuvent être considérés comme professionnels quoiqu'ils se trouvent au début seulement du développement de cette catégorie.

Puis, on peut exercer ces fonctions par voie *légale*. C'est le cas rencontré dans les administrations publiques et les organisations coopératives.

Comme nous venons de le dire, ces fonctions sont remplies, dans ces derniers cas, par les agents propres des institutions en question, ce que les empêche à devenir des professionnels, quoiqu'ils deviennent des spécialistes des opérations respectives.

On peut grouper, évidemment, sous ce même titre, les commissaires des comptes dans les sociétés anonymes, les vérificateurs fiscaux, les referendaires de la Haute Cour des Comptes, qui remplissent la fonction de vérificateur en base d'une disposition de la loi. Mais même ces catégories, par la nature de la fonction qu'elles exercent, ne peuvent pas être considérés comme professionnels, dans le sens propre au sujet dont nous nous occupons dans ce rapport.

Enfin, la fonction de vérificateur peut être exercé par voie *judiciaire*.

C'est surtout en qualité d'expert que le comptable peut être classé dans cette catégorie, vu que le mandat ainsi détenu lui parvient par voie d'une décision judiciaire, qui lui indique aussi le travail à accomplir. De ce fait, comme il est dit plus haut, l'expert ne peut pas prétendre que la mission qu'on lui confère donne naissance à une profession. Il appartient à la profession, en qualité de technicien de sa spécialité, qualifié comme tel, mais non pas comme expert.

En résumé, seule la voie conventionnelle peut donner lieu à la formation des professionnels des fonctions de vérificateurs, conseils ou organisateurs comptables.

En ce qui concerne la voie judiciaire, vu le caractère de la délégation qui en résulte, nous ne considérons pas qu'elle pourrait être invoquée comme base pour une telle formation.

*

Afin de compléter ce point de notre exposé, nous pensons utile de dire quelques mots sur le cadre légal dans lequel agissent les professionnels des fonctions que nous venons de décrire ou les spécialistes des différentes institutions dont nous avons fait mention.

La loi de 1921, relative à l'organisation du Corps de Comptables Autorisés et Experts-Comptables, considère ceux derniers, c'est-à-dire les experts-comptables comme des professionnels séparés des autres comptables (art. II) mais en même temps aussi comme un dégré supérieur de la hiérarchie comptable (art. IV).

Conformément à l'art. V., les comptables autorisés peuvent, tout aussi bien que les experts-comptables, detenir la situation de commissaires aux comptes dans les sociétés anonymes, ou celle de vérificateur des gestions, des tutelles, curatelles, administrations forcées, communautés de biens, etc. mises sous l'autorité des Tribunaux.

Mais, suivant l'art. VI. de la même loi, «pour toute expertise de livres en cas de moratoire ou de faillite, procès ou il s'agit de comptes, expertises fiscales, arbitrages en matière d'inventaire et de dépenses, les autorités financières, administratives et judiciaires se serviront d'un expert-comptable».

La loi pour l'organisation et la réglementation du commerce de banque, la loi pour l'organisation et l'administration sur bases commerciales des entreprises et biens publics, ainsi que toute une série de lois relatives à l'organisation de différentes caisses et régies autonomes, prévoient l'obligation de la nomination d'un expert-comptable parmi les membres des commissaires aux comptes ou des commissions de contrôle.

Ainsi, la loi de 1921 s'occupe de la situation de l'expert-comptable sous les deux rapports — légale et judiciaire — que nous venons d'analyser plus haut. En ce qui concerne la situation résultant du rapport conventionnel, elle la laisse aux dispositions du droit commun.

La loi de 1932, pour l'institution du Corps des Comptables et Fonctionnaires Coopérateurs de Roumanie, prévoit dans le texte de l'art. 5 trois classes de comptables: comptables stagiaires, comptables définitifs et comptables conseils. Mais ses dispositions se réfèrent au comptable en tant que fonctionnaire des organisations coopératives, sans trop insister sur la situation du comptable en tant que professionnel de cette spécialité.

Ces dispositions viennent d'être complétées par la loi sur l'organisation de la coopération, de 1935. En effet, l'art. 48 de cette loi prévoit que pour l'examen des livres ordonné par la justice, ou en matière d'expertises fiscales, concernant les sociétés coopératives, l'expert sera nommé parmi les comptables coopérateurs inscrits dans le Corps des Comptables et fonctionnaires coopérateurs. Seulement en cas d'absence de comptables coopérateurs, peuvent être utilisés les services des experts comptables, et de comptables autorisés (qualifiés comme tels selon la loi de 1921 plus haut mentionnée).

Donc, aussi d'après cette loi, le principe de l'institution emporte sur celui de la fonction.

Une autre loi qui présente une importance capitale, sur l'aspect de la question que nous envisageons à ce point, c'est le Statut des fonctionnaires publics.

Depuis 1924, la situation des fonctionnaires publics en Roumanie, dans leur qualité d'agents de l'Etat, des départements et des communes, est réglée par ce statut, lequel prévoit les conditions relatives à : l'admisibilité dans les fonctions publiques, la stabilité, droits et responsabilités, incompatibilités, salaires, indemnisations, pensions, congés, etc.

L'art. 33 de cette loi établissant la règle générale que ses dispositions sont applicables à tous les fonctionnaires publics, fait pourtant quelques exceptions en ce qui concerne les fonctionnaires publics, membres des corps techniques et de specialités, organisés par différentes lois. D'après ce texte il pouvait paraître que les comptables, organisés par la loi de 1921, que nous venons de mentionner, allaient être considérés sujets aux dispositions d'exceptions ainsi prévues. Pourtant, l'art. 70 du réglement, qui développe et fait préciser le sens des dispositions principiales de la loi, prévoit que «les attributions au caractère spécial, comme celles de bibliothécaire, régistrateur, archivaire, *comptable*, etc. seront remplies par délégations accordées par le chef supérieur de l'autorité respective». De ce fait, il résulte que la comptabilité, au lieu d'être considérée comme une spécialité, a été réduite à une attribution ayant un caractère spécial.

La fonction de vérificateur suit le même chemin. Nous l'avons déjà dit que l'opération de vérification dans l'administration publique est accessoire à celle de contrôle. Les attributions des agents qui remplissent cette fonction, étant reglées par les lois d'organisation de différents départements d'Etat, de districts ou de communes, sont établies d'après des normes intéressant chaque institution, ce qui fait que la fonction de vérificateur tombe sur un plan secondaire.

C'est ainsi que, selon la loi sur le Statut des Fonctionnaires Publics et les lois d'organisation des différentes institutions publiques, la possibilité de développement d'une catégorie de fonctionnaires, voués à l'opération de vérification, se trouve limitée par le principe fondamental sur lequel est basée toute cette organisation.

Enfin, nous devons revenir sur la loi de la Haute Cour des Comptes, laquelle prévoit non seulement les attributions des membres qui la composent, mais aussi la modalité de leur recrutement, lequel suit le même principe adopté en général pour les fonctionnaires publics.

Toute l'économie de cette loi reposant sur le principe du contrôle, dont nous avons déjà parlé, nous offre la même situation, quant au cadre dans lequel peuvent se développer les spécialistes de cette fonction.

Un fait caractéristique des deux dernières catégories est qu'autant les fonctionnaires publics comme aussi les membres de la Haute Cour des Comptes doivent déposer le serrement légal avant d'entrer en fonction, mais ceci dans les qualités de fonctionnaires publics ou membres de la dite Cour et non pas en qualité de spécialistes d'une technique quelconque.

IV. Résumé

En résumé le domaine comptable en Roumanie peut être envisagé d'après les fonctions qui s'y sont différenciées et d'après la spécialisation à laquelle la division du travail en a donné lieu. Les fonctions qui en résultent se distinguent sous deux aspects: a. celui institutionnel, dérivant des principes fondamentaux des institutions dans le cadre dont ces fonctions peuvent être exercée; b. celui fonctionnel tirant son origine de la spécialité de la fonction même. C'est ainsi que nous trouvons, d'un côté: comptabilité publique, comptabilité commerciale, comptabilité des institutions coopératives et comptabilité des institutions non-lucratives; d'un autre: teneurs de livres, comptables, vérificateurs, experts.

Les termes qu'on emploie pour désigner les différentes fonctions du domaine comptable ne sont pas définitivement fixés, comme dans la plupart des pays latins. La théorie nous présente le même manque de précision. C'est pourquoi des organisations internationales comme la Confédération Internationale des Travailleurs Intellectuels et la Fédération Internationale des Associations d'Experts, ainsi que le Bureau International du Travail, ont intervenu afin d'en préciser le sens.

En exposant la situation des fonctions exercées par les vérificateurs, conseils, organisateurs et experts en matière comptable, nous avons d'abord tracé les plus anciens vestiges qu'on nous revèlent des documents, montant jusqu'au XIV-e siècle.

La fonction de vérificateur s'est développée en Roumanie surtout comme accessoire à celle de contrôle. La situation structurelle de la vie économique lui a permit à se différencier comme fonction indépendante seulement depuis peu de temps.

La fonction exercée par l'expert comptable, en tant qu'expert, suit un chemin différent.

Le contrôle engendre divers aspects selon l'institution qui l'établit.

Ainsi, le contrôle des finances publiques, du domaine public et de celui sujet au droit privé, appartenant à l'Etat, aux départements et aux communes, comprend trois formes distinctes: le contrôle administratif, le contrôle juridictionnel et le contrôle parlementaire.

Les lois relatives aux entreprises particulières (notamment: le code de commerce, la loi sur l'organisation et la reglementation du commerce de banque, la loi sur le contrôle des cartels, etc.) prévoient chacune le contrôle d'après le but qu'elle poursuivent pour chaque catégorie de ces institutions.

Les lois sur la coopération et sur les syndicats, associations professionnelles, fondations et en général, sur les organisations à but non-lucratif, prévoient de même le contrôle comme opération particularisée d'après le caractère de ces institutions, considérées comme telles.

La vérification y est aussi prévue, mais généralement comme opération accessoire au contrôle, lequel nous le considérons institutionnel, vu le caractère qu'on lui attribue dans les administrations respectives.

On trouve pourtant des exceptions. Ces sont surtout les entreprises privées, lesquelles, ayant apprécié le rôle de la vérification, dans le sens de revision, ont commencé à en avoir recours. Mais, son application n'est pas trop étendue. Nous considérons que dans la structure actuelle de l'organisation des institutions de ce pays, celles-ci représentent le champ le plus propre où la vérification peut se développer en vraie fonction, puisqu'elle s'y organise causalement.

L'expertise comptable suivant une décision judiciaire, est limitée par son but, qui est en rapport avec la nature de la cause qui la détermine. C'est pourquoi elle est considérée comme une mission, reposant sur le caractère technique de la spécialité comptable, mais ayant un but limité par les termes de la délégation qui la met en action. L'obligation de l'expert, de déposer le serment avant d'entreprendre les premiers pas de sa délégation, constitue un des fondements par lesquels l'expertise diffère des autres fonctions du domaine comptable.

En général, pourtant, on donne en Roumanie le nom d'expert-comptable aux comptables qui s'occupent de la vérification et de l'organisation des entreprises ou de leurs services de comptabilité.

Les fonctions ainsi décrites peuvent être exécutées en base d'une convention, d'une disposition légale ou d'une décision, judiciaire. C'est pourquoi elles sont caractérisées comme conventionelles, légales ou judiciaires.

Le cadre légal, du point de vue professionnel, de ceux qui s'occupent de l'exercise des différentes fonctions du domaine comptable que nous venons de décrire, est fixé par plusieurs lois, dont les capitales sont: la loi sur l'organisation du Corps des comptables autorisés et experts-comptables, la loi sur l'organisation du Corps des comptables et fonctionnaires coopérateurs, le Statut des Fonctionnaires publics et la loi pour l'organisation de la Haute Cour des Comptes.

Parmi celles-ci, les deux premières s'occupent exclusivement de la réglementation des professionnels de la comptabilité, mais tandis que celle sur les comptables de la coopération a un caractère limité, la loi pour l'organisation du Corps des Comptables Autorisés et Experts Comptables reste la seule loi qui envisage la profession d'un caractère plus général.

En un seul mot, en Roumanie, comme ailleurs, ce sont les conditions du développement général de la société qui créent les différentes fonctions du domaine comptable, ainsi que les possibilités de la formation des professionnels de cette discipline d'ordre technique. Le développement des différentes catégories de professionnels du domaine comptable se trouve en rapport direct avec la législation, laquelle met l'accent plutôt sur l'institution que sur la fonction.

V. Internationaler Prüfungs- und Treuhand-Kongreß
BERLIN · SEPTEMBER 1938
Nationalbericht — National Paper — Rapport National

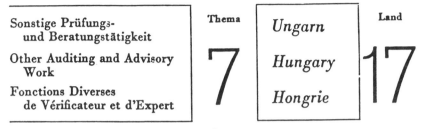

Sonstige Prüfungs- und Beratungstätigkeit	Thema	Ungarn	Land
Other Auditing and Advisory Work	7	Hungary	17
Fonctions Diverses de Vérificateur et d'Expert		Hongrie	

von — by — par
Wirtschaftsprüfer Dr. Alexander Riesz, Budapest.

Bemerkungen zum Thema Nr. 7

Einleitung. In meinem Bericht über die Berufsfragen (Punkt 1) habe ich darauf hingewiesen, daß gegenwärtig in Ungarn weder die Gesetzesbestimmungen, noch die öffentliche Meinung eine fachmäßige Prüfung der Jahresabschlüsse fordern, weshalb die Wirtschaftsprüfer ihre Tätigkeit weniger im Bereich der Abschlußprüfung als auf sonstigen Gebieten der Buchprüfung ausüben. Infolgedessen werde ich in den folgenden Ausführungen diese letzteren Gebiete behandeln, ausgenommen jedoch jene, die — im Sinne des Arbeitsprogramms des Kongresses — besonderen Vorträgen vorbehalten sind. Es sei vorweg bemerkt, daß auf den zu behandelnden Gebieten auch solche Personen sich betätigen, die keine diplomierten Buchprüfer sind.

Diese Arbeitsgebiete betreffen: 1. Interessenvertretungen, 2. Vermögensverwaltungen, 3. Kartelle, 4. strittige Buchprüfungsfragen, die in Prozessen oder im außergerichtlichen Verfahren zu lösen sind, und 5. Organisationsberatungen.

1. Berufliche Tätigkeit bei Interessenvertretungen. Bei den Interessenvertretungen sind es die Vertretungen der Gläubigerinteressen, die eine Mitwirkung der Buchprüfer keinesfalls entbehren können. Diese Interessenvertretungen, deren Zweck einerseits die sogenannte Auskunfterteilung, andererseits das Zustandebringen eines Ausgleichs im Insolvenzfalle ist, können die an sie gestellten Anforderungen ohne Prüfung des Status des in Rede stehenden Unternehmens nicht erfüllen. Demgemäß werden in Ungarn die Buchprüfer häufig durch die verschiedenen Gläubigervereinigungen herangezogen. Diese Tätigkeit hat oft Dauer-Charakter, indem der Buchprüfer gegen ein festes Gehalt ständig angestellt wird, sie erfolgt aber auch fallweise, wo es sich bloß um einen für eine bestimmte Angelegenheit erteilten Auftrag handelt. Schließlich kommt es auch vor, daß zwischen Interessenwahrung und Buchprüfung eine ständige Verbindung besteht, ohne daß ein Dienstverhältnis vorliegt.

Die Tätigkeit der in Insolvenzfällen tätigen Buchprüfer, wurde durch die Regierungsverordnung Nr. 1410/1926 M. E. über das Zwangsausgleichsverfahren außerhalb des Konkurses wesentlich gefördert. Es wurde nämlich angeordnet, daß in jeder Zwangsvergleichsangelegenheit, sofern es sich um die Insolvenz eines Kaufmanns oder Gewerbetreibenden handelt, das Zustandebringen eines Privatausgleichs versucht werden muß, und daß ferner diese Aufgabe in der Regel durch den Landesgläubigerschutzverein (OHE), d. h. die Spitzenorganisation der verschiedenen Gläubigervereine durchzuführen ist. Diese Verfügung hat in der Praxis dahin geführt, daß der Ausgang des Zwangsausgleichsverfahrens, sofern es sich um Kaufleute oder Gewerbetreibende handelt, fast ausschließlich von dem Erfolg des vorerwähnten privaten Ausgleichversuches abhängt, und die Rolle der Gerichtsbehörde sich sozusagen auf die Prüfung der Formalitäten beschränkt. Der Erfolg des Ausgleichsversuches wird aber durch den Inhalt des Buchprüferberichtes entscheidend beeinflußt; dadurch wird die Nachprüfung zur wichtigsten Grundlage des Ausgleichverfahrens.

Auf diese Weise hat die OHE, die heute ausschließlich beeidete Buchprüfer heranzieht, die Sache der fachgemäßen Wirtschaftsprüfung wesentlich gefördert.

2. Vermögensverwaltungen. Da Ungarn ein kapitalarmes Land ist, kommt es ziemlich selten vor, daß mündige und über ein größeres Vermögen verfügende Personen die Verwaltung ihres Vermögens einem anderen anvertrauen. Die in sonstigen Ländern bekannten Treuhandgesellschaften, die sich mit der Verwaltung fremder Vermögen befassen, haben sich daher in Ungarn nicht verbreiten können. Demgegenüber steht aber fest, daß zahlreiche Stiftungs- und Vereinigungsvermögen vorhanden sind, deren Verwaltung eine fachgemäße Buchprüfung erfordern würde. In Ermangelung entsprechender Rechtsnormen ist jedoch dieses Arbeitsfeld den Wirtschaftsprüfern noch nicht zugänglich.

3. Berufliche Tätigkeit bei Kartellen. Da Ungarns Industrie sich insbesondere während der vergangenen zwei Jahrzehnte entwickelt hat, haben sich auch die meisten Kartelle zu gleicher Zeit gebildet. Bald trat nun die Forderung zutage, die Kartellmitglieder hinsichtlich der Einhaltung der Kartellvereinbarungen einer Kontrolle zu unterziehen, eine Aufgabe, die selbstverständlich durch beeidete Wirtschaftsprüfer am besten gelöst werden kann. In der Tat haben zahlreiche Kartellverträge in diesem Sinne die Bestellung beeideter Wirtschaftsprüfer vorgesehen.

Es gibt aber auch manche Kartellvereinigungen, die auf Wahrung der Geschäftsgeheimnisse und Ernst der Kontrolle weniger Gewicht legen, und die ständige Prüfung ihrer Mitglieder den Angestellten des Kartellbüros oder einer durch einen Konzern gegründeten Prüfungsanstalt übertragen. Selbstverständlich gestaltet sich die Prüfung auf diese Weise wohlfeiler, aber auch in vielen Fällen bürokratisch.

4. Gerichtliche und außergerichtliche Prüfungstätigkeit. Das Amt der gerichtlichen Buchsachverständigen bildet eines der wichtigsten Arbeitsfelder der ungarischen Wirtschaftsprüfer. Aber auch auf diesem Gebiet besteht die Notwendigkeit einer Reform. Die Zahl der an den Budapester Gerichtshöfen ernannten Buchsachverständigen ist übermäßig hoch, gegen 100, von denen ungefähr 20 v. H. nicht einmal das Diplom eines beeideten Buchprüfers besitzen. Die selbstverständliche Folge ist nun die, daß ein großer Teil der ernannten Sachverständigen Jahre hindurch nicht beschäftigt wird. Der Justizminister hat bereits begonnen, diesem Übelstand ein Ende zu bereiten, indem er durch Verordnung Nr. 100/1936 angeordnet hat, daß an den Strafgerichtsbehörden in Zukunft nur beeidete Buchprüfer als Sachverständige ernannt werden, daß ferner die Zahl der Gerichtssachverständigen überall dem Umfang der zu erledigenden Aufträge angepaßt werden müsse. In einem ähnlichen Sinne dürfte der Justizminister demnächst auch für die Zivilgerichtsbehörden verfügen.

Die unmittelbar bevorstehende Reform des Aktienrechts ist insbesondere berufen, den Wirtschaftsprüfern neue und weit gesteckte Arbeitsfelder zu erschließen.

Die Tätigkeit der Buchprüfer in außergerichtlichen Angelegenheiten bezieht sich insbesondere auf die Auflösung und Liquidierung von Gelegenheits- und sonstigen Vereinigungen; hier hat sich die Verwendung beeideter Wirtschaftsprüfer bereits ziemlich eingebürgert.

5. Organisationsberatungen. Seitdem die Institution der beeideten Buchprüfer allgemein bekanntgeworden ist, werden diese öfters berufen, um als Beratungsorgane bei der Organisierung neugegründeter Betriebe, sowie bei der Umorganisierung der Verwaltung und Buchführung bestehender Unternehmen mitzuwirken. Der Umstand jedoch, daß die beeideten Wirtschaftsprüfer sich jeder Werbetätigkeit zu enthalten haben, führt dazu, daß sogenannte Organisatoren und Organisationsanstalten, welche weder eine Befähigung nachweisen können noch einer Disziplinarbehörde unterstellt sind, durch ihre hemmungslose Werbung gerade auf diesem Betätigungsfeld den beeideten Buchprüfern die größte — mitunter auch unzulässige — Konkurrenz bereiten.

Preußische Druckerei- und Verlags-A.-G. Berlin

Grundsätze der Kalkulation
und
Öffentliche Preiskontrolle

Principii del Calcolo Commerciale e Controllo Ufficiale dei Prezzi

**Methods of Computing Cost
and Control of Prices by Public Authorities**

**Principes du Calcul Commercial et Influence Gouvernementale
sur les Prix**

Inhaltsverzeichnis

Fachliche Einführung

Mit dem Fachgegenstand 8 hat der Kongreß eine Frage herausgestellt, die gegenwärtig in aller Welt besondere Bedeutung besitzt. Es ist von erheblicher praktischer Bedeutung, nicht nur die Gebiete kennenzulernen, auf denen sich die öffentliche Preiskontrolle betätigt, sondern auch die Methoden, deren sie sich bedient, und den Anteil, den der Wirtschaftsprüferberuf bei der Durchführung hat.

Am schwierigsten gestaltet sich die öffentliche Preisfestsetzung, weil hiermit ein Teil der wirtschaftlichen Funktionen an behördliche oder ähnliche Stellen übergeht; dabei treten zugleich die Probleme der Kostenanrechnung besonders stark hervor. Weit häufiger finden sich Einwirkungen anderer Art, und zwar Einwirkungen auf überhöhte Preise, Maßnahmen zur Herbeiführung auskömmlicher Preise oder zur Aufrechterhaltung einer bestehenden Preishöhe.

Auch der Umfang der Wirtschaftszweige, auf die sich die behördlichen Maßnahmen richten, ist in den einzelnen Ländern recht verschieden. Ein besonders großes Anwendungsgebiet bieten die Unternehmungen mit Monopolcharakter und die Landwirtschaft.

Von Interesse sind schließlich die Methoden, mit denen eine öffentliche Preiskontrolle durchgeführt wird. Teilweise treten, wie auch der Generalbericht erkennen läßt, die Fragen betriebswirtschaftlicher Kalkulation zurück zugunsten umfassender Vorkehrungen auf dem Gebiete der Währungs- und Zollpolitik, der Ein- und Ausfuhrregelung.

V. Internationaler Prüfungs- und Treuhand-Kongreß
BERLIN · SEPTEMBER 1938

Generalbericht • Relazione Generale General Paper • Rapport Général	Thema
Grundsätze der Kalkulation und Öffentliche Preiskontrolle Principii del Calcolo Commerciale e Controllo Ufficiale dei Prezzi Methods of Computing Cost and Control of Prices by Public Authorities Principes du Calcul Commercial et Influence Gouvernementale sur les Prix	8

von — di — by — par

John F. Forbes, Certified Public Accountant, San Francisco.

Inhalt • Indice • Contents • Contenu

1

● Bei der Ausschreibung für den Kongreß wurden für die Ausarbeitung dieses Themas folgende **Richtlinien** aufgestellt:

Staatliche Preisfestsetzung und Überwachung, Kalkulationsrichtlinien und Kalkulationsprobleme, insbesondere Gemeinkostenverteilung, Berücksichtigung des Beschäftigungsgrades, Kuppelproduktkostenrechnung, Einkaufs- oder Wiederbeschaffungswert, Gewinnzuschlag, Betriebsvergleich und Kennziffern. In diesem Vortrag sollen neben den grundsätzlichen kostentheoretischen und preispolitischen Fragen die praktischen Erfahrungen der einzelnen Länder bei der Durchführung öffentlicher Preiskontrollen dargelegt werden.

● Indicendo il Congresso, vennero stabilite, per la trattazione di questo tema, le seguenti **direttive**:

Determinazione e controllo dei prezzi da parte dello Stato, norme e problemi del calcolo dei prezzi, in ispecie ripartizione delle spese comuni, considerazione dell'intensità di lavoro, calcolo dei prezzi della produzione combinata, prezzo d'acquisto o di sostituzione, margine di profitto, confronti fra aziende e numeri indici. In questa relazione verrano esposte, oltre ai problemi generali fondamentali della teoria dei prezzi di costo e della politica dei prezzi di vendita, le esperienze pratiche dei vari Paesi in quanto al controllo dei prezzi da parte delle autorità.

● In setting up regulations for the Congress the following **rules** were given for the preparation of this subject:

The fixing and supervision of prices by the Government; general methods of computing cost and the problems arising thereout, in particular the apportionment of overhead, importance of the degree of capacity worked, process costing, purchase or replacement cost, profit margin, comparisons and indices. This paper should set forth, on the one hand, the basic theories of costing and pricing, and on the other hand, the practical experience in various countries of the actual effect of price control by public authorities.

● A la mise au concours de ce sujet pour le Congrès, on a donné les **règles** suivantes concernant la composition:

Détermination et contrôle des prix par les autorités, règles et problèmes relatifs à l'établissement du prix: frais communs, capacité, calculation pour la production combinée, prix d'achat ou prix actuel, pourcentage de profit, comparaisons, index. L'object de ce rapport sera l'étude des principes de la théorie du prix de revient et de la politique du prix de vente, étude qui conduira à une présentation pratique du contrôle des prix par les autorités.

● Der Generalbericht wird an Hand der nachstehend aufgeführten zum V. Internationalen Prüfungs- und Treuhandkongreß eingereichten **Nationalberichte** erstattet:

● La Relazione Generale si basa sulle seguenti **Relazioni Nazionali** presentate al V Congresso Internazionale di Contabilità:

● The General Paper is based on the **National Papers** submitted to the V th International Congress on Accounting as mentioned below:

● Le Rapport Général est établi au moyen des **Rapports Nationaux** présentés au V ème Congrès International de Comptabilité qui figurent ci-après:

Land: Paese: Country: Pays:	Nationalberichterstatter: Relatore Nazionale: National Reporter: Rapporteur National:	Ordnungs- nummer: No d'Ordine: Ordinal Number: No d'Ordre:
Deutschland	Wirtschaftsprüfer Dipl.-Kfm. Dr. Wilhelm Minz, Köln.	8/6
Frankreich	Gaston Commesnil, Expert-Comptable breveté par l'Etat, Maître de Conferences au Conservatoire National des Arts et Métiers, Directeur des revues „Le Commerce" & „L'Organisation", Paris.	8/7
Großbritannien	Sir Harold Howitt, Fellow of the Institute of Chartered Accountants in England and Wales, London.	8/8
Niederlande	Drs. J.A.M.F. Lindner, Mitglied der „Vereeniging van Academisch Gevormde Accountants" und W. C. Koppenberg Jr., Mitglied des „Nederlandsch Instituut van Accountants", Amsterdam.	8/10
Norwegen	Magnus Holm, Staatsautorisierter Revisor, Oslo.	8/11
Ungarn	Ung. Wirtschaftsprüfer Dr. Ernst György, Direktor des Landes-Kreditschutzvereins, Budapest.	8/17
Vereinigte Staaten von Amerika	John F. Forbes, Certified Public Accountant, San Francisco.	8/18

8/0 — Forbes — Vereinigte Staaten von Amerika

Generalbericht — Inhaltsübersicht

Relazione Generale — Indice

General Report — Table of Contents

II. *Government price regulation classified according to immediate beneficiaries*
A. Consumer benefits — B. Producer benefits — C. Benefits to consumer and producer

III. *Specific methods of government price regulation*
A. Price fixing — B. Profit regulation — C. Market bolstering — D. Import restrictions for price controlling purposes — E. Combination and fair trade regulation — F. Subsidy, involving government price regulation — G. Government competition

IV. *Cost bases of government price regulation*
The United States of America — The Netherlands — Great Britain — Norway — Germany — Hungary

Conclusion

Rapport Général — Table des Matières

Introduction

I. *Méthodes principales dans les mesures legislatives et administratives pour contrôler et surveiller les prix, exposées selon les différentes industries*
A. Etablissements d'utilité publique — B. Fabriques, mines, commerce — C. Agriculture

II. *Contrôle et surveillance des prix; mesures gouvernementales, exposées selon leurs immédiats sujets*
A. Mesures pour le bénéfice des consommateurs — B. Mesures pour le bénéfice des producteurs — C. Mesures pour le bénéfice des consommateurs et des producteurs

III. *Mesures spéciales pour contrôler et surveiller les prix*
A. Fixation des prix — B. Uniformisation des calculs au point de vue du profit — C. Réglementation du marché — D. Restrictions de l'importation pour contrôler et surveiller les prix — E. Mesures contre l'abus de la prépondérance économique et contre la concurrence à tout prix — F. Subventions comprenant le contrôle et la surveillance des prix — G. Concurrence du gouvernement même

IV. *Les Frais comme base des mesures gouvernementales*
Les Etats-Unis d'Amérique — Les Pays-Bas — Grande-Bretagne — Norvège — Allemagne — Hongrie

Conclusions

5

General Paper*)

(Text des Generalberichts — Relazione Generale — Rapport Général)

Foreword.

A comparative study of the six national papers on the methods of computing cost and control of prices by public authorities in their respective countries is complicated by several factors. (a) Economic, political, and geographic conditions vary widely among the nations. (b) The methods and aims of price-regulation differ greatly, though not necessarily in close conformity with these national variations. (c) The writers of the several national papers treat their subject from various points of view with resulting differences of scope and emphasis.

Because of the lack of homogeneousness of the data, it was necessary to construct a series of charts illustrating in diagrammatic and outline form the points covered in order to correlate the six papers. The charts were four in number, and showed for each nation: (I) The principal types of price-regulating legislation and administrative machinery classified according to particular industrial groups; (II) Government price-regulation classified according to immediate beneficiaries; (III) Specific methods of government price-regulation; (IV) Cost bases of government price-regulation.

The national papers will be considered under each of these four heads.

I. The principal types of price-regulating legislation and administrative machinery classified according to particular industrial groups.

A. Public utilities.

The United States. Public utility rates in the United States are regulated by Federal and State commissions. The criterion of jurisdiction is, theoretically, the geographical scope of the industry. Interstate activity is under Federal control. Interstate commerce is supervised by State and local agencies. The principal rateregulating bodies are: (a) The (Federal) Interstate Commerce Commission (railroads and rail services, motor busses and trucks, pipe lines, etc.); (b) Federal Power Commission (interstate power); (c) Federal Communications Commission (interstate and foreign wire and wireless communication); (d) State Public Service Commissions (gas, electricity, street, railway, water, heat, telephone, warehousing, etc.); (e) State Insurance Commissioners.

The underlying theory of rate regulation by these bodies is that the utility company is entitled to a fair rate of return on the value of its

---

*) Die deutsche Übersetzung ist abgedruckt auf Seite 19.

properties after deducting operating expenses and provision for depreciation.

Great Britain. Various governmental agencies supervise and adjust public utility rates in Great Britain. Parliament and the Board of Trade dominate the rate-regulating policy. Gas and electric rates (of private companies) are determined by two different systems. (a) The sliding-scale and maximum price system provides that the dividends received vary inversely with the rates charged while maximum prices are related to maximum dividends. (b) The newer "Consumers' Benefit" system operates on much the same plan. Inducement is offered to management to lower its prices by establishing a basic standard rate for the product and granting bonuses in the form of increased dividends to companies undercutting the basis price.

Main line railroad rates are based on a 1913 norm. The Railway Rates Tribunal is authorized to adjust annually the rates charged, raising or lowering them according to the year's earnings, to bring them into line with the 1913 standard.

The Railway Rates Tribunal is empowered to review the fares charged by the London Passenger Transport Board. The latter Board has almost a monopoly of London transportation services. In 1933, Parliament passed an Act designed to maintain the efficiency of the Board by requiring it to pay 5% on the common stock until July, 1935, and $5^1/_2\%$ thereafter with the express provision that if the dividend rate is not met for any three consecutive years after June, 1936, the Board must go into a receivership.

The national papers of The Netherlands, Norway, Germany, and Hungary have concerned themselves with other aspects of the price-regulating problem than its application to public utility rates.

B. Manufacturing, mining, and trade.

The United States. The oldest expedient for maintaining domestic prices of commodities produced in the United States is the protective tariff.

Antitrust and fair trade laws administered by the courts, the Federal Trade Commission, and various State and local authorities attempt to promote equity in business relations. These laws, both Federal and State, seek to protect the consumer or any other interested party from exploitation by combinations in restraint of trade or tending toward monopoly and unfair business practices, such as price or other discrimination.

The method proposed by the trust laws is to prevent the formation of large industrial combinations capable of attaining monopoly or near-monopoly positions. The theory and reasoning underlying antitrust legislation differs markedly from that which has led to the creation of cartels and trusts under government auspices in European countries.

Special legislation has been enacted to stabilize or increase prices of certain mineral products. Silver has been the object of governmental bounty in the form of large purchases ever since its demonetization in 1873. Since 1933 the United States Treasury has been artificially forcing up the price of gold in an attempt to raise the general price level within the country. More recently, bituminous coal has been brought under a Federal Commission with authority to fix minimum prices in stipulated price and production areas.

The Netherlands. As a result of world-wide monetary disturbances and increased tariff barriers, Dutch industry found itself in a very precarious position at the end of 1931. The domestic market was flooded with imports from countries with depreciated currencies and the export markets were closed. Accordingly, the government acted to protect domestic industries by reserving the greater part of the home market for them.

Special import duties were levied and an import quota system imposed. Under the import quota system the Ministry of Economic Affairs worked out a table of maximum imports for certain commodities (summarized in the Appendix to the Netherlands paper). The prices of the protected commodities are kept under close observation and measures taken to prevent unwarranted increases. Cost studies have been employed in the difficult problem of determining just prices. In the Netherlands proper the authorities have moved to modify prices that were out of line as individual cases have arisen. In the Netherlands East Indies, however, the government directly intervenes and fixes maximum prices for quota protected articles.

Great Britain. British industry sets its own prices, though in the case of certain products these prices are reached after consultation with governmental representatives or are subsequently subject to governmental review.

Domestic producers of specified products are protected by a tariff.

Iron and steel prices are regulated by the trade functioning through the central organ of the local trade associations, the British Iron & Steel Federation. These prices are determined in collaboration with the Import Duties Advisory Committee which seeks to establish prices beneficial to British industry as a whole.

The government is in the process of nationalizing the British coal industry. Meanwhile, prices are fixed by the coal owners working with the Committee of Investigation, a government appointed consumer's board.

Norway. Business enterprise in Norway is governed by the Trust Law of 1926, which provides, among other things, that unreasonably high or low prices may not be charged; that free competition may not be restrained unduly; and that certain unfair business practices, such as discrimination, are illegal. The administration of this broad Act is vested in a control commission appointed by the King which functions through a permanent control bureau. The control organization is given wide investigative and supervisory powers, particularly over cartels and trade associations, and is authorized to fix maximum profits and maximum and minimum prices.

Industry establishes its own prices. If these prices appear unreasonable to the control authority an investigation is made and the prices sustained or modified according to the findings of the authority. The control bureau is concerned particularly with the prices and business methods of large cartels whose policies are capable of influencing the market to a considerable degree.

Germany. Germany inaugurated her program of governmental price regulation during the World War and has conducted it on a more extensive scale than any of the six nations under discussion. When the Four Year Plan was inaugurated in October, 1936, existing price supervisory machinery was consolidated in the hands of a Price Commissioner with broad administrative and judicial powers. Shortly afterwards a law was passed forbidding price increases without government approval. Other legislation provided rules for particular industries. The result has been that all commodity prices in Germany are subject to government regulation through local price-making and price-supervising authorities coordinated by the Price Commissioner.

The precise methods of price determination vary with the industry considered. In general, maximum prices are determined on a cost basis (cf. IV, infra). Price cutting and subcost sales were made illegal by the Competition Act of December, 1934.

C. Agriculture.

The United States. The Agricultural Adjustment Act of 1938 gives the Secretary of Agriculture authority to limit the growing acreage, stipulate marketing quotas, and guarantee returns for producers of wheat, corn, rice, cotton, and tobacco who are willing to sign allotment agreements with the government. The stated purpose of the Act is to raise the purchasing power of the five crops to the 1909—1914 level.

Individual states have crop restricting laws of their own to regulate local conditions.

A number of states fix minimum prices for fluid milk through local milk boards.

The Netherlands. The Dutch government endeavors to guarantee minimum returns to agricultural producers of all the principal crops. Governmental agencies after collaboration with farmers' organizations determine a "guiding price" on a cost basis for each product. Measures are then taken (cf. III, infra) to make up to the farmer the difference between the world market price and the domestic guiding price.

Great Britain. Under the Agricultural Marketing Acts of 1931 and 1933 agricultural producers were encouraged to form Boards for each commodity to draw up schemes for marketing farm produce in order to stabilize farm incomes. After the acceptance of a Marketing Scheme by the producers and Parliament, its price schedules and regulations became legally binding and the Board of Trade was empowered to further the aims of the Scheme by controlling imports of the commodity in question. Schemes were devised to regulate the distribution of hops, swine, and bacon, milk, and potatoes.

Special legislation provided for direct subsidy payments to producers of wheat, livestock, milk, and sugar upon compliance with specified quantity or cost regulations.

Norway. Agricultural prices in Norway are regulated for the most part by the farmers themselves through growers' associations acting in cooperation with the government. The government supervises agriculture and directly intervenes to regulate prices when it deems necessary as in the case of equalizing milk prices in various parts of the country. Flour prices are fixed by the state monopoly to include a premium for aiding the grain producers.

The price control board does not interfere with prices approved by the agricultural authorities for the benefit of the farmer.

Discussion of the problem of agricultural price regulation is intentionally omitted from the German national paper as indicated in the preface to that paper.

Hungary. The Hungarian government seeks to maintain the price level of certain leading agricultural commodities (e. g., paprika) by providing for the purchase of the entire domestic output by a government regulated cooperative organization. This cooperative sells the product locally at a premium which is used to pay export bounties. Thus the effects of overproduction are minimized.

In the case of milk for consumption in Budapest, the government controls the price paid to the producer and the retail price to the consumer.

II. Government price regulation classified according to immediate beneficiaries.

Presumably, government price regulation is intended to promote the "general welfare" of the nation. Just what the "general welfare" is and how it is to be benefited is obviously not easy to determine. I certainly do not intend to indulge in philosophical speculation on such matters as "the greatest good for the greatest number", but it should be pointed out in passing that there is grave danger lest governments confuse the "general welfare" with the *special* welfare of the most politically articulate of the population.

A. Consumer benefits.

The United States. The control of public utilities by state public service commissions and the Federal Communications Commission is undertaken largely in the interest of the consumer. The monopolistic nature of the public utility business is such that a preponderance of bargaining strength is thought to rest with the utility company.

Government competition with private industry, e. g., in the production and distribution of electricity in regions where private companies have already been established, is allegedly in the consumers' interest. What is gained by the consumer in the local competitive area, however, is very apt to be paid for by the taxpayers in a larger area who must contribute taxes to support the government-operated power system.

Great Britain. Gas and electricity rate schemes restrict the charges which private companies can make and thus benefit the consumer.

The Committee of Investigation is charged with looking after the consumers' interest in the determination of coal prices by coal owners.

Norway. The Norwegian industrial price control policy is an attempt to prevent overcharging and excessive profit.

Germany. German control of industrial prices with restriction of profits seeks to safeguard the consumer from excessive prices and sudden or acute price increases.

Hungary. Milk-price regulation is intended to guarantee a low price for that product in the city of Budapest.

B. Producer benefits.

The United States. The protective tariff, the gold and silver purchases, the Agricultural Adjustment Act, the State milk control laws, and the modification of the fair trade laws to admit of retail price maintenance and forbid subcost sales are producer-favoring measures. The relief to the bituminous coal industry falls in this category, though it was enacted primarily in the interest of mining labor.

11

The Netherlands. The Dutch laws reserving the home market to the domestic agricultural and industrial producer and protecting him from the vicissitudes of foreign exchange and tariff policies have the benefit of the producer their stated object.

Great Britain. The protective tariff and the series of agricultural marketing "Schemes" are producer-benefit measures.

Norway. Norwegian agricultural regulation is undertaken by the government particularly in the interest of the farmer.

There are provisions in the trust law to prevent cutthroat competition through excessively low prices.

Germany. The competition and antiprice-cutting laws are to protect business from ruinous competition.

Hungary. The intended beneficiaries of Hungarian paprika marketing legislation are the farmers.

C. Benefits to consumer and producer.

The United States. The Interstate Commerce Commission and the enforcement agencies of the antitrust and fair trade laws seek to maintain a balance between consumer and producer interests.

Great Britain. Railroad unification and rate control on a 1913 base is an attempt to prevent excessively high rates on one hand and unduly low returns on the other.

Norway. The cartel regulation and fair trade aspects of the Norwegian law may be classed as consumer and producer safeguards.

In the foregoing section the several types of price control legislation have been catalogued briefly according to the immediate beneficiaries as indicated in the six national papers. The oversimplified statement of the case is a deliberate attempt to provoke clarifying discussion at the sessions of the Congress. In these brief papers it has not been possible to treat in detail of the working out and practical application of the laws. Where I have misinterpreted the national papers in regard to the aims and effects of the measures under discussion it is conceivabe that others may have been similarly misled. These matters can best be explained in open meeting.

III. Specific methods of government price regulation.

A. Price fixing.

1. *Absolute prices*
   United States: Interstate Commerce Commission may fix.
   Germany: Price Commissioner may fix.
   Hungary: Applied to milk prices (a) paid to producer, (b) paid by consumers in Budapest.

2. *Maximum prices*

United States: Public utility regulation by commissions.

The Netherlands: Applied to protected articles in the Dutch East Indies.

Norway: Applied by price control authorities.

Germany: Fundamental authority of Price Commissioner.

3. *Minimum prices*

United States: State milk control laws. Bituminous coal Act. Public utility regulation by commissions.

The Netherlands: Fundamental agricultural policy.

Norway: Applied by price control authorities.

Germany: May be applied by Price Commissioner.

Hungary: Applied to agriculture (paprika).

4. *Self pricing by industry with governement approval*

Great Britain: Fundamental policy in agriculture, iron, steel, and coal.

Norway: Agricultural and cartel policy.

5. *Price adjusting according to the special case*

The Netherlands: Applied to protected commodities.

Norway: Fundamental price practice.

Germany: May be applied by Price Commissioner.

B. Profit regulation.

1. *Fixed percentage return on value of property*

United States: Basis of public utility rate theory.

Great Britain: London Passenger Transport must earn given return or fail.

2. *Profit made inverse to rates charged*

Great Britain: Gas and electricity rate principle.

3. *Charges to consumer based on standard net return to company*

Great Britain: Main line railways principle.

4. *Absolute profit limitation*

Norway: May be applied by price control authorities.

C. Market bolstering.

1. *Production restriction*

United States: Agricultural Adjustment Act. Bituminous Coal Act.

The Netherlands: Agricultural policy.

2. *Government purchases above world market price*

United States: Gold and silver policy. AAA crop "loans".

The Netherlands: Agricultural policy.

Hungary: Applied to agriculture (paprika).

13

D. Import restrictions for price controlling purposes.

1. *Import prohibitions and quotas*
   The Netherlands: Applied to protected articles seeking to enter The Netherlands and the Dutch East Indies.
   Great Britain: Bacon pigs, hops, potatoes under quotas.
2. *Import price fixing*
   Norway: May be applied by price control authorities.
   Germany: May be applied by import board.
3. *Protective tariff*
   United States: Traditional policy.
   The Netherlands: Agricultural and industrial policy.
   Great Britain: Iron and steel, livestock, etc.

E. Combination and fair trade regulation.

1. *Antitrust laws*
   United States: Illegal to monopolize, restrain trade.
2. *Competition-fostering regulations*
   United States: Antitrust laws.
   Norway: Applied by the price control authorities.
3. *Fair trade regulations*
   United States: Discrimination, etc. illegal.
   Norway: Fundamental policy.
   Germany: Anti-price-cutting laws, etc.

F. Subsidy, involving government price regulation.

The Netherlands: To make up difference between "guiding price" and world market price of agricultural products.
Great Britain: Livestock, milk, sugar, wheat.
Norway: Agricultural products.
Hungary: Paid to exporters to make up difference between price paid and price received for paprika.

G. Government competition.

United States: Tennessee Valley Authority.

IV. Cost bases of government price regulation.

Mention has already been made of the lack of homogeneousness of the contents of the six national papers entitled "Methods of Computing Cost and Control of Prices by Public Authorities" and the consequent impossibility of precise point by point comparison. This condition obtains particularly in the treatment of the "methods of computing cost".

In five of the papers, a brief discussion of cost computation and the extent to which cost bases are used in controlling prices is more or less incidental to a consideration of types of price control legislation and administration. Only in one paper is the topic considered strictly as it was assigned: The national paper on Germany makes a comprehensive analysis of the practical application of scientific costing principles to the control of industrial prices by the German authorities. An explanation for this difference in treatment is found in the German economic system itself. In Germany, more than any other country considered, industrial prices are regulated by the government and particular emphasis is laid on cost bases for those prices.

The industrial section of the national paper on The Netherlands gives a more general picture of the cost-pricing problem and points out difficulties in administration to be encountered by an authority attempting to regulate prices on a cost basis.

The United States. Rates based on accurately determined costs of production are the professed aim of Federal and State public utility commissions. The doctrine of a fair return on the value of the properties after deducting operating expenses and provision for depreciation is fundamental to American public utility regulation theory. It has already been observed that the problems of what constitutes a "fair return" and a readily acceptable evaluation of properties have continued to vex the interested parties ever since the enunciation of the principle.

The efforts of the Tariff Commission to equalize domestic and foreign production costs show another aspect of the recognition by the government of the significance of cost determination.

Minimum prices of bituminous coal fixed by the Bituminous Coal Commission for the different grades and sizes of coal are based on a complex calculation of weighted averages of production costs of mines in the several production zones.

State and local fluid milk prices set by milk boards are determined with reference to local costs of production.

The states which have passed laws forbidding sub-cost sales have incurred their own peculiar cost problems.

The Netherlands. Price control in The Netherlands for agricultural and industrial products is on a cost basis.

In the case of agriculture, the policy of the government has been to determine the "essential cost of production" for specific products and thereby calculating a "guiding price" which the government undertakes to guarantee to the producer. Dutch agriculture has been at a disadvantage in competition with other countries with depreciated currencies, etc., so the difference between the competitive world market price and the domestic guiding price has had to be met by various means.

Certain industrial products are protected from foreign competition in The Netherlands and the Dutch East Indies by a system of import quotas. In the East Indies the protection is carried farther and includes maximum price-fixing. In the administration of both of these relief measures, cost determination is necessary. It is assumed that relief is temporary. Between the granting of a return which will barely cover variable costs and a return which will cover depreciation, interest and even a margin of profit lie many gradations.

The criterion of what costs of production are to be included in the prices permitted by the authorities is the proposed duration of the relief.

Great Britain. Production costs are a factor in the fixing of gas rates though it is not clear what part they play in the establishment of the "basis price" for that commodity, or what relation they bear to competition and public opinion in the price to the ultimate consumer.

The sale of electric power by generating concerns to distributors in the London area is on a cost basis. The basic dividend granted the producers is 7% on the Ordinary Capital.

While the prices of coal are largely fixed by the producers, a check is put upon excessive charges by the government Committee of Investigation. This body relies on production costs as a yardstick in determining whether consumers' complaints of specific prices are justified or not.

As in the case of Dutch agriculture, British aid to livestock breeders, wheat, and sugar producers takes the form of measures to equalize the domestic costs of production and the foreign costs.

The government sanctioned Hops Scheme provides for the sale of hops to brewers at a price intended to represent cost of production plus a fair profit.

Norway. Price control by the Norwegian authorities differs from that of the other countries in its flexibility. The Commission is empowered to take appropriate measures to maintain fair prices. The criterion of "fairness" is not defined by the law. The courts have declared that a fair price is the market price in a state of free competition. This leaves the price control authorities with vast discretionary powers. The function of the board is to prescribe prices that are fair to the consumer and fair to the producer. We are told that the board may require extensive accounting data from private concerns. We also learn that excessive profits are considered evidence of excessive charges. Apparently, then, cost of production as a basis for price regulation is implicit in the Norwegian system.

Germany. The fundamental policy of industrial price regulation in Germany, as already stated, is to protect the ultimate consumer from excessive prices and abrupt price increases. To carry out this policy a system of strict price control largely on a cost basis has been developed. The details vary between industries but in general an initial base price is calculated from production cost data obtained for a given base period. The period varies with the commodity.

Price increases are permitted by the authorities in response to increases in the cost of production of the given article. In this connection, if the cost increase is occasioned by a rise in the prices of the necessary raw materials, the producer may increase his price by the amount of the raw material price increase. He may not, however, increase his price still further by applying his original percentage mark-up to the higher purchase price of raw materials. Advantage gained from lowered unit costs through increased utilized capacity must be shared with the consumer.

Just which costs are recognized as necessary costs of production to be covered by the price granted varies with the industry. The general policy is to keep these items to a strict minimum.

The monumental task of disseminating cost accounting information and providing uniform systems of accounts within specific industries is undertaken in certain lines of business by trade associations or cost cartels.

The degree to which the permitted price follows the cost price varies between industries. In the shoe manufacture, for example, every "line" must bear its proper share of the cost of production.

Hungary. It is not clear to what extent production costs are used to determine the price at which milk is bought from dairymen. However, processing and distributing costs are carefully considered in fixing the price paid by the ultimate consumer of milk in Budapest.

Conclusion.

It would be extremely gratifying if we could conclude by stating that we had indicated all the ways in which the governments of the countries under consideration have attempted to control prices and compared those methods *and their relative success in practice.* Implicit in such a statement would be the fact that we had obtained full information concerning the role played by accounting costs in government price fixing, and further, had shown how those costs were arrived at.

Actually we have only the very remotest introduction to such a study. What we have been able to assemble from the national papers is a series of statements of various aspects of the general problem. These statements have been summarized for each country and placed side by side in an orderly sequence. The gaps in the data are so great as to make comparisons between nations of little value. The cost accounting problem, so prominent in the topic as assigned, is relegated to a position of minor importance in the majority of the papers, largely, though not entirely, in conformity with local conditions.

It is regrettable that we are unable to comment as to the success or failure of the specific price regulatory measures in their respective countries, but since this would involve knowledge not only of their experiences and progress as well, we must forego such comment until these measures have achieved greater permanence than now obtains, for there is no question but that as technical problems they are assuming greater importance almost daily in our world economic life.

Text des Generalberichts:

Vorwort

Ein Vergleich der sechs Länderberichte über „Grundsätze der Kalkulation und öffentliche Preiskontrolle" in den betreffenden Ländern wird durch verschiedene Umstände erschwert:

a) die wirtschaftlichen, politischen und geographischen Bedingungen der einzelnen Länder sind sehr verschieden;

b) auch die Methoden und Ziele der Preisregelung weichen stark voneinander ab, wenn auch nicht unbedingt in der Richtung der unter a) genannten nationalen Unterschiede;

c) die Verfasser der Länderberichte behandeln den Gegenstand von verschiedenen Gesichtspunkten aus; daraus ergeben sich Unterschiede hinsichtlich des Rahmens ihrer Ausführungen und der Punkte, auf die sie Gewicht legen.

Bei der Uneinheitlichkeit der Daten war es erforderlich, eine Reihe Tafeln anzufertigen, die im Flächen- oder Liniendiagramm diejenigen Punkte darstellen, die einen Vergleich zwischen den sechs Länderberichten ermöglichen. Die Zahl der Tafeln war vier. Sie wiesen für jedes Land auf:

I. Die Haupttypen der preisregelnden Maßnahmen in Gesetzgebung und Verwaltung, geordnet nach Gewerbezweigen;

II. die Staatliche Preisregelung, geordnet nach den unmittelbar Begünstigten;

III. die einzelnen Arten der Preisregelung;

IV. die Kostenbasis der staatlichen Preisregelung.

Die Länderberichte werden unter jedem dieser vier Gesichtspunkte betrachtet.

I. Die Haupttypen der preisregelnden Maßnahmen in Gesetzgebung und Verwaltung, geordnet nach Gewerbezweigen.

A. Gemeinwirtschaftliche Unternehmungen (Public Utilities).

U. S. A. Die Tarife der Versorgungs- und Verkehrsbetriebe werden in den Vereinigten Staaten durch Bundes- und Staatsausschüsse geregelt. Über die Zuständigkeit entscheidet theoretisch das geographische Betätigungsfeld des Unternehmens: Geht die Betätigung über das Gebiet eines Bundesstaates hinaus, so unterliegt das Unternehmen der Bundesaufsicht; erstreckt sie sich dagegen nur auf das Gebiet eines Bundesstaates, so erfolgt die Überwachung durch den betreffenden Staat oder seine örtlichen Organe. Die wichtigsten Organe für die Tariffestsetzung sind die folgenden:

a) der Bundesverkehrsausschuß (Eisenbahn, sonstige Beförderung auf Schienen, Omnibusse, Lastwagen, Rohrleitungen, usw.);

b) Bundesausschuß für Energiewirtschaft (Überlandzentralen);

2*

19

c) Bundesausschuß für Fernsprech- und Telegraphenwesen (Fernsprech- und Telegraphen-Fernverkehr, Kabel- und Funkverkehr);

d) staatliche Ausschüsse für Versorgungsbetriebe (Gas, Elektrizität, Straßenbahn, Wasserversorgung, Wärmewirtschaft, Fernsprechverkehr, Lagerhäuser, usw.);

e) Staatskommissare für Versicherungswesen.

Der Grundgedanke der Tarifregelung durch diese Organe ist der, daß das gemeinwirtschaftliche Unternehmen Anspruch auf eine angemessene Verzinsung des Wertes seiner Anlagen hat nach Abzug der Unkosten und Absetzung der Wertminderung.

Großbritannien. Verschiedene Regierungsorgane überwachen und regeln in Großbritannien die Tarife der Versorgungs- und Verkehrsunternehmungen. Parlament und Handelsministerium sind die oberste Instanz. Die Tarife der privaten Gas- und Elektrizitätswerke werden nach zwei verschiedenen Systemen bemessen.

a) Das System der beweglichen Preisskala und des Höchstpreises sieht vor, daß die bezogenen Dividenden im umgekehrten Verhältnis zu den berechneten Tarifen stehen, während Höchstpreise mit Höchstdividenden verkoppelt sind.

b) Das neuere System zum Nutzen des Abnehmers arbeitet im wesentlichen nach gleichem Plan. Der Verwaltung wird ein Anreiz geboten, die Preise zu senken, indem man einen Grundpreis für das Erzeugnis festlegt und einen Bonus in Form von erhöhten Dividenden solchen Gesellschaften bewilligt, die unter dem Grundpreis bleiben.

Die Tarife für die Haupteisenbahnen basieren auf einer Norm von 1913. Der Tarif-Gerichtshof kann alljährlich die Tarife neu bemessen und sie je nach dem Jahresergebnis erhöhen oder senken, um sie dem Stand von 1913 anzupassen.

Der Tarif-Gerichtshof hat das Recht, die von dem Londoner Ausschuß für Personenverkehr berechneten Tarife zu überprüfen. Der letztere Ausschuß hat fast ein Monopol für die Londoner Personenbeförderung. 1933 erließ das Parlament einen Beschluß, der die Leistungsfähigkeit des Ausschusses fördern sollte. Es wurde verlangt, daß der Ausschuß auf das Gesamtkapital bis Juli 1935 5 v. H. und von da ab 5½ v. H. Dividende erwirtschaften sollte, mit der Maßgabe, daß Zwangsverwaltung angeordnet werden würde, wenn der Dividendensatz für drei aufeinanderfolgende Jahre nach dem Juni 1936 nicht eingehalten werden sollte.

Die Länderberichte der Niederlande, von Norwegen, Deutschland und Ungarn behandeln die Tarifregelung der Versorgungs- und Verkehrsbetriebe nicht.

B. Fabrikation, Bergbau und Handel.

U. S. A. Das älteste Mittel zur Stützung des Inlandpreises für Waren, die in U. S. A. hergestellt werden, ist der Schutz-Tarif.

Das Antitrust-Gesetz und das „Fair Trade"-Gesetz, die von den Gerichtshöfen, dem Bundeshandelsausschuß und verschiedenen Staats- und Ortsbehörden gehandhabt werden, versuchen, dem Gedanken der Billigkeit im geschäftlichen Verkehr zum Recht zu verhelfen. Diese Gesetzgebung des Bundes und der Einzelstaaten erstrebt den Schutz des Verbrauchers oder jedes sonstigen Interessenten vor Ausbeutung durch Kartelle, die den Handel beschränken oder auf eine Monopolstellung unter Anwendung unfairer Geschäftsmethoden hinzielen, wie unterschiedliche Behandlung in der Preisfrage und ähnlichem.

Die von den erwähnten Gesetzen befolgte Methode ist die, die Bildung großer industrieller Konzerne, die eine Monopol- oder monopolähnliche Stellung einnehmen könnten, zu verhindern. Theorie und Motive der Antitrustgesetzgebung unterscheiden sich wesentlich von den Gedankengängen, die in den europäischen Ländern zur Schaffung von Kartellen und Trusts mit staatlicher Begünstigung geführt haben.

Eine besondere Gesetzgebung diente der Stabilisierung oder Erhöhung der Preise gewisser Erzeugnisse des Bergbaus. Der Silberpreis wurde durch bedeutende Regierungskäufe gestützt seit der Außerkurssetzung des Silbers im Jahre 1873.

Seit 1933 hat das Schatzamt der Vereinigten Staaten künstlich den Goldpreis emporgetrieben und versucht, das allgemeine Preisniveau im Lande dadurch zu heben. Vor kurzem ist bituminöse Kohle einem Bundesausschuß unterstellt worden, der das Recht hat, Mindestpreise auf genau bestimmten Preis- und Erzeugungsgebieten festzusetzen.

Die Niederlande. Infolge von Geldwertstörungen und verstärkten Tarifschranken in der ganzen Welt befand sich die niederländische Industrie Ende 1931 in einer sehr schwierigen Lage. Der einheimische Markt wurde mit Einfuhrgütern aus Ländern mit abgewerteter Währung überschwemmt, und die Ausfuhrmärkte waren verschlossen. Deshalb schritt die Regierung zum Schutze der heimischen Industrie ein und sicherte ihr den größeren Teil des einheimischen Marktes.

Besondere Einfuhrzölle wurden erhoben und ein Einfuhrkontingentsystem eingeführt. Nach diesem System arbeitete das Wirtschaftsministerium ein Höchst-Einfuhrschema für gewisse Erzeugnisse aus (zusammengefaßt in dem Anhang zu dem niederländischen Bericht). Die Preise der geschützten Erzeugnisse werden genauestens beobachtet und Maßnahmen zur Vermeidung ungerechtfertigter Steigerungen getroffen. Das Problem der Festsetzung angemessener Preise erforderte Untersuchungen der Selbstkosten. In den Niederlanden selbst haben die Behörden Schritte zur Senkung unangemessener Preise getan, wenn sich dazu ein besonderer Anlaß bot. In Niederländisch-Ost-Indien dagegen greift die Regierung unmittelbar ein und setzt Höchstpreise für quotengeschützte Artikel fest.

Großbritannien. Die britische Industrie bestimmt grundsätzlich ihre Preise selbst; jedoch werden bei gewissen Erzeugnissen die Preise nach vorheriger Beratung mit Regierungsvertretern festgesetzt, oder sie werden nachträglich von der Regierung geprüft.

Einheimische Hersteller gewisser Erzeugnisse werden durch Zolltarif geschützt.

Eisen- und Stahlpreise werden von der Industrie selbst bestimmt, und zwar über das Zentralorgan der örtlichen Fabrikantenverbände, dem britischen Eisen- und Stahl-Bund. Diese Preise werden im Einvernehmen mit dem Beirat für Einfuhrzölle festgelegt, der Preise anstrebt, die der britischen Industrie in ihrer Gesamtheit Nutzen bringen.

Die Regierung hat begonnen, die britische Kohlenindustrie zu nationalisieren. Mittlerweile werden Preise von den Grubenbesitzern gemeinsam mit einem Untersuchungsausschuß festgesetzt, einer von der Regierung ernannten Vertretung der Verbraucher.

Norwegen. Die geschäftliche Betätigung in Norwegen unterliegt den Bestimmungen des Trustgesetzes von 1926, das u. a. folgendes bestimmt: Es dürfen keine unangemessen hohen oder niedrigen Preise berechnet werden; gewisse unlautere Geschäftsmethoden, wie unterschiedliche Behandlung, sind verboten. Die Durchführung dieser umfassenden Gesetzgebung ruht in den Händen einer vom König ernannten Prüfungskommission, der ein ständiges Prüfungsamt zur Seite steht. Diese Behörden haben ein ausgedehntes Untersuchungs- und Überwachungsrecht, insbesondere auch über Kartelle und Vereinigungen der Fabrikanten; sie können Höchstgewinne sowie Höchst- und Mindestpreise festsetzen.

Die Industrie bestimmt die Preise selbst. Wenn diese Preise aber der Prüfungsstelle unangemessen erscheinen, wird eine Prüfung vorgenommen, und die Preise werden dann je nach dem Befinden der Behörde beibehalten oder abgeändert. Das Prüfungsamt befaßt sich insbesondere mit den Preisen und Geschäftsmethoden großer Kartelle, deren Politik in beträchtlichem Maße den Markt beeinflussen kann.

Deutschland. Deutschland führte sein Programm der behördlichen Preisgestaltung während des Weltkrieges ein und hat es in ausgedehnterem Maße als irgendeines der sechs hier behandelten Länder weiter durchgeführt. Mit der Einführung des Vierjahresplanes im Oktober 1936 wurde der Preisüberwachungsapparat in der Hand eines Preiskommissars zusammengefaßt, der umfassende Verwaltungs- und richterliche Vollmachten besitzt. Kurz danach wurde ein Gesetz erlassen, das Preissteigerungen ohne behördliche Genehmigung verbot. Weitere Gesetze ergingen für einzelne Industriezweige. Das Ergebnis war, daß alle Warenpreise in Deutschland der behördlichen Regelung unterworfen sind, und zwar durch örtliche Preisfestsetzungs- und Preisüberwachungsbehörden, die dem Preiskommissar zugeordnet sind.

Die einzelnen Methoden der Preisbestimmung sind bei den behandelten Industrien recht unterschiedlich. Im allgemeinen werden Höchstpreise auf Selbstkostenbasis festgesetzt (siehe IV, unten). Preisunterbietungen und Verkäufe unter den Selbstkosten sind durch die Wettbewerbsverordnung vom Dezember 1934 verboten.

C. Landwirtschaft.

U. S. A. Das Gesetz zur Regelung der Landwirtschaft von 1938 gibt dem Landwirtschaftsminister die Vollmacht, die Anbaufläche zu beschränken, Marktquoten festzusetzen und denjenigen Erzeugern von Weizen, Mais, Reis, Baumwolle und Tabak Mindesteinkünfte zu sichern, die zum Abschluß von Verträgen mit der Regierung bezüglich der Bebauung bereit sind. Der ausgesprochene Zweck der Akte ist die Hebung der Kaufkraft für die fünf Erzeugnisse auf den Stand von 1909—1914.

Einzelne Staaten haben noch eigene Ernte-Beschränkungsgesetze zur Regelung der örtlichen Verhältnisse erlassen.

Eine Reihe von Staaten setzen Mindestpreise für Milch durch örtliche Milchämter fest.

Die Niederlande. Die niederländische Regierung bemüht sich um die Sicherstellung von Mindestgewinnen für landwirtschaftliche Erzeuger sämtlicher Hauptgewächse. Regierungsorgane legen im Benehmen mit den Vertretern der Landwirte einen „Richtpreis" auf Kostenbasis für jedes Erzeugnis fest. Alsdann werden Maßnahmen getroffen (siehe III, unten), um den Landwirt für den Unterschied zwischen dem Weltmarktpreis und dem einheimischen Richtpreis zu entschädigen.

Großbritannien. Nach den Gesetzen über den Handel mit landwirtschaftlichen Erzeugnissen von 1931 und 1933 wurden die Landwirte aufgefordert, für jedes Erzeugnis einen Ausschuß zu bilden, der zum Zweck der Stabilisierung der landwirtschaftlichen Einkünfte einen Verkaufsplan auszuarbeiten hatte. Wenn dieser Plan von den Erzeugern und dem Parlament gebilligt wurde, so erhielten diese Preisrichtlinien und sonstigen Bestimmungen Gesetzeskraft, und das Handelsamt war ermächtigt, die Ziele des Plans durch Einfuhrkontrolle der betreffenden Waren zu fördern. Es ergingen Vorschriften zur Regelung des Verkaufs von Hopfen, Schweinen, Speck, Milch und Kartoffeln.

Eine besondere Gesetzgebung ordnete die Zahlung direkter Unterstützungen an die Erzeuger von Weizen, lebendem Vieh, Milch und Zucker im Anschluß an eine genaue Regelung der Mengen oder Kosten.

Norwegen. Die Preise der landwirtschaftlichen Erzeugnisse werden meist von den Landwirten selbst durch Organe der Anbauer, die mit der Regierung zusammen arbeiten, geregelt. Die Regierung überwacht die Landwirtschaft und greift direkt in die Preisregelung ein, wo ihr dies erforderlich erscheint, wie im Falle der Angleichung des Milchpreises in den verschiedenen Landesteilen. Mehlpreise werden durch das

23

Staatsmonopol derart festgesetzt, daß sie eine Prämie zugunsten der Kornerzeuger enthalten.

Das Preisprüfungsamt greift nicht bei Preisen ein, die von den Landwirtschaftsbehörden zugunsten der Landwirte genehmigt sind.

Im deutschen Länderbericht wird das Problem der Preisregelung landwirtschaftlicher Erzeugnisse — wie schon im Vorwort dieses Berichts bemerkt — absichtlich nicht behandelt, obwohl gerade auf diesem Gebiet in Deutschland in weitem Umfange eine öffentliche Preiskontrolle gegeben ist.

Ungarn. Die ungarische Regierung sucht das Preisniveau verschiedener führender landwirtschaftlicher Erzeugnisse aufrechtzuerhalten (z. B. Paprika), indem sie den Kauf der gesamten einheimischen Erzeugung durch eine staatlich beaufsichtigte Genossenschaft anordnet. Diese verkauft das Erzeugnis am Ort mit einem Preisaufschlag, der zur Zahlung von Ausfuhrprämien verwendet wird. So werden die Auswirkungen der Übererzeugung auf ein Mindestmaß beschränkt.

Bei Milch, die zum Verbrauch in Budapest bestimmt ist, überwacht die Regierung den Preis, der dem Erzeuger gezahlt wird, sowie den Verkaufspreis an den Verbraucher.

II. Staatliche Preisregelung, geordnet nach den unmittelbar Begünstigten.

Die Preisregelung durch die Regierung soll offenbar die „allgemeine Wohlfahrt" des Landes fördern. Nur ist gerade nicht leicht festzulegen, was diese „allgemeine Wohlfahrt" ist und welchen Nutzen man aus ihr ziehen kann. Ich habe gewiß nicht die Absicht, philosophische Betrachtungen hierüber anzustellen, etwa über den Gedanken, eine möglichst große Zahl von Menschen möglichst glücklich zu machen. Aber man darf doch auch auf die große Gefahr hinweisen, daß die Regierungen hierbei die „allgemeine Wohlfahrt" leicht mit der besonderen Wohlfahrt der politisch am meisten ausgeprägten Bevölkerungsschichten verwechseln könnten.

A. Zugunsten des Verbrauchers:

U.S.A. Die Überwachung der Versorgungs- und Verkehrsbetriebe durch Ausschüsse der Einzelstaaten und durch den Bundesverkehrsausschuß erfolgt weitgehend im Interesse der Verbraucher. Der Monopolcharakter der Betätigung der Public Utilities läßt diese Gesellschaften ohne weiteres als den wirtschaftlich stärkeren Teil erscheinen.

Auch der Wettbewerb der Regierung mit der Privatindustrie, z. B. bei der Erzeugung und dem Verkauf von Elektrizität in solchen Gebieten, wo schon Privatgesellschaften bestehen, dient ausgesprochenermaßen dem Interesse der Verbraucher. Der Nutzen, den der Ver-

24

braucher in einem solchen Wettbewerbsgebiete hat, muß billigerweise von den Steuerzahlern eines größeren Gebietes aufgebracht werden, die mit ihren Steuerleistungen zur Unterhaltung des staatlichen Energiebetriebes beitragen müssen.

Großbritannien. Preisvorschriften für Gas und Elektrizität beschränken die Tarife, die Privatgesellschaften festsetzen können, und kommen so dem Abnehmer zugute.

Ein besonderer Untersuchungsausschuß hat die Aufgabe, die Interessen der Verbraucher bei der Festsetzung von Kohlenpreisen durch die Grubenbesitzer wahrzunehmen.

Norwegen. Die Preisprüfungspolitik bezüglich der norwegischen Industrie sucht zu hohe Berechnung und übermäßigen Gewinn zu verhindern.

Deutschland. Die deutsche Überwachung der Preise industrieller Erzeugnisse unter Beschränkung des Gewinnes will den Verbraucher gegen übermäßige Preise und plötzliche oder akute Preissteigerungen schützen.

Ungarn. Die Regelung des Milchpreises soll einen niedrigen Preis für dieses Erzeugnis in Budapest sichern.

B. Zugunsten des Erzeugers:

U.S.A. Der Schutztarif, die Gold- und Silberkäufe, das Gesetz zur Regelung der Landwirtschaft, die staatlichen Milchkontrollgesetze und die geänderten Bestimmungen der „Fair-Trade"-Gesetze über die Aufrechterhaltung des Kleinverkaufspreises und das Verbot von Verkäufen unter den Selbstkosten sind sämtlich Maßnahmen, die den Erzeuger begünstigen. Auch die Erleichterungen, die dem Bergbau von bituminöser Kohle gewährt wurden, fallen in diese Gruppe, obschon sie ursprünglich im Interesse des Bergarbeiters gedacht waren.

Niederlande. Die niederländischen Gesetze, die den Inland-Markt den heimischen Landwirten und Industriellen reservieren und ihn gegen die Schwankungen fremder Währungen und Zollpolitik schützen, dienen ausgesprochenermaßen dem Nutzen der Erzeuger.

Großbritannien. Der Schutzzoll und die Vorschriften zur Marktregelung landwirtschaftlicher Erzeugnisse sind Maßnahmen zugunsten der Produzenten.

Norwegen. Die Bestimmungen zur Regelung der norwegischen Landwirtschaft wurden von der Regierung insbesondere im Interesse des Landwirtes getroffen.

Das Trustgesetz enthält Vorschriften zur Vermeidung halsabschneiderischen Wettbewerbs durch übermäßig niedrige Preise.

Deutschland. Die Wettbewerbsverordnung und die Vorschriften gegen Preisschleuderei gewähren Sicherheit vor ruinösem Wettbewerb.

25

Ungarn. Die ungarische Gesetzgebung über den Paprika-Handel begünstigt absichtlich den Landwirt.

C. Zugunsten beider Gruppen (des Verbrauchers und des Erzeugers):

U. S. A. Das Bundes-Handels-Amt und die Durchführungsorgane der Antitrust- und Fair-Trade-Gesetze suchen den Ausgleich zwischen den Interessen der Verbraucher und der Erzeuger herzustellen.

Großbritannien. Die Schaffung einer einheitlichen Preisbasis und die Tarifprüfung für die Eisenbahnen auf der Grundlage von 1913 sind ein Versuch, übermäßig hohe Tarife, aber auch unangemessen niedrige Preise zu vermeiden.

Norwegen. Die norwegische Gesetzgebung über die Kartelle und gegen Mißbräuche im Handel kann zur Gruppe der Maßnahmen zählen, die den Verbraucher und den Erzeuger sichern wollen.

Im vorstehenden Abschnitt sind die verschiedenen Typen der Preisprüfungsgesetzgebung kurz dargestellt, und zwar geordnet nach den unmittelbar Begünstigten, wie aus den sechs Länderberichten ersichtlich. Diese allzu einfache Einteilung soll ein wohlbedachter Versuch sein, eine klärende Erörterung auf der Kongreßtagung herbeizuführen. In diesen kurzen Zeilen war es nicht möglich, die Einzelbestimmungen und praktische Anwendung der Gesetze eingehender zu behandeln. Wo ich die Länderberichte hinsichtlich der Ziele und Wirkungen der bezüglichen Maßnahmen falsch ausgelegt haben sollte, werden vermutlich anderen ähnliche Mißverständnisse unterlaufen sein. Dies kann jedoch am besten in offener Aussprache geklärt werden.

III. Die einzelnen Arten der Preisregelung.
A. Preisfestsetzung.

1. *Absolute Preise.*

U. S. A.: Der zwischenstaatliche Handelsausschuß kann sie festlegen;

Deutschland: Der Preiskommissar kann sie bestimmen;

Ungarn: Angewandt auf Milchpreise:
a) an den Erzeuger zu zahlen;
b) von dem Verbraucher in Budapest zu zahlen.

2. *Höchstpreise.*

U. S. A.: Regelung für Verkehrs- und Versorgungsbetriebe durch Ausschüsse;

Niederlande: Angewandt auf geschützte Waren in Niederländisch-Ostindien;

Norwegen: Festgesetzt von den Preisprüfungsbehörden;

Deutschland: Grundsätzliche Ermächtigung des Preiskommissars.

3. *Mindestpreise.*

U. S. A.:   Staatliche Milchkontrollgesetze. Gesetz über bituminöse Kohle. Regelung für Verkehrs- und Versorgungsbetriebe durch Ausschüsse.

Niederlande: Grundlegende Landwirtschaftspolitik.

Norwegen: Angewendet von den Preisprüfungsbehörden.

Deutschland: Sie können von dem Preiskommissar festgesetzt werden.

Ungarn: Angewendet auf die Landwirtschaft (Paprika).

4. *Eigene Preisregelung der Industrie mit Genehmigung der Regierung.*

Großbritannien: Grundlegende Politik in Landwirtschaft sowie für Eisen, Stahl und Kohle.

Norwegen: Landwirtschafts- und Kartellpolitik.

5. *Preisberichtigung je nach Sonderfall.*

Niederlande: Angewandt auf geschützte Waren.

Norwegen: Grundsätzliche Preispolitik.

Deutschland: Sie kann vom Preiskommissar angeordnet werden.

B. Regelung des Gewinnes.

1. *Festsetzung eines Gewinnsatzes vom Vermögenswert.*

U. S. A.:   Grundgedanke für die Tarife der dem Gemeinwohl dienenden Unternehmungen.

Großbritannien: Das Londoner Personenbeförderungsamt muß die vorgeschriebene Devidende erwirtschaften oder abtreten.

2. *Gewinn im umgekehrten Verhältnis zu den erhobenen Gebühren.*

Großbritannien: Grundsatz der Tarife für Gas und Elektrizität.

3. *Die Tarife für den Verbraucher beruhen auf einer kalkulierten Standardnettoverzinsung für die Gesellschaft.*

Großbritannien: Grundsatz für die Haupteisenbahnen.

4. *Absolute Gewinnbeschränkung.*

Norwegen: Sie kann von den Preisprüfungsbehörden angewandt werden.

C. Künstliche Marktregelung.

1. *Beschränkung der Erzeugung.*

U. S. A.:   Gesetze über die Hilfe für die Landwirtschaft und über bituminöse Kohle.

Niederlande: Landwirtschaftspolitik.

2. *Regierungseinkäufe über dem Weltmarktpreis.*

U. S. A.:   Gold- und Silberpolitik, Ernte-„Darlehen".

Niederlande: Landwirtschaftspolitik.

Ungarn: Angewendet auf die Landwirtschaft (Paprika).

D. *Einfuhrbeschränkungen zu Zwecken der Preisregelung.*
1. *Einfuhrverbote und Kontingente.*

Niederlande: Angewendet auf geschützte Artikel, die Einfuhr in die Niederlande und Niederl.-Ostindien suchen.

Großbritannien: Kontingente für Mastschweine, Hopfen, Kartoffeln.

2. *Festsetzung von Einfuhrpreisen.*

Norwegen: Kann durch die Preisprüfungsbehörden erfolgen.

Deutschland: Sie kann von den Einfuhrüberwachungsstellen angewendet werden.

3. *Schutzzolltarif.*

U. S. A.:   Traditionelle Politik.

Niederlande: Landwirtschafts- und Industriepolitik.

Großbritannien: Eisen und Stahl, lebendes Vieh.

E. *Maßnahmen gegen Mißbrauch wirtschaftlicher Machtstellungen und gegen Preisschleuderei.*
1. *Antitrustgesetze.*

U. S. A.:   Ungesetzlich, Monopole zu bilden und den Handel zu beschränken.

2. *Wettbewerbsfördernde Regelungen.*

U. S. A.:   Antitrustgesetze.

Norwegen: Angewendet von den Preisprüfungsbehörden.

3. *Regelung der Formen des Wettbewerbs.*

U. S. A.:   Unterschiedliche Behandlung usw. ungesetzlich.

Norwegen: Grundlegende Politik.

Deutschland: Verordnung gegen Preisschleuderei usw.

F. *Subventionen, die staatliche Preisregelung in sich schließen.*

Niederlande: Ausgleich des Unterschiedes zwischen Richtpreis und Weltmarktpreis für landwirtschaftliche Erzeugnisse.

Großbritannien: Lebendes Vieh, Milch, Zucker, Weizen.

28

Norwegen: Landwirtschaftliche Erzeugnisse.

Ungarn: An Exporteure bezahlt zum Ausgleich des Unterschiedes zwischen Einkaufs- und Verkaufspreis für Paprika.

G. Regierungswettbewerb.

U. S. A.: Tennessee-Tal-Behörde.

IV. Kostenbasis der staatlichen Preisregelung.

Es wurde bereits erwähnt, daß der Inhalt der sechs Länderberichte über die „Methoden der Kostenberechnung und Preisprüfung durch öffentliche Behörden" sehr ungleichförmig ist und sich deshalb ein genauer Vergleich Punkt für Punkt nicht durchführen läßt. Das gilt insbesondere für die Behandlung der „Kalkulationsmethoden".

In fünf Berichten werden die Selbstkostenrechnung und der Umfang, in dem sie als Grundlage der Preisprüfung dient, nur gelegentlich der Darstellung der Formen der Preisprüfungsgesetzgebung und -verwaltung erörtert. Nur in einem Bericht wird der Gegenstand genau dem Thema entsprechend behandelt: Der deutsche Bericht gibt eine umfassende Darstellung der praktischen Anwendung wissenschaftlich begründeter Kostenprinzipien zur Prüfung industrieller Preise durch die deutschen Behörden. Die Erklärung für diese unterschiedliche Behandlung in den Berichten liegt in dem deutschen Wirtschaftssystem selbst. Mehr als in jedem anderen behandelten Lande werden in Deutschland die Preise industrieller Erzeugnisse staatlich geregelt, und es wird besonderer Nachdruck auf die Selbstkostenbasis für die Preisbemessung gelegt.

Der industrielle Teil des niederländischen Berichts gibt ein allgemeines Bild über das Problem der Selbstkosten und betont die Schwierigkeiten in der Praxis, wenn eine Behörde die Preise auf Kostenbasis zu regeln versucht.

U. S. A. Tarife, die auf genauestens festgelegten Erzeuger-Selbstkosten beruhen, sind das ausgesprochene Ziel der Staats- und Bundesausschüsse für die Versorgungs- und Verkehrsbetriebe. Der Grundsatz einer angemessenen Verzinsung des Vermögenswertes nach Deckung der Betriebskosten und nach Rücklage für Wertminderung beherrscht die amerikanische Theorie zur Regelung der dem Gemeinwohl dienenden Unternehmungen. Wie schon bemerkt, haben die Probleme der „angemessenen Verzinsung" und einer praktisch einfachen Bestimmung des Vermögens den interessierten Parteien seit Verkündung dieses Grundsatzes manches Kopfzerbrechen bereitet.

Die Bemühungen des Zoll-Ausschusses zur Angleichung der Kosten einheimischer und ausländischer Erzeugnisse bilden einen weiteren Bei-

29

trag für die staatliche Anerkennung und Bedeutung der Kosten-
bemessung.

Mindestpreise für bituminöse Kohle, die von dem Kohlenausschuß für
die verschiedenen Kohlen-Sorten und -Größen festgesetzt wurden, basieren auf einer komplizierten Errechnung des gewogenen Durchschnittes
der Erzeugungskosten in den verschiedenen Bergbaugebieten.

Staatliche und örtliche Preise für frische Milch, die durch Milchämter
bestimmt werden, sind unter Berücksichtigung der örtlichen Erzeugungskosten ermittelt.

Diejenigen Bundesstaaten, die den Verkauf unter den Selbstkosten
gesetzlich verbieten, haben auch die damit zusammenhängenden Selbst-
kostenprobleme mitbehandelt.

Die Niederlande. Die Preiskontrolle der Niederlande für landwirtschaftliche und industrielle Erzeugnisse beruht auf Kostenbasis.

Bei der Landwirtschaft geht die Politik der Regierung dahin, die „notwendigen Erzeugungskosten" für besondere Produkte festzulegen und
danach einen „Richtpreis" zu errechnen, den sie dem Erzeuger garantiert.
Die niederländische Landwirtschaft ist im Wettbewerb mit anderen Ländern mit entwerteter Währung und ähnlichem im Nachteil gewesen, so daß
der Unterschied zwischen dem konkurrierenden Weltmarktpreis und dem
einheimischen Richtpreis durch verschiedene Maßnahmen ausgeglichen
werden mußte.

Gewisse Industrie-Erzeugnisse werden vor der ausländischen Konkurrenz in den Niederlanden und Niederländisch-Ostindien durch ein System
von Einfuhrkontingenten geschützt. In Ostindien geht der Schutz weiter
und schließt die Festsetzung von Höchstpreisen ein. Bei Anwendung
dieser beiden Hilfsmaßnahmen ist die Bestimmung der Selbstkosten
nötig. Die Hilfsmaßnahmen werden als zeitlich begrenzte angesehen.
Zwischen der Gewährung einer Vergütung, die kaum die proportionalen
Kosten deckt und einer solchen, die Abschreibungen, Zinsen und sogar
noch einen Gewinnzuschlag deckt, liegen viele Abstufungen.

Entscheidend darüber, welche Teile der Selbstkosten in den behördlich
genehmigten Preisen enthalten sein dürfen, ist die vorgesehene Dauer
der Hilfsmaßnahmen.

Großbritannien. Die Erzeugungskosten bilden einen Faktor bei der
Festsetzung der Gastarife; doch bleibt unklar, welche Rolle sie bei der
Bestimmung des „Grundpreises" für diesen Versorgungsbetrieb spielen,
oder welche Beziehung sie zum Wettbewerb und zur öffentlichen Meinung bezüglich des Preises für den endgültigen Verbraucher haben.

Der Verkauf elektrischer Kraft durch Erzeugerkonzerne an die Ver-
teiler im Londoner Bezirk geschieht auf Kostenbasis. Die Grunddividende,
die den Erzeugern gewährt wird, beträgt 7% auf das Stammkapital.

Die Kohlenpreise werden weitestgehend von den Erzeugern festgesetzt, doch erfolgt eine Prüfung bei übermäßiger Berechnung durch einen Untersuchungsausschuß der Regierung. Der Ausschuß nimmt die Produktionskosten zum Maßstab bei Entscheidung der Frage, ob die Klagen der Abnehmer über einzelne Preise berechtigt sind oder nicht.

Wie bei der niederländischen Landwirtschaft, vollzieht sich die Unterstützung der britischen Viehzüchter, Weizen- und Zuckererzeuger in Form von Maßnahmen, die die einheimischen Erzeugungskosten den ausländischen anpassen sollen. Der behördlich genehmigte Bewirtschaftungsplan für Hopfen sieht den Hopfenverkauf an Brauereien zu einem Preis vor, der die Erzeugungskosten zuzüglich eines angemessenen Gewinns deckt.

Norwegen. Die Preisprüfung durch norwegische Behörden unterscheidet sich von derjenigen der anderen Länder durch ihre große Beweglichkeit. Die Kommission hat die Vollmacht, geeignete Maßnahmen zur Aufrechterhaltung angemessener Preise zu treffen. Der Begriff „Angemessenheit" wird vom Gesetz nicht erläutert. Die Gerichte haben entschieden, daß ein angemessener Preis der Marktpreis bei freiem Wettbewerb sei. Dadurch wird dem Ermessen der Preisprüfungsbehörden ein großer Spielraum gegeben. Die Aufgabe des Ausschusses besteht darin, Preise vorzuschreiben, die für Verbraucher und Erzeuger angemessen sind. Wir hören, daß der Ausschuß von privaten Konzernen eingehende Prüfungsunterlagen verlangen kann. Auch hören wir, daß übermäßige Gewinne als Beweis für übermäßige Preise angesehen werden. Danach sind offensichtlich die Erzeugungskosten als Basis für die Preisregelung im norwegischen System stillschweigend mit einbegriffen.

Deutschland. Die grundlegende Politik der Preisregelung für industrielle Erzeugnisse in Deutschland geht, wie schon erwähnt, dahin, den endgültigen Verbraucher vor übermäßigen Preisen und plötzlichen Preissteigerungen zu schützen. Zur Durchführung dieser Politik wurde ein System genauer Preisüberwachung, im wesentlichen auf Selbstkostenbasis, geschaffen. Die Einzelheiten schwanken für die einzelnen Industriezweige, doch wird im allgemeinen ein Anfangsgrundpreis auf Grund der Produktionskosten eines bestimmten Zeitabschnittes kalkuliert. Dieser Zeitabschnitt ist für die einzelnen Erzeugnisse verschieden festgelegt.

Preissteigerungen werden von den Behörden als Folge steigender Erzeugungskosten des betreffenden Artikels zugelassen. So kann der Erzeuger, wenn die Kostensteigerung durch Anziehen der Preise des nötigen Rohmaterials bedingt ist, seinen Preis um den Betrag der Preissteigerung des Rohmaterials erhöhen. Er darf aber nicht etwa den Preis noch weiter erhöhen, indem er seine ursprünglichen prozentualen Zuschläge auf den höheren Einkaufspreis des Rohmaterials anwendet. Ein Vorteil, der sich aus niedrigeren Selbstkosten des Produktes infolge erhöhter Ausnutzung der Kapazität ergibt, muß mit dem Verbraucher geteilt werden. Die Frage, welche Kosten zu den notwendigen Erzeugungskosten gehören und vom genehmigten Preise gedeckt werden, wird bei den einzelnen Industriezweigen verschieden beantwortet. Die Tendenz geht dahin, diese Posten minimal zu halten.

Die ungeheuer schwierige Aufgabe der Veröffentlichung von Kalkulationsrichtlinien und einheitlichen Kontenplänen für die einzelnen Industrien wird in gewissem Umfange von den Industriegruppen oder den Preiskartellen durchgeführt.

Der Grad, bis zu dem sich der zulässige Preis den Selbstkosten anpaßt, schwankt in den einzelnen Industrien. In der Schuhindustrie z. B. muß jede einzelne Sorte ihren angemessenen Anteil an den Erzeugungskosten tragen.

Ungarn. Es ist nicht ersichtlich, in welchem Umfang die Erzeugungskosten bei der Bemessung des Ankaufspreises für die Milch von den Meiereien berücksichtigt werden. Jedenfalls werden bei der Festsetzung des Milchverkaufspreises an den Verbraucher in Budapest die Kosten der Behandlung und Verteilung genau berücksichtigt.

Schlußbemerkungen

Es wäre sicherlich befriedigend, wenn ich abschließend feststellen könnte, daß ich nun alle Wege aufgeführt habe, welche die Regierungen der behandelten Länder zum Zweck der Preisprüfung beschritten haben, und sagen könnte, daß ich alle Methoden und i h r e n E r f o l g i n d e r P r a x i s verglichen habe. Eine solche Feststellung würde zur Voraussetzung haben, daß ich über die Bedeutung der Selbstkosten bei der behördlichen Preisregelung und die Zusammensetzung der Selbstkosten genau orientiert wäre.

Tatsächlich habe ich aber nur einige recht allgemeine Anhaltspunkte für eine derartige Untersuchung gehabt. Was man aus den Länderberichten zusammenstellen konnte, war eine Anzahl von Ausführungen über das Problem im allgemeinen von verschiedenen Gesichtspunkten aus. Diese Angaben habe ich für jedes Land zusammengefaßt und systematisch geordnet. Die Lücken in den Angaben sind so groß, daß Vergleiche zwischen den einzelnen Ländern wenig Wert hätten. Das Problem der Selbstkosten wird trotz des Wortlautes des Themas von den meisten Länderberichten nur nebensächlich behandelt, was wohl im wesentlichen, wenn auch nicht ausschließlich, mit den örtlichen Verhältnissen zusammenhängt.

Es ist bedauerlich, daß wir über den Erfolg oder Mißerfolg der besonderen preisregelnden Maßnahmen in den einzelnen Ländern nichts zu sagen vermögen. Da aber ein solches Urteil nicht nur Kenntnis der Ziele dieser Maßnahmen, sondern auch der gemachten Erfahrungen und erreichten Fortschritte voraussetzte, müssen wir uns solchen Kommentars enthalten, bis diese Maßnahmen längere Dauer als bisher erreicht haben; es steht doch außer Frage, daß sie als technische Probleme fast täglich an Bedeutung im Weltwirtschaftsleben unserer Zeit gewinnen.

V. Internationaler Prüfungs- und Treuhand-Kongreß
BERLIN · SEPTEMBER 1938

Nationalbericht — National Paper — Rapport National

| Grundsätze der Kalkulation und Öffentliche Preiskontrolle
Methods of Computing Cost and Control of Prices by Public Authorities
Principes du Calcul Commercial et Influence Gouvernementale sur les Prix | Thema

8 | *Deutschland*

Germany

Allemagne | Land

6 |

von — by — par

Wirtschaftsprüfer Dipl.-Kfm. Dr. Wilhelm Minz, Köln.

Inhaltsübersicht

Table of Contents

Table des Matières

b) Ordonnances sur la formation des prix réglementant le calcul de *parties déterminées des frais*
   Exemples: 1. Filatures — 2. Cuir — 3. Métaux communs
c) La formation des prix sur la base pure du prix de revient
   Exemple: Industrie de chaussure en cuir
d) L'influence exercée par l'état comme commettant sur la formation des prix et le calcul
e) Les tendances de simplification de la comptabilité en Allemagne

Zusammenfassung

Die nationalsozialistische Preispolitik, deren Auswirkungen namentlich seit der Anordnung des totalen Preisstops vom November 1936 auf fast allen Gebieten der gewerblichen Wirtschaft — die Landwirtschaft scheidet aus der vorliegenden Betrachtung aus — in Erscheinung treten, ist von dem Grundsatz beherrscht, das Preisniveau nicht über die volkswirtschaftlich gerechtfertigte Höhe steigen zu lassen.

Das Gesetz von Angebot und Nachfrage ist damit praktisch durchbrochen worden.

Den Selbstverwaltungsorganisationen der Wirtschaft ist die Aufgabe zugedacht, die Maßnahmen der Preisbildung und Preisüberwachung dadurch zu unterstützen, daß sie die Idee des volkswirtschaftlich gerechtfertigten Preises zu einem Grundsatz der Wirtschaft machen und Mittel und Wege zeigen, die Selbstkosten gründlich zu untersuchen und nachhaltig zu beeinflussen. Grundsätzlich steht allerdings die nationalsozialistische Preispolitik auf dem Standpunkt, daß letzten Endes nicht die betrieblichen Kosten, „sondern die überbetrieblichen, gesamtwirtschaftlichen Zusammenhänge und Notwendigkeiten die Preise bestimmen."

Der jetzige Preiskommissar Wagner äußert sich im Märzheft 1938 der Zeitschrift: „Der Vierjahresplan" (S. 131) wie folgt zu dieser Frage:

„So soll auch die Preispolitik des Staates nicht etwa dazu dienen, Selbstkosten in irgend einer Höhe zu garantieren. Im Gegensatz zu der Preispolitik der Kriegszeit, die ihr Augenmerk nur auf den Gewinn richtete und damit zu einer völligen Erstarrung der Selbstkosten — natürlich an ihrer oberen Grenze — führte, gibt die nationalsozialistische Preispolitik dem gut verdienenden, weil rationell arbeitenden Betrieb, unbedingt den Vorzug vor dem unrentabel oder mit kleinstem Gewinn, aber mit hohen Selbstkosten wirtschaftenden Unternehmen. Die den Selbstkosten gewidmete Aufmerksamkeit geht also zunächst einmal von der Frage aus, ob diese Kosten nach Zusammensetzung und Höhe gerechtfertigt und ob sie sich verringern lassen. Erst in zweiter Linie kommt die Frage, welche Gewinnspanne die Kosten im Einzelfall zulassen."

Die vielseitigen und weitgehenden Maßnahmen auf dem Gebiet der Preisbildung und Preisüberwachung, die angesichts dieses Grundsatzes in Form von Gesetzen, Verordnungen usw. getroffen worden sind, bieten zur Zeit der Niederschrift dieses Berichtes noch kein abgerundetes Bild.

Die betriebswirtschaftlichen Probleme, die hier zu meistern sind, erfordern ein sehr vorsichtiges, systematisches Arbeiten.

Als besonders wichtiges Beispiel hierfür werden in dem folgenden Bericht u. a. eingehend die Preisbildungsvorschriften auf dem Gebiet der deutschen Textilwirtschaft beschrieben und im Zusammenhang damit die Schwierigkeiten genereller Preisbildungsvorschriften auf Selbstkostenbasis erörtert.

Als besondere Probleme werden herausgestellt: die Umgrenzung des Selbstkostenbegriffs — die Errechnung der Selbstkosten — die Bewertung der Kosten — die Berücksichtigung des Beschäftigungsgrades, namentlich im Hinblick auf die Anrechnung fixer Kostenteile — die Berechnung von angemessenen Zinsen, Abschreibungen und Unternehmerlohn — der Begriff des angemessenen Gewinns und seine kalkulatorische Verrechnung.

Ais weitere praktische Beispiele werden erörtert: die Bestimmungen über die Lederindustrie, ferner die Richtpreisbestimmungen in verschiedenen Kalkulationskartellen und schließlich die Kalkulationsvorschriften, die unter dem Einfluß des Staates als Auftraggeber (Reichsbahn, Kriegsministerium) zustandegekommen sind.

Die Mitarbeit an den hier zu lösenden Problemen ist für den deutschen Wirtschaftsprüfer-Beruf von größter Wichtigkeit.

Summary

The national-socialist price-policy, the effects of which, since the Decree of November 1936 announcing a total veto on price-raising, show themselves in practically all fields of business (excluding agriculture from this review), is dominated by the fundamental idea of not allowing the price-level to rise higher than the figure economically justified. Thus the law of supply and demand has been made practically ineffective.

The self-administrative organisation of business is entrusted with the task of supporting the measures for price-fixing and price-control by making the idea of "economically justified prices" to be the basis of business and to point out ways and means of examining cost-prices and permanently influencing them. Fundamently, however, the national-socialist price-policy stands on the theory that in the end it is not the working costs "but the over-riding and general economic connexions and necessities governing all business which fix prices".

The present Price-Commissioner W a g n e r expresses his opinion in the March 1938 number of the periodical „Der Vierjahresplan" [The Four Years Plan] (p. 131) on this question as follows:—

"The price-policy of the State ought not to serve in any way to guarantee cost-prices at any particular level. In contrast to the war-period policy, which had its eye fixed only on profit and thereby led to a complete rigidity of cost-prices — of course at their top level — the national-socialist price-policy gives the well-earning rationally-working business an undoubted advantage over the imrenumerative business, or one with the smallest profit and high production costs. The attention paid to manufacturing costs is due therefore to the question whether these costs are justified by their composition and height and whether they can be reduced. The question as to what margin of profit can be allowed to the costs in any given case is a secondary one."

The many-sided and far-reaching measures in the field of price-fixing and price-control, which have been undertaken in face of this basic idea in the form of laws, orders etc., are not yet complete in their scope at the time of writing this article.

The problems of business management, which have to be mastered here, demand very careful, systematic work. As especially important examples of this the following report describes exhaustively (inter alia) the price-fixing regulations in the German textile industry and in connexion with this discusses the difficulties of general price-fixing regulations on a cost-price-basis.

As special problems the following are listed: Definition of the manufacturing costs — The calculation of manufacturing costs — The valuation of costs — The consideration of the degree of employment, namely with reference to calculating fixed part-costs — The calculation of adequate interest, writing off and workmen's wages — The idea of adequate profit and its calculatory settlement.

As further practical examples were listed the regulation for the leather industry, also the Standard-price Regulation in various price-fixing syndicates, and finally the calculation-regulations which have been arrived at under the influence of the State as giver of orders (State Railways, War Department etc.).

Cooporation in arriving at a solution of the above problems is of the utmost importance to the German Accountancy Profession.

Résumé

La politique de prix national-socialiste dont les effets, notamment depuis l'ordonnance de stoppage absolu des prix, du mois de novembre 1936, se font sentir dans presque tous les domaines de l'économie industrielle — l'agriculture n'entre pas dans le cadre de cette étude — est dominée par le principe de ne pas laisser monter le niveau des prix au dessus de la hauteur justifiée par le bien de l'économie nationale.

La loi de l'offre et de la demande a été ainsi pratiquement abrogée.

Aux organisations de self-gouvernement de l'économie incombe la tâche de soutenir les mesures en vue de la formation des prix et de leur surveillance en ce sens qu'elles fassent de l'idée du prix justifié par le bien de l'économie nationale un principe économique et montrent les chemins et les moyens pour l'étude approfondie du prix de revient et pour l'influencer de manière durable. Cependant, la politique de prix nationale-socialiste est basée sur le point de vue qu'en fin de compte ce ne sont pas les frais d'une entreprise, «mais les rapports et nécessités au dessus des entreprises et touchant la totalité de l'économie» qui doivent déterminer les prix.

M. Wagner, actuellement commissaire aux prix, se prononce à ce sujet dans le numéro du mois de mars 1938 du périodique „Der Vierjahresplan" (Le plan quadriennal) (page 131), comme suit:

«Ainsi, la politique de prix de l'état n'a pas pour but de garantir des frais de revient d'une hauteur quelconque. Au contraire de la politique de prix poursuivie pendant la guerre, n'envisageant que les bénéfices et menant par conséquent à la solidification totale des frais de revient, bien entendu à la limite supérieure, la politique de prix national-socialiste donne sans restriction la préférence aux entreprises réalisant de beaux bénéfices, parceque travaillant rationnellement, sur celles ne réalisant que des bénéfices nuls ou minimes, mais travaillant avec des frais de revient élevés. Donc, l'attention vouée aux prix de revient part en première ligne de la question si ces frais, de par leur composition et leur importance sont justifiés ou s'il est possible de les réduire. La question quelle marge de bénéfice les frais permettent dans le cas particulier, ne vient qu'en seconde ligne.»

Les mesures multiples et allant très loin dans le domaine de la formation et de la surveillance de prix, prises en vertu de ce principe sous forme de loi, d'ordonnances, etc. n'offrent pas encore un tableau bien fini au moment de la rédaction de ce rapport.

Les problèmes touchant l'économie des entreprises qu'il faut maîtriser ici, exigent un travail systématique très circonspect.

Pour en donner un exemple particulièrement important, le rapport qui va suivre, décrira entre autres en détail les prescriptions réglementant la formation des prix dans le domaine de l'industrie textile allemande, et en connexion avec cela il étudiera les difficultés que rencontrent des prescriptions générales pour la formation des prix sur la base du prix de revient.

Les problèmes suivants seront spécialement étudiés: la délimination de la notion du prix de revient — le calcul des frais de revient — l'évaluation des frais — la considération du degré d'occupation, notamment en ce qui concerne la mise en compte de parties de frais fixes — le calcul d'intérêts, d'amortissements et de bénéfices d'entrepreneur honnêtes — la notion du bénéfice honnête et de sa mise en compte au point de vue de calcul.

D'autres exemples pratiques sont donnés par l'étude de la réglementation de l'industrie du cuir, par celle des ordonnances sur les prix normaux en différents cartels de calcul et enfin par celle des prescriptions relatives au calcul, ayant été établies sous l'influence de l'état en tant que commettant (chemins de fer de l'état, ministère de la guerre).

Il importe à un haut degré que la profession d'expert-comptable de l'Allemagne collabore au solution de ces problèmes.

Einleitung

Die vorliegende Untersuchung beschäftigt sich in der Hauptsache mit den Maßnahmen preispolitischer Art in der deutschen gewerblichen Wirtschaft seit der Machtübernahme durch den Nationalsozialismus, also seit Anfang 1933.

Der Grund für diese zeitliche Beschränkung liegt, abgesehen von dem engen zur Verfügung stehenden Raum, darin, daß seit dieser Zeit eine so umfassende und durchgreifende Preisüberwachung und Preisregelung einsetzte, wie wir sie vorher trotz der außerordentlichen Vielzahl der Maßnahmen nicht gekannt haben*).

Die Betrachtung erfolgt vorwiegend unter betriebswirtschaftlichen Gesichtspunkten. Die gewerbliche Wirtschaft, insbesondere die Industriewirtschaft, steht im Vordergrund der Untersuchung.

Die deutsche Landwirtschaft (Reichsnährstand), die einer besonders straffen Markt- und Preisregelung unterliegt und die sich in ihrem ganzen Aufbau von der gewerblichen Wirtschaft erheblich unterscheidet, schalten wir aus unserer Betrachtung aus.

1. Teil

Entwicklung, Aufbau und Arbeitsweise der staatlichen Preisaufsicht in Deutschland

Die erste umfassende Preisregelung und die Einrichtung eines weitgespannten Preisüberwachungsapparates brachte die Kriegswirtschaft[1]). Eine gewisse Wiederbelebung dieser Vorschriften und Einrichtungen stellt die Preistreiberei-Verordnung vom 13. Juli 1923 dar.

Durch das Gesetz vom 19. Juli 1926 wurden alle wichtigen Preisüberwachungsgesetze der Kriegs- und Nachkriegszeit außer Kraft gesetzt.

Erst die Deflations- und Krisenzeit brachte neue wichtige Preisüberwachungsgesetze.

Durch die 4. Verordnung des Reichspräsidenten zur Sicherung von Wirtschaft und Finanzen und zum Schutze des inneren Friedens vom 8. Dezember 1931 wurde ein Reichskommissar bestellt, dem die Überwachung der Preise für lebenswichtige Gegenstände des täglichen Bedarfs und lebenswichtige Leistungen zur Befriedigung des täglichen Bedarfs oblag.

Die Befugnisse des Reichskommissars erstreckten sich u. a. auch auf Untersagung der Betriebsfortführung und Schließung des Betriebes.

---

*) Einen sehr aufschlußreichen historischen Abriß über die Preispolitik der deutschen Regierungen seit dem Ende des Weltkrieges bis Ende 1935 enthält die Arbeit von Hans Schiller: Die Grundsätze der Preispolitik der deutschen Reichsregierungen seit dem Ende des Weltkrieges. Würzburg, Verlag Triltsch, 1937.

[1]) Z. B. Höchstpreisgesetz vom 4. 8. 1914. Preistreiberei-Verordnung vom 8. 5. 1918.

Der damals eingesetzte Preiskommissar trat nach kurzer Zeit zurück. Seine Befugnisse wurden vom Reichswirtschaftsministerium ausgeübt. Mit einem Gesetz über die Übertragung der Aufgaben und Befugnisse des Reichskommissars für die Preisüberwachung vom 15. Juli 1933 wurden die Befugnisse des Reichskommissars, soweit sie den Geschäftsbereich des Reichswirtschaftsministeriums betrafen, ausdrücklich auf den Reichswirtschaftsminister übertragen. Innerhalb des Geschäftsbereiches des Reichsministeriums für Ernährung und Landwirtschaft gingen die Befugnisse auf den Reichsminister für Ernährung und Landwirtschaft über.

Die Maßnahmen der Preisüberwachung in der Deflationszeit (1930—1932) waren in erster Linie darauf gerichtet, das Preisniveau, namentlich bei lebenswichtigen Waren und Leistungen zu senken. Diese Preissenkung lag allerdings schon im Zuge des Deflationsprozesses.

Wichtige Hilfsmittel bei diesen Bestrebungen waren die Vorschriften über Preisauszeichnungen und der Druck auf Lockerung privater Preisbindungen.

Von nachhaltigem Erfolge sind alle diese Maßnahmen nicht gewesen.

Das Bestreben der nationalsozialistischen Regierung zur Rettung des deutschen Bauerntums und zur Durchführung des großen Arbeitsbeschaffungs- und Investitionsprogramms bei einem möglichst stabilen Lohn- und Preisniveau — die Entwicklung der deutschen und der Weltkonjunktur hatte bereits einen fühlbaren Preisauftrieb gezeigt — führte am 5. November 1934 zu der erneuten Bestellung eines Reichskommissars für die Preisüberwachung, der die den genannten Ministerien übertragenen Befugnisse bis zum 1. Juli 1935 übernehmen sollte. Seine Befugnisse wurden mit dem Gesetz vom 4. Dezember 1934 auf alle Güter und Leistungen ausgedehnt.

Nach dem 1. Juli 1935 trat vorübergehend wieder die frühere Regelung in Kraft.

Die Verhinderung unberechtigter Preissteigerungen war das Hauptziel dieses Preiskommissariats.

In diese Zeit fällt auch eine Reihe kartellpolitischer Maßnahmen.

Die Durchführung der Preisüberwachung war allmählich zum Aufgabenkreis folgender Reichsstellen hinzugekommen: Reichswirtschaftsministerium, Ernährungsministerium, Reichsforstmeister, Verkehrsministerium, Propagandaministerium für kulturelle Leistungen. Diesen Behörden waren Preisfestsetzungsbehörden und Preisüberwachungsstellen untergeordnet.

Mit dem Gesetz zur Durchführung des Vierjahresplans vom 29. Oktober 1936 wurde ein Reichskommissar zur Überwachung der Preisbildung für Güter und Leistungen jeder Art, insbesondere für alle Bedürfnisse des täglichen Lebens, für die gesamte landwirtschaftliche, gewerbliche und industrielle Erzeugung und für den Verkehr mit Gütern und Waren jeder Art sowie für sonstige Entgelte bestellt. Er ist berechtigt, die zur Sicherung volkswirtschaftlich gerechtfertigter Preise und Entgelte erforderlichen Maßnahmen zu treffen.

Die ganze bestehende Organisation der Preisüberwachung wurde dem neuen Preiskommissar unterstellt.

Sie zeigt jetzt folgenden Aufbau (Mai 1938):

a) Der Reichskommissar für die Preisbildung.

Ihm sind die allgemeinen Maßnahmen für die Preisbildung vorbehalten; ferner einzelne Sonderaufgaben, z. B. die Festsetzung von Preisen, soweit sie nicht nur für einen räumlich begrenzten Bezirk Geltung haben sollen. Kohlenpreise werden in jedem Falle vom Reichskommissar festgesetzt.

Auch Geschäftsschließungen bei Erzeugerbetrieben, Tätigkeitsverbote oder Einschränkungen bei Einzelpersonen und die Erteilung bestimmter Ausnahmebewilligungen sind dem Preiskommissar vorbehalten; desgleichen die Verhängung von Ordnungsstrafen über RM 50 000,—.

b) Die Preisbildungsstellen.

Die Preisbildung ist übertragen:
in Preußen den Oberpräsidenten,
in den übrigen Ländern den Obersten Landesbehörden,
in Berlin dem Stadtpräsidenten.

Die Aufgaben der Preisbildungsstellen sind im wesentlichen:
Festsetzung von Preisen mit räumlich begrenzter Bedeutung; Entscheidung über Beschwerden und Einsprüche gegen Verfügungen der Preisüberwachungsstellen (s. u.).

c) Die Preisüberwachungsstellen.

Die Preisüberwachung ist übertragen:
in Preußen mit einigen Ausnahmen den Regierungspräsidenten;
in den übrigen Ländern den gleichgeordneten Behörden.

Die Preisüberwachungsstellen bedienen sich bei der Preisüberwachung der ihnen nachgeordneten Behörden der allgemeinen und inneren Verwaltung, der Polizei und der Gendarmerie sowie nach näherer Anweisung der Dienststellen der Geheimen Staatspolizei. Diesen Stellen können sie auch gewisse Funktionen übertragen.

Die Preisüberwachungsstellen haben in der Hauptsache folgende Aufgaben:
Stellung von Strafanträgen bei Zuwiderhandlungen und Beantragung der Verhandlung vor dem Sondergericht;
Verhängung von Ordnungsstrafen;

Schließung von Geschäften und Betrieben mit Ausnahme der Erzeugerbetriebe.

Die geltenden preisrechtlichen Vorschriften sind teils vom derzeitigen Preiskommissar, teils schon früher erlassen worden (Spinnstoffgesetz). Auch hat der Preiskommissar von dem Recht zur Übertragung der Aufgaben Gebrauch gemacht. Auf dem Gebiete des graphischen Gewerbes und in der Bauindustrie z. B. wurde den wirtschaftlichen Organisationen die Aufgabe zur Aufstellung von Kalkulationsrichtlinien, Formblättern usw. vom Reichskommissar erteilt.

Durch die Auslandswarenpreisverordnung vom 15. Juli 1937 und die anschließende Ausführungsverordnung wurden auch die Einfuhrüberwachungsstellen[2]) in die Preisüberwachung und Preisbildung stärker als bisher eingeschaltet.

Die Einfuhrüberwachungsstellen sind befugt, Preise im Verkehr zwischen Importeur und inländischen Käufern festzusetzen. Sie müssen in diesen Fällen lediglich die örtlichen Preisbildungs- und Überwachungsstellen unterrichten. Preisvorschriften für alle Stufen muß der Preiskommissar genehmigen.

Die Preisüberwachung für Mieten und den Grundstücksverkehr ist verschiedenen Verwaltungsbehörden übertragen.

Der Preiskommissar arbeitet im übrigen eng mit den Stellen zusammen, die früher für die Preisüberwachung und Preisbildung zuständig waren und die auch heute noch im Rahmen der gesamten staatlichen Preisaufsicht wichtige Funktionen haben und über den entsprechenden Apparat verfügen.

Der Reichswirtschaftsminister z. B. ist nach wie vor für die staatliche Kartellaufsicht zuständig[3]).

Preisbildungs- und Überwachungsfunktionen üben in großem Umfang auch behördliche Auftraggeber aus: so z. B. die Reichsbahn einschließlich Reichsautobahnen, die Behörden der Wehrmacht usw., die die Auftragsvergebung von der Einhaltung bestimmter Kalkulationsmethoden abhängig machen. Schließlich sind hier auch die Kartellorganisationen selbst zu nennen.

Die gesamte Preisbildung und Preisüberwachung, gleichgültig in welchen Zuständigkeitsbereich sie fällt, bedarf eines umfangreichen Prüfungsapparates. Manche Stellen hatten bereits, wie erwähnt, einen eigenen Prüfungsapparat aufgezogen. Mit dem zunehmenden Ausbau der Preisaufsicht wurde von seiten der Überwachungsstellen in größerem

---

[2]) Die Einrichtung der Überwachungsstellen geht auf das Gesetz vom 22. 3. 1934 zurück. Ihre Aufgaben sind namentlich im Zusammenhang mit der Verordnung über den Warenverkehr vom 4. 9. 1937 und der Einführung des „Neuen Plans" erweitert worden.

[3]) Die Erhöhung gebundener Preise unterliegt dagegen der Genehmigung des Preiskommissars.

Umfang auch auf die freien Prüfer, namentlich die Wirtschaftsprüfer, zurückgegriffen.

Dem Preiskommissar selbst steht auch ein eigener Betriebsprüfungsapparat zur Seite.

Es hat den Anschein, als ob nach und nach alle gewerblichen Betriebe, auch ohne besonderen Anlaß, von den Überwachungsstellen durchgeprüft werden sollen.

Damit würde die Betriebsprüfung seitens des Preiskommissars neben die steuerliche Betriebsprüfung seitens der Finanzbehörde treten. Dazu käme bei den Aktiengesellschaften noch die Pflichtprüfung durch den Wirtschaftsprüfer.

In Zukunft dürfte für die Preisaufsicht die aktienrechtliche Pflichtprüfung und desgleichen die nach den gleichen Grundsätzen durchzuführende freiwillige Abschlußprüfung bei Nichtaktiengesellschaften eine erhöhte Bedeutung gewinnen, weil diese Abschlußprüfung gründlich und umfassend durchgeführt wird.

Die Ergebnisse der von einem Wirtschaftsprüfer durchgeführten Abschlußprüfung können zum mindesten die Grundlage für etwaige weitergehende Sonderprüfungen bilden.

Berufsauffassung und Berufsausbildung des deutschen Wirtschaftsprüfers bieten heute eine Gewähr für eine objektive und zuverlässige Bewältigung der hier gestellten Aufgabe. Es erscheint daher fraglich, ob sich für die Zukunft die Beibehaltung eines behördlichen umfangreichen Preisprüferstabes — dem doch eine gewisse Einseitigkeit anhaften muß — als zweckmäßig erweisen wird.

II. Teil
Systematische Übersicht über die deutschen Preisregelungsversuche

Die von den jeweiligen deutschen Regierungen zur Beeinflussung der Preise eingeschlagenen Wege sind sehr unterschiedlich gewesen[4]).

Auch die nationalsozialistische Regierung hat zur Erreichung ihrer gesamtwirtschaftlichen Ziele kein starres Schema befolgt. Sie hat vielmehr je nach Lage der Dinge bald neue Formen gewählt, bald bekannte Methoden angewandt.

Wenn wir trotzdem versuchen, in groben Strichen eine systematische Übersicht zu geben, so geschieht das, um die Dinge anschaulicher zu gestalten.

A. Höchstpreise.

Die Preisregelung durch Festsetzung von Höchstpreisen ist in besonders großem Umfang während des Weltkrieges gehandhabt worden.

---

[4]) Vgl. dazu die bereits erwähnte Schrift von H. Schiller.

Die dabei in vielen Fällen auftretenden Differentialrenten der Betriebe mit günstiger Kostenlage versuchte man durch die Anordnung zu unterbinden, daß die Betriebe nachzukalkulieren hätten, ob sie nicht billiger liefern könnten. Diese Vorschrift hat keine merkliche praktische Wirkung gehabt. Weder die Heranziehung der „Grenzbetriebe" noch der Betriebe mit „durchschnittlichen" Kosten hat zu befriedigenden Ergebnissen geführt.

Die Höchstpreispolitik während des Krieges erhielt noch eine besondere Note durch die spätere Zwangsbewirtschaftung aller lebensnotwendigen Güter.

Die Probleme der Höchstpreispolitik sind an sich bis heute die gleichen geblieben. Trotzdem hat es der heutige Staat leichter, wenn er Höchstpreise festsetzt. Denn inzwischen sind die Kostenrechnungen der Betriebe — auch in der Landwirtschaft — erheblich verfeinert worden. Der Staat kennt also die Kostenverhältnisse der Branchen viel besser als früher. Auch über Bedarf, Qualität usw. liegen heute bessere Daten vor. Das alles erleichtert aber, wie gesagt, wesentlich die Festsetzung angemessener Höchstpreise.

Einen besonders markanten Fall der Anwendung von Höchstpreisen in der jüngsten Zeit bildet die noch näher zu erläuternde Preisstopverordnung vom 26. November 1936.

B. Mindestpreise.

Mindestpreise werden dann festgesetzt, wenn die Marktsituation umgekehrt ist wie in den Fällen, in denen Höchstpreise zur Anwendung kommen, d. h. also beim Vorliegen eines Überangebotes.

Ähnlich wie bei der Höchstpreisfestsetzung ist auch hier von grundlegender Bedeutung die Frage, auf welchen Kostenverhältnissen der Preis aufgebaut werden soll.

Ein Beispiel dafür, daß ein Mindestpreis auf die ungünstigsten Kostenverhältnisse Rücksicht nimmt, bildete die „Bekanntmachung über wirtschaftliche Maßnahmen in der Binnenschiffahrt vom 18.8.1917"[5]), die dem Schutz auch der kleinsten Partikularschiffer diente.

Ein anderes hier zu erwähnendes Beispiel ist die Regelung für das deutsche Druckereigewerbe von 1935. Dieses Gewerbe litt unter einer starken Überinvestierung. Die Regelung sah Mindestpreise vor, die auf günstigen Kostenverhältnissen aufgebaut waren (vgl. auch S. 17).

C. Festpreise.

Festpreise sind gelegentlich als politische Preise bezeichnet worden, weil bei ihnen das „Mitbestimmungsrecht" der Kosten fehle und ein ein-

---

[5]) Nach Luther, Der Staat und die Kalkulation privater Industriebetriebe. Unveröffentlichte Kölner Dissertation 1937, S. 98.

heitliches, übergeordnetes Ziel verfolgt werde, das jede Unter- und Überschreitung verbiete.

Staatlich festgesetzte Festpreise finden sich z. B. in der Landwirtschaft. Sie sind weiter als Kartell- und Monopolpreise überall in der gewerblichen Wirtschaft verbreitet.

Vom Standpunkt der Preisaufsicht gesehen, bieten sie den Vorzug leichter Kontrollierbarkeit.

D. Die Verordnung über das Verbot von Preiserhöhungen vom 26. November 1936 (Preisstopverordnung).

Die Preisstopverordnung ist das einschneidendste Gesetz seit der Bestellung des Reichskommissars für die Preisbildung. Sie bildet den Ausgangspunkt aller weiteren staatlichen preispolitischen Maßnahmen.

Die Verordnung enthält das Verbot jeglicher Preiserhöhungen[6]); allerdings war von Anfang an gewisse Ausnahmen gedacht.

Zur Vermeidung besonderer Härten, die nicht nur im privatwirtschaftlichen, sondern auch im volkswirtschaftlichen Interesse unerwünscht sind, können Ausnahmeanträge (§ 3) gestellt werden. Das ist in ziemlich großem Umfange geschehen.

Die Verfasser der Stopverordnung hatten bewußt davon Abstand genommen, eine für alle Fälle geltende Regelung zu formulieren. Auch die später erlassenen Richtlinien sollen lediglich Behelfe darstellen.

In erster Linie soll der Geist der Verordnung wirken.

Da der Preisstand für den Stichtag der Preisstopverordnung (17. Oktober bzw. 30. November 1936) nur als allgemeine Grundlage gelten konnte, wurden in der Folgezeit zunächst die Preise einer Prüfung unterzogen, die zufällig entstanden und die nicht auskömmlich waren. Für diese Fälle ist der erwähnte Härteparagraph vorgesehen. Besonders betroffen waren solche Betriebe, deren Preise zufällig am Stichtag niedrig lagen und die einheitliche Produkte herstellten, also keine Ausgleichsmöglichkeiten besaßen.

Die Ausnahmeanträge werden von den Preisbehörden sehr eingehend geprüft, und es wird ihnen nur in begründeten Ausnahmefällen stattgegeben.

---

[6]) Wortlaut der §§ 1 und 2 der VO.:

§ 1 (1) „Preiserhöhungen für Güter und Leistungen jeder Art, insbesondere für alle Bedürfnisse des täglichen Lebens, für die gesamte landwirtschaftliche, gewerbliche und industrielle Erzeugung und für den Verkehr mit Gütern und Waren jeder Art sowie für sonstige Entgelte sind verboten ...“

(2) „Als eine Preiserhöhung ist es auch anzusehen, wenn die Zahlungs- und Lieferungsbedingungen zum Nachteil der Abnehmer verändert werden.“

§ 2 „Es ist verboten, Handlungen vorzunehmen, durch die mittelbar oder unmittelbar die Vorschriften des § 1 umgangen werden oder umgangen werden sollen.“

Abgesehen von den Einzelbewilligungen sind von dem Reichskommissar für die Preisbildung auch generelle Preiserhöhungen zugelassen worden, und zwar u. a. für:

Kraftfahrzeugreifen; Benzin, Benzol, Gemische und Petroleum; Drahtgewebe; Spinnstoffe; Lederwaren.

Der Preiskommissar hat auch Preissenkungen betrieben, und zwar namentlich da, wo die Preise infolge Vollbeschäftigung der Werke höher erschienen, als dies zur Deckung des für Fertigung und Vertrieb notwendigen Aufwandes und eines angemessenen Gewinnzuschlages erforderlich war.

Ende 1937 ergaben diese Preissenkungen etwa folgendes Bild[7]):

	Preissenkung	
	um	ab
I. Verbilligung von Produktionsmitteln:		
Stickstoffdüngemittel	30%	1. Januar 1937
Kalidüngesalze	25%	16. Mai 1937
Bauglas	10%	11. Januar 1937
Aluminium	7,6%	1. Juli 1937
Zellwolle	9,1%	1. September 1937
Viskose-Kunstseide	8%	1. November 1937
Kupfer-Kunstseide	4%	Mitte Nov. 1937
II. Verbilligung von Verbrauchsgütern:		
Rundfunkröhren	20—25%	15. Juli 1937
Glühlampen	5— 8%	1. August 1937
Eine Fülle von Markenartikeln, insbesondere auf folgenden Gebieten:	durch-	
Elektrogeräte	schnitt-	
Rundfunkgeräte einschließlich Lautsprecher	lich	
Chemische Konsumartikel kosmetischer, pharmazeutischer und photographischer Art usw.	5—10%	15. November 1937
Gebrauchs-Markenuhren	8%	12. Dezember 1937
Markenartikel in der Lebensmittelindustrie . . .	3—11%	15. Dezember 1937
(140 Artikel)	z. T. bis 20%	

In den ersten Monaten des Jahres 1938 sind noch weitere beträchtliche Preissenkungen durchgeführt worden.

Die grundsätzliche Bedeutung der Preisstop-Verordnung liegt darin, daß sie die freie Preisbildung ganz beseitigte, soweit es sich um Preiserhöhungen handelte.

Seit der Zeit vollzieht sich jede Preiserhöhung nur mit staatlicher Genehmigung.

Die Formen, in denen die Lockerungen durchgeführt wurden und werden, sind unterschiedlich je nach den Verhältnissen der Wirtschaftszweige, nach der Herkunft der Rohstoffe usw.

---

[7]) **Aus:** Deutschlands wirtschaftliche Lage an der Jahreswende 1937/38, herausgegeben von der Reichs-Kredit-Gesellschaft, Aktiengesellschaft, Berlin, S. 50.

Der wichtige Verkehr mit A u s l a n d s w a r e n wurde von der Stop-Verordnung nicht erfaßt.

Die die Preisbildung bei diesen Waren regelnde Verordnung über ausländische Waren vom 22. September 1934 blieb bestehen. Sie umfaßte z. B. Textilien, Metalle, Erze, Holz usw. Es handelte sich hierbei um Rohstoffe, die etwa 40% der gesamten deutschen Einfuhr ausmachten[8]).

Nach dieser Verordnung war — für unmittelbar aus dem Ausland bezogene Waren — ohne Rücksicht auf den zu entrichtenden Einkaufspreis der zulässige Verkaufshöchstpreis im Inland

„der zur Zeit des inländischen Angebots oder des Verkaufs auf den ausländischen Märkten allgemein gültige Marktpreis für Waren gleicher Art und Güte zuzüglich der handelsüblichen Kosten und des handelsüblichen Gewinns".

Der Importeur konnte deshalb bei niedrigem Einkaufspreis und steigendem Marktpreis im Ausland einen „Dispositionsgewinn" erzielen, aber auch ebenso „Dispositionsverluste" erleiden.

Die Verordnung vom 22. September 1934 wurde durch die am 10. August 1937 in Kraft tretende „Auslandswarenpreisverordnung" vom 15. Juli 1937 und die am 23. August 1937 in Kraft tretende Erste Ausführungsverordnung vom 10. August 1937 abgelöst.

Diese Auslandswarenpreisverordnung gilt nicht nur für die gesamte gewerbliche Wirtschaft, sondern auch für die Ernährungswirtschaft.

Erfaßt wird lediglich der Verkehr mit ausländischen Waren, nicht aber der Verkehr mit den aus ihnen hergestellten Erzeugnissen. Hierfür sind die Bestimmungen der Preisstopverordnung maßgebend.

Weitere Lockerungen der Preisstopverordnung werden in den folgenden Abschnitten noch ausführlich erläutert.

E. Die Preisbildung auf Selbstkostenbasis.

I. Grundsätzliches zur Findung des „gerechten" Preises auf Kostenbasis.

Bei der kurzen Betrachtung der Höchst- und Mindestpreisfestsetzung wurde schon auf das Problem der „Kostenlage" der Betriebe hingewiesen und auf die Schwierigkeit der Wahl des geeigneten Grenzbetriebes.

Bei den Lockerungen der Preisstopverordnung tritt der Versuch, zur gerechten Preisfindung auf Kostenbasis zu gelangen, immer mehr in den Vordergrund.

Dazu ist vom betriebswirtschaftlichen Standpunkt folgendes zu sagen:

---

[8]) L. Miksch: Wie arbeitet die Preisaufsicht? Wirtschaftskurve der Frankfurter Zeitung 1937 S. 309.

Die Preisbildung auf Kostenbasis ist praktisch schwierig durchzuführen. Das werden die noch zu besprechenden Beispiele im einzelnen zeigen.

Schwierigkeiten bietet nicht nur die formelle Abgrenzung des Selbstkostenbegriffs, sondern auch die Frage der richtigen Errechnung.

Viel bedeutungsvoller und ungleich schwieriger zu lösen ist die Frage, in welcher Höhe die Selbstkosten angesetzt werden dürfen, um als Maßstab für eine organische Preisbildung dienen zu können.

Wir denken an die Bewertung der Roh- und Einsatzstoffe bei schwankenden Preisen, beim Entfall von Kuppelprodukten, bei sehr unterschiedlichem Ausschußanfall (Steingutfabriken, Gießereien, Drahtwalzwerke usw.), an die Schwierigkeiten der Festsetzung angemessener Verrechnungspreise bei tiefgegliederten Betrieben (Kupplung von Rohstofferzeugungs- und Verarbeitungsbetrieben).

Die Bestimmung der richtigen Selbstkosten des Einzelbetriebes ist ferner ungemein erschwert durch die Einflüsse der Beschäftigungsgradschwankungen.

Je höher der Anteil der fixen Kosten an der Gesamtsumme der Kosten eines Betriebes ist, um so bedeutungsvoller sind die Schwankungen des Beschäftigungsgrades, um so schwieriger die Frage der Bestimmung des zu den Selbstkosten zu rechnenden „angemessenen" Teiles der fixen Kosten. Saisonmäßig oder konjunkturbedingte Schwankungen der Beschäftigung sind wiederum vom Standpunkt der Kostenrechnung verschieden zu werten.

Aus diesen Hinweisen ergibt sich:

Die Selbstkosten des Einzelbetriebes sind keine brauchbare Grundlage zur Bildung eines gerechten Preises. Dazu müßten die Verhältnisse eines ganzen Geschäftszweiges berücksichtigt werden.

Aber auch hier stellen sich der praktischen Rechnung wegen der oft recht komplizierten Verhältnisse und der Vielgestaltigkeit innerhalb eines Geschäftszweiges große Schwierigkeiten entgegen.

Außer den Preisen müßten auch die gesamten Wettbewerbsverhältnisse der Branche geregelt werden, wenn der gewünschte Erfolg eintreten soll[9]).

II. Beispiele für die praktische Handhabung
    in Deutschland.

a) Die Selbstkosten als Richtlinien für die Preisbildung.

1. Die Wettbewerbsverordnung vom 21. Dezember 1934.

---

[9]) Vgl. die Gedankengänge bei S c h m a l t z, Selbstkosten und gerechter Preis. „Die Betriebswirtschaft" 1935, S. 78 ff.

Die Verordnung stellte keine unmittelbare staatliche Preisregelung dar. Vielmehr versuchte der Staat hier, durch die Regelung des Wettbewerbs die Preisgestaltung zu beeinflussen.

Nach der Verordnung werden Unter-Selbstkosten-Verkäufe bestraft; allerdings mit der Einschränkung, daß Preisschleuderei oder unlauterer Wettbewerb vorliegen muß. Diese strafbaren Delikte haben folgende Tatbestände zur Voraussetzung:

1. Nichterfüllung von öffentlich-rechtlichen und privat-rechtlichen Verpflichtungen,

2. Unterbietung mit dem Zwecke der Vernichtung der Konkurrenz.

Eine Strafverfolgung tritt dabei in jedem Falle nur dann ein, wenn der Schuldner seine Zahlungen einstellt oder über sein Vermögen das Konkursverfahren eröffnet wird.

Diese gesetzlich verankerten starken Einschränkungen lassen erkennen, daß es dem Gesetzgeber wohl nur darum ging, die krassen Sonderfälle zu erfassen, dagegen einen leistungsanspornenden gesunden Wettbewerb nicht einzuengen.

Im übrigen ist es auch schwierig, die Grenze zwischen Preisschleuderei und kalkulatorisch begründetem Unter-Selbstkosten-Verkauf eindeutig zu bestimmen.

Man denke an die sehr bedeutungsvolle Frage der Teilkostenrechnung.

Wenn ein Unternehmer etwa im Sinne der Schmalenbachschen Betriebswertrechnung kalkuliert, d. h. den zur Deckung der fixen Kosten und des Gewinnes auf die proportionalen Kosten zu verrechnenden Zuschlag je nach der Schwankung des Beschäftigungsgrades ändert, so bedeutet das, daß bei rückgängigem Beschäftigungsgrad u. U. Teile der fixen Kosten nicht gedeckt werden. Das kann so weit gehen, daß der Unternehmer zur Aufrechterhaltung des Betriebes, zum mindesten der Betriebsbereitschaft, auf den Zuschlag für fixe Kosten und Gewinn überhaupt verzichtet.

Im Sinne der Wettbewerbsverordnung dürfte hier so lange keine Preisschleuderei vorliegen, als der Unter-Selbstkosten-Verkauf nicht in der Absicht erfolgt, Staat, Gefolgschaft und Geldgeber zu schädigen.

2. Die Festsetzung von Richtpreisen.

Der Richtpreis ist ein Verwandter des Mindestpreises. Jedoch liegt bei der Richtpreisgestaltung eine noch stärkere Anlehnung an die Selbstkosten vor.

In der deutschen gewerblichen Wirtschaft gibt es eine Reihe von Beispielen für die Anwendung von Richtpreisen.

Zur Festsetzung von Richtpreisen ist zur Zeit eine Anzahl von behördlichen und privaten Stellen berechtigt.

So haben z. B. die Einfuhrüberwachungsstellen[10]) das Recht, für die dem Importeur folgenden Inlandstellen Richtpreise vorzuschreiben.

Weiter ist von Bedeutung geworden die Richtpreisregelung in verschiedenen Gewerbezweigen, in denen die Einhaltung der Richtlinien von sogenannten Kalkulationskartellen überwacht wird.

Kalkulationskartelle eignen sich von Haus aus am besten für Industriezweige mit vielgestaltigen Erzeugnissen, da sich ein Kalkulationsschema auf jedes Produkt anwenden läßt.

Eigenartigerweise haben sich in ausgesprochenen Modeindustrien (z. B. Textilindustrie) Kalkulationskartelle nicht eingebürgert[11]). Von den in den letzten Jahren entstandenen Kalkulationskartellen sind folgende bemerkenswert:

aa) Reichskartell des deutschen Glaserhandwerks.

Dieses Kartell gibt Kalkulationsformulare heraus und schreibt vor, daß sich die Mitglieder bei ihren Preisberechnungen nach dieser Kalkulation richten müssen. Zur Erleichterung der Nachprüfbarkeit sind entsprechende Aufzeichnungsvorschriften erlassen.

Das Kartell hat aus den Kalkulationen der Mitglieder inzwischen Erfahrungssätze gesammelt, die die Überwachung der Einhaltung der Vorschriften wesentlich erleichtern.

Stellt sich bei der Nachprüfung von Angeboten, die unter den Erfahrungssätzen liegen, die Richtigkeit der Kalkulation heraus, so darf zu dem niedrigeren Preis verkauft werden. Für andere Kartellmitglieder kann sich daraus u. U. der Zwang zu Unterkostenpreisverkäufen ergeben.

Dasselbe kann eintreten, wenn Betriebe mit ihren Kosten so über den Erfahrungssätzen liegen, daß sie, um verkaufen zu können, auf die Erfahrungssätze heruntergehen müssen[12]).

Wegen der meist einfachen und wenig kapitalintensiven Betriebsverhältnisse sind die Kalkulationsvorschriften im Glaserkartell recht unkompliziert und leicht zu befolgen.

Anders sehen die Kalkulationsvorschriften im

bb) graphischen Gewerbe

aus. Es handelt sich hier um einen Wirtschaftszweig, in dem Kleinst- und Großbetriebe mit jeweils sehr unterschiedlichen Einrichtungen und

---

[10]) Vgl. oben S. 5.

[11]) Schmalenbach, Grundlagen der Selbstkostenrechnung und Preispolitik, 6. Auflage, S. 292.

[12]) L. Miksch, Kalkulationskartell und Kalkulationskontrolle, Wirtschaftskurve der Frankfurter Zeitung, 1937, S. 214.

entsprechend vielseitigem Produktionsprogramm nebeneinander bestehen[13]).

In diesem Gewerbezweig war nicht nur eine Preisregelung erforderlich, sondern auch ein allmählicher Abbau der Überkapazität.

Die von dem damaligen Preiskommissar erlassene Ordnung für das graphische Gewerbe vom 21. Mai 1935 brachte deshalb auch ein Investitionsverbot (später abgelöst durch den Verschrottungszwang für Altmaschinen).

Die früher in diesem Gewerbe angewandten Mindestpreise wurden durch Richtpreise ersetzt.

Diese sind auf Grund der durchschnittlichen Fertigungskosten einschließlich eines geringen Unkostenzuschlages errechnet, wobei eine Kapazitätsausnutzung von 83,4% zugrunde gelegt ist.

Die Errechnung der Richtpreise ist ziemlich kompliziert.

Ihre Unterschreitung ist an sich gestattet, aber melde- und nachweispflichtig.

Bemerkenswert ist, daß im graphischen Gewerbe die Einrechnung von Eigenzinsen und Gewinn nicht verlangt wird.

Die Praxis hat dazu geführt, daß Betrieben, die einen tatsächlichen — und vom Kartell geprüften — Kostenvorsprung haben, eine Art „Haustarif" zugebilligt wurde[14]). In diesen Fällen erfolgt eine Meldung erst, wenn der Haustarif unterschritten wird.

Auch das Kalkulationskartell für das

cc) Graugußgewerbe

ist berechtigt, Lieferungsbedingungen und Richtpreise festzusetzen.

Die Kalkulationsformulare des Kartells enthalten eine weitgehende Aufteilung der zu kalkulierenden Kostenteile. Eine Normierung des Gewinnzuschlages ist auch hier nicht vorgesehen.

Die Unterschreitung der Richtpreise ist bis zu den ordnungsgemäß errechneten Kostenpreisen gestattet, jedoch anmeldepflichtig. Die Berechtigung der Unterschreitung der Richtpreise wird vom Kartell geprüft.

Für die

dd) Rundfunkindustrie

wurde im Herbst 1937 ein Kalkulationskartell gebildet, das ebenfalls die

---

[13]) Die marktregelnden Verbände im graphischen Gewerbe sind:
Der Deutsche Buchdruckerverein E. V.
Der Verband Deutscher Offset- und Steindruckereibesitzer E. V.
Der Bund der chemigraphischen Anstalten, Kupfer- und Tiefdruckereien Deutschlands E. V.

[14]) Miksch, Kalkulationskartelle, a. a. O., S. 216.

früheren Mindestpreise durch Richtpreise für die drei wichtigsten Konstruktionen ersetzte[15]).

Beabsichtigte Unterschreitungen müssen vor dem Beginn der Saison beantragt werden.

Die Preise sollen die Selbstkosten decken. Über die inzwischen auf Betreiben des Preiskommissars durchgeführten Preissenkungen bei Rundfunkgeräten und -artikeln siehe oben S. 11.

b) Preisbildungsvorschriften, die die Berechnung bestimmter Kostenteile regeln.

1. Die Spinnstoffwirtschaft.

Vorbemerkung.

Wir besprechen in den folgenden Abschnitten die Preisbildungsvorschriften für einige sehr wichtige Geschäftszweige.

Die Vorschriften werden eingehend erläutert, namentlich diejenigen für die Textilindustrie, in deren gesamte Preisgebarung wohl der stärkste Eingriff innerhalb der gewerblichen Wirtschaft schon vor dem Erlaß der Preisstopverordnung erfolgte.

Die Beispiele sollen zeigen, welche Wege versucht wurden, um die Preiserhöhungen in erträglichem Rahmen zu halten. Die Preisstopverordnung und ihre Lockerungen spielen bei diesen Beispielen eine besondere Rolle.

Zu den bis heute bekanntgewordenen Lockerungen der Preisstopverordnung ist folgendes zu sagen:

Sie sind von dem Grundsatz beherrscht, auch die unvermeidbaren Kostensteigerungen nur in beschränktem Umfange zu genehmigen. Das heißt also, daß auch an sich berechtigte Preissteigerungen auf Kosten der Gewinne der Unternehmungen möglichst klein gehalten werden sollen. Die Kostensteigerungen „verkrümeln" sich also — wie man in der Praxis sagt — zum Teil auf dem Weg bis zum letzten Käufer.

In vielen Fällen geschah das auf natürliche Weise dadurch, daß Kostendegressionen infolge stärkerer Beschäftigung die Kostensteigerungen ganz oder teilweise eliminierten.

Wo das nicht der Fall war, wurde die „Verkrümelung" im wesentlichen durch die sogenannte „Anhängekalkulation" bewirkt.

Sie ist nicht nur für die Spinnstoffwirtschaft, sondern auch für die Lederwirtschaft und die Wirtschaft der unedlen Metalle vorgeschrieben. Sie wird deshalb hier vorweg besprochen.

Was unter der Anhängemethode zu verstehen ist, möge folgendes Beispiel zeigen:

---

[15]) Miksch, Kalkulationskartelle, a. a. O., S. 218.

	I. Vergleichskalkulation	II. Kalkulation bei steigenden Rohstoffpreisen	
		unter Beibehaltung der bisherigen Kalkulationsmethode	unter ausschließlicher Berücksichtigung der Rohstoffsteigerung
Rohstoffe einschließlich Verarbeitungsverlust	100,—	150,— *)	100,—
20 % Zuschlag	20,—	30,—	20,—
Löhne	50,—	50,—	50,—
20 % Zuschlag	10,—	10,—	10,—
Betriebskosten	180,—	240,—	180,—
20 % auf Betriebskosten	36,—	48,—	36,—
Gesamtkosten	216,—	288,—	216,—
*) Preissteigerung des Rohstoffs			50,—
Industriekalkulation	216,—	288,—	266,—
Der Großhandel übernimmt die Ware: 30 % Aufschlag rd.	65,—	86,—	65,—**)
Großhandelspreis	281,—	374,—	331,—
Der Einzelhandel übernimmt die Ware und berechnet: 50 % Aufschlag	140,—	187,—	140,—**)
	421,—	561,—	471,—

**) unverändert gegenüber der Vergleichskalkulation.

Bei der Methode II erzielt sowohl der Hersteller wie der Großhändler und der Einzelhändler einen höheren Gewinn, aber der Konsument muß nicht nur die zwangsläufige Steigerung der Rohstoffkosten tragen, sondern auch die dreimalige Gewinnerhöhung. Die Methode III, die sogenannte Anhängemethode, berücksichtigt dagegen nur die unvermeidliche Rohstoffsteigerung.

Die „Anhänge"-Methode sucht also zu verhindern, daß durch Beibehaltung der üblichen prozentualen Zuschlagsrechnung bei Unkosten und Gewinn außer der unvermeidlichen Verteuerung einzelner Kostenteile auch weitere Kostenteile und der Gewinnzuschlag mit höheren Beträgen verrechnet werden.

Die Anhänge-Methode führt in sehr vielen Fällen zu einer Verminderung der Rentabilität des Unternehmens. Natürlich ist zu beachten, daß Umsatzsteigerungen in Zeiten eines Wirtschaftsaufschwungs den absoluten Mehrbetrag des Unternehmungsgewinnes unter Umständen stark erhöhen können und dadurch die obenbezeichneten Nachteile mindern oder ganz aufheben.

Die Einzelheiten der Spinnstoffpreisbildung.

Die Preisermittlung für die im Inland bezogenen Spinnstoffe baut auf den Vorschriften des Spinnstoffgesetzes vom 6. Dezember 1935[16]), der Stop-Verordnung, dem Runderlaß vom 12. März 1937 (unter Einschluß seiner grundsätzlichen Auslegung im Mitteilungsblatt Nr. 16, 1938 des Reichskommissars für die Preisbildung) und der Verordnung vom 9. bzw. 11. Dezember 1937 auf.

Zur Zeit (Mitte Juli 1938) bestehen für alle Spinnstoffwaren zwei Preisobergrenzen, deren Errechnung jeweils auf besondere Art erfolgt.

Die erste Preisobergrenze.

Es ist zulässig:

Der nach den Regeln des Spinnstoffgesetzes gebildete Verkaufspreis, solange der am 30. November 1936 erzielte oder geforderte Preis nicht erreicht wird. Eine Überschreitung dieses Preisstandes ist nur möglich bei unvermeidbarer Erhöhung der tatsächlichen Einkaufspreise einschließlich Verarbeitungsverlust für das produktive Material.

Der nach den Regeln des Spinnstoffgesetzes gebildete, am 30. November 1936 erzielte oder geforderte Preis wird als Stop-Preis bezeichnet.

Das Spinnstoffgesetz unterscheidet die Preisermittlung für Waren, die
a) mit Waren aus der Stichzeit 1934 vergleichbar,
b) nach der Stichzeit 1934 neu auf den Markt gekommen sind.

Zu a) Mit der Stichzeit vergleichbare Waren:

Maßgebend ist nach dem Spinnstoffgesetz (§ 17) der in der Stichzeit vom 1. bis 21. März 1934 überwiegend für Waren vergleichbarer Art und Güte erzielte Verkaufspreis. Liegen für die Stichzeit keine vergleichbaren Abschlüsse vor, gilt der Marktpreis vom 21. März 1934. Die Vergleichbarkeit mit den damaligen Waren ist sehr weit auszulegen.

Der Märzverkaufspreis 1934 darf nur erhöht werden um:
1. die unvermeidbare Steigerung des Einkaufspreises der Rohstoffe, der Halb- und Fertigwaren oder der Hilfsstoffe oder des Abfalls;
2. das unvermeidbare Ansteigen der Löhne und Sozialbeiträge (auch Gehälter bis RM 600,— monatlich);
3. die zwangsläufig mit den unter 1. genannten Einkaufspreisen und den Verkaufspreisen anwachsenden Kosten, sofern der Hundertsatz gegenüber der Stichzeit nicht geändert wird.

Alle diese Erhöhungen dürfen aber im Verkaufspreis nur dann ihren Niederschlag finden, wenn sie nicht „durch Verminderung anderer Kostenteile ausgeglichen werden".

Ist eine Ware nach diesen Grundsätzen zum 30. November 1936 kalkuliert, so bleibt zu prüfen, ob der an diesem Tag erzielte oder geforderte

---

[16]) Durch dieses Gesetz wurde die Faserstoffverordnung vom 19. Juli 1934 abgelöst.

Preis niedriger lag; denn als Stop-Preis gilt der niedrigere der beiden Vergleichswerte:

Höchstzulässiger Preis nach dem Spinnstoffgesetz; erzielter oder geforderter Preis am 30. November 1936.

Vom 12. März 1937 ab (Runderlaß 65/37 sogenannte „Lockerungsverordnung") kann an den Stop-Preis angehängt werden die unvermeidbare Steigerung der Einkaufspreise für das produktive Material einschließlich des Verarbeitungsverlustes. Für die Preisbewegungen unterhalb des Stop-Preises gelten die Bestimmungen des Spinnstoffgesetzes unverändert weiter.

Zu b) Waren, die nach der Stichzeit 1934 neu auf den Markt gekommen sind.

Nur in den Fällen, für die kein vergleichbarer Preis für die Stichzeit 1934 zu ermitteln ist, kommen andere Errechnungsvorschriften für die Stop-Preis-Bildung in Anwendung. Zu beachten ist aber, daß nach dem Willen des Gesetzgebers nur in begründeten Ausnahmen von dem Prinzip der Vergleichspreise abgegangen werden soll. Trifft diese Voraussetzung zu, dann sind als Verkaufspreis höchstens anzusetzen:

Selbstkosten zuzüglich angemessene Kapitalverzinsung.

Als Selbstkosten gelten alle Aufwendungen, die in keiner Form Gewinnanteile enthalten, jedoch kann ein „Unternehmerlohn" besonders angesetzt werden.

Für die Verzinsung des Eigenkapitals wurde bisher bei nicht unbeschränkter Haftung des Gesellschafters durchweg bis zu 2% über Reichsbankdiskont als angemessen angesehen. Ein höherer Satz ist für das Kapital der Einzelkaufleute bzw. der persönlich haftenden Gesellschafter zu rechtfertigen, der bei etwa 8% liegen dürfte.

Als Stop-Preis gilt nun:

entweder der nach diesen Gesichtspunkten gebildete Höchstpreis zum 30. November 1936,

oder der niedrigere erzielte oder geforderte Verkaufspreis am 30. November 1936.

Der äußerste Preis nach dem 12. März 1937 ist der um die tatsächliche Verteuerung der Einkaufspreise erhöhte Stop-Preis.

In bezug auf die Anrechnung der Einkaufspreisänderung brachte der Erlaß vom 11. Dezember 1937 (182/37) eine wichtige Erläuterung.

Die zweite Preisobergrenze.

Laut Runderlaß 65/37 vom 12. März 1937 einschließlich nachher erfolgter amtlicher Verlautbarungen darf die Gesamtheit der nach dem Grundsatz der „Ersten Preisobergrenze" gebildeten Verkaufspreise nicht höher liegen, als zur Deckung des betriebsnotwendigen Aufwands für

Erzeugung und Vertrieb einschließlich angemessener Abschreibungen und zur Erzielung eines angemessenen Gewinnes erforderlich ist.

Auf Grund von Verlautbarungen des Preiskommissars mußte man ursprünglich annehmen, diese absolute Preisobergrenze bestehe auch für die Unternehmungen, die von der Lockerungsverordnung nicht Gebrauch machten.

Gegen diese weitgehende Auslegung sind von seiten der Wirtschaft erhebliche Bedenken vorgebracht worden. Die Praxis der Preisbehörden scheint die Vorschrift nur auf die Fälle anzuwenden, in denen von den Erleichterungen der Lockerungsverordnung Gebrauch gemacht wird[17]). Diese Handhabung findet ihre Bestätigung in der grundsätzlichen Entscheidung des Reichskommissars für Preisbildung in seinem Mitteilungsblatt Nr. 16, 1938, nach der der Runderlaß 65/37 nur für die Überschreitung der Stop-Preise anzuwenden ist.

Was als betriebsnotwendiger Aufwand und angemessene Abschreibungen anzusehen ist, wurde von den berufenen Stellen noch nicht gesagt. Immerhin können nach dem bisher bekannt gewordenen einige Grundsätze aufgestellt werden:

Die Maßstäbe sind stellenweise strenger anzulegen, als etwa ähnlich lautende steuerliche Richtlinien. Die Begriffsbestimmung geschieht am zweckmäßigsten negativ.

Nicht als betriebsnotwendiger Aufwand gelten:

1. Aufwendungen für Vermögensgegenstände, die außerhalb des Betriebszweckes liegen, wie Privathäuser, Privatautos usw.; dasselbe gilt von Privatentnahmen, Zuwendungen an Anteilseigner, übermäßige Vergütungen, Einkommen-, bzw. Körperschaftsteuern;

2. Geschenke, Zuschüsse und freiwillige Zuwendungen aller Art;

3. Verluste auf Forderungen, Darlehnsbeträge usw., die weder durch die Erzeugung noch durch den Vertrieb entstanden sind;

4. aktivierungsfähige über Betriebskosten verrechnete Aufwendungen, wie Um- und Neubauten, Reklame mit mehrjähriger Wirkung, Organisationsaufwand usw.;

5. unangemessene Abschreibungen.

Abschreibungen werden nur anerkannt für Vermögensgegenstände, die für die Erreichung des Betriebszweckes unbedingt erforderlich sind, nicht also z.B. Abschreibungen auf nicht genutzte Gegenstände und stillliegende Betriebsteile oder u. U. Abschreibungen auf Beteiligungen.

Die Höhe der Abschreibungen bemißt sich in erster Linie nach dem Verschleiß und nur in besonders gelagerten Ausnahmefällen wird eine

---

[17]) Vgl. Velder: „Zur Frage des angemessenen Gewinnes bei Textilunternehmungen." Der Wirtschaftstreuhänder, 1937, S. 459.

Entwertung durch die technische Entwicklung berücksichtigt. Die steuerlich zulässige Bewertungsfreiheit für kurzlebige Wirtschaftsgegenstände kam für die Bestimmung der Preisobergrenze nicht in Frage. Aus dem Gewinnzuschlag sollen u. a. auch sämtliche gemeinnützigen Spenden — auch für nationale Zwecke -- gedeckt werden.

Die Ermittlung der absoluten Preisobergrenze.

In der Praxis stößt die Feststellung der Obergrenze im Sinne der Lockerungs-Verordnung auf erhebliche Schwierigkeiten.

Einmal deshalb, weil sich der Gewinn einer Rechnungsperiode regelmäßig erst nachträglich feststellen läßt.

Ferner dadurch, daß der Gewinn einer Unternehmung meist aus verschiedenen Quellen stammt, deren Isolierung nicht immer einfach ist.

Die Schwierigkeiten sind aber in der Hauptsache deshalb entstanden, weil nicht gesagt ist, was „angemessener" Gewinn sein soll[18]).

Hieraus ergibt sich:

Bei der jeweiligen Preisstellung muß auf Grund des Vorjahrsergebnisses das voraussichtliche Ergebnis der laufenden Rechnungsperiode geschätzt werden.

Hat die abgelaufene Rechnungsperiode, die ein Jahr nicht überschreiten darf, einen unangemessenen Gewinn abgeworfen, so muß der zuviel erzielte Gewinn bei der künftigen Preisstellung angerechnet werden. Es bleibt dabei übrigens dem Betrieb überlassen, ob er alle Preise oder nur diejenigen einer Warengruppe oder bestimmter Waren ermäßigt; alles in allem: eine sehr komplizierte und problematische Rechnung.

Als Gewinn im Sinne dieser Bestimmungen kann nicht der Bilanzgewinn gelten, was oben bereits gesagt wurde.

Der Bilanzgewinn ist oft eine zufällige Größe, entstanden auf Grund inner- und außerbetrieblicher Einflüsse, zufälliger Bilanzierungsgepflogenheiten usw.

Statt des Bilanzgewinnes müßte also der Betriebsgewinn errechnet werden. Ein Verfahren, das nicht immer einfach durchzuführen ist.

Alle nicht betrieblichen Erträge, wie Erträge aus Beteiligungen, Effektengewinn und die Auskehrung stiller Reserven beim Umlaufvermögen — falls sie zahlenmäßig erfaßbar sind — müßten ausscheiden.

Anderseits müßten Aufwendungen berücksichtigt werden, die zu Lasten früherer Perioden verbucht wurden, aber anteilig das Geschäftsjahr betreffen. Das gilt z. B. von übermäßigen Abschreibungen früherer Jahre.

Man hat versucht, den Gewinn in Beziehung zum bilanzmäßigen Eigenkapital zu setzen, um so zu einheitlichen, angemessenen Gewinnprozentsätzen zu gelangen.

---

[18]) Vgl. hierzu auch Velder, a. a. O., S. 460 f.

Die Versuche konnten nicht zu brauchbaren Ergebnissen führen, weil, wie schon erwähnt, der Spielraum für die bilanzmäßige Bewertung ein sehr großer ist. Infolgedessen sind auch die Kapitalkonten bzw. das ausgewiesene bilanzmäßige Eigenkapital (Kapitalkonten + offene Rücklagen) oft recht zufällige Größen.

Man denke nur an die unterschiedliche Handhabung der Anlageabschreibungen, an Sanierungsmaßnahmen u. dgl.

Wenn es möglich wäre, das wirkliche, nicht nur das buchmäßige Kapital zu errechnen, so wäre man damit schon einen guten Schritt weiter.

Eine solche Rechnung dürfte aber praktisch kaum zu empfehlen sein, weil sie zu sehr unsicheren Ergebnissen führen müßte. Es gibt wohl in jedem Betrieb stille Reserven. Ihre wirkliche Höhe läßt sich aber meist gar nicht feststellen. Sie sind überdies außerordentlichen Schwankungen unterworfen, die ebenfalls zahlenmäßig nicht festzuhalten sind. Man denke an Vorräteentwertung wegen plötzlicher Modeänderungen, Käuferstreiks, politischer Schwierigkeiten im Exportgeschäft, an Anlagenentwertung wegen technischer Überholung, Umstellung in der Materialwirtschaft usw. Alles das sind Vorgänge, die bis dahin vorhandene stille Reserven mit einem Schlage aufzehren können. Stille Reserven können aber auch plötzlich durch außerhalb des Betriebes liegende Ereignisse gebildet werden. Kurzum: Die Beispiele dürften gezeigt haben, daß es allein mit Rücksicht auf die unterschiedliche Bilanzpolitik nicht angängig ist, das Kapital allein als Beziehungsgrundlage bei der Festsetzung eines angemessenen Gewinnsatzes zu nehmen.

Aber auch die Finanzstruktur spielt eine große Rolle, d. h. die Zusammensetzung des im Betriebe arbeitenden Kapitals nach Eigen- und Fremdkapital. Es wäre unbillig, hierauf bei der Festsetzung des angemessenen Gewinnes keine Rücksicht zu nehmen.

Der einfachste und übersichtlichste Weg dürfte nach dem Gesagten derjenige sein, einen angemessenen Gewinnsatz vom Umsatz zu gewähren.

Welcher Satz als angemessen anzusehen ist, läßt sich, streng genommen, nur nach Würdigung aller Umstände im jeweiligen Einzelfall festlegen.

Damit kommt man praktisch nicht weiter. Die Angemessenheit wird man für eine Wirtschaftsgruppe oder Branche festlegen müssen, nachdem von dieser die entsprechenden Unterlagen zur Verfügung gestellt worden sind.

Diese Unterlagen werden um so vollkommener, je weiter das gesamte Rechnungswesen (Buchführung und Kalkulation) der Unternehmungen vereinheitlicht wird.

Die Verordnungen für die Spinnstoffwirtschaft enthalten bereits Mindestvorschriften in Bezug auf die formelle Ausgestaltung des Rechnungswesens. Die Anfertigung und Aufbewahrung von Kostenrechnungen ist den Unternehmungen ebenfalls zur Pflicht gemacht.

2. Die Lederwirtschaft.

Mit der Verordnung über die Bildung von Preisen und Entgelten auf dem Gebiet der Lederwirtschaft (Lederpreisverordnung) vom 29. April 1937 wurden die in den Jahren 1934 und 1935 für die Lederwirtschaft erlassenen Verordnungen aufgehoben und ebenfalls die Preisstopverordnung vom 26. November 1936 außer Kraft gesetzt.

Die erlassenen Vorschriften ähneln in vielem denen der Textilwirtschaft. Für jede Kalkulation ist der Grundpreis von maßgebender Bedeutung; es ist dies ein Preis aus 1934 und für die lederverarbeitenden Betriebe aus dem Jahre 1935, wobei das ganze Jahr der Berechnung zugrunde gelegt sein muß.

Alle schon bei der Textilwirtschaft besprochenen, mit den Vergleichszeit-Preisen zusammenhängenden Fragen spielen auch hier eine Rolle.

Hinsichtlich der Bewertung wird bestimmt, daß Werkstoffe nur mit den tatsächlich gezahlten Einkaufspreisen, die Fertigungslöhne nur zu den tatsächlich gezahlten Beträgen, höchstens aber zu tariflich festliegenden Lohnsätzen verrechnet werden dürfen. Bei den Gemeinkosten darf nur der in 1935 tatsächlich je Leistungseinheit berechnete Satz eingesetzt werden.

Für Straßenschuhe geschieht heute die Preisermittlung auf reiner Kostenbasis. Davon wird in einem besonderen Abschnitt die Rede sein. Die Lederpreisverordnung enthält ebenfalls Vorschriften über die Form und die Aufbewahrung von Kostenrechnungen.

3. Die Wirtschaft der unedlen Metalle.

Für die Preisstellung sind die Selbstkosten maßgebend. Höher als ein in der Vergleichzeit vom 1. bis 26. März 1934 bei Verkäufen erzielter Preis darf jedoch der kalkulierte Preis nicht sein. Eine Preiserhöhung darf nur erfolgen:

1. um den für vom Ausland bezogene Metalle tatsächlich höher gezahlten Betrag;

2. um den Betrag, um den die Gestehungskosten seit dem 26. März 1934 infolge nicht zu vermeidender Umstände gestiegen sind.

In diesem Falle darf die Kostenerhöhung aber nicht durch Umsatzrückgang verursacht sein, d. h. also, die Betriebe müssen ihre Unkostensätze nach der Normalbeschäftigung ausrichten.

c) Die Preisbildung auf reiner Kostenbasis.

Das an dieser Stelle zu erwähnende Beispiel sind die Preiserrechnungsvorschriften für Herren-, Damen- und Kinder-Lederschuhwerk, die auf Grund der Lederpreisverordnung erlassen wurden.

In diesen Vorschriften heißt es u. a.:

„Die Ermittlung der Verkaufspreise hat auf der Grundlage von Kostenvorrechnungen zu erfolgen."

„Mittels der Kostenvorrechnungen ist der Verbrauch je Paar festzustellen. Der Verbrauch ist nach Maßgabe seiner Verursachung für die verschiedenen Größen, Artikel und Modelle getrennt zu ermitteln. Diese Ermittlung hat nach betriebswirtschaftlichen Grundsätzen mit tunlichster Anpassung an die Eigenarten des einzelnen Betriebes unter Beachtung der in diesen Vorschriften getroffenen Bestimmungen über Wertansatz und Gliederung der Kosten zu erfolgen; eine weitergehende Aufteilung der Kosten ist sinngemäß im Rahmen dieser Gliederung zu halten."

„Die Ansätze für die den einzelnen Erzeugnissen unmittelbar zumeßbaren Kosten (z. B. Lederverbrauch, Akkordlöhne) sind nach dem tatsächlichen Verbrauch zu ermitteln."

„Die Ansätze für die nur mittelbar durch Verrechnung für die Einzelleistung erfaßbaren Kosten sind aus dem entsprechenden Verbrauch einer Vergleichszeit zu ermitteln. Vergleichszeit im Sinne dieser Vorschriften ist das Kalenderjahr 1935."

Diese mehr allgemeinen Vorschriften werden dann eingehend erläutert, wobei besonders betont wird, daß sowohl die unmittelbar wie die mittelbar anrechenbaren Kosten tunlichst genau auf die jeweiligen Kostenträger zu verrechnen sind.

Was im einzelnen zu den Gemeinkosten (Betriebs-, Vertriebs- und Verwaltungskosten) zu rechnen ist, wird auch in diesen Vorschriften nicht gesagt. Es heißt lediglich, daß Gewinnsteuern, Umsatzsteuer, Ausfuhrabgabe und Aufwendungen für Kapitalnutzung nicht zu den Gemeinkosten gehören.

Der Begriff der Gewinnsteuern und der Kapitalnutzung wird nicht näher umrissen.

Zur Feststellung des Preises darf, wie es in den Vorschriften heißt, auf die Kostenansätze ein „angemessener Aufschlag" verrechnet werden. Was angemessen ist, sagt die Verordnung nicht.

Die Zugrundelegung der Unkostensätze des Jahres 1935 bedeutete für die Betriebe mit seitdem gestiegenem Beschäftigungsgrad einen Vorteil falls der Preis entsprechend gestaltet werden konnte. Für den umgekehrten Fall sehen die Vorschriften, falls eine unbillige Härte anzunehmen ist, Ausnahmen vor.

Für Betriebe mit weniger als 25 Gefolgschaftsmitgliedern gelten einfachere Vorschriften.

d) Der Einfluß des Staates als Auftraggeber auf Preisbildung und Kalkulation.

Als Auftraggeber haben die öffentlichen Stellen ein großes Interesse an der Bildung angemessener Preise.

Die Vergebung staatlicher Aufträge erfolgt auf Grund der Bestimmungen der „Verdingungsordnung für Leistungen", und zwar
nach öffentlicher Ausschreibung,
nach beschränkter Ausschreibung und
ohne Ausschreibung (freie Vergebung).

Nur auf Anfordern der öffentlichen Stelle muß der Anbieter bei den Ausschreibungen Selbstkostenrechnungen einreichen. Grundsätzlich wird jedoch ein Zuschlag nicht nach dem niedrigsten Angebot erteilt. Die Leistungsfähigkeit und andere Gesichtspunkte, z. B. die regionale Verteilung der Aufträge, spielen bei der Auftragserteilung ebenfalls eine wichtige Rolle. Daher ist auch die Selbstkostenrechnung nicht von ausschlaggebender Bedeutung. Die Begründung eines Angebotspreises durch die Selbstkostenrechnung gehört vielmehr zu den Ausnahmen.

Im allgemeinen soll der freie Wettbewerb anständiger Firmen die Preise regeln.[19]

Zur Verhinderung unlauterer Preisabreden anbietender Firmen wurden entsprechende Maßnahmen getroffen (Rundschreiben des Preiskommissars vom 29. März 1935.[20])

Von größerer Bedeutung ist die Selbstkostenrechnung bei der freihändigen Vergebung staatlicher Aufträge.

Sie kommt in all den Fällen vor, wo infolge der Eigenart der Leistungen oder bei Monopollieferanten, geheimzuhaltenden Aufträgen u. dgl. eine Ausschreibung nicht am Platze ist.

Zwei sehr bedeutende öffentliche Auftraggeber, nämlich die Deutsche Reichsbahn (einschließlich Reichsautobahnen) und das Reichskriegsministerium haben in ausführlichen Leitsätzen Kalkulationsrichtlinien aufgestellt.

In der Öffentlichkeit ist besonders der Vertrag der Deutschen Reichsbahn mit dem Deutschen Wagenbauverein bekanntgeworden, der auch die Kalkulationsrichtlinien enthält. Die Reichsbahn steht in diesem Falle sozusagen mit einem Nachfragemonopol einem Kartell von etwa 20 Unternehmungen als Anbietern gegenüber.

Das Eigenartige an der hier vorgenommenen Regelung besteht darin, daß weder der Nachfrager noch die kartellierten Lieferanten — Außenseiter fallen kaum ins Gewicht — die Preise diktieren.

---

[19]) Luther, a. a. O., S. 242.
[20]) Zitiert nach Luther, a. a. O., S. 242.

Die Preisbildung vollzieht sich vielmehr so:

Von den einzelnen Fabriken werden für die Lieferungen der voraufgegangenen Auftragsperiode genaue Nachkalkulationen eingereicht. Diese bilden die Grundlage für die Preisfestsetzung der neu zu vergebenden Aufträge.

Die Nachkalkulationen werden nach einem sehr weit gegliederten Schema aufgestellt und von einem Vertrauensmann der Reichsbahn bei der Wagenbau-Vereinigung geprüft.

Der Vertrauensmann kennt die Kostenverhältnisse der einzelnen Unternehmungen genau. Der Reichsbahn gibt er lediglich die auf Grund der Nachkalkulation errechneten Durchschnittsselbstkosten weiter, während er die Einzelkalkulationen der Fabriken geheimhalten muß.[21]

Die Preise werden auf Grund der Durchschnittsselbstkosten festgesetzt.

Das Verfahren hat dazu geführt, daß während der Dauer des Vertrages die Preise fast ständig zurückgegangen sind.[22]

Einen Teil ihrer Wagenaufträge (z. Z. 15%) verteilt die Reichsbahn außerhalb des Abkommens mit der Wagenbauvereinigung.

Aus den Kalkulationsrichtlinien der Reichsbahn seien noch folgende Einzelheiten wiedergegeben:

Zu den Selbstkosten dürfen von den Unternehmungen nicht gerechnet werden:

1. nicht vertraglich zugesicherte Tantieme,
2. Körperschaftsteuer, Einkommensteuer, Ausfuhrförderungsumlage,
3. öffentliche Spenden,
4. Zahlungsausfälle bei Nicht-Reichsbahngeschäften, Abschreibungen zweifelhafter Forderungen,
5. Kosten für Gewährleistungen,
6. Zinsen und Skonti aller Art,
7. Erträgnisse aus dem Verkauf von Abfallstoffen,
8. Einnahmen und Ausgaben von Wohnungen außerhalb des Werkes.

Die Bewertung der Werkstoffe erfolgt bei allgemeinen Vorratsstoffen zu Tagespreisen, bei speziellen Auftragsstoffen zu Einstandspreisen.

Die Unkosten sind nach Arten weitgehend zu unterteilen und nach folgenden Gruppen zusammenzufassen:

Werkstoffunkosten = werkstoffabhängig
Betriebsunkosten = lohnabhängig
Handlungsunkosten = fertigungskostenabhängig.

Hinsichtlich der Anlagenabschreibungen ist bestimmt:

---

[21] Miksch, Kalkulationskartell, S. 221.
[22] Miksch, Kalkulationskartell, S. 221.

Nicht die jährlichen Bilanzabschreibungen, sondern kalkulatorische Abschreibungen sind maßgebend. Bemessungsgrundlage sollen die Anschaffungswerte sein oder, soweit nicht feststellbar, Buch- oder Zeitwerte. Die Abschreibungsquote richtet sich nach der technischen Lebensdauer. Bemerkenswert ist weiter, daß nach der Aufzählung der für die einzelnen Anlagegegenstände gestatteten Abschreibungssätze eine absolute Gesamthöhe der auf Reichsbahnaufträge zu verrechnenden Abschreibungen festgelegt ist.

Über die Verrechnung des Gewinnzuschlages ist folgendes bestimmt:

„Gewinn- und Wagniszuschlag ist auf Stoffkosten mit 5% einzusetzen, auf Lohnkosten und sämtliche Unkosten mit 10%, weil für erstere kein Wagnis vorhanden ist und der Behördenauftraggeber rasch und zuverlässig bezahlt. Bei Lohnkosten und Unkosten ist das Wagnis geringerer Beschäftigung zu berücksichtigen."

Es versteht sich, daß derartige weitgehenden Vorschriften nicht ohne Einfluß auf die Gestaltung des gesamten betrieblichen und kaufmännischen Rechnungswesens der betreffenden Unternehmungen bleiben konnten und die Vereinheitlichung des Rechnungswesens innerhalb der in Frage kommenden Geschäftszweige erheblich förderten.

e) Die Bestrebungen zur Vereinheitlichung des Rechnungswesens in Deutschland.

Ein Erlaß vom 12. November 1936, in dem der Reichswirtschaftsminister die Aufgaben der Organisation der gewerblichen Wirtschaft umreißt, sagt in bezug auf die betriebswirtschaftlichen Aufgaben folgendes:

„Unter den betriebswirtschaftlichen Aufgaben ist in vielen Wirtschaftszweigen die Verbesserung des Rechnungswesens und die Aufstellung einheitlicher Buchhaltungs- und Kalkulationsrichtlinien besonders vordringlich. Einem einwandfreien betrieblichen Rechnungswesen und einem auf gleichartiger Kostenermittlung beruhenden Unkostenvergleich kommt eine erhebliche Bedeutung zu. Dies ermöglicht dem Betrieb nicht nur einen Überblick über die eigenen Kosten, sondern auch den Vergleich mit den Kosten anderer Betriebe oder zum mindesten mit den Durchschnittskosten ihres Wirtschaftszweiges und trägt dazu bei, die Wirtschaftlichkeit der deutschen Unternehmungen in Richtung auf eine Kosten- und Preissenkung und auf eine Verhinderung unnötiger Preissteigerungen zu fördern ..."

Inzwischen ist durch den beim Reichskuratorium für Wirtschaftlichkeit gebildeten Reichsausschuß für Betriebswirtschaft ein Einheitskontenrahmen ausgearbeitet und durch besonderen Erlaß des Reichswirtschaftsministers in Gemeinschaft mit dem Preiskommissar den Gruppen der gewerblichen Wirtschaft als Richtlinie für die Branchenpläne übergeben worden mit der Ankündigung, daß einheitliche Kalkulationsrichtlinien demnächst bekanntgegeben würden.

Diese Kalkulationsrichtlinien haben mit der Preisbildung des einzelnen Unternehmers zunächst nichts zu tun, wie ja auch der oben wiedergegebene Wortlaut des Erlasses vom 12. November 1936 sagt.

Die Vereinheitlichung des Rechnungswesens einschließlich der Kalkulation hat nach dem Erlaß in erster Linie erzieherische Aufgaben.

Der Unternehmer soll sich ein ungetrübtes Bild über seine tatsächlichen Kostenverhältnisse machen und zu rationeller Wirtschaft angehalten werden, was schließlich auch zu einer verfeinerten Form des Wettbewerbs führen könnte.

Daß ein in der ganzen gewerblichen Wirtschaft nach einheitlichen Gesichtspunkten ausgerichtetes Rechnungswesen später auch wertvolle Unterlagen zur „organischen" oder „gerechten" Preisfindung liefern kann, steht außer Zweifel.

Doch dürften die bisherigen Ausführungen gezeigt haben, daß einer Vereinheitlichung auch erhebliche Schwierigkeiten gegenüberstehen, z.B. hinsichtlich der Umgrenzung des Kostenbegriffs, des Wertansatzes, der Berücksichtigung des Beschäftigungsgrades, der Unkostenzuteilung, der Anrechnung des Wagnisses usw.

Übrigens sind die Vereinheitlichungsbestrebungen auf dem Gebiete des industriellen Rechnungswesens in Deutschland nicht neu.

Schon vor 10 Jahren begann das Reichskuratorium, gestützt auf den Schmalenbach'schen Kontenrahmen[23]), mit den Entwürfen von Einheitsbuchführungen[24]); desgleichen wurde ein „Grundplan der Selbstkostenrechnung" veröffentlicht.

Neben dem Reichskuratorium hatten sich vor allem der Verein Deutscher Maschinenbau-Anstalten, der Verein Deutscher Eisengießereien, die Forschungsstelle für den Handel — um nur die wichtigsten Stellen zu nennen — um die Verbesserung und Vereinheitlichung des Rechnungswesens bemüht.

Auch Betriebs- und Kostenvergleiche werden seit Jahren, namentlich vom Reichskuratorium, vom Verein Deutscher Maschinenbau-Anstalten und von der Forschungsstelle für den Handel durchgeführt.

---

[23]) 5. Auflage, Gloeckner — Leipzig, 1937.

[24]) In den Jahren 1928—29 sind folgende Entwürfe zu Einheitsbuchführungen veröffentlicht worden:
Maschinenfabriken, Braunkohlenbergbau, Webereien, Eisengießereien, Binnenschiffahrtsunternehmungen, Brauereien.

5

Die jetzt zu erwartenden weitergehenden Bestrebungen werden zunächst in der Anordnung von Mindestvorschriften zum Ausdruck kommen.

Diese müssen sich erst einspielen. Die Erwartungen dürfen also vorerst nicht zu hoch gestellt werden. Durchgreifende Erfolge hinsichtlich der Auswertbarkeit der angefallenen Zahlen und in Bezug auf die zukünftigen Wettbewerbsformen werden erst nach und nach eintreten.

V. Internationaler Prüfungs- und Treuhand-Kongreß

BERLIN · SEPTEMBER 1938

Nationalbericht — National Paper — Rapport National

	Thema		Land
Grundsätze der Kalkulation und Öffentliche Preiskontrolle		*Frankreich*	
Methods of Computing Cost and Control of Prices by Public Authorities	8	*France*	7
Principes du Calcul Commercial et Influence Gouvernementale sur les Prix		*France*	

von — by — par

Gaston Commesnil,

Expert-Comptable breveté par l'Etat, Maître de Conférences au Conservatoire National des Arts et Métiers, Directeur des revues „Le Commerce" & „L'Organisation".

Inhaltsübersicht

Table of Contents

III. Action by the Government in order to acquire uniformity: a) surveying of prices; b) standard figures; c) public measures: plan for calculations of book-keeping — control of profits and losses

IV. Calculation of Prices

B. *Distribution*
   I. Cost-price-account of the distribution
   II. Policy of distribution-costs

C. *Consumption*
   I. Policy of sales-prices
   II. Individual means
   III. Collective means
   IV. Official means

Annex: Cost plan

Table des Matières

A. *La Production*

   I. Les variations de prix: a) leurs causes; b) les moyens de défense: action individuelle — action collective — action gouvernementale

   II. Action collective vers l'uniformisation: a) un prix de revient rationnel et correct; b) uniformisation des calculs de Prix de Revient: éléments composants — calculation — présentation; c) l'action en France des groupements patronaux

   III. Action gouvernementale vers l'uniformisation: a) la surveillance des prix; b) les chiffres-mesures; c) Mesures gouvernementales: plan comptable — méthode comptable — contrôle des résultats

   IV. Calculation des Prix

B. *La Distribution*
   I. Le calcul du Prix de Revient de la distribution
   II. La politique des frais de distribution

C. *La Consommation*
   I. La politique du Prix de vente
   II. Action individuelle
   III. Action collective
   IV. Action gouvernementale

Annexe: Plan comptable des Dépenses de Production

Zusammenfassung

Überwindung der Krise heißt das Problem, das die Regierenden seit etwa 10 Jahren vordringlich beschäftigt. Der Hauptgrund für die wirtschaftlichen Schwierigkeiten ist in dem zu starken Ansteigen der Selbstkosten zu suchen; das Abhilfsmittel steckt in einer Organisation und in einem harmonischen Zusammenfügen der Produktionsfaktoren im nationalen und internationalen Rahmen.

In nationaler Hinsicht erinnert der Verfasser an die beiden anwendbaren Verfahren, deren technische Durchführung vom Gesichtspunkt des Rechnungswesens aus wichtige Probleme auftauchen läßt: Die Natur uud die Bewertung der einzelnen Kostenfaktoren, die Umlegung der Gemeinkosten und der Beschäftigungsgrad der Unternehmung. Um eine Kontrolle zu ermöglichen, ist es erforderlich, daß die Kalkulation und die Selbstkostenrechnung der einzelnen Betriebe nach einheitlichen Richtlinien ausgestaltet sind.

Schließlich hält es der Verfasser für richtig, in einer unabhängigen Stelle alle die notwendigen Wirtschaftsauskünfte zusammenzufassen, die, gesammelt und zergliedert, nützliche statistische Daten für die Wirtschaft und die einzelnen Wirtschaftsbetriebe darstellen können.

Summary

The overcoming of the crisis is the greatest problem that has for decades called for attention of the governement. Main reason for the economical difficulties is the enorm encrease of the production cost of goods; remedy can only be given by an organisation and a harmonious combination of the various elements of production nationally as well as internationaly.

The composer reminds of the two nationally practicable methods, the technical execution of which calls forth important problems with regard to accountancy in general: nature and estimation of the various elements of costs, distribution of indirect costs and the occupation of the enterprise. In order to make a control possible it is necessary to carry out calculation and cost accounts of the various enterprises in uniformity.

Finally the composer thinks it right to collect independantly all economical inquiries which may, collected and separated, give useful dates for the economy and individual enterprises.

Résumé

Vaincre la crise .... Voilà le problème majeur qui depuis une dizaine d'années, retient l'attention des gouvernants. La cause principale des difficultés économiques est la hausse trop accentuée des Prix de revient; le remède réside dans une organisation et une coordination harmonieuse des activités productrices dans le cadre national et dans le cadre international.

Dans le cadre national, l'auteur rappelle les deux procédures auxquelles, il est possible de recourir. Ceci précisé, l'application technique soulève du point de vue comptable des problèmes importants: la nature et la valorisation des éléments du prix de revient, la répartition des dépenses indirectes, l'activité plus ou moins complète de l'entreprise. Bref une calculation et une présentation du prix de revient commandent, dès qu'il est question de contrôle, des règles indentiques d'exécution.

Enfin, l'auteur insiste sur l'intérêt de coordonner dans un organisme indépendant tous les renseignements économiques externes qui, recueillis, analysés, constitueront des données statistiques profitables à une industrie ou à une entreprise.

69

Text des Berichts — Paper — Rapport

Généralités. L'activité économique ne peut plus être considérée aujourd'hui comme une affaire privée, étrangère à l'Etat. Une telle attitude pouvait s'expliquer dans le passé — et avec une économie florissante; mais en période de forte dépréciation, en présence du changement de l'ordre économique auquel nous assistons, l'intervention de l'Etat, au lieu d'être une entrave importune et une ingérence superflue, devient une nécessité, dans l'intérêt bien compris de la communauté.

Au moment où la vie économique se développe partout, aujourd'hui, tout gouvernement, dans son désir d'assainir et de protéger l'économie nationale, se doit, dans le cadre national, d'intervenir dans l'intérêt supérieur du pays et de prendre des mesures de défense appropriées pour combattre les abus de la liberté ou sauvegarder l'intérêt général.

C'est dans ce sens que doivent être érigés les principes destinés à assurer l'ordre dans la liberté, à encourager l'initiative privée dans l'intérêt général, à assurer le respect des lois de la concurrence loyale, à développer l'esprit de solidarité indispensable à la prospérité de l'économie nationale.

Ce sont là des problèmes qui commandent dans une très large mesure, l'essence même de notre civilisation, du moins de notre niveau d'existence et pour lesquels les solutions ne sont pas encore uniformes. Les groupements syndicaux ou l'Etat sont intervenus pour amener les industriels, commerçants et consommateurs à reconnaître ces principes et à les respecter et, c'est dans la détermination et le contrôle des prix qu'a porté principalement leur intervention.

Les prix subissant l'influence de facteurs multiples, relatifs à des produits ou à des services identiques sur le marché, en connaître la nature, c'est pouvoir être en mesure d'en éviter les effets maléfiques.

Cette politique d'intervention n'a pas manqué de soulever des problèmes fondamentaux qui, à l'heure actuelle, ne sont pas encore résolus. La comptabilisation du coût des moyens de production et des matières premières dans chacun des rouages de l'économie ne peut que contribuer à réaliser «un équilibre entre les exigences ou les préférences des consommateurs et la rareté relative des facteurs premiers de la production, y compris celle du facteur travail»*).

Le prix d'équilibre sera celui qui fait coïncider l'offre donnée avec la demande et non, comme il arrive souvent dans l'économie actuelle, le prix assurant la valeur maxima du produit: prix unitaire de quantité vendue.

---

*) Robert Mossé: La théorie de l'économie planifiée — Revue Internationale du Travail vol. XXXVI n° 3 sept. 1937 pages 411 et suiv.

Bref, pour surmonter les difficultés que comporte l'interventionnisme économique, il ne suffit pas d'être animé de bonnes intentions et de prendre telles mesures commandées en premier lieu par les circonstances du moment, par des conceptions à courte vue et par des considérations politiques, il faut déceler les sources de gaspillage et en apprécier l'importance relative.

Les remèdes pourront dès lors être prévus en toute connaissance de cause, en vue:

a) d'exercer un contrôle efficace sur les prix tant à la production qu'à la consommation;

b) d'obtenir des bases sur lesquelles fonder une politique économique nationale.

* * *

A. La Production.

I. Les Variations de Prix.

Le succès ou l'échec d'une entreprise donnée, au cours d'une période donnée, sont la résultante de trois composantes distinctes:

1°) efficacité de l'organisation technique et commerciale de l'entreprise;

2°) situation de la branche d'affaires à laquelle elle se consacre;

3°) situation générale des affaires et tendance de l'évolution économique nationale et mondiale.

Les causes de variation de prix sont d'ordre divers; ou internes ou externes, elles sont pour l'entreprise influencées par des facteurs psychologiques et psychiques, matériels et moraux. Ainsi, l'habileté plus ou moins grande dans la direction d'une affaire, la gestion plus ou moins efficiente, la composition du capital investi, l'importance du capital propre et du capital emprunté, la calculation plus ou moins correcte du prix de revient, toutes causes que l'on pourrait admettre comme étant d'origine interne; ainsi la fluctuation des prix sur le marché, l'affluence plus ou moins grande des commandes, les variations sur les salaires, les exigences des prêteurs de capitaux, la concurrence déloyale, les campagnes plus ou moins tendancieuses, etc... interviennent dans la fixation des prix.

Toute action positive est particulièrement difficile dans de telles conditions. Aucun moyen satisfaisant pour prévoir ce que pourra être le résultat de telle ou telle action particulière, n'existe à l'heure actuelle.

C'est que la plupart du temps, «la concurrence est faussée par des pratiques diverses qui assurent à certains des compétiteurs des avantages qui reposent davantage sur la ruse que sur l'honnêteté. Si nous n'en

71

étions pas informés d'avance, les textes de certains codes nous feraient connaître par exemple, pour la défense qu'ils en font, ces méthodes frauduleuses qui consistent à vendre au-dessous du prix de revient pour abattre une entreprise déterminée»[1]). L'obligation d'une méthode uniforme de comptabilité, de bases identiques pour le calcul des prix de revient n'altère en rien le principe et la liberté de la concurrence.

Les entreprises ne peuvent agir directement et positivement que sur leur propre organisation technique et commerciale.

Lorsqu'elles ont, à cet égard, fait pour le mieux, elles doivent naturellement tourner en première ligne leurs yeux vers la situation de la branche spéciale d'affaires qui les intéresse. Les chefs d'entreprise prêtent d'ailleurs l'attention la plus soutenue à l'évolution que suit leur propre branche professionnelle et sont presque toujours bien renseignés à cet égard. Il leur est même souvent possible, en se concertant, d'exercer une certaine influence sur la prospérité de leur profession (publicité collective, action syndicale, etc...), de s'adapter au courant économique qui les entraîne.

L'intérêt général n'étant que la résultante des intérêts particuliers, il en résulte, et l'exemple américain ou allemand le démontre, qu'une action collective ou qu'une intervention gouvernementale peuvent intervenir efficacement dans l'élimination des troubles qui peuvent affecter telle ou telle branche de l'activité économique, c'est-à-dire d'améliorer précisément les conditions de travail et de vente des industriels ou commerçants.

Deux méthodes d'établissement de l'ordre s'offrent en effet à nous. La première, celle que nous craignons à cause de notre conception de la liberté et de notre amour de l'initiative individuelle, consiste à tracer un «planning» général, et des cadres dans lesquels nous devons entrer de gré ou de force; c'est la «législation directe» par voie d'autorité gouvernementale. La seconde, c'est celle qui attend la création de l'ordre d'une sorte d'évolution naturelle par persuasion, par l'éducation des intéressés; c'est l'action corporative et collective.

Alors que la première méthode opère pour ainsi dire de haut en bas, la seconde procède de bas en haut. Est-il besoin de dire que nous y retrouverons: prix de revient calculés selon une méthode uniforme, plan comptable type, comparaisons effectuées sur états types, etc..., mais plus ou moins discutés, plus ou moins admis, adaptés en un mot, à la législation et au pays.

* * *

---

[1]) Les codes de Roosevelt par H. Dubreuil page 94.

II. Action collective vers l'uniformisation.

Au cours de ces dernières années, on a constaté, aux Etats-Unis[1]) le développement de groupements industriels dont la préoccupation est de résoudre sur un plan collectif, les problèmes qui, jusqu'alors, étaient généralement considérés comme étant exclusivement du ressort de l'initiative individuelle de chaque entreprise.

Grâce au développement de l'esprit de coopération, aux directives établies d'après des données correctes, beaucoup de producteurs qui travaillent présentement avec un coefficient de frais généraux trop élevé, avec un prix de revient mal établi, seraient amenés à placer leur exploitation sur une base rentable, rendant ainsi service tant à la branche d'affaires à laquelle ils appartiennent, qu'à eux-mêmes.

Point n'est besoin de longuement démontrer la nécessité et l'intérêt d'une telle politique dont nous allons fixer les étapes successives.

a) Un prix de Revient rationnel et correct. — L'une des mesures les plus constructives qui ait pu être prise en faveur de l'industrie, fut d'amener les entreprises et leurs agents de distribution à constamment se préoccuper de leurs prix de revient établis avec précision.

A défaut de ces renseignements, une usine peut continuer à fabriquer des produits moins avantageux tandis qu'ils seront vendus à des prix disproportionnés aux frais de fabrication.

Aucun industriel ou commerçant, aucun chef d'entreprise, quelles que soient les conditions économiques favorables ou non, ne peut s'offrir le luxe de travailler dans l'ignorance de ses prix de revient, quand il s'agit d'établir ses tarifs et sa politique de vente.

Un autre avantage des prix de revient rationnels et précis, c'est qu'ils fournissent un guide inappréciable dans la voie du meilleur rendement et qu'ils concourent, si l'on emploie la méthode des écarts, à mettre en lumière les procédés inefficients employés jusqu'alors.

Nous n'insisterons pas sur la calculation des prix de revient. Beaucoup d'entreprises ont d'ailleurs des systèmes de calculs de prix de revient bien compris, et particulièrement adaptés à leurs besoins, mais ils sont trop souvent marqués par des différences en importance, en composants qui les rendent difficilement comparables pour un groupe d'affaires similaires.

Aussi, une nouvelle étape fut-elle franchie dans la voie du progrès, avec l'uniformisation des procédures pour le calcul des Prix de Revient. Une calculation correcte dans chaque entreprise, mais encore une comparaison facile des résultats dans la corporation.

---

[1]) Les codes de Roosevelt par H. Dubreuil Paris 1934.

b) Uniformisation des calculs de Prix de Revient. — Il importe que la terminologie soit identique. Ne constate-t-on pas trop souvent, en analysant et comparant deux prix de revient.

1°) que la définition du prix de revient n'est pas la même entre entreprises d'une même industrie et que les natures de dépenses incluses dans leurs prix par les interlocuteurs ne sont pas les mêmes;

2°) que parfois l'un parle de prix de réalisation ou du moins de prévision ajustés d'après une comparaison régulière entre les prix de prévision et les prix de réalisation, tandis que l'autre négligeant ce rapprochement peut s'être lourdement trompé dans sa prévision.

3°) que les méthodes d'imputation des dépenses sont différentes*).

Etait-il possible, si tel ou tel groupe d'usines le désirait, d'arriver à établir des prix de revient moyens pour le groupe, si bien que chaque usine pouvait, dès lors apprécier son propre rendement, en comparant ses propres résultats avec les résultats moyens de l'ensemble du groupe? C'était là abandonner cet esprit d'individualisme, si ancré chez les hommes d'affaires.

Le plus grand obstacle auquel on allait tout d'abord se heurter, quand on envisagea d'installer ces procédures uniformes, fut en premier lieu, la résistance et l'inertie qu'apporte la nature humaine à tout changement dans ses habitudes: les dirigeants et plus particulièrement les comptables accoutumés à une technique déterminée pour la tenue de leur comptabilité, sont lents à adopter quelque méthode nouvelle, dont ils méconnaissent trop souvent l'intérêt.

D'autre part, il ne suffit pas d'installer un système domptable uniforme de Prix de Revient dans une industrie; il s'entend également à tous les membres d'une entreprise donnée où l'esprit de solidarité doit être particulièrement vif.

En établissant les prix de revient, on poursuit trois buts principaux:

1°) pour servir de base aux opérations de vente.

2°) pour comparer les accomplissements effectifs aux possibilités normales et pour localiser promptement le montant, la cause et l'effet de toute variation, par rapport au prix de revient normal d'un produit donné,

3°) pour permettre de comparer les prix de revient de produits similaires d'une usine à l'autre.

Dans cet ordre d'idées, qu'il s'agisse d'un prix de revient, prédéterminé ou après coup, il sera composé invariablement de deux facteurs:

a) le prix de revient de fabrication normal de la production effective;

b) le prix de revient effectif du «manque à fabriquer», c'est-à-dire les frais des machines en sommeil et les arrêts partiels se rapportant aux machines en activité.

Cette discrimination est importante si l'on veut apporter l'uniformité dans les méthodes de calcul des Prix de Revient, à l'intérieur d'une même industrie et éviter toute erreur dans la comparaison des prix.

---

*) Peut-on adopter des méthodes uniformes d'établissement de prix de revient à l'intérieur d'une même industrie — brochure n° 30 C.G.P.F.

Il n'est pas, jusqu'aux éléments constitutifs du Prix de revient qui devront être fixés au stade de transformation: Matières Premières et Frais de Transformation et au stade commercial: Frais de Vente; leur répartition pouvant varier suivant les produits envisagés, suivant les usages de l'industrie, suivant les nécessités commerciales, suivant l'intéressé lui-même.

En dehors des difficultés envisagées quant à la technique — et sur les principes desquels l'accord doit être fait —, il reste à faire accepter le plan comptable-type.

La comptabilité uniforme des Prix de revient ne signifie pas l'emploi de moyenne ou de chiffres standards de prix de revient, pour l'industrie, non plus que l'inclusion de frais prédéterminés ou d'éléments fixes de frais, mais l'application uniforme des principes comptables préaleblement admis.

C'est dans cet esprit, que les Américains ont édité, pour chaque industrie, un manuel de comptabilité des Prix de revient dû à la collaboration des meilleurs esprits dans l'industrie et la mise en commun des idées.

Le manuel, en usage dans les Industries du Papier, se divise en huit chapitres:

1. — Exposé des motifs, principe et procédure
2. — Règles pour la détermination des Prix de revient
3. — Définition des Prix de revient
4. — Frais sur matières premières
5. — Eléments des frais de transformation
6. — Groupement fonctionnel de tous les éléments du Prix de Revient, sauf les matières premières
7. — Imputation des frais de transformation aux produits
8. — Frais de Magasin ou Entrepôts, de Transport, de Vente et d'Administration.

c) *L'action en France des groupements patronaux.* — Au-dessus du commerçant ou de l'industriel considéré individuellement, le groupement ou l'association à laquelle il appartient, peut donc parfaitement jouer — et nous venons de préciser les méthodes à employer — le rôle d'une sorte de conscience collective qui est supplée à la faiblesse de la conscience individuelle. C'est dans ces formes de discipline autonomes, organisées par les associations libres que l'Etat trouvera l'appui lui permettant d'établir dans l'avenir l'équilibre économique désiré et désirable.

Des efforts ont été faits en France pour répandre de saines doctrines de prix de revient et pour en unifier les modalités dans des groupes d'industrie. Dès 1914, l'Union syndicale des Maîtres Imprimeurs de France qui, depuis 1899, avait été saisie d'études sur cette question, fixait au cours d'un congrès des prix de revient, non seulement les unités d'ouvrage et les sections à considérer mais déterminait certaines règles d'imputation des dépenses et même les taux de dépréciation minimum du matériel et des machines, ainsi que l'intérêt du capital immobilisé et l'amortissement des créances douteuses à compter dans les prix de revient. Récemment, au congrès de 1937, le même groupement affirmait «qu'on ne peut parler de tarifs si chacun n'est pas d'accord sur leur méthode d'établissement, ne peut pas rétablir parallèlement à eux les chiffres particuliers de son affaire»[1]) et plus loin «aussi que ce soit sur le plan des intérêts nationaux, professionnels ou particuliers, l'étude des méthodes standard de calcul des Prix de Revient devrait être bienfaisante».

La Chambre nationale de l'hôtellerie française a publié en 1929 des directives précises applicables à l'industrie hôtelière et concrétisé par des exemples de calcul des Prix de Revient d'une section productive (cuisine) et d'une section complémentaire (lingerie).

Le Comité central de la Laine a adopté le Manuel des Prix de revient établi par le Wool Institute de New York où, pour chaque branche de l'industrie lainière, sont précisées les modalités pratiques d'application du système de prix de revient, préconisés et donnés les modèles d'imprimés correspondants.

Ces industries ne sont pas les seules qui se soient préoccupées de l'unification, également au cours de leur congrès ou dans leurs bulletins corporatifs, la fonderie, la banque, les industries métallurgiques et chimiques ont publié maintes études fort intéressantes.

D'un récent travail[2]) ayant pour objet de fixer les idées sur l'établissement du P. de R. dans l'Industrie cotonnière vosgienne, nous retrouvons cette discrimination des éléments constitutifs du P. de R.

A) Matière Première

B) Frais de transformation

    1. Frais industriels: a) main-d'oeuvre — b) force motrice — c) fournitures industrielles.

    2. Frais Généraux: a) impôts et contributions diverses — b) primes d'assurances (autres que les assurances «Accidents de travail») — c) frais administratifs.

    3. Charges financières: a) amortissements — b) intérêts

C) Frais de Vente: 1. Commission du représentant — 2. Escompte et Ducroire — 3. Taxe sur le ciffre d'affaires

D) Bénéfices.

Le tableau ci-après résume l'importance du Prix de Revient de la filature du coton brut selon les principes retenus.

---

[1]) Prix de Revient et prix de Vente. Rapport présenté au XVIII° Congrès national des Maîtres Imprimeurs de France juin 1937 — page 4.

[2]) Etude sur les bases de Prix de Revient dans l'industrie cotonnière vosgienne par Louis Brun.

Filature

Chaîne N° 28 — Amérique Cardé

Postes	Prix de Revient au Kilog Mai	Part des divers postes dans le prix de revient Mai
Matière première		
Coton: Terme	5,—	47,57
Ecart de coton	0,40	3,80
Récept. & transp.	0,20	1,90
Déchets	0,41	3,90
Total matière première	6,01	57,17
Façon		
Frais industriels:		
Main-d'oeuvre	1,25	11,89
Force motrice	0,34	3,24
Fournitures Ind.	0,25	2,38
Frais généraux	0,20	1,90
Charges Financières:		
Amortissements	1,07	10,17
Intérêts à 5%:		
Bâtiments et Matériaux. . .	0,99	9,42
Fond de roulement.	0,14	1,33
	4,24	40,33

Filature (Suite)

Postes	Prix de Revient au Kilog	Part des divers postes dans le prix de revient
Matière Première	6,01	57,17
Façon	4,24	40,33
Prix de Revient Industriel = ...	10,25	97,50
Vente		
Taxe sur chiffre d'affaires: 2%		
Commission . . . . . . ½%		
.a×100.		
. 97,5	0,26	2,50
Prix de Revient commercial	10,51	100,—

Dans un livre publié récemment[1]), la Confédération générale du Patronat français précise ainsi le rôle des groupements syndicaux, dans l'établissement des prix de revient:

1°) d'abord convaincre les adhérents de l'intérêt capital d'une méthode correcte et uniforme pour le calcul le leurs prix de revient

2°) ensuite préciser les modalités d'application de la méthode, notamment:

a) fixer la nomenclature des dépenses et leur classification

b) déterminer les sections homogènes à considérer

c) définir les unités d'oeuvres de ces sections

d) préciser les règles de dépréciation et d'amortissement, et en général, choisir les systèmes d'imputation.

---

[1]) Une méthode uniforme de calcul des Prix de Revient — Doc. Pr CEGOS Paris.

Il s'agit là certainement d'une première étape dans l'unification des méthodes, dans la recherche d'un langage commun — d'une commune mesure qui jusque-là manquait —. La deuxième étape réclamant l'organisation professionnelle basée sur la confiance réciproque, serait réalisée quand la comparaison des prix serait effective.

En résumé, ce sont là des exemples qui concrétisent l'action des groupements corporatifs en vue d'unifier les méthodes employées chez leurs adhérents. Il faut reconnaître cependant que ces initiatives n'ont pas été en France généralisées à tous les adhérents ni suivies d'aucun essai de coordination en vue d'une comparaison corporative, envisagée comme efficace pour le contrôle des prix, si nous nous en rapportons à l'expérience et aux résultats des pays étrangers.

* * *

III. Action Gouvernementale vers l'uniformisation.

D'origine gouvernementale, les résultats en seraient-ils plus convaincants; c'est pénétrer dans la politique économique d'un pays, vu que les décisions prises doivent être étayées sur des données complètes et précises. Certes, il est intéressant de se demander quels sont les efforts «systématiques» qui ont pu être accomplis et qui seraient à accomplir de la part des pouvoirs publics pour réduire le prix de revient, mais cette intervention plus ou moins autoritaire n'est qu'une des solutions envisagées pour atteindre cet équilibre des forces économiques indispensable à la prospérité de toute nation.

a) La surveillance des prix. — La question de la surveillance des prix est devenue en France, par suite de décrets-lois, arrêtés, circulaires ou autres textes législatifs, de plus en plus complexe, et nous dirons même confuse. Il ne nous appartient pas de nous prononcer sur la question de savoir si cette réglementation est ou non justifiée. Si le gouvernement se borne à intervenir lorsqu'une partie de la structure économique est menacée d'un danger imminent et s'il n'intervient alors que dans la mesure nécessaire pour empêcher l'effondrement, son action est essentiellement négative. L'action entreprise doit tenir compte de tous les éléments de cette situation, or dans la plupart des pays, les moyens d'acquérir cette connaissance et cette compréhension font actuellement défaut. Ce qui est indispensable — ce n'est pas seulement l'unification des méthodes de calcul de Prix de Revient — bien que cette amélioration soit nécessaire, mais la centralisation d'informations détaillées sur les faits économiques privés, en particulier les ventes, les stocks, les prix de revient, les prix de vente et les profits des entreprises, en un mot, la connaissance de d'année-types pour des comparaisons profitables.

Point n'est besoin de longuement démontrer la nécessité d'une telle documentation. Les questions de fixation de prix, de limitation à la production, d'abus de pouvoir des monopoles ne peuvent être résolues si l'on ne dispose pas de certaines informations sur les coûts et profits.

Les informations nécessaires obtenues près des entreprises particulières, centralisées et compilées rationnellement, suivant des directives clairement définies seraient conciliables avec un progrès économique normal.

Il n'est évidemment pas nécessaire de rendre publics des renseignements détaillés qui révèleraient la situation financière d'entreprises particulières. La centralisation et la compilation de telles données devraient se faire avec toute la discrétion professionnelle qu'observe actuellement un expert-comptable. Dans quelques pays, on publie déjà régulièrement des chiffres-types le taux de rotation du stock, le montant moyen d'une transaction de vente, le chiffre d'affaires annuel par employé pour les grands magasins, les commerces de détail, etc... D'autres sont utilisés dans les groupements d'échanges d'expériences ou dans des entreprises individuelles.

L'action gouvernementale ne peut être efficace que dans l'observation des principes suivants, répétition de ceux déjà indiqués:

a) une documentation et le développement des statistiques économiques

b) la tenue obligatoire d'une comptabilité minima de prix de revient, avec uniformisation des méthodes de prix de revient, des plans comptables et des bilans.

c) comparaison des entreprises et coordination des résultats pour les besoins économiques de l'Etat (chiffres-mesures).

b) L'emploi des chiffres-mesures. — Sans s'arrêter aux conditions économiques qu'elles soient ou non favorables à une entreprise déterminée, aucun fabricant ne peut ignorer son prix de revient. Le fait d'user de règles ou de formules rigides dans sa calculation se heurte à de nombreuses difficultés.

Il est essentiel que ces chiffres mesures représentent aussi fidèlement que possible la vie réelle des entreprises et ne soient pas des indices abstraits. De là, la nécessité de recourir à un organisme impartial qui puisse comprendre et interpréter les données transmises par les entreprises privées.

De plus, pour juger une entreprise, ou même le travail de toute une spécialité d'un commerce ou d'une industrie, on ne doit pas se limiter à l'étude d'une seule série de chiffres.

Tous les éléments, activité et résultats de l'entreprise, étant en rapport direct, on ne peut pas espérer arriver à concentrer leurs expressions dans un seul chiffre indice.

Voici «trois chiffres mesures» de l'efficacité du travail dans la distribution, donnés à titre d'exemple et non pas dans le but de signifier que c'est par ces trois indices, de préférence à tous autres, que l'on doit porter un jugement sur les organismes de distribution; ce sont: durée du stockage, travail effectué par le personnel de vente, nombre de ventes par heure et par mètre carré de local de vente. La comparaison de ces chiffres indices d'exploitation, de maison à maison, dans les groupements d'échanges d'expériences, ou dans le cas d'une seule maison avec les statistiques publiées par des institutions compétentes, ou même l'étude approfondie de ces chiffres, sans aucune comparaison avec les chiffres d'autres entreprises permettront aux commerçants de connaître les points faibles de leur entreprise et leur faciliteront les moyens d'y porter remède.

c) *Mesures gouvernementales.* — Des recherches et des travaux ont été, dans ce sens, effectué dans certains pays étrangers, en particulier aux Etats-Unis et en Allemagne. Ils ont rendu possible l'établissement de directives concernant la comptabilité et le calcul des prix de revient ainsi que la comparaison des entreprises.

Nous en relevons en Allemagne une étude particulièrement suggestive dans un travail élaboré par le R. K. W. et le Groupe National de l'industrie[1]).

L'organisation de la comptabilité n'est pas tentée pour elle-même, mais parce qu'un travail fructueux de la collectivité n'est absolument pas possible sans de telles démarches préparatoires, ou concepts, méthodes et langue sont et doivent être communs.

Sans aucun doute, la comptabilité des entreprises moyennes ou grosses du commerce et de l'industrie en Allemagne est à un niveau remarquablement élevé, c'est que selon le slogan du Directeur général Junghans et du Dr. Karl Guth, en tant que représentants du Groupe national de l'Industrie et l'Ingénieur G. Seebauer en tant que Directeur du R. K. W., la connaissance du Prix de Revient est nécessaire à leur baisse.

L'amélioration générale de la comptabilité étant indispensable pour permettre de trouver les points critiques sur lesquels doit porter l'effort de chaque entreprise particulière, en vue d'accroître sa rentabilité, nous rejoignons ici notre conception basée sur l'unification des méthodes de calcul du Prix de Revient, sur l'introduction obligatoire d'un plan comptable minimum qui contienne tous les comptes que même la plus petite entreprise de la branche devra nécessairement tenir, à l'avenir.

L'avantage d'un tel plan, imposé par les pouvoirs publics, tient d'abord à ce que l'utilisation positive de la comptabilisation est facilitée, ensuite, à ce qu'elle offre des bases unitaires mais souples pour la tenue

---

[1]) Une plus grande rentabilité par une comptabilisation organisée — par Choinowski, Dr. Herbert Mende et J. Warlimont Ed. Gloeckner Leipzig 1937.

des livres et facilite ainsi l'incorporation de nouvelles données ainsi que l'établissement de statistiques.

Il est cependant un trait qui rend malaisée l'application des méthodes fonctionnelles, suppôt des systèmes budgétaires: doit-on classer les dépenses par genre et objets de dépenses ou mieux par lieu de dépense, c'est-à-dire par lieu de fabrication, lieu d'administration, lieu de distribution, etc...? Il faut admettre que les bilans d'entreprise calculés par lieu de dépense sont notablement plus souples, plus clairs, plus instructifs, mais les prescriptions légales sont formelles et il faut en tenir compte.

Les directives seront fournies par voie législative et le plan comptable établi de telle façon qu'il s'adapte à toutes les branches de l'industrie avec de très faibles modifications. Ces projets de plan comptable ne devraient être fixés et arrêtés que par les groupements collectifs, en liaison avec l'organisme central du gouvernement.

L'Etat doit aussi arriver à imposer un programme minimum obligatoire de comptabilisation, à faire disparaître un certain nombre de différences qui, du point de vue théorique, doivent être adaptées aux conditions actuelles.

Ce développement de la comptabilisation réalisé dans toutes les entreprises, petites, moyennes ou grosses, la création d'un mécanisme de recherches et de coordination permettra de voir et de comprendre la situation dans son ensemble et de faire intervenir les dirigeants à bon escient. Un organisme central d'une compétence et d'une autorité reconnues, qui apprécierait les mesures adoptées en fonction des faits économiques et de l'intérêt général du pays, aurait certainement une influence salutaire.

Une telle innovation tendrait en premier lieu au rendement maximum de la production et à l'élimination rigoureuse des entreprises insuffisamment saines.

*   *
*

IV. Calculation des Prix

Qu'il y ait ou non intervention du gouvernement ou des groupements, la comparaison ultérieure ou éventuelle des prix impose des règles communes dont les avantages seront certains; elles «constituent un guide précieux, évitant des tâtonnements coûteux, permettent l'assainissement de la concurrence par la suppression des erreurs de calcul, rendent possibles les comparaisons, facilitent toute justification des variations de prix devant la clientèle et les pouvoirs publics»[1]).

Le fait d'établir un prix de revient et le fait d'agencer une méthode correcte et uniforme entraînera certaines complications qu'il importe de fixer et de résoudre.

---

[1]) Une méthode uniforme de calcul des Prix de Revient — ouvrage précité.

Lorsqu'on examine le prix de vente d'un produit donné, on est amené à l'analyser en quelques postes qui sont le plus généralement les suivants: salaires, matières premières, frais généraux, bénéfices.

Les débours occasionnés par la production, la distribution et l'administration des entreprises elles-mêmes, se présentent sous la forme d'une multitude de faits élémentaires d'importance et de nature extrêmement diverses. Ceci engendre tout d'abord l'idée de classement, ensuite la préoccupation de saisir exactement les dépenses quand elles se produisent et enfin la nécessité de les enregistrer sans omission ni répétition. Ce sont là travaux qui soulèvent des problèmes de technique comptable, sur lesquels les praticiens ne sont pas encore d'accord.

Il ne suffit pas d'avoir correctement enregistré les débours, encore faut-il admettre une méthode uniforme de répartition de ces mêmes frais. La fantaisie n'est pas de règle. Qu'il s'agisse de la nature des frais, de la base ou du mode de répartition employée, il importe de parler la même langue: c'est pourquoi répartition des frais, degré d'activité, prix d'achat ou prix de remplacement, etc..., devront être raisonnés et ne plus contenir cette part plus ou moins grande d'arbitraire, incompatible avec toute politique économique rationelle.

a) Composition des frais. — Si nous envisageons les frais afférents à la production, nous notons, qu'en dehors des dépenses directement applicables aux produits (dépenses directes de fabrication), il y a lieu de distinguer:

a) les frais généraux d'atelier (premier degré) qui sont répartis entre les comptes du produit,

b) les frais généraux communs à plusieurs ateliers (deuxième degré) qui doivent être répartis entre les comptes d'ateliers ou de stades de fabrication avant de l'être entre les comptes de produits.

Une classification correcte doit donc être à la base de tout travail ultérieur. Si certaines dépenses peuvent être, par leur nature, incorporées sans difficultés à tel ou tel échelon, il en est par contre d'autres sur lesquelles la discussion peut durer longtemps. Ainsi doit-on comprendre et pour combien l'intérêt du capital investi, l'amortissement du matériel? C'est soulever non seulement une question de prinoipe, mais également une question de méthode de calculation.

Devra-t-on décompter les matières premières au prix d'acquisition ou au prix de remplacement? Convient-il de disserter sur le bénéfice et son importance?

Matières. — Un premier point est de savoir la quantité exacte de matière qui a été employée pour une commande. Cela ne présente aucune difficulté avec une organisation bien conçue dans laquelle les matières ne traînent pas à la disposition du premier venu, mais sont conservées dans un magasin fermé sous la responsabilité d'un garde magasin qui ne les délivre que sur présentation d'un reçu établi par le service de lancement d'ordres.

Il faut en connaître le prix. C'est à ce propos que les divergences se précisent, que l'imagination s'est donnée libre cours: dernier prix payé, prix moyen du mois, prix moyen par cumulation, la moyenne étant établie soit uniquement sur le prix, soit à la fois sur le prix et la quantité, etc... Le procédé de l'inventaire permanent et le désir d'obtenir un prix de revient dit réel a contribué au succès de ces méthodes pour la recherche du prix de sortie.

L'emploi du prix moyen provoque une variation du prix de consommation des matières à chaque changement du prix d'entrés, ce qui apporte un trouble dans la comparaison du prix de revient matières dans la fabrication soit avec les prévisions, soit avec les prix concurrents. Ces variations peuvent être la conséquence de spéculations plus ou moins heureuses de la part du chef d'entreprise, d'un groupe d'entreprises et fausser la situation du marché. Il est extrêmement important, quand la concurrence est très active, d'être en mesure d'analyser les débours de matières selon les sources de ces variations. De plus, une information de cette nature montrant ce que les dépenses devraient être plutôt que ce qu'elles sont, donne le moyen pratique de mettre en lumière rapidement et clairement les fluctuations du marché; c'est l'emploi du prix standard ou «prix du marché» retenu comme norme qui fournira ces indications. Les écarts spéculatifs (boni ou mali) interviendront dans le bénéfice particulier de chaque entreprise individuelle, mais n'exercera plus son influence sur le prix de revient de production, facilitant ainsi les comparaisons prévues. Les modifications dans les standards-prix pourraient être décidées par l'autorité syndicale ou gouvernementale qui, documentées, ont en mains, les éléments pour juger à bon escient. Cette méthode est en contradiction avec les principes qui règlent l'établissement des bilans et le calcul du Résultat mais, il y a là, à notre avis, une modalité qui ne peut être rejetée à priori: c'est sur le problème de «l'Ecart sur prix» que se porterait toute l'attention et son emploi.

Main-d'oeuvre. — L'affectation de la main-d'oeuvre utilisée directement à la production ne présentant pas d'autres difficultés que celles inhérentes à l'organisation matérielle, on ne constate généralement pas sur ce point de divergences de vues, quant à la conception du prix de revient.

Frais indirects. — Si les praticiens et les auteurs sont généralement d'accord sur ce qu'il faut comprendre dans le prix de revient au titre de Matières Premières et Main-d'oeuvre, il n'en est plus de même à l'égard des frais indirects.

Les frais dits généraux comprennent les frais de fabrication, les frais de vente et les frais d'administration; sur cette division, l'accord tend

6*

à s'établir. «Chacune de ces catégories de dépenses est indépendante et doit être contrôlés séparément pour permettre à la direction l'analyse des pertes et profits»[1]).

C'est donc dans une classification uniforme des frais que nous devons tendre. La C. E. G. O. S. (France) a fixé, à l'intention de ses adhérents, une nomenclature-type des dépenses de production et des dépénses de distribution[2]).

(Voir annexe I.)

Les frais étant ainsi délimités, leur répartition entre les produits fabriqués pose un nouveau problème, d'ailleurs très complexe. C'est que les méthodes de répartition de frais généraux sont nombreuses. Delaporte[3]) en cite douze et il ajoute: «ce qu'il faut, c'est diminuer l'arbitraire des coefficients . . . Le choix de la méthode d'imputation variera, en tenant compte:

1 — selon l'industrie envisagée et leurs procédés de fabrication,
2 — selon le jugement de l'industriel.»

La division des frais par atelier a aussi son importance au point de vue de la surveillance, qui peut ainsi s'exercer efficacement.

Bertrand Thompson[4]) préconise la répartition d'après un taux horaire établi pour chaque machine comme étant la méthode la plus complète, la plus facile à appliquer et la plus précise pour les industries fabriquant des produits variés avec des prix de revient différents.

b) L'activité de l'entreprise. — De plus en plus, on attache une importance de plus en plus grande à l'activité de l'entreprise, à sa capacité et l'on divise les frais en frais fixes et en frais variables ou proportionnels.

Une organisation réglée sur un volume de production donnée peut rendre un bénéfice raisonnable sur le capital investi, si elle peut vendre cette production pendant une période raisonnable, mais toute réduction dans le volume altère la situation, écrit Frd V. Gardner[5]).

C'est ici que se pose la question de savoir de quelle manière et dans quelle mesure on devra tenir compte des variations des frais, résultant de divers degrés d'activité, dans le calcul des prix de revient et dans le décompte du rendement périodique. Cette question importante aussi bien pour le choix et l'établissement du programme de fabrication que pour la politique des prix n'a pas trouvé une solution uniforme[6]). Certes, la fabrication ne doit supporter la totalité des frais généraux que lorsque

---

[1]) 2° Congrès de l'Institute of Cost and Works accountants — Londres 1923.
[2]) Ouvrage cité.
[3]) Le Prix de Revient page 151.
[4]) Méthodes américaines d'établissement des Prix de Revient page 53.
[5]) Factory Management and Maintenance — Nov. 1937.
[6]) L'organisation — Dr. Kerwer mai 1938.

la production est maximum; autrement, on ne doit lui en appliquer qu'un pourcentage correspondant à la production réalisée. Chômage partiel, temps perdu, ne doivent pas être compris dans le prix de revient; mais comment calculer le taux de charges? Il ne peut s'agir que de taux prédéterminés, lesquels seront basés soit sur la capacité normale, soit sur l'utilisation normale de l'installation, soit encore sur les ventes normales prévues.

Il importe d'être d'accord sur la terminologie «capacité», sur son calcul, sur son emploi dans la répartition. Il y a de nos jours beaucoup d'usines qui font supporter au Prix de Revient, l'excédent entre les frais normaux et les frais, réels, faisant ainsi supporter au consommateur une charge dont l'origine est due au temps perdu, au chômage, au gaspillage. D'autre part, chaque industrie possédant et des firmes travaillant à plein rendement et d'autres dont une partie des ateliers est en chômage, faudra-t-il fixer une moyenne comprise entre ces deux extrêmes? Un justement ne sera-t-il pas nécessaire, si l'on veut tenir compte de certains facteurs psychologiques (initiative heureuse ou habilité efficiente, par exemple)? Les statistiques sur lesquelles nous puissions nous appuyer en toute confiance, données sur les capacités de vente et de production d'une industrie, ne sont pas encore créées. Aussi, les recherches relatives à la capacité type doivent-elles être entreprises et coordonnées.

La question de capacité et de temps perdu ne peuvent être pratiquement résolues que si des standards sont préalablement et exactement fixés, ce qui permettrait de distinguer les charges non absorbées par inactivité d'usine et les variations de charge entre frais normaux et frais réels[1]).

Le suréquipement peut constituer une charge qu'il n'est pas permis de faire apparaître dans le prix de revient. Il en est de même pour les dépenses sur pièces rebutées, les travaux «hors séries» ou petites commandes, pour les commandes urgentes, les frais de mise en marche, etc.... qui occasionnent des frais supplémentaires. La solution se trouve, suivant nous, dans la méthode des Écarts et l'établissement de données types (indices corporatifs).

Quoiqu'il en soit, ces différences qui se reflétèrent dans la composition du prix de revient sont un des principaux obstacles à cette régularisation des prix envisagée.

c) *Statistiques*. — Les données du problème des prix varient non seulement d'une industrie à une autre, mais d'une entreprise à l'autre dans la même industrie.

Il est possible, en fixant des règles claires et précises, de limiter le cadre dans lequel chaque entreprise d'une même industrie devra se

---

[1]) L'abaissement du prix de revient — Commesnil — L'Orga mai 1937.

maintenir. Il suffit d'imposer des directives, de veiller à ce qu'elles soient suivies. Il n'est pas douteux que la communauté des matières employées, des procédés d'exploitation, des débouchés crée dans les entreprises similaires une certaine communauté d'influences et de raisons d'agir dans telle ou telle direction.

Puisqu'une telle communauté existe, il est avantageux de laisser la collectivité des entreprises similaires réunir les études d'utilité commune, chaque entreprise n'ayant à analyser en rapport avec ces études, que les faits qui la concernent particulièrement[2]).

Il importe par conséquent que des informations générales sur l'activité industrielle, commerciale, financière, soient recueillies et mises à la portée de tous. Des nombres-indices, des coefficients, des chiffres-mesures seront dès lors déterminés et contribueront ainsi à une meilleure connaissance des données réelles recueillies. March donne un exemple numérique (page 757 & suiv.) démontrant l'intérêt et l'utilité de ces coefficients. De plus en plus, les chiffres-mesures sont utilisés en Allemagne où ils sont fréquemment employés comme moyens de contrôle. La Chambre de Commerce internationale a publié en 1934 à ce sujet, une brochure intitulée «Un moyen d'augmenter les bénéfices des détaillants: la comparaison des frais d'exploitation dans le commerce de détail» par Otto D. Schafer, laquelle contient d'utiles indications sur l'établissement et la portée des chiffres-indices.

Ces chiffres-indices sont publiés sous le sceau de l'anonymat. Le détaillant qui obtient ces données ignore leur source. Il sait seulement que ceux qui les ont fournies ont les mêmes difficultés que lui et doivent faire face aux mêmes soucis. De ce fait, personne n'a rien à cacher. Aucun indiscret ne connaît ces chiffres. Le bureau qui les réunit n'a aucune attache avec les milieux officiels; c'est un organisme absolument neutre et indépendant, qui est surveillé par quelques dirigeants des associations professionnelles.

Un système à clefs permet même d'éviter les indiscrétions de la part de l'employé qui est chargé de réunir ces chiffres-indices. Cet employé ne connaît ni le nom, ni le domicile des commerçants qui fournissent ces données, publiées d'ailleurs dans le plus grand secret.

B. La Distribution.

Le prix de revient de fabrication constitue l'une des données du problème de la fixation des prix. Malgré l'intérêt présenté par toutes les mesures envisagées dans notre précédente étude, pour son abaissement, il est d'autres données dont l'influence et l'importance méritent également notre attention.

---

[2]) Les principes de la Méthode statistique par March.

La distribution, comme la consommation sont des stades où l'initiative privée, comme l'initiative gouvernementale, peuvent intervenir plus ou moins éfficacement dans un sens ou dans l'autre.

I. Le calcul du prix de revient de distribution.

Il s'agit ici non plus de calculer le prix de revient de production, mais de fixer le prix de revient de distribution, communément appelé le prix de revient commercial.

Pour le distributeur, qu'il s'agisse d'un commerçant ou d'un fabricant, cette donnée comprend les élements suivants:

  a) la marchandise provenant
        ou de l'exterieur (prix d'acquisition)
        ou de l'interieur (prix de revient de fabrication)
  b) les frais de vente ou de distribution
  L'importance des frais de vente peut varier:
  1° suivant les produits envisagés
  2° suivant les usages
  3° suivant les necessités commerciales
  4° suivant le mode de distribution.

Du point de vue comptable, un des premiers points à aborder, c'est de chercher à se rendre compte de l'importance des différentes catégories de frais avant de songer à leur répartition.

C'est en en connaissant la nature qu'il sera possible d'agir, en vue de leur diminution.

Quel que soit le genre d'activité de l'entreprise observée: commerce de gros, fabricant, commerce de détail, etc., les frais de vente sont à peu près de même nature. Il est donc possible d'uniformiser les classifications adoptées et d'employer des méthodes d'examen semblables.

Nous mettons en garde nos professionnels contre le procédé qui consiste à exprimer en pourcentage du chiffre d'affaires, les frais de vente groupés par genre de dépenses ou même retenus globalement.

L'analyse des frais de distribution doit être effectuée dans les mêmes conditions que pour les frais de fabrication, c'est à dire qu'il importe de les ranger en deux groupes:

1° les frais fixes, indépendants du volume des ventes, frais de loyer, appointements du magasinier etc.

2° les frais variables, proportionnels aux ventes: frais d'emballage, commissions etc. ...

Si les frais fixes, disait Robert Caussin à la «Journée de la Distribution Paris 1937» atteignent, par exemple 400 000 francs par an et le chiffre d'affaires 2 millions, la part de ces frais qui devra être couverte par 100 frs de vente, sera de 20 francs. Si le chiffre d'affaires atteint seulement 1 million, la charge sera double ou 40%, s'il tombe à 500 000 frs, puis 250 000 frs. la charge montera successivement à 80 puis à 160% des ventes, pour la raison bien simple que les 400 000 francs de frais fixes

87

doivent être payés de toute manière, même si les ventes sont pratiquement nulles.

Inversement si le chiffre d'affaires venait à passer de 2 à 4 millions, les frais restant les mêmes, la charge ne serait plus que de 10% des ventes.»

Quant aux frais variables, ils augmentent ou diminuent proportionnellement aux ventes.

Le commerçant distributeur ne devrait jamais perdre de vue que les frais fixes constituent la plus lourde charge de l'entreprise en période de dépression, elle s'accroit lorsque le volume d'affaires diminue, elle s'atténue quand il augmente.

Mais ces frais de distribution ne peuvent être aussi facilement discriminés, car les produits vendus peuvent être envisagés à une multitude de points de vue: caractéristiques des produits, lieux de la vente, nature des clients, etc. ...

Il importe de préciser l'objectif à atteindre; devrons-nous calculer les frais par régions, par produits, par clients, par commandes, etc.? Par exemple, une région peut être assimilée à un service, à un atelier, d'où possibilité de préciser, d'une part, les dépenses fixes afférentes à cette région, d'autre part, les dépenses variables interessant cette même région. Chaque région sera débitée:

a) de sa part de frais variables
b) des frais fixes régionaux
c) d'une quote part des frais communs de distribution (ensemble)

Ces données ne pourront être obtenues qu'après une ventilation de chaque groupe de frais entre les services fonctionnels (tableau 1).

Frais de Ventes	Montant Sommes F.F. F.V. %	Repartition par Regions							
		région 1 F.F. F.V.		région 2 F.F. F.V.		région 3 F.F. F.V.		région 4 F.F. F.V.	
Frais de publicité		142.6							
Frais de ventes		85.4	372						
Frais de Magasinage .			28						
Frais de Livraisons. .			216						
Frais de recouvrement			26						
Frais spéciaux.		226.—	642.—						
Frais communs		153.—	6.—						
Frais totaux .		381.—	648.—						
en capital . .									
en %									

Ce travail d'analyse nous permettra de fixer notre choix sur les unités fonctionnelles de base, d'autre part, cette classification nous obligera à compiler périodiquement les documents «ad-hoc».

Compte tenu des variations de ces frais, on doit admettre que le rapport des frais de distribution au volume des ventes est différent pour chaque transaction et que le résultat, bénéfice ou perte, est également différent. Le résultat sur des mêmes ventes effectuées à Marseille et à Paris ne peuvent être identiques, si le tarif est lui-même identique. Le fait d'appliquer un pourcentage au prix de revient moyen ne peut être une garantie de sécurité. Une entreprise qui fait un bon chiffre d'affaires pour chacun des articles traités et qui réalise sur chacun un bénéfice brut important, peut néanmoins voir ses comptes de fin d'année solder en perte. Ce résultat, paradoxal au premier abord, n'a rien de surprenant, si l'on songe que la pratique de beaucoup de distributeurs, est de prélever sur la plupart des articles vendus un même pourcentage de bénéfice brut, une marge uniforme, quand le bénéfice net dépend du rendement de chaque article, rapport dont les termes sont, nous venons de le préciser, différents pour chaque article.

L'analyse que nous venons de préconiser permettra de fixer les bases d'une politique en vue de réduire les frais de distribution.

II. La politique des frais de distribution.

Le chef d'entreprise ne se contente plus des chiffres moyens, mais possède une analyse détaillée des frais de distribution et des résultats auxquels ils correspondent.

C'est dans le perfectionnement des méthodes de vente qu'il pourra éviter des erreurs et se procurer des avantages positifs.

La distribution peut être améliorée:

1° par le perfectionnement du service de la clientèle,

2° par la diminution des frais de distribution,

3° par la réduction de toutes les pertes et coulages.

On ne saurait contester que dans nombre de cas l'emploi de méthodes de distribution nouvelles ou tout au moins renouvelées et modernisées ont fourni à la vente au détail un stimulant vigoureux. La question «organisation» joue un rôle de premier plan dans ces méthodes. Nous retiendrons, à titre d'exemple, les magasins à prix uniques qui, en France, ont suscité des réactions très vives et provoqué des dispositions législatives.

La méthode consiste à offrir aux consommateurs, dans un cadre attrayant et à des prix inférieurs à ceux généralement pratiqués jusqu'alors, objets de grande consommation. La présentation est faite suivant la nature des marchandises en rayons ou comptoirs de spécialités avec un prix fixe apparent relativement bas, s'appliquant à tout ou partie du rayon et correspondant à un chiffre rond de monnaie divisionnaire sans dépasser un maximum assez faible[1]).

Au fond, il s'agit de magasins offrant des marchandises à des prix modiques, grâce à une simplification à l'extrême, d'une part, des opéra-

[1]) La lutte contre le bon marché. Polge de Cambut Paris 1936.

tions de vente, d'autre part, de la comptabilité. A la première, on arrive en exigeant que les marchandises soient payées au comptant et enlevées par le client, souvent sans emballage; la seconde est l'effet de l'emploi de caisses enregistreuses permettant la suppression de caissiers spécialisés.

Les magasins à prix uniques, spécialisés dans la vente, guident les producteurs dans l'élaboration des objects standardisés qui sont divisés par le public. Importance des commandes, sélection des marchandises, rotation rapide, des stocks, normalisation des types de produits, sont autant de facteurs qui contribuent à l'abaissement de leur prix de revient et à rapprocher l'indice des prix de détail et celui des prix de gros.

La comparaison des frais à l'aide des statistiques établies par un organisme spécial contribue également à la stabilité des dépenses. «Chaque détaillant, dit Schaeffer, sait que le montant de son gain dépend presque entièrement du montant de ses frais et, par suite, de l'efficacité de sa gestion. Il lui arrive par conséquent assez souvent d'être tenté d'économiser à tort sur tel ou tel chapitre sans tenir compte de l'intérêt général du commerce. Cependent s'il était en mesure d'étudier les frais d'autres établissements de commerce il saurait approximativement si ses frais sont au-dessus ou en-dessous de la moyenne de sa branche. Le bulletin publie chaque mois des relevés montrant quelle partie du prix payé par le consommateur (c'est à dire quel pourcentage des ventes globales) est dépensée en moyenne par les commerçants des différentes branches de commerce en salaires, loyers, publicité, éclairage, chauffage, contributions, impôts et intérêts sur le capital investi.»

L'examen de la distribution et de la vente fait apparaitre une dépense de travail improductif plus grande que dans la production. Weil le confirme par l'exemple suivant, dans son étude parue en 1935[1]):

*Comment, d'un prix de revient de l'ordre de 15 frs, arrive-t-on à un prix de vente de 48 frs, par un quincailler ou électricien détaillant? Le tableau suivant l'indique: frs

	frs
Rémunération du détaillant, 40% de son prix de vente	19.20
Rémunération du grossiste régional, 25% de son prix de vente	7.20
Rémunération du commissionnaire ou vendeur attaché à la fabrication 10% de son prix de vente.	2.16

Frais de vente proportionnels du fabricant:

Expédition 2%	2%	
Réserves pour impayés 2%	2%	
Taxe sur le chiffre d'affaires	2%	
Frais de vente fixes (établis sur la base d'un chiffre d'affaires minimum escompté par le producteur)		
Frais de bureaux	5%	
Frais de publicité	8%	
	19%	3.69
		32.25

En résumé, si le producteur arrive à vendre le minimum qu'il escompte il lui restera pour fabriquer chaque radiateur et rémunérer le capital qu'il a engagé: 15 frs. 75.*

[1]) × — Crix no 27—28 ——m. 1938. Page 57.

Enfin l'action de l'Etat est confusément aperçue derrière ces charges de distribution, en particulier dans la répartition et dans la fiscalité.

L'augmentation des frais de transports, l'accroissement des impôts ont leur répercussion sur les frais de distribution et par voie de conséquence sur les prix de vente.

Pesante de tout temps, la charge fiscale a été sans cesse alourdie; mais il ne suffit pas aux entrepreneurs de payer leurs impôts, ils doivent encore en établir les bases, souvent les calculer, parfois les percevoir pour le fisc, répondre enfin au contrôle et aux investigations de l'Administration.

On a essayé de chiffrer ces charges administratives et, d'une enquête effectuée près de 93 sociétés, il ressort que ces charges représentent

4.30% des impôts annuels.

1.30% du chiffre d'affaires

Il s'ensuit donc que les impôts ont, d'une manière occulte mais réelle, majoré approximativement les prix de revient de 1.30%. Des constatations de cette nature ont été faites à de nombreuses réunions d'Assemblées générales et pour résumer, nous donnons dans le tableau ci-après, l'exemple de cinq sociétés dont les exploitations sont très différentes:

Objets des sociétés	Capital	Coût annuel des charges adm. imposées par l'Etat
	frs	frs
Chantiers et ateliers maritimes	5.000.000	36.000
Constructions métalliques.	8.000.000	36.000
Ateliers de constructions	6.000.000	25.000
Alimentation	8.500.000	25.000
Forges et Estampage	1.700.000	20.000

Il apparait donc que le gouvernement exerce une influence indirecte sur la fixation des prix, sans doute le vendeur ne peut pas fixer le prix des marchandises à son gré et il doit tenir compte des possibilités de l'acheteur.

Le prix arrive-t-il à la limite qu'il ne peut dépasser? Le marchand devra réduire le montant de son bénéfice en augmentant son prix de revient.

Conclusion. —

Des progrès sont à réaliser dans le domaine de la distribution et nos méthodes n'ont pas encore atteint la perfection de celles utilisées dans la production. Les données sont encore incomplètes, voire insuffisantes, ce qui empêche toute action corrective et toute amélioration du prix de revient commercial.

*　　*　　*

C. La Consommation

Pour réaliser le bénéfice qu'il a plus ou moins implicitement prévu, le distributeur peut envisager la majoration des prix de vente de manière à avoir une marge plus forte couvrant la totalité des frais de vente et un certain surplus qui sera le bénéfice proprement dit.

Dans des circonstances normales, cette méthode peut ne pas soulever d'objections: la clientèle achète et paie le prix. Mais si les conditions économiques viennent à changer, celle-ci obligée de limiter ses dépenses, se tourne dès lors vers des articles de prix moins élevés.

Il n'y a entre le prix de revient et le prix de vente d'une marchandise aucune relation de cause à effet, aucun lien de causalité.

En réalité, comme l'a écrit E. Landauer: «le prix de revient, c'est le total des dépenses qui ont été faites pour fabriquer et aussi pour distribuer une marchandise. Le prix de vente, c'est la somme que le consommateur est disposé à payer pour la dite marchandise»[1])

Le prix de vente est établi en étudiant le marché, le client et ses possibilités . Ce n'est pas le prix de revient qui sert à fixer le prix de vente des produits de grande consommation, ce n'est pas non plus le vendeur qui fixe ce prix; c'est en réalité l'acheteur, le client, le consommateur qui, d'une façon générale, fixe le prix qu'il veut payer.

Les prix de vente, résultant néanmoins du «pouvoir d'achat» et de ce que l'on pourrait appeler le «vouloir d'achat» de la masse des consommateurs, doivent être examinés spécialement. Ce sera l'object de la troisième partie de notre étude.

I. Politique du prix de vente.

Il importe avant tout de fixer les caractéristiques d'un prix de vente correct.

Un prix de vente correct est celui qui est accepté par l'acheteur comme par le vendeur.

A cet effet, écrit Koward G. Greer, dans «The Controller»:

Il doit être au niveau voulu pour développer la consommation et permettre d'atteindre le point maximum profitable au producteur.

Il doit être assez haut, pour couvrir toutes les dépenses et procurer un revenu adéquat au capital investi.

Il doit être assez bas pour éviter la perte de clientèle au profit de la concurrence.»

Telles sont les trois caractéristiques essentielles d'un prix de vente satisfaisant, qui, hâtons-nous de l'ajouter, ne sont pas toujours réunies.

Dès lors, en période de dépression, quelle politique suivre pour fixer les prix quand il est impossible d'obtenir un prix de vente satisfaisant ?

---

[1]) E. Landauer Note sur l'étude du prix de revient.

Faut-il maintenir le prix de vente existant ?
ou vaut-il mieux réduire les prix pour maintenir le volume ?
ou enfin choisir un juste milieu en adaptant les prix aux circonstances ?

Il est inévitable que les renseignements obtenus d'un seul fabricant ne contrôlent pas et ne peuvent pas contrôler les prix, mais ils peuvent servir utilement toutes les fois qu'ils sont recueillis près des concurrents. La comptabilité peut être un instrument effectif pour rendre profitable une telle politique.

Nous n'insisterons pas sur les possibilités qui s'offrent au distributeur, mais examinerons les moyens qu'ils peuvent utiliser pour diriger la vente de leurs produits, avant d'agir ou de faire agir les pouvoirs publics.

II. Action individuelle.

Les fabricants peuvent imposer aux vendeurs un prix de vente ou bien apposer une «marque» sur leurs produits.

A) Marque. — Grâce à la marque, les fabricants peuvent suivre leur production jusqu'au moment de la consommation et imposer aux consommateurs leurs exigences.

C'est un moyen de déjouer la concurrence, puisque cette méthode consiste à différencier deux ou plusieurs produits semblables et d'augmenter les prix de vente.

B) Prix imposés. — Le producteur impose un prix de vente minimum, assurant au détaillant un bénéfice appréciable et lui permettant de ne plus subir des demandes de baisse de prix. En présence des intérêts mis en jeu, on a recours à un contrat dont des clauses sont strictes. Ces clauses constituent un engagement de la part du vendeur et entrainent, en cas de non respect, des poursuites judiciaires de la part du fabricant.

Ce respect des clauses est généralement assuré par des organisations spécialisées. Les prix imposés sont particulièrement répandus parmi les produits pharmaceutiques sur lesquels il ne s'est d'ailleurs manifesté aucune baisse.

Ces procédés ou moyens empêchent le libre jeu de la concurrence.

III. Action collective.

Les producteurs d'une même corporation peuvent charger une société nouvelle de vendre à la commission la totalité des produits de leurs fabrications. La société intermédiaire prélève mensuellement des commissions sur les ventes.

D'autre fois, des sociétés obtiennent un monopole de vente, soit de fait, soit de droit, grâce auquel elles peuvent maintenir leurs prix, sans risque de perdre leur clientèle. Il en est ainsi des compagnies de distribution d'eau d'électricité, de gaz de certains comptoirs de vente dont les résultats ont été particulièrement brillants, nous n'insisterons pas.

IV. Action Gouvernementale.

Tour à tour producteurs et consommateurs se tournent vers l'Etat et lui demandent aide et protection quand leurs intérêts sont en jeu. D'où cette politique de réglementation poursuivie avec plus ou moins de succès dans maints pays.

Dès qu'un groupe a bénéficié d'une réglementation, d'autres groupes revendiquent aussitôt la même faveur. Il y a là une extension facheuse de ces systèmes de coercition.

Dans le but de limiter la concurrence, on a pris toute une série de mesures les unes généralisent et renforcent des mesures anciennes: c'est -l'élévation des droits de douane, les autres visent à l'arrêt absolu des échanges: les contingentements.

La France a largement adopté cette politique de prohibition limitée et, une fois le principe de la protection acquis, il a bien fallu résoudre le problème de la répartition du contingent. Les pouvoirs publics se sont ralliés plus volontiers à un principe de proportionnalité.

Le contingentement constitue une mesure avouée de limitation des exportations et de protectionnisme, mesure commerciale dans son but comme dans ses moyens.

Les résultats du contingentement sur les marchés exportateurs ont abouti à une diminution de la consommation, conséquence inéluctable du relèvement du prix de vente.

Les effets des mesures de protection de l'agriculture française ressortent clairement de la cherté des prix sur le marché de Paris comparés à ceux des places étrangères (tableau ci-après)

Prix du quintal de blé en francs

	Paris	Berlin	Londres	New York
1928	160.9	140	121	146
1929	150.3	140	118	137
1930	145.9	150	100	110
1931	167.4	142	66	82
1932	147.5	137	49	63
1933	110.6	114	48	71
1934	121.3			

L'intervention des gouvernements dans l'économie s'est multipliée et la politique suivie a visé à maintenir les prix et ce, malgré l'abondance des produits consommables.

En France, l'expérience n'a été faite qu'en matière agricole. Les récoltes indigènes ayant dépassé la consommation, il était naturel que les prix baissent.

En édictant un prix minimum légal, l'Etat s'est efforcé d'éviter cette baisse. L'abaissement du taux légal de blutage, la dénaturation du blé, etc., sont autant de moyens retenus pour faire hausser les prix du blé.

Pour le vin, les pouvoirs publics ont interdit les plantations nouvelles de vigne, puis ils ont donné des primes aux arrachages, ordonné la destruction d'une partie de la récolte sous forme d'alcool, etc. ... Ces mesures ont eu pour effet de faire passer les prix du vin (campagne 1935—36) de 5 frs le degré-hectolitre à 8 frs 50 et ce, malgré une récolte supérieure aux besoins de la consommation habituelle.

Enfin le phénomène récent de hausse des prix, conséquence des manipulations monétaires et des améliorations sociales, a provoqué l'intervention de l'Etat qui a pris des mesures pour éviter les méfaits de cette hausse.

Un comité national de surveillance des Prix a été créé pour examiner toute demande de majoration présentée par les producteurs. C'est là l'objet de la loi du 29 août 1936 tendant à réprimer la hausse injustifiée des prix.

L'article 3 de la loi fixe de la façon suivante les bases de l'étude du Comité National:

«Il tient compte, pour déterminer le coût de revient des produits vendus par les industriels, les commerçants en gros, des prix d'achat payés aux producteurs par les commerçants en gros tels qu'ils résultent des documents recueillis par lui, des frais de transports, des frais généraux et du bénéfice légitime des industriels et intermédiaires.»

Ces prix périodiquement révisés sont transmis aux Préfets pour être portés à la connaissance des Comités Départementaux.

Ces Comités ont pour mission l'étude des prix de vente en demi-gros et en détail des produits de première nécessité (les mêmes que ci-dessus) en vue d'apprécier le rapport qui doit être fait entre le prix d'achat et le prix de revente. Les bases du travail de ces comités départementaux sont également précisées par la loi.

Au cas où un commerçant mettrait en vente des produits de première nécessité à des prix non justifiés, il serait convoqué pour explications devant le Comité Départemental et s'exposerait à recevoir à la première infraction un avertissement, à la deuxième infraction, il risquerait les peines portées dans la loi.

Si la hausse injustifiée ne semble pas exclusivement imputable au vendeur de détail ou de demi-gros, la responsabilité des vendeurs antérieurs doit être recherchée.

Le Comité national doit tenir compte pour la fixation des prix normaux de tous les éléments du prix de revient, y compris un bénéfice légitime.

Les enquêtes menées à cet effet se sont heurtées — du fait des comptabilités — à des difficultés sérieuses, sinon insurmontables, et sous la pression des événements, se précise l'interêt de fixer des comptabilités types par corporation.

Allais écrit, dans l'Organisation septembre 1938:

En somme il ne faut pas s'y tromper: ou bien l'on renoncera à toute action privée ou publique sur l'Economie, ou bien l'on s'orientera vers une politique de collaboration tendant à la simplification et au progrès et alors on ne pourra rien faire si l'on ne dispose pas de comptabilités-type qui constituent la condition essentielle et primordiale de toute l'économie rationnelle.»

Les comptabilités-types apparaissent ainsi, par la documentation détaillée précise et utilisable qu'elles pourraient fournir, comme l'élément fondamental de la réorganisation des organismes productifs et la base indispensable de toute économie consciente.

Ainsi qu'il s'agisse de Production, de Distribution ou de Consommation, nous sommes amenés vers des solutions nouvelles: uniformisation des comptabilités, statistiques qui, réalisées rationnellement, ne manqueront pas d'exercer une influence utile dans l'action gouvernementale.

Conclusion.

Pour conclure ce large exposé, nous essayerons de résumer et de coordonner les principales conclusions résultant de l'analyse qui précède.

Nous n'avons pas la prétention d'avoir tout dit, d'autres problèmes peuvent être encore soulevés.

Par la force des choses, les gouvernments exercent déjà et doivent continuer à exercer une influence active dans le domaine économique.

C'est dans une action positive coordonnée sur les forces économiques du pays, en vue de leur faire atteindre le plus haut rendement que permet la technique moderne, que s'exercera cette action.

C'est par la création d'organisations nationales que l'Etat pourra assurer la coordination nécessaire dans le domaine national et, ajouterons-nous, sur le plan international.

C'est dans l'uniformisation des calculs de Prix de Revient, dans le développement «dirigé» de la comptabilisation, dans l'établissement de statistiques commerciales que l'Etat pourra exercer son influence sur le rendement des entreprises et sur les prix pratiqués.

C'est aux initiatives particulières de nos groupements professionnels, en liaison étroite avec les représentants du commerce et de l'industrie comme du Gouvernment, à la collaboration de ces pionniers qui se signalent en approfondissant la science comptable, que progressera le développement général de la comptabilisation, permettant à l'homme de se libérer de la domination des nécessités matérielles dans une mesure inconnue jusqu'à présent.

Annexe I

Etablissements de production

(Nomenclature des buts de Depenses)

I. *Dépenses directes de Fabrication*

1° Main-d'oeuvre directe

1) Salaires

2) Assurances Accidents

3) Assurances Sociales ou retraites

4) Allocations familiales

5) Congés payés

6) Taxe d'apprentissage

II. *Dépenses complémentaires de Fabrication*

1° Dépenses de commandement

1) Cadres supérieurs: a) Direction

2) Maîtrise: a) Maîtrise d'atelier — b) Maîtrise de bureau

2° Dépenses de bureaux

1) Administratifs: a) Correspondance générale — b) Embauche — c) Services financiers (caisse) — d) Comptabilité

2) Techniques: a) Préparation usine — b) Préparation atelier — c) Contrôle — d) Approvisionnement

3° Dépenses d'entretien

1) Terrains et immeubles: a) Bâtiments loués — b) Bâtiments en propriété — c) Voies ferrées — d) Cours et canaux

2) Outillage de production: a) Moteurs électriques — b) Machines-outils — c) Outillages divers — d) Appareillages divers

3) Installations: a) Electrique — b) Chauffage — c) Mécanique

4) Mobilier et agencement: a) Agencement — b) Mobilier — c) Matériel — d) Autos et camions

4° Dépenses d'Exploitation

1) Electricité: a) Eclairage — b) Force motrice électrique

2) Combustibles: a) Chauffage — b) Force motrice vapeur — c) Chauffage fabrication

3) Fournitures diverses: a) Eau — b) Gaz — c) Nettoyage et graissage — d) Matières consommables

4) Manutentions et Transports: a) Manutention — b) Qutillage — c) Autos et camions

5) Avantages concédés au personnel: a) Gratification — b) Restaurant

6) Dépenses diverses: a) Surveillance — b) Infirmerie — c) Responsabilités civiles — d) Menus frais de direction — e) Voyages et Missions — f) Essa is de fabrication — g) Dépenses d'ordre général — h) Frais d'administration centrale — i) Embranchement particulier

7) Prévoyance sociale: a) Cours d'apprentissages — b) Assurances sociales obligatoires (part patronale) — c) Assurances sociales facultatives — d) Assurance-caisse secours mutuel — e) Retraites ouvrières — f) Oeuvres sociales — g) Charité

III. Dépenses de l'Etablissement

1° Charges immobilières: a) Loyers payés aux tiers — b) Loyers des immeubles de l'entreprise — c) Assurance incendie des immeubles — d) Amortissement des immeubles

2° Charges mobilières: a) Loyers payés aux tiers — b) Loyers des meubles de l'entreprise — c) Assurance incendie des meubles — d) Amortissements des meubles

3° Charges de fonds de roulement: a) Intérêt du capital immobilisé

4° Impôts d'exploitation: a) Patente et taxes assimilées — b) Taxe de non emploi des mutilés — c) Impôt foncier — d) Autres impôts

5° Part des charges de l'Administration (voir Chapitre II)
(Celles n'entrant pas dans les dépenses complémentaires de fabrication).

6° Dépenses d'oeuvres non prises en charge par les Sections homogènes (voir Chapitre III): a) Etudes et Recherches — b) Laboratoires d'Etudes — c) Réalisation de maquettes.

V. Internationaler Prüfungs- und Treuhand-Kongreß

BERLIN · SEPTEMBER 1938

Nationalbericht — National Paper — Rapport National

Grundsätze der Kalkulation und Öffentliche Preiskontrolle Methods of Computing Cost and Control of Prices by Public Authorities Principes du Calcul Commercial et Influence Gouvernementale sur les Prix	**Thema** 8	*Grossbritannien* *Great Britain* *Grande Bretagne* **Land** 8

von — by — par

Sir Harold Howitt, London,

Fellow of the Institute of Chartered Accountants in England and Wales.

Inhaltsübersicht

Landwirtschaft: Besondere Voraussetzungen für Kontrolle — Schwierigkeiten der Kostenrechnung — Gesetzliche Absatzregulierung landwirtschaftlicher Produkte — Einfuhrkontrolle Zusammenfassung durch Beratungs- und Überwachungsstellen

Milch: Verkäufe von Milch zur Verarbeitung und zum Verbrauch — Kontraktbedingungen — örtliche Pools — Händlerpreisspanne

Fettschweine · Verhandlungen zur Preisfestsetzung — Gestaffelte Preise nach Maßgabe von Futter- und Speckpreisen — Quantitätsregulierung — Rationalisierung der Räucherindustrie

Vieh: Unwirtschaftliche Selbstkosten — Zölle und Einfuhrregulierung — Zuschüsse nach Maßgabe der Qualität — Genehmigungspflicht für Absatzmärkte — Versuchsschlachthäuser

Hopfen und Kartoffeln: Quantitätsregulierung — Ankauf zwecks Vernichtung — Beschränkung der Anbaufläche — Festsetzung der für die menschliche Ernährung bestimmten Sorten

Zucker und Weizen: Ausgleichszahlungen — Zuschüsse nach Maßgabe von Marktpreisen und Selbstkosten — Maßnahmen zur Steigerung der Wirtschaftlichkeit

Kohle: Regulierung der Erzeugung und des Absatzes; Verkaufsorganisierung — Aufteilung der Produktion — Festsetzung von Preisen

Verschmelzungen: Kohlenbergwerks - Reorganisations - Kommission — Schwierigkeiten der Planung — freiwillige Verschmelzungen — Bewertungsgrundsätze — Mögliche Kostenersparnisse

Erwerb von Bergrechten: Bewertung durch Schiedsgerichte — Vorschläge für Verstaatlichung

Eisen und Stahl: Beratendes Komitee für Einfuhrzölle und Britischer Eisen- und Stahl-Verband — Industrie-Vereinigungen — Auswirkungen des Krieges — Schutzzölle und Kartelle — Reorganisation und Schutz gegen unangemessene Ausdehnung — Standard-Selbstkosten zwecks Preisfestsetzung — Ankauf von Schrott und Erzen — interne Umlagen

Rüstungsindustrie: Grundsätze der Festlegung einer Preisbasis — Submissionsangebote — Kalkulation und Maximalpreiskontrakte — Gemeinkosten — Aufwendungen für Forschung und Versuche — Besondere Luftfahrtprobleme — Preisfestsetzung nach Maßgabe tatsächlicher Selbstkosten auf Grund von Probeserien

Baumwolle: Spindelausschuß — überzählige Spinnereien — Preisregulierung

„*Post Office and British Broadcasting Corporation*" (*Post- und Rundfunkgesellschaft*): Kameralistische und kaufmännische Buchführung — Veralten von Anlagen — Besondere Probleme der technischen Entwicklung — Fernsehen und britischer Reichsrundfunk

III. Schlußbemerkungen. Gefahrenzeichen — die Rolle des Wirtschaftsprüfers — Staatliche Unterstützung ohne parlamentarische Verantwortung — Bedeutung des Wirtschaftsprüfungswesens für dieses neue Gebiet und seine Begrenzung

Table of Contents

Introductory Remarks. List of industries selected and reasons therefore

I. General Comments. Justifications for control — repercussions — limits which should be set

II. Forms of Control in Certain Industries

Gas and Electricity: Points of resemblance and of difference — consumers benefit — restrictions on undistributed profits

Gas: Sliding scales, basic prices and varying rates — costing problems

Electricity: Functions of Electricity Commissioners and of Central Electricity Board — Grid Scheme — proposals for unifying distribution — principles of price control — accounting problems

Transport

Railways: Merging of main line railways — Railway Rates Tribunal — standard revenue — renewals — aid in respect of local "rates"

London Passenger Transport Board: Basis of capitalisation as affecting fares — arbitration proceedings — monopoly powers — depreciation

Airways: Basis of subsidies — Empire Air Mail Scheme — Government representation and shareholding — transport rates — depreciation

Shipping: Subsidy for Tramp shipping — "Scrap and Build" Scheme to deal with redundancy — regulation of rates

Agriculture: Special justifications for control — difficulties of costing — Agricultural Marketing Acts — import control Co-ordination by Advisory and Investigational bodies

Milk: Sales for manufacture and for liquid consumption — contract terms — regional pools — distributors' margins

Bacon Pigs: Negotiations for contracts — sliding scale related to feeding stuffs and Bacon prices — quantitative regulation — rationalisation of curing

Livestock: Uncompetitive costs — Customs duty and import regulations — subsidy based on quality — licensing of markets — experimental slaughterhouses

Hops and Potatoes: Quantitative regulation — purchases for destruction — basic acreage — regulations of types which may be sold for human consumption

Sugar and Wheat: Deficiency payments — subsidies related to market prices and costs — incentives to efficiency

Coal: Regulation of production, supply and sale: Selling schemes — allocations of tonnage — fixation of prices

Mergers: Coal Mines Reorganisation Commission — difficulties of formulating schemes — voluntary mergers — principles of valuation — possible economies

Acquisition of mineral rights: Valuation by Arbitration Tribunal — Government proposals for acquisition

Iron and Steel: Import Duties Advisory Committee and British Iron & Steel Federation — Trade Associations — effect of the War — protection and cartels — reorganisation and safeguards against undue expansion — standard costings with a view to fixing prices — purchase of scrap and ores — internal levy

Armaments: Principles of fixing basis of payment — competitive tenders, technical costing and maximum price contracts — on-cost — research and experimental expenditure — special aircraft problems — batches

Cotton: Spindles Board — redundant Mills — price regulation

101

Post Office and British Broadcasting Corporation: Government and commercial accounting — obsolescence — special problems of development — television and Empire broadcasting

III. Conclusion: Danger signals — the Accountant's role — Government assistance without Parliamentary responsibility — importance of, and limitations of accountancy in this new technique

Table des Matières

Sucre et Blé: Subventions en fonction des cours et du prix de revient — bonification pour amélioration du rendement

Charbons: Règlementation de la production et de la vente: Organisation de la vente — contingentement — fixation des prix

Fusions: Commission pour la Réorganisation des Mines de Charbon — difficultés — fusions volontaires — principes d'évaluation — possibilité d'économies

Rachat des Redevances: Evaluation par Commission Arbitrale — propositions du Gouvernement pour le rachat

Métallurgie: «Import Duties Advisory Committee» (Commission Consultative des Taxes d'Importation) et «British Iron & Steel Federation» (Fédération Britannique de la Métallurgie) — Associations d'Industriels — conséquences de la guerre — protection et cartels — réorganisation et défense contre expansion excessive — méthode uniforme d'établissement du prix de revient en vue de fixer les prix de vente — achat de ferraille et de minerai — constitution d'un fonds d'assistance mutuelle

Armements: Principes de fixation des prix — concurrence — fixation par expert technique, prix maximum — frais indirects — frais d'étude et d'essais — problèmes propres à l'aviation — fixation du prix de revient par groupes

Coton: «Spindles Board» — filatures trop nombreuses — règlementation des prix

«*Post Office*» et «*British Broadcasting Corporation*»: Comptabilité d'Administration Publique et comptabilité commerciale — vétusté — problèmes propres au développement — télévision et émissions pour l'Empire Britannique

III. Conclusion. Signes de danger — rôle du Comptable professionnel — assistance du Gouvernement sans responsabilité parlementaire — importance de la comptabilité et son influence limitée dans cette nouvelle technique

Zusammenfassung

Bis vor kurzem beschränkte sich die öffentliche Preiskontrolle in der Hauptsache auf Unternehmen öffentlichen Charakters, wie z. B. Gas-, Elektrizitäts- und Wasserwerke, Verkehrsgesellschaften, Werften usw. Während der letzten Jahre ist jedoch ihr Anwendungsgebiet auch auf die Schlüssel- und Hauptindustrien ausgedehnt worden, und viele Industrien werden jetzt vom Staat unterstützt und in der einen oder anderen Form durch Kommissionen, Ausschüsse usw. kontrolliert, und diese Einrichtungen dienen in hohem Maße als Puffer, welche eine unmittelbare Verantwortung von der Regierung fernhalten.

Die Verschiedenheit der Verhältnisse bei den einzelnen Industriezweigen hat eine weitgehende Differenzierung der Verfahrensweisen erforderlich gemacht. Überall jedoch besteht eine zwingende Notwendigkeit für exakte Buchführung und genaue Kalkulation, um die Wirtschaftlichkeit zu bestimmen und aufrechtzuerhalten. Der Maßstab, den wirtschaftliche Selbstkosten bilden, ergänzt den Wettbewerb als Richtungsweiser für die Preisgestaltung.

Um diesen Maßstab festzulegen, gilt es, verschiedene Kalkulationsprobleme zu lösen, die alte Bekannte eines jeden Wirtschaftsprüfers sind. Man kann nicht sagen, daß diese Probleme bei allen Kontrollsystemen auf einheitlicher Grundlage behandelt werden, und aus dieser Quelle kann daher keine allgemeingültige Lösung gewonnen werden. Es lassen sich jedoch in gewissen Fällen Grundsätze feststellen, die bei der Behandlung von Fragen wie den folgenden angewendet werden:

Abschreibungen und überzählige Anlagen;
Aufwendungen für Forschung und Versuche;
Gewinne aus Nebenprodukten;
Zuschläge für Gewinn oder Zinsen.

Zu den Methoden, die bei den verschiedenen Versuchen zur Sicherstellung der Wirtschaftlichkeit angewandt werden, gehören die folgenden:

Beteiligung des Unternehmers im umgekehrten Verhältnis zu den dem Abnehmer berechneten Bruttopreisen (Gas und Elektrizität).

Anpassung des Verbraucherpreises an einen Standard-Nettoverdienst des Unternehmers (Eisenbahnen).

Verpflichtung des Betriebsführers zur Erlangung einer bestimmten Nutzung des in dem Unternehmen investierten Kapitals; bei Mißerfolg Einsetzung eines Zwangsverwalters (London Passenger Transport).

Abhängigmachung des Preisschutzes von den Maßnahmen, die die betreffende Industrie auf dem Gebiet der Organisation und Preisregulierung selbst trifft (Eisen und Stahl).

Maximal-Selbstkostensystem mit zusätzlichem Nutzen für den Unternehmer, wenn seine Selbstkosten unter dem Maximum bleiben (Rüstungsindustrie).

Kontrolle der Einfuhrquoten, während die beiden Zweige einer Industrie gegenseitig ihre Selbstkosten überprüfen, um Aufträge für den übrigen Inlandsbedarf auszuführen (Schweine für Speckerzeugung).

Einfuhrkontrolle verbunden mit Maßnahmen zur Regulierung der Inlandspreise und des Erzeugungsumfangs (Hopfen und Kartoffeln).

Zuschüsse zwecks Gewährleistung eines bestimmten Standardpreises, jedoch beschränkt auf ein bestimmtes Produktionsvolumen (Weizen).

Zuschüsse, die jedoch auf einen bestimmten Betrag beschränkt und von der Qualität abhängig sind (Vieh).

Zuschüsse abhängig von einer Reorganisation der betreffenden Industrie (Milch, Zucker, Trampschiffahrt).

Umlagen zwecks Ausschaltung überzähliger Anlagen (Baumwolle, Schiffahrt).

Maßnahmen zur Herbeiführung von Verschmelzungen und Rationalisierung der Verkaufsorganisation (Kohle).

Eine so umfangreiche Aufzählung — und sie macht keinen Anspruch darauf, vollständig zu sein — gibt einem zu denken, wie weit wir in dieser Beziehung noch gehen werden. Sie läßt auch die Frage auftauchen, wie die Vereinheitlichung des Aufbaus einer Industrie als Ganzes in wirtschaftlicher und sozialer Beziehung mit den Rückwirkungen dieser Kontrollsysteme Schritt halten soll.

Summary

Until recently control of prices by public authorities was in the main limited to undertakings dealing with public facilities such as gas, electricity, rail transport, water, docks etc. Within the last few years, however, the field has been extended into the domain of key and essential trades, and a vast area of industry is now assisted by the State and controlled in one form or another by Boards, Commissions, Tribunals, etc., these bodies in large measure acting as buffers which keep executive responsibility away from the Government.

The differing circumstances of each trade have been held to require widely different methods of treatment. In all, however, there is a paramount need for accurate accounting and costing, in order to measure and to maintain efficiency. The measuring rod of efficient costs is supplementing competition as the index of what prices should be.

In establishing that measuring rod various costing problems, which are old friends to accountants, have to be resolved. It cannot be said they have been dealt with on a uniform basis in all the schemes of control, and no recognised solution of them can, therefore, be obtained from that source. It is, however, possible in certain cases to note the principles adopted in dealing with such matters as:—

Depreciation and redundant plant;
Research and experimental expenditure;
Profits of ancillary processes;
Allowances for profit or interest.

Among the methods adopted by various schemes in the attempt to ensure efficiency are the following:—

Participation of the proprietors made to vary in inverse ratio to the gross charge to the consumer (gas and electricity).

Charges to consumer related to a standard net return to the proprietors (main line railways).

Managers set to earn a specified rate on the capital structure with the prospect of the appointment of a Receiver if they fail (London Passenger Transport).

Tariff assistance made dependent on the steps taken by a trade to regulate itself and its prices (Iron and Steel).

Target costing with benefit to the contractor if the targets (maximum costs) are improved upon (armaments).

Quota control of imports whilst the two sections of a trade criticise each other's costs with a view to effecting contracts for the balance of the national requirements (bacon pigs).

Control of Imports coupled with steps to regulate home prices and volume of production (hops and potatoes).

Subsidy assistance giving support up to a defined standard but limited to a defined volume of production (Wheat).

Similar subsidy assistance but limited to a defined sterling amount and related to quality (Livestock).

Subsidy dependent on reorganisation (Milk, Sugar, Tramp shipping).

Financial assistance to deal with redundant plant (Cotton, Shipping).

Pressure towards mergers and efficiency of selling (Coal).

So formidable a list — and it does not purport to be complete — makes one wonder how far we are going. It also raises the question as to how co-ordination of the structure of industry as a whole, is to keep pace with the repercussions of such schemes, both economically and socially.

Résumé

Il y a peu de temps encore, le contrôle des prix de vente par les Autorités Publiques était limité aux services publics: gaz, électricité, transports par chemins de fer, eau, docks, etc. Au cours de ces dernières années cependant il s'est étendu au commerce de nombre d'articles de première nécessité et une grande partie de l'industrie reçoit actuellement le soutien de l'Etat et est contrôlée d'une façon ou d'une autre par des Conseils, des Commissions, des Tribunaux, etc. qui agissent en quelque sorte comme intermédiaires et déchargent l'Etat des responsabilités de la gérance.

Les conditions propres à chaque industrie ont nécessité des méthodes de traitement très différentes les unes des autres. Mais dans toutes les branches de l'industrie existe le même besoin essentiel d'une comptabilité et d'un système de prix de revient très exacts pour permettre d'apprécier les résultats et de maintenir la bonne marche. Le prix de vente commence à être en fonction du prix de revient rationnellement établi plutôt que de la concurrence.

Pour l'établissement de ce prix de revient rationnel, divers problèmes de prix de revient, bien connus des comptables professionnels, doivent être résolus. On ne peut dire que ces problèmes aient été traités sur une base uniforme dans tous les systèmes de contrôle et l'on ne peut donc en déduire une solution universellement reconnue. Toutefois, il est possible en certains cas de noter les principes adoptés au regard de certains d'entre eux, les suivants par exemple:

Amortissement et excédent de matériel;
Frais d'étude et d'essais;
Bénéfice sur produits secondaires;
Bonifications pour rémunération de la gestion et des capitaux engagés.

Parmi les méthodes adoptées dans les divers systèmes en vue d'assurer le meilleur rendement on peut citer les suivantes:—

Participation des propriétaires en proportion inverse de la charge brute au consommateur (gaz et électricité).

Charge au consommateur liée au revenue net rationnel des propriétaires (grands réseaux de chemins de fer).

Gérants recevant la mission de réaliser un certain pourcentage sur le capital, avec la perspective de voir nommer un Liquidateur s'ils échouent (London Passenger Transport).

Subventions dépendant des mesures prises par une industrie pour assainir ses opérations et ses prix de vente (métallurgie).

Bénéfice supplémentaire à l'entrepreneur dans la mesure où il parvient à ramener son prix de revient au-dessous d'un niveau déterminé (armement).

Contrôle de l'importation par contingentement, tandis que les deux sections d'une industrie examinent mutuellement leurs prix de revient en vue d'effectuer des contrats pour le solde des besoins nationaux (bacon).

Contrôle de l'importation, des cours intérieurs et de la production (houblon et pommes de terre).

Subvention accordée pour garantir la qualité mais limitée à des quantités déterminées (blé).

Subvention similaire mais limitée à une somme déterminée et dépendant de la qualité (bétail).

Subvention dépendant d'une réorganisation (lait, sucre, cabotage).

Aide financière pour disposer d'un excédent de matériel (coton, transports maritimes).

Encouragement à la fusion et rationalisation des ventes (charbons).

Devant une liste aussi formidable — et qui n'a pas la prétention d'être complète — on se demande où nous allons. Et la question se pose également de savoir comment l'industrie dans son ensemble devra s'organiser pour subir sans dommage les répercussions de ces systèmes au double point de vue économique et social.

Text des Berichts — Paper — Rapport

Introduction.

1. From the instructions given me it seems that I am not to restrict myself to "public authorities" in the narrowest sense, but am also to touch generally on the fixing and supervision of prices by the Government, and through bodies they have set up.

2. I am very conscious that in complying with such a request I may be venturing on to thin ice. The subject is so much interlocked with politics — both national and international — that it is hardly possible to avoid issues that are very controversial. My endeavour, however, will be to keep my remarks within the limits of what appears appropriate for an accountants' conference, and not to express views on the political merits or demerits of what has been done. I shall also, I hope, avoid anything in the nature of propaganda.

3. It is not my intention to review in any detail the historical development of the industries controlled or of the legislation entailed, but rather to keep as far as possible to accountancy problems. Accordingly I propose to select the following industries which for the reasons stated present special features: —

Gas and Electricity — quasi-monopolies requiring public utility facilities and control. and yet being subject to considerable competition, especially between themselves.

Transport. (a) Land transport — including Railways, which are subject to keen competition from road transport, and the London Passenger Transport Board which enjoys a virtual monopoly of the services it offers in a given area.

(b) Airways — where Government support has involved the problem of filling the gap reasonably between revenue from fares and the special outlay inherent in the establishment of a new and vital industry.

(c) Shipping — where Government support has been related to steps taken by the industry itself for regulating its rates and for dealing with redundant tonnage.

Cotton — another industry in which redundant plant is a major factor and in which improvement in prices and costs (though they are not specifically controlled) is aimed at by Government assistance for dealing with that factor.

Coal — a key industry with large exports, with a specialised and relatively immobile industrial community and with a defined volume of raw material.

Iron and Steel — also a key industry previously subject to acute foreign competition and differing from coal largely in the ramifications of its output and variations in its production problems.

Armaments — an industry which raises acute controversy as to whether or not it should be State-owned, whose output varies with Government policy, and whose experimental costs present special problems.

Agriculture — an industry largely owned by small proprietors, not skilled in co-operation and subject to violent fluctuations in conditions and competition.

Post Office and British Broadcasting Corporation — the former a State-owned monopoly and the latter, also a monopoly, but, being in the early stages of invention, left largely to develop its own destiny.

107

4. If it be said, as well it may, that the above list leaves out many important enterprises, I must plead the limits of space and that I have tried to present a representative selection of the various forms of control rather than attempt to cover its whole field. Indeed, matters are moving so fast nowadays that much in this paper must be out of date before it is even read.

5. With these limitations in mind I propose to group my remarks under the following heads: —

I. General comments on the problem.

II. Notes on what has in fact been done in the United Kingdom in the selected industries.

III. Conclusion.

I. General Comments.

6. We are all apt to think that we live — industrially at any rate — in the most complicated generation the world has known, and that our fathers in comparison had an easy time. When they shake their heads, wondering where we are getting to, and enquiring whether these complications are not of our own creation through departure from the laws of free competition on which they brought us up, it is a kindly challenge which must be met. They are in effect reminding us:

"Oh, what a tangled web we weave
When first we practise to deceive."

7. In considering then what are the special features of the present day which may be pleaded to justify some degree of control and change of policy, we may perhaps fairly mention the following: —

(a) *Communication.* The progress in methods of communication by land, sea, air and ether has recently brought all corners of the earth into contact and competition with each other at a rate which has made difficult the assimilation of new conditions.

(b) *Science.* Nature has responded so lavishly to man's research and invention that her very bounty in production has intensified the problems of distribution and consumption. Her effect on the problems of production is abundantly clear when we consider the increase in overhead costs represented by such developments as the cinema and the motor car. The luxury element of these trades and all their collateral costs such as petrol, roads, police, etc. has had to be absorbed in a comparatively short period as an additional cost on industry as a whole — a cost which industry could not have borne but for the strides in science.

(c) *Social services.* The law of the survival of the fittest has been modified in human affairs so that the support of those who fall by the wayside has come to be recognised as a charge which must be borne by others — whether nationally, by trades or by individual businesses. Even the standard of life and working conditions of the able-bodied is largely determined by collective action of the trade unions concerned and by Conciliation Boards. The effect on costs of these changes has been important, requiring as a corollary that the industries themselves must get together for collective action and in some cases for help.

(d) *Exchange rates.* These have become so much subject to violent fluctuation, due not only to normal reasons and to Government decisions, but to psychology, scares and even undesirable manipulation, that their effect on legitimate trade would be devastating unless some steps were taken to control it.

(e) *Capital Assets.* Modern industry requires such heavy outlay on fixed assets that capital is less fluid than it was, and less able to be transferred. The loss, therefore, when businesses have to close down through becoming unremunerative, is becoming increasingly serious.

(f) *War.* I hesitate to say much on this subject. On the one hand, sad to say, it is a risk no Government can ignore in deciding which industries must be encouraged, and on the other it may be dragged by those industries as a red herring across the problem in an attempt to substantiate claims to support beyond what are justified.

8. However much justification may be pleaded as above for recent steps in control of industry and of prices, it is clear that some limits should be set to the support that is offered. Like all other problems in life the difficulty is to know where to draw the line. We may be sure wherever we do try to draw it, we shall find repercussions from what we have already done being used as reasons why we must go farther.

9. I suggest that in determining the limits which should be set, the following considerations are vital: —

(a) Firstly, the Government must decide on national grounds which industries should be supported. Such decisions cannot normally be made at large — they should determine or have in mind the limits, both in volume and in price, to which the specified products may go. If the price is made remunerative, the volume of production cannot necessarily be left to be determined by demand, since it may in such circumstances be desirable that a margin also be left for imports.

(b) Assistance must be dependent on rigid, and even ruthless, efficiency.

(c) In cases where foreign competition is faced it becomes necessary also to establish whether, according to our own standards, that competition is fair.

10. I believe that in substance, though in very varying forms, the above principles have been, and are applied in most of the schemes that have been devised. Subject to them, our present policy is that in such matters the Government do not seek to have any greater share in the control of industry. The extent, however, to which control in such directions has gone is quite remarkable — especially in recent years — and I now propose to deal with the selected cases.

II. Forms of Control in Certain Industries.
Gas and Electricity.

11. It is convenient firstly to consider these two industries together. The structures of their control have much in common, and within those structures the most powerful force is probably their own competition with each other. The gas industry in particular, having been first in the field, claims that it has, unaided, taken steps to meet its rival, and electricity has done much in recent years to rationalise the anomalies of its early development. An essential difference between the two — involving important costing implications — is the power of the former

to store its product to meet variations in demand over a limited area, and the power of the latter to spread its energy over an area which in this country is almost unlimited.

12. Both industries, in view of the facilities they require for distribution, are subject to a considerable degree of control from the Board of Trade. Both can be called upon from time to time and in various ways to give an account of their stewardship, in particular when applying for additional powers.

13. In the case of both, except where owned by municipalities, it may be said that the essential feature of their financial structure is a drive towards efficiency by making any increased dividend dependent not, as is more usual, on an increase in charges, but on their reduction. This recently has been established in two main forms of control: —

(a) By establishing a basic price for the product supplied, and providing that if the undertaking by reason of good management or other efficiency supplies in any year at a lower price, a portion of the "Consumers Benefit" may, if finances permit, be paid to the shareholders as additional dividend, and to the employees in the form of co-partnership bonus.

(b) By ensuring that the balance of any undistributed profits shall enure to the benefit of consumers in subsequent years, through the placing of a limit on the amount which may be carried forward at the credit of profit and loss account, or placed to Reserve.

14. There is also one point of difference between the two industries which should be noted. Gas as a monopolist has since very early days been called upon to supply anyone within a certain distance of a Gas main without insisting upon a minimum charge. Electricity Supply Companies on the other hand are free to refuse unremunerative custom and to insist upon a minimum charge. This matter is dealt with in detail in the Report of the Parliamentary Committee on Gas prices which in 1937 enquired into the complaints made by London consumers.

15. Apart from the above points of resemblance and of difference, the following special features of each industry may be of interest: —

16. *Gas.* In the cases of companies controlled on Consumers Benefit principles, Parliament fixes for each the "basic price" for its gas and the basic dividend which may be paid on its Ordinary capital.

17. In addition to the basic price system which regulates about half the country's gas supply, the older methods of control, namely by sliding scale and maximum price, are still largely used. Under the sliding scale, the ordinary dividend that may be paid varies inversely with the actual price charged, whilst maximum prices are related to maximum dividends.

18. The gas industry has always resisted attempts to introduce the fixing of actual prices by Public Authorities, as it is thought this would prove a great handicap under the conditions of business to-day which demand a high degree of flexibility. These prices generally include

special rates for industrial consumers and for central heating, and in many cases a two part tariff for domestic supply.

19. In fixing these rates regard is had to three main considerations:—

(a) Cost — with special reference to the circumstances of supply, volume, load factor, etc.

(b) The basic price and its effect on the margin available for dividend.

(c) Competition and public opinion.

20. It will be realised that the basic price per therm is contrasted with the average price obtained for the total Gas supply, and that no attempt is made to contrast it with the price charged to the different categories of consumer. It cannot be said that in the fixing of the basic price costing matters are dealt with on a defined basis, but so far as concerns the accounting of Gas undertakings, it may be of interest to note that depreciation is normally dealt with on a renewals basis, and that the net proceeds of bye-products which are very considerable are brought in as revenue, and so treated as a direct offset to the cost of Coal.

21. *Electricity.* Much the same type of problems arise in price fixing in electricity. There are, however, certain special features to be noted arising out of the reorganisation of the industry entrusted to the Electricity Commissioners — a body formed in 1919 with functions largely of an advisory and judicial nature.

22. It is necessary to consider the progress of this reorganisation under the two heads into which the functions of the industry naturally fall:—

(a) Generation, including the main transmission to the point where distribution commences.

(b) Distribution from that point to the ultimate consumers.

23. The reorganisation of generation, which has now been virtually completed, was carried out by a Public Utility body — the Central Electricity Board — formed with powers to raise capital by the public issue of Stock. After a survey of all Generating Stations, the most suitable were selected and linked up in geographical groups by overhead transmission lines. Although the ownership of the selected stations has been allowed to remain with the original undertakers the working of the stations is now carried out entirely under the direction of the new Board. Inefficient production is eliminated and the benefits of the efficiency of modern power stations is spread over a large area. This plan is known as the Grid Scheme.

24. Distribution is still in the hands of the original undertakers, but a Government reorganisation thereof is now in its initial stages and formed the basis of a White Paper issued in 1937, which is the subject of acute controversy. The difficulties which arise here are numerous and complex both as regards technical matters, viz. the varying types of current (A. C. or D. C.) voltages and systems of supply; and as regards legal and commercial matters, viz. areas, boundaries and differences in prices and

methods of charge in various parts of the country. It seems to be intended that all distribution shall eventually come into the hands of Public Utility bodies to be set up for different districts, but that in the meanwhile the existing Undertakers shall remain, subject to revision of their boundaries and powers of supply.

25. As a result of legislation in 1925, the London Companies were allowed security of tenure until 1971, when they are to be acquired by a Public Utility Body called the Joint Electricity Authority. Until then the Undertakers are strictly controlled by means of a comprehensive series of sliding scale provisions on "Consumers Benefit" principles, the basic dividend on Ordinary Capital being 7%; the basic gross revenue being the sum represented by the actual quantity of electricity supplied in the current year at the standard prices fixed for 1931; and the proportion of the Consumers benefit (viz. the difference between that basic revenue and the actual gross revenue for the year) which the Undertakers may take as extra dividend, being one-sixth. Definite scales of depreciation are prescribed in respect of the various capital assets, all of which will be taken over by the Joint Authority in 1971, at cost, at less such depreciation. All assets which existed in 1925 will have been amortised before that date, and all important purchases on capital account during the period to 1971 must be sanctioned by the Joint Authority.

26. The prices at which current is purchased and sold as between the selected generating stations and the Central Electricity Board under the Grid Scheme are controlled by prescribed regulations. In summary it may be said:—

(a) The Board purchase all the output of the Selected Stations at cost of production as ascertained on a standardised basis.

(b) The undertakers re-purchase from the Board all the current which they need to supply their consumers at the lower of the following alternatives:—

(1) The undertakers' own cost of production ascertained in accordance with the standardised basis with a proper addition to cover the Board's expenses, or

(2) The Board's standard tariff, which is framed so as to give the Board a revenue sufficient to cover its overheads.

(c) Each undertaker can also claim an adjustment should it be proved that the cost of taking the supply from the Board exceeds that at which a like quantity of current could have been produced by the undertakers themselves under independent operation of their power stations.

27. In no industry is there more need for the accountant to keep in close touch with the technical staff in solving the costing problems that arise, and in the structure of control outlined above, accountancy has had to play its part in at least the following ways:—

(a) The Central Electricity Board prescribed a system of cost ascertainment for the control of generation and the producing bodies have in most cases revised their accounts to bring them into line with these regulations.

(b) The standard prices to London consumers were arrived at only after detailed enquiry into the requirements of the distribution companies. Indeed, it may be said that the London Electricity Act of 1925 in its treatment of this matter and of the sliding scale deals almost entirely with accountancy questions.

(c) It is doubtful whether the codification of depreciation charges is being carried further in any other industry. Not only for taking over the control of generating stations but also for fixing the standard prices and sliding scales of the London distributing companies it has been necessary to classify all capital expenditure, to agree the permissible additions thereto for engineers and overhead expenses, and to lay down the rates and methods of amortisation. The rate applied in London has been a 3% Sinking Fund to provide the cost of the asset over its agreed life.

(d) The restriction imposed upon undistributed Revenue is entirely dependent upon accurate recording for its effective operation. In ordinary commercial circumstances the common tendency to over reserve for expenses and losses may be permissible on grounds of prudent policy. In the controlled Companies, however, such a practice would tend to deplete surplus revenue and so defeat, to the detriment of consumers, the object of the restrictions imposed thereon.

Transport.

28. *Railways*: I do not propose to deal in detail with the Main Line railways which by the Railways Act 1921, were merged into four large companies. The principle of "rate control" in their case is somewhat analagous to that described under Gas and Electricity.

29. The 1921 Act empowered the Railway Rates Tribunal, set up for the purpose, to fix rates and charges with a view to producing a "Standard" revenue. This standard revenue was based on the Net revenue of the year 1913 with appropriate remuneration for certain additional Capital expenditure, plus a proportion of the economies rendered possible by the amalgamation.

30. The method used by the Tribunal to arrive at the Gross revenue to be produced by the rates they fixed was, broadly, to add to the 1913 Net Revenue, the amount of remuneration for additional capital expenditure previously referred to and an estimate of Railway Working Expenditure based on post war costs. From this total there was deducted an amount in respect of revenue from ancillary businesses and other sources of revenue, the charges for which are not subject to the jurisdiction of the Tribunal. In estimating the Railway Working Expenditure the Tribunal was enjoined by the Act to take into account economies anticipated from amalgamations.

31. The rates are reviewed by the Tribunal at the end of each financial year with power to modify them. If the Net revenue earned is in excess of the Standard revenue the rates may be modified for the future with a view to producing a net revenue equal to the Standard revenue plus 20% of the ascertained excess over Standard revenue. If the Net revenue earned falls below the Standard revenue, rates may be increased to produce the required amount. In these periodical reviews, the Tribunal is

enjoined to have regard to any lack of efficiency or economy in the Management.

32. It should be noted that the Standard revenue to which railway rates are to be related is a "net" revenue, whereas in the case of the Gas and Electricity undertakings referred to above it is a "gross" revenue. In the case of the Railways, therefore, it by no means follows that the revision of rates will produce the desired results in "net" revenue — especially in these days of acute competition from Road transport. Although the Railway Companies' "net" revenues have for many years fallen below Standard revenue figures, due to loss of traffic, no modification of the schedule of Standard charges, authorised as from 1st January, 1928, was made until 1st October, 1937, when an increase of approximately 5% was put into effect.

33. The broad principle approved by the Tribunal in assessing the appropriate charges for Renewals is the "provision basis". This method necessitates an annual charge to revenue equally over the anticipated life of the asset of a sum sufficient to produce the estimated replacement cost, after allowing for residual value.

34. Government aid has been given in an indirect way by the Local Government Act 1929 to certain users of railways.

In respect of local "rates" levied by the various Local Authorities on the railway companies' properties, the railway companies only pay 25%, the remaining 75% being paid into a common fund administered by the Railway Clearing House. The railway companies out of the fund pay rebates on certain traffics on principles laid down by the statute.

The Act provides that the loss to the Local Authorities is to be made good by the Treasury. It is intended that the railway companies should benefit by way of increased traffics encouraged by the rebates on carriage charges.

35. *London Passenger Transport Board:* This Authority has a virtual monopoly of London traffic and as its fares are also subject to review by the Railway Rates Tribunal, a major incentive to efficiency in its case is the responsibility to pay certain returns on its Stock. Under the London Passenger Transport Act 1933, the rate of interest to be paid on the C. Stock is 5% for the first two years to 1st July, 1935 and $5^1/_2\%$ per annum thereafter, with provisions for the increase of the annual interest to 6% if the revenue of the Board is sufficient. There is also the unusual provision for the appointment of a Receiver of the Undertaking by the High Court, if interest at $5^1/_2\%$ per annum is not paid for any three consecutive years subsequent to 30th June, 1936. In these circumstances the basis of capitalisation of the concern is of primary importance and accordingly it is of interest to note how it was arrived at.

36. The consideration given to the Underground group, which included the tube railways and the majority of the buses and trams was laid down in the Act itself, having been the subject of previous settlement with the Government. Apart from certain preferential treatment to various unprofitable tram undertakings, it may be said that the main settlement was to give new Stock to such an amount that its normal interest approximated to the interest paid on the old Stock. There were certain minor differences said to be due to (a) deductions in respect of benefits arising from the protection of earlier Traffic Acts and (b) additions in respect of the unfructified nature of certain of the tube railway developments. In substance, however, Stock was issued to the extent of the net asset value (without goodwill) of the previous undertakings, the largest portion thereof being the cost to date of the tube railways. In these calculations the interest on C. Stock was taken at the basic rate of 5%.

37. The consideration then to be given to the bus and tram undertakings which had not been members of the Underground group was settled by arbitration. Their claim also to be given Stock to an amount to equate their past earnings was refused by the Board, who offered instead Stock to the amount of asset values plus five years' purchase of profits. The basis of the award was not specified but in amount, though substantially higher than the Boards' offer, its effect was to allot Stock, the interest charges of which were very materially less than the current profits of the vehicles taken over.

38. In spite of this margin in hand the Board has not so far been able to pay the rate of interest on C. Stock specified in the Act. This may be due to many causes but the chief is, no doubt, labour unrest. It remains to be seen whether labour in the powerful grip it now has over London's traffic facilities, largely through the formation of the Board, will seek to reduce the interest rates on which that Board was formed and if so, whether fares will need to be adjusted accordingly.

39. Apart from interest and wages a major item of expense in seeking to make ends meet is, of course, that of renewals. It may be of interest to note that for arbitration purposes the life of a London bus was accepted as being eight year and its cost was amortised evenly over that period.

40. *Airways:* In the past, airways have been helped by the Government by the payment of direct subsidies, and by indirect subsidies in the form of the provision of aerodromes and "aids to navigation" such as ground wireless and meteorological facilities, either free or by their provision at less than cost.

41. In order to arrive at the subsidy required, the operating company had to estimate its costs and income for many years in advance, allowing in its expenditure estimates for the share of management expenses at-

tributable to the service concerned. After negotiation, the subsidies were settled in advance for long periods — 10 years in the case of Imperial Airways' European and England-India services — and decreased in amount annually so as to give a direct incentive to the Company to improve the economic position of air transport.

42. The European subsidy expires at 31st March, 1939, and apart from this and certain small subsidies for minor routes and for aerodromes and "aids to navigation", payments by the Government have now merged into the Empire Air Mail Scheme. They are divided into two separate parts, i.e. a subsidy from the Air Ministry and "remuneration for the carriage of mails" from the Post Office.

43. The payments to the Company are subject to revision to accord with the actual costs of fuel and oil and the actual mileage flown. Provision is also made for the Government to be paid one-half of any savings on the prime costs of operation and on obsolescence. As in the past, the Government's payments are based on an descending scale but the Secretary of State for Air has the power in specified circumstances to remit the reductions.

44. The terms are an attempt to apportion on an equitable basis the risks of profit and loss equitably between the Company and the Government. In this enterprise of novelty and magnitude the Government protects the Company in respect of certain factors involving costs over which the Company has no control. On the other hand, the Company has to accept the normal commercial risks and has an incentive to increase its revenue and decrease its costs.

45. The Government, through its holding of all the Deferred Shares of the Company, has the right to share in any profits earned beyond a level sufficient to enable the Board to declare a dividend on the Ordinary Shares of 10% in any year. The Government also appoints two Directors to the Board.

46. The rates to be charged for the carriage of passengers and freight are to be reasonable commercial air transport rates.

47. Depreciation does not apply in the normal way to aircraft as the nature of the business demands that aircraft shall always be maintained in first class condition. Aircraft now seven or eight years old are today technically as efficient as when they were new, but they are obsolescent. Obsolescence therefore plays an important part in the economics of air transport due to the rapid improvements which are made in the practical application of the new science. The useful life of aircraft in the commercial sense is probably from about 4 to 7 years. The life assumed in the Empire Air Mail Scheme has not been published.

48. *Shipping:* Government assistance to shipping has been related to the requirement that the industry shall regulate itself, especially in the

matter of rates. With this end in view two forms of assistance have been given: —

(a) Under the British Shipping Assistance Act 1935 a subsidy limited to £2,000,000 per annum was paid in respect of certain tramp voyages.

(b) A "Scrap and Build" scheme was brought in at the same time under which if a shipowner purchased and scrapped old tonnage, bearing the loss himself, the Government would on certain terms finance him in the purchase of new tonnage to the extent of 1 new gross ton for every 2 old tons so scrapped.

49. The above two channels of assistance are no longer available, but the various sections of the trade are taking steps to retain regulation of their rates.

Agriculture.

50. It is possible in agriculture to suggest special reasons apart from politics — justifying its control, viz:

(a) The average farmer is a small man without much capital, or the reserves necessary to withstand violent fluctuations for long. He is, in this respect, often very little removed from a wageearner.

(b) His main asset — the land — cannot be scrapped if unremunerative, or in the majority of cases put to another purpose. It is with us for good or ill, which fact is the basic justification for the Government's recent decision to assist producers with their fertiliser costs.

(c) Climatic and other conditions the world over make his relatively small volume of products particularly vulnerable to the shocks of shifting price levels.

51. Much may be said on the other side, however, and an initital difficulty is that the accounting records of the industry are notoriously meagre. Making every allowance for the difficulty found by the average farmer in producing accurate accounts, the industry as a whole cannot reasonably say at one and the same time (a) that is trading at a loss in any section and (b) that the complications of the farmyard prevent that loss from being adequately analysed. It must at least be possible — making allowance for variations between districts and methods of farming — to substantiate a standard cost which the farmer of reasonable efficiency should be able to attain.

52. An underlying principle governing the assistance given to agriculture has been that each separate product shall be considered separately. Apart from the special legislation put in force for such products as livestock, wheat and sugar, the main channel of control has been through the medium of Schemes for the constitution of Boards, representative of producers, under the machinery of the Agricultural Marketing Acts of 1931 and 1933. It is probably true to say that the general public did not realise at the time these Acts were put on the Statute Book how far reaching they were. The effect of them, in summary, was that subject to carefully devised rules as to taking polls of the producers concerned and hearing objections, and to the approval of Parliament, it became possible

to declare illegal the marketing of the product concerned except in the manner laid down in the Scheme. Further, if such a Scheme has become effective the Board of Trade are empowered to control imports of that product. The products which are regulated by Schemes under these Acts are Hops, Bacon pigs and bacon, Milk and Potatoes.

53. A few notes on the steps taken to control certain products of agriculture may be of interest.

54. *Milk:* The chief problem here arises from the fact that manufactured milk (i.e. the surplus which goes to produce butter, cheese, etc.) furnishes a much lower price, due to the competition of imports, than the volume sold for liquid consumption. Regard had always been paid to this factor in arriving at the price which the producer received for his milk from the distributor, but in practice the negotiating bodies were not equally matched in strength and had not enough control over their individual members. Matters came to a head in the depression years 1931—1932 when the prices offered by the distributors were, in the view of the producers, so low as to make production unremunerative.

55. Producers came to feel that this unsatisfactory position could best be rectified by strengthening their bargaining powers and a Milk Marketing Board was accordingly set up in 1933 with power to prescribe prices. In practice the contract, normally made for one year, specifies the prices which the producer is to receive (a) for milk sold liquid subject to adjustment of various delivery and other expenses and (b) for milk used for manufacture, this price being largely determined by a formula related to the current prices of imported milk products. The contract also provides the minimum prices at which the distributor is to sell milk in liquid form by retail.

56. The Board collects the proceeds from the distributors and manufacturers and settles monthly with the producers on the basis of a "pool" price. This price represents a weighted average of the receipts from the sale of liquid or manufactured milk (plus an Exchequer subsidy in respect of milk passing into manufacture), less the expenses of the Board, and is ascertained on a regional basis. As a result, all producers, whether or not their milk is sold for manufacture, bear their share of the loss on that section of the trade.

57. It must be appreciated that the Milk Board cannot fix prices in an arbitrary manner, but only after consultation with the distributors. The proposals of the Milk Reorganisation Commission of 1932 were that in case of dispute an independent body should be empowered to fix prices, but the producers would not agree to the inclusion of this proposal in their Scheme. In the result the first years of the Scheme saw bitter controversy in which chief emphasis has been laid by the producers on the alleged high costs of distribution of liquid milk.

58. A point of special accountancy interest before the Committee of Investigation appointed when negotiations broke down over the 1936 contract, was to consider which section of the trade carried on by certain large distributors was entitled to the profit on groceries sold along with their liquid milk. The producers claimed the grocery trade was ancillary to the milk trade and therefore that its profits should go in reduction of milk distribution costs. Apart from other reasons, the distributors resisted this contention in view of the volume of the grocery trade — in some cases almost equal to that of milk and submitted evidence with a view to apportioning their expenses between these two sections of the retail trade.

59. *Bacon Pigs:* The problem here was essentially different, in that unlike liquid milk, no material portion of the trade was free from foreign competition. Indeed, Great Britain is practically the only large customer for bacon on the world markt, and a rapidly expanding production in several other countries was submerging the British market with supplies.

60. On the other hand the production of bacon pigs can be systematised, as probably few other products of agriculture can. It is in fact largely an industrial process capable of accurate recording and accounting which in foreign countries — notably Denmark — had quickly been carried to a fine art. There seemed no reason, granted fair conditions and complete efficiency, why the trade should not take itself in hand and re-establish itself.

61. The emphasis of the Scheme set up in 1933 was, therefore, a drive towards efficiency in a regulated market, and this was aimed at by the establishment of two Marketing Boards — one for producers (Pigs Board) and one for curers (Bacon Board). Again, however, the recommendation of the Reorganisation Commission that a third Board with powers to settle disputes should be set up was not acceptable, with the inevitable result of interminable wrangling between the two Marketing Boards. Such a body was formed in 1935 — the Bacon Development Board — but apart from certain licensing powers over curers, its functions are largely advisory and educational. It has no power to settle prices.

62. Concurrently with the Schemes, control was established over imports, with the natural corollary that the Government required that the balance of the country's needs up to an estimated total demand should be forthcoming from home producers. This end was to be achieved by the establishment of a contract system, under which producers bound themselves to supply a definite number of pigs at stated intervals over the following year at a defined price.

63. The negotiations for fixing the price gave the opportunity to each Board to examine and criticise the methods and costs of the other, i.e. of

producing and of curing respectively. There is no doubt this has resulted in substantial improvements both in quality of product and in costs.

64. The first contract fixed the price of the bacon pig primarily by reference to the price of feeding stuffs during the period of the animal's life. As, however, this inflicted serious losses on the curers at a time when bacon prices did not respond to the price of feeding stuffs — due largely as they alleged to weaknesses in import control — later contracts fixed pig prices on a sliding scale related both to feeding stuff costs and bacon prices. In effect, producers became partners with curers on a co-operative basis.

65. The two Boards could not agree the terms of the 1937 contract, owing mainly to the high price of feeding stuffs, and had to refer the dispute to arbitration. The award, as embodied in the new contract, was not considered by producers satisfactory, with the result that they did not contract for the minimum number of pigs considered necessary by the curers for efficient throughout in the factories, and the Bacon Board accordingly exercised the right reserved to it to declare the contracts void.

66. At the moment the contract system is in abeyance, though by mutual consent the framework of the Schemes in other respects is being maintained. In particular, the drive towards efficiency is being continued (a) on the producers through grading, education and research and (b) on the curers by pressure from the Government who have stated that they would be willing to consider granting assistance to the industry to enable the contract system to be re-established, if they were assured that a bacon factory rationalisation scheme would be put in hand with a view to reducing curing costs.

67. *Livestock:* Here again the problem, at any rate as regards cattle, was essentially different. Unlike bacon pigs, it appears from such information as is available, that the costs of the home producer, however efficient, could not be expected to be reduced to those of say the Argentine even allowing for transport and other additional expenses. The reasons are obviously those of climate, area, crops, etc.

68. In these circumstances producers were not willing to accept a Marketing Board as a sufficient measure of relief. After protracted negotiations a Customs duty has been imposed on imports of foreign beef, and all supplying countries including the United Kingdom, co-operate through the International Beef Conference, to adjust supplies to consumptive demand. Action with regard to the home industry is directed to eliminating waste and encouraging efficiency on the ground that these matters must be put in order even if improvements in them are still unable to bridge the gap between home and foreign costs.

69. The executive responsibility for the Government's plans has been entrusted by the Livestock Industry Act 1937 to a Livestock Commission whose main duties may perhaps be briefly summarised thus: —

(a) To distribute a specified annual sum (which incidentally exceeds the proceeds of the Customs duty) as subsidy to home producers. This subsidy is paid in two grades and is devised to encourage efficiency by the differentiation it makes in favour of quality cattle; nothing at all is paid in respect of Cattle that do not comply with a minimum standard.

(b) To license livestock markets and to close those considered redundant or inefficient.

(c) To organise the erection, with Exchequer assistance, of three central experimental slaughter houses in districts to be selected and to close other slaughter houses in those areas.

(d) The compilation of information in order to improve market intelligence.

70. Although no specific formula has been devised the Livestock Commission will no doubt be expected to relate efficient costs to market prices in order to advise from time to time what alterations, if any, should be made in the rates of cattle subsidy.

71. *Hops and Potatoes:* The marketing of these two products is controlled by Producers' Boards — the former from 1932 and the latter from 1933 — whose Schemes have been as successful as any operated under the Agricultural Marketing Acts.

72. There is a substantial import duty on both hops and potatoes while, like the Pigs and Bacon Schemes, the Potatoes Scheme is accompanied by the quantitative regulation of the imported supply; in the case of the Hops Scheme, there is an informal understanding with the buyers regarding the volume of purchasable imports. The Hops Board negotiates selling prices and in 1934, made an agreement with its sole customer — the brewers — by which an average price of £9 per cwt. was fixed for all hops sold by the Board for five years — a price which is intended to represent cost plus a fair profit. Provision is made for adjustments, if producers' labour costs increase by more than a certain amount. In addition, the brewers pay a levy on all hops sold by the Board, and the fund so created is used for the purchase for destruction of the unsold balance of the quantity agreed each year between the parties to represent the "estimated market demand".

73. The following features may also be noted: —

Hops. The Scheme provides for the allotment of sales quotas. Producers may deliver hops in excess of their quotas, but the payment made for such hops depends on the amount of money remaining after "quota" hops have been paid for.

Potatoes. The Board does not prescribe the terms of contracts but fixes a basic acreage for each producer and any producer who plants in excess of this acreage is liable to pay an increased levy for expenses. The Board is empowered to prescribe the types and classes of potatoes which may be sold for human consumption. Small potatoes are kept off the market.

74. *Sugar and Wheat:* These products are regulated by separate Acts of Parliament and in each case a Commission is charged with the duty of supervision and control. As in the case of Livestock assistance is given in the form of a subsidy related to market prices and costs, though not specifically calculated on them.

75. In the case of Wheat the amount required is provided not by the State but by the millers and importers from their baker customers as a levy charged by them on all wheatflour, whether home-milled or imported. The subsidy to the producer of wheat referred to as a "deficiency payment", is to make up the average market price to a "standard" price (fixed by the Wheat Act 1932 at 45/-d. per quarter) but there is a limiting total quantity, so that if production exceeds this limit the subsidy per cwt. is reduced pro rata.

76. A novel feature is introduced into the Sugar Scheme as an incentive to efficiency. The Exchequer assistance, which is in the nature of a deficiency payment, is augmented by a proportion of any economies of the British Sugar Corporation in its working costs as compared with a standard of efficiency for such costs set up as at the date of its incorporation. This proportion diminishes as time goes on but the bigger the savings the more gradual its decline.

77. In agriculture probably more than in any other industry, control of prices of one product has repercussions on another. Agriculture is a composite industry, and it does not necessarily follow that all sections of it can be, or ought to be, profitable at one and the same time. For these reasons there is a fairly wide demand that, if each product is to be separately controlled and assisted, there should in addition be set up some co-ordinating machinery. The only steps so far taken towards this have been the setting up of Advisory and investigational bodies, viz:—

(a) *The Food Council.* A non-statutory body with the duty of considering questions relating to the supply and prices of articles of food in general consumption and of considering complaints. It reports to the Board of Trade and has recently issued such a report in relation to milk costs.

(b) *Consumers' Committees.* These have the duty of considering and reporting to the Minister on the effect, on consumers, of producers' marketing schemes under the Agricultural Marketing Acts and on any complaint which may be made to the Committees as to the effect of the schemes on consumers' interests.

(c) *Committees of Investigation.* These consider reports of Consumers' Committees referred to them by the Minister and also complaints from other sectional interests, e.g. producers, wholesale buyers, auctioneers or manufacturers. They report to the Minister who may in certain circumstances intervene to require the Board concerned to rectify the matter in complaint or, subject to Parliament, he may amend or revoke the scheme.

Coal.

78. The steps taken by the Government in this industry towards lowering costs and regulating prices have been directed towards:—

(a) Regulation of the production, supply and sale of Coal.

(b) Mergers of Coal undertakings.

(c) Acquisition of Mineral royalties by the State,

79. *Regulation of the production, supply and sale of Coal.* This end was achieved by the institution of Selling Schemes under Part I of the Coal Mines Act 1930. The Schemes provide for Standard Tonnages of output and supply to be allocated to each colliery, and machinery is available by which these standards may be reviewed from time to time.

80. The Executive Board for each district makes application to the Central Council for a quarterly allocation of tonnage output and supply tonnage, divided between home and export markets. This allocation, decided by reference to the requirements of the country as a whole, or such part of it as the Executive Board may decide to release, is expressed as a percentage of the total standard tonnage of the district and each coal owner is then authorised to raise and sell respectively that percentage of his standard tonnage. If it is found as the quarter proceeds the tonnage allocation is insufficient for the requirements of the district the Executive Board may make application to the Central Council for additional tonnage.

81. There is considerable variation between the schemes of different districts, and some go as far as to have central selling and even sharing of proceeds.

82. The fixation of prices is in a large measure left in the hands of the Coalowners or their agents, while the protection of the consumer is left in the hands of the Committee of Investigation. The actual fixation is done after consultation between the Coalowners or their agents in each district, while machinery is provided to ensure co-ordination in prices as between districts. It is a breach of the regulations for coal to be sold below the prices thus agreed upon and fixed, punishable by severe monetary penalties.

83. Although regard is paid to variations in district conditions, costs, as such, are not considered in detail in relation to the day-to-day fixing of prices, as indeed they cannot be for the reason that prices are being fixed in respect of differing qualities, size and grades of Coal, while costs in the Coal trade are, so far at least, average costs of all qualities produced. It would seem to be impracticable, if not impossible, to determine the cost of each separate quality, size and grade of Coal produced in a Coal Mine.

84. The Committees of Investigation do, however, use costs as a measuring rod in considering whether a price, in respect of which a complaint has been lodged, bears a reasonable relation to the average cost of the district, regard being had to the other qualities, sizes and grades produced and the prices applicable thereto.

85. *Mergers:* Mergers were the province of the Coal Mines Reorganisation Commission set up by Part II of the Act. The function of this Commission was to form an opinion as to whether any scheme of reorganisation was called for in any given area and if so to take steps to bring it about. Its first attempts were to get the Collieries concerned to put up their own schemes voluntarily, but not having much success in this direction it exercised its statutory powers in certain areas by calling for the necessary information and formulating its own schemes of merger.

86. A major task was to arrive at a fair valuation of the collieries which it was proposed to merge and for this purpose a joint report was normally prepared by accountants and Mining engineers.

87. The schemes were in most cases bitterly opposed by the owners and they failed to materialise, largely because the conditions which had to be satisfied according to the Act proved in practice to be self-contradictory or impossible of fulfilment. The conditions required were: —

(a) That the scheme would be in the national interest.

(b) That the amalgamation would result in lowering the cost of production or disposal of coal.

(c) That the scheme would not be financially injurious to any of the undertakings proposed to be amalgamated.

(d) That the terms of the scheme were fair and equitable to all persons affected thereby.

88. In some areas, however, voluntary mergers somewhat on the same principles as the Commission's schemes have been put into effect and the principles of valuation may be of interest in so far as they give an indication of costs and profit capitalisation, which factors naturally have a bearing on the ultimate price of coal.

89. The broad principle of valuation was normally to arrive at a capital sum for which the estimated profits would be sufficient to provide a reasonable dividend and a sinking fund for redemption. Such profits were estimated for a maximum period of 50 years or such shorter period as was covered by the available reserves of economically workable coal. A reasonable basis of yield for capitalisation calculations (after provision for sinking fund) was taken by the Commission in 1932 to be about 12% though certain mergers since that date have adopted a lower rate of yield. Depreciation of machinery and management expenses were estimated at agreed figures per ton of output, the former figure varying according to the degree of mechanisation underground.

90. So far as concerned costs it appeared, generally speaking, that though there was room for considerable economies in production (in particular in dealing with redundant pits) the chief field for saving related to selling expenses. It also appeared that merger schemes were not likely to be fully effective unless control was also obtained over the Landlord's interests.

91. *Acquisition of Mineral Royalties:* The Government accordingly took in hand the question of acquiring all coal royalties and in 1937 appointed an arbitration tribunal to assess their value on the understanding with the owners that whatever the figure it would be accepted by them. This was assessed at £ 66,450,000 being 15 years purchase of the estimated annual net income. Legislation is proposed by which this purchase consideration is to be satisfied in cash raised by the issue of a loan, and its apportionment among the various owners, having regard to the special features of their royalties, will be a complex problem.

Iron and Steel.

92. The control of prices in this industry is maintained through the British Iron & Steel Federation in conjunction with the import Duties Advisory Committee. This Committee, on whose advice depends the degree of tariff protection imposed on imports since 1932, has recently — 21st June, 1937 — issued a voluminous report dealing with the development of the industry, its technicalities and difficulties, and with the steps that have been taken to secure efficiency and to control prices. It is satisfactory that, with certain further recommendations, the report refers most favourably to what has been done, and particularly to the steps the industry has itself taken.

93. There can be few trades which over so long a period — extending for many years prior to the War — have endeavoured to regulate themselves, and there can be few for which the War was so upsetting an influence. Before the War this regulation was largely effected by trade associations for the various products, arranged by the sections of the industry concerned with due regard, on the one hand to costs and the requirements of individual works, and on the other to market conditions and in particular to foreign competition.

94. On the introduction of protection, the Government felt it necessary to obtain pledges from the Industry that supplies previously obtained from producers in other countries could and would be made available from producers in Gr. Britain, and at commensurate prices; and that such reorganisation as might be required to effect these purposes would be undertaken and carried out. These pledges were given, and it therefore became necessary to create a National body representative of the industry, to carry them into effect. This led to the formation of the British Iron and Steel Federation — a body the basis of which consists of the Trade associations which existed prior to its formation, and others which have been organised since.

95. These Trade associations are affiliated to the Federation, and to obtain affiliation each Association has to satisfy the Federation that it

125

is fully representative of its section of the trade and generally speaking, is required to agree to affiliation for a minimum period of five years. At the end of 1936, 27 Associations were so affiliated, the most important sections not then affiliated being Foundry Pig Iron and the Tube Industry.

96. The proposals designed to give effect to this reorganisation which were influenced to a considerable extent by the Import Duties Advisory Committee, and which were accepted by the Government in 1933, envisaged that the grant of protection would not suffice, unless it were accompanied by a considerable measure of re-equipment, which had become so urgently necessary. They also envisaged negotiations with overseas competitors, and these have now become effective, with full knowledge of Parliament, in the form of various cartel arrangements for the limitation of imports and otherwise.

97. The internal reorganisation of the industry naturally involves important technical decisions concerned with the adequacy of supplies, the regulation of development etc., in regard to all of which matters the Import Duties Advisory Committee is kept informed and over the major problems of which it has a controlling responsibility in relation to the national interest. This responsibility is largely discharged by a continual drive towards efficiency through ascertaining efficient costs and ensuring that selling prices are reasonably related thereto.

98. The procedure to carry out these arrangements briefly is as follows: —

The Federation, in consultation with the Associations concerned, agrees upon a representative number of selected makers whose costs are to be investigated. Uniform statements of costs prepared by an independent Accountant are issued to the selected makers for completion. The statements are designed to show (a) actual costs as appearing in the maker's own records over a recent period (usually three months) applying average stock prices for raw materials and fuel; (b) adjusted costs, applying market prices as shown by forward contracts and other evidence for raw materials and fuel, and giving effect to any increases in operative costs — e.g. wages, stores etc. Information is also provided as to average realised prices, and as to the statistical position of forward contracts for both purchases and sales.

99. In the light of the information contained in the Accountant's reports the Federation — through its independent Chairman — discusses and agrees with representatives of the respective associations, the amount, if any, of the increase in price to be granted, but no increase is put into operation until the Import Duties Advisory Committee, with whom the independent Chairman also discusses the matter, has approved. No

precise formula for the determination of such increases is followed, but particular regard is had to the possible effect of the proposed increase on the trade of the industry and the economic welfare of the Country, the margin of profit or loss shown in the recent past period of operation, and the increase in cost of raw materials and fuel and other costs under current and future conditions.

100. The prices thus fixed apply for a specified period, at the termination of which the position is again reviewed in the same way. The arrangements have been directed towards the conditions arising in a period of advancing raw material prices and doubtless similar considerations wil. be given effect to if and when raw material prices turn the other way.

101. In pursuance of its policy of price stabilisation two other important and far reaching measures adopted by the Federation should be mentioned: —

(a) The recent enormous expansion in the world production of steel gave rise to intense competition for scrap and for the ores required for the production of pig iron. In these circumstances the Federation resolved to authorise its operating Company — the British Iron & Steel Corporation Ltd. — to purchase on behalf of the industry, foreign ores and scrap and to re-sell these to the producers at or about home prices. The producers agreed to meet the loss on these transactions by a contribution calculated at a rate per ton of ingot production of each producer.

(b) In 1936 it was resolved to take steps to safeguard the position against undue expansion of plant, which, if uncontrolled, might result in the industry again finding itself with much redundant productive capacity. These steps require producers, before embarking on expenditure on expansion of their plants, to submit their proposals to the Chairman of the Executive Committee so that they may be examined in relation to the needs and interests of the industry as a whole.

102. A further scheme of self-help within the Federation may perhaps be mentioned specially, as it has a direct bearing on accountancy problems and on prices. It is proposed to set up a fund (raised by a levy on the production of steel ingots) which shall be used in a variety of specified ways to maintain a reasonable price level, to assist export, to provide for the closing or temporary support of redundant works, and generally to assist research and encourage efficiency.

Armaments.

103. In connection with the manufacture of armament materials by private firms on behalf of the Defence Departments of the Government it may be broadly stated that there are three main methods used in fixing the basis of payment for materials supplied: —

(a) *Price fixing by Competitive Tender.* The usual commercial practice of placing orders by competitive tender is adopted in the case of those materials which are manufactured by several firms and for which a competitive market therefore exists, these conditions being met in connection with all classes of Naval construction.

(b) *Price fixing by Technical Costing.* With regard to those armaments for which a competitive and free market does not exist, the Government rely on technical costing as a means to price control, and in giving effect to this it is usual for estimates of wages and material costs to be prepared by both the contractor and the technical costing experts of the Government Department concerned. Discussions then take place between these parties with the result that definite amounts are agreed for these two items of cost, leaving for adjustment the question of oncost, which has to be dealt with separately, and also the profit margin.

(c) *Maximum Price Contracts.* This method allows for the price being determined on the basis of ascertained costs plus an agreed percentage for profit, subject however, to a limiting or maximum price which has to be agreed between the contractor and the Government. The type of contract known as "Time and Line" and which requires no maximum price to be stipulated, is rarely used, being only admitted in isolated and exceptional instances.

104. In dealing with Oncost on those contracts which are subject to investigation by the technical and accounting staffs of the Government, it should be mentioned that this item of expense could, until recently, be so agreed as the appropriate percentage on wages ruling at the time the order was placed. When manufacture, however, is to spread over two or more years and when production is to be rapidly increased, as under the current defence programme, a new problem naturally arises in relating the rate of oncost to the expanding wages bill.

105. This problem and also that arising out of the proper spreading of research and experimental expenditure, has been particularly prominent in connection with aircraft and special arrangements have been entered into between this industry and the Government. The principle has been adopted for the new aircraft to be costed in batches, and for prices to be settled by any one of the following methods: —

(a) One or two batches in number agreed previously, are produced, and paid for on the basis of ascertained costs plus an agreed profit margin. Fixed prices may then be agreed for the remainder of the contract.

(b) If after completion of the agreed batches a fixed price cannot be settled, endeavours are then made to agree upon a maximum price for the remainder, on the understanding that if the eventual cost plus the agreed rate of profit is less than the maximum price, the difference will be shared between the contractor and the Government in an agreed proportion. If the cost plus rate of profit exceeds the maximum price, the maximum price will be effective.

(c) If neither a fixed price nor a maximum price can be agreed, the contractor may adopt the basis of ascertained costs plus profit, i. e., "Time and Line", but this method will only be adopted by the Government as a last resort.

106. In connection with aircraft manufacture, the following points may be of interest: —

(a) A "Break Clause" indemnifies the contractor against loss if the Contract should be curtailed, and a "Capital Clause" entitles him to compensation if he finds at the end of his contracts he is unable usefully to employ the additional equipment with which he is left. The compensation referred to is limited to any loss in the difference between the written down value of his capital assets and the market value of such assets at the termination of the expansion programme and if it is established that an excessive profit has been earned by the contractor this factor will be taken into consideration in arriving at any sum agreed as compensation.

(b) Experimental expenditure is included in overheads, on the basis of the average unrecovered expenditure of the three most recent years. Losses representing development costs are taken into account in the year the machine is handed over to the Government.

(c) The charge for depreciation and obsolescence is in accordance with Income Tax allowances.

Cotton.

107. No direct control of prices by any public authority has been established in this industry, but the problem of ensuring for it a margin over costs has been attempted by dealing with redundant mills. The Spindles Board was set up under the Cotton Spinning Industry Act 1936 with powers to levy on owners of cotton mills the amount required to finance the losses sustained on purchasing and disposing of old and redundant plant. As the period of 15 years over which the levy was to be spread was substantially longer than the period during which purchases were to be effected, the Government gave certain financial guarantees.

108. The first annual report of the Board was issued in October, 1937. In addition to relating the progress made to date it describes in detail the principles which have actuated the Board in its purchases and the special problems that arise in disposal.

9

109. Apart from the activities of the Spindles Board, different sections of the trade are themselves taking steps collectively to control prices and to relate them to efficient costs.

Post Office and British Broadcasting Corporation.

110. There is a considerable measure of agreement — even among those opposed to State-ownership — that the Post Office is efficiently run. Its accounts and charges have from time to time been the subject of enquiry, but the problems involved are not essentially different from those which have already been touched upon.

111. It keeps two separate sets of accounts, one on a cash basis in the form prescribed for Government Departments, and the other, known as the "Post Office Commercial Accounts" on ordinary business principles. These latter are used for reviewing tariff charges and in them depreciation is dealt with on the straight line basis with special provision for obsolescence if and when any plant is scrapped before its estimated life has run.

112. The B.B.C. however, does open up new problems — or rather old ones in an accentuated form. The executive responsibility for broadcasting has been handed over to the Corporation, and in relating its expenses to its income it has to look ahead, with very little data to work upon, to the uncertainties of its development, in particular to such matters as television, Empire broadcasting etc.

The policy which the Corporation has hitherto adopted is to meet all its capital expenditure out of appropriations from revenue. The amount of the listeners' licence cannot therefore be said to be closely related to the current costs of the Corporation and, in fact, an appreciable proportion of licence revenue at present enures to the Exchequer, thus in effect forming a margin available, if the Government should so agree, for future developments in the service.

III. Conclusion.

114. In times of violent market fluctuations when most of us wake up daily richer or poorer by amounts which we should hesitate to spend on ourselves, when every man and every industry seems to claim a right to live irrespective of his competitive ability to do so, when capital savings as a means of securing future income appear precarious compared with the more certain enjoyment of spending, when the effect of currency and international problems seem to be a matter of anyone's guess, there is a tendency towards recklessness and disregard of hard facts.

115. We have gone a very long way in a very short time in establishing various forms of controlled, in place of free, competition. Whether we like it or not this new technique has probably come to stay for some time, and will probably be extended. The accountant, as such, whatever may be his political views, accordingly fills a most important role. His duties fall under various heads, e.g.:

(a) In helping in the formulation of schemes he should avoid being influenced by party prejudices, and should consider each case on its merits. He will probably do well to be very conscious throughout that he is applying a finite mind to problems which are infinite in their repercussions, and which in a more perfect world would probably be better left to themselves.

(b) In helping in the administration of schemes he should continuously stress that assistance is only justified if accompanied by efficiency, and that any power the industry may have been given in regard to fixation of prices or otherwise must be used with due regard to efficient and minimum costs. He should ensure that an adequate intelligence service is maintained on all matters within his province, so that a measuring rod of that efficiency is available.

(c) In advising individual clients who are parties to such schemes he should warn them that though they do not amount to State-ownership they are a near approach to it and are perhaps even a last effort to avoid that end. In such circumstances the drive should continually be to keep down prices to a point at which no reasonable objection can be raised, and to ensure that before distributing any surplus sufficient has been set aside for renewals and for keeping up to date.

116. There is without doubt considerable risk, as well as considerable good, in what has been done, and it remains to be seen whether the industries concerned respond in effort to the help that has been afforded them. In the meanwhile it should be noted that in nearly all cases the industries are left to themselves with a full measure of responsibility and initiative and that no Minister is directly answerable to Parliament for the decisions of their various Boards. It would be an impossible clog on Parliamentary time if day to day decisions were to be liable to such debate, but, when one realises how much of industry in some form or another is now supported by the State without direct control, there is much ground for controversy.

117. It is not for me at the moment to pass an opinion on that aspect of the subject, nor would any discussion I might evoke be likely to lead to agreement. I would rather conclude by emphasising the importance of the field which accountancy covers in such matters, and the responsibi-

lity which accountants, whether in an advisory or executive capacity, are being called upon to assume.

118. Wide though this field is, however, and vital as is the contribution of accountancy, it is but a cog in the machine, and the destiny of the industries covered by these schemes must in the long run be dependent on the efficiency of their management and on the efforts of all concerned in them.

V. Internationaler Prüfungs- und Treuhand-Kongreß

BERLIN · SEPTEMBER 1938

Nationalbericht — National Paper — Rapport National

Grundsätze der Kalkulation und Öffentliche Preiskontrolle Methods of Computing Cost and Control of Prices by Public Authorities Principes du Calcul Commercial et Influence Gouvernementale sur les Prix	Thema 8	Niederlande Netherlands Pays-Bas	Land 10

von — by — par

Drs. J. A. M. F. Lindner,
Mitglied der „Vereeniging van Academisch Gevormde Accountants" und

W. E. Koppenberg,
Mitglied des „Nederlandsch Instituut van Accountants".

Inhaltsübersicht

Table of Contents

133

Chapter II: Price-regulating measures concerning agricultural produce

Chapter III: Outline of the measures for price control in respect of the principal agricultural products — Cereals — Potatoes for consumption — Potatoes for manufacturing purposes — Sugar-beets — Horticultural Products — Bulbs — Milk — Pork

Part II. Cost price in relation to price control in respect of industry

    A. General: Protective measures — Scope and purpose of the protective measures — Consequences of the protective measures

    B. The Control of cost prices for the purpose of price control

Appendices:

    I. Survey of the articles for which there is an importquota in Holland

    II. Percentage which goods subject to quota restrictions bear to total imports (Holland)

    III. Survey of the articles for which there is an import-quota in the Dutch East Indies

    IV. The importance for Holland of the Indian quotas

Table des Matières

Ière Partie. Introduction Générale — Mesures pour le contrôle des prix en matière de production agraire et problèmes des prix de revient s'y rapportant

Chapitre I.: Introduction — Ce qui a amené la prise de mesures pour le contrôle des prix — Méthodes de contrôler les prix — Détermination du but des mesures — Différences entre l'agriculture et l'industrie

Chapitre II. Mesures relatives à la réglémentation des prix en faveur des produits agricoles

Chapitre III: Aperçu succinct des princines dipales les mesures pour le contrôle des prix en faveur des principaux produits agricoles: Céréales — Pommes de terre pour la consommation — Pommes de terre pour l'industrie — Betteraves — Produits d'horticulture — Ognons à fleurs — Lait — Porc

2ième Partie. Le prix de revient en rapport avec le contrôle des prix en faveur de l'industrie

    A. Aperçu général — Les mesures de protection — Ampleur et but des mesures de protection — Conséquences des mesures de protection

    B. L'enquête sur les prix de revient en faveur de la surveillance des prix

Annexes:

    I. Aperçu des articles dont l'importation aux Pays Bas a été contingentée

    II. Part de l'importation de marchandises contingentées dans l'importation totale (Pays Bas)

    III. Aperçu des articles dont l'importation aux Indes Néerlandaises a été contingentée

    IV. Signification pour la Hollande des contingentements indonéerlandais

Zusammenfassung

Einleitung. Als wichtigste Ursache der hier zu erörternden Preisüberwachungsmaßregeln der Behörden ist das durch die letzte Krise (1929) getrübte Verhältnis zwischen Erträgen und Selbstkosten zu nennen. Diese Maßnahmen sind für die Landwirtschaft und Industrie sehr verschieden. Von der Gruppe Preisüberwachungsmaßregeln sind nur einige (namentlich die Kontingentierung) für die Industrie von Bedeutung; die Mehrzahl ist im Interesse der Landwirtschaft getroffen worden

Preisregelnde Maßnahmen für landwirtschaftliche Erzeugnisse. Die anfangs befolgte Methode der direkten Unterstützung aus der Staatskasse wurde schon ziemlich bald verlassen zugunsten eines Systems ertragspreiserhöhender Maßregeln, bei welchem gemäß den Bestimmungen über die Notlage der Landwirtschaft die „notwendigen Erzeugungskosten" als Grundlage gewählt wurden. Mit der Feststellung dieser notwendigen Erzeugungskosten für die Landwirtschaft sind jedoch Schwierigkeiten buchhaltungstechnischer Art verknüpft wegen des primitiven Aufbaus der landwirtschaftlichen Buchführungen. In den letzten Jahren ist, zum Teil auch unter dem Einfluß der Unterstützungsmaßregeln, ein gewisses Streben nach Verbesserung bemerkbar. Bei der Feststellung der notwendigen Erzeugungskosten im Sinne der Maßnahmen zugunsten der Landwirtschaft muß die Frage entschieden werden, ob auch die Pacht zu den notwendigen Erzeugungskosten gehört. Weiter sind die beiden folgenden staatlich festgelegten Grundsätze von Bedeutung für die Preisbestimmung der landwirtschaftlichen Produkte:

1. Die Landwirtschaftskrisenunterstützung ist eine Branchenunterstützung und keine individuelle Unterstützung.

2. Das Ernterisiko ist stets von dem Unternehmer zu tragen.

Letztgenannter Grundsatz führt zu der Bestimmung der notwendigen Erzeugungskosten pro Einheit eines bestimmten Produktes bei normaler Ernte, und nicht zur Bestimmung der Kosten pro ha.

Für einige landwirtschaftliche Erzeugnisse war es erforderlich, auch die verarbeitende Industrie in die Regelung mit einzubeziehen, weil nur der Preis des Endproduktes für den Preis der bezüglichen landwirtschaftlichen Produkte maßgebend ist. Daraus ergab sich für den Staat die Notwendigkeit, sich ein Urteil über die industriellen Verarbeitungskosten zu bilden und eine Norm für sie festzustellen. Die Bestimmung dieser Norm kann einen Anreiz zur Rationalisierung bilden.

Preiskontrolle bei der Industrie. Als wichtigste preisregelnde Maßregel für die Industrie ist die Kontingentierung zu nennen. Im Zusammenhang damit muß der Selbstkostenpreis ermittelt werden. Diese Untersuchungen des Selbstkostenpreises weisen einige besondere Züge auf, die von der normalen Kostenpreisbestimmung in der Einzelunternehmung abweichen. Es ist nämlich erforderlich:

1. Die Festsetzung repräsentativer Selbstkostenpreise für geschützte Artikel aus den Daten mehrerer diese Produkte erzeugenden Unternehmungen (Betriebsvergleich, Ausmerzung besonderer Faktoren der einzelnen Unternehmungen);

2. die Untersuchung, inwieweit sich die Betriebe den veränderten Verhältnissen angepaßt haben (entgegenwirkende Kraft der durch die Krise verursachten Unterbeschäftigung);

3. die Anwendung des Begriffes „Ersatzwert".

Für die Bestimmung der einzelnen Faktoren, die in den festzusetzenden Preis aufgenommen werden dürfen, ist die Dauer der Unterstützung von besonderer Bedeutung. Als unterste Grenze darf man die Summe aller notwendigen geldlichen Ausgaben ansehen, und zwar nicht nur der proportionalen Kosten, sondern auch desjenigen Anteils an den fixen Kosten, der in baren Ausgaben besteht (Spesen der allgemeinen Verwaltung, wie Gehälter). Namentlich bei der Betrachtung der Faktoren „Abschreibungen" und „Zinsen eigenes Kapital", die nicht zu den direkt geldlichen Ausgaben zu rechnen sind, drängt sich also die Frage auf, ob diese aufgenommen werden dürfen oder nicht.

Die Beantwortung derselben steht in direktem Zusammenhang mit der Dauer der Unterstützung, und zwar in dem Sinne, daß zunächst die Abschreibungen und sodann die Zinsen des eigenen Kapitals und unter Umständen sogar ein Gewinnzuschlag in Betracht kommen.

Summary

Introduction. The chief cause of the measures of price-control which are to be discussed below is the disturbance in the relation between proceeds and cost-price brought about by the 1929 depression. The measures are quite different for agriculture and for industry.

In the complex of price-control measures there are only a few (chiefly the quota-system), which are of consequence to industry, the majority being exclusively on behalf of agriculture.

Price regulating measures for agriculture produce. The method which had been adopted at the outset, a direct relief from the exchequer, was abandoned at a fairly early date for a system of proceeds-raising measures in which, in accordance with what had been laid down in the provisions for the relief of agriculture, the "essential cost of production" was taken as a basis. The determination, however, of this "essential cost of production" for agriculture is attended with difficulties of administrative technique owing to the primitive way in which the farmers keep accounts. Of late years there has been some effort for improvement, partly occasioned by the relief measures. In determining the "essential cost of production" in connection with measures for the relief of agriculture it is necessary to decide on the question as to whether the rent may be treated as part of the cost. Further, the following two principles fixed by the Government, are of importance for the price-determination of agricultural produce.

1. The support to agriculture is meant as a support to a particular branch of industry and not as an individual support;
2. The harvest-risk must always be borne by the farmer.

The latter principle leads to the determination of the essential cost of production per product unit for a normal harvest, and not of the cost per hectare.

In the case of some agricultural products it was necessary to extend the arrangements to the industry which had carried out preparatory work on the product, because it is the price of the final product only which determines the price of the agricultural products in question. This implies that the Government has to form an estimate of the cost of the industrial preparatory work, and has to fix a standard for it. The fixing of this standard may act as an incitement to rationalisation.

Price-control on behalf of industry. As chief price-regulating measure on behalf of industry the quotasystem may be mentioned. In connection with this a knowledge of the costprice is essential. These cost-price investigations have some special features which differ from normal costing practice in a business unit. Namely it is essential:—

1. The fixing of representative cost-prices for the protected articles from the data of a number of businesses manufacturing these products (comparison between the businesses, elimination of the special factors affecting the results of the individual businesses);

2. an enquiry as to how far steps had been taken in these businesses to meet the altered conditions (counter-acting force of over-reduced employment ar the factory owing to the depression);

3. The conception of "replacement value".

For the determination of the separate factors to be included in the price to be fixed, the duration of the relief measures is particularly important. The lowest price may be considered to be the sum of all necessary expenditures and that not only of the proportional costs but also of that share of fixed costs which exists in cash (general management expenses such as salaries). It is especially with regard to the factors "Depreciation" and "interest on own capital", which must be counted among the not-directly-financial expenditure, that the question arises whether they should or should not be included into the cost-price.

The answer to this question is directly dependent on the duration of the relief-measures, in the sense that first the depreciation, and then the interest on own capital and perhaps even a margin of profit may be considered.

Résumé
Introduction. Le bouleversement des rapports entre le rendement et lex prix de revient, consécutief à la dernière crise 1929 a été la raison principale des mesures officielles prises

pour contrôle des prix, dont il va être question dans ce rapport. Ces mesures sont très différentes selon qu'il s'agit de l'agriculture ou bien de l'industrie. Parmi les mesures de ce genre il y en a seulement quelques unes qui ont de l'importance pour l'industrie (surtout le contingentement). La majeur partie présente cependant exclusivement un intérêt pour l'agriculture.

Mesures relatives à la réglémentation des prix des produits agricoles. La méthods suivie à l'origine c.a.d. le secours direct par le Trésor public fut abandonnée assez vite pour être remplacée par un système de mesures visant l'élévation des prix de vente des produits. Comme base pour ces mesures les "frais de production indispensables" ont été admis et ce en vertu des dispositions légales. Toutefois la détermination pour l'agriculture de ces "frais de production indispensables" comporte des difficultés d'ordre administratif technique en raison de l'aménagement primitif des administrations agricoles. Aussi, ces dernières années, grâce à l'influence des mesures de secours, certains efforts ont été faits pour y remédier.

En regard des mesures prises pour combattre la crise agricole, la détermination des "frais de production indispensables implique la nécessité de prendre en considération le fermage, notamment en répondant à la question qui est de savoir si, en la matière, le fermage peut être considéré comme tombant sous les frais de revient. De plus, les deux principes suivants adoptés par l'Autorité Publique présentent également de l'intérêt quant à leur rapport avec la détermination des produits agricoles:

1. le secours pour combattre la crise agricole est un secours d'exploitation et non individuel;

2. le risque de récolte doit toujours être couru par l'entrepeneur.

Le dernier principe conduit à la détermination des frais de production indispensables sur la base du produit unitaire en cas de récolte normale et non pas à la détermination des frais par hectare.

Pour quelques produits agricoles il était nécessaire d'étendre les réglémentations à l'industrie agricole assimilée, vu que seul le prix de produit final est déterminatif pour le prix des produits agricoles en question. Il s'ensuit que l'Autorité Publique doit se former un jugement sur les frais de production des dites industries et fixer une norme pour ces frais. La fixation de cette norme peut contribuer à la rationalisation.

Contrôle des prix en faveur de l'industrie. Parmi les mesures pour réglémenter lex prix au profit de l'industrie le contingentement peut être considéré comme la mesure principale. Sous ce rapport il est indispensable de connaitre le prix de revient. Les recherches dans ce but offrent quelques aspects particuliers qui constituent un écart à la détermination normale du prix de revient dans l'entreprise isolée. Ceux-ci sont d'abord d'ordre général, à savoir:

1. la détermination des prix de revient réprésentatifs pour les articles protégés, à établir selon les données fournies par plusieurs entreprises fabriquant ces produits (comparaison d'exploitations, élimination des facteurs particuliers des entreprises individuelles);

2. l'examen de l'adaptation aux rapports modifiés, réalisée dans les entreprises (résistance de la sous-occupation causée par la crise);

3. l'application du principe: valeur de substitution.

La durée pendant laquelle le secours est accordé est très importante pour la détermination des différents facteurs qui peuvent intervenir dans le prix à fixer. Le prix pouvant être considéré comme le plus bas est le prix de revient dans lequel on a compris toutes les dépenses monétaires nécessaires et qui dépasse le prix de limite normal de la quote-part des frais constants qui peuvent être considérés comme des dépenses monetaires directes (frais de gestion générale tels que les appointements). C'est surtout à l'égard des facteurs ♦amortissements♦ et ♦intérêts du propre capital♦ qui sont à classer parmi les dépenses monétaires indirectes qu'il faudra donc se demander s'ils doivent être compris ou non.

137

La réponse à cette question est en rapport direct avec la durée pendant laquelle le secours est accordé et cela en ce sens que ce sont d'abord les amortissements qui entrent en ligne de compte, ensuite les intérêts sur le propre capital et peut-être même une certaine marge de bénifice.

Text des Berichts — Paper — Rapport
Part I.
Chapter I. *Introduction.*

Inducement to taking measures of price control. The interest of the Government in the formation and the movement of prices in its territory and the efforts to steer this movement into certain channels, thus leading social production in some direction or other, is a phenomenon, which has repeatedly been recorded in history. Suffice it to mention the controversy between Physiocrats and Mercantilists and also the still existing protectionism of the "young" culture states.

A quite differently intended Government interference with price-fixing is found in all those cases in which it keeps an eye on the prices of e. g. passenger transport by means of public means of conveyance, or of the prices of the supply of water, gas and electricity and suchlike. In this field the Government has always tried to keep the prices of such goods and services at a desirable level by means of granting or withholding concessions and/or by attaching certain conditions to the granting of concessions. The aim of this sort of public price control has always been to shield the consumer from a possible exploitation by the producer, who possesses in a certain respect a monopoly. The producer can only possess this monopoly thanks to the concessions granted by the Government.

It is, however, neither the former, nor the latter kind of public price control mentioned above, which we propose to deal with below, but the kind of Government interference with the movement of prices, which we have come to know in the Netherlands the last few years and which owes its origin to the economic crisis and the sharp and often sudden falls in prices. Partly owing to the numerous measures taken by the Governments of various countries for the protection of the national productive apparatus and for the maintenance of equilibrium in the balances of trade and of payments, the activity of the mechanism of price determination in the world's markets as regulating agency of production and consumption was considerably checked, while on the other hand prices have kept on declining. The prices of numerous products on the world markets dropped far below the cost of production, entire branches of industry were threatened with ruin and Government intervention was absolutely indispensable, if, at least, a considerable part of the national productive apparatus was to be preserved from utter ruin and, consequently the economic life of the entire nation was to be prevented from collapsing. It was an imperative necessity to restore the disturbed relations between proceeds and cost prices and it was the task of the Government to stimulate this recovery and to lend a helping hand for this purpose.

Methods of price control. In the complex of measures of price control taken by the Government in the Netherlands to obtain an improvement of the proceeds in the present depression, the following systems are to be distinguished:

(a) The imposition of special "crisis"-duties on the importation of the goods to be protected with the primary purpose of raising the price-level at home by an amount equal to the levy but also of obtaining means for financing other measures;

(b) The imposition of duties on the consumption, the delivery of the production of protected articles, thus raising the consumer's price for those articles, whilst the producers of those articles are in some way or other benefited by the proceeds of the duties;

(c) Limitation of the supply of the protected products by means of limitation of production;

(d) The fixing of minimum prices, below which the products are not allowed to be sold. If it should not be possible to sell all the products at this price, the surplus is withdrawn from the market by the authorities and is either destroyed or offered for charitable purposes;

(e) The periodical or occasional withdrawal from the market of supported products either for exportation or to put them on the market again when the market conditions are more favourable;

(f) The buying up by the authorities of the entire production at prices fixed beforehand, the Government taking the place of the collecting trade;

(g) Extension of demand by paying a premium when the products are applied to a different use;

(h) The imposition of duties on competing products;

(i) Import restrictions;

(j) The raising of the normal import duties.

The measures mentioned sub a up to and including h are only carried out in behalf of agrarian produce; the purely industrial products depend exclusively en those mentioned sub i and j.

As appears from this enumeration the measures of price control in the Netherlands are exclusively directed to a rise of prices *at home.* The system of bounties in order to improve the proceeds of export has not been adopted in this country; it is true that, when agricultural produce is exported payments are made, but they are not bounties but restitutions of the rises in prices at home and only in so far as these rises are a consequence of duties.

Aim of the measures. The Government support, in whatever form, though not entirely covering the losses of the producers, was bound to result in reducing those losses to such proportions as to ensure the continued existence of a productive apparatus of such size as the Government policy was aimed at. The latter especially is of much importance.

139

For the world economic crisis, the impediments to international commercial intercourse and payments, the desire for self-sufficiency in many countries which used to be among the most important buyers of our national products, were factors which involved the necessity of adjusting our national productive apparatus to the altered circumstances. Consequently the measures need not and ought not to be directed to the maintenance of every concern in a particular branch of industry at its previous normal percentage of the capacity. On the other hand it was desirable to promote the production of other goods, especially in the field of agriculture, in order to find a new and appropriate destination for the employees and means of production (the soil in the first place) that have come free as a consequence of the restrictions.

Obviously it was impossible to attain in every field the ends proposed, exclusively by means of price control; in order to attain the necessary cover of the cost and the volume of production desired, supplementary measures, such as granting a direct support in different forms and restrictions of production, were in many cases indispensable. Owing, amongst other things, to the considerable structural differences between agriculture and industry, the priceregulating measures affecting agricultural produce and the purely industrial products are of different kinds, which necessitates a separate discussion of the two groups.

Differences between Agriculture and Industry. By way of general introduction, however, a brief discussion of some of the main differences between agriculture and industry is proposed. The industrial productive apparatus consists chiefly of fixed capital which has to be replaced at the end of a longer or shorter period and on which a larger or smaller amount has to be spent for maintenance under penalty of their prematurely becoming completely useless. This fixed capital is as a rule the property of the concern. In order to enable the business to be maintained in the long run, it is necessary for the proceeds to cover the annual depreciations besides the immediate expenses. For a comparatively short period, however, a lower price may be accepted which may even drop below the marginal price (variable cost) if the liquid assets of the concern allow this. In the case of agriculture, however, the relations are different. In spite of all mechanization, the soil still remains the most important part of the permanent productive apparatus. As contrasted with the industrial fixed capital the soil is an "eternal" agent of production, and is not, as in the case of industry, nearly always the property of the entrepreneur. The publication of the Ministry of Agriculture on land-tenure in the Netherlands shows that 56.23% of the agricultural industries in the Netherlands are run by the owners or 50.97% in total of the entire area destined for agriculture and horticulture. This phenomenon has important consequences in connection with the rent-problem, which will receive more detailed treatment below.

Agriculture and industry are also contrasted by the fact that, in boom periods, there is a tendency for the surplus profits of industry, to be applied to technical improvement and extension of the productive apparatus and the increase of the liquid assets; in agriculture on the other hand where the net profit of the entrepreneur (the Farmer) remains lower, partly owing to the rent-phenomenon, the surplus profits are principally applied to buying the rented land, this new property moreover being mortgaged in many cases. As the owners buy this new land exactly in those periods when they make comparatively high profits, the purchase prices will be very high, owing, also, to the "hunger" for land, which, even in years of depression, causes the prices of land to be far above the remunerativeness. The mortgage-dues will consequently often become an almost unbearable burden for the farmer in years of depression.

Industry, and especially the major industries which are so important for economic life, is in general organized in the shape of limited liability companies, which has the well-known advantages of a division of risk. The complete loss of the entrepreneur's net profit and of the interest of the capital invested will by no means imply that the persons concerned will be robbed of their entire income. In agriculture, however, limited liability companies are sporadic. Most of the agricultural industries are of a small or moderate size. The distribution of the farms over the various size-groups will appear from the following table of the distribution according to the 1930 census.

Size	Number of farms
1— 5 H.A. = (hectare)	58.295
5— 10 H.A.	50.832
10— 20 H. A.	39.814
20— 50 H.A.	23.572
50—100 H.A.	2.356
100 H.A. and upwards	156
Total	175.025

Total area 1.923.459 H.A., average size of farm 11.66 H.A.

When the net profit and the wages of management are lost and the entrepreneur starts losing money, an important group of the population loses its income. How vulnerable agriculture is on this point and how little opportunity there has been of forming liquid reserves, appears amongst other things, from the investigations of a Royal Commission set up for this purpose, which, in its report, arrived at the conclusion that the average wages of management and net profit during the years 1924/25 up to and including 1928/29 had together amounted to fl. 3.—

per H. A. whilst the first harvest year of the crisis, which began in 1929, already showed a loss to the entrepreneur of fl. 29.— per H. A.

Finally it should be pointed out that the volume of production in agriculture is largely dependent on natural influences, while the deliberate influencing of the volume of production can only take place at some very definite moments (e. g. when sowing). The necessity of rotation of crops, too, figures largely in agriculture. Although in some industrial concerns too, deviations from the programme of production may give rise to very great difficulties, such problems will occur only in few cases there, whereas they are a permanent feature of agriculture. Moreover the fact, that, on the whole, agriculture produces the primary necessaries of life with an inelastic demand curve, puts the agrarian concerns in a different position from the industrial ones.

Chapter II. *Price-regulating measures concerning agricultural produce.*

As has already been mentioned above, the price-regulations in agriculture have been characterized these last few years by the primary aim of guaranteeing minimum proceeds for the producing concerns. It is clear that this aim may also be attained in a different way. Consequently the Government has not in the first instance resorted to the system of price-regulations, in order to attain this primary object, but has made use of the simpler and more obvious system of direct support to the debit of the Exchequer. This method of support, so attractive because the existing price conditions are but little interfered with and friction with other groups need consequently not be feared, can hardly be adhered to as soon as the necessary support begins to assume larger proportions. The demands thus made on the Budget would gradually become so heavy that, in order to cover the cost, fresh sources of income or an increase of the existing taxes would have to be resorted to. This, however, might lead to an unjustified division of the cost. The consumers of the supported products would keep on profiting by the low prices, which would be below cost price, whereas the cost of support, by means of new taxes or a rise in the existing taxes, would either be distributed — proportionally or not — over the entire population or be chargeable to certain groups. In this latter case it would remain to be seen, whether these groups and those profiting by the low prices would be the same. As has been very justly observed during the discussion of one of the relief measures in the States-General, it will not do "to allow the consumer of certain products to do the grand at the expense of the community". Add to this the harm to economic life, which results from a price for a long time being kept at a level which is far below the cost of production and which will consequently not be able to be maintained in the long run. When such abnormally low prices are ruling it will become possible for the products concerned to be utilized for certain purposes which must be considered impossible under normal circumstances and this will result in shiftings in social production which cannot take place without a disturbance of economic life. The indirect system under which the support to agriculture is entirely directed to the attainment of a remunerative actual price for the produce, is therefore preferable on economic considerations to any other form of support, apart from the unfavourable psychological effect of a direct support from the exchequer by which the producer concerned is always more or less stigmatized as a "dole-drawer". Partly owing to the technical difficulties connected with the execution, however, it has not always been possible consistently to carry this system through in every detail. By the side of the price regulations, the direct subsidies to agriculture ("production-premium") have consequently been retained among the "crisis-measures".

As stated above bounties are not granted. An important part of Dutch agriculture (namely cattle farming and horticulture) is engaged in exportation however, whilst arable farming almost exclusively produces for home consumption and cereals have even to be imported to a considerable extent. In case of an arrangement under which the home consumer pays no more than the cost of production and the exports must be sold at lower prices, no compensation for the total cost of production can be found and the aim, maintenance of the productive apparatus, could therefore not be attained. This will consequently have been one of the reasons why, by the side of the measures taken to enhance the prices paid by the consumers, the system of premiums to the producers is found; the cost arising from the payment of these premiums can as a rule defrayed from the proceeds of import-monopoly duties and emergency duties (import and home production) on the protected articles and the competing products. Thus the levies will get a twofold purpose, namely 1°. a rise in the price of the product concerned; 2°. the possibility of forming a fund, from which the production premiums can be paid.

The present legal foundation on which every agricultural relief measure is based, is the Agriculture "Crisis" Act 1933, which granted special authority to the Government to take exceptional measures in the behalf of agriculture. Up to that time the arrangements that had already been effected for a number of agricultural products as occasion arose, had chiefly been in the nature of a direct relief. Sums were set aside on the Budget to support, now one, now another article, the object always being the relief of immediate distress; price-regulations could hardly ever be added. Only the three great relief acts (viz. the Wheat Act 1931, the Dairy "Crisis" Act and the "Crisis" Pig Act), passed before the introduction of the Agriculture "Crisis" Bill, introduced different arrangements; in virtue of these Acts, organizations were already called into being, which aimed at bringing the prices of the products concerned at a level that was more in agreement with the cost of production. The moneys required for relief to the sugar-beet growing industry, too, were added on to the price to be paid for the product by the consumer. Here a very simple arrangement indeed was possible. The sugar was already taxed in this country with an excise of fl. 22. 50 per 1000 kgs. Consequently the price to be paid for sugar by the consumer consisted of the price on the world-market (+ compensating import duty), which was paid to the producer (sugar factory) and via him to the farmer (beet-grower) plus an excise-duty which flowed into the Exchequer. The world market price of sugar had dropped below the cost of production; the Government subsidy bridges this difference. At the same time, however, the excise-duty has been raised by a surtax sufficient to pay for the subsidy, a consequence of which is that, although the world market price has declined, the price for the consumer has not altered. The procedure of the three Relief Acts referred to has continued unaltered on the strength of the Agriculture "Crisis" Act 1933.

The Agriculture "Crisis" Act 1933 (art. 7) provides that "the essential cost of production shall be taken as a basis" in fixing the relief and consequently in fixing the guiding prices. This provision was briefly worded indeed. Neither in the written documents referring to the discussion of the bill, nor in the public debates, has an explanation been given of what is to be understood by this essential cost of production. It was undoubtedly a difficult task which faced the Minister and his advisers. There did exist various calculations of the cost price of agricultural products, but these calculations, made by agricultural organizations were as a rule more in the nature of pre-calculations or had been made from the total cost of the concerns, figures as to which had been collected by the so-called agricultural bookkeeping bureaux which were largely based on estimates spread over various products. The results of these calculations were consequently widely divergent, but for the determination of the first guiding prices the government had after all to depend on these calculations and on the "feeling" of agricultural experts. Although the guiding prices thus roughly fixed were hardly to be reconciled with the legal requirement of essential cost of production. This provided another stimulus towards tho improvement of agricultural cost-price-calculation, in order to obtain data necessary for an adequate execution of agricultural relief policy. It is true that as early as 1934 the Audit Division of the Ministry of Economic Affairs (under whose jurisdiction agriculture falls) made an investigation into the cost prices of some important products of arable farming but this could not produce fully satisfactory results either. Farms keeping adequate accounts were hardly found and in the end the investigation resulted in the same kind of work as had already been done by the bookkeeping bureaux. However, in consequence of a closer contact with agriculture in which this special end was kept in view, a somewhat exacter costing could be achieved and greater uniformity could be introduced into the valuation of cost and proceeds, which had not been distinguished as such in the accounts (board and lodging of staff, work done by members of the family, rental value of house, etc.) so that several corrections could be made in the existing calculations. For the exact fixation of the cost price, an administration which keeps this end in view, is however indispensable and the full assistance of the manager is essential. The Farmers' Advice Department of the Ministry of Agriculture has made it its object to introduce such an administration for the entire Dutch agriculture. Studycircles formed in some farmers' associations, have been working in this direction the last few years, and, it is understood, have been able to accumulate very interesting data. In 1936 a scheme for keeping records was published by the Ministry of Agriculture, which will be used as a basis for the agricultural administration. A great many farms have already promised to co-operate. The scheme supplies models for keeping record of everything that takes place on the farm; it is especially important to note down the hours of labour, for a farm producing only one product is hardly conceivable; neither is a farm on which the employees, horses and working equipment can be considered to belong to various departments of production as in an industrial concern. A second important part of the agricultural bookkeeping owes it origin to the fact that the farm often partly supplies its own raw material and moreover produces for its own private use; the smaller the farm, the greater is the part played by the latter fact. Cereals, beets, etc. are grown for sale, as well as for fodder. The cattle provides manure for agricultural and horticultural products, while whey and skim milk are again used for fodder; a consequence is that it is not sufficient to keep a record of the purchase of raw materials and the proceeds of the produce, supplemented by stock-taking to ascertain differences in stock, but that a complete administration of stocks is required.

The division of indirect and general cost raises of course problems typical for this cost group, but if it is possible to make a sufficient specification of these expenses and an organic division of the cost from the original notes, it will also be possible to debit these expenses to the account of the right products for the sake of the calculation of the cost price. The cost of agricultural implements e. g. is divided in proportion to the number of "machine-hours". The cost resulting from the use of horses are apportioned according to the number of "horse-hours". Cost of ditches, trenches and draining are to be distributed over the area concerned and if exceeding the normal annual repairs, be distributed over several years. The same holds good for the cost of manure, which cannot be debited directly to the account of a certain growth and from which a profit may often be derived for more than one year. The cost of premises are apportioned among the various groups (milchcattle, horses, pigs, toolshed, granaries) in proportion to the space taken up by each group. The general cost that is left after these apportionments, can be apportioned according to the number of "man-hours".

Although all these difficulties are related to the technique of book-keeping, the fact should not be lost sight of that the administrative apparatus of the farms themselves cannot be compared with that of industrial or commercial concerns. The administration of a farm or at least the recording of the primary data rests with the farmer himself, who as a rule possesses hardly any administrative routine. There is the further fact that the need for a good administration is felt even less in agriculture than in industry and that many objections have consequently to be overcome before farmers can be persuaded to keep adequate accounts. A special difficulty presents itself in the case of dairy-farms, in connection with the varying value of the live stock, which has either to be debited or to be credited to the account of the cost price.

The calf is to be considered as a "by-product" of the milk-production. The proceeds, charges of selling deducted, must consequently, according to the general rules, be deducted from the cost of milk- production. If the calf is not sold, but kept for the future replenishment of the private milch-cattle stock, an amount would again have to be credited to the account of the milk-production, corresponding to the amount that would have been received in case of sale, while the "young cattle" account would have to be debited with the amount. This latter account will also have to be debited with all expenses resulting from breeding the calves into milch-cows. The milk-production account must never be debited or credited with the differences which, when the balance-sheet is drawn up, will prove to exist, between this "balance-sheet value" and the market value. When the calf has reached the age when it can take part in the milk-production, it will have to be transferred, at market-value, from the "young cattle" account to the "milch-cattle" one. As regards depreciation on milch cattle, the following observations have to be made. If 7 years is the economically productive life of a milch-cow, the milk-production account will for this period have to be debited with an amount equal to the difference in substitution-value of a cow at the beginning of this period and the residual value as slaughter-cattle. In a similar way the depreciation will have to be calculated with which the calculation of the cost price for a certain year will have to be debited: for the seven-year-old cows, for instance, the cost-price will have to be debited with the difference in substitution-value between six- and seven-year-old cows as per balance-sheet date. As the substitution-value of a cow generally increases from the third to the sixth year, in connection with the increase in milk production during the first few years, the cost-price account of milk will have to be credited with a certain amount for the first few years. The other differences between the "book-value" and the substitution-value as per balance-sheet date must not be debited to the account of the cost price of milk.

In the long run it may be possible to obtain cost-price data about the various agricultural products that are correct from the point of view of industrial economics, but the question suggests itself: can these cost-prices be used as a basis for the fixation of the guiding-prices? and one of the most important problems involved is connected with the rent problem. As appears from the available data, it may be assumed that on an average about 25% of the cost-price of corn, for instance, is accounted for by the rent. From the point of view of the farmer the rent paid is undoubtedly to be taken into account as a cost factor, just as the farmer-owner in his calculations ought to consider the rent which he could receive by leasing his property as expense to his business, but should the Government also reckon with these leasing values in fixing the "essential" cost of production? We think that this question must be answered in the negative, when viewed from a purely economic point of view. According to theoretical economics rent could only be a surplus, so could only exist, if, after payment of all other factors co-operating in the production, a surplus would be left out of the proceeds of the product. In ascertaining these proceeds the product would have to be calculated at the world-market-price.

The aim of the provisions for agricultural relief is to maintain agriculture as such, but if the rent is taken into account in the calculation of the guiding-prices, the provisions for agriculture at the same time maintain the value of the land. There may be other circumstances, however, necessitating a deviation from the theoretically right stand-point. It is noticeable that, even in times when the proceeds of agriculture were unquestionably insufficient to cover the cost of production, the rents did not show any decline which was in keeping with the theoretical, economic rent phenomenon.

The following list, derived from the before-mentioned report of the Royal Commission, shows the course of rents in the Netherlands.

	Amount available for rent in fl. per H.A.	Net rents	(charges payable by owner and rental value of houses deducted)
1926/27	104	82	
1927/28	97	82	
1928/29	130	82	
1929/30	90	82	
1930/31	44	74	
1931/32	— 5	48	

The amount available for rent represents the surplus calculated in agreement with theory, while the net rents represent the rents, which, according to data collected by the agricultural auditing bureaux, were actually paid (or, if the farmer was the owner of the land, the prices ruling for such holdings), minus the charges payable by the owner (land-tax, polder-tax, maintenance of premises etc.) and the rental value of houses and farms. All these figures are to a large extent the result of appraisals.

Such calculations referring to the whole country are lacking for the later years of the depression. A few data, it is true, are here and there supplied about the vacant land let on lease, but these figures are too much influenced by special circumstances to be able to form a reliable basis for the estimation of the rents ruling for the whole country. It is a fact, however, that the measures taken in relief of agriculture have greatly contributed towards raising the prices of land and the latest report of the "Management of Agriculture" (Ministry of Economic Affairs) on the economic condition of agriculture and horticulture in 1936, again points to the rise in rents under the influence of the improved prospects since the second half of 1936, but at the same time it is pointed out that these higher prices "must be called unreasonable in many cases".

This disproportion between the prices of land and net proceeds can only be explained by the phenomenon which is generally known as "land-hunger". Two factors have probably been of importance in this problem, namely the greatly diminished possibility for the agricultural population to try and earn a living in another branch of industry, owing to the depression and the fact that a great number of countries have impeded immigration. There is also the fact that leases of a fair number of years are as a rule concluded; the scarcity of land and the optimistic expectations of the tenant will contribute towards the rent being fixed at a higher level than would be reasonable. Measures resulting in the rent actually paid being in keeping with the "available" rent, quite apart from any wishes the tenant may have on the point, would amount to too great an intervention of the Government in matters pertaining to civil law. Nevertheless legal measures have made it possible for the rent to be reduced of leases of many years' duration and concluded before the depression (before 1932) at the request of the tenant. This is the aim of the "Crisis" Landrent Act 1932, the determination of the amount of the rent under these circumstances being left to the judge. The new Land-rent Act too provides for the possibility of alterations in existing leases. Such arrangements, rounding off as they do the measures taken for the relief of agriculture, are indispensable, (with regard to agricultural mortgages too, some legal provisions have been made). The vicious circle: too high rents — increased proceeds — raising of rents — has at any rate been broken; also because the existence of legal arrangements is bound to have the effect of checking the forcing up of rents. It is not to be expected however, that such measures could result in the forcing down of rents to the level at which the rent would be equal to the surplus of the proceeds at world-market-prices and this has never been the aim of the Act in question. However it prevented the extra proceeds obtained by the relief measures from exclusively benefiting the landowner. It seems to us that no greater importance is to be attributed to this legal measure and that the Bill was passed to no other purpose. Neither in the Agriculture "Crisis" Act, nor in the Land-rent Acts, nor in the written documents or the oral discussion of these Bills in the States-General, is there any indication to be found of so great an interference in the existing relations in civil law having been intended.

Under these circumstances we are of the opinion that, in fixing the guiding-prices, the Government has no other choice but to accept the facts and take the rents actually paid into account in calculating the cost-prices. It should however be realized that there will always be an interaction between the effects of the measures taken on the strength of the Agriculture "Crisis" Act on the one hand and the judicial judgments on the strength of the "Crisis" Land-rent Act and the Mortgage-decree on the other hand, and that this group of measures enables the Government to aim deliberately at a reduction of land-rents.

The following points are also of great importance in fixing the guiding-prices:

1. Agricultural relief is relief to an industry and not to individuals.
2. The harvest-risk must always remain for farmer's account.

The first point does not call for comment as regards the principle, although it is exactly this standpoint which has occasionally given rise to criticism from part of the Press and of the public, who thought it was not right, that rich farmers should also profit by the relief measures. These critics, however, lost sight of the aim of the measures: the maintenance of the production necessary from the point of view of national prosperity and did not realize that, if rich farmers were excluded from the arrangement, they would soon stop the production, which would no longer be remunerative.

In our opinion the second point is of greater importance: the harvest-risk remains for the farmer. This implies that the aim should not be to make good the essential cost of production per H. A. but the cost of production per product-unit in case of a normal harvest. Rightly the latter system has been followed. For the compensation for the cost per H. A. would promote the slackening of the care of cultivation as the producer would no longer be interested in a large yield. The question arises however, whether in the present system the harvest-risk of the grower must be taken to be the risk of the higher or lower proceeds compared with those of a normal harvest at world-market-prices, or at the guiding-prices fixed. A state of affairs, which comes nearest to normal relations, will result, if the difference in proceeds from a normal harvest at guiding-prices is left for the account of the grower. For under normal circumstances the proceeds of the produce will tend to approximate to the guiding-prices now fixed; and under those circumstances the amount of care bestowed on cultivation and the way in which the weather conditions affect the harvest will find expression in that amount.

Over against this there is the fact that the ideal is for the guiding-prices to be equal to cost-prices, so that, if, in the case of bad harvests, the proceeds are smaller by a considerable sum of money, this very large difference in proceeds resulting from the harvest-risk cannot be compensated for by higher prices for the product. This means consequently that, in case of bad harvests, a new state of distress will arise in agriculture and that the Government will not be able under those circumstances to refrain from raising the guiding-prices for that year. If, however, the harvest should give better results than are normal, it would be felt to be unfair and it would lead to discontent if, for that occasion, the guiding-prices were to be reduced. The result of the system will consequently have to be that the unfavourable chances of the harvest-risk are, to some extent at any rate, for the Government and the favourable ones for the grower. To promote stability in the agricultural industry, we should therefore prefer a system in which the guiding-prices would be taken as a basis for the normal production per H. A. only, and the world-market-price for the deviations from normal production. In the measures for relief to agriculture the system of equal guiding-prices for any volume of production has been chosen. Disastrous harvests have not occurred during the period the measures have been in force, so that we cannot tell, what attitude the Government would adopt under such circumstances. Since the Wheat Act 1931 (later incorporated in the Agricultural Relief Act) has been in force, there have been some years with an increasing and even one year with an exceptionally good wheat crop; the guiding-prices for wheat have a few times been reduced and once raised since the Wheat Act came into operation. It has never been declared however that these alterations in the guiding-price were connected with the crop-results but it was stated that they were owing to a new calculation of the cost price.

Before giving a summary of the way in which the various measures of price control have been carried into effect to the different products, it seems desirable to refer briefly to the special positions of the industries, which use the agricultural products as raw materials.

Numerous agricultural products among which some which are very important for Dutch agriculture, cannot be put on the market before having undergone an industrial operation. The factory-potatoes e. g. are hardly ever put on the market otherwise than as farina; the sugar-beets have to be worked up into sugar and a very great part of the milk can only be disposed of in the form of dairy-products (butter, cheese, condensed milk, milk-powder). The industries concerned are indispensable for the sale of agricultural products, but on the other hand, these industries can exist only if the raw materals are produced in the immediate neighbourhood. Consequently, these industries and agriculture, which produces the raw materials, depend greatly on each other. The result was that these branches of industry had to be directly reckoned with in the agricultural provisions. The fact that a good many of these industries are cooperations of farmers (producers of the raw materials) makes the connection still closer.

In those cases in which the proceeds of the final product of the industry could be considered to determine the proceeds of the agricultural product, the guiding-prices have usually been fixed for the final product. From the price of the industrial product the proceeds of the agricultural product are deduced. In some cases it has been made obligatory for the factories to pay to the farmer a price for the raw material which has been determined by the Government, (sugar-beets), while in other cases the manufacturers are allowed a certain latitude, but the Government control on the payments to the farmer is never entirely absent.

The fixation of the guiding-price for the final product, in order to attain the desired actual price for the raw materials, involves the necessity for the Government to form an opinion about the cost of the industrial operations. As only one guiding-price rules for the final product as well as for the raw materials throughout the country, it follows that, in the price of the final product, only one uniform compensation for the cost of "manufacturing" can be included, which holds good for all the factories. About the way, in which this compensation for the industrial operations which is accounted for in the guiding-prices, has to be fixed, no information has ever been given by the Government. It stands to reason that neither the cost of the least nor that of the most economically run factory can be considered a suitable basis for this compensation; for too high a compensation will result in an unwarranted surplus being left over in part of the factories, or in the farmer receiving more than the essential cost of production: the product becomes unnecessarily expensive and the adjustment to altered economic circumstances and rationalization of the farms will be checked. Too low a compensation on the other hand may lead to part of the factories necessary to make the agricultural products suitable for consumption having to be closed down, which might lead to the unsalability of this agricultural product or the result of the inadequate compensation would be that the farmers could not be paid the guiding-price for their products. As the economic interests of the nation will be best served in the long run by a production that is as rational as possible, it seems to us that it will have to be the Government's aim, when fixing the "manufacturing-cost" to exercise a certain pressure towards rationalisation, so that in time only the cost of a rational "manufacturing" by an industry in which an all-round adjustement to circumstances has been achieved, may have to be made good in the guiding-prices. Since the Agriculture "Crisis" Act came into operation, the margins calculated in the guiding-prices for covering the "manufacturing-cost", have been reduced a few times, it is true, but we do not know whether these reductions may be looked upon as being directed towards the above-mentioned aim. In a different field however, viz. with regard to the preparation of bacon, the Government has made its standpoint known. The position of the bacon-industry with respect to pig-breeding is different from that of e. g. sugar-factories or farina-works with respect to the sugar-beets and the factory-potatoes, as the latter products are only marketable after undergoing an industrial operation, whereas the bacon-factories perform a function only in part of the export of pigs, albeit in an important part; but this difference in position is not such that it would necessitate a very different standpoint on the part of the Government, as regards the "manufacturing-cost". The technique of extending the agricultural relief measures to the bacon factories is also different from that of the sugar factories and suchlike. For the export of bacon is monopolized by a government institution the Dutch Cattle-farming Central Bureau (Du. Veehoudery Centrale), which buys up the pigs destined for export, on the home market and has them made into bacon by the bacon-factories on wage-earning contract and exports them entirely for its own account (so for the account of the Government).

With reference to the new contract with the bacon-manufacturers, concluded on November 1st. 1937, the following information about the amount of the compensation was given in a press-communiqué referring to this matter.

"In fixing these compensations, the capital invested in the concerns at the moment and the present capacity of production will not be taken into account, but an amount will be paid in compensation equal to such a cost price as would obtain for a productive apparatus of sufficient capacity under the present circumstances, the organization being as efficient as possible."

In our opinion there is no reason to suppose that with respect to the other "agricultural" industries the Government's standpoint would be fundamentally different, but we can imagine that it will not yet have been possible everywhere to come so near to the "rational" cost of manufacturing as, judging from the above statement, is the case in the bacon-industry.

Chapter III. *Outline of the measures of price control in behalf of the principal agricultural products.*

1. *Cereals.* On importation of wheat, rye, barley, oats and maize, an import-duty (at present fl. 1.— per 100 kgs.) is due on the strength of the Agriculture "Crisis" Act. As the consumption of cereals in the Netherlands is considerably greater than the production, this measure involves that the Dutch corn price is raised above the world market-price by the amount of this import-duty (monopoly-duty). Owing to the very low world-market-prices, the price-raising effect of the monopoly-profits has in many cases been insufficient to bridge the difference between guiding-price and world-market-price, so that supplementary measures were necessary for most cereals. An arrangement exclusively by monopoly-duties would, in our opinion, not have been desirable for the further reason that this system is not elastic. The manifold alterations in the duties, which would certainly be necessary, if this was the only means of attaining the guiding-price, would involve almost insuperable difficulties in connection with the settlement of the duties on stocks and the payment of drawbacks.

(a) *Wheat.* The arrangement has been taken almost without alteration from the Wheat-Act 1931, one of the 3 great Relief Acts which were in force before the Agriculture "Crisis" Act, and amounts to the following.

The wheat-farmers are organized in the Provincial Wheat Organizations (Du. G.T.O., Gewestelijke Tarwe Organisaties), which buy all the wheat from the members at the guiding-prices (fl. 12.50 per 100 kgs. at first, later on gradually reduced to fl. 10.—). In order to ensure a sufficient sale of home-grown wheat it has been laid down that all the wheat-flour and all the wheat-meal destined for bread-baking is to contain 35% of home-grown wheat. As the annual demand for wheat for grinding purposes in the Netherlands may be fixed at ca. 800.000 tons, the sale of ca. 280.000 tons of home-grown wheat is in this way obtained. This quantity of wheat is sold to the grinding-industry, via the Central Wheat Bureau (Du. Tarwe Centrale) (Organization of G.T.O.'s) and the V.I.T.A. (Associated Home Wheat Buyers, Du. Vereeniging van Inheemsche Tarwe Afnemers) at a price which used to be fl. 15.75 and is fl. 14.75 now. After covering the cost of collection, storage, keeping and delivery, administration of the G.T.O.'s and Central Wheat Organization and payment of the guiding-price to the farmer, a fund remains which is intended to enable the Wheat Organizations also to pay the guiding-price for the wheat that has not been sold via the V.I.T.A. (the normal wheat crop in the Netherlands has amounted to ca. 400.000 tons these last few years, so that ca. 120.000 tons are left after the V.I.T.A. supplies have taken place) and which in the home market can only realize the world-market-price + the monopoly-duty. Both the guiding-prices mentioned and the V.I.T.A. price, hold good for the average quality, for deviating qualities a higher of lower price is paid by the V.I.T.A. as well as to the farmer. For the farmer the price varies also according to the time of delivery and in case of a later delivery, he receives in addition to the guiding-price a compensation corresponding to the storage for the period that has elapsed since the harvest. In order to cause the price of the flour and meal imported from abroad, and the flour and meal produced in the Netherlands from "free" wheat (without admixture of V.I.T.A. wheat) to agree with the price of the product obtained by the compulsory mixture with 35% of V.I.T.A. wheat, the former articles are taxed with an import and delivery duty respectively.

(b) *Rye*. The price raising effect of the generally operating corn-monopoly-duty, had up to 1937 been insufficient to attain the guiding-price for rye. Before that time, however, it could not have been expected that, even if the monopoly-duty for rye had been higher, the proceeds for the producer could be raised to a sufficiently high level in consequence of the monopoly-duty alone. For the quantities of rye imported, are very small in proportion to the quantities produced at home. Moreover there is the fact that rye is used for consumption by man in small quantities only and that it is principally used as fodder (especially for pigs). A rise in the price of rye, therefore, mainly raises the cost price of pigs, a product also subject to price-regulating measures, so that it may be desirable to keep the price of rye for feeding purposes low. In order to obtain remunerative proceeds and a low price of fodder, the following arrangement was made.

The monopoly-duty for importation is fixed at an amount which is, say, fl. 3.— per 100 kgs. (this depends on the world-market-price) higher than the duty charged on the other cereals. At the same time, however, it is arranged that an extra allowance, also to the extent of fl. 3.— per 100 kgs. shall be paid if the rye is denatured (rendered unfit for consumption by man by colouring). Thus the proceeds of the producer will be the world-market-price + the generally operating monopoly-duty + the extra allowance for denaturing (= special import duty) which is also the price for the rye destined for consumption by man. This price may be maintained at the level of the guiding-price by alterations in the extra allowance for denaturing, whilst for feeding purposes the price of the rye is kept at a level equal to the world-market-price, raised by the generally operating monopoly-duty. It is self-evident that the use of denatured rye for consumption is strongly prohibited.

In connection with the increased prices of rye the allowance for denaturing has been dropped in the meantime, so that the above has only historical interest.

(c) *Barley*. Here too the generally operating duty had up to 1937 been insufficient to attain the guiding-price. As contrasted with rye barley is imported in quantities which are very considerable in comparison with the home production, so that, by means of the monopoly duties, the guiding-price might perhaps be attained. But this system was not chosen in this instance either, perhaps because the barley, grown in this country, just like rye, is mainly used for fodder. Up to 1937 a pure production-premium for barley was paid direct to the farmer on threshing.

(d) *Oats*. The guiding-price is exclusively attained through monopoly-duties.

2. *Potatoes for consumption*. Cultivation is only allowed if a growing-licence has been granted, for which a cultivation-duty has to be paid (fl. 50.— per H.A. at present), thus causing a limitation of supply. Further an allowance for denaturing (varying between fl. 0.90 and fl. 1.50 per 100 kgs. according to time and the quality of the potatoes) is paid if potatoes fit for eating are denatured and used for fodder. Thus it is achieved that the selling-price of potatoes for consumption is at least equal to the value as fodder + denaturing allowance.

3. *Factory potatoes*. The area available for factory potatoes is limited (29.000 H.A.). Growing-licences, for which no duty is due, are in principle only issued to former growers. There is, however, a small opening for new growers. The guiding-price has been determined for the final product, potato-flour, and this price has been fixed as minimum selling price for the home market. The potato-flour destined for export is supplied to the Dutch Potato-flour Central Organization, also at guiding-price; this Organization supplies it to the exporters at a price fixed for each export market separately and varying according to the market conditions abroad. The potato-flour destined for export made into glucose is also supplied to the manufacturing industry at the export prices fixed for the country concerned. From the guiding-price for potato-flour a guiding-price for the growers of potatoes is calculated which price is paid by the factories. The price-regulation for potato-flour made it necessary to tax the competing kinds of starch (as e.g. maize-starch) for home use.

4. *Sugar-beets.* The cultivation, for which the guiding-price is guaranteed, is limited to a quantity agreeing approximately with the home demand. As in the case of growing-licences for factory-potatoes, the "guarantees" for sugar-beets (by which the Government guarantees payment of the guiding-price for a fixed quantity of beets) are in principle only issued to former growers. For the sugar-beets supplied under the terms of these "guarantees" the factories have to pay the guiding-price. The sugar factories are in a position to pay the guiding-price because they are paid an allowance by the Government, which is calculated starting from the cost of manufacture, average sugar-quotation and proceeds of pulp and molasses. The sugar price for the home consumer is raised by levying an additional percentage on the existing sugar excise-duty (fl. 7.87⁵ per 100 kgs.), procuring at the same time the means of financing the payment of allowance.

5. *Horticultural Products.* Here too a licence is required for cultivation. Moreover the growers are under obligation to sell their products at the Auction. This makes it possible to know the average proceeds per article and per period. For the various articles minimum prices have been fixed; if these are not fetched, the Government withdraws the products from the market at these minimum prices, for distribution among the paupers or for destruction. The difference between average proceeds per article for a certain period and the guiding-price fixed for that period is paid to the growers by the Government via the Auction authorities.

6. *Bulbs.* The cultivation of this very important export article has also been restricted. Moreover the following arrangement has been made, which, in contradistinction to the other measures, is carried into effect not by a Government bureau but by the parties concerned and under the supervision of the Minister. A basic price has been fixed for every kind of bulb by the Minister for Economic Affairs. The exporters are obliged to pay a certain percentage of this basic price into a fund in case of exportation. If the exporter buys the bulbs from a grower, an amount, corresponding to that which has to be paid into the fund, may be deducted from the invoice. The "bulb-surplus fund" is used to withdraw the unsold product from the market, at prices approximately at a level with the basic prices, the discount deducted.

7. *Milk.* About half of the milk produced in this country is used at home, the other half having to be sold abroad in the form of butter and dairy-products. The object in view, the attainment of proceeds for the cattle-farmer which are equal to the essential cost of production and a selling price at home which is in agreement with it, has been aimed at in roughly the following way.

1° *"Industrial" milk.* The world-market-price of Dutch butter is on manufacture of the butter raised by a duty varying with this butter-price, so that the wholesale-price in the Netherlands is a fixed amount (= ca. cost price). When butter is exported, an amount equal to the tax is refunded. In order to prevent a shifting of the home consumption from butter to the other fats (margarine, animal fats and oils), the home consumption of these fats has also been taxed to such extent that the prices of margarine and butter (retail prices) are in the proportion of 2:3. Hence it follows that the margarine price too, is firm and that the duty again varies with the prices of the raw materials of the margarine-industry. The taxes on the other fats and oils for consumption have been fixed in such a way as to prevent undesirable ratios of consumption.

Cheese, the second important dairy-product has also been taxed; this tax is connected with the tax on butter. For the tax on cheese is based on the percentage of milk fat and in such a way that the tax per kg. of milk-fat as a cheese-component is equal to 2/5 of the tax per kg. of milk-fat in butter. About half of the total production of cheese is consumed at home and the other half is exported. The tax is not refunded if the cheese is exported. The other milk-products (condensed milk, milk-powder) are taxed for home consumption with an amount equal to the butter-tax on the basis of the percentage of milk-fat. The consequence of these measures is that the price of the dairy-products at home is brought to a level which is in agreement with the cost-price; in the case of cheese only is there some deviation. The dairy-factories, however, cannot pay more to the cattle-farmer for the milk supplied, than the dairy-value calculated on the basis of the world-market-prices of the dairy-products. The government institution charged with collecting the taxes, however, has a fund at its disposal, equal to the tax on the total home consumption (= difference between guiding-price for sale at home and world-market-price) plus the taxes on competing articles (margarine, fats, oils). From this fund the dairy-factories are an allowance to be handed on to the cattle-farmers, for the total quantity of milk taken up (so for both home and foreign markets). Whether this fund will suffice for payment of such an allowance that the cattle-farmer can receive the guiding-price for the milk, depends mainly on the world-market-price for Dutch butter, but also on the relation between production, export and consumption at home. When, a few years ago, the world prices were abnormally low (from 40 to 50 cents per kg.) this was absolutely out of the question and in those years the cattle-farmers could not be paid the price promised. The present quotations of ca. 80 cents per kg. and the conditions now obtaining for production and marketing enable the system to work without a deficit.

2° *Milk for consumption-purposes*, i.e. milk which is consumed as such. The measures taken for "industrial" milk determine at the same time the price below which the milk for consumption cannot fall, namely the dairy-value (on the basis of the world-market-price for butter) plus the allowance. The cost price of milk for consumption, however, is higher than that of "industrial" milk, mainly owing to the following causes:

(a) Milk for consumption has to be produced in almost equal daily quantities throughout the year. As a milking-cow needs more food than a cow which does not yield milk, the milker who sells for consumption cannot, in contradistinction to the "industrial" milker, aim at making the lactation-period coincide with the grazing-period, and consequently incurs greater expense for tonic feeding-stuffs in winter.

(b) There is a great demand for „consumption-milk" in the large towns in the West of the Netherlands. The "consumption-milk" industry has consequently to be concentrated in the neighbourhood. The pastures available in this part of the country are limited however and this again causes higher expenses for additional fodder. Consequently the guiding-prices for "consumption-milk" has to be higher than that for "industrial"-milk. In so far as the surroundings of the large towns (legally defined areas) are concerned this is achieved in the following way.

"Consumption-milk" may only be supplied by officially recognized "consumption milkers" to recognized retailers (licensees). The licensee concludes contracts (so-called "taxe-contracten") for the daily supply of a fixed quantity of milk, at a price which is 1 cent a litre higher than the "industrial" price (dairy-value + allowance). The contracting parties moreover bind themselves to supply respectively to buy, the production in excess of the quantity fixed (surplus milk). For the "surplus milk", however, the "consumption-milker" receives ½ cent less than the "industrial" price, the licensee being under obligation to hand over 2½ cents of each litre of "surplus milk", sold as "consumption-milk" to the Government-institution, which has the control of the execution. In these latter provisions there is an incitement to both parties to conclude as many contracts as possible. Moreover a minimum retail price has been fixed for the "consumption-milk".

The restriction of the production in milch-cattlefarming has been aimed at by the following measures:

1° by providing that a licence is required for carrying on the trade;

2° by limiting the number of calves allowed to be kept.

3° by governmental buying up and killing of cows which are in calf. (ca. 120.000 head at the end of 1933 and again at the end of 1934).

Although, in consequence of these measures, the total stock of cattle has diminished (from ca. 2.800.000 in 1934 to 2.500.000 in 1936) it has not yet caused a decrease in the production of milk. Neither can the effect of the limitation of the number of calves begin to tell till after three years. Although the number of milking and calving cows has increased by no more than ca. 20.000 head during the period 1934/36, the total production of milk increased considerably during those years, which is to be explained from a greater production per cow.

8. Pork. Pork used to be an important export article before the depression. When a considerable part of this export was lost, it was obvious, that the stock of pigs would have to be diminished. There were two ways of aiming at the attainment or the guiding-price:

1° a restriction of pig-breeding, limiting the supply;

2° the granting of the monopoly of the pig-export to the Dutch Cattle-farming Central Bureau. This organization buys the pigs destined for exportation on the home market and can thus influence the market-prices to a certain extent. A few times when the prices threatened to fall too much, the Bureau has moreover withdrawn pigs (especially big ones) and pork from the market, cold stored them and has either exported them of sold them to meat-factories, later on, when a better opportunity offered.

We have tried in the above to bring to the fore the points that are, in our opinion, most important in connection with public price control in the Netherlands, especially as regards the agricultural products and to indicate in outline the provisions for the most important agricultural products. We are alive to the fact that a great many important problems involved, have been quite inadequately dealt with and that the measures themselves have only been touched upon. The available space forced us greatly to confine ouselves on many points. We hope however, that the present article will nevertheless contribute to shedding some light on the problems, with which the Dutch Government was faced on the points in question.

Part II.

The cost price in connection with the price control in behalf of industry.

A. General.

Protective measures. As has already been stated in the introduction, the Government interference with industry has not been so extensive in the Netherlands as the measures taken for the maintenance of agrarian production. Many very important branches of industry have been obliged to do without any Government support whatever during the years of depression.

In so far as industry was supported the measures were of the following kinds:

1° an import quota system for the Netherlands;

2° an import quota system for the Netherlands East Indies, a considerable quota as a rule being reserved for the industry of the mother country;

3° the levying of a special import duty on the imports into the Netherlands;

4° direct financial support from the Exchequer (subsidies).

The measures mentioned sub 1 and 2 have their general legal foundation in the "Crisis"-Import-Act, passed in December 1931, and the "Crisis"-Import decree of September 2, 1933, respectively.

Scope and purpose of the protective measures. The levying of a special import duty and the granting of subsidies as protective measures have been applied to a limited degree and have no general legal foundation. The granting of subsidies, principally to shipyards, is moreover outside the general aim of the protection, which is to be mentioned later on, as it was exclusively directed to an extension of employment and was consequently also applied to export-orders. These means of protection may therefore be eliminated from our further discussion.

For the subject here to be dealt with only the measures taken for the restriction of imports (both for the Netherlands and for the Netherlands East Indies) need therefore concern us. Their extent may be seen from the documents appended to this introduction. From the figures which they contain it may be concluded that the import quota system in both parts of the realm though important, by no means predominates in the total imports.

With respect to the aim of the quota system a distinction is to be made between the Netherlands and the Netherlands East Indies, in consequence of the divergent causes of the necessary protection. When, at the end of 1931 the countries of the Sterling bloc went off the gold standard, the majority of the other countries followed suit, the result being a sudden change in the competition relations. Dutch industry was placed at a considerable disadvantage and was accordingly in danger of being ousted from the home market by excessive import, important export markets at the same time being lost at a blow. The latter phenomenon was moreover becoming of more frequent occurrence, owing to the fact that the tariff walls which were being erected in constantly increasing numbers, made the export markets inaccessible. In order to preserve those branches of industry that were important for the community, the Dutch Government found itself forced to reserve at least the greater part of the home market for its own industry and consequently to cut off excess imports.

As regards the Netherlands East Indies the first motive for protection is principally to be found in the economic penetration of Japan, which was certainly not caused exclusively by currency differences. As, at that time, the Netherlands Indies had hardly any productive apparatus of their own to speak of, the protection was not in the first place intended for their own industry but rather for the industry of the mother country, which threatened to lose its position entirely to the advantage of Japan. The sacrifice thus to be made by the Netherlands Indies was looked upon a initiating a new economic policy in which it served as a compensation for the commercial-political advantages, which the Netherlands (as a country with an import surplus) could gain for the Indies (as an export country) in negotiations with other states. Here the quota system was consequently made directly subservient to commercial-political aims. Other aims of the Indian import quota policy have been left undiscussed here for the sake of simplicity.

For the rest the aim of the protective measures is not a permanent protection of industry, but a temporary one, in order to .enable the producers to adjust themselves to the suddenly changed conditions. When this has been achieved protection may just as well be abandoned. This is indeed likely to be found possible, at any rate in so far as there are no alterations of a structural nature, as, for instance Japan's growing industrial market.

Consequences of the protective measures. The immediate result of a quota system is that a group of producers (branch of industry) is privileged in so far that a large part of the home or Indian market respectively is reserved for them; though this does not mean an elimination it does mean a considerable limitation of competition, which may be considered synonymous with a rise in prices or at any rate an upward deviation from the price level of articles that are not protected. Although a disadvantage to the consumer consequently, this phenomenon certainly need not be disadvantageous to the community in its entirety if over against it there are advantages like the maintenance of the productive apparatus and equal or increased employment. The main difficulty which faces the Government, therefore, is that of fixing a price which may be called just from a general point of view, thus preventing unfair favouring of the protected industry. This brings us to the task of the Government, which forms more particularly the subject of this report, price-control. Before however giving our attention to a more elaborate treatment of this subject, we must say a few words about the actual influence of the quota-system on the price-level as it may be inferred from general statistic data. For the Netherlands the price-development for articles which are subject to and for those which are free from import restrictions may be expressed in the following curves*): (the figures indicate wholesale prices; 1926 — 1930 = 100)**)

For the Netherlands Indies the movement of the wholesale prices of textile fabrics (one of the most important quota groups) as against the other imports has been as follows: (index numbers 1913 = 100)***)

On the whole these results do not add to the fear that the price-level of protected articles might deviate considerably from that of non-

---

*) Gee next page.
**) Taken from "Verslagen en mededeelingen van Handel en Nijverheid", — 1936, No. 3.
***) Taken from "Verslagen en mededeelingen van Handel en Nijverheid", — 1937, No. 1.

protected articles. This is explained by the following facts. In the first place the total sales at home had greatly fallen off by reason of the decreased purchasing power of the people so that every individual producer, in order to retain his previous turnover yet resorted to competitive prices. This was further stimulated by the circumstance that many concerns had lost their export entirely or for the greater part and they tried to compensate themselves for this loss by extending their sale on the home market. It appeared therefore that on the whole there were sufficient downward tendencies in spite of foreign competition having been partly eliminated.

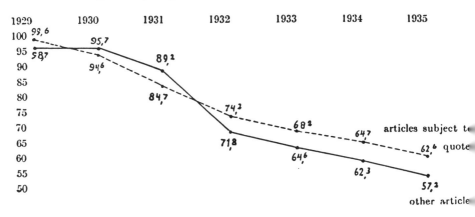

Quite rightly in our opinion these general phenomena have not induced the Government to relax its vigilance with respect to the possible consequences of its policy of protection. Therefore the necessary institutions have been formed for the purpose of regularly observing the condition of the protected industry and the market development of the articles on which there is a quota. In the Netherlands this supervision was in the nature of a repressive control — apart from its preventive effect of course — so that a direct Government intervention did not take place until an undesirable development was noticed.

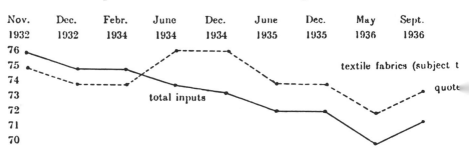

In the Netherlands East Indies, on the other hand, the Government has directly intervened in the fixing of the prices of the articles subject to import restriction by prescribing maximum prices. Though we cannot go into the further details of the price control referred to above, it will at any rate be clear that an objective standard was required for the level of the selling-prices to be asked. We have already stated that there were great difficulties in fixing the prices of agrarian produce because a standard, i. e. a cost price of the products in question, was not available. In the case of industry with its long experience of calculations, this means was, of cource, at once resorted to in order to judge of the demand-prices. Nevertheless here, too, there are difficulties, which claim our attention and which are dicussed below.

B. The investigation of the cost price for the sake of price control.

As may be inferred from the above, the aim of the investigation of the cost price is the judgment of the rates of the selling-prices of the protected articles, based on their cost price, in the industries manufacturing these articles. In this connection the calculation of the cost price is therefore considered exclusively in relation to the price-fixing, so that all other aims, such as control to ensure economy are left out of consideration.

The special features of this cost price investigation are partly of a general nature and are related to the starting-point and the basis of the calculation of the entire cost price. But further there are special considerations to be taken into account with regard to the separate factors of which the cost price is composed.

To start with the more general problems the question first arises which cost price is to form the standard of judgment. For it should be borne in mind that the cost price of one single concern is as a rule no use here but that a cost price should be found that may be considered representative of the divergent cost of production of the various concerns that manufacture the article in question. It must be noted here that modern ideas about the cost price problem are slow in penetrating. In hardly any concern yet is such a view of costing taken as to take into account the special internal features by which the concern differs from other concerns and which should be eliminated for costing-purposes. In the Netherlands, at least, it is only sporadically that one comes across the conception "standard" cost price which forms the correct economic basis for the demand price.

Apart from other considerations, therefore, (e. g. mutual checking up) the hiatus mentioned above necessitates the extension of such a cost price investigation to several concerns in the same branch of industry. Thus the differences which are a consequence of the special features of each concern will show up in the comparison between the concerns and may consequently be eliminated from the representative cost price. In practice it is found that such comparisons between concerns are far from simple. There is, first of all, frequently a chaos of different costing-systems, clearly demonstrating the need for a uniform costing-system for one branch of industry. Further there are the natural differences between the concerns, usually resulting from the differences in size, which are sometimes so considerable that it is impossible to obtain a cost price which is applicable to all, so that more cost prices, representing certain categories, have to be fixed. Which of these cost prices will ultimately be adopted as a basis for the prices will naturally depend upon which concerns are intended to be maintained. As a rule, therefore, neither the highest nor the lowest cost of production will form the basis.

In the meantime uniform and standardized notions about the cost price and methods of costing and apportionment cannot be too strongly recommended, in order to arrive at more effective comparisons between the various concerns. The concerns themselves would certainly not be the last to benefit by it.

A second point of general importance is, however, directly connected with the aim of industrial relief. We must remember that the underlying idea of the relief was to bridge the period necessary for the home industry to adjust itself to the new conditions. In every price investigation sufficient attention had consequently to be paid to the question to what extent this adjustment (in this instance reduction of cost) had taken place. Therefore it was naturally necessary to extend the study of the concerns in question over a number of years, in order to ascertain the cost-movement. A further special factor is here the percentage of its capacity at which a factory worked. For though it was often found that the absolute level of the cost of production had fallen considerably, the "constant" cost had not fallen in proportion per unit of production, but had remained the same or even risen owing to the fact the that factory was working at a far lower percentage of the capacity than before. Naturally a cost price calculated in this way, fluctuating inversely as the percentage of the capacity can not be defended as an economically correct basis for the demand price. However the special nature of support must be kept in view here. Its task, the maintenance of industries which deserve protection, involves that the consideration of the economically justified level of the cost price often has to stand back. This subject will be treated more in detail below, but in the present problem the normal volume of production has often to be left out of account and the calculation should be adjusted to the actual percentage of the capacity at which the factory is working, which as a rule was far below normal. For the sake of completeness it may be observed that there are wider perspectives of price formation and possibilities of sale connected with this problem but they hardly fall within the scope of the present essay.

A last observation of a general nature may be made concerning the problem of values. It is common knowledge that the calculation on the basis of the "historical cost price" wrongly takes into account factors which belong to the past, and which in the meantime may have undergone more or less important alterations. Among the most important of these is the value of the raw materials and of the auxiliary materials to be entered into the calculation. Even part from the theoretical inadmissibility, the using of a factor belonging to the past, in fixing a representative cost price for an entire branch of industry was an impossibility, in connection with the more or less successful purchasing policies, the varying stocks, etc. of the different concerns. It was a matter of course therefore, that the conception of "reproduction value" was used in such a cost price investigation, thus automatically eliminating possible differences between the concerns in question. Mention should be made in this connection that it was found desirable to draw up a formula for each cost price in which the connection between the price of the raw materials and the cost price found expression, so that, once the cost price had been fixed, it could be used for a somewhat longer period. By means of this formula the influence of an upward or a downward tendency in the prices of the raw materials on the cost price of the product can be determined at once, so that price control has been simplified.

We shall now pass on to a discussion of the special points which, in a cost price investigation made for the above-mentioned purpose, have to be taken into consideration with respect to the component factors of the cost price. It stands to reason that not every cost price factor assumes a different aspect from normal, when seen from the point of view of the price control investigation. In order to make the deviations stand out clearly, it seems advisable to start by ascertaining, what ideas it is normally important to distinguish in the costing-problem (as a basis for the selling-price to be asked).

It is a well-known fact that the distinction on the basis of constant and "variable" cost factors in the full economic cost price is of primary importance in price fixing. Without further argumentation therefore, it may be stated that the limits confining the movements of the selling-price to be asked are the following:

a. top-limit: the full cost price comprising, according to modern notions, a normal interest on the share capital, raised by a certain margin of profit which is theoretically unlimited, but practically limited by the possibilities of sale and by competition;

b. bottom-limit. The "marginal" price, i. e. that part of the full cost price which is formed by the variable costs, those costs, consequently, which are exclusively caused by the order for which the price has to be fixed. By way of modification it may be added that this does not hold good if the entire production of a concern is sold at the "marginal" price. For in that case no cover could be found for the total "constant" cost of a factory in operation, which will be considerably higher as a rule than the permanent cost of a factory which has been shut down. Consequently the total proceeds of the entire production should at least cover an amount of the constant cost equal to the difference between the cost of a shut-down factory and the "constant" cost of a factory in operation. For the sake of completeness it may be added that the distinction based on variable and constant cost is a relative one and is only of any practical use as long as the volume of production and business resp. deviates only to a limited degree from the volume which has been taken as normal.

If we now revert to the protected industry we must first direct our attention to the fixation of the bottom limit of the selling price. The next point to be considered will then be what rise this basis may from various motives be made to undergo. As the relief measures are in the first instance meant to be of a temporary nature, there is some justification for the view that the price of the protected articles must be on a level with the above-mentioned "marginal" price, or in view of what has been said about shutting down, not higher than is necessary to ensure the continued operation of the protected industry (in order to ensure employment). This implies, however, that the concerns must have the necessary liquid assets at their disposal in order to be able to sustain the continued loss of money (the uncovered expense of a constant nature). In view of the fact, however, that a branch of industry will as a rule not be supported before the liquid assets have shrunk considerably and will, moreover, go on doing so during the protection, it must be clear that the moment will not be far when relief on this basis is inadequate. As a rule, therefore, it may be taken that the selling price of the protected articles at the moment when support begins, may be allowed to be such as entirely to cover the expense in behalf of them, taking the volume of business into account.

A more detailed account will now be given of the most important cost price factors which cannot be counted among the absolutely necessary expenses; namely depreciations, interest of the share capital and margin oft profit.

The depreciations must be considered as the booktechnical quota of a division of the value of the fixed capital. This division is in the first place dependent on the duration of life of the assets in question. The writings-off must therefore not be looked upon as expenditure, whereas the purchase, the outcome of which they are, must. The latter expense is usually of such a nature as to allow of a certain postponement. Consequently if the support is intended to be of short duration, this factor may with good reason be eliminated from the cost price to be fixed for that period. According as the protection becomes necessary for a longer period the factor "writings-off" can not be left out of the cost price because replacement will then indeed begin to be an urgent necessity.

Other points worth mentioning as regards the factor "writings-off" are the following:

1°. valuation of the assets to be depreciated;

2°. the size of the amount to be written off on the fixed capital;

3°. the percentage of depreciation.

For the valuation the reproduction value must be used not only for reasons of theoretical economics but also on practical considerations. The various concerns of one branch of industry have naturally bought their buildings, machinery etc. in different periods with divergent price levels. Consequently the purchase-price of the same equipment will often differ considerably, so that reduction to a common basis is necessary for comparison. The method of determining the reproduction value will not always be the same but it will be more or less exact according to the factor "writings-off" in the cost price. As a rule an accurate reconstruction of the value of the fixed capital on the basis of recent data of prices will only in some cases be necessary, whilst usually existing valuation reports can be used.

In fixing the amount to be written off the fact should be taken into account that the productive apparatus has often shrunk considerably in the years of depression. Depreciation on assets that have been out of use for a considerable period can naturally not be allowed to enter into the calculation.

As regards the percentages of depreciation there are as a rule no special considerations arising from the aim of the protection. From a general point of view, however, it is interesting to draw the reader's attention to the close contact that may very often be ascertained between the cost of maintenance and writings-off, especially as regards machines. For regular and good maintenance involves constant replacement of all those parts that are subject to a some what considerable wear and tear so that the duration of life according to theoretical standards (e. g. 10 years for machines) is often considerably exceeded. It is our conviction that writings-off for technical wear and tear can often be reduced to very low percentages of depreciation. The percentage which has to be included in the depreciation because the machinery will gradually

165

get out of date, may, therefore be considered of greater importance. The fixation of this, however, presents great difficulties.

Let us now resume the thread of our discussion of the connection between the duration of support and the factors that may be entered into the cost price. The next phase of the continued protection brings us to the remuneration for the share capital. In so far as it is customary in a certain branch of industry to meet the need for capital by means of loans, it will, on the strength of what has been argued above, be necessary to enter the interest on it into the cost price calculation. It is naturally assumed that the interest is a necessary outlay, the rate of which is outside the control of the concern itself. For the sake of completeness it may be mentioned that the relief measures need not always be passive with respect to these loans, but may very well contribute towards inducing the bond-holders and similar creditors to make some sacrifice, in behalf of the concern.

The interest on private capital is a fundamentally different affair, however, so that a dividing-line may be drawn between loans and share capital (resp. interest on it). This reminds us strongly of the, in our opinion antiquated controversy as to whether interest should be taken into account in costing. It should be kept in mind however, that this distinction again becomes of importance on quite different grounds. Whereas interest on loans is a direct outlay, the interest on share capital often cannot be paid, and, therefore, is not paid for a considerable time. The question arises how long a payment of dividend can be dispensed with without endangering the aim of relief (maintenance of industry). A positive answer to this question it is, of course, exceedingly difficult, if not impossible to give. Moreover this answer will vary greatly according to the position of the concern in question. Nevertheless the possibility should not be lost sight of, that without an interest being paid, the share-capital will be withdrawn from the concern in the long run, the gradual dwindling and liquidation of the concern enabling the capital to be refunded to the shareholders. This problem has not become of practical importance during the limited number of years that the relief measures have been in operation but it might figure more largely in the future.

A few words may now be said on the profit-margin in the selling-price to be fixed. In the above discussion this is consequently the extra proceeds over and above a normal interest on the capital (including the risk factor), which latter is considered as a cost price factor. Naturally it is the latter factor which will have to be included in the selling-price to ensure maintenance and continuation of the industry. But in the long run it might also become necessary to allow a certain profit factor in the selling price in order to avoid the possibility of the share capital preferring an investment in which there is less risk to be borne, if it can manage to free itself from the concern.

Summarizing the latter part of our discussion we conclude that the necessary duration of the protection is a factor of the utmost importance, in fixing the cost price for the price control of supported industries. The cost price factors fall into two categories, those which serve to cover absolutely necessary expenses and those which cover expenses the payment of which may be postponed for a shorter or longer period of time. The latter can be excluded entirely from the price in case of relief measures covering a short period, but according as the protection extends over a longer period, it becomes more necessary to include these factors too. These factors are, in order of importance, writings-off and interest on the sharecapital, and also a margin of profit.

We have now come to the end of this report and we are fully aware that we have not by any means dealt completely with all the aspects of the costprice problem in connection with the appreciation of the selling-prices of protected industries, but we nevertheless trust we have given a sufficient impression of the numerous questions which present themselves. For the rest we leave it to the debates to provide a fuller rounding-off of these problems.

Appendices

I. Survey of the articles on which there is a quota for importation into the Netherlands.
Group I. Ceramic products: Porcelain and fine earthenware — Sanitary stoneware and Dutch tiles.
Glassware: Domestic glassware — Glassware for packing purposes.
Cement.
Vitrified earthenware drains.
Group II. Wooden articles: Wooden furniture — Furniture made of rattan, cane, wicker or twigs — Plywood — Wooden shoes.
Group III. Outer garments: Men's wear — Ladies' clothes — Leather upper clothes — Rubber upper clothes.
Underwear.
Shirts.
Caps and berets.
Group IV. Leather: Sole-leather — Upper leather — Other kinds of leather.
Shoes.
Linoleum.
Bicycle tires: bicycle outer covers — Bicycle inner tubes — Rubber tubing.
Group V. Coal.
Group VI. Sheet zinc.
Wire-nails, wire products and screw-bolts: Wire and wire-nails — Screw-bolts.
Electric wiring.
Electric bulbs.
Vacuum cleaners.
Foundry products: Bathing tubs — Flushing cisterns — Hearths and stoves — Kitchen ranges.
Locks.

Bicycles, bicycle-parts and bicycle lamps.
Welded tubes.

Group VII. Paper and paper-articles.

Group VIII. Woollens — Cotton and linen piece-goods and table linen and napkins — Stockinet goods — Plush, velvet and mock-velvet — Sewing-cotton — Handkerchiefs — Stockings and socks — Carpets — Artificial or real silk fabrics — Rope and string — Woollen and half-woollen blankets — Ribbons, tape and shoe-laces — Artificial silk yarns — Jute products — Coconut piece-goods — House-flannels.

Group IX. Meat — Horses — Butter — Unmelted animal fat — Bread and dough — Rye-meal and rye-flour — Groats — Oil-Cakes — Rice — Ornamental plants.

Group X. Fresh sea-fish — Eels — Herrings.

Group XI. Chemical products — Nitrogenous manures — Matches — Chlorous products — Zinc-white and Lithopone — Superphosphate.

II. Percentage which goods subject to quota restrictions constitute of the tota imports (Netherlands).

Year	Total imports (in millions of guilders)	Goods subject to quota restrictions (in millions of guilders)	Percentage
1932	1,299	96	7,4
1933	1,209	137	11,4
1934	1,038	161	15,5
1935	936	155	16,5

Note: I and II taken from "Verslagen en mededeelingen van Handel en Nijverheid", 1936 No. 3.

III. Survey of the articles on which there is a quota for importation into *the Netherlands East Indies:* Cement — Beer — Parti-coloured fabrics — Bleaked fabrics — Unbleaked fabrics — Earthenware and porcelain — Cast-iron frying pans — Artificial fertilizers — Electric bulbs — Cotton blankets — Bath-towels — Sewing-cotton — Packing-paper — Motorcar and motor-bicycle tires — Piece-goods — Ready-made clothing — Copperas.

IV. Survey of the value of the Dutch quotas in the Netherlands East Indies.

Articles	Estimated value of the Dutch quota
Bleaked cottons	f 7.150.000.—
Parti-coloured fabrics	„ 1.400.000.—
Piece-goods	„ 5.500.000.—
Cotton blankets	„ 315.000.—
Bath-towels	„ 343.000.—
Sewing-cotton	„ 260.000.—
Bottled beer	„ 430.000.—
Electric bulbs	„ 680.000.—
Artificial fertilizers	„ 560.000.—
Packing-paper	„ 360.000.—
Sanitary stoneware	„ 40.000.—
Total	f 17.038.000.—

Total Dutch imports into the Netherlands East Indies to be attained ca. 49 mill. guilders.

Dutch share in total imports ca. 18%.

V. Internationaler Prüfungs- und Treuhand-Kongreß

BERLIN · SEPTEMBER 1938

Nationalbericht — National Paper — Rapport National

Grundsätze der Kalkulation und Öffentliche Preiskontrolle	Thema	*Norwegen*	Land
Methods of Computing Cost and Control of Prices by Public Authorities	8	*Norway*	11
Principes du Calcul Commercial et Influence Gouvernementale sur les Prix		*Norvège*	

von — by — par

Magnus Holm, Staatsautorisierter Revisor, Oslo

Inhaltsübersicht

Table of Contents

169

Table des Matières

Zusammenfassung

Eine öffentliche Preiskontrolle wurde durch provisorische Gesetze im Jahre 1914 in Norwegen eingeführt. Im Jahre 1926 wurde ein Gesetz über Konkurrenzbeschränkungen sowie über Preismißbrauch erlassen, ,,Trustloven'' (das Trustgesetz), das dauernde Vorschriften über die öffentliche Kontrolle einführte.

Nach diesem Gesetze ist es verboten, Entgelte oder Preise zu nehmen oder zu verlangen, die als ungebührlich anzusehen sind. Diese Verordnung gilt für alle Preisberechnungen, sieht aber andererseits nur die schwersten Fälle des Preismißbrauches vor. Falls ein unbilliger Preis oder Verdienst berechnet wird, können die gesetzlichen Kontrollbehörden regulierende Vorkehrungen treffen. Die Voraussetzung ist aber in diesem Falle, daß es ein für den Markt bedeutungsvolles Kartell ist, das die Preise festgesetzt hat, oder daß die Tätigkeit der konkurrierenden Betriebe nicht ausreicht, um das mißliche Verhältnis aufzuheben. Die regulierenden Bestimmungen können eine Festsetzung von Höchstpreisen, Höchstgewinnen oder anderen, als notwendig angesehenen Maßnahmen herbeiführen. Dabei ist es auch den Behörden gestattet, Vorkehrungen zu treffen, die als notwendig anzusehen sind, um Sabotage oder Umgehung der gegebenen Bestimmungen zu verhindern. Das Gesetz gestattet auch den Behörden, gegen allzu niedrige Preise einzuschreiten zum Schutz der Betriebe, die einem unlauteren Wettbewerb ausgesetzt sind. Dies wird dadurch erreicht, daß die Behörden selbst Mindestpreise festsetzen, oder daß es Gruppen von Gewerbetreibenden überlassen wird, bindende Preise unter behördlicher Kontrolle festzusetzen. Da das Gesetz das Einschreiten gegen Exklusivabkommen und Boykott erlaubt, durch Aufhebung von Geldstrafen oder anderen Strafen, die die Kartelle zur Aufrechterhaltung ihrer Preise festgesetzt haben, und endlich durch Auflösung von Kartellen, können die Kontrollbehörden eine kontrollierende und preisregulierende Tätigkeit ausüben, indem sie bei ihren Entscheidungen auf die preislichen Wirkungen Rücksicht nehmen. Für Übertretung des Gesetzes oder der regulierenden Bestimmungen sind Strafen vorgesehen.

Summary

In Norway public price-control was introduced by provisional laws in 1914. In 1926 a law was passed for the purpose of preventing oppression of the free competition and unfair prices, the trust law. According to this law it is forbidden to demand prices or compensation which may be characterised as improper. This provision may be applied to all calculations of prices, but is only intended to stop more serious cases of improper prices. In the latter case, the controlling body instituted by this law is authorised to take regulating measures. Of course this will only come into consideration if the prices have been stipulated by a cartel capable of influencing the market to a great extent, or if the competition is not sharp enough to eliminate the irregular conditions. The regulating measures may either be a stipulation of maximum prices or maximum profit or any other effective measures. In this connection the authorities have in their power impose rules which are considered necessary to assure that the abovementioned measures are complied with. The authorities also have the right to stop unduly *low* prices to aid any trade exposed to unfair competition. This may be done either by stipulation of minimum prices, or it is left to a group of businessmen in that trade to fix the price themselves under the control of the authorities. Furthermore the controlling authorities are empowered by the law to stop boycott and exclusive price-agreements, to cancel any fines and the like agreed upon by cartels to maintain their prices and even to have the cartels liquidated. For transgression of the law or any regulating measurements taken in accordance with the law penalties have been fixed.

Résumé

Le contrôle officiel des prix a été en Norvège établi par des lois provisoires en 1914, En 1926, on a créé une loi définitive sur le contrôle officiel des trusts. Selon cette loi, il est interdit d'exiger des prix ou des compensations qui peuvent être considérés comme exagérés.

Cette prescription atteint tous les calculs de prix, mais elle ne vise que les cas les plus graves d'exagération.

Le bureau de contrôle a le pouvoir d'établir des prescriptions régulatrices dans le cas où des prix ou des bénéfices excessifs ont été constatés. Il est cependant prévu que les prix fixés soient établis par un cartel d'une certaine importance pour le marché, ou que la concurrence ne soit pas assez forte pour régulariser les prix.

Les prescriptions régulatrices peuvent viser la fixation des prix ou des bénéfices maxima ou autres mesures nécessaires. Les autorités ont aussi le droit d'établir des règles jugées nécessaires afin d'éviter le sabotage ou l'interprétation faussée des prescriptions données.

Selon la loi, les autorités ont également le droit d'intervenir dans le cas de prix trop bas, afin de protéger contre la concurrence déloyale. Cela peut s'opérer en fixant les prix minima, ou bien en abandonnant à un groupe de fixer les prix, sous le contrôle des autorités.

Elles peuvent également contrôler et régulariser les prix en interdisant le boycottage et les conventions exclusives, en supprimant les amendes et autres punitions imposées par les cartels envers ceux qui n'ont pas maintenus les prix fixés. Enfin les cartels peuvent être dissous, si la mesure s'impose.

Toute décision des autorités se base sur l'effet des prix régularisés.

Toute infraction à la loi ou aux prescriptions régulatrices établies selon la loi peuvent être punie.

Text des Berichts — Paper — Rapport

Einführung einer öffentlichen Preiskontrolle.

Vor dem Jahre 1914 gab es in Norwegen keine öffentliche Kontrolle der Warenpreise und auch keine Bestimmungen über Verbot unmäßiger Preisberechnung, abgesehen von den Bestimmungen des Strafgesetzes über Wucher.

Hinsichtlich der Preissteigerung während des Weltkrieges gestattete eine provisorische Verordnung vom 4. August 1914 die Festsetzung von Höchstpreisen für Lebensmittel, Kohle, Koks, Holz und andere notwendige Bedarfsgegenstände. — Später wurde die Kontrolle durch verschiedene gesetzliche Verordnungen erweitert und verschärft.

Diese Preiskontrolle, die als eine Krisenmaßnahmen geschaffen worden war, wurde durch das jetzt geltende Gesetz vom 12. März 1926 mit der Novelle vom 30. Juni 1932 über Kontrolle der Einschränkungen der Konkurrenz, und über Preismißbrauch abgelöst, das gewöhnlich „Trustloven", das Trustgesetz, genannt wird.

Die Preisfestsetzung ist danach im großen und ganzen gewöhnlich frei. — Es gibt keine Vorschriften bzw. Richtlinien für die Preisberechnung oder den Verdienstzuschlag, aber das Trustgesetz enthält viele Bestimmungen, die den öffentlichen Behörden die Ausübung einer Preiskontrolle gestatten.

Die Organisation der Kontrollbehörden.

Zur Durchführung des Trustgesetzes sind ein Kontrollamt und ein Kontrollrat errichtet worden. — Das Kontrollamt übt die tägliche Kontrolle aus und trifft die zur Durchführung des Gesetzes erforderlichen Maßnahmen, und zwar kraft des Gesetzes oder kraft der vom König erteilten Befugnis. Das Kontrollamt wird von einem Direktor geleitet, der nach dem Gesetze den Anforderungen eines Richters des höchsten Gerichts entsprechen muß. Ferner sind ein technischer Konsulent, ein Rechenschaftskonsulent und zwei juristische Sekretäre sowie einige Assistenten dem Amt angegliedert. Der Kontrollrat besteht aus fünf Mitgliedern, die vom König gewöhnlich auf vier Jahre ernannt werden. Der Direktor des Kontrollamts nimmt an den Sitzungen des Kontrollrats teil, doch ohne seine Stimme abzugeben.

Falls das Gesetz das Einschreiten verlangt, trifft der Kontrollrat die Entscheidung. Aber es steht dem Kontrollamt zu, ein Einschreiten in Vorschlag zu bringen. Liegt kein solcher Antrag vor, kann der Kontrollrat in der Regel keine Bestimmungen über Einschreiten treffen. Wenn eine Sache dem Kontrollrat unterbreitet werden soll, führt das Kontrollamt die vorbereitende Arbeit aus.

Eine Ausnahme bilden die Beschwerden über unmäßige Preisberechnungen nach § 13 des Gesetzes. Diese Angelegenheiten werden vor den gewöhnlichen Gerichten behandelt. Sie kommen nicht zur Verhandlung beim Kontrollrat, und das Kontrollamt äußert sich nicht darüber, falls kein besonderer Grund vorliegt.

Von den wichtigsten Bestimmungen des Trustgesetzes seien folgende erwähnt: *Anmeldungen bei dem Kontrollamt:*

§ 6. Das Kontrollamt kann durch eine allgemeine Kundgebung die Anmeldung verlangen von:

1. Verbänden von Gewerbetreibenden, falls sie verbindliche Bestimmungen oder Direktiven zur Regelung der Preis-, Produktions- oder Absatzverhältnisse getroffen haben oder zu treffen bezwecken, und die für die hiesigen Marktverhältnisse als belangreich anzusehen sind.

2. Abkommen und Regelungen mit Zweck oder Wirkung wie unter 1 erwähnt.

3. Den Gewerbetreibenden, die durch ihre Tätigkeit die Preise der betreffenden Waren oder Leistungen auf dem norwegischen Markte oder einem größeren Teile desselben wesentlich beeinflussen.

4. Den Gewerbetreibenden, die einen Betrieb besitzen oder einem solchen vorstehen, der entweder eine Abteilung eines ausländischen Betriebes ist, oder der einer Vereinigung ausländischer Betriebe unterstellt ist, welche die Preise der betreffenden Waren oder Leistungen in einem oder in mehreren Ländern wesentlich beeinflussen.

§ 7. Die Meldungen mit ihren Anlagen werden restlos oder in ihren Hauptzügen vom Kontrollamt registriert.

§ 8. Eine Aktiengesellschaft, die an einem Verband, einem Abkommen oder einer Ordnung wie oben erwähnt teilnimmt, falls sie ein Aktienkapital oder ein Vermögen von wenigstens einer Million n. Kr. besitzt, oder auf besonderes Verlangen des Kontrollrats, soll dem Kontrollamt jährlich ihre Jahresrechenschaft mit ihrem Gewinn- und Verlustkonto und ihrem Bilanzkonto zustellen. Die Rechenschaft ist spätestens 14 Tage, nachdem die Generalversammlung Entlastung erteilt hat, einzusenden.

§ 9. Das Kontrollamt soll nach näherer Bestimmung des Kontrollrats in eine öffentliche Zeitung Übersichten über die nach § 6 eingehenden Meldungen einrücken, falls sie für die hiesigen Marktverhältnisse von Interesse sein sollten.

Das Recht der Kontrollbehörden, Erkundigungen einzuziehen.

§ 10. Jeder hat die Pflicht, den Kontrollbehörden die von ihnen zur Erfüllung ihrer Pflichten kraft dieses Gesetzes verlangten Auskünfte über Preise und andere Verhältnisse zu erteilen.

§ 12. Die kraft dieser Bestimmung eingezogenen Erkundigungen können, wenn das Gemeinwohl es verlangt und falls keine technischen Geheimnisse darin enthalten sind, veröffentlicht werden. Wenn der Betreffende Einspruch erhoben hat, dürfen die Auskünfte ohne die Verordnung des Kontrollrats nicht veröffentlicht werden.

Für solche Veröffentlichungen usw. haben die Trustkontrollbehörden ihr eigenes Organ, „Trustkontrollen" (die Trustkontrolle).

Die Meldungen, die dem Kontrollamt zugestellt werden, müssen nähere Auskunft über die Organisationen und die Betriebe geben, und sie müssen eine Angabe der festgesetzten Preise und Verdienstsätze, sowie eine genaue Darlegung der Festsetzung enthalten. Werden Änderungen der Preise oder der Gewinnsätze vorgenommen, sind diesbezügliche Meldungen am Tage der Festsetzung dem Amt zu übersenden. Berechnungen, die über die Preisstellung Aufschluß geben, werden mitgeschickt.

Auf Grund der eingesandten Darlegungen und Berechnungen macht das Amt seine Bemerkungen und erhebt gegebenenfalls Beanstandungen. Das Kontrollamt gibt keine allgemeine Weisung über die Preisberechnung einzelner Betriebe oder Branchen.

Auch andere konkurrenzregulierende Maßnahmen als die Preisfestsetzungen sollen beim Kontrollamt angemeldet werden. So muß zum Beispiel dem Amt gemeldet werden, wenn in einem Verband eine Bestimmung über Auferlegung von Geldstrafen oder ein Boykott beschlossen wird, weil von den festgesetzten Preisen abgewichen wird.

Kraft dieser Bestimmungen über Meldepflicht waren Ende des Jahres 1936 233 Verbände, 86 Abkommen und 38 Großbetriebe beim Kontrollamt angemeldet.

Außer den Verbänden, die die Warenpreise festsetzen, gibt es auch Organisationen zur Festsetzung von Preisen und Bedingungen für Dienste und andere Leistungen, die bei dem Kontrollamt meldepflichtig sind, wie zum Beispiel Handwerker, Banken, Versicherungsgesellschaften usw.

Im ganzen empfängt das Kontrollamt jährlich beinahe 2000 Anmeldungen, die meisten über Preisänderungen.

Nach der Bestimmung über die Meldepflicht der Aktiengesellschaften waren im Jahre 1936 175 Betriebe registriert.

Preise und Verdienste.

Aus dem Gesetze seien angeführt:

§ 13. Es ist verboten, Preise oder Verdienste zu berechnen oder zu verlangen, die als übermäßig anzusehen sind, oder sonstige ungebührliche Geschäftsbedingungen aufzustellen.

§ 14. (Erster Abschnitt.) Findet der Kontrollrat, daß von einem Verband oder durch ein Abkommen, wie in § 6 Posten 1 und 2, oder von einem Gewerbetreibenden, wie in § 6 Posten 3 und 4 erwähnt ist, unmäßig hohe oder niedrige Preise oder Verdienste oder sonstige unbillige Geschäftsbedingungen gefordert, genommen oder gewährt werden, oder daß zwischen Kundschaften oder Bezirken bezüglich Preise oder anderer Geschäftsbedingungen unbegründete Unterschiede gemacht werden, kann der Rat auf Antrag des Kontrollamts regulierende Bestimmungen treffen.

Das Verbot in § 13 betrifft nur die schwersten Fälle übertriebener Preisberechnung oder ungebührlicher Geschäftsbedingungen.

Um eine Kontrolle solcher ungebührlichen Preisberechnungen, u. a. der Hausmieteverhältnisse, zu führen, gestattete das Trustgesetz die Ernennung städtischer Ausschüsse seitens des Gemeinderats. Zur Zeit sind 38 städtische Ausschüsse tätig. An diese Ausschüsse können Beschwerden über unbillige Preisberechnungen gerichtet werden. Findet der Ausschuß die Beschwerde berechtigt, wird die Angelegenheit der Polizei übergeben, die die Sache wie andere Übertretungen des Strafgesetzes verhandelt.

In Bezirken, wo es keinen städtischen Ausschuß gibt, wird die Beschwerde der Polizei direkt gemeldet. — Solche Sachen, die von den städtischen Kontrollausschüssen und der Polizei verhandelt werden, kommen in der Regel überhaupt nicht zur Verhandlung im Kontrollrat oder im Kontrollamt.

In den meisten Sachen nach dem § 13, die den Gerichten zur Verhandlung vorgelegen haben, sind die Marktpreise der betreffenden Waren oder Leistungen die Grundlage der Abschätzung des Richters gewesen, und die Kontrollausschüsse geben gewöhnlich eine Erklärung über den erfahrungsmäßig richtigen Preis ab. Genaue Berechnungen liegen selten während der Verhandlung im Gericht vor.

Ist ein Kontrakt mit einem nach dem § 13 als unmäßig anzusehenden Entgelt abgeschlossen worden, so ist dieser Kontrakt ungültig. Unmäßige Preise oder Entgelte können zurückverlangt werden, auch wenn der Betrag schon bezahlt ist. Prozesse wegen der Gültigkeit solcher Kontrakte und der Rückzahlung strengt man vor den gewöhnlichen zivilen Gerichten an.

§ 13 bezieht sich auf Preise, die von einzelnen Gewerbetreibenden berechnet werden, und keinen wesentlichen Einfluß auf die Preise der betreffenden Waren oder Leistungen im allgemeinen ausüben.

Bei dem Inkrafttreten des Gesetzes setzte man voraus, daß strengere Bestimmungen zu treffen waren bezüglich der Überwachung der von konkurrenzregelnden Verbänden festgesetzten Preise, und solche Bestimmungen hat man in § 14 geschaffen. Um gleichmäßigere Urteilssprüche verschiedener Gerichte zu erzielen, wurde diese Aufsicht einem sachverständigen Kontrollorgan, dem Trustkontrollrat und dem Trustkontrollamt unterstellt.

§ 14 des Trustgesetzes gibt nur die Befugnis zu Regelungen, wo unbillige Preise oder Verdienstberechnungen vorliegen. Außerdem muß die Bedingung erfüllt sein, daß der Preis von konkurrenzregelnden Verbänden oder Großbetrieben (nach norwegischen Verhältnissen) festgesetzt ist, oder daß die Konkurrenz des betreffenden Betriebs nicht wirksam genug ist oder unlauterer Wettbewerb vorliegt. So gehört zum Beispiel nicht zur Zuständigkeit der Kontrollbehörden die Verhinderung einer allgemeinen Preissteigerung, wenn diese eine Auswirkung der regulären, marktbestimmenden Faktoren ist. Die Behörden müssen die tatsächlichen Kosten der verschiedenen Erwerbzweige berücksichtigen und ihre Entscheidungen von dem Gesichtspunkt heraus treffen, ob der Preis angemessen ist. Man ist kaum verpflichtet, jeden einzelnen Betrieb und dessen individuelle Verhältnisse zu berücksichtigen, aber die Regelungen müssen in jedem Falle so ausfallen, daß ein ausreichender Gewinn verbleibt.

Wie oben erwähnt, kann man nach § 14 nur gegen die durch Konkurrenzregelungen festgesetzten Preise einschreiten. Die Bestimmung ist insofern weniger weitgehend als die Bestimmung des § 13, die für alle Preisberechnungen gilt. Andrerseits kann eine kleinere Abweichung von einem mäßigen Preise das Einschreiten nach § 14 veranlassen.

Man wird annehmen können, daß eine gesetzliche Bestimmung wie diese schon durch ihre Existenz ihre Wirkung hat. In den ersten Jahren des Gesetzes wurde mehrfach gegen unmäßige Preise eingeschritten, in den letzten Jahren weniger.

Wenn man die Tragweite der Bestimmung überblicken will, muß man versuchen, einen angemessenen Preis im gesetzlichen Sinne zu erklären. Der Ausdruck ist so umfassend, daß keine exakte Definition möglich ist. Es ist ja auch vorgesehen, daß er in den verschiedensten Branchen und unter den verschiedensten sonstigen Verhältnissen Anwendung finden kann. Das Gesetz hat außerdem absichtlich den Behörden ein weitgehendes, abschätzendes Gutachten gestattet. Nach den u. a. seitens der Gesetzabteilung des Justizministeriums vorliegenden Äußerungen wird der Ausgangspunkt bei der Definition des Ausdruckes „unbilliger Preis" nach § 14 des Trustgesetzes der Marktpreis bei freier, normaler Konkurrenz sein, so daß ein organisationsmäßig festgesetzter Preis gewöhnlich als unbillig anzusehen ist, wenn er über dem Preise liegt, der den Anforderungen einer solchen Konkurrenz entsprechen würde. Das Gesetz verlangt nicht, daß der Preis eine große Abweichung von dem billigen aufweisen soll.

Die praktischste Grundlage für die Entscheidung nach § 14 ist der Verdienst, den der Verkauf oder die Produktion einer Ware verschafft, und im Gesetze ist dann auch ein unbilliger Verdienst einem unangemessenen Preise gleichgestellt in bezug auf die Befugnis der Behörden zum Einschreiten. In der Praxis bringt gewöhnlich ein unbilliger Preis einen unmäßigen Verdienst, und ein unmäßiger Verdienst setzt den Verkauf einer Ware zu einem unbilligen Preise voraus.

In der Regel müssen die Behörden, um eine Regelung effektiv und gerecht zu machen, dieselbe auf alle Betriebe einer Branche ausdehnen. Ferner muß man in der Regel dem Prinzip folgen, denselben Preis oder gleichartige Preisregeln für dieselbe Ware festzusetzen. Aber derselbe Preis wird oft einen verschiedenen Verdienst für die einzelnen Betriebe herbeiführen. Man wird oft genötigt sein, die verschiedenen Gruppen von Betrieben mit verschiedenen Verdienstsätzen berücksichtigen zu müssen. Inwieweit man die am schlechtesten gestellten Betriebe berücksichtigen soll, ist eine Schätzungsfrage, die nach Heranziehung aller konkreten Umstände entschieden werden muß. Man darf allerdings damit rechnen, daß die Behörden nur mit Vorsicht Regelungen treffen werden, die zur Folge haben, daß ein Betrieb scheitert, weil man ihm keine für einen lohnenden Betrieb notwendigen Preise bietet. Andrerseits werden natürlich Fälle vorkommen, wo z. B. in einer Branche eine Unmenge von Zwischenhändlern vorhanden sind, die eine direkte Preissteigerung bewirken, und wo die Behörden eine Regelung durchsetzen können, ohne zu berücksichtigen, ob der festzusetzende Preis allen einen billigen Verdienst bringt.

Auch andere Fragen tauchen auf, zum Beispiel ob der Verdienst im Verhältnis zu dem Kapital einer Firma oder im Verhältnis zu deren Umsatz zu beurteilen ist, und welche Größe ein als unmäßig angesehener Verdienst haben soll. Das Gesetz gibt keine Antwort auf diese Fragen, und es gibt in dem, was über die Praxis des Kontrollrats veröffentlicht worden ist, auch keinen Anhaltspunkt dafür, auf welcher Grundlage der Rat seine Entscheidungen getroffen hat.

Es ist zu vermuten, daß die Behörden die Angelegenheiten in jedem einzelnen Falle konkret anfassen und unter Berücksichtigung der Verhältnisse der betreffenden Branche entscheiden; dann erhebt sich natürlich die Frage, ob man bei der Entscheidung über die Berechtigung eines Verdienstes verschiedene Maßstäbe anlegen soll oder nicht.

Das behördliche Einschreiten besteht darin, daß der Kontrollrat „regulierende Bestimmungen" treffen kann. Die Befugnis des Rates ist rechtlich als eine „delegierte Gesetzgebungsbefugnis" anzusehen. Der Rat kann alle bei einer Preis- und Verdienstregelung notwendigen Bestimmungen treffen, wie zum Beispiel die Höchstpreise und die Höchstgewinne festzusetzen, Bestimmungen zu treffen über die Berechnung einer Ware oder ähnliches. Aber der Rat hat auch kraft des Gesetzes die Befugnis, die nötigen Vorschriften zur Verhinderung der Sabotage oder der Umgehung der Bestimmungen auszufertigen. Als Bestimmungen dieser Art seien erwähnt: Verordnungen über die Art der von der Regelung umfaßten Waren, Stempelung von Preisen und Schutzmarken auf die Waren usw. Ein Verbot der Zurückhaltung der Waren von dem Umsatz enthält das Gesetz nicht, ebenso keine Bestimmungen über die Begrenzung oder Steigerung der Produktion oder über Zwangsverkauf.

Die regelnden Bestimmungen können einzelne Gruppen von Betrieben oder ganze Branchen umfassen. Es ist auch durch das Gesetz nicht untersagt, regelnde Bestimmungen für einen einzelnen Großbetrieb zu treffen. Die Frage, ob das Gesetz dahin zu verstehen ist, daß regelnde Bestimmungen für einzelne Gruppen gegeben werden können, ist dem höchsten Gericht unterbreitet worden, das die Frage bejaht hat. Indessen ist immer Voraussetzung, daß Bestimmungen für einen einzelnen Betrieb oder eine einzelne Gruppe objektiv festgesetzt werden und so, daß jede Willkür ausgeschlossen ist.

Einschreiten gegen unmäßig hohe Preise.

Im Laufe der Jahre sind vom Kontrollrat verschiedene Entscheidungen über Preisermäßigungen oder die Reduktion von Gewinnen getroffen worden. Die Bestimmungen haben in Zeiten steigender Konjunktur das größte Interesse. Bei fallender Konjunktur ist es für die Behörden eine aktuelle Aufgabe gewesen, die Betriebe gegen unmäßig niedrige Preise zu schützen, und in den Jahren 1930 bis 1935 sind mehrere diesbezügliche Bestimmungen getroffen worden.

Die Stellung der Kontrollbehörden den Preisverbänden gegenüber äußert sich im allgemeinen darin, daß man sich verhältnismäßig wenig um die Mindestpreise der Industrie und der sonstigen Produktion gekümmert hat. Der Grund ist u. a. in den schwierigen Verhältnissen zu suchen, unter denen die Produktion während der längsten Zeit nach dem Inkrafttreten des Trustgesetzes gearbeitet hat. In Geschäftszweigen, wo die Verhältnisse besonders schwierig gewesen sind, hat die Kontrolle auch direkt dazu beigetragen, Preisabkommen herbeizuführen, und wo dies nicht gelungen ist, sind kraft des Gesetzes Mindestpreise festgesetzt worden. Den kaufmännischen Preisverbänden gegenüber haben dagegen die Behörden oft einen anderen Standpunkt eingenommen, indem man es für günstig gehalten hat, daß die Konkurrenz hier einen freien Lauf bekommt, und daß sich die Preisverbände hier damit begnügen, zur Weisung Notierungen festzusetzen.

Die Importnotierungen schwanken im Takt der Bewegungen der ausländischen Märkte, und die Kontrolle überwacht, daß die Preise nicht höher berechnet werden, als dem Tagespreis bei Lieferung cif verzollt entspricht, und daß keine unberechtigten Erhöhungen der Kosten- und Gewinnsätze stattfinden. Für Kolonial- und Fettwaren, sowie für andere Lebensmittel dienen die Notierungen nur als Richtschnur. Die wichtigsten Waren, über welche der Kontrollrat Bestimmungen getroffen hat, sind Kohlen, Koks, Eisen und Stahl.

Die Preise der landwirtschaftlichen Erzeugnisse sind wesentlich durch die eigenen Verbände der Landwirtschaft in Verbindung mit öffentlichen Maßnahmen geregelt worden. Die Regelung erfolgte großenteils in Verbindung mit den staatlichen Maßnahmen zur Hebung der Landwirtschaft. In den Milch- und Sahnepreisen sind z. B. die ausgleichenden Ausgaben mit eingerechnet, die einen Preisausgleich in den verschiedenen Teilen des Landes, sowie einen Einheitspreis für die Milchlieferanten bezwecken, einerlei, ob die Milch zu Butter- oder Käseherstellung oder als Konsummilch verwendet wird. Die Mehlpreise sind von einem Monopol, „Statens Kornforretning", festgesetzt, und zwar mit Einrechnung einer speziellen Versicherungsprämie zur Unterstützung norwegischer Getreideproduzenten. Auch für die Fleisch-, Speck- und Eierpreise bestehen ähnliche oder entsprechende Verhältnisse. Es versteht sich von selbst, daß die Kontrollbehörden bei diesen Waren schwerlich auf eine Weise einschreiten können, die den vom Staate zur Stütze der Landwirtschaft aufgezogenen Richtlinien zuwiderlaufen würde.

Für norwegische Industrieerzeugnisse sind mehrere regulierende Maßnahmen getroffen worden, die den Gewinn der Zwischenhändler beschränken, Dies gilt z. B. für Margarine, Seife, Konserven und Schuhwaren. Die wichtigsten von diesen Regelungen sind in Verbindung mit Festsetzung von Mindestpreisen oder anderen Bestimmungen zur Stützung der Betriebe getroffen worden.

Die Kontrolle der Detailpreise erfolgt auf die Weise, daß z. B. für Kolonial- und Fettwaren bestimmte Bruttogewinnsätze aufgestellt worden sind, die der Kontrolle zu Grunde gelegt werden. Über diese Sätze sind langwierige Unterhandlungen zwischen den kaufmännischen Verbänden und dem Kontrollamt geführt worden. — Zur Klärung der Frage nach der Berechtigung der Sätze hat man wiederholt die Rechenschaften von Kaufleuten aus verschiedenen Teilen des Landes eingezogen.

Für andere Waren, wie z. B. Feuermaterial, liegen Notierungen der Detailpreise vor, und die Kontrolle erfolgt hier auf dieselbe Weise. Was die Spezialbranchen, wie z. B. Schuhwaren, Manufakturwaren u. ä. betrifft, kommen Preisnotierungen hier fast nie vor, und es ist somit keine Grundlage für eine Kontrolle vorhanden.

In den Handwerksgewerben gibt es viele Preisnotierungen, und hier ist man wiederholt eingeschritten, in den meisten Fällen um Angebotsregelungen oder ähnliche Beschränkungen des freien Wettbewerbs aufzuheben.

Die einzige zur Zeit gültige Höchstpreisregelung betrifft die Preise der belegten Butterbrötchen sowie verschiedener Getränke, wie Milch, Kaffee und Bier der Osloer Gastwirtschaften.

Unbegründete Preisdifferenz und unmäßig niedrige Preise

Gegen unbegründete Unterschiede zwischen Kunden und Bezirken hinsichtlich der Preise oder anderer Geschäftsverhältnisse können die Kontrollbehörden einschreiten. Selbst wenn nicht Kartelle die Bestimmungen getroffen haben, ist das Einschreiten gestattet, falls die Konkurrenz im Gewerbe nicht als genügend rege empfunden wird.

Eine der ersten Verordnungen des Kontrollrats war das Verbot des „Vereins- und Angestelltenrabatts" im Jahre 1929. Es war allgemein verbreitet, daß Geschäfte und Betriebe den Abnehmern, die bestimmten Vereinen angeschlossen waren, oder die in bestimmten Betrieben arbeiteten, besondere Rabatte gewährten. — Der Rat war der Meinung,

12*

daß die nicht rabattberechtigten Abnehmer wegen der Rabatte höhere Preise als sonst erforderlich bezahlen mußten, und die Folge davon war, nach der Meinung des Rates, eine allgemeine Preissteigerung.

Die Verordnungen des Rates verhindern nicht, daß ein Geschäft seinen eigenen Angestellten einen Rabatt gewährt, oder daß man einzelnen Kunden gelegentlich Rabatt gewährt. Das Verbot gilt der organisierten Gewährung von Rabatt an Mitglieder von Vereinen oder anderen bestimmten Gruppen. — Falls aber diese Gruppen vereint auftreten und eine so große Menge kaufen, die nach üblicher Branchenpraxis zu einem Mengenrabatt berechtigt, ist dies zulässig, ohne daß man deswegen dem Verbot zuwiderhandelt. Das Kontrollamt kann auch vom Verbot dispensieren.

Von anderen regelnden Maßnahmen, die getroffen wurden, seien auch die Regelungen für Büromaschinen und Krämerwaagen genannt. In diesen Geschäftszweigen beschwerten sich große Gruppen von Gewerbetreibenden über die Form, die die Konkurrenz in diesen Branchen angenommen hatte. Die Preise, die die Geschäfte für gebrauchte Maschinen bezahlten, die beim Verkauf neuer Maschinen in Tausch genommen wurden, wurden nämlich fortwährend in die Höhe getrieben, und die Käufer bezahlten deshalb tatsächlich ganz verschiedene Preise, je nachdem sie imstande waren, sich einen Überpreis für die gebrauchten Maschinen auszubedingen oder nicht. Dies führte dazu, daß die Verkäufer eine höhere Preisberechnung vornehmen mußten, als sie sonst gemacht hätten, und viele Geschäfte äußern sich dahin, daß sie einen Gewinn berechnen mußten, der bis um 100% höher lag, als dies bei einer Festsetzung der Preise nötig gewesen wäre. Andrerseits wurde selten eine Maschine ohne Rabatt verkauft.

Die von dem Kontrollrat getroffenen Bestimmungen gingen darauf aus, daß die Verkäufer ihre Preise festsetzen sollten, die dann dem Kontrollamt zugestellt wurden. Auf diese Preise durfte kein anderer Rabatt gewährt werden als derjenige, der sich aus den Listen ergab. Es war untersagt, alte Maschinen zu höheren Preisen in Tausch zu nehmen, als ihrem wirklichen Werte entsprach. Es wurden Preislisten über gebrauchte Maschinen ausgearbeitet, deren Preise sich nach der Fabrikationsnummer und dem Jahrgang der Maschinen richteten.

Nachdem diese Regelung 7 bis 8 Jahre bestanden hat, ist sie für Büromaschinen und Krämerwaagen im Jahre 1937 versuchsweise aufgehoben worden; bei der Aufhebung betonte jedoch der Kontrollrat, daß die Regelung wieder eingeführt werden würde, falls sich die Aufhebung als ungünstig erweisen sollte.

Ähnliche Regelungen wurden in vielen Branchen durchgeführt, wie z.B. für Margarine, Schmierseife und einige andere Seifenartikel, Konserven und Schuhwaren. Bei diesen Sachen spielten auch andere Momente eine große Rolle. In diesen Branchen wurde eine Preis- und Rabattkonkurrenz getrieben, die fast die Stillegung vieler Betriebe herbeigeführt hätte.

Um die Behörden dazu zu berechtigen, gegen unmäßig niedrige Preise und unbillige Geschäftsverhältnisse einzuschreiten, ist es auch nicht notwendig, daß ein Kartell die Preise oder Geschäftsverhältnisse festsetzt. Es ist auch gestattet, sonst einzuschreiten, falls die Konkurrenz nicht effektiv ist. Für die Befugnis des Kontrollrates, Bestimmungen betreffend Erhöhung von Preisen und Gewinn zu erlassen, muß das Einschreiten erforderlich sein, um inländische Verbände gegen in- oder ausländische Kartelle zu schützen, oder das Gemeinwohl muß beeinträchtigt sein, oder ein Gewerbetreibender muß gegen offenbar ungebührlichen Wettbewerb geschützt werden.

Für die Befugnis zum Einschreiten brauchen die festzusetzenden Preise nicht verlustbringend oder überhaupt unrentabel zu sein. Die Befugnis zum Einschreiten ist gegeben, wenn die Preise so niedrig sind, daß sie nicht als Grundlage für die Aufrechterhaltung des Betriebes oder die Sicherung desselben dienen können. Auch kommen die Behörden in die Lage, daß es notwendig werden kann, Betriebe zu berücksichtigen, die mit verschiedenen Kosten arbeiten.

Von den nach dieser Bestimmung getroffenen Maßnahmen, die noch rechtskräftig sind, seien einige erwähnt. Für Schmierseife, Konserven, Pflastersteine und Kantsteine darf eine Auswahl der Produzenten dieser Branche unter der Aufsicht der Kontrollbehörden Mindestpreise festsetzen. Die Preise für Schmierseife und Konserven sind für den Verkauf an Detaillisten festgesetzt worden, und es bestehen Vorschriften darüber, welchen Rabatt man den Großhändlern und welchen Bonus man dem Kleinhändler einräumen darf.

Die Regelungen des Kontrollrates in der Margarine- und Schuhwarenbranche bezwecken keine Festsetzung von Mindestpreisen, aber die Fabriken sind in ähnlicher Weise wie bei Büromaschinen und Krämerwaagen dazu verpflichtet, ihre Preise beim Kontrollamt anzumelden. Die Regelungen enthalten auch in diesen Fällen Bestimmungen darüber, welche Rabattsätze auf die angemeldeten Preise gewährt werden dürfen, und es ist verboten, zu niedrigeren Preisen zu verkaufen als zu denjenigen, die beim Kontrollamt angemeldet sind.

Nur in ganz wenigen Fällen hat der Kontrollrat selbst Mindestpreise bestimmt. Man hat gefunden, daß eine Ordnung, die die Festsetzung der Mindestpreise durch die Branchenmitglieder selbst bezweckt, große Vorteile bietet. Die Ordnung wird dadurch auch geschmeidiger und die Arbeit der Kontrollbehörden erleichtert.

In den Fällen, wo der Kontrollrat derartige regelnde Maßnahmen getroffen hat, erfolgte dies auf Antrag einer Mehrheit von den Gewerbetreibenden dieser Branche. Die Maßnahmen sind nicht eher getroffen worden, als bis die davon Betroffenen soweit möglich Gelegenheit gehabt haben, sich darüber zu äußern.

Die durchgeführten Hilfsaktionen haben zur Folge gehabt, daß auch andere Gewerbe den Wunsch nach ähnlichen Ordnungen in ihrer Branche geäußert haben. In großem Maße ist dies jedoch nicht geschehen, und zwar aus verschiedenen Gründen. Das Gesetz stellt so strenge Bedingungen für die Zulässigkeit regelnder Maßnahmen auf, daß die Anträge oft abgelehnt werden mußten. Außerdem wollen die Behörden bei der Festsetzung von Mindestpreisen oder ähnlichen regelnden Maßnahmen vorsichtig sein. Diesbezügliche Bestimmungen können nur getroffen werden, wenn zwingende Gründe vorliegen. Aber die Ablehnung vieler Anträge hat auch ihren Grund darin, daß das Gesetz nur die Regelung von Preisen und Gewinnen gestattet. Die Behörden sind nicht dazu befugt, Bestimmungen über Produktion und Umsätze zu treffen. Aus diesem Grunde hat das Kontrollamt eine Erweiterung des Gesetzes beantragt.

Besondere Vorschriften betreffend Verbände und konkurrenzbeschränkende Abkommen.

Aus dem Gesetze wird folgendes angeführt:

§ 16. Abkommen betreffend Beitritt zu einem kraft § 6 Punkt 1 meldepflichtigen Verband sowie ein Abkommen wie in § 6 Punkt 2 erwähnt, dürfen ohne die Genehmigung des Kontrollrates nur für einen Zeitraum von höchstens einem Jahre oder mit einer Kündigungsfrist von höchstens drei Monaten getroffen werden.

§ 19 1. Abschnitt: Es ist den Verbänden von Gewerbetreibenden verboten, ihren Mitgliedern Geldstrafen oder andere Strafen aufzuerlegen wegen Übertretung der von dem Verbande festgesetzten konkurrenzregelnden Bestimmungen, falls die Bestimmung unbillig ist oder es dem Gemeinwohl schädlich sein würde, sie durch Zwangsmittel aufrechtzuerhalten. Wechsel, Schuldverschreibungen oder eine andere Sicherheit, die zur Erhaltung solcher Bestimmungen gestellt worden ist, dürfen auch nicht veräußert werden.

Falls ein Kartellabkommen, wie im § 16 des Trustgesetzes erwähnt, für einen längeren Zeitraum als im Gesetz angeführt getroffen wird, ohne daß der Kontrollrat seine Genehmigung erteilt hat, ist das Abkommen nichtig, und es steht den Vertragschließenden frei, dem Abkommen Folge zu leisten oder nicht. Wenn ein solches Abkommen dem Kontrollrat vorgelegt wird mit Antrag auf Genehmigung, ist es eine der zentralen Fragen, ob es zu vermuten ist, daß das Abkommen eine schädliche Preiserhöhung herbeiführen kann. Findet der Kontrollrat, daß dies der Fall ist, wird der Antrag abgelehnt, oder die Vertragschließenden dürfen das Abkommen dermaßen ändern, daß die Behörden eine Genehmigung für ratsam halten.

Von noch größerer praktischer Bedeutung sind indessen die Bestimmungen des § 19 gewesen. Danach hat der Kontrollrat in vielen Fällen dagegen Verwahrung eingelegt, daß zwecks Aufrechterhaltung von Kartellpreisen Geldstrafen auferlegt werden.

Dies gilt zum Beispiel im großen ganzen vom Umsatz von Lebensmitteln. Grossisten und Kaufleute der Kolonial- und Fettbranchen dürfen keine verbindlichen Preise für Kolonial- und Fettwaren notieren. Dasselbe gilt von Bäckern. Die in diesen Geschäftszweigen notierten Preise dienen deshalb, von einzelnen Ausnahmen abgesehen, nur als Richtlinien.

Die Bestimmung ist aber auch in vielen anderen Branchen benutzt worden und ist besonders als Ergänzung der preisregelnden Maßnahmen von Bedeutung. — In Fällen, wo die festgesetzten Preise unmäßig hoch gewesen sind, wo aber aus irgendeinem Grunde die Festsetzung von Höchstpreisen schwierig war, hat der Kontrollrat in einigen Fällen die Zwangsmittel der Kartelle aufgehoben und dadurch zwischen den einzelnen Mitgliedern Konkurrenz eingeführt. Der Kontrollrat hat solche Entscheidungen als praktisch erachtet, weil sie die Kartelle zur Herabsetzung der Preise anregen, um wieder die Erlaubnis zu bekommen, Zwangsmittel einzuführen, und zu verhindern, daß Mitglieder zu freien Preisen verkaufen.

Die Bestimmungen haben auch in solchen Fällen praktische Bedeutung, wo ein Kartell versucht, Betriebe zur Aufrechterhaltung von Preisen zu zwingen, die zwar an und für sich mäßig sind, was die meisten Betriebe der Branche betrifft, die aber für technisch gut ausgestattete Betriebe höher als notwendig liegen. Hier können Fälle vorliegen, wo die Kontrollbehörden die Aufrechterhaltung der Abkommen durch Zwangsmaßregeln als für das Gemeinwohl schädlich ansehen.

Der Kontrollrat ist dazu befugt, ein Kartell aufzulösen, wenn man findet, daß das Kartell einen schädlichen Einfluß auf Preis-, Produktions- und Umsatzverhältnisse ausübt. Entscheidungen über die Auflösung von Verbänden können vor einen eigens dafür errichteten Berufungsausschuß gebracht werden. Diese Bestimmung ist aber äußerst selten in Anwendung gebracht worden. Es ist in dieser Beziehung charakteristisch, daß vor dem erwähnten Berufungsausschuß nur ein einziger Fall behandelt worden ist. In den meisten Fällen werden die Behörden Mittel besitzen, um durch die oben erwähnten Bestimmungen eine Kontrolle zu erzielen, und es hat kein Grund dazu vorgelegen, zur Auflösung zu schreiten.

Boykott, Exklusivabkommen und unbegründete Preisdifferenz.

Aus dem Trustgesetz wird angeführt:

§ 21 1. Abschnitt: „Es ist verboten, wirtschaftlichen Boykott zu bewerkstelligen, dazu aufzufordern oder auf eine andere Weise zu einem solchen mitzuwirken, falls zu vermuten ist, daß ein solcher Boykott dem Gemeinwohl schadet, oder unbillig wirken wird, oder dem Boykottierten gegenüber als ungebührlich angesehen wird."

Der Kontrollrat hat bei mehreren Gelegenheiten einen Boykott verboten, der Verkäufern gegenüber bewerkstelligt wurde, die zu niedrigeren Preisen verkauft haben als für eine Ware festgesetzt war. Dies ist aber nicht so aufzufassen, daß die Behörden Schleudereien legalisiert haben. In Fällen, wo die Behörden fanden, daß der Verkauf zu offenbar verlustbringenden Preisen erfolgte, ist in der Regel der Boykott gutgeheißen worden. Falls der Preis, zu dem ein Kaufmann verkauft, ihm einen billigen Gewinn bringt, stellt sich die Sache anders, selbst wenn der Preis unter dem von der Fabrik oder dem Importeur festgesetzten liegt. In solchen Fällen halten in der Regel die Kontrollbehörden den Boykott nicht für berechtigt.

Endlich kann der Kontrollrat verbieten, daß Abkommen darüber getroffen werden, daß Gewerbetreibende nur mit einer einzelnen oder einer bestimmten Gruppe von Gewerbetreibenden in Verbindung stehen dürfen. Dasselbe gilt, wenn das Abkommen nur bezweckt, den einzelnen Gewerbetreibenden oder Gruppen besonders günstige Bedingungen zu bieten. Eines der wesentlichen Momente, die die Kontrollbehörden bei der Entscheidung über die Schädlichkeit eines solchen Abkommens dem Gemeinwohl gegenüber berücksichtigen, ist die Frage, ob zu befürchten ist, daß das Abkommen eine Preiserhöhung bedingen wird.

Strafbestimmungen.

Die Zuwiderhandlung gegen die Bestimmungen des Trustgesetzes ist unter Strafandrohung verboten. Dies gilt auch von den kraft des Gesetzes getroffenen Bestimmungen. Die Strafbestimmungen haben auch Gültigkeit für alle im Gesetz vorgesehenen oder kraft desselben ausgefertigten Vorschriften und Verbote. — Es ist zum Beispiel auch strafbar, die Einsendung der vorgeschriebenen oder verlangten Berichte über Preise und Gewinne an das Kontrollamt zu unterlassen. Dagegen ist es an und für sich weder verboten noch strafbar, einen unmäßig hohen oder niedrigen Preis zu berechnen, solange der Kontrollrat keine regelnden Bestimmungen getroffen hat. — Das Trustgesetz an und für sich enthält weder Vorschriften noch Verbote. Falls aber eine regelnde Bestimmung vorliegt, ist die Zuwiderhandlung strafbar.

Die Strafbestimmungen des Trustgesetzes sind verhältnismäßig selten in Anwendung gebracht worden.

Vorschlag zur Änderung des Trustgesetzes.

Es liegt ein Vorschlag zur Änderung des Trustgesetzes vor, welcher plangemäß im Jahre 1938 vom Storting behandelt werden soll.

Das wesentlich Neue an dem Vorschlag ist der Umstand, daß die Behörden dazu befugt werden sollen, auch die Produktion und den Umsatz regelnde Maßnahmen zu treffen. Was speziell die Frage nach der Preiskontrolle betrifft, weichen auch hier die Bestimmungen von den jetzt gültigen ab. Während jetzt für die Zulässigkeit regelnder Bestimmungen die Bedingung vorhanden sein muß, daß unmäßige Preise oder Gewinne vorliegen, ist kraft der neuen Bestimmungen das Einschreiten erlaubt, wenn der Rat es erforderlich findet „als Gegenmaßregel und zur Beseitigung von Verhältnissen, die als unbillig oder dem Gemeinwohl schädlich angesehen werden." Die vorgeschlagenen Bestimmungen haben somit einen größeren Geltungsbereich als die jetzt gültigen.

Eine Minderheit in dem Ausschuß, der die Gesetzvorlage ausgearbeitet hat, hatte beantragt, daß das Gesetz in den Hauptzügen in der jetzigen Form aufrechterhalten werden sollte. Mag bei der Lesung der Gesetzvorlage im Storting die Auffassung der Mehrheit oder diejenige der Minderheit den Sieg davontragen, so bleibt jedenfalls die Preiskontrolle bestehen. — Andrerseits herrscht eine so große Uneinigkeit über eine Reihe von anderen Bestimmungen der Vorlage, welche auch indirekt für die Preislage von Bedeutung sind, daß der Standpunkt, den das Storting der Vorlage gegenüber einnimmt, auch für die Preiskontrolle folgenreich sein wird.

Abschließende Bemerkungen.

Es liegt in der Natur der Sache, daß über ein Gesetz wie das Trustgesetz, über dessen Handhabung sowie über die Organe und Männer, die mit der Handhabung betraut sind, die Meinungen weit auseinandergehen müssen. Diese Fragen sind deshalb auch reichlich erörtert worden, und zwar mit Kritik und Änderungswünschen einerseits, und auf Fortbestand oder Erweiterung der geltenden Bestimmungen andrerseits. Wir wollen aber auf diese Diskussion nicht näher eingehen, oder eine Meinung äußern.

185

V. Internationaler Prüfungs- und Treuhand-Kongreß

BERLIN · SEPTEMBER 1938

Nationalbericht — National Paper — Rapport National

Grundsätze der Kalkulation und Öffentliche Preiskontrolle Methods of Computing Cost and Control of Prices by Public Authorities Principes de Calcul Commercial et Influence Gouvernementale sur les Prix	**Thema** 8	*Ungarn* **Land** *Hungary* 17 *Hongrie*

von — by — par

Wirtschaftsprüfer Dr. Ernst György, Direktor des Landes-Kreditschutzvereins, Budapest.

Inhaltsübersicht

I. Einleitung

II. Die Gestaltung der Kosten im Handel:
Personalkosten — Mietkosten — Kosten und Umsatz im Einzelhandel — Kennziffern und Gewinnzuschläge

III. Die Streuung der Preise im Lebensmittelhandel

IV. Öffentliche Preiskontrolle und die Preisbestimmung einiger landwirtschaftlicher Produkte: Milch, Paprika

Table of Contents

I. Introduction

II. The Formation of Costs in Trade:
Staff Costs — Rent Costs — Costs and turnover in retail trade — Backing points and net profit

III. The Dispersion of Prices in individual food stuff businesses

IV. Public price control and the fixing of prices for certain agricultural products

Table des Matières

I. Introduction

II. La formation des dépenses dans le commerce:
Frais de personnel — Loyer — Dépenses et chiffres d'affaires au commerce de détail — Indices et majoration

III. Divergence des prix dans les usines d'alimentation

IV. Contrôle officiel des prix et fixation des prix de certains produits agricoles

Zusammenfassung

Der Verfasser behandelt im vorliegenden Bericht nur einen Teil des Themas Nr. 8, indem er die im ungarischen Handel übliche Preisgestaltung und Kalkulation auf Grund der durch ihn ermittelten Daten schildert. Nach Schilderung der betriebswirtschaftlichen Bedeutung, die einer richtigen Selbstkosten-Preiskalkulation zukommt, wird eine Analyse der wichtigsten Kostenart, der Personalkosten, vorgenommen. Die in dieser Beziehung in Ungarn vorliegenden Verhältnisse werden auf Grund der statistischen Daten der ungarischen Aktiengesellschaften für die Jahre 1929 bis 1935 untersucht. Aus der Fülle der Probleme schildert der Verfasser die Gestaltung der Mietkosten, insbesondere in der Hauptstadt, in der Provinz und in den verschiedenen Branchen. Eine vergleichende Darstellung der Kosten und der Umsätze des Einzelhandels für 1929 bis 1935 kommt zu der Schlußfolgerung, daß die Kosten nur in langsamem Tempo und beschränktem Maße den Änderungen der Umsätze folgen. Während im Laufe der bezeichneten Periode der Rückgang der Umsatzwerte den Tiefpunkt von 40% erreichte, gingen in derselben Zeit die Kosten nur um 24% zurück.

Die Preisgestaltung der Lebensmittel-, Drogen-, Schuhwaren- und Textilbranche wird durch Darstellung von Indexziffern für die Jahre 1928 bis 1937 geschildert, wobei der im Einzelhandel berechnete Gewinnzuschlag auf Grundlage der Wiederbeschaffungspreise dargestellt wird. Eine Preisverminderung macht sich bei den Drogenartikeln kaum geltend, da es sich zumeist um Markenartikel handelt. Die Höhe der in den einzelnen Branchen feststellbaren Gewinnzuschläge nähert sich den internationalen Daten.

Auf Grund der Preisänderungen für Weizen, Mehl und Brot gelangt der Verfasser zur Feststellung, daß die Preise um so weniger elastisch sind, als die Ware vom Rohmaterial zu konsumreifer, fertiger Ware wird.

Auf dem Gebiet des Spezereihandels schildert der Verfasser die in Budapest und in der Provinz im Groß- und Einzelhandel ermittelten Preisstreuungen und weist auf Grund der angefertigten Tabellen auf die Wirkungen hin, die durch die Kosten herbeigeführt werden.

Die praktischen Folgen der öffentlichen Preiskontrolle werden, auf Grund der speziellen Verhältnisse Ungarns, durch Schilderung einzelner Maßnahmen dargelegt. Es wird darauf hingewiesen, daß hierdurch eine Beeinflussung der Einkommensverteilung bezweckt wird, indem durch die Erhöhung der Preise eine größere Wirtschaftlichkeit der landwirtschaftlichen Produktion herbeigeführt wird. Zum Schluß werden für die Umsätze der Milch und des speziellen ungarischen Produkts, Paprika genannt, eingehende Daten gebracht.

Summary

In the following report, the author deals merely with a portion of point No. 8. as prescribed in the order of the day of the Congress regulations, in as much as he describes the usual calculation and formation of prices in Hungarian trade by means of data almost entirely determined by himself. After pointing out the importance appertaining to a correct calculation of cost prices, he deals with the analysis of the most important element of cost — personal costs. He then proceeds to depict the special conditions which have arisen in Hungary in this connection on the basis of statistical data for the years 1929 on 1935 concerning Hungarian Joint-Stock companies — Limited Companies —. From the intricacies of the whole problem the author deals with rent costs, in particular in the capital, in the provinces and in various branches of business. From a table of comparison between costs and the turnover of retail trade, the conclusion is reached that it is only very slowly and to a limited degree that the formation of costs follows a change in turnover. Thus, whilst the decrease in the value of the turnover reached, during the above period, the low point of 40%, costs only went down 24% during this time.

The price formation in the food stuff, druggist, shoe and textile branches is represented by a table of the index figures for the years 1928 on 1937, whereby the increase of profits is represented on the basis of the reconstituted prices. In druggist articles a lowering of price is scarcely perceptible, as here it is chiefly trade-mark goods that come into consideration. The increase of profits ascertained in individual branches approaches the international data.

On the basis of the changes in the price level of wheat, flour and bread, the author reaches the conclusion that the price becomes less elastic as the commodity passes from the raw material to the finished product.

With regard to the grocery trade, the author depicts the dispersion of prices that has been ascertained in Budapest and in the provinces, both in the wholesale and retail trade and shows on the basis of the given tables the effects produced by costing overhead charges.

The practical effects of public price control, as regards the special conditions prevailing in Hungary, are shown by the description of individual measures. It is pointed out that an influence on the dispersion of income is hereby aimed at, since by raising the price level of agricultural products, agricultural production is rendered more profitable.

In conclusion detailed data with regard to the turnover of the milk trade and of the special Hungarian product known as Paprika, was presented.

Résumé

Aprés avoir fait connaître l'importance économique du calcul des prix de revient, l'auteur se met à analyser le poste le plus considérable des frais d'exploitation: les dépenses de personnel. Dans cette partie il fait connaître la situation qui s'est developpée dans les circonstances partientières du commerce hongrois, puis il nous présente sur la base des données statistiques de certaines sociétés anonymes, les rapports entre le chiffre d'affaires et les frais de personnel, concernant la période de 1925 au 1935.

Parmi les dépenses de caractère matériel l'auteur esquisse en détail surtout la formation du loyer, en tenant compte des conditions spéciales des magasins de différentes branches de Budapest, ainsi que de la province. Il résulte de la comparaison des frais et du chiffre d'affaires du commerce de détail, en ce qui concerne la période de 1929 au 1935, que les changements de prix n'entrainent que dans une mesure plus ralentie et incomplète la formation des dépenses. Pendant que la diminution du chiffre d'affaires du commerce de détail a atteint son point de minimum, les 40%, les dépenses n'ont subi en même temps qu'une réduction de 24 %.

En ce qui regarde les branches des épiceries, des produits chimiques, des chaussures, et des textiles, l'auteur fournit des indices concernant la formation des prix de 1928 à 1937, de même que la majoration, mise en compte au commerce de détail, et celà en considérant les frais d'alimentation du stock. La fluctuation des prix de produits chimiques est la plus restreinte là où les articles de qualité sont en majorité. Le bénéfice que l'on peut démontrer dans les différentes branches, approche des données internationales de caractère similaire.

Sur la base de la présentation des données des prix du froment, de la farine et du pain, l'auteur arrive à constater que la stabilité des prix augmente à mesure que la matière première se transforme en marchandise, propre à la consommation.

Concernant le commerce d'épices, l'auteur présente dans ses tableaux statistiques les divergences de prix se produisant dans des maisons en gros et de détail de Budapest et de la province, et en fait ressortir les conséquences.

En considérant les conditions spéciales du marché hongrois, l'auteur donne un rapport plus détaillé sur l'ascendant du contrôle officiel des prix, concernant quelques produits agricoles. Le but de la fixation des prix par l'état est d'influencer la répartition des revenus, de façon à élever le prix de certaines matières premières, pour en assurer la production lucrative. L'auteur fait également connaître des données plus détaillées, susceptibles à la comparaison internationale, relatives au commerce du lait et du piment — paprika —.

189

Text des Berichts — Paper — Rapport

I. Einleitung

Im folgenden befassen wir uns nur mit einem Teilgebiet des auf die Tagesordnung des Kongresses gesetzten Themas Nr. 8, indem wir auf Grund der durch den Verfasser ermittelten Daten die im ungarischen Handel vorkommenden Erscheinungen der Preisgestaltung und Kalkulation schildern. Demgemäß erörtern wir von den im Punkt Nr. 8 gestellten Fragen insbesondere den Gewinnzuschlag, den Betriebsvergleich und die Kennziffern.

Gemäß dem agrarischen Charakter Ungarns wird die Gestaltung der behördlich geregelten Preise einiger landwirtschaftlicher Produkte eingehender untersucht. Der Verfasser dieses Referats hat im Jahre 1937 mit seiner die Handelsspanne behandelnden Arbeit den Stiftungspreis Leo Lánczy der Budapester Handels- und Gewerbekammer erworben.

II. Die Gestaltung der Kosten im Handel.

Will man die Gestaltung der im Handel geltenden Preise untersuchen, so müssen in erster Linie die Höhe der Kosten, das Verhältnis der einzelnen Posten zueinander, sowie die innerhalb derselben sich vollziehenden Änderungen genau ermittelt werden.

Gegen die Richtigkeit unserer Feststellung könnte kaum der Einwand erhoben werden, daß auch die den höchsten Anforderungen der Betriebswirtschaftslehre entsprechenden Kostenberechnungen und Preiskalkulationen unbeachtet bleiben müßten, sobald es dem Kaufmann durch die Marktverhältnisse unmöglich gemacht wird, den kalkulierten Preis zu erreichen. Indessen weist eine auf richtig ermittelten Kosten beruhende Preiskalkulation darauf hin, welcher Preis erreicht werden sollte. Wenn auch der richtig kalkulierte Preis nicht immer erzielt werden kann, verliert eine genaue Preiskalkulation besonders für die Kontrolle der Geschäftsgebarung ihre Bedeutung nicht.

Es können aber auch in anderer Richtung Schlüsse gezogen werden. So kann beispielsweise eine genaue Preiskalkulation dazu führen, daß im Interesse der Herstellung des wirtschaftlichen Gleichgewichts die Kosten abgebaut werden. Auf diese Weise kann eine richtige Feststel-

190

lung der Selbstkosten dazu dienen, daß der Verlust ausgeschaltet und eine größere Wirtschaftlichkeit in der Verteilung der Waren ermöglicht wird. Es sei hierbei bemerkt, daß im Handel unter Kosten der Wert der bei der Inverkehrsetzung der Ware verbrauchten Güter und Dienstleistungen verstanden werden soll.

Als Ausgangspunkt der Selbstkostenrechnung hat im Handel der Anschaffungspreis der einzelnen Artikel zu gelten. Zum Einkaufspreis kommen noch alle Ausgaben für Speditionskosten, Zollgebühren und Steuern, sowie etwaige ähnliche Auslagen. In der allgemeinen Beurteilung werden jedoch jene Kosten, die auf den Preis zweifellos einen wesentlichen Einfluß ausüben, nicht als Geschäftskosten im gewöhnlichen Sinne betrachtet. Als solche gelten gewöhnlich bloß jene Auslagen, die nach dem Eintreffen der Ware in der Geschäftsniederlage entstehen.

Die Personalkosten dürften auch in Ungarn den bedeutendsten Posten ausmachen. Eine vergleichende Untersuchung der Zusammensetzung des Personalstandes im ungarischen Handel führt zur Erkenntnis, daß die Zahl der Angestellten verhältnismäßig gering ist, da der größere Teil der Tätigkeit durch die selbständigen Kaufleute und ihre Familienangehörigen selbst verrichtet wird. Infolgedessen ergibt sich für die Entlohnung der Arbeit der selbständigen Kaufleute eine viel höhere Quote, als in den Ländern, die auch auf diesem Gebiete eine größere Konzentration aufweisen.

Die Daten der Beschäftigungsstatistik der Volkszählung weisen im Jahre 1930 im ungarischen Handel 56870 selbständige Kaufleute, 40005 Beamte und 78985 Hilfskräfte aus. Hiernach entfielen von den 175860 Beschäftigten 32% auf selbständige Kaufleute und 68% auf Angestellte. Auch die Verteilung der Angestellten ist ungleichmäßig; fast zwei Drittel der Kaufleute arbeiten, abgesehen von der Hilfe der Familienmitglieder, ohne Personal.

Die Gehälter der männlichen Handelsangestellten ergeben für das Jahr 1932 einen Durchschnitt von 2390 Pengö, die der weiblichen Angestellten durchschnittlich 1500 Pengö.

Das Verhältnis der für die Entlohnung der Handelsangestellten ausgezahlten Beträge zum Umsatz kann bloß auf Grund der Angaben der Handelsaktiengesellschaften genau festgestellt werden. Laut den Angaben des Ungarischen Statistischen Jahrbuches von 1935 haben die darin ausgewiesenen 768 Handelsaktiengesellschaften für die auf dem Warenkonto verbuchten Waren 385 Millionen Pengö Bruttoeinnahmen erzielt. Demgegenüber betrugen die für die Besoldung des Personals (Beamtengehälter, Gratifikationen usw.) ausgezahlten Beträge 25.6 Millionen, diejenigen für Arbeits- und Tagelöhne 3.6 Millionen, die Agentenprovisionen und sonstigen Verkaufskosten 4.4 Millionen Pengö, sodaß sämtliche für persönliche Tätigkeiten verschiedener Art entrichteten Entlohnungen insgesamt 33.6 Millionen Pengö ausmachen, d. i. 8.7% des Warenumsatzes. In den Beträgen sind auch die Bezüge der Leiter der Unternehmungen inbegriffen.

Die entsprechenden Ergebnisse der Jahre 1929—1935 gehen aus der folgenden Zusammenstellung hervor:

Jahr	Umsätze	Ausbezahlte Bezüge für Arbeitsleistungen	Posten 2 in % des Posten 1
		in Tausend-Pengö-Ziffern	
1929	627.411	55.705	8,9
1930	506.051	54.709	10,8
1931	437.204	48.421	11,1
1932	356.288	37.260	10,5
1933	293.248	32.402	11,0
1934	367.168	32.253	8,8
1935	385.172	33.595	8,7

Hiernach konnten die Handelsaktiengesellschaften in dem den Tiefpunkt bedeutenden Jahre 1933 bloß einen Warenabsatz von weniger als der Hälfte des Jahres 1929 aufweisen, während die für Personalbezüge ausgezahlten Beträge nur um 40% zurückgegangen sind. Darauf ist es zurückzuführen, daß die mit dem Warenverkehr verglichene Verhältniszahl der Personalbezüge von 8.9% des Jahres 1929 im Jahre 1933 auf 11% gestiegen ist. Hingegen folgte der Steigerung des Warenumsatzes in 1934 und 1935 nicht eine Steigerung der Personalauslagen in ähnlichem Umfang, wie aus dem Rückgang der Verhältniszahlen zu ersehen ist.

Mietkosten. Unter den sachlichen Auslagen stehen auch in Ungarn die Mietkosten an erster Stelle.

Nach eigenen Erhebungen betrugen in Budapest in der Textil-, Modewaren-, Konfektion-, Leder- und Schuhbranche die Mietkosten eines Quadratmeters durchschnittlich: im Jahre 1930 88.6 P., im Jahre 1931 83.1 P., im Jahre 1932 aber 75.5 P. Hingegen betrug in Budapest die Durchschnittsmiete je Quadratmeter in der Spezerei- und Delikatessenbranche, in den Drogeriegeschäften und in der Gastwirtschaft im Jahre 1930 79.6 P., im Jahre 1931 75.2 P. und im Jahre 1932 69.8 P. Ein Vergleich mit den Geschäftsläden der Provinz ergibt, daß in den Jahren 1929 und 1930 die Budapester Mietkosten eines Quadratmeters ungefähr um 25 P., also ungefähr um 42% teurer waren, daß aber dieser Unterschied im Jahre 1931 bereits auf 21 P., also ungefähr um 37% zurückging.

Gegenüber dem Jahre 1930 sind die Budapester Mietkosten im Jahre 1931 ungefähr um 5%, im Jahre 1932 ungefähr um 16%, im Jahre 1933 aber ungefähr um 21% zurückgegangen. Im Lande hat der Durchschnittsmietpreis eines Geschäftsladens im Jahre 1933 463 P., im Jahre 1934 aber 434 P. betragen, was auf einen weiteren Rückgang der Mietkosten hinweist.

Dieser Rückgang, der sich auch im darauf folgenden Jahre vollzogen hat, beträgt im Landesdurchschnitt ungefähr 6%. Der für die Jahre 1935—36 geltende Durchschnitt erreicht nur noch 418 P., was einem weiteren 3.6 %igen Rückgang entspricht. Hingegen tritt während derselben Zeitdauer in den Budapester Mietpreisen bereits eine Stabilisierung ein.

Die weiter unten folgende Aufstellung kann zur Illustrierung des Zusammenhanges zwischen Umsatz und Mietkosten dienen. Wir gehen hierbei davon aus, daß ein Budapester Modewaren-Detailgeschäft, das in den Jahren 1928—29 einen Umsatz von 100000 P. erreichte, während dieser Zeit 4% seines Jahresumsatzes, d. i. 4000 P. an Mietpreis entrichtete. Wenn nun sein Umsatz und der entrichtete Mietpreis in den folgenden Jahren den Durchschnittsziffern entsprechend zurückgegangen sind, so können bezüglich dieses Regiepostens und des Umsatzes folgende Verschiebungen festgestellt werden:

Zeitraum	Umsatz	Mietkosten	Mietkosten in % des Umsatzes
	in Tausend-Pengö-Ziffern		
1928—29 ...	100.000	4.000	4,0
1931—32 ...	68.000	3.800	5,6
1932—33 ...	63.000	3.440	5,5
1933—34 ...	60.000	3.160	5,3
1934—35 ...	64.000	2.920	4,6

Wie ersichtlich, besteht die größte Disparität zwischen den zwei Posten in den Jahren 1931—32. Die Daten der Jahre 1934—35 weisen in einer interessanten Art auf die Stabilität der Mietkosten hin. Während nämlich zu dieser Zeit der Umsatzwert in erster Reihe infolge der eingetretenen Preissteigerung ungefähr um 6% gestiegen ist, weisen die Mietkosten noch immer einen 7 proz. Rückgang auf.

Kosten und Umsatz im Einzelhandel. In obigen Ausführungen haben wir die Gestaltung der zwei wichtigsten Posten, Entlohnung der Arbeitsleistungen und Mietkosten, erläutert. Danach können wir versuchen, auch den Zusammenhang zwischen Gesamtkosten und Umsatz festzustellen. Nach einschlägigen Detailberechnungen weisen die Index-

13

ziffern dieser Kosten und des Einzelhandelumsatzes folgende Änderungen auf:

Wirtschafts- jahr	Indexziffern	
	des Umsatzes	der Kosten
	des Einzelhandels	
	1928/29 = 100	
1929/30	96	100
1930/31	82	92
1931/32	68	86
1932/33	63	80
1933/34	60	76
1934/35	64	78

Die Geschäftskosten verändern sich danach in einem viel langsameren Tempo und in einem geringeren Maße als der Umsatzwert. Diese Stabilität und dieser Mangel an Anpassungsfähigkeit der Geschäftskosten äußert sich besonders darin, daß der Handel während der Wirtschaftskrisen infolge der unverhältnismäßig hohen Geschäftskosten bemüht ist, die Preise hoch zu halten, ohne jedoch die Rentabilität des Geschäftes sichern zu können.

Kennziffern und Handelsspanne. Im Verlaufe unserer Forschungen wurden die in den verschiedenen Geschäftszweigen geltenden Preise, und zwar womöglich Fabrik-, Großhandels- und Einzelhandelspreise festgestellt. Unsere Forschungen erstrecken sich auf vier Geschäftszweige; die Resultate sind in der unter Nr. 1 beigefügten und als „Preisveränderungen und Gewinnzuschläge" betitelten Tabelle zusammengefaßt. Wir haben hierbei für jeden Geschäftszweig eine Gruppe charakteristischer Artikel aufgestellt, die Verkaufspreise sämtlicher in Betracht kommenden Firmen berücksichtigt, und erst nachher, auf Grund des uns zur Verfügung stehenden Materials die für die einzelnen Artikel sowie die für sämtliche Warengruppen geltenden Durchschnittspreise festgestellt. Bei der Feststellung der Preisänderungen wurde vom Jahre 1928 ausgegangen, der Bruttogewinn ist durch einen Prozentsatz des jeweiligen Verkaufspreises zum Ausdruck gebracht. Bei der Berechnung dieses Prozentsatzes haben wir den jeweilig geltenden Fabrik- bzw. Großhandelspreis als Grundlage gewählt, wodurch gesagt werden soll, daß die Berechnung des Gewinnzuschlages anstatt vom w i r k l i c h e n An-schaffungspreis auf Grund des W i e d e r b e s c h a f f u n g s p r e i s e s er-folgte. Diese Art der Berechnung, die sich vom Gesichtspunkt der Betriebswirtschaft — wie es auch aus den entsprechenden internationalen Berechnungsarten hervorgeht — als richtig erwiesen hat, kann jedoch nicht als zutreffend bezeichnet werden, wenn wir den Geschäftserfolg einzelner Betriebe untersuchen wollen. Die angedeutete Art der

Berechnung würde nämlich dazu führen, daß der Gewinnzuschlag, im Falle sinkender Preise, infolge der immer wohlfeileren Wiederbeschaffungspreise ständig steigen müßte. Demgegenüber steht aber fest, daß der wirkliche Geschäftserfolg, mit Rücksicht auf die früheren höheren Anschaffungspreise, in der Tat keinesfalls so günstig ist, wie es aus dem auf Grund des Wiederbeschaffungspreises berechneten Gewinnzuschlag hervorgeht. Tritt aber eine Preissteigerung ein, so macht sich die soeben geschilderte Tendenz gerade in der umgekehrten Richtung geltend, indem der auf Grund der erhöhten Wiederbeschaffungspreise vermindert ausgewiesene Gewinnzuschlag — infolge der in Wirklichkeit wohlfeiler besorgten Beschaffung — in der Tat höher ist.

Die soeben geschilderte Erscheinung wird dadurch gefördert, daß die Preise des Einzelhandels im allgemeinen mehr Stabilität zeigen als die des Großhandels. Im Verlaufe unserer Forschungen über Preisveränderungen der in Ungarn erzeugten und an der Börse notierten Rohmaterialien und Produkte konnten wir feststellen, daß die Preisveränderungen in erster Reihe in den Großhandelspreisen zum Ausdruck gelangen, und zwar immer bei solchen Rohmaterialien, die sich auf den weitesten Markt erstrecken und gegen Konjunkturänderungen am meisten empfindlich sind. Hingegen äußern sich die Preisveränderungen der durch den Einzelhandel in den Verkehr gebrachten Fertigfabrikate erst später und in einem mäßigeren Tempo.

Es sei hier auf die Preisveränderungen hingewiesen, denen der Weizen, das Mehl und das Brot während der Jahre 1933—1936 unterlagen.

Tabelle 1

Preisveränderungen und Gewinnzuschläge

Indexziffern 1928 = 100

Jahr	Spezereiartikel		Bruttog. d. Einzelh. in % des Einzelhandels-Preises.	Drogenartikel		Bruttogw. d. Einzelh. in % des Einzelhandels-Preises.	Schuhwaren		Bruttog. d. Einzelhand. in % d. Einzelh.-Preises	Textilwaren		Bruttog. d. Einzelhand. in % d. Einzelh.-Preises
	Großh.	Einzelh.		Großh.	Einzelh.		Fabrik	Einzelh.		Großh.	Einzelh.	
	Verkaufspreise in Indexziffern			Verkaufspreise in Indexziffern			Verkaufspreise in Indexziffern			Verkaufspreise in Indexziffern		
1929	98,8	98,7	18,2	101,0	96,8	23,3	94,2	92,7	23,9	90,5	90,0	15,7
1930	96,2	93,5	16,4	100,8	93,9	22,3	89,4	86,7	23,0	83,1	82,8	14,7
1931	116,6	118,7	18,2	101,2	99,3	26,2	85,2	82,0	28,0	77,7	86,6	22,2
1932	99,6	100,4	21,5	96,9	95,7	25,1	71,4	67,3	21,9	73,5	83,6	23,9
1933	99,2	101,7	18,6	96,1	95,2	25,0	62,9	67,3	29,2	69,7	79,5	24,7
1934	107,8	111,9	22,4	92,4	92,3	24,8	63,1	67,4	29,2	72,1	74,1	19,4
1935	116,5	121,1	21,9	90,6	92,6	28,2	64,1	68.9	29,7	72,9	74,9	19,5
1936	113,3	118,7	22,8	91,5	97,5	28,1	72,1	76,9	29,0	74,3	76,9	19,6
1937	118,3	123,9	22,7	91,9	88,0	29,3	79,0	82,8	28,3	77,2	78,7	20,1

Im Vergleich zu dem als Ausgangspunkt gewählten Jahre 1933 ist der Weizenpreis binnen einem Jahre genau um 50% gesunken. Dem-

13*

gegenüber konnte bis zum Ende des Jahres 1936 nicht bloß dieser beträchtliche Preissturz eingeholt werden, sondern es wurde sogar eine Preiserhöhung von 34% im letzten Viertel dieses Jahres, im Vergleich zu dem ersten Viertel des Jahres 1933, erzielt. Hingegen weist der Mehlpreis während des bezeichneten Zeitraums einen Rückgang von 30 bis 35% auf, der sich bis zum Ende des Jahres 1936 bloß um 20—25% erholen konnte, woraus hervorgeht, daß der Mehlpreis noch immer unter dem Niveau des Jahres 1933 stand. Eine noch geringere Verschiebung erweist sich im Brotpreis. Während wir nämlich, je nach der Verschiedenheit der Qualität und des Produkts, auf diesem Gebiet zur Zeit des Tiefpunkts einen 20—30 proz. Preissturz feststellen können, hat im Verlaufe des Jahres 1936, wo der Preis des Weizens und des Mehls wesentlich gestiegen ist, eine Änderung des Brotpreises kaum stattgefunden.

Eine ähnliche Lage gilt für eine ganze Reihe von Industrieprodukten des Einzelhandelsumsatzes, was nicht bloß auf die oben angedeutete Stabilität der Geschäftskosten, sondern auch auf die konservative Haltung zurückzuführen ist, die die Verbraucher gegenüber den Preisen einnehmen.

In diesem Zusammenhange ist auch der Einfluß zu berücksichtigen, den die Markenartikel auf die Preisänderungen ausüben. Wie aus der Tabelle Nr. 1 ersichtlich ist, unterlagen von den dort angeführten Warengruppen die Drogenprodukte im geringsten Maße einer Preisveränderung. Während im Verlaufe der zehnjährigen Periode das Maximum der Abweichung der Drogenpreise sowohl im Groß- wie auch im Kleinhandel ungefähr 10% erreichte, bewegten sich die bei den sonstigen Warengruppen entstandenen Preisveränderungen im allgemeinen zwischen 20—30%, bei einzelnen Warengruppen erreichten sie sogar 40%. Da zur Schilderung der Preisveränderung der Drogenartikel im allgemeinen Markenartikel herangezogen sind, ist festzustellen, daß es ihren Erzeugern im allgemeinen gelingt, einen Markt zu schaffen, der wesentlichen Preisveränderungen unzugänglich ist.

Die Gewinnzuschläge der in der Tabelle Nr. 1 bezeichneten Warengruppen entsprechen bei den meisten Artikeln den Spannen, die in der Veröffentlichung der Internationalen Handelskammer „Kennzahlen zur Handelsforschung" mitgeteilt sind.

III. Die Streuung der Preise im Lebensmittelhandel.

Zusammenfassende Daten, in denen die im Handel stattfindenden Preisveränderungen in einer einzigen Ziffer zusammengefaßt erscheinen, weisen notwendigerweise den Mangel auf, daß sie auf die meist charakteristische Eigenart der Handelspreisveränderungen, auf die zwischen den simultanen Preisen der einzelnen Geschäftsläden feststellbaren Abweichungen, nicht hinweisen. Es ist bekannt, daß die Preise der meisten im Handel umgesetzten Waren — abgesehen von denjenigen, die an der Börse notiert sind, oder deren Preise behördlich festgesetzt wurden — nach der Verschiedenheit der Geschäftsniederlagen Unterschiede aufweisen. Diese Unvollkommenheit des Wettbewerbes und dieser Zustand der Atomisierung des Marktes, die in erster Reihe auf dem Gebiete des Einzelhandels festgestellt werden können, bieten offenbar einen der am meisten charakteristischen Züge der Handelspreisgestaltung. Infolgedessen können wir uns über diese Erscheinung erst dann ein klares Bild schaffen, wenn wir auch diese zwischen den einzelnen Geschäften vorhandenen Preisverschiebungen ermittelt haben.

Die Preisstreuungen im Spezerei- und Viktualiengroßhandel wurden auf Grund der Angaben von 9 Firmen untersucht, die Preisstreuungen im Einzelhandel derselben Branche auf Grund der Angaben von 24 Kaufleuten. Hierbei wurden die Verhältnisse der Hauptstadt und der Provinz im gleichen Maße berücksichtigt.

Ein Vergleich der Daten ergab einen Unterschied der Gestaltung der Groß- und Einzelhandelspreise zwischen Budapest und der Provinz. Der überwiegende Teil der Preise des Großhandels ist in Budapest niedriger als in der Provinz. Bloß 5 der in der Umfrage erfaßten 23 Warensorten sind im Großhandel der Provinz wohlfeiler als in Budapest. Es handelt sich in diesen Fällen fast ausnahmslos um inländische Produkte, die die Großhändler der Provinz an Ort und Stelle wohlfeiler beziehen können (Butter, Bohnen, Linsen, Mohn). Die niedrigeren Preise des Budapester Großhandels sind auf zweierlei Umstände zurückzuführen. Zuerst kommt in Betracht, daß es sich um Firmen handelt, die ihre Geschäftsverbindungen auf das ganze Land erstrecken und einen wesentlich größeren Umsatz abwickeln als die Großhändler der Provinz, weshalb es ihnen ermöglicht wird, ihren Vorrat gegen günstigere Bedingungen anzuschaffen. Außerdem kommt aber den Budapester Großhändlern noch zugute, daß die für Budapest bestimmten Waren in den meisten Fällen mit weniger Frachtkosten belastet sind als die nach der Provinz beförderten Waren.

Was die zwischen dem Großhandel und dem Einzelhandel bei der Umfrage ermittelten Abweichungen betrifft, ist zu bemerken, daß die Preise des Großhandels auch deshalb geringere Margen aufweisen, weil sie einer genaueren Kontrolle der über den Stand des Marktes wohlinformierten Käufer, die selbst Kaufleute sind, unterliegen. Offenbar muß außerdem noch in Betracht genommen werden, daß die Preise auch deshalb weniger Abweichungen aufweisen, weil die den Käufern gewährten Begünstigungen, anstatt in der Form einer Preisreduktion, in der Form der Verkaufsbedingungen (Rabatt, Kassaskonto, Zahlungsbedingungen usw.) geboten werden.

197

Eine Untersuchung der Gestaltung der Preise des Einzelhandels bietet ein entgegengesetztes Bild. Der Unterschied, den wir bei den Preisen des Großhandels zwischen Budapest und der Provinz feststellen konnten, liegt im Einzelhandel nicht vor, da im allgemeinen die Preise des Budapester Einzelhandels nicht niedriger sind als die der Provinz. Der Einzelhandel sowohl in Budapest wie auch in der Provinz ist in einer gleichen Anzahl (11) von Warensorten wohlfeiler bzw. teuerer, der Preis nur eines einzigen Artikels ist in beiden Fällen gleich. Im übrigen handelt es sich um unwesentliche Abweichungen. Die Hauptursache des Umstandes, daß die Preise des Einzelhandels in Budapest verhältnismäßig höher sind als in der Provinz, liegt darin, daß die Kosten im Einzelhandel eine größere Rolle spielen als im Großhandel und die Miets-, Beleuchtungs-, Personalkosten — auch den persönlichen Bedarf des Kaufmanns mitgerechnet — und die Ausgaben für Reklame in der Hauptstadt wesentlich höher sind als in der Provinz. Durch diesen Kostenüberschuß werden auch die Ersparnisse absorbiert, die dem Budapester Einzelhändler in der Form der wohlfeileren Anschaffung und der geringeren Frachtkosten geboten werden. Außerdem ist noch zu berücksichtigen, daß auch die geringere Kaufkraft der Provinzkunden zur Mäßigung der Preise beiträgt.

Die Preisstreuung der einzelnen Warensorten im Einzelhandel unterliegt — abgesehen von einer geringen Anzahl von Durchschnittspreisen (Salz, Zucker) — einer größeren Anzahl von Abweichungen. Die Umfrage ergab, daß in der Hauptstadt wie in der Provinz Abweichungen von 20 bis 40% vorliegen. Außerdem wurde festgestellt, daß die Ungleichmäßigkeit der Preisgestaltung im Einzelhandel besonders zur Geltung kommt.

IV. Öffentliche Preiskontrolle und die Preisbestimmung einiger landwirtschaftlicher Produkte.

Die staatliche Preisfestsetzung steht immer im Dienste eines großangelegten Wirtschaftszwecks oder einer speziellen wirtschaftspolitischen Konzeption. Sie kann darauf abzielen, daß inflationistische Wirkungen zurückgedrängt, und auch sonstige Folgen der Preissteigerung ausgeschaltet werden. Sie kann auch den sozialen Zweck befolgen, daß die Preise der den wichtigsten Bedürfnissen dienenden Artikel beibehalten werden, damit die Kaufkraft der großen Massen erhöht werde. In diesem Zusammenhange gelangt der Einfluß zum Ausdruck, den die Preiskontrolle vom Gesichtspunkt der Einkommenverteilung ausübt. Die Wirkungen der Preiskontrolle äußern sich in diesem Falle auch auf dem Gebiete der Privatwirtschaft, und zwar für das Einkommen, die Kalkulation und Rentabilität der Wirtschaftssubjekte und Betriebe.

Was die staatliche Preisfestsetzung in Ungarn anbelangt, so war diese infolge der Gestaltung der internationalen Wirtschaftskonjunkturen bestrebt, eine Erhöhung der Preise der landwirtschaftlichen Produkte zu erwirken. Während dieser Zweck in Ländern, die auf einen Import angewiesen sind, durch einen Zollschutz erreicht werden kann, mußte man in Ungarn, wo ein Ausfuhrüberschuß vorhanden ist, gewisse Preiskonstruktionen in Anwendung bringen. Über die Art dieser Maßnahmen und deren Wirkungen auf die verschiedenen Faktoren der Produktion und des Umsatzes gibt am besten die Schilderung konkreter Beispiele Aufschluß, z. B. das System der Preisfestsetzung für Milch.

Die wesentlichsten Verfügungen auf diesem Gebiete waren die folgenden: verschiedenartige Preisfestsetzungen haben den Bezug der zum unmittelbaren Verbrauch und der zur industriellen Verarbeitung bestimmten, nach Budapest beförderten Milch geregelt. Dadurch konnten aber die in den geographischen und Verfrachtungsverhältnissen bestehenden Disparitäten nicht vollständig beseitigt werden. Da in der Frage der Rentabilität der Milchproduktion spezielle Probleme auftreten, wollen wir diese aus unseren Auseinandersetzungen ausschalten. Wir beschränken uns darauf, die Preisgestaltung der in Budapest zum Verkauf gelangenden Milch zu verfolgen, und zwar wie dieser Artikel vom Produzenten im Wege der Milchindustrie durch die Vermittlung der Spezereihändler oder der Filiale der Milchhalle zum Konsumenten gelangt.

Die neuerdings geltenden Milchpreise wurden durch Verordnungen der Behörde festgesetzt. Laut derselben hat sich der Preis eines Liters der in Budapest konsumierten Milch im Verlaufe der Jahre 1934 und 1936 in Hellern wie folgt gestaltet:

	1934	1936
Produzentenpreis franco Budapest (inklusive 1,70 für Preisergänzungsbeitrag)	20,20	15,50
Behördliche Kontrollgebühr	—,20	—,50
Verwaltungsmanko	—,50	—,50
Kosten der industriellen Bearbeitung der Milch: Beförderung, Filtration, Pasteurisierung, Kühlung, Füllung, Verpackung, Ablieferung usw.	6,50	6,50
Amortisierung	—,75	—,75
Wiederverkäufergebühr bzw. Filialeregiekosten	3,50	4,—
Konsumentenpreis	32,—	28,—

Die Produzentenpreise sind in der Budapester Parität angegeben. Will man den dem Produzenten zugute kommenden Nettopreis festsetzen, so sind von dem oben angegebenen Preis die Frachtkosten in Abzug zu bringen (je Liter 2.5 Heller bzw. im Verhältnis zur Entfernung zwischen 1.5 und 4 Heller). Außerdem sei bemerkt, daß der im Jahre 1934 gegoltene Preisergänzungsbeitrag, der dem Produzenten zufiel, im Jahre 1936 abgeschafft und zu gleicher Zeit die behördliche Kontrollgebühr von 0,20 Heller auf 0,50 Heller erhöht wurde. Ein Vergleich der Daten des Jahres 1934 mit den des Jahres 1936 ergibt, daß

199

der Konsumentenpreis von 32 auf 28 Heller, also um 12.5%, herabgesetzt wurde. Trotz der Herabsetzung des Milchpreises wurden außer der behördlichen Kontrollgebühr auch die Wiederverkäufergebühr bzw. die Filialeregiekosten von 3.5 auf 4 Heller, also um 14.3% erhöht. Der für die Bearbeitung der Milch in Anrechnung gebrachte Posten von 6.5 Heller ist unverändert geblieben. Der unter der Benennung „Amortisierung" enthaltene Posten bezieht sich auf das Gebäude- und Einrichtungskonto der verarbeitenden Unternehmung. Was die Verwaltungskosten anbelangt, bietet hierüber die folgende, im Jahre 1936 erstattete Detaillierung Aufschluß. Die zwischen dem dort ausgewiesenen Kostenbetrag von 6.481 Heller und den oben angeführten 6.5 Heller sich ergebende Differenz bildet den Nutzen der Unternehmung.

Kosten der industriellen Bearbeitung
(je Kannenliter)

Versicherung	Heller	0.140
Reisespesen, Wagen- und Tramwayauslagen	„	0.073
Telefon, Porto, Drucksorten, Schreibrequisiten	„	0.219
Annoncen	„	0.112
Beamtengehälter	„	1.202
Ruhestandsgehälter und Pensionsbeiträge	„	0.115
Steuern und Gebühren	„	0.169
Zinsen	„	0.114
Verschiedene Kosten	„	0.216
Arbeitslohn	„	1.641
Krankenkasse und Unfallversicherung	„	0.154
Pferdeunterhalt, Automobilunterhalt und Verfrachtung	„	0.594
Kannenreparatur	„	0.438
Reparation der Utensilien	„	0-017
Instandhaltung des Betriebsgebäudes	„	0.026
Industriestrom, Beleuchtung, Kohlenverbrauch	„	0.482
Eisverbrauch	„	0.022
Wassergebühr	„	0.079
Materialien	„	0.525
Magazinzins und Kühlhauskosten	„	0.105
Sonstige Betriebsauslagen	„	0.038
	Heller	6.481

Für einen Vergleich der Milchpreise bieten einerseits die einheimischen Vorkriegsdaten, andererseits die derzeitigen ausländischen Daten Anhaltspunkte.

Bei der Heranziehung der ungarischen Vorkriegsverhältnisse ist jedoch zu berücksichtigen, daß die heute zum Verkauf gelangende Milch einen Vergleich mit der Milch der Vorkriegszeit infolge des wesentlichen Qualitätsunterschieds kaum verträgt. Vor dem Kriege wurde nur ein geringer Teil Milch pasteurisiert, während heute die überwiegende Menge im pasteurisierten Zustand verkauft wird. Auch die Bearbeitung und der Verkauf der Milch war in der Vorkriegszeit ziemlich primitiv. Außer dem Mangel an Hygiene waren Mißbräuche zu beklagen, die zum größten Teil darauf zurückzuführen waren, daß eine unrichtige Verfügung des G. A. 1895 dahin lautete, daß der Fettinhalt der ungefälschten Milch 2.8% ausmachen muß. Da jedoch der normale Fettinhalt der Milch im allgemeinen 3% überschreitet, hat der Produzent, meistens aber der Großhändler, einen Fettinhalt von $^1/_2 - 1\%$ abgerahmt und den derart erhaltenen Rahm gegen einen höheren Preis verwertet. Heutzutage liegen diese Mißstände nicht mehr vor, und der Fettinhalt der Milch erreicht in der Tat durchschnittlich 3.5%.

Die behördlichen Maßnahmen haben eine gesteigerte Geltendmachung der hygienischen Erfordernisse und einen erhöhten Nährwert der zum Konsumenten gelangenden Milch erreicht. Während der Produzent im Jahre 1936 von dem mit 28 Heller festgesetzten Milchpreis 15.5 Heller, d. i. 55.4% erhält, hat er im Jahre 1914 beim gleichen Milchpreise (in Kronenwert ausgedrückt) 20.5 Heller erhalten, was einer 73.2 proz. Beteiligung entspricht. (Die Frachtspesen fielen auch im Jahre 1914 zu Lasten des Produzenten.)

Im Jahre 1911 hat sich der Milchpreis wie folgt gestaltet:

Der Produzent erhielt ab Aufgabestation durchschnittlich 20 Heller. Die Kosten bis zum Einzelhändler haben sich für einen Liter wie folgt gestaltet:

Eisenbahnfrachtkosten	Heller 1.80
Kannenrücktransportkosten	„ 0.41
Wagenspesen von der Eisenbahnstation zum Großhändler	„ 0.24
Pflastermaut	„ 0.35
Beschaffungs- und Reparationskosten der Kannen	„ 0.36
Verwaltungskosten bei dem Großhändler	„ 2.00
Normaler Gewinn des Großhändlers	„ 1.00
Vermittlungsgebühr des Agenten	„ 0.08
Risikogebühr (Ungenießbarkeit)	„ 0.54
	Heller 6.78

Der Einzelhändler mußte zumindest 26.75 Heller für die Milch zahlen. Da der Milchpreis zu dieser Zeit ungefähr 28 Heller betrug, gelangt man zu der Schlußfolgerung, daß der Bruttogewinn des Einzelhändlers nicht einmal die Minimalkosten decken konnte.

Es steht außer Zweifel, daß nach der obigen Aufstellung die Kosten der Vorkriegszeit gegenüber den heutigen 6.5 Heller bloß ungefähr 3.5 Heller ausgemacht haben. Es besteht aber ein wesentlicher Unterschied. Vor dem Kriege hatten 10—12 bedeutendere und 35—40 kleinere Großhändler die für die Budapester Bevölkerung bestimmte Milch bei den Einzelhändlern abgesetzt. Die letzteren, wo auch die Familienmitglieder sich betätigten, konnten zwar mit geringeren Regiekosten

arbeiten, ihre Tätigkeit beschränkte sich aber außer dem oben angedeuteten Abrahmen nur auf eine ziemlich primitive Verteilung der ein-
gelangten Milchlieferungen.

Wollen wir den Budapester Milchpreis mit den ausländischen Preisen
vergleichen, so stellt sich zuerst die Frage, welchen Prozentsatz der
Produzent vom Konsumentenpreis empfängt. Obzwar die diesbezüg-
lichen Daten der ausländischen Großstädte sich auf verschiedene Jahre
zwischen 1930 und 1936 beziehen, glauben wir trotzdem einen Vergleich
vornehmen zu können. Hiernach weist der aus dem Konsumentenpreis
dem Produzenten gezahlte Meiereipreis den folgenden Prozentsatz*) auf:

Berlin 51.4
Bruxelles 51.5
Budapest 46.4
Kopenhagen 41.4
London 54.0

Hiernach kann auch die dem Einzelhändler zugute kommende Ver-
mittlungsgebühr prozentsatzmäßig festgestellt werden: in Berlin 31.2,
in Bruxelles 31.3, in Zürich 17.1 und in Budapest 14.4% des
Konsumentenpreises. Der ungarische Produzent stand also an der vor-
letzten Stelle, der Einzelhändler aber an der allerletzten Stelle. Dieser
internationale Vergleich der Milchpreise ist mit Vorsicht zu bewerten,
da die Verhältnisse der verschiedenen Länder und die gebotenen Leistungen grundverschieden sein können.

Im folgenden soll die Preisgestaltung eines charakteristisch ungarischen
landwirtschaftlichen Produkts, des Paprikas. untersucht werden; die
diesbezügliche staatliche Preisfestsetzung ist im Jahre 1936 in Kraft
getreten. Diese behördliche Maßnahme wurde dadurch veranlaßt, daß
im Inland jährlich ungefähr 200 Waggon Paprika konsumiert werden,
während die Paprikafechsung von ungefähr 14 000 Joch in einem Wirtschaftsjahr sich zwischen 300 und 500 Waggons bewegt. Im Falle einer
weniger günstigen Fechsung ist der Absatz des ungefähr 100 Waggons
betragenden Überschusses mit keinen besonderen Schwierigkeiten verbunden. Die Frage gestaltet sich aber anders, wenn ein Überschuß von
ungefähr 300 Waggons zur Ausfuhr gelangen soll, wie beispielsweise im
Wirtschaftsjahr 1936—1937. Im Jahre 1936 hat man sogar mit einer
Rekordfechsung von 550—600 Waggons gerechnet. Unter diesen Umständen mußte die Regierung dafür Sorge tragen, daß ein Preissturz
nicht eintritt und den Exporteuren Ausfuhrprämien gewährt werden.

---

*) „Kennzahlen zur Handelsforschung" der Internationalen Handelskammer, Berlin
1935, Leener's, „Prix de gros et prix de détail", Bruxelles 1932, „Milk Report of Reorganisation Commission, London 1936.

Zu diesem Zweck hat die Regierung zur unmittelbaren Lenkung der Produktion, Verarbeitung und Verwertung und Erhöhung der Inlandspreise Maßnahmen getroffen und ein besonderes Organ ins Leben gerufen. — Hierbei spielen die folgenden Faktoren eine Rolle: Der Verarbeiter, der dafür sorgt, daß der Paprikavorrat in einem für die Vermahlung geeigneten Zustand gebracht wird. Die Paprikamühle besorgt die Vermahlung. Der Großhändler kauft von der Mühle den vermahlenen Artikel und führt ihn über den Einzelhändler dem Konsumenten zu.

Die Tabelle Nr. 2 unterrichtet über die Gestaltung der Preise vor und nach der geschilderten Regelung.

Es sei bemerkt, daß die Preisfestlegung aus technischen Gründen nicht bei dem Produzenten, sondern bei dem Verarbeiter einsetzt. Die Übernahme des Vorrats erfolgt zum behördlich festgesetzten Preis durch die Genossenschaftszentrale. Die wesentliche Preisdifferenz zwischen dem Übernahme- und Verkaufspreis steht zum großen Teil als Ausfuhrprämie dem Exporteur zur Verfügung, weshalb es ihm ermöglicht wird, im Auslande die Konkurrenz aufzunehmen und die Ware gegebenenfalls wohlfeil abzugeben. Zur Illustrierung diene, daß die für die Vereinigten Staaten Nordamerikas bestimmte Ware dem Exporteur gegen 70 Heller pro Kilogramm überlassen wird, wo doch der dem Verarbeiter bezahlte Einlösepreis schon 1.70 P. ausmacht. Die derart entstehende Differenz hat der inländische Konsument zu vergüten.

Tabelle 2

Die Gestaltung des Preises und des Bruttogewinnes des Paprikas

| | Verkaufspreis per 100 kg. in Pengö | | | | Verkaufspreis in Indexziffern 1933=100 | | | Bruttogewinn des Großhändlers in % | Bruttogewinn des Einzelhändlers in % |
	Verarbeiter	Genossenschaftszentr.	Grosshändler	Einzelhändler	Verarbeiter	Grosshändler	Einzelhändler		
1933 Oktober	310,—		350,—	600,—	100,0	100,0	100,0	11,4	41,7
März	320,—		360,—	600,—	103,3	102,9	100,0	11,1	40,0
1934 Oktober	175,—		215,—	400,—	56,5	61,4	66,7	18,6	46,2
März	135,—		160,—	400,—	43,4	45,8	66,7	15,6	60,0
1935 Oktober	180,—		220,—	400,—	58,1	62,9	66,7	18,2	45,0
März	160,—		195,—	400,—	51,7	55,7	66,7	17,9	51,2
1936 Oktober	170,—	330,—	365,—	600,—	54,9	104,3	100,0	9,6	39,2
1937 Jänner	180,—	360,—	405,—	600,—	58,0	115,7	100,0	11,1	32,5

Die Produzentenpreise des Delikatessenpaprika per Kranz in Pengö

1933 Oktober	. . . .	4,50 bis 5,50	1935 Oktober	. . . .	2,50 bis 3,—
1934 März	. . . . . .	5,— „ 6,—	1936 März	. . . . . .	2,50 „ 3,—
1934 Oktober	. . . .	2,— „ 3,—	1936 Oktober	. . . .	2,— „ 2,50
1935 März	. . . . . .	1,80 „ 2,—	1937 Jänner	. . . . .	1,60 „ 2,40

Aus der Tabelle 2 ergeben sich folgende Feststellungen:

a) Seit der neuen Regelung sind die Produzentenpreise nicht gestiegen, im Gegenteil, sie sind zurückgegangen. Infolge der Einschaltung des neugeschaffenen Organs und der Belastung des inländischen Konsums ist eine grundlegende Änderung in der früheren Preisgestaltung eingetreten.

b) Die Bruttogewinnbeteiligung des Groß- und Einzelhandels wurde herabgesetzt, wobei noch zu berücksichtigen ist, daß die wirtschaftliche Rolle des Großhändlers wesentlich geschmälert wurde. Es ist nunmehr überflüssig, für einen größeren Vorrat Sorge zu tragen, da die benötigte Ware zu jedem Augenblick bei der Genossenschaftszentrale abgerufen werden kann.

Die geschilderte Preisfestsetzung erscheint vorteilhaft, da die früheren Produzentenpreise trotz der namhaften Erhöhung der Produktion beibehalten werden konnten. Die soziale Tragweite dieser Maßnahme besteht insbesondere darin, daß die Paprikaproduzenten zumeist kleine Landwirte sind, die unter schwierigen Verhältnissen leben. Ein weiterer Vorteil der Reform besteht darin, daß die Ausfuhrmöglichkeiten wesentlich verbessert wurden. Demgegenüber kann jedoch nicht geleugnet werden, daß die Ausfuhrförderung eine etwa 50% ige Verteuerung des inländischen Konsums herbeiführte, wodurch zum großen Teil die Masse der Bevölkerung betroffen wurde.

V. Internationaler Prüfungs- und Treuhand-Kongreß
BERLIN · SEPTEMBER 1938

Nationalbericht — National Paper — Rapport National

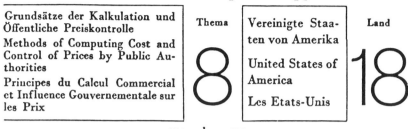

| Grundsätze der Kalkulation und Öffentliche Preiskontrolle Methods of Computing Cost and Control of Prices by Public Authorities Principes du Calcul Commercial et Influence Gouvernementale sur les Prix | Thema 8 | Vereinigte Staaten von Amerika United States of America Les Etats-Unis | Land 18 |

von — by — par
John F. Forbes, C.P.A., San Francisco.

Table des Matières

Zusammenfassung

Die von der Regierung der Vereinigten Staaten getroffenen gesetzlichen Maßnahmen zur Preisbeeinflussung lassen sich in folgende 5 Hauptarten zusammenfassen:

I. Ein Versuch, den allgemeinen Stand der Warenpreise durch Währungsmanipulation zu heben. Seit dem Jahre 1933 bemüht sich die Bundesregierung eine Hebung der Preise durch Erhöhung des Goldpreises zu erreichen.

II. Die herkömmliche Schutzzollpolitik. Schutzzölle bestanden schon seit langem für Industrieerzeugnisse und wurden im Jahre 1921 auf den Schutz der heimischen landwirtschaftlichen Erzeugung ausgedehnt.

III. Die Kontrolle von öffentlichen Versorgungsbetrieben. Besondere bundesstaatliche sowie einzelstaatliche Kommissionen haben die Befugnis zur Regelung und Überwachung der Konzessionserteilung, Verwaltungskosten, Preisberechnung, Finanzierung usw. der meist monopolistischen oder halb-monopolistischen Betriebe, die der Erzeugung und Verteilung von Elektrizität und Gas dienen, oder die als Transport- und Verkehrsunternehmungen das öffentliche Interesse besonders stark berühren.

IV. Gesetze zum Schutz gegen Vertrustung und unlauteren Wettbewerb. (Anti-Trust and Fair Trade Laws.) Von der Bundesregierung und den Regierungen der Einzelstaaten sind Gesetze erlassen worden, die den Schutz der Verbraucherschaft sowie der kleineren Erzeuger bezwecken, und zwar: a) den Schutz vor Ausbeutung durch Kartelle, die eine monopolistische Beherrschung oder Einengung des Marktes erstreben, und b) den Schutz vor unlauteren Geschäftsmethoden, wie zum Beispiel die unterschiedliche Behandlung der Kundschaft.

V. Hilfsmaßnahmen zu Gunsten besonderer Warengattungen. Für gewisse landwirtschaftliche Erzeugnisse ferner auch für bituminöse Kohle und Silber wurden staatliche Hilfsmaßnahmen in der Form von Gesetzen getroffen, die die Hebung des Marktpreises der betreffenden Güter bezwecken.

Bei der Durchführung dieser Gesetze wurde verschiedentlich Ansätze zur Regelung der Preise auf einer gesunden Unkostenbasis gemacht, wenn auch mit ungleichem Erfolg. Theoretisch soll die Preisgestaltung bei gemeinnützigen Betrieben derart erfolgen, daß ein im Vergleich zum Werte der Betriebsanlagen der betreffenden Gesellschaft angemessener Nutzen erzielt wird. Allerdings findet die Frage, was unter einem „angemessenen Nutzen" zu verstehen sei, nicht überall eine gleich unparteiische Beantwortung.

In geringem Umfang wurden von den Milchbewirtschaftungsstellen in gewissen Einzelstaaten und Bezirken Mindestpreise eingeführt, die auf Unkostenbasis errechnet waren, eine Maßnahme, die im Laufe des letzten halben Jahres auch von der Kommission für bituminöse Kohle durchgeführt wurde.

Summary

Governmental price-influencing in the United States has been undertaken by five main types of legislation: (I) An attempt to raise the general commodity price-level by monetary manipulation. The Federal Government has tried since 1933 to raise prices by raising the price of gold. (II) The traditional protective tariff. Long applied to the protection of manufactures, the tariff was extended to protect domestic agricultural production in 1921. (III) Public Utility regulation. Federal and State commissions have been empowered to regulate licensing, service, rates, financing, etc. of enterprises, usually of a monopolistic or semi-monopolistic character, engaged in electricity and gas production and distribution, transportation, communications, and other services particularly affected with the public interest. (IV) Anti-Trust and Fair Trade Laws. Federal and State laws seek to protect the consumer and the weak producer from exploitation by (a) combinations tending toward monopoly or restraint of trade and (b) unfair business practices such as discrimination. (V) Relief measures for specific commodities. Certain agricultural products, bituminous coal, and silver have been the objects of governmental aid in the form of legislation designed to raise their market prices.

In the course of administering this legislation, efforts toward price-regulating on a sound cost basis have been made in several instances, though with uneven results. Public utility rates are determined in theory by a fair return on the value of the properties of the company under consideration. The questions of what constitutes a "fair return" and how the properties should be appraised have not been answered with uniform equity.

Minimum price-fixing on a cost basis has recently been undertaken on a small scale by local and state milk boards and within the past six months by the Bituminous Coal Commission.

Résumé

Les mesures d'ordre législatif prises par le Gouvernement des Etats-Unis pour règlementer les prix peuvent se répartir en cinq catégories principales:

I. Un essai de relever le niveau général des prix des denrées par des manipulations monétaires. Depuis 1933 le Gouvernement Fédéral s'efforce de relever les prix en augmentant l'équivalent monétaire de l'or.

II. Le protectionnisme traditionnel. Depuis longtemps il y avait des droits de douane protecteurs en faveur des produits industriels et ces droits furent étendus, en 1921, à la production des produits agricoles nationaux.

III. Le contrôle des services d'utilité publique. Des commissions spéciales, émanant de l'autorité fédérale ou du gouvernement des divers états ont pouvoir pour régler et surveiller l'octroi des concessions, les frais d'administration, le calcul des prix, le financement etc. des services d'utilité publique, la plupart à caractère de monopole ou de semi-monopole, qui livrent le courant électrique, le gaz etc. ou qui, comme entrepreneurs de transports et sociétés de communications, touchent de près à l'intérêt général.

IV. Lois protectrices contre l'emprise des trusts et la concurrence déloyale (Anti-Trust and Fair Trade Laws). Les gouvernements fédéral et des états ont édicté des lois appelées à protéger le consommateur et le petit producteur, à savoir: a) contre l'exploitation de la part des cartels qui essaient de dominer et de retrécir le marché par l'exercice de monopoles, et b) contre des méthodes de concurrence déloyale, telles le traitement différentiel de la clientèle.

V. Mesures de relèvement en faveur de sortes de denrées déterminées. Des mesures de secours d'ordre législatif ont été prises en faveur de certains produits agricoles, en outre, en faveur de charbons bitumineux et du métal argent; elles tendent à relever le prix de ces denrées sur le marché.

Dans l'application de ces lois il a été fait des efforts répétés pour règlementer les prix sur la base saine des prix de revient: leurs résultats, toutefois, ne furent pas toujours satisfaisants. Théoriquement la politique des prix, auprès des services d'utilité publique, doit viser à assurer un bénéfice convenable, en rapport avec la valeur des installations du service considéré. Mais, le terme «bénéfice convenable» n'est pas interprété partout avec la même impartialité.

Dans une mesure réduite, les centrales laitières de plusieurs états fédéraux et arrondissements ont établi des prix minima, basés sur les frais généraux; cette mesure a été appliquée également au cours des dernières années, par la commission pour les charbons bitumineux.

Text des Berichts — Paper — Rapport

Introduction.

A more accurate term than "control of prices" to describe the activities of the various public authorities affecting the prices of commodities and the rates of services in the United States would be "price-influencing". The expression "control of prices" implies a directness of approach and preciseness of result which would certainly be misleading in a consideration of the American situation. The Interstate Commerce Commission has the specific authority to prescribe maximum, minimum, and even absolute rates for railroads. The courts may dissolve a large industrial combination lest, by making use of its dominant position in the industry, it might possibly *at some future time* charge unreasonable prices for its product. Between these extremes of regulation lie many gradations and variations of the public authority over prices.

We have reduced our topic to a discussion of the principal ways in which governmental agencies in the United States influence prices charged by privately owned concerns. Where cost accounting enters into the government price-influencing policy the fact will be noted.

The problem may be approached in several ways;

(a) By examining the various methods devised to regulate prices and their specific applications in practice. (b) By listing the commodities or groups of commodities and services influenced and inquiring into the regulation of each. (c) By scrutinizing price influencing laws having classified them according to whom they were intended to benefit (e. g. consumer, producer, etc.) (d) By examining the broad types of legislation enacted to influence prices and the machinery set up by that legislation.

It has proved simplest to consider government price influencing in the United States by the last-mentioned approach. The enumeration of types of legislation is roughly in the order of the number of individual prices affected by each.

I. Monetary Policy and the General Price-Level.

On January 31, 1934, the President of the United States, acting under emergency powers granted to him by Congress, reduced the gold content of the dollar from 25.8 grains (.900 fine) to 15—5/21 grains (.900 fine), a reduction to 59.06% of its former weight. In so doing the President crystalized the policy which he had inaugurated the previous October when he authorized the Reconstruction Finance Corporation to buy gold on the open market on the theory that a positive relationship exists between changes in the price of gold and changes in the general commodity price-level.

In pursuing this theory, it was the belief of the President and his advisers that by regulating the gold content of the dollar they could effect any desired change in the general price-level. Prices were thought to be too low so the price of gold was increased from $ 20+ per ounce to $ 35+ per ounce in an effort to raise prices. It was held that if prices were to rise too high or too rapidly the matter could be readily adjusted by increasing the gold content of the dollar and thus lowering the price of gold.

The subsequent history of Mr. Roosevelt's gold policy is too familiar to be more than mentioned. The anticipated rise in prices did not occur and the United States Treasury attracted more than half of the world's known gold supply to its vaults.

Here is an example of a government seeking to regulate the general price-level by means of a managed currency. The particular monetary theory involved was of doubtful validity, but that does not make the attempt less significant in a consideration of price-control.

In this instance the public authorities raised the price of a commodity, gold, by the expedient of buying at a figure higher than the market price (cf. Silver, infra).

II. The Tariff.

The United States has been committed to a policy of protection to a greater or less degree for almost one hundred and fifty years. The first tariff law (1789) was primarily a revenue measure, but it also afforded protection to the country's then infant industries.

The protective tariff is a price-influencing force by definition and purpose. By means of a duty levied upon imports from abroad certain domestic products can be sold for higher prices in the home market than they could be if they were subject to foreign competition. On the other hand, the government can cause a reduction in domestic prices of previously protected articles by removing the sheltering tariff from those goods or their substitutes.

From the Civil War (1861—65) until the close of the World War the two major political parties in the United States were sharply divided on the tariff issue. The Republicans advocated protection, the Democrats wanted tariff reduction. Since the post-war decline of agricultural prices, however, the Democrats, while still offering lip-service to free-trade, have modified their position to the point of favoring a tariff to "equalize" the costs of production of the domestic producer and the foreign competitor. Since 1934 the President has been empowered to enter directly into trade agreements with foreign governments, a policy which has been actively pursued under the direction of the Secretary of State, Mr. Cordell Hull.

According to the Federal Constitution, Congress determines the national tariff policy through exercise of the taxing power. Congress has itself devised the means by which the tariff is made. A proposed tariff is first submitted to the Ways and Means Committee of the House of Representatives, which holds hearings and deliberates upon the measure and reports its findings and recommendations to the House, which considers the bill and sends it to the Senate where it is again subjected to the scrutiny of a committee before reaching a final vote.

Along the complex route which a tariff bill must follow before reaching the President for his signature it is subjected to strong political influences. Congressional committee members are appointed largely on a basis of seniority rather than because of their special qualifications and it is self-evident that the interests of the districts and individual constituencies of the members are apt to be considered before the economic health of the national as a whole. Nor does consideration of a bill by the whole Congress tend to improve its quality.

In order to modify the situation just outlined and enable the tariff structure to be reviewed by a non-political body, the Tariff Commission was set up in 1916 under the chairmanship of Professor F. W. Taussig. The Tariff Commission is authorized among other investigative duties to prepare *cost studies* of commodities of domestic and foreign production and make specific recommendations to the President for changes in the existing tariff if the duties do not equalize the costs of production between the domestic and the foreign article.

The President may, within specified limits, make the proposed changes in the law without consulting Congress and declare new or additional duties when he finds foreign countries discriminating against the United States.

The Secretary of the Treasury has certain powers to investigate dumping and invoke special dumping duties if foreign producers are found to be selling in the United States below their own home market prices.

III. Public Utility Regulation.

In the United States political system there is a division of powers between the Federal and the State governments. The Constitution defines the powers of the Federal Government. All residual powers fall automatically to the individual states.

The Federal Government is empowered to regulate foreign and interstate commerce. In the exercise of this authority it has set up certain administrative and quasi-judicial commissions. The states, likewise, have established commissions to regulate certain business activities within their own boundaries deemed to be particularly affected with the public interest.

14*

211

In general, both the Federal and the State commissions regulate, in their respective spheres, the matters of initial licensing, service, consolidation, security-issue and financing, rates, accounting procedure, and discrimination as they apply to public service companies. The line between Federal and State authority is not always a simple matter to determine in actual cases, a fact which has occasioned considerable uncertainty and litigation.

(a) Rate Regulation by Federal Commissions.

(1) *The Interstate Commerce Commission.* The Interstate Commerce Commission was created by the Interstate Commerce Act of 1887 to provide Federal control of the railroads. The Commission obtained by 1910, through various amendments to the original Act, the authority to secure just and reasonable rates in specific localities and to fit the particular rates into a larger structure to enable the carrier to earn a fair return upon the value of its property. The Commission's jurisdiction has been broadened to include express companies, sleeping-car operators, part-rail part-water shipments, all the services involved in rail transportation (refrigeration, storage, etc.), motor busses and trucks, and pipe-lines (oil, natural gas, etc.), but the chief concern of the Commission is railroads.

The two principal rate problems just raised are. (a) What are "just and reasonable" rates to shipper, carrier, and public at large? (b) What is a "fair return" upon the properties? These are essentially accountinh problems requiring a cost basis. They were early recognized as sucg and the I. C. C. given the power to prescribe the forms of any and all accounts, records, and memoranda of the railroads and have access to these financial records at any time. In 1914 the I. C. C. issued a uniform classification of accounts for all the railroads in the United States. By means of these data and the periodic financial statements and operating reports required of the carriers, the I. C. C. has tried to prescribe equitable rates recognizing both the "cost of service" and the "value of service" principles.

The Commission has usually held that six per cent. on the value of the property is a fair return for railroads. There has not been complete agreement on the Commission's evaluation of railroad properties and it has proved impossible to fix rates at a level which will enable all carriers to earn the same approximate return.

(2) *The Federal Power Commission.* The Federal Water Power Act of 1920 recognized the extent to which electric power transmission and power company ownership had outgrown state boundaries. A Federal commission was created with power to license new concerns, limited authority to regulate, and extensive fact-finding duties.

The Federal Power Commission has control over the accounting methods of licensees. It has installed a uniform system of accounts and requires reports of expenses, earnings, and investment to provide a basis for rates and compensation for government purchases.

According to the law, the Commission requires the rates of licensees to conform to the reasonable rate schedules of the states in which they operate and to be just, reasonable, and nondiscriminatory in interstate and foreign commerce.

(3) *The Federal Communications Commission.* Certain duties formerly undertaken by the Interstate Commerce Commission to regulate foreign and interstate telephone, telegraph, and wireless communication were given to the newly created Federal Communications Commission in 1934. The FCC may determine and prescribe the maximum and minimum charges for "common carriers" (not including radio broadcasting stations) engaged in interstate and foreign communication by wire or wireless.

The Commission prescribes the form of accounts, requires accounting reports, and is empowered to evaluate the properties of communications companies.

(b) *Rate Regulation by State Commissions.*

(1) *Public Service Commissions.* In almost every state in the United States the control of public utilities is vested in a state commission. The transition from local to state regulation proceeded very rapidly during the first decade of the present century.

The state commissions vary greatly as to their jurisdiction, the kind and extent of their control, and they have various titles (railroad commissions, public utility commissions, public service commissions, etc.). In general they have authority over operating companies in the business of furnishing gas, electricity, telephone, water, heat, intra-state and street transportation, warehousing and coldstorage, grain elevating, and cotton ginning services.

The control of accounts is necessary for regulation of rates and services, so in many states commissions are given the power to prescribe uniform systems of accounting, make periodic audits, and require reports.

As in the case of the federal commissions, the guiding principle of public utility rate regulation is usually that the charges should be adjusted so as to give the company a fair return on the value of its property after deducting operating expenses and provision for depreciation.

The old problems of property valuation recur again and again. It is impossible to generalize on the relative frequencies of the several bases

213

of utility valuations: cost, capitalization, sale value, reproduction new less depreciation, or prudent investment. Every case is a special case and the "personal equation" of the utility commission is not a constant factor.

It is unfortunate that partisan politics have entered what should, in the public interest, be strictly judicial and impartial bodies.

(2) *Insurance Commissioners.* State regulation of insurance companies is usually vested in a department directed by a single commissioner rather than a board or commission.

As in all state administered controls, the scope and machinery of regulation varies widely. Some states require that insurance rates must be approved by the commissioner before going into effect. In a number of states the commissioner has the authority to fix rates with or without the aid of a special company-operated rating bureau.

The legality of a statute authorizing the Kansas Superintendent of Insurance to fix fire-insurance rates was upheld by the Supreme Court in 1914.

(c) *Rate Regulation by Government Competition.*

The problems of government ownership of business enterprises and the determination of the charges made by those enterprises interest us only in special cases. Where the government has entered into active competition with private business on a price basis the result is effective control of prices. Similarly, when the government goes into a form of business largely conducted by private capital with the express purpose of establishing a "yardstick" for the future determination of charges by private concerns, it is again a matter of price control.

The Tennessee Valley Authority, created in 1933 to take over and operate the hydroelectric properties of the United States at Muscle Shoals, is an example of both of these types of price influencing.

This is not the place to debate the sociological and political philosophy of the TVA. The accounting and financial history of the Authority is a closed book which it is hoped a Congressional committee of investigation will soon open.

IV. *Anti-Trust and Fair Trade Legislation.*

Anti-trust laws seek to foster and maintain competition by preventing monopoly and agreements in restraint of trade. Fair trade laws proscribe unequitable business practices.

The ultimate purpose of this type of legislation is to prevent financial injury to affected parties. To the extent that this injury would be

214

occasioned by discriminatory or excessively high or low prices, this is price-influencing legislation.

The Sherman Anti-Trust Act was passed in 1890 in response to the increasing clamor against the combinations which had come to dominate certain fields of industry and commerce in the United States at that time. The Act declared that contracts, combinations, and conspiracies in restraint of trade were illegal. Enforcement of the law fell on the Attorney General, private litigants and the courts, and a subsequently (1903) created Bureau of Corporations.

In 1914 the Clayton and Federal Trade Commission Acts reinforced the earlier Act and provided that the enforcement agencies should be assisted by a Federal Trade Commission to supplant the Bureau of Corporations with authority to conduct investigations, prevent monopoly, restraint of trade and unfair methods of competition, and supervise export trade associations.

Various states enacted anti-trust and fair trade statutes applicable to their own respective conditions.

Since 1930 the trend of state fair trade legislation has somewhat altered the complexion of the general situation. This new series of laws reflects the concern with which small retail business has watched the expansion of chainstore marketing in the United States.

The California Unfair Practices Act of 1935 illustrates one type of law. The Act prohibits local price discrimination and *sales below cost* (where the purpose is to injure competitors). Cost includes (a) In production, "the costs of raw materials, labor, and all overhead expenses of the producer", (b) In distribution, "invoice or replacement cost, whichever is lower . . . plus the cost of doing business". The "cost of doing business" comprises "labor (including salaries of executives and officers), rent, interest on borrowed capital, depreciation, selling cost, maintenance of equipment, delivery costs, credit losses, all types of licenses, taxes, insurance, and advertising". A 1937 amendment added that cost was to be the "average over all costs for any particular inventory period", and not particular costs.

By the close of 1937 twenty-eight states had laws of this general character.

A deliberate about-face from the earlier concept of restraint of trade is apparent in the California Fair Trade Law of 1931 and the statutes for which it has been a model (including 42 state laws and the national Tydings-Miller Act of 1937). The law permits manufacturers of trade-marked and branded commodities to fix minimum resale prices at which those goods may be sold by retailers.

A recent federal statute intended to protect small business is the Robinson-Patman Act (1937) to amend the Clayton Act and extend its anti-price-discrimination provisions.

V. Major Legislation to Aid Specific Commodities
(a) Agricultural Relief.

(1) *Federal.* During the years 1909—1914 the position of the farming industry in the United States was good. Market conditions were sound; prices were stabilized at a comfortable level. The outbreak of the European War in 1914 increased the demand for agricultural products and led to a great expansion of agricultural production. With the entrance of the United States into the conflict in 1917 the demand quickened and the resulting rise in agricultural prices created a boom in farming in this country. More and more of what had been marginal or submarginal land was put under cultivation and the rich returns invested in new crop expansion. The demand for food-stuffs to feed armies and civilian populations unable to meet their own agricultural needs lasted for several months following the Armistice.

In 1919 the agricultural bubble burst. The government had vast surpluses of agricultural products on hand (most of which were sent abroad in carrying out the nation's very generous foreign relief programs). Foreign nations resolved that they would not be caught with food shortages again and embarked upon programs of agricultural self-sufficiency.

Meanwhile, two quite unforeseen factors entered still further to break down the market for agricultural products in the United States. In the course of the war the eating habits of the American people underwent a change. People found that they could live just as well as they had before with lighter diets. In the process of expanding agricultural production in response to war-time demands, farms became gradually mechanized with a corresponding decline in the demand for hay and grain feed for draught animals.

Agriculture did not recover from the post-war slump when other business did. A vociferous farm bloc appeared in Congress in the 1920's to demand government aid for agriculture. The guarantee of remedial legislation for the farmer has become a political stock-in-trade ever since.

Emergency farm bills were passed in 1921, 1922, and 1923, and attempts to enact more permanent measures were made annually during the next five years. In 1929 President Hoover called a special session of Congress to consider agriculture, and on June 15 signed an Act which set up the Federal Farm Board with a revolving fund of 500 million dollars to stabilize farm prices and purchase agricultural surpluses. Adverse world market conditions coupled with the Board's lack of control over production worked against the success of this legislation, and the Farm Board was absorbed by the Federal Farm Credit Administration in 1933.

The Agricultural Adjustment Act of 1933, AAA No. 1, was the first attempt of the Roosevelt administration to cope with the agricultural problem. The stated purpose of the AAA was to restore to American farm products the purchasing power (in terms of goods regularly purchased by farmers) which they had enjoyed in the years 1909—1914. Farm prices were to be raised by reducing the amount of agricultural production (a) voluntarily, with compensation to farmers who restricted their crops, (b) compulsorily, by means of penalties for over-production in certain crops (cotton, tobacco) specified in separate bills. In addition, provision was made for the purchase of surplus crops. The whole was financed by a levy on agricultural products undergoing processing (e. g., milling, conversion of livestock into butcher's meat, etc.). On January 6, 1936, the AAA was declared unconstitutional by the Supreme Court because of the abuse of the taxing-power in the employment of the processing levy.

The Soil Conservation and Domestic Allotment Act of 1936 was passed to supplant the AAA. It sought the same ends as the prior measure and differed from it materially only in the provisions for reducing redundant cultivated acreage. Reduction was on a voluntary basis financed by 500 million dollar a year benefits from the Treasury. The areas withdrawn from cultivation were those indicated by the Department of Agriculture authorities to be uneconomically used in the interest of soil fertility and flood control.

The Soil Conservation Act has been replaced by the Agricultural Adjustment Act of 1938, AAA No. 2. The new law goes farther than the earlier agricultural measures and in effect guarantees minimum prices to producers of five staple crops, wheat, corn, rice, cotton, and tobacco. The cynical have suggested that these are the five "political crops". The principal provisions of the Act are these: (1) The Secretary of Agriculture is authorized to fix a national acreage allotment for each crop in each season based upon the production of prior years. (2) Farmers who cooperate with the allotment program may receive "loans" from the government on their crops up to a certain percentage of the "parity-price" (the price for each of the five crops yielding the same purchasing power in terms of other commodities which that crop had in the period 1909—1914, except in the case of tobacco where the base period is 1919—1929), if on a certain future date (specified for each crop) the market price falls below the "parity-price". The so-called "loans" bear no interest and have no date of repayment. They are in reality government payments in advance at fixed prices certain to be higher than the market prices. The base period may be changed by the Secretary of the Treasury. (3) Compulsory marketing quotas subject to rejection by one-third of the growers of a crop in a referendum vote and enforced by penalty taxes on surpluses may be invoked whenever the national supply of one of the given crops exceeds certain specified levels.

(2) *State*. A number of the states have put "little AAA's" into effect to supplement the federal legislation. These laws need not be considered here. Their aims are similar to those of the national Acts.

A recent development in state agricultural legislation is the increase in the number of laws providing for the fixing of minimum prices for fluid milk. By 1937 twenty-one states had statutes of this type. This legislation grew out of the unsettled conditions of the milk market in 1933—1934 when price-cutting and milk wars seriously threatened the milk supply because of the number of milk producers driven out of business. Voluntary cooperation failed to stabilize the industry, so the Secretary of Agriculture tried to stabilize individual milk markets by marketing agreements fixing minimum prices to producers, wholesalers, and retail distributors. These agreements broke down and the matter was undertaken as a local problem in the separate states.

Most of the state milk laws provide for milk boards empowered to control minimum prices paid to producers and wholesale and retail prices to consumers. In the determination of prices fixed by the boards a number of the state laws require various cost data to be taken into consideration. In the California minimum retail and wholesale milk price law of 1937 (Calif. 1937, Ch. 413) prices must be sufficient to cover all necessary costs of production including a "reasonable return on necessary capital invested" by "reasonably efficient" distributors. Similar wording is noted in the provisions for prices to include "reasonable costs and charges" in Alabama, Montana, and New York; "costs of production and distribution" in Alabama, Indiana, Maryland, New York, Ohio, South Dakota, and Virginia; and the "reasonable yield to producers and dealers" permitted in Florida, Maryland, Massachusetts, New Jersey, Oregon, and Pennsylvania. (Ref: Culver, D. C., *An Analysis of State Milk Control Laws*, Univ. of Calif. Bur. of Pub. Admin., Jan. 4, 1937). The constitutionality of state milk price fixing laws was upheld by the Supreme Court in the case of Nebbia v. New York (291 US. 502) on March 5, 1934.

(b) *Bituminous Coal.*

For almost twenty years there has been a decline in the consumption of bituminous coal in the United States. Hydroelectric power, fuel oils, and gas have appeared as increasingly more formidable substitutes. The displacement of bituminous coal was clearly apparent before the business depression of the '30's. Between 1919 and 1929 the number of bituminous coal mines declined from 8,282 to 5,620, the number of miners employed in the industry from 545,798 to 458,732, and the annual wage-bill from $ 682, 601,000 to $ 574,800,000.

Efforts were made to stabilize the industry in 1931—32 when a voluntary association was formed to maintain prices by restricting output. This arrangement was broken up in 1933 by the National Industrial Recovery Act Bituminous Coal Code, which substituted its own provisions to the same end until the Act was voided on account of its unconstitutionality.

The Bituminous Coal Act of 1935 revived the pricefixing provisions of its predecessor and established a National Coal Commission with power to fix wages and hours of labor as well as the prices of coal. The Supreme Court found the labor sections of the bill to be an invasion of states' proper authority, and therefore unconstitutional and invalid.

In the Fall of 1937 a new Bituminous Coal Act (the so-called "Guffey-Vinson Bill" from the names of its official sponsors in the Senate and House of Representatives) was signed. According to the terms of this Act, the United States is divided into 23 producing districts and 10 minimum-price areas. Local coal boards working under the central Bituminous Coal Commission secure cost of production data for each type and grade of coal from each operator in their districts. The local boards determine the average operating costs of individual mines for the various classifications of coal and calculate a weighted average cost for the district based upon the number of tons of coal produced and the direct cost of production for a given period. The findings are forwarded to the central authority and a weighted average cost of production for each minimum price area is computed by coordinating the weighted averages of the producing districts in each area.

On the basis of these findings and computations the Commission fixes prices for each area below which coal may not be sold. The first set of minimum prices was published by the Commission in the last week of December, 1937, for each quality and size of coal in the first three of the ten minimum-price areas (i. e. all of the states east of the Mississippi River and Iowa, an area including 80% of the bituminous coal consumption in the United States).

It is too soon to be able to comment on the efficacy of this law. The problem is further clouded by the legal and political difficulties in which the Bituminous Coal Commission has become involved since the release of the first minimum-price schedules.

(c) Silver.

Since 1873 silver has been used in the United States monetary system merely for subsidiary coinage. The Secretary of the Treasury has been empowered from time to time to buy silver in the open market for monetary purposes. These silver purchase acts of 1878, 1890, 1918, and 1934 have gone far beyond the nation's coinage needs and have amounted to subsidies to the sparsely populated silver-producing states of Idaho, Utah, Montana, Nevada, Colorado, and Arizona.

219

In December, 1933, following the ratification of the silver agreement of the London Economic Conference, the United States Treasury undertook to purchase 24,421,000 ounces (roughly the average annual domestic output) of silver a year for the four years ended December 31, 1937. Under this agreement the domestic price was pegged at 50 cts an ounce. The Treasury price was twice increased thereafter, and on April 24. 1935, was fixed at 77.57 cts an ounce.

Meanwhile, the Silver Purchase Act of 1934 was passed to instruct the Secretary of the Treasury to buy silver abroad at market prices in order to force up the world price of silver. Purchases were to continue until the market price reached $ 1.29 an ounce or silver constituted one-fourth of the total United States metallic monetary supply. Shortly after the domestic price was raised to 77.57 cts an ounce speculators drove the world market price up to 81 cts an ounce. The Secretary of the Treasury stopped buying silver and the market price fell abruptly. Pressure from the silver-producing states forced the government to continue buying, but in December, 1935, the purchases again slowed down and the price collapsed. By February, 1936, the world market price was down to 45 cts an ounce, only slightly above where it had been before the silver interests induced the Treasury to "stabilize" the world price for silver. The domestic producers, however, were protected by the pegging of the domestic price. But in the meantime the world market had been totally disorganized, the internal finances of other nations seriously complicated, and China, the principal silver-using country, forced off the silver standard by the over-valuation of the metal.

Today, after the expiration of the Silver Purchase Act, the United States Treasury is still buying silver and artificially maintaining the silver market.

Conclusion.

The attempt to control prices by governmental agencies in the United States is not a new economic phenomenon. The tariff, public utility regulation, anti-trust, and fair trade legislation all ante-date the present century. The scope of government price control has steadily expanded with the increasing development of the industrial arts and the added complexity of modern economic life, though by no means *pari passu*. In the years since 1929, however, government price regulating efforts have been greatly accelerated.

It would be a matter for considerable gratification if it could be reported that the progressive increase of governmental influence in the nation's internal economy was accompanied by a similar increase in the wisdom and disinterestedness of the legislation enacted to that end and its administration by public servants. Such has not been the case.

Preußische Druckerei- und Verlags-A.-G. Berlin

Vorträge Schybergson und Schranz

Inhaltsverzeichnis

Einführung

Es ist eine dankbare Aufgabe für internationale Prüfungs- und Treu-
handkongresse, nicht nur dem Beruf und der unmittelbaren Praxis zu
dienen, sondern auch Dienst an der Wissenschaft zu tun, insbesondere
an der Grundwissenschaft der Wirtschaftsprüfer, der Betriebswirtschaftslehre. Das kann auf mehrere Weisen geschehen: der Kongreß kann grundlegende neue Forschungen selbst anregen und finanzieren; er kann einen
Forscher bitten, seine bereits vorliegenden Arbeitsergebnisse dem internationalen Forum betriebswirtschaftlicher Sachverständiger, wie es ein
Prüferkongreß darstellt, zur Kenntnis und Beurteilung zu unterbreiten;
er kann solche Forschungsergebnisse durch Wissenschaftler anderer
Länder darstellen, aufhellen, vergleichen und weiterführen lassen; er kann
schließlich durch vergleichende Berichte über den quantitativen und
organisatorischen Stand des Wissenschaftsbetriebes in den einzelnen Ländern eine Art internationaler Idealkonkurrenz fördern.

Auch der V. Internationale Kongreß in Berlin ist sich dieser Aufgabe
und Verpflichtung bewußt gewesen, als er zwei Gelehrte aus kleineren,
aber besonders sprachkundigen und auf ständige Pflege internationaler
Überschau bedachten Ländern bat, dem Kongreß vorzutragen, welche
wissenschaftlichen und organisatorischen Leistungen der Betriebswirtschaftslehre unserer Zeit ihnen besonders augenfällig und darstellungs-
würdig erschienen seien. Während Professor Schybergson sich bei der
Lösung dieser Aufgabe in seiner auch für uns Deutsche besonders instruk-
tiven Arbeit auf wenige Länder, Problemkreise und Männer beschränkt
und einen Vergleich durchführt, der geeignet ist, der internationalen Diskussion auf diesem Gebiete neue Nahrung zu geben, liefert Dr. Schranz
einen Überblick über den gewaltigen Wissenschaftsbetrieb in drei Erd-
teilen, dessen vergleichende Betrachtungen allerdings nicht zu behag-
lichem Ausruhen verleiten, sondern zu weiteren, auch zwischenstaat-
lichen Anstrengungen Anlaß geben sollen.

Während die Verfasser im mündlichen Vortrag nur Auszüge aus ihrer
Abhandlung bringen konnten, enthält die Druckausgabe den vollen Wortlaut sowie den Fußnotenapparat und die Schrifttumsnachweise. Mit
Rücksicht auf das Interesse, dem die beiden wissenschaftlichen Vorträge
begegnen, werden sie im vollen Wortlaut in allen vier Kongreßsprachen
gebracht.

Deutsche und amerikanische Theorien
des Rechnungswesens

Als Pacioli im Jahre 1494 seine berühmte Abhandlung von dem System der doppelten Buchhaltung schrieb, war es nicht seine Absicht, irgendwelche neuen Auffassungen von den Buchhaltungsprinzipien auszusprechen; er beabsichtigte nur die Technik zu beschreiben, die sich in Italien im Zeitalter der Renaissance herausgebildet hatte. Das Buch wurde jedoch in beinahe zwei Jahrhunderten als ein Modell für sämtliche Lehrbücher in der doppelten Buchhaltung verwendet, und seine sporadischen Erläuterungen von der Bilanz und von den Bewertungsproblemen hatten demzufolge eine bedeutende Einwirkung auf die theoretische Auffassung der damaligen Buchhalter.

Die Abhandlung geht zwar nur spärlich auf die prinzipiellen Bewertungsprobleme ein, weil die Verhältnisse in der Zeit Paciolis ziemlich primitiv waren. Die meisten Geschäfte wurden auf kurze Sicht gemacht, und darum trat kein Bedarf nach einer periodischen Bilanzierung hervor, durch die erst Bewertungsprobleme bemerkbar geworden wären. Die fortschreitende Stabilisierung der politischen und wirtschaftlichen Verhältnisse während des 16. und 17. Jahrhunderts führte zu dauerhafteren Beziehungen zwischen den einzelnen örtlichen Kaufleuten und den großen Handelshäusern; eine Lagerhaltung entstand, die sich über mehrere Jahre erstrecken konnte. Als Folge dieser Entwicklung tritt während des 17. Jahrhunderts ein Bedarf nach regelmäßigen Abschlüssen der Bücher hervor. Damit wurden die Bewertungsprobleme in der Bilanz aktuell.

Es war somit kein Zufall, daß ein zweites wichtiges Ereignis in der Geschichte des Rechnungswesens im Jahre 1675 eintrat, und zwar in dem Lande, wo der Einheitsstaat und die merkantilistischen Theorien ihre konsequenteste Ausgestaltung bekommen hatten. In diesem Jahre wurde in Frankreich ein Buch veröffentlicht, das den Titel „Le Parfait Négociant" trug. Der Verfasser war ein Graf Savary[1]), der auch gemäß

---

[1]) Vielleicht wirkte auch sein Sohn mit.

seiner eigenen Angabe der Verfasser des zwei Jahre früher veröffentlichten Code de Commerce war. Da dieses Gesetz eine tiefgehende Einwirkung auf die europäische Rechtsauffassung hatte[2]) und da „Le Parfait Négociant" als ein autoritativer Kommentar dazu betrachtet wurde, bekam das Buch eine normgebende Stellung in der Buchhaltungstheorie. Das Buch wurde in mehreren Auflagen neu gedruckt und auch von anderen Verfassern nachgeahmt. Man kann daher sagen, daß Savary eine Schule gebildet hat, die eine bedeutende Einwirkung auf die Bilanztheorie ausgeübt hat.

Die von Savary hervorgehobenen Buchhaltungsprinzipien sind deshalb von speziellem Interesse, weil der Verfasser sowohl im Gesetz wie auch in dem Kommentar regelmäßige Abschlüsse der Bücher verlangte. Demzufolge traten die Bilanzierungsprobleme in den Vordergrund. Doch muß bemerkt werden, was manchmal übersehen wird, daß die Lehrsätze von Savary von dem Gläubigerinteresse beeinflußt waren und auf relativ stabilen wirtschaftlichen und sozialen Verhältnissen beruhten. Die Bewertungsfragen waren bei Savary von Liquiditätsrücksichten in hohem Grade beeinflußt, während der Einfluß der Bewertung auf den Gewinn in den Hintergrund trat. Savary und seine Nachfolger waren demgemäß in ihrer Auffassung von dem Wesen der Bilanz das, was wir heute „Statiker" nennen würden.

Die dynamische Bilanzauffassung

Die industrielle Revolution, die am Ende des 18. Jahrhunderts begann und tiefgehende Veränderungen in der Wirtschaft verursachte, brachte eine neue Form von Unternehmungen hervor, die Industrieunternehmungen, für welche Vermögenslage und Liquidität im Verhältnis zur Rentabilität zurücktraten. Im Gegensatz zum kaufmännischen Handelsbetrieb, dessen Kapital relativ schnell umgesetzt wurde, rechnet der industrielle Betrieb mit langsamem Umsatz der Anlagen, deren Werte in der Bilanz deshalb nur von sekundärem Interesse sind.

Trotz der veränderten Sachlage für den im Industriebetrieb tätigen Unternehmungsleiter blieb doch die theoretische Auffassung von den Aufgaben der Buchhaltung und der Bilanz von Savary beeinflußt. Sämtliche Bewertungsfragen wurden in den Lehrbüchern vom Standpunkte des wirtschaftlichen Gleichgewichts aus behandelt: die Bilanz wurde

---

[2]) Code de Commerce wurde ein Vorbild für den Code de Napoléon, der durch die Siege Napoléons über Europa verbreitet wurde. Wahrscheinlich inspirierten die Satzungen des Code de Napoléon die Verfasser des Deutschen Handelsgesetzbuches, das wieder ein Vorbild der entsprechenden Gesetze anderer Länder wurde. Als bezeichnend für die Einwirkung des französischen Gesetzes möchte ich erwähnen, daß ein so neues Gesetz wie Finnlands Buchhaltungsgesetz von 1925 deutliche Spuren seines ursprünglichen Vorbildes trägt. Wahrscheinlich hat der Code de Commerce auch einen Einfluß auf das englische und dadurch auch auf das amerikanische Gewohnheitsrecht (Common Law) ausgeübt.

in der Theorie im Sinne einer Vermögensbilanz aufgefaßt und die Gewinnermittlung als eine sekundäre Erscheinung erklärt.

Es ist fast sonderbar, daß eine neue, durch die veränderten wirtschaftlichen Verhältnisse bedingte Bilanztheorie nicht vor dem Jahre 1919 hervortrat. Ein hervorragender deutscher Forscher, Professor E. Schmalenbach in Köln, war der Mann, der dann als der erste Betriebswirtschaftler die Konsequenzen der neuen Wirtschaftsordnung zog und der Wissenschaft neue Wege zeigte. Prinzipiell verwirft er die von Savary formulierte statische Theorie von der Bilanz als einer Vermögensübersicht. Seiner Auffassung nach ist nicht die Vermögensermittlung, sondern die Erfolgsrechnung der Hauptzweck der Bilanz; die Bewertungsprobleme der Bilanz müssen daher hinsichtlich ihrer Rückwirkungen auf die Erfolgsrechnung diskutiert werden.

Seine neue Theorie stellte Schmalenbach in zwei Aufsätzen dar, die er in seiner „Zeitschrift für handelswissenschaftliche Forschung" veröffentlichte[3]). Seine Thesen bedeuteten in der Tat eine Umwälzung in der Theorie des Rechnungswesens: mit einem Schlage wurde das Interesse von der Sphäre des Vermögens zur Ertragssphäre verlagert.

In seinen Artikeln betonte Schmalenbach, daß unter neuzeitlichen Verhältnissen mit sehr labilen Wertmaßstäben kein Interesse an einer Vermögenswertbestimmung gegeben sei, wenn ein objektiver Grund für die Feststellung der Vermögenswerte fehle. Der Wert der ganzen Unternehmung könnte doch nicht dadurch bestimmt werden, daß die einzelnen Teilwerte der Aktiva und der Passiva addiert werden; der Wert der Unternehmung könnte nur durch eine Kapitalisierung des Nettoertrages festgestellt werden. Doch ist der Erfolg in der Erfolgsrechnung auch von den Bilanzwerten abhängig, und demzufolge wäre ein Versuch, Vermögen und Gewinn in derselben Rechnung festzustellen, ein Circulus Vitiosus, der keine Lösung des Problems bringt.

Die einzige rationale Lösung des Bilanzproblems wäre nach Schmalenbach eine konsequente Verwerfung des Zweckes der Vermögensermittlung durch die Bilanz. Der Hauptzweck der Bilanz ist nicht, das Vermögen zu zeigen, sondern die Werte zu absorbieren, die nicht in die Erfolgs-

---

[3]) Schmalenbach hatte allerdings seine Gedanken schon im Jahre 1909 angedeutet, erst 1919 aber war seine Theorie ausgebaut. Der erste Aufsatz wurde mit dem Titel „Grundlagen dynamischer Bilanzauffassung" (Z fhF., 1919, S. 1 ff.) veröffentlicht. Der zweite Aufsatz wurde mit dem Namen „Selbstkostenrechnung" (Z fhF., 1919, S. 257 ff.) abgedruckt. Nicht nur die in den Aufsätzen ausgesprochenen Gedanken, sondern auch die prinzipielle Zweiteilung des Problemkomplexes in zwei Gebiete, d. h. die bilanzmäßige und die kalkulatorische Erfolgsrechnung, war eine bedeutungsvolle Neuheit.

In weiten Kreisen wurden die zwei Aufsätze bemerkt, was Schmalenbach veranlaßte, sie in Buchform herauszubringen. Leider hat der Verfasser die neuen Auflagen nicht bis ins letzte systematisch durchgearbeitet; deshalb ist die Darstellung in den Büchern nicht so konsequent und leichtverständlich wie in den ursprünglichen Aufsätzen.

rechnung der Abrechnungsperiode eingeführt werden können. Dadurch wird die Bilanz ein Regulator der Erfolgsrechnung, und die Bewertungsprobleme der Bilanz sollen demzufolge vom Gesichtspunkte der Erfolgsrechnung aus behandelt werden.

Die von Savary stammende Theorie von der Bilanz als eines Momentbildes der Unternehmung in Ruhe, die alle früheren Arbeiten kennzeichnete, wird also von Schmalenbach prinzipiell als eine wirklichkeitsfremde Fiktion verworfen. Nicht die Unternehmung in Ruhe, sondern die Unternehmung in Tätigkeit als ein „Going concern" soll das Interesse der Forscher finden. Die wirtschaftlichen Verhältnisse des Betriebes sollen untersucht werden, nicht ein Vermögen, dessen Wert ohne Verkauf nicht exakt bestimmbar ist.

Auf Grund seiner prinzipiellen Auffassung entwickelte Schmalenbach auch eine Terminologie, die einen hervorragenden Einfluß auf die betriebswirtschaftliche Forschung (wenigstens in der deutschen Sprache) ausgeübt hat. Schmalenbach betonte, daß die Geldbewegungen in bar, das heißt die Ausgaben und Einnahmen in Geld, primäres Interesse haben und den Erfolg bestimmten. Da aber die Transaktionen in barem Geld oft während anderer Perioden gemacht werden, als sie in der Erfolgsrechnung erfaßt werden müssen, brauchen wir spezielle Begriffe, um die negativen und die positiven Komponenten darzustellen, welche den Erfolg für eine Periode ergeben. Für jene Begriffe führte Schmalenbach die Ausdrücke „Aufwand" für die negativen und „Ertrag" für die positiven Erfolgskomponenten ein[4]).

In dem Aufsatz über Zwecke und Methoden der Kostenrechnung betont Schmalenbach, daß auch die Kostenrechnung einer Terminologie bedarf, die sich in mancher Beziehung von den Begriffen der Buchführung und der Bilanz unterscheidet. Diese hat nämlich den Zweck, den Erfolg einer Periode im ganzen zu zeigen, während jene die Analyse des Erfolgs einer einzelnen Transaktion berücksichtigt. Die negativen Erfolgskomponenten der Buchführung und der Kostenrechnung sind deshalb nicht identische Begriffe; Schmalenbach reserviert darum das Wort „Kosten" ausschließlich für die Kostenrechnung. Anderseits treten in der Buchführung als „Aufwände" viele Posten auf, die keine Verbindung mit dem Betriebe an sich haben, sondern im Verhältnis zum Betriebserfolge exogen sind. Für solche Beträge hat Schmalenbach die Bezeichnung „Neutraler Aufwand" geschaffen. Schließlich gibt es auch Kosten, die zwar in der Kostenrechnung auftreten, die aber nicht in den Büchern geführt werden dürfen; diese Kosten sind von Schmalenbach „Zusatzkosten" genannt.

---

[4]) Schmalenbachs ursprüngliche Terminologie war: Aufwand — Leistung. Er ist aber später zu einer mehr adäquaten Terminologie übergegangen.

Schmalenbachs terminologische Ideen sind von ihm in folgendem Diagramm zusammengefaßt:

	Neutraler	Zweckaufwand	
Buchhaltung:	Aufwand	zugleich	Zusatzkosten
Kostenrechnung:		Kosten	

Diese terminologischen Unterscheidungen sind von allergrößter theoretischer und praktischer Bedeutung.

Der bilanztheoretische Realismus

Nachdem die Aufsätze Schmalenbachs geschrieben waren, entstand in Deutschland eine Inflation, die in ganz chaotischen Verhältnissen endete. Als eine Folge der allgemeinen Preissteigerung wurden dann die meisten Unternehmungen gezwungen, Maßnahmen zu ergreifen, um die negativen Folgen der Geldwertverschlechterung zu neutralisieren. Die meisten Maßnahmen solcher Art waren jedoch von zufälligem Charakter, und sie verloren auch ihre Bedeutung, sobald Deutschland zu einem neuen, auf Gold basierten Geld übergegangen war und die Bilanzen auf Renten- bzw. Goldmarkbasis umgerechnet wurden.

Unter den Theoretikern war das Interesse für diese Fragen sehr lebhaft, und viele Vorschläge wurden gemacht, um das Problem zu lösen. Man hatte doch wahrscheinlich ein Gefühl dafür, daß alle die vorgeschlagenen Maßnahmen für die Neutralisierung der von der Inflation verursachten Scheingewinne doch nur palliativ waren. Nach der Markstabilisierung verloren auch die Theoretiker meistenteils ihr Interesse für den Fragenkomplex.

Ein deutscher Betriebswirtschaftler, Professor F. Schmidt in Frankfurt, hatte jedoch eine so tiefgehende Einwirkung von den Ereignissen der Inflation erfahren, daß er die traditionelle, auf dem Nominalwert des Geldes basierende Buchführung verwerfen zu müssen glaubte. Statt der traditionellen Erfolgsrechnung empfahl er eine Rechnung, welche die Erhaltung der quantitativen Kapazität der Unternehmung erstrebt. Die früheren Rechnungsformen waren nach Schmidt auf einer fehlerhaften Prämisse von der Stabilität des Wertmessers gebaut. Diese Stabilität ist eine Chimäre auch in Zeiten relativer wirtschaftlicher Ruhe. Es ist darum die Gefahr vorhanden, daß eine Vermehrung des Nominalkapitals der Unternehmung nur ein Scheingewinn ist, dessen Auszahlung in Dividenden nicht nur der Unternehmung, sondern auch der Gemeinwirtschaft schadet. Nur die Unternehmung, so lautet die These Schmidts, die zu einer Vermehrung der in der Gemeinwirtschaft befindlichen Güter beigetragen hat, kann als gewinnschaffend angesehen werden[5]).

---

[5]) Diese soziale Einstellung ist als Motiv für die Benennung „organische Bilanz" angewendet. „Realismus" wäre m. E. eine bessere Bezeichnung.

Gewinn ist nach Schmidt nicht erzielt, wenn der Verkaufspreis einfach höher ist als der ursprüngliche Anschaffungspreis. Einen Gewinn kann die Unternehmung nur dann buchen, wenn der Unterschied zwischen dem Verkaufspreis und dem Wiederbeschaffungspreis des Umsatztages positiv ist. Daß etwa die Wertschätzung des Marktes in Nominalgeld ausgedrückt während der Lagerhaltung des Gutes gestiegen oder gesunken ist, ist nach Schmidt ohne Bedeutung. Erlöse aus Preisschwankungen, oder wie Schmidt sagt, ,,Gewinne am ruhenden Vermögen" sind vollkommen exogen in Bezug auf die Erfolgsrechnung des Betriebes und sollen demgemäß dem Kapitalkonto (oder einem speziellen Konto für Wertveränderungen) gutgebracht werden.

Es ist eine sonderbare Konsequenz des Realismus, daß eine Unternehmung, die einen ungünstigen Einkauf in Zeiten hoher Preise gemacht hat, und die Güter zu einem niedrigeren Preis verkauft, doch einen Gewinn erzielt hat, falls der Verkaufspreis höher ist als der Wiederbeschaffungspreis des Verkaufstages.

Bei einer Prüfung des Schmidtschen Gewinnbegriffes vom prinzipiellen Standpunkt aus wird man finden, daß es für Schmidt unmöglich ist, die spekulativen Gewinne und Verluste der Unternehmung in sein System einzupassen. Die Einflüsse der spekulativen Maßnahmen einer Unternehmung müssen deshalb als Erscheinungen ohne Zusammenhang mit dem Betriebe und demgemäß ohne Interesse für die Unternehmung angesehen werden.

Diese Auffassung ist immerhin diskutabel.

Vor allem kann doch die Unternehmung und damit auch der Betrieb nicht davon unberührt bleiben, daß das Kapital der Unternehmung durch (bewußte oder unbewußte) spekulative Maßnahmen vergrößert oder verringert wird. Diese Veränderungen der Schlagkraft müssen ja auch die ,,earning power" der Unternehmung und dadurch auch die Betriebsgebarung beeinflussen. Man könnte ja gewiss antworten, daß die Betriebswirtschaftslehre als Wissenschaft sich nicht mit der Spekulation befassen möchte, weil wir es hier mit einem irrationalen Faktor zu tun haben, der sich nicht durch eine rationale Erwägung und eine theoretische Analyse erklären läßt. Es mag ja so sein, aber doch bedeutet es nicht, daß der Erfolg einer spekulativen Tätigkeit aus der betriebswirtschaftlichen Diskussion gestrichen werden muß.

Es ist jedoch eine Tatsache, daß alle wirtschaftliche Tätigkeit auf einer Planung ruht, und daß in derselben immer eine Vermutung von einem zukünftigen Ereignis implicite eingegliedert ist, welche Vermutung richtig oder falsch sein kann. Die spekulative Idee ist in der Tat der Anfang aller Unternehmertätigkeit und Primus Motor des Geschäftslebens. Die Unternehmung ist kein mechanischer Apparat: Vorbedacht und eine visionäre Fähigkeit, die Zukunft richtig zu beurteilen, spielen eine entscheidende Rolle für den Erfolg der Unternehmung und bilden somit einen integrierenden Teil der Aufgaben der Leitung. Wird der spekulative Faktor von der Sphäre der betriebswirtschaftlichen und der rechnungstheoretischen Forschung ausgeschlossen, bedeutet es eine Einschränkung des wirtschaftlichen Forschungsgebietes zum Schaden der Wissenschaft.

Schmidts Idee von einer Zusammenschmelzung von „statischer" und „dynamischer" Betrachtungsweise ist ohne Zweifel von einem prinzipiellen Interesse. Schmidt schlägt vor, daß die Aktiven zu ihren wirklichen oder geschätzten Wiederbeschaffungswerten des Bilanztages in der Bilanz geführt werden, was durch eine Rückstellung auf der Passivseite der Bilanz in Bezug auf den Erfolg neutralisiert würde. Dadurch würde eine richtige Vermögensrechnung in der Bilanz erreicht ohne Rückwirkung auf die Erfolgsrechnung. Leider ist es mir unmöglich, diese Frage hier weiter zu erörtern; ich will nur als meine persönliche Ansicht sagen, daß es doch unmöglich ist, eine vollkommene Vermögensrechnung zu erreichen, ohne die positiven und negativen Goodwillwerte der Unternehmung in die Bilanz aufzunehmen. Das macht aber die Schmidt'sche Bilanz nicht; Schmidt gibt selbst zu, daß solche Werte außerhalb einer Vermögensrechnung bleiben.

Schmidt propagiert auch die These, daß der Erfolg der Unternehmung in dem Sinne berechnet werden sollte, daß die Stellung der Unternehmung in der Volkswirtschaft dargelegt wird. Die relative Erhaltung der Unternehmung soll die Aufgabe der Leitung sein. Meines Erachtens ist es nicht zweckmäßig, volkswirtschaftliche Rücksichten in eine betriebswirtschaftliche Diskussion einzuschalten. Die beiden Wissenschaften sollen getrennt sein, um ihre Forschungsaufgaben lösen zu können.

Man kann gegen Schmidt noch einwenden, daß der Wohlstand des Volkes nicht nur von materiellen Gütern bedingt ist; unsere Erfahrung zeigt ja doch, daß auch solche unmeßbaren Faktoren wie der Arbeitswille, das Können und die Organisationsfähigkeit des Volkes wenigstens ebenso bedeutungsvolle Faktoren in der Volkswirtschaft sind als die Gütermengen, die zur Verfügung stehen[6]).

Die nominalistische Theorie

Der bilanztheoretische Realismus ist mit so vielen prinzipiellen Schwachheiten behaftet, daß er eine leichte Beute seiner Gegner geworden ist. Allerdings erlebte die Schmidt'sche Theorie eine Hoch-

[6]) Ich möchte auch auf die neuzeitliche Erscheinung hinweisen, die die wirtschaftliche Lage der Unternehmung durch eine planmäßige Einschränkung der Bestände zu verbessern sucht. Diese Erscheinung kann nicht ohne weiteres mit den Thesen Schmidts gleichgesetzt werden.

konjunktur während der Inflationszeit, als alle Werte schwankten; sobald aber die Verhältnisse stabilisiert wurden, fing die Opposition an, diese Theorie zu kritisieren. Der zielbewußteste Angriff gegen das Lehrgebäude Schmidts wurde von Professor Wilhelm Rieger in Nürnberg (jetzt in Tübingen) geführt, der im Jahre 1928 mit einer Theorie hervortrat, die prinzipiell den Nominalwert des Geldes der Erfolgsrechnung zu Grunde legte. Weil die Rieger'sche Theorie nicht nur eine Kritik an dem Realismus ist, sondern auch viele positive Anregungen enthält, ist es meine Pflicht, hier von den Ansichten seiner Schule zu reden.

Nach Rieger ist alles Wirtschaften in unserer Zeit auf dem Gelde als einem gemeinsamen Nenner für die Messung des relativen Wertes der Dienste und der Güter aufgebaut. Ohne diesen vom Staate autorisierten Wertmesser wären alle wirtschaftlichen Wertschätzungen und damit auch unsere jetzige Wirtschaftsapparatur unmöglich. Man muß auch bemerken, daß die Schätzung des Wertes in Geld, die ein Bestandteil alles wirtschaftlichen Denkens ist, immer eine Präsumption der Stabilität und Objektivität des Geldes implicite voraussetzt. Manchmal entspricht zwar diese Präsumption nicht der Wirklichkeit, ohne sie wäre es jedoch unmöglich, in Geld zu denken und zu messen.

Die folgenden Äußerungen Riegers möchte ich als typisch wiedergeben:

„Die Wirtschaft — und damit die Buchführung und Bilanz als ihre Rechnungsmittel — hat sich des Geldes zu bedienen, das der Staat geschaffen hat, ganz gleich, wie es materiell begründet ist und welche Mängel es nach Ansicht eines doppelten Buchhalters aufweist. — — — — Mark ist gleich Mark. Diese These ist von solcher Wichtigkeit, daß mit ihrer Anerkennung die ganze Geldwertkorrektur in sich zusammenfiele. — — — — Wenn es sich um eine Geldrechnung handelt, dann kann der Erfolg nur in einem Mehr oder Weniger an Geld bestehen. — — — — Wenn der Satz „Mark ist gleich Mark" gilt, dann ist ein in Geld nachgewiesener Gewinn als echt anzusehen, auch während einer Inflation."[7]

Es ist ja doch eine Tatsache, daß die neuzeitliche Unternehmung, die ihren Betrieb ganz und gar auf den Verkauf ihrer Dienste und ihrer Güter gegen Geld aufgebaut hat, sich nicht von den Einwirkungen der Geldwertschwankungen befreien kann. Die verschuldete Unternehmung wird in Zeiten einer allgemeinen Preissteigerung von ihren Schulden realiter teilweise befreit, während die Kreditgeber einen Teil ihrer ursprünglichen Kaufkraft verlieren. Das ist die logische Folge eines wirtschaftlichen Mechanismus, der das Geld als Wertmesser und Tauschmittel verwendet.

Eine Buchhaltung auf Grund realistischer Ideen ist deshalb nur bei einer geschlossenen Hauswirtschaft möglich. Eine kaufmännische Unter-

---

[7] Rieger, Über Geldwertschwankungen, S. 7, 47 und 71.

nehmung ist doch nicht auf Selbstwirtschaften, sondern auf Kauf und Verkauf gegründet, um dem Unternehmer und der Gefolgschaft ein Geldeinkommen zu beschaffen. Deshalb ist der bilanztheoretische Realismus eine Contradictio in Adjecto.

Außerhalb der theoretischen Bedenken, welche die Nominalisten gegen Schmidts Thesen anführen, seien noch einige Beschränkungen der praktischen Verwendbarkeit des Realismus angeführt.

Erstens setzt der Realismus voraus, daß die in der Buchführung erfaßten Werte unaufhörlich geändert werden. Das ist praktisch vollkommen unmöglich, und demzufolge kann die realistische Theorie nicht bis in ihre äußersten Konsequenzen angewendet werden.

Zweitens ist die Prämisse von einer stetigen Wiederbeschaffung falsch. In der Tat findet manchmal keine Wiederbeschaffung statt; schon die technische Entwicklung verursacht ja eine veränderte Anschaffung von Material und Anlagen. Dann kann man aber nur in Nominalgeld rechnen.

Schmidts These von der Aufrechterhaltung der quantitativen Kraft der Unternehmung gilt als Norm des Handelns nur in einem sehr seltenen Falle: wenn ein Verkauf unmittelbar durch einen Kauf gedeckt wird. In allen übrigen Fällen entstehen Differenzen als Folge der Preisschwankungen auch bei Schmidts Verfahrensweise. Das gilt sowohl für Bestände von Materialien und Produkten als auch für Anlagewerte.

Das Gesagte sei mit einem einfachen Beispiele veranschaulicht. Angenommen, daß eine Anlage 10 000 RM. gekostet hat, und daß wir eine Abschreibung von von 20 v. H. p. a. auf den Anschaffungswert berechnen; dann würde ja die ganze Anlage in fünf Jahren vollkommen abgeschrieben und das Kapital in bar wiederhergestellt. Tritt eine Preissteigerung ein, welche die Preise Jahr für Jahr in arithmetischer Progression erhöht, dann hat die Unternehmung nicht genügend Geld, um eine neue Anlage einzukaufen, wenn die Abschreibung in Nominalgeld berechnet ist. Dieses Problem wird aber auch von Schmidt nicht gelöst. Nach den fünf Jahren soll die Anlage einen Wiederbeschaffungspreis von 160 000 RM. haben, als akkumulierte Abschreibungen wären aber nur 62 000 RM. für die Abschreibung reserviert. Die Abschreibung entwickelt sich nach Schmidt in folgender Weise:

Jahr	Wiederbeschaffungs-wert	Jährliche Abschreibung (20% des Wieder-beschaffungspreises)	Akkumulierte Abschreibung
	RM	RM	RM
1.	10 000,—	2 000,—	2 000,—
2.	20 000,—	4 000,—	6 000,—
3.	40 000,—	8 000,—	14 000,—
4.	80 000,—	16 000,—	30 000,—
5.	160 000,—	32 000,—	62 000,—

9

Wir sehen an diesem absichtlich überspitzten Beispiel, daß ein Buchhalter nicht vor den Folgen der Preisveränderungen entfliehen kann, auch wenn er genau die Anweisungen von Schmidt befolgt. Auch jene Unternehmung muß sich dem Kapitalmarkte zuwenden, um Kapital für die Wiederbeschaffung zu bekommen.

Leider habe ich nicht Zeit, einen Vergleich zwischen Realismus und Nominalismus durchzuführen. Ich will nur als eine persönliche Bemerkung sagen, daß ich geneigt bin, den Nominalismus mit der Ergänzung zu vertreten, daß die Gedankenwelt des Realismus viele wertvolle Anregungen enthält, die zu beachten sind, wenn große Preisschwankungen hervortreten. Diese dürfen jedoch nicht generell und schematisch behandelt werden; sie müssen einzeln in ihrer jeweiligen wirtschaftlichen Bedeutung analysiert werden.

Es wäre Rieger gegenüber unrecht, nur von seiner Kritik an dem Realismus zu sprechen und seine positiven Ideen zu übersehen. Rieger hat nämlich die Idee Schmalenbachs von der Totalbilanz als der einzigen theoretisch richtigen Bilanz fortentwickelt in der Richtung, daß er die Richtigkeit der Zwischenbilanzen prinzipiell verneint.

Alle Jahresbilanzen beruhen nach Rieger auf Schätzungen der Zukunft, welche keine objektive Gültigkeit haben, sondern nur auf subjektiven Vermutungen beruhen. Sämtliche Jahresbilanzen und demzufolge auch die jährlichen Erfolgsrechnungen sind also auf Hypothesen aufgebaut, die manchmal falsch sind. Die Konsequenz dieser These ist, daß wir keine objektiven Maßstäbe für die Bilanzierung finden; immer muß das persönliche subjektive Urteil über zukünftige Ereignisse eine maßgebende Bedeutung haben.

Amerikanische Kostentheorien

Im Vergleich zu der lebhaften deutschen Diskussion über die Bilanzierungsprobleme ist die amerikanische Bilanzliteratur ziemlich dogmatisch. In der Regel sind die amerikanischen Verfasser damit zufrieden, sich auf traditionelle Prinzipien oder auf die allgemeine Praxis zu berufen. „Conservative principles" ist ja ein gewöhnliches Schlagwort in Amerika. Die Ursache ist gewissermaßen eine typisch amerikanische, pragmatische Auffassung, die keinen Raum für abstrakte Begriffsbildungen und Definitionen läßt. Aber dazu kommen noch einige für die amerikanische Wirtschaft typische Erscheinungen, die das Interesse der amerikanischen Theoretiker auf andere Gebiete geleitet haben.

Wir dürfen nicht vergessen, daß die Vereinigten Staaten im Verhältnis zu den europäischen Ländern ein homogenes Konsumationsgebiet auf einem Kontinent bilden, wo keine politischen Grenzen die Werbung großer Käufermassen verhindern. Die amerikanischen Anti-Trustgesetze machen es auch unmöglich, eine Kartellierung des Marktes durchzuführen und die Preisstellung der Unternehmungen einer Branche zu kontrollieren. Die Kostenanalyse und die Preispolitik haben deshalb eine dominierende Stellung erhalten sowohl bei den Praktikern als auch bei den Theoretikern.

Diese Verhältnisse sind noch dadurch akzentuiert, daß die öffentliche Kontrolle der „Public Utilities" eine genaue Kostenrechnung gefordert hat, wobei die „Interstate Commerce Commission" eine bedeutende Rolle für die Entwicklung der Kostenideen gehabt hat[8]).

Die folgende Darstellung ist darum auf einige typische amerikanische Ideen von den Kostenproblemen konzentriert.

Ein Gebiet, wo die größten Abweichungen zwischen amerikanischen und europäischen Gedankengängen erscheinen, ist die Frage von dem Kostencharakter des Zinses. In Europa ist es üblich, den Zins (wenigstens den bezahlten Zins) als eine Kostenart unter anderen zu betrachten, der prinzipiell zu derselben Kostenkategorie zu rechnen ist wie zum Beispiel die Abschreibungen. In Amerika ist man dagegen der Auffassung, daß die Zinsen überhaupt nicht als Kosten aufzufassen sind.

Dem Europäer ist die amerikanische Auffassung fremd; bei einem Studium der amerikanischen Theorie wird man aber darin sehr berechtigte Gesichtspunkte finden. Meines Erachtens haben die Amerikaner in der Tat neues Licht in einige zentrale Kostenprobleme gebracht. Ich möchte hier die amerikanische Auffassung kurz wiedergeben.

Die Amerikaner geben zu, daß der Zins ein bedeutungsvoller Kostenfaktor ist, aber nur so lange wie die Kapitaldisposition frei ist und die Kaufkraft des Kapitales sich nach vielen Seiten richten kann. Die Kaufkraft des Kapitales wird dann von der ertragsfähigsten Anwendung angezogen; jenes potentiale Einkommen wird dann während der Planung als ein Kostenfaktor, der Zins als ein Teil der Kosten des Betriebes aufgefaßt. Sobald aber das Kapital in Anlagen und in Stoff- und Warenvorräten gebunden ist, verliert der Zins seine Relevanz als Kostenfaktor. Er ist nicht mehr ein für die Fertigung notwendiger Aufwand; er ist nicht als eine gewöhnliche Kostenart, sondern als ein Teil des budgetierten Gewinnes aufzufassen, den die Kapitalisten (die Besitzer sowohl als die Kreditgeber) von dem Betriebe erwarten. Da der Zins als budgetiertes Einkommen aufgefaßt ist, so folgt daraus, daß er nicht in die Bilanzwerte übernommen werden darf. Ein solches Verfahren würde nämlich eine Inflation der Bilanzwerte bedeuten, die Scheingewinne in der Erfolgsrechnung schafft; auch die Einführung von Fremdzinsen in die Bilanzwerte bedeutet nach amerikanischer Auffassung eine Gewinninflation.

---

[8]) Es ist bezeichnend, daß der größte Denker Amerikas auf dem Gebiete der Kostenrechnung, Professor J. M. Clark, seine Erfahrungen gerade bei Untersuchungen der Kosten- und Preisprobleme der Eisenbahnen gewonnen hat.

Diese amerikanische Auffassung, die nunmehr in den Vereinigten Staaten allgemein anerkannt ist, ist für die Klarlegung des Kostenbegriffes von so großer Bedeutung, daß man es bedauern muß, daß man nicht in Europa diese Abweichung stärker beachtet hat. Wir Europäer haben in der Tat viel von den Amerikanern in dieser Hinsicht zu lernen.

Auch in einer anderen Hinsicht ist man in Amerika mehr in der Entwicklung vorgeschritten als bei uns in Europa. Es handelt sich um die Normalkostenrechnung, die heute in Amerika allgemeine Verwendung findet.

Die amerikanische Auffassung soll in einigen kurzen Worten erläutert werden. Die Leistungen der Unternehmung bedürfen in der Regel einer Vorbereitung. Diese Vorbereitung um der Bereitschaft willen verursacht einen Aufwand von Kapital. Es ist in dieser Beziehung von Bedeutung, daß der von der Bereitschaftsstellung benötigte Kapitalverzehr in eine bestimmte Relation zu den endgültigen Leistungen gebracht wird, die man entsprechend der Vorleistung erwartet. Der von der Vorbereitung beanspruchte Kapitalverzehr soll demzufolge auf die Leistungen in Übereinstimmung mit dem ursprünglichen Budget verteilt werden. Als eine Konsequenz dieser Auffassung werden die Zuschlagskosten in gleichen Beträgen und unberührt vom Beschäftigungsgrad des Betriebes auf die Leistungen verteilt und von den Kostenstellen und Kostenträgern absorbiert.

Doch werden die jährlichen Aufwände der Bereitschaft als negative Erfolgskomponenten der Buchhaltung periodisch erfaßt ohne Rücksicht auf die Kostenabsorption. Die Folge davon sind Differenzen in den Konten des Aufwandes, sobald die Beschäftigung des Betriebes nicht mit der budgetierten Beschäftigung übereinstimmt (d. i. ein Sollsaldo = Kostenunterdeckung, wenn der Betrieb unterbeschäftigt, und ein Habensaldo = Kostenüberdeckung, wenn der Betrieb über die als normal budgetierte Produktionsintensität hinaus beschäftigt gewesen ist). Diese Differenzen werden von den Amerikanern nicht als Kosten anerkannt, sondern sie werden direkt in die Erfolgsrechnung als außerhalb der Kostenabrechnung stehende Aufwände gegen die Erträge geführt.

Die Kostenrechnung arbeitet daher immer mit Zuschlägen die proportional zur Produktionsmenge sind. Die letzte Konsequenz dieser Doktrin ist dann, daß die Kostenrechnung gar keine fixen Kosten kennt; nur in der Buchführung werden feste Aufwände erfaßt.

Der Urheber dieser Doktrin ist vielleicht A. Hamilton Church, der im Jahre 1910 seine Thesen veröffentlichte. Im Jahre 1917 wurde die Theorie von Clinton S. Scovell in die Buchhaltung eingegliedert, erst 1923 wurde sie aber von J. M. Clark in seinem Buche: „Economics of Overhead Costs" wissenschaftlich begründet. Jetzt ist sie in Amerika allgemein anerkannt.

12

Nur hinsichtlich des Einflusses dieser Theorie auf die Bilanzwerte ist man in Amerika nicht vollkommen einig. Sollen die Differenzen auf die Bilanzwerte einwirken oder nicht? Mir scheint, daß, falls man einen Aufwand nicht als Kosten anerkennt und also außerhalb der Kostenrechnung führt, man ihn auch nicht auf die Bilanzwerte Einfluß haben lassen darf. Die Folge davon wären niedrigere Bilanzwerte in Zeiten von Unterbeschäftigung und höhere Bilanzwerte in Zeiten von Überbeschäftigung, als wenn wir das traditionelle Divisionsverfahren verwenden würden. Bei einer Überbeschäftigung müßten die zu hohen Bilanzwerte durch eine Rückstellung in der Bilanz neutralisiert werden, um Scheingewinne zu vermeiden.

Das Gesagte möchte ich an einem schematischen Beispiel verdeutlichen. Angenommen, eine Unternehmung habe jährlich feste Aufwände von RM 200 000, die nach dem ursprünglichen Budget auf eine Produktion von 100 000 Leistungseinheiten zu verteilen waren. In dem ersten Jahre produziert jedoch die Unternehmung nur 50 000 Einheiten, im zweiten Jahre steigt die Produktion auf 200 000 Einheiten. Die Produkte werden nicht im entsprechenden Jahre verkauft, sondern befinden sich am Ende des Jahres auf Vorrat.

Nach traditioneller Auffassung sind die Herstellungskosten insgesamt RM 200 000 in den beiden Jahren, was bedeutet, daß die Einheitskosten im ersten Jahre 4 RM pro Einheit und im zweiten Jahre 1 RM pro Einheit sind. Nach prognostischer Auffassung[9]) sind die Einheitskosten 2 RM pro Leistung in den beiden Jahren, was Bilanzwerten von bzw. RM 100 000 und 400 000 entspricht. Dann entsteht im ersten Jahre ein Verlust von RM 100 000 und im zweiten Jahre ein formeller Gewinn von RM 200 000, welche durch eine entsprechende Rückstellung in der Bilanz neutralisiert wird.

Der Vorgang ist in zwei Beilagen kontenmäßig und graphisch veranschaulicht.

Ich bin überzeugt, daß die erwähnten amerikanischen Anschauungen von dem Kostenbegriff bei uns in Europa wenig bekannt und noch weniger anerkannt sind. Und doch hat Schmalenbach schon 1919 den Weg für eine Verständigung gezeigt. Die Schmalenbach'sche Begriffsunterscheidung: Neutraler Aufwand — Zweckaufwand — Zusatzkosten gibt meines Erachtens den Schlüssel zu einem gegenseitigen Verständnis zwischen amerikanischer und europäischer betriebswirtschaftlicher Theorie: die bei ungenügender Beschäftigung als Unterdeckung verbleibenden Aufwendungen für die nichtabsorbierte Produktionskapazität müssen als „Neutraler Aufwand" und die bei übernormaler Beschäftigung als Überdeckung zusätzlich verrechneten Kosten für die über-

_____

[9]) Die Benennung „prognostisch" ist am Ende des Vortrages erklärt.

absorbierte Bereitschaft müssen als „Neutraler Ertrag" aufgefaßt werden. Die bezahlten Zinsen (Fremdzinsen) müssen außerhalb der Kostenstellen in der Buchhaltung als „Neutraler Aufwand" geführt werden und die kalkulierten Zinsen (Eigen- und Fremdzinsen) als Zusatzkosten in die Kostenrechnung eingeführt werden.

Die amerikanische Auffassung ist somit von der europäischen nicht so entfernt, wie man vielleicht glaubt. Der Unterschied liegt nur darin, daß die Amerikaner als Praktiker realisiert haben, was ein deutscher Theoretiker im Jahre 1919 vorausgesagt hatte: die systematische Zweiteilung des Rechnungswesens in Bilanzlehre und Kostenlehre. Diese Zweiteilung ist meines Erachtens von allergrößter theoretischer und praktischer Bedeutung, denn nur dadurch können wissenschaftliche Forschung und praktische Anwendung der Forschungsergebnisse von dogmatischen Anschauungen freigemacht werden.

Deutsche und amerikanische Rechnungstheorien im Vergleich

Wenn ein außenstehender Forscher die deutschen und die amerikanischen Auffassungen von den Rechnungsproblemen vergleicht, überrascht es ihn, wie typisch deutsch und typisch amerikanisch das Forschertum in den beiden Ländern ist.

Man hat gesagt, und mit Recht, daß man hier zwei verschiedenen Kultursphären begegnet, die von verschiedenen Gesichtspunkten betrachtet werden müssen. Die Deutschen sind ja immer Systembauer gewesen, und die deutsche Betriebswirtschaftslehre hat in Übereinstimmung mit deutschen akademischen Traditionen ein augenscheinlich philosophisches Gepräge und erhebt den Anspruch auf ein festes Begriffsgebäude. Man kann dabei auch eine Neigung zu metaphysischer Spekulation finden.

Außerdem finden wir in den deutschen Werken eine Neigung, volkswirtschaftliche Ideen und Theorien zu verwenden, die manchmal nicht für die Betriebswirtschaft angepaßt sind[10]).

---

[10]) Das ist zum Beispiel mit Schmalenbach der Fall. Die folgende Äußerung in seiner „Dynamischen Bilanz" sei als typisch zitiert:

„Mit dem hier verfolgten Erziehungsideal hängt es zusammen, daß ich es grundsätzlich ablehne, im Kaufmann den Profitmacher zu sehen; er mag tatsächlich in sehr vielen Fällen nichts anderes sein, aber diese Seite berührt mich nicht. Ich sehe im Kaufmann das mit Wirtschaften betraute Organ der Gesamtwirtschaft."

Dem Verfasser ist diese Auffassung fremd. Seines Erachtens soll eine Wirtschaftswissenschaft nur die Wirklichkeit suchen und untersuchen, sie darf aber nicht eine Phantasiewirtschaft konstruieren, die vielleicht irgendwelchen moralischen Anschauungen entspricht, die aber doch weit von der Wirklichkeit entfernt ist. Nicht das Soll, sondern das Ist zu finden und darzustellen, soll das Ziel jeder Sozialwissenschaft sein; diese Regel muß auch in der betriebswirtschaftlichen Forschung und Erziehung gefolgt werden.

Zum Unterschiede von dem deutschen Betriebswirtschaftler ist der amerikanische Accountant ein typischer Pragmatiker, den Begriffsunterscheidungen und Definitionen ohne „praktischen" Wert nicht interessieren. Aus dieser Einstellung folgt selbstverständlich eine gewisse oberflächliche Problemstellung und eine auffallende Neigung zur Dogmatik und Axiomatik. Doch wird die amerikanische Forschungsweise von einer Klarheit und einem Wirklichkeitsgefühl gekennzeichnet, die nur ein lebendiger Kontakt mit dem wirklichen Leben außerhalb der Studierstube geben kann.

Deshalb ist es unmöglich, die beiden Forschungsgebiete in Beziehung zu setzen; vielmehr müssen wir die relative Bedeutung beider anerkennen. Beide haben wertvolle Beiträge der Wissenschaft gegeben, wobei eben die Problemstellung von einer sehr großen Bedeutung gewesen ist. Ohne die deutsche Systematik und ihr logisches Gedankengebäude hätte die Betriebswirtschaftslehre nicht ein wissenschaftliches Niveau nach europäischem Standard gefunden. Aber auch die amerikanische induktive Methode hat Vieles geleistet.

Im Interesse der wissenschaftlichen Entwicklung ist es deshalb erwünscht, daß ein besserer Kontakt zwischen den betriebswirtschaftlichen Forschern beider Länder erreicht wird. Man kann schon Ansätze hierzu feststellen, wovon viele Aufsätze in den Fachzeitschriften Zeugnis geben[11]). Einzelne Artikel können jedoch nicht die Kluft zwischen amerikanischer und deutscher Forschung überbrücken; dazu bedarf es eines „Hineinhorchens" durch Literaturstudium und persönlichen Erfahrungsaustausch. Kürzlich hat ein deutscher Forscher, Professor Mellerówicz, gezeigt, wie wertvoll eine Synthese von deutschen und amerikanischen Auffassungen ist[12]).

Es scheint mir, daß unsere Wissenschaft nur durch eine Zusammenarbeit von deduktiven und induktiven Forschungsmethoden vorwärts gehen kann. Wir brauchen die Deduktion für die Klarlegung der Begriffe, wir bedürfen aber auch der Induktion, um die Probleme und das Forschungsmaterial zu finden. Logischer Gedanke und systematisierte Erfahrung müssen vereint sein, um den besten Erfolg zu geben; beide Forschungsmethoden ergänzen somit einander. Es ist ja kein Zufall, daß die zwei größten Denker der Rechnungstheorie, Schmalenbach und Clark, beide wertvolle Anregungen durch praktisch-induktive Studien bekommen haben.

---

[11]) In Deutschland sind auch zwei gute Darstellungen der amerikanischen Verhältnisse in Buchform erschienen. Ein junger Amerikaner, Dr. Sweeney, hat auch kürzlich die deutschen Ideen der Tageswertrechnung seinen Landsleuten vorgestellt. Siehe das Literaturverzeichnis.

[12]) Die beiden letzten Bände seiner „Kosten und Kostenrechnung".

Als eine Sozialwissenschaft kann die Betriebswirtschaftslehre nicht stillstehen; die Dynamik der Wirtschaft schafft ja immer neue Probleme und neue Problemstellungen. Vieles ist von den Forschern schon geleistet worden, aber noch mehr muß geleistet werden. Unter den zentralen Problemen der Forschung möchte ich den Gewinnbegriff nennen, der noch nicht eine eindeutige Definition hat. Die Frage von dem potentialen Einkommen als einer Kostenart in der Betriebswirtschaft (was die Amerikaner „opportunity cost" nennen) ist auch nicht genügend von den Forschern untersucht worden; eine Klarstellung dieses Problemkomplexes würde neues Licht auf den Kostenbegriff werfen.

Auch die Budgetidee, die ja auf einer induktiven Erfahrung aufbaut, muß in das rechnungstheoretische System als ein wichtiger Teil desselben eingeführt werden. Alles Wirtschaften ist, wie vorher gesagt, eine Planung, das Vergangene (Buchführung) muß daher mit der Zukunft (Kostenrechnung) durch den Wirtschaftsplan (Budget) vereint werden[13]).

Vor allem muß noch einmal betont werden, daß die Betriebswirtschaftslehre eine Sozialwissenschaft ist, mit gleicher Betonung auf den beiden Teilen des Wortes. Die Betriebswirtschaftler müssen immer Kontakt mit dem Leben halten, um zu vermeiden, wirklichkeitsfremde Hypothesen zu bilden. Das wissenschaftliche Ziel, die Wahrheit durch systematische Forschung zu finden, darf nimmer vergessen werden. Die Wahrheit suchen, heißt die Wirklichkeit finden.

---

[13]) Der Vortragende hat den Versuch gemacht, die Budgetidee in sein rechnungstheoretisches System einzubauen. Daher nennt er seine Theorie „prognostisch". Laut der prognostischen Auffassung soll das Rechnungswesen in drei Gebiete aufgeteilt werden, die alle drei gegenseitig verbunden sind: Budget, Buchhaltung und Kostenrechnung. Die entsprechende Dreiteilung der allgemeinen Rechnungstheorie in drei Forschungsgebiete mag folgenderweise dargestellt werden:

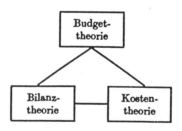

Mellerowicz hat in seiner „Kostenrechnung" eine Vierteilung des Rechnungswesens vorgeschlagen, und zwar in Budget, Buchhaltung, Kostenrechnung und Statistik. Diese Einteilung mag für didaktische Zwecke wertvoll sein, da ja statistische Darstellungsmethoden sehr oft in der Praxis verwendet werden, um die Ziffern der Buchführung und der Kostenrechnung zu verdeutlichen. Als Wissenschaft ist aber die Statistik der Betriebswirtschaft fremd. Nicht Massenbeobachtung, sondern Analyse von betriebswirtschaftlichen Einzelerscheinungen ist die Aufgabe des Rechnungswesens.

Beilage 1
Vergleich der traditionellen und der prognostischen Kostenauffassung

A. Traditionelle Auffassung
1. Jahr

Aufwand		Kostenstelle		Kostenträger		Bilanz	
Von Kasse, Abschreibungen usw.						(50 000 Einh. à 4/-)	
RM 200 000	RM 200 000	RM 200 000	RM 200 000	RM 200 000	RM 200 000	RM 200 000	RM 200 000

Erfolg

— | —

2. Jahr.

Aufwand		Kostenstelle		Kostenträger		Bilanz
Von Kasse, Abschreibungen usw.						(200 000 Einh. à 1/-)
RM 200 000	RM 200 000	RM 200 000	RM 200 000	R M 200 000	RM 200 000	RM 200 000

Erfolg

— | —

B. Prognostische Auffassung
1. Jahr

Aufwand		Kostenstelle		Kostenträger		Bilanz
Von Kasse, Abschreibungen usw.						(50 000 Einh. à 2/-)
RM 200 000	RM 100 000 →	RM 100 000	RM 100 000 →	RM 100 000 →	RM 100 000 →	RM 100 000
	RM 100 000 –	Schwankungen i. d. Beschäftigungsgrad				Erfolg
Unterbeschäftigung	↳ RM 100 000	RM 100 000	RM 100 000 ——————————→			RM 100 000

17

2. Jahr

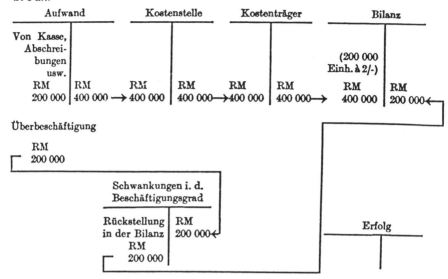

Beilage 2

Die prognostische Rechnungstheorie graphisch dargestellt

A. Unterdeckung der Aufwände

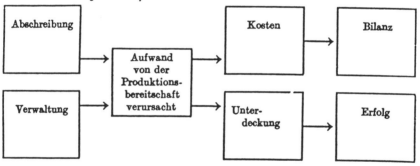

B. Überdeckung der Aufwände

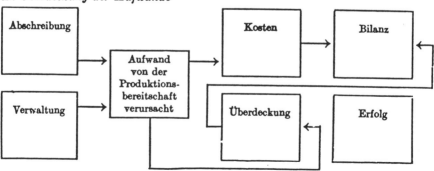

Literaturverzeichnis

Da es unmöglich ist, in einem kurzen Vortrag eine vollständige Darstellung aller Auffassungen in beiden Ländern zu geben, hat der Vortragende das folgende Verzeichnis von deutschen und amerikanischen Werken zusammengestellt, um dem interessierten Leser eine Anleitung zu geben. Das Verzeichnis ist keine vollständige Bibliographie der betriebswirtschaftlichen Literatur, es hat nur die Absicht, eine Orientierung zu sein.

Deutsches Schrifttum
Deutsche Arbeiten von amerikanischen Verhältnissen

E. Studt, Die privatwirtschaftliche Erfolgsrechnung in den Vereinigten Staaten von Amerika. Bühl-Baden, Konkordia, 1935.

K. Schmaltz, Die Bilanz- und Betriebs-Analyse in Amerika. Stuttgart, Poeschel, 1927.

Allgemeine Orientierung in der Betriebswirtschaft

H. Großmann, Der Jahresabschluß der Aktiengesellschaft. Berlin, Spaeth & Linde, 1938.

K. Hax, Der Gewinnbegriff in der Betriebswirtschaftslehre. Leipzig, Gloeckner, 1926.

G. Krüger, Die Bewertung beim Jahresabschluß industrieller Unternehmungen. Stuttgart, Poeschel, 1937.

H. Nicklisch, Wirtschaftliche Betriebslehre. Stuttgart, Poeschel, 1922.

K. Schmaltz, Betriebsanalyse. Stuttgart, Poeschel, 1929.

F. Schönpflug, Das Methodenproblem in der Einzelwirtschaftslehre. Stuttgart, Poeschel, 1933.

H. Sieber, Objekt und Betrachtungsweise der Betriebswirtschaftslehre. Leipzig, Scholl, 1931.

E. Walb, Zur Dogmengeschichte der Bilanz von 1861—1919. In Festschrift für Eugen Schmalenbach. Leipzig, Gloeckner, 1933.

A. Speck, Grundsätze für die Berechnung der Rentabilität industrieller Unternehmungen. Berlin, Eisner, 1935.

Allgemeine bilanztheoretische Werke

A. Hertlein, Die Kapital- und Erfolgsrechnung als Grundlage der Wirtschaftlichkeitsmessung. Stuttgart, Poeschel, 1929.

A. Hoffmann, Der Gewinn der kaufmännischen Unternehmung. Leipzig, Buske, 1929.

K. Lehrer, Der Bilanzvergleich. Berlin, Junker & Dünnhaupt, 1935.

F. Niederauer, Bilanzwahrheit und Bilanzdelikte. Berlin, Junker & Dünnhaupt, 1937.

K. Seidel, Grundlagen und Funktionen der Buchhaltung. Berlin, Heymann, 1933.

H. Trumpler, Die Bilanz der Aktiengesellschaft nach neuem Aktien- und Steuerrecht. Berlin, de Gruyter, 1937.

Anhänger der dynamischen Bilanzauffassung

E. Schmalenbach, Dynamische Bilanz. Leipzig, Gloeckner, mehrere Auflagen.

Derselbe, Selbstkostenrechnung und Preispolitik. Leipzig, Gloeckner, mehrere Auflagen.

Derselbe, Goldmarkbilanz. Berlin, Springer, 1922.

W. Mahlberg, Der Tageswert in der Bilanz. Leipzig, Gloeckner, 1925.

K. Walb, Die Erfolgsrechnung privater und öffentlicher Betriebe. Berlin, Spaeth & Linde, 1926.

2*

19

Anhänger des Realismus

F. Schmidt, Die organische Tageswertbilanz. Leipzig, Gloeckner, 1929.

Derselbe, Kalkulation und Preispolitik. Berlin, Spaeth & Linde, 1930.

Derselbe, Betriebswirtschaftliche Konjunkturlehre. Berlin, Spaeth & Linde, 1933.

W. C. Hauck, Bilanztheorien. Bühl-Baden, Konkordia, 1933.

W. C. Hauck, Der Betriebsvergleich. Bühl-Baden, Konkordia, 1933.

Anhänger des Nominalismus

W. Rieger, Einführung in die Privatwirtschaftslehre. Nürnberg, Krische, 1928.

Derselbe, Schmalenbachs dynamische Bilanz. Stuttgart, Kohlhammer, 1936.

Derselbe, Über Geldwertschwankungen. Stuttgart, Kohlhammer, 1938.

E. Enderlen, Nominale und reale Bilanz. Stuttgart, Kohlhammer, 1936.

H. Holzer, Zur Axiomatik der Buchführungs- und Bilanztheorie. Stuttgart, Kohlhammer, 1936.

M. Miller, Die Berücksichtigung von Geldwertschwankungen in Buchhaltung und Bilanz. Nürnberg, Krische, 1932.

Sonstige Gebiete des Rechnungswesens

K. Bores, Konsolidierte Erfolgsbilanzen. Leipzig, Gloeckner, 1935.

A. Hoffmann, Die Konzernbilanz. A. Deichert'sche Verlagsbuchhandlg. Dr. W. Scholl, Leipzig, 1930.

M. Lohmann, Das Rechnungswesen der Kartell- und Gruppenwirtschaft. Berlin, Springer, 1937.

R. Winkelmann, Die Gewinn- und Verlustrechnung in Konzernen. Berlin, Junker & Dünnhaupt, 1936.

M. Lohmann, Der Wirtschaftsplan der Unternehmung. Verlag Leopold Weiß, Berlin 1930.

K. Mellerowicz, Kosten- und Kostenrechnung. Berlin, de Gruyter, 1932 und 1936. 2 Teile in 3 Bänden.

E. Michel, Handbuch der Plankostenrechnung. Berlin, Eisner, 1937.

Sammelwerke

K. Meithner, Die Bilanzen der Unternehmungen. Berlin, Heymann, 1933.

K. Nicklisch, Handwörterbuch der Betriebswirtschaft. 5 Bände. Stuttgart, Poeschel, 1926—1928. Eine neue Auflage in Vorbereitung.

Zeitschriften

Zeitschrift für handelswissenschaftliche Forschung. Leipzig, Gloeckner.

Die Betriebswirtschaft. Stuttgart, Poeschel.

Amerikanisches Schrifttum

Bilanztheoretische Bücher

J. B. Canning, The Economics of Accountancy. New York, Ronald, 1929.

C. B. Couchman, The Balance Sheet. New York, The American Institute Publishing Company, 1924.

H. A. Finney, Principles of Accounting, I—II. New York, Prentice-Hall, mehrere Auflagen.

H. R. Hatfield, Accounting, New York, Appleton, 1927.

R. B. Kester, Accounting, I—III. New York, Ronald, mehrere Auflagen.

P. Mason, Principles of Public-Utility Depreciation. Chicago, American Accounting Association, 1937.

W. A. Paton, Accounting. New York, Macmillan, 1924.

W. A. Paton and R. A. Stevenson, Principles of Accounting. New York, Macmillan, 1921.

T. H. Sanders, H. R. Hatfield, and Moore, A Statement of Accounting Principles. New York, The American Institute Publishing Company, 1938.

Scott, Theory of Accounts. New York, Holt, 1925.

H. R. Sweeney, Stabilized Accounting. New York, Harper, 1936.

Kostentheoretische und -technische Bücher

E. Camman, Basic Standard Costs. New York, American Institute Publishing Company, 1933.

E. Chamberlin, The Theory of Monopolistic Competition. Cambridge, Mass., Harvard University Press, 1933.

A. H. Church, Overhead Expense. New York, Mc Graw-Hill, 1930.

J. M. Clark, The Economics of Overhead Costs. Chicago, Chicago University Press, 1923.

J. L. Dohr, Ingraham, and Love, Cost Accounting. New York, Ronald, 1935.

W. B. Lawrence, Cost Accounting. New York, Prentice-Hall, 1937.

C. Reitell and Johnston, Cost Accounting, Verlag ist unbekannt.

C. H. Scovell, Cost Accounting and Burden Application. New York, Appleton, 1917.

Sammelwerke

L. P. Alford, Cost and Production Handbook. New York, Ronald, 1934.

W. A. Paton, Accountants' Handbook. New York, Ronald, 1933.

Zeitschriften

The Journal of Accountancy. 135 Cedar Street, New York City.

The Accounting Review. 6525 Sheridan Road, Chicago, Illinois.

21

Teorie tedesche e americane sulla contabilità *)

Quando, nel 1494, Pacioli scrisse il suo celebre trattato sul sistema della contabilità a partita doppia, non era sua intenzione di esprimere un qualsiasi nuovo concetto sui principii della contabilità. Esso si proponeva di descrivere soltanto la tecnica che s'era formata in Italia nell'epoca del Rinascimento. Tuttavia il libro fu usato, per quasi due secoli, come modello per tutti i libri d'insegnamento della contabilità a partita doppia ed i suoi sporadici commenti sul bilancio e sui problemi di valutazione, ebbero, di conseguenza, una grande influenza sulla interpretazione teoretica dei contabili di allora.

Il trattato dà insufficienti dettagli sui problemi di massima della valutazione perché le condizioni al tempo del Pacioli erano abbastanza primitive. La maggior parte degli affari veniva fatta a breve scadenza e perciò non si sentiva nessun bisogno di un bilancio periodico attraverso il quale poi i problemi di valutazione acquistarono un carattere di attualità. La progressiva stabilizzazione delle condizioni politiche ed economiche nel XVI e XVII secolo, condussero a più stabili relazioni fra i singoli commercianti locali e le grandi case di commercio; si crearono dei depositi che si estendevano a più anni. Come conseguenza di questo sviluppo si sente, durante il XVII secolo, il bisogno di una regolare chiusura dei libri. Così i problemi di valutazione nel bilancio divennero attuali.

Non é stato, perciò, un caso che, nell'anno 1675, avvenisse un secondo importante fatto nella storia della contabilità e cioé nel Paese dove lo stato unitario e le teorie mercantili avevano subìto la loro più conseguente trasformazione. In quell'anno, in Francia, fu pubblicato un libro dal titolo „Le parfait negociant". L'autore era un conte Savary[1]), il quale, secondo le proprie indicazioni, era anche l'autore del „Code de Commerce" pubblicato due anni prima.

---

*) „Traduzione del testo tedesco"
[1]) Forse vi collaborò anche suo figlio.

Poiché questa legge ebbe in Europa una profonda influenza sulla concezione giuridica[2]) e „Le parfait negociant" ne fu considerato un autorevole commentario, così il libro dettò norme nella teoria della contabilità.

Il libro fu ristampato in molte nuove edizioni ed anche imitato da altri autori. Si può quindi dire che Savary ha fondato una scuola la quale ha esercitato una importante influenza sulla teoria del bilancio.

I principii della contabilità rilevati da Savary sono di speciale interesse perché l'autore, tanto nella legge come anche nei commentari, richiede una regolare chiusura dei libri. In conseguenza di ciò, i problemi del bilancio vengono posti in prima linea. Tuttavia bisogna osservare — ciò che qualche volta si perde di vista — che le dottrine di Savary erano influenzate dall'interesse dei creditori e che poggiavano su condizioni economiche e sociali relativamente stabili. Da Savary le questioni della valutazione erano fortemente influenzate dalla necessità di disponibilità di contante mentre l'influenza della valutazione sugli utili passava in seconda linea. Savary ed i suoi successori erano perciò nelle loro concezioni sull'essenza del bilancio quello che oggi noi chiameremmo „statici".

La concezione dinamica del bilancio

I rivolgimenti industriali iniziatisi alla fine del XVIII secolo e che causarono profondi cambiamenti nell'economia, fecero nascere una nuova forma d'impresa: le imprese industriali per le quali situazione patrimoniale e contante, erano tenute in poco conto in confronto al rendimento. Al contrario dell'azienda commerciale il cui capitale veniva permutato relativamente presto, l'impresa industriale calcola con una permuta lenta degli investimenti i cui valori sono perciò solo di secondario interesse nel bilancio. Malgrado la mutata situazione per il dirigente d'azienda nella impresa industriale, la concezione teoretica dei compiti della contabilità e del bilancio, rimase, però, influenzata da Savary. Tutte le questioni della valutazione furono trattate nei libri d'insegnamento dal punto di vista dell'equilibrio economico: il bilancio fu concepito nella teoria nel senso di un bilancio patrimoniale e l'accertamento degli utili considerato un'apparizione secondaria.

E' quasi strano che una nuova teoria del bilancio subordinata alla nuove condizioni economiche, non sia comparsa prima del 1919. Un

---

[2]) Il „Code de commerce" servì da modello al „Code de Napoléon" che in seguito alle vittorie di Napoléone venne diffuso in Europa. Probabilmente le leggi del „Code de Napoléon" ispirarono gli autori del codice di commercio tedesco, il quale, a sua volta, servì da modello alle corrispondenti leggi di altri Paesi. Come significativo per l'influenza della legge francese vorrei menzionare che una legge così moderna come quella finlandese del 1925 sulla tenuta dei libri, porta evidenti tracce del suo originario modello. Il „Code de Commerce" ha esercitato probabilmente anche un'influenza sul diritto inglese e per ciò anche sul diritto d'abitudine americano (Common Law).

eminente studioso tedesco, il Prof. E. Schmalenbach di Colonia, poi, come primo economista industriale, trasse le conseguenze del nuovo ordine economico e mostrò alla scienza nuove vie.

Per principio egli riprova la teoria statica del bilancio formulata da Savary come una sinossi del patrimonio. Secondo la sua concezione, non é l'accertamento del patrimonio ma invece il conto profitti lo scopo principale del bilancio; i problemi di tassazione del bilancio devono perciò essere discussi in riguardo alla loro ripercussione sul conto profitti.

Schmalenbach presentò la nuova teoria in due articoli ch'egli pubblicò nella sua „Rivista per lo studio delle scienze commerciali"[3]).

Le sue tesi significano veramente un rivolgimento nella teoria della contabilità: di colpo l'interesse fu spostato dalla sfera del patrimonio a quella del reddito. Nei suoi articoli Schmalenbach afferma che nelle condizioni attuali, dove la misura dei valori é incostante, non si ha alcun interesse per la valutazione del patrimonio quando viene a mancare uno scopo obiettivo per la costatazione dei valori patrimoniali. Il valore dell'impresa non potrebbe essere stabilito dall'addizione dei singoli valori parziali dell'attivo e del passivo; il valore dell'impresa potrebbe essere solamente costatato da una capitalizzazione del reddito netto. Però il successo del conto profitti dipende anche dai valori del bilancio e in conseguenza di ciò, un tentativo di stabilire patrimonio ed utili nello stesso conto, sarebbe un circolo vizioso che non porterebbe ad alcuna soluzione del problema.

L'unica soluzione razionale del bilancio sarebbe, secondo Schmalenbach, la conseguente esclusione dello scopo della costatazione del patrimonio attraverso il bilancio. Lo scopo principale del bilancio non è di mostrare il patrimonio ma invece di assorbire i valori che non possono essere registrati nel conto profitti del periodo del conteggio. Con ciò il bilancio diventa regolatore del conto profitti e i problemi della valutazione del bilancio, devono essere trattati, per questa ragione, dal punto di vista del conto profitti.

La teoria del bilancio di Savary come immagine momentanea della impresa ferma che caratterizzava tutti i precedenti lavori, viene dunque

---

[3]) Schmalenbach aveva bensì accennato le sue idee sin dal 1909; solo, però, nel 1919 la sua teoria era definitivamente formulata. Il primo articolo venne pubblicato sotto il titolo „Basi della concezione dinamica del bilancio" (Z fh F., 1919, S. 1 ff.). Il secondo col titolo „Conto delle spese di costo" (Z fh F., 1919, S. 257). Non solamente le idee espresse nei due articoli ma anche la bipartizione di principio dell'insieme del problema in due campi, cioè il conto profitti contabile e quello secondo il bilancio, era una importante novità.

Il successo che i due articoli ebbero in una vasta cerchia indusse Schmalenbach a pubblicarli in forma di libro. Purtroppo l'autore non ha elaborato le nuove edizioni sistematicamente fino in fondo, perciò l'esposizione nei libri non é così conseguente e facilmente comprensibile come negli articoli originali.

di principio riggettata da Schmalenbach come una finzione irreale. Non l'impresa ferma ma l'impresa in attività come un ,,Going concern" deve suscitare l'interesse degli studiosi. Sono le condizioni economiche dell'impresa che devono essere esaminate, e non un patrimonio il cui valore, senza la vendita, non é esattamente definibile.

In base alla sua concezione di principio, Schmalenbach sviluppò anche una terminologia che ha esercitato (per lo meno nella lingua tedesca) uno straordinario influsso nelle ricerche sull'economia aziendale. Schmalenbach affermò che i movimenti del contante cioè le spese e le entrate in denaro, hanno l'interesse principale e stabiliscono il profitto. Ma poiché le transazioni in contanti vengono spesso effettuate durante periodi diversi a quelli in cui devono essere comprese nel conto profitti, abbiamo bisogno di speciali concetti per indicare le partite negative e le positive dalle quali scaturisce il profitto d'un periodo. Per questi concetti Schmalenbach introdusse le espressioni ,,Sborsi" per le negative e ,,Reddito" per le positive[4]).

Nell'articolo sugli scopi ed i metodi del conto spese di costo, Schmalenbach afferma che anche il conto spese di costo ha bisogno d'una terminologia che si distingue, in qualche maniera, dai concetti della contabilità e del bilancio. Questo ha lo scopo di mostrare il profitto d'un intero periodo, mentre la prima, tiene conto dell'analisi del profitto di ogni singola transazione. Le partite dei profitti nella contabilità e nel conto spese di costo non sono perciò identici concetti; Schmalenbach riserva per ciò la parola ,,Spese" esclusivamente per il conto spese di costo. D'altro canto figurano nella contabilità molte partite come ,,Sborsi" che non hanno nessun rapporto con l'impresa in se stessa, ma sono invece esogeni in relazione ai profitti dell'azienda. Per queste somme Schmalenbach ha creato l'espressione ,,Sborsi neutrali". Infine ci sono anche spese che figurano bensì nel conto spese di costo, le quali, però, non devono essere registrate nei libri: queste spese sono chiamate da Schmalenbach ,,Spese aggiunte".

Le idee che provocarono la terminologia di Schmalenbach sono da lui riassunte nel seguente diagramma:

Contabilità:	Sborsi neutrali	Sborsi opportuni al tempo stesso Spese	Spese aggiunte
Conto spese di costo:			

Queste distinzioni terminologiche sono del più grande interesse teorico e pratico.

---

[4]) La terminologia originaria di Schmalenbach era ,,Sborsi" — ,,Prestazioni". Più tardi egli é passato però ad una terminologia pià adeguata.

Il realismo teorico del bilancio

Dopo che gli articoli di Schmalenbach furono scritti, avvenne in Germania un'inflazione che finì in condizioni caotiche. Come conseguenza del generale aumento dei prezzi, la maggior parte delle imprese furono costrette a prendere delle misure per neutralizzare le conseguenze negative del peggioramento del valore del denaro. La più parte delle misure adottate erano però di carattere precario e perderono anche la loro importanza non appena in Germania si passò a una nuova valuta sulla base oro e i bilanci furono calcolati sulla base del marco rendita rispettivamente marco oro.

Fra i teorici l'interesse per queste questioni era vivissimo e furono fatte molte proposte per la soluzione del problema. Si aveva però probabilmente il sentimento che tutte le misure proposte per la neutralizzazione dei guadagni fittizi, procurati dall'inflazione, erano però soltanto palliativi. Dopo la stabilizzazione del marco anche i teorici perderono, per lo più, il loro interesse per il complesso delle questioni.

Un economista tedesco d'industria, il Prof. F. Schmidt di Francoforte, aveva però avuto un'impressione così profonda degli avvenimenti della inflazione, ch'egli credeva di dover respingere la tradizionale contabilità basata sul valore nominale del denaro. Invece del tradizionale conto profitti egli proponeva un conto che tendesse al mantenimento delle capacità quantitative dell'impresa. La precedenti forme di contabilità erano, secondo Schmidt, basate su delle false premesse della stabilità della misura del valore. Questa stabilità é una chimera anche in tempi di relativa calma economica. C'é perciò il pericolo che un aumento del capitale nominale dell'impresa, sia soltanto un utile fittizio, il cui pagamento in dividendi danneggia non solamente l'impresa, ma anche l'economia generale. Soltanto l'impresa — così dice la tesi di Schmidt — che ha dato il suo apporto per un aumento dei valori della economia generale, può essere considerata lucrativa[5]).

Secondo Schmidt, l'utile non é raggiunto quando il prezzo di vendita é semplicemente più alto dell'originario prezzo d'acquisto. L'impresa può registrare un utile solo allora quando la differenza fra il prezzo di vendita ed il prezzo di riacquisto, nel giorno della vendita, é positivo. Che la valutazione nel mercato espressa in denaro nominale sia salita o ribassata durante il tempo in cui il bene é immagazzinato, é, secondo Schmidt, senza importanza. Il ricavato dalla fluttuazione dei prezzi, oppure, come dice Schmidt: „Guadagni su patrimonio morto", sono completamente esogeni in rapporto al conto profitti dell'impresa c devono essere, conseguentemente, accreditati al conto capitale (oppure a un conto speciale per variazione dei valori).

---

[5]) Questo punto di vista sociale viene adoperato come motivo per la denominazione „Bilancio organico". Secondo me, „Realismo" sarebbe una migliore designazione.

E'una strana conseguenza del realismo che un'impresa, la quale ha fatto una compra svantaggiosa in tempi di prezzi alti e che ha venduto i beni ad un prezzo più basso, pure consegue un utile nel caso in cui il prezzo di vendita é più alto del prezzo di riacquisto nel giorno della vendita.

Esaminando la concezione di Schmidt sul guadagno, si troverà dal punto di vista di principio, che per Schmidt é impossibile di adattare nel suo sistema gli utili e le perdite speculativi dell'impresa. Le influenze delle misure speculative di un'impresa devono perciò essere considerate come apparizioni senza connessione coll'azienda e, conseguentemente, senza interesse per l'impresa.

Questa concezione é in ogni caso, discutibile.

Soprattutto l'impresa e anche l'azienda non posso essere preservate dal fatto che il capitale dell'impresa (volente o nolente) sia aumentato o diminuito da misure speculative. Questi cambiamenti della forza di decisione, devono influenzare anche la ,,earning power'' dell'impresa e con ciò anche la condotta dell'azienda. Si potrebbe certamente rispondere che la dottrina dell'economia aziendale come ,,Scienza'' non vorrebbe occuparsi della speculazione, perché noi qui abbiamo a che fare con un fattore irrazionale che non si lascia spiegare con una considerazione razionale e con un'analisi teorica. Sarà così. Però non significa che il successo di un atto speculativo debba essere cancellato dalla discussione economico-aziendale.

E'tuttavia un fatto, che ogni attività economica poggia su un piano prestabilito e che in esso é sempre implicita una congettura di un avvenimento futuro, congettura che può essere giusta o sbagliata. L'idea speculativa é in effetto il principio di ogni attività per l'imprenditore e la spinta iniziale della vita commerciale. L'impresa non é un apparato meccanico: precauzione e capacità di prevedere, di giudicare esattamente l'avvenire, hanno una parte decisiva per il successo dell'impresa e formano così una parte integrante dei compiti della direzione. Se si esclude il fattore speculativo, dalla sfera delle ricerche dell'economia aziendale e della teoria contabile, ciò significa una limitazione del campo delle ricerche economiche ai danni della scienza.

L'idea di Schmidt di una fusione della maniera ,,statica'' e ,,dinamica'' di considerare, é, senza dubbio, di un interesse fondamentale. Schmidt propone che le attività siano registrate nel bilancio col loro valore di riacquisto reale o stimato al giorno del bilancio ciò che, in rapporto al profitto, verrebbe neutralizzato da una contropartita sul lato passivo del bilancio. Con ciò verrebbe raggiunta una esatta calcolazione del patrimonio nel bilancio senza ripercussione sul conto profitti. Purtroppo mi é impossibile di discutere qui più oltre questa questione; io voglio soltanto dire, quale mia opinione personale, che é bensì impossibile di raggiungere una perfetta calcolazione del patrimonio senza includere nel bilancio i valori dell'impresa positivi o negativi di Goodwill. Questo, però, il bilancio di Schmidt non lo fa; Schmidt ammette egli stesso che tali valori restavano al di fuori di una calcolazione del patrimonio.

Schmidt propaga anche la tesi che il profitto dell'impresa dovrebbe essere calcolato nel senso che la posizione dell'impresa é esposta nella economia politica. Il mantenimento relativo dell'impresa dev'essere il compito della direzione. Secondo me, non é conveniente d'inserire in una discussione economico-aziendale delle considerazioni economico-politiche. Le due scienze devono essere separate per poter risolvere i compiti delle loro ricerche.

A Schmidt si può ancora fare l'obiezione che il benessere del popolo non é solamente dipendente dai beni materiali; la nostra esperienza mostra bensì che anche degli incommensurabili fattori come la volontà di lavorare, il sapere e la capacità organizzativa del popolo, sono nell'economia politica dei fattori per lo meno altrettanto importanti, quanto la quantità dei beni che sono a disposizione[6]).

La teoria nominalista

Il realismo teoretico del bilancio é carico di tante debolezze fondamentali che é diventato una facile preda dei suoi avversari. La teoria di Schmidt ebbe bensì un concorso di circostanze fevorevoli durante il tempoi dell'inflazione quando tutti i valori fluttuavano; non appena le condizioni si furono stabilizzate, l'opposizione cominciò a criticare questa teoria. L'attacco più energico contro la teoria di Schmidt fu condotto dal Prof. Guglielmo Rieger di Norimberga (adesso a Tubinga), che nell'anno 1928 venne fuori con una teoria la quale per principio metteva a base del conto profitti il valore nominale del denaro. Poiché le teoria di Rieger non é soltanto una critica al realismo, ma contiene anche molti incitamenti positivi, é mio dovere di parlare qui delle opinioni della sua scuola.

Secondo Rieger, ogni economia del nostro tempo é basata sul denaro quale comune denominatore della misurazione del valore relativo delle prestazioni e dei beni. Senza questo misuratore dei valori autorizato dallo Stato, ogni stima dei valori economici e con essi anche il nostro attuale apparato economico, sarebbe impossibile. Bisogna anche osservare che la stima del valore in denaro, che é una parte di ogni considerazione economica, presuppone, sempre implicitamente, una prensunzione della stabilità e della obiettività del denaro. Talvolta questa presunzione

---

[6]) Vorrei anche accennare all'apparizione della teoria moderna che cerca di migliorare la situazione economica dell'impresa attraverso una metodica restrizione dell'inventario. L'apparizione di questa teoria non può essere identificata senz'altro con la tesi di Schmidt.

non corrisponde alla realtà; senza di essa però sarebbe impossibile di pensare e di misurare in denaro.

Vorrei ripetere, come tipici, le seguenti dichiarazioni di Rieger: „L'economia — e con essa la computisteria e il bilancio quali mezzi contabili — si deve servire del denaro che lo stato ha creato indifferentemente come sia motivato materialmente e quali siano i difetti secondo l'opinione di un contabile di partita doppia. —

Il marco é uguale al marco. Questa tesi é di tale importanza che con il riconoscimento di essa, tutta la correttura del valore del denaro verrebbe a crollare. — — — Quando si tratta di un calcolo in denaro allora il profitto può essere soltanto in un più o in un meno, in denaro. — — — Se vale la sentenza „marco uguale a marco" allora é da considerare quale autentico, un accertato profitto in denaro anche durante un'inflazione[7]).

E' un fatto che l'impresa moderna, la quale ha edificato la propria azienda completamente sulla vendita delle sue prestazioni e dei suoi beni in denaro non può liberarsi dalle influenze delle fluttuazioni del valore del denaro. L'impresa indebitata viene liberata parzialmente nei tempi di un generale aumento dei prezzi, dai suoi debiti mentre i datori di credito perdono una parte del loro originario potere d'acquisto. Ciò é la logica conseguenza di un meccanismo economico che adopera il denaro come misuratore del valore e come mezzo di scambio. Una contabilità sulla base di idee realistiche é perciò soltanto possibile in una economia domestica. Un'impresa commerciale non é basata su una economia autonoma ma su compra e vendita per procurare un'entrata in denaro all'imprenditore e alle maestranze. Perciò il realismo teoretico del bilancio é un „Contradictio in Adjecto".

All'infuori dei dubbi teoretici che i nominalisti adducono contro la tesi di Schmidt, siano ancora citate alcune restrizioni dello uso pratico del realismo.

Anzitutto il realismo premette che i valori registrati nella contabilità, vengono modificati incessantemente. Questo é praticamente completamente impossibile e, in conseguenza di ciò, la teoria realistica non può essere usata fino alle sue più estreme conseguenze.

Secondariamente, la premessa di un continuo riacquisto, è sbagliata. Infatti, qualche volta, non ha luogo alcun riacquisto; lo sviluppo tecnico cagiona digià un mutato rifornimento di materiale e di impianti. Allora si può calcolare soltanto in denaro nominale. La tesi di Schmidt del mantenimento della forza quantitativa dell'impresa, vale come norma del commercio, soltanto in un caso molto raro: quando una vendita viene coperta immediatamente da una compera. In tutti gli altri casi emergono

---

[7]) Rieger, „Sulle oscillazioni dei valori monetari" Pag. 7, 47 e 71.

differenze come conseguenza dell'oscillazione dei prezzi anche nella maniera di procedere di Schmidt. Questo vale tanto per l'inventario dei materiali e dei prodotti, come anche per i valori investiti.

Un'idea chiara di quanto abbiamo detto sia data con un semplice esempio. Presupposto che un impianto sia costato 10.000 RM, e che noi calcoliamo un'ammortizzazione del 20% per anno sul prezzo d'acquisto, allora tutto l'impianto sarebbe completamente ammortizzato in 5 anni, e il capitale in contanti ristabilito. Interviene un aumento di prezzi che aumenta di anno in anno i prezzi in una progressione aritmetica, allora l'impresa non ha abbastanza denaro per riacquistare un nuovo impianto se l'ammortizzazione é stata calcolata in denaro nominale. Questo problema non viene risolto neanche da Schmidt. Dopo i cinque anni, l'impianto deve avere un prezzo di riacquisto di 160.000 RM. Però le quote d'ammortamento accumulate e riservate per l'ammortizzazione, sarebbero soltanto di 62.000,— RM. L'ammortizzazione si sviluppa, secondo Schmidt, nel seguente modo:

Anno	Prezzo di riacquisto	Ammortamento annuale (20% del prezzo di riacquisto)	Ammortamento accumulato
I	10.000.—	2.000.—	2.000.—
II	20.000.—	4.000.—	6.000.—
III	40.000.—	8.000.—	14.000.—
IV	80.000.—	16.000.—	30.000.—
V	160.000.—	32.000.—	62.000.—

Noi vediamo da questo esempio appositamente esagerato, che un contabile non può sfuggire alle conseguenze dei cambiamenti di prezzo anche quando segue esattamente le prescrizioni di Schmidt. Anche quella impresa deve rivolgersi al mercato del capitale per avere del capitale per il riacquisto. Purtroppo io non ho il tempo di fare un confronto fra il realismo ed il nominalismo. Voglio soltanto dire, come osservazione personale, che sono propenso ad accettare la tesi nominalista con l'aggiunta che le idee del realismo contengono molti incitamenti che bisogna osservare quando sopravvengono delle grandi oscillazioni di prezzi. Queste idee non dovranno, però, essere trattate in generale e schematicamente: esse devono essere analizzate singolarmente nella loro corrispondente importanza economica.

Sarebbe ingiusto verso Rieger di parlare soltanto della sua critica al realismo e di trascurare le sue idee positive. Rieger ha continuato a sviluppare le idee di Schmalenbach del bilancio totale come il solo bilancio giusto teoricamente, nel senso che egli nega, per principio, l'esattezza dei bilanci preventivi.

Tutti i bilanci annuali si basano, secondo il Rieger, su stime del futuro le quali non hanno alcun valore obbiettivo, ma poggiano invece su dresunzioni soggettive. Tutti i bilanci annuali, ed in conseguenza anche i conti profitti annuali, sono dunque edificati su ipotesi, che, qualche volta, sono errate. La conseguenza di questa tesi é che noi non troviamo alcuna obbiettiva misura per il bilancio; il personale giudizio soggettivo deve sempre avere un'importanza decisiva sui futuri avvenimenti.

La teoria americana dei costi

In confronto alla viva discussione tedesca sui problemi del bilancio, la letteratura americana del bilancio é abbastanza dogmatica. Nella regola gli autori americani si contentano di riferirsi ai principii tradizionali o alla pratica generale. ,,Conservative principles``, é in America un'espressione comune. La causa, in certo modo, è tipicamente americana: la concezione pragmatica che non ammette nessuna formazione di concetti astratti e di definizioni. Ma, a ciò si aggiungono ancora alcune manifestazioni tipiche per l'economia americana che hanno guidato l'interesse dei teorici americani su altri campi.

Non dobbiamo dimenticare che gli Stati Uniti d'America, in rapporto ai Paesi europei, formano un campo di consumo omogeneo su un continente dove nessuna frontiera politica impedisce il reclutamento di grandi masse di compratori. Le leggi americane contro i trusts rendono anche impossibile una formazione di cartelli sul mercato, ed il controllo dei prezzi delle imprese di una branca. L'analisi dei costi e la politica dei prezzi, hanno assunto però una posizione dominante tanto presso i pratici quanto presso i teorici. Queste condizioni sono ancora più accentuate dal fatto che il pubblico controllo delle ,,Public Utilities`` ha richiesto un esatto calcolo dei costi, con che la ,,Interstate Commerce Commission)`` ha avuto una parte importante nello sviluppo delle idee dei costi[8].

La seguente esposizione é perciò concentrata su alcune idee tipicamente americane dei problemi dei costi.

Un campo nel quale l'ordine d'idee americano ed europeo si allontana maggiormente, è la questione del carattere dei costi dell'interesse. In Europa si usa di considerare l'interesse (per lo meno l'interesse pagato) come una specie di costi fra gli altri, che normalmente è calcolato nella stessa categoria dei costi come, per esempio, le ammortizzazioni. In America si é invece del parere che gli interessi non devono essere affatto considerati come costi.

Per un europeo, la concezione americana è incomprensibile; studiando la teoria americana vi si trovano, però, dei punti di vista molto giustificati.

---

[8]) E' significativo che il più grande studioso d'Amercica nel campo del calcolo dei costi, il Prof. J. M. Clark, ha fatto le sue esperienze appunto nell'esame dei problemi dei costi e dei prezzi, delle ferrovie.

Secondo me, gli americani hanno infatti apportato nuova luce in alcuni problemi centrali dei costi. Io vorrei dire qui brevemente la concezione americana.

Gli americani ammettono che l'interesse é un importante fattore dei costi, ma solamente nel tempo in cui la disponibilità del capitale é libera ed il potere d'acquisto del capitale può indirizzarsi verso molti lati. Il potere d'acquisto del capitale viene poi attratto dagli impieghi i più produttivi; quell'entrata potenziale viene poi concepita, durante lo sviluppo del piano, come un fattore dei costi e l'interesse come una parte dei costi dell'impresa.

Non appena, però, il capitale é legato in impianti e in riserve di materie prime e di merci, l'interesse perde il suo rilievo come fattore di costo. Non é più un necessario sborso per la fabbricazione, non é da intendersi come una specie di costi comuni, ma come una parte degli utili budgètaire che i capitalisti (i proprietari, così come i datori di credito) si aspettano dall'impresa. Poiché l'interesse è concepito come una entrata budgètaire, così ne consegue che esso non può essere assunto nei valori del bilancio. Un tal modo di procedere significherebbe un'inflazione dei valori del bilancio che crea degli utili fittizi nel conto profitti. Anche l'introduzione di interessi estranei nei valori del bilancio significa, secondo la concezione americana, una inflazione degli utili.

Questa concezione americana, che adesso è generalmente riconosciuta negli Stati Uniti d'America, è per la chiarificazione del concetto dei costi di grande importanza cosicché bisogna dolersi che in Europa questa digressione non sia maggiormente osservata. Noi europei abbiamo veramente da imparare, in questo riguardo, molto dagli americani.

Anche in un altro riguardo in America si é in uno sviluppo più avanzato che da noi in Europa. Si tratta del conto dei costi normali che é oggi in America di uso generale.

Spiegherò in brevi parole la concezione americana. Le produzioni dell'impresa hanno bisogno, normalmente, di una preparazione. Questa preparazione per la disponibilità causa uno sborso di capitale. E' importante in questo rapporto che il necessario consumo di capitale per la messa a disposizione sia portato, in una certa relazione ai rendimenti definitivi che si aspettano secondo il rendimento precedente. Il consumo del capitale richiesto dalla preparazione deve essere, in conseguenza di ciò, suddiviso fra i rendimenti in conformità col budget originario. Come conseguenza di questa concezione, le spese aggiunte, in uguali importi, e senza tener conto del grado di occupazione dell'impresa, vengono suddivise sul rendimento e assorbite dalle partite dei costi e dai portatori dei costi. Però gli sborsi annuali della disponibilità vengono registrati periodicamente quali partite negative dei profitti della contabilità senza riguardo all'assorbimento. Conseguenza di ciò, sono le differenze nei

3

conti degli sborsi non appena il lavoro dell'industria non corrisponde col lavoro preventivato (cioè un saldo dare = non-copertura dei costi: quando l'industria ha lavorato di meno; il saldo avere = sovraccarico dei costi: quando l'industria ha un'intensità produttiva superiore al normale preventivato). Queste differenze non vengono riconosciute dagli americani come spese, esse vengono invece registrate direttamente nel conto profitti quali sborsi al di fuori del rendiconto spese contro i proventi.

Il conto spese lavora quindi sempre con aumenti che sono in proporzione alla quantità della produzione. L'ultima conseguenza di questa dottrina é poi che il conto spese non conosce affatto delle spese fisse; soltanto nella contabilità vengono registrati sborsi fissi. Il fondatore di questa dottrina é forse A. Hamilton Church che, nell'anno 1910, pubblicò le sue tesi. Nell'anno 1917 fu inserita nella contabilità la teoria di Clinton S. Scovell, però, soltanto nell'anno 1923 essa fu motivata scientificamente da J. M. Clark nel suo libro: ,,Economics of Overhead Costs". Adesso in America essa é generalmente riconosciuta.

Solamente per quanto riguarda l'influenza di questa teoria sui valori del bilancio, in America non si é completamente d'accordo. Devono le differenze influire sui valori dei bilanci, o no ? A me pare, che nel caso in cui non si riconosce uno sborso come spesa e quindi si registra all'infuori del conto spese, non bisognerebbe neanche che esso avesse influenza sui valori del bilancio. La conseguenza di ciò sarebbe: valori del bilancio più bassi in tempi di poco lavoro, e valori del bilancio più alti in tempo di molto lavoro come se noi usassimo il tradizionale sistema divisionale. Nel caso di grande occupazione gli alti valori del bilancio dovrebbero essere neutralizzati con una contropartita nel bilancio per evitare degli utili fittizi.

Quanto detto vorrei chiarirlo con un esempio schematico. Presupposto che un'impresa abbia annualmente sborsi fissi per un importo di 200.000 RM che, secondo il budget originario, erano suddivisi su una produzione di 100.000 unità di rendimento. Nel primo anno l'impresa produce però soltanto 50.000 unità, nel secondo anno la produzione sale a 200.000 unità. I prodotti non vengono venduti nell'anno corrispondente ma si trovano invece, alla fine dell'anno, in deposito. Secondo la tradizionale concezione, le spese di produzione ammontano nei due anni a un totale di 200.000 RM; ciò significa che le spese unitarie sono nel primo anno 4.— RM per unità e nel secondo anno 1.— RM per unità. Secondo una concezione prognostica[9]) le spese unitarie sono nei due anni 2.— RM per prestazione, ciò che corrisponde a valori del bilancio di 100.000 RM e rispettivamente 400.000 RM. Allora nel primo anno risulta una perdita di 100.000 RM e nel secondo anno un utile formale di 200.000 RM che

---

[9]) L'espressione ,,prognostico" viene spiegata alla fine della conferenza.

vengono neutralizzati nel bilancio con una corrispondente contropartita. Questo procedimento è spiegato contabilmente e graficamente in due alligati.

Io sono convinto che le menzionate opinioni americane sul concetto delle spese, da noi in Europa sono poco conosciute e ancora meno accettate. Eppure Schmalenbach ha mostrato già nel 1919 la via per una comprensione. La distinzione di Schmalenbach dei concetti: sborsi neutrali — sborsi opportuni — spese aggiunte, indica, secondo me, la via per una reciproca comprensione delle teorie economico-azien dali americane ed europee: in una insufficiente occupazione, gli sborsi residuali quali sottocopertura per le capacità di produzione non assorbite, devono essere intese come ,,sborsi neutrali" e, nel caso di occupazione oltre il normale, le spese conteggiate come sovraccarico per la maggior disponibilità assorbita, devono essere intese come ,,utile neutrale". Gli interessi pagati (interessi estranei) devono essere registrati all'infuori delle partite delle spese nella contabilità quali ,,sborsi neutrali" e gli interessi calcolati (interessi propri ed estranei) quali spese aggiunte, nel conto costi. La concezione americana non è quindi tanto lontana da quella europea come forse si crede. La diversità sta solo nel fatto che gli americani hanno realizzato da pratici, ciò che un teorico tedesco aveva predetto nell'anno 1919: la sistematica bipartizione della contabilità in dottrina del bilancio e dottrina delle spese. Questa bipartizione, secondo me, è della più grande importanza teorica e pratica, poiché solamente così la ricerca scientifica ed il pratico uso dei risultati delle ricerche possono essere liberati da punti di vista dogmatici.

Confronto delle teorie contabili tedesche e americane

Quando uno studioso estraneo paragona le concezioni tedesche e americane sui problemi della contabilità, lo sorprende quanto sia tipicamente tedesco e tipicamente americano il campo delle ricerche nei due Paesi.

Si è detto, e con ragione, che qui s'incontrano due diverse sfere culturali, che devono essere osservate da diversi punti di vista. I tedeschi sono già sempre stati edificatori di sistemi e la dottrica tedesca economico-aziendale ha, in conformità alle tradizioni accademiche tedesche, un'evidente impronta filosofica e vanta un solido sistema di concetti. Vi si può trovare anche una tendenza alla speculazione metafisica.

Oltre a ciò troviamo nelle opere tedesche una tendenza di usare teorie ed idee economico-sociali che qualche volte non si adattano alla economia aziendale[10]).

---

[10]) Ciò é per esempio il caso da Schmalenbach. La seguente opinione nel suo ,,Bilancio dinamico" sia citata quale tipica:
,,Dipende dall'ideale di educazione perseguito se io rifiuto, in linea di massima, di vedere nel commerciante un macchinatore di profitti; può veramente darsi che, in molti

A differenza dell'economista tedesco d'industria „l'accountant" americano è il tipico pragmatico al quale la distinzione di concetti e definizioni senza valore „pratico" non interessano. Da questa tendenza ne deriva naturalmente una certa superficialità nella presa di posizione dei problemi e una sorprendente inclinazione per il dogma e per l'assioma. Però la maniera americana delle ricerche, è caratterizzata da una chiarezza e da un senso di realtà che può dare soltanto un vivo contatto con la vita reale all'infuori dell'aula scolastica.

Perciò è impossibile di mettere in relazione i due campi di ricerche; piuttosto dobbiamo riconoscere la relativa importanza di tutti e due. Entrambi hanno dato alla scienza preziosi contributi con che appunto la presa di posizione di fronte al problema é stata di grandissima importanza. Senza il sistema tedesco ed il suo logico ordine di idee, la dottrina economico-aziendale non avrebbe raggiunto il livello scientifico dello standart europeo. Ma, anche il medoto induttivo americano ha dato molto.

Nell'interesse dello sviluppo economico é quindi desiderabile che venga raggiunto un miglior contatto fra gli studiosi dei fenomeni economico-aziendali dei due Paesi. Se ne possono già intravedere gli inizii e molti articoli nelle riviste sulla materia ne fanno fede[11]).

Alcuni articoli però non possono superare l'abbisso esistente fra la ricerca americana e quella tedesca. Per questo é necessaria una penetrazione attraverso lo studio della letteratura e uno scambio delle esperienze personali. Recentemente uno studioso tedesco, il Prof. Mellerowicz, ha mostrato quanto sia preziosa una sintesi delle concezioni tedesche e americane[12]).

A me pare, che la nostra scienza possa andare avanti soltanto attraverso una collaborazione dei metodi di ricerca deduttivi ed induttivi.

Noi abbiamo bisogno della deduzione per la spiegazione dei concetti, ma ci occorre anche l'induzione per trovare i problemi ed il materiale delle ricerche. Idee logiche e sistematica esperienza devono essere riunite per dare il miglior successo: i due metodi di ricerca si completano così reciprocamente. Non è un caso, che i due più grandi pensatori della

casi, non sia altrimenti, ma questo lato non mi tange. Io vedo nel commerciante l'organo dell'economia generale che amministra l'economia."

All'autore questa concezione é estranea. Secondo lui, una scienza economica deve cercare ed esaminare la realtà; essa però non deve costruire un'economia utopistica, che forse corrisponde a un qualsiasi punto di vista morale ma è bensì molto lontana dalla realtà. La meta di ogni scienza sociale deve essere di trovare e di esporre non il „dovere", ma l' „essere". Questa regola deve essere seguita anche nella ricerca e nella educazione economico-aziendale.

[11]) In Germania sono apparsi due libri che danno una buona esposizione delle condizioni americane. Un giovane americano, il dott. Sweeney, ha anche presentato recentemente le idee tedesche del computo dei valori quotidiani. Vedi indice della letteratura.

[12]) I due ultimi volumi del suo „Costi e conteggio dei costi".

teoria della contabilità: Schmalenbach e Clark, abbiano avuto entrambi dei preziosi incitamenti attraverso studi pratico-induttivi.

Quale scienza sociale, la dottrina dell'economia aziendale non può fermarsi. Il dinamismo dell'economia crea sempre nuovi problemi e nuove prese di posizione di fronte ai problemi. Molto é già stato fatto dagli studiosi, ma molto di più deve essere ancora fatto. Fra i problemi centrali della ricerca vorrei nominare il concetto dell'utile che non ha ancora avuto una definizione uniforme. La questione dell'entrata potenziale come una specie di costo nell'economia aziendale (ciò che gli americani chiamano ,,opportunity cost") non è neanche stata esaminata abbastanza dagli studiosi. Una chiarificazione del complesso di questi problemi getterebbe nuova luce sul concetto dei costi. Anche l'idea del budget, la quale si basa su un'esperienza induttiva, dev'essere introdotta nel sistema teorico della contabilità come una parte importante di esso. Ogni amministrazione economica è, come già detto, un piano: il passato (la contabilità) deve dunque essere riunito col presente (conteggio dei costi) attraverso il piano economico (budget)[13].

Soprattutto si deve ancora una volta rilevare che la dottrina della economia aziendale, è una scienza sociale con uguale accentuazione delle due parole. Gli economisti aziendali devono sempre tenersi in contatto con la vita per evitare di formare delle ipotesi estranee alla realtà. La meta scientifica di trovare la verità attraverso la ricerca sistematica, non deve mai essere dimenticata. Cercare la verità, significa trovare la realtà.

---

[13]) Il conferenziere ha tentato d'inserire l'idea del budget nel suo sistema teoretico della contabilità, perciò egli chiama la sua teoria ,,prognostica". Conforme alla concezione prognostica la contabilità dev'essere suddivisa in tre campi che sono tutti e tre reciprocamente legati: budget, contabilità, e conteggio dei costi. La rispettiva tripartizione della teoria generale della contabilità in tre campi di ricerche, si potrebbe rappresentare nella maniera seguente:

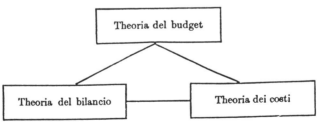

Mellerowicz nel suo ,,Conteggio dei costi" ha proposto una quadripartizione della contabilità e cioè: budget, contabilità, conteggio dei costi e statistica. Questa suddivisione sarà preziosa ai fini didattici, essendo usati, molto spesso, nella pratica, metodi di esposizione statistica per spiegare le cifre della contabilità e del conteggio dei costi. Come scienza, però, la statistica è estranea all'economia aziendale. Il compito della contabilità non è l'osservazione in massa, bensì l'analisi delle singole apparizioni dell'economia aziendale.

Confronto della concezione tradizionale e prognostica dei costi

A. *Concezione tradizionale*

I. *Anno*

Sborsi		Partiti dei costi		Portatori dei costi		Bilancio	
Dalla cassa, ammortamenti, ecc.						(50 000 med. à 4/-)	
RM 200 000	RM 200 000	RM 200 000	RM 200 000	RM 200 000	RM 200 000	RM 200 000	RM 200 000
						Profitti	
						—	—

II. *Anno*

Sborsi		Partiti dei costi		Portatori dei costi		Bilancio
Dalla cassa, ammortamenti, ecc.						(200 000 med. à 1/-)
RM 200 000	RM 200 000	RM 200 000	RM 200 000	RM 200 000	RM 200 000	RM 200 000
						Profitti
						— —

B. *Concezione prognostica*

I. *Anno*

Sborsi		Partiti dei costi		Portatori dei costi		Bilancio
Dalla cassa, ammortamenti, ecc.						(50 000 med. à 2/-)
RM 200 000	RM 100 000 →	RM 100 000	RM 100 000 →	RM 100 000	RM 100 000 →	RM 100 000
	RM 100 000	Oscillasioni nel grado di occupazione				Profitti
Occupazione in meno	RM 100 000	RM 100 000			→	RM 100 000

II. Anno

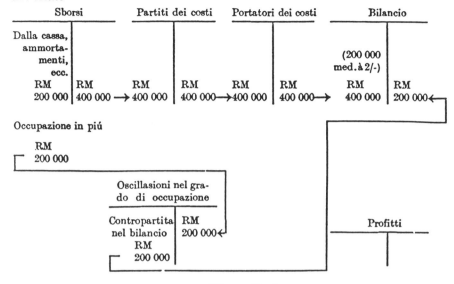

Alligato N. 2

Grafico della teoria prognostica del calcolo

A. *Sborsi senza copertura*

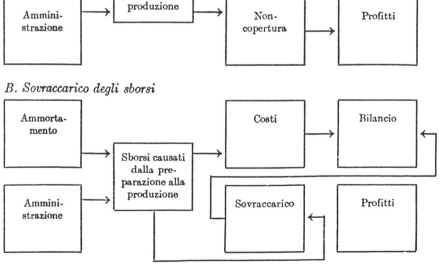

B. *Sovraccarico degli sborsi*

39

Indice bibliografico

Poichè è impossibile di dare in una breve conferenza una completa esposizione di tutte le teorie dei due Paesi, l'oratore ha messo insieme il seguente elenco delle opere tedesche ed americane perchè serva da indirizzo al lettore interessato. L'elenco non è una completa bibliografia di tutta la letteratura economico aziendale, ma vuole solo essere una guida.

Letteratura in lingua tedesca
Opere tedesche sulle condizioni americane

E. Studt, Die privatwirtschaftliche Erfolgsrechnung in den Vereinigten Staaten von Amerika. Bühl-Baden, Konkordia, 1935.

K. Schmaltz, Die Bilanz- und Betriebs-Analyse in Amerika. Stuttgart, Poeschel, 1927.

Orientamento generale nell'economia aziendale

H. Großmann, Der Jahresabschluß der Aktiengesellschaft. Berlin, Spaeth & Linde, 1938.

K. Hax, Der Gewinnbegriff in der Betriebswirtschaftslehre. Leipzig, Gloeckner, 1926.

G. Krüger, Die Bewertung beim Jahresabschluß industrieller Unternehmungen. Stuttgart, Poeschel, 1937.

H. Nicklisch, Wirtschaftliche Betriebslehre. Stuttgart, Poeschel, 1922.

K. Schmaltz, Betriebsanalyse. Stuttgart, Poeschel, 1929.

F. Schönpflug, Das Methodenproblem in der Einzelwirtschaftslehre. Stuttgart, Poeschel, 1933.

H. Sieber, Objekt und Betrachtungsweise der Betriebswirtschaftslehre. Leipzig, Scholl, 1931.

E. Walb, Zur Dogmengeschichte der Bilanz von 1861—1919. In Festschrift für Eugen Schmalenbach. Leipzig, Gloeckner, 1933.

A. Speck, Grundsätze für die Berechnung der Rentabilität industrieller Unternehmungen. Berlin, Eisner, 1935.

Opere generali sulla teoria del bilancio

A. Hertlein, Die Kapital- und Erfolgsrechnung als Grundlage der Wirtschaftlichkeitsmessung. Stuttgart, Poeschel, 1929.

A. Hoffmann, Der Gewinn der kaufmännischen Unternehmung. Leipzig, Buske, 1929.

K. Lehrer, Der Bilanzvergleich. Berlin, Junker & Dünnhaupt, 1935.

F. Niederauer, Bilanzwahrheit und Bilanzdelikte. Berlin, Junker & Dünnhaupt, 1937.

K. Seidel, Grundlagen und Funktionen der Buchhaltung. Berlin, Heymann, 1933.

H. Trumpler, Die Bilanz der Aktiengesellschaft nach neuem Aktien- und Steuerrecht. Berlin, de Gruyter, 1937.

Seguaci della concezione dinamica del bilancio

E. Schmalenbach, Dynamische Bilanz. Leipzig, Gloeckner, mehrere Auflagen.

Derselbe, Selbstkostenrechnung und Preispolitik. Leipzig, Gloeckner, mehrere Auflagen.

Derselbe, Goldmarkbilanz. Berlin, Springer, 1922.

W. Mahlberg, Der Tageswert in der Bilanz. Leipzig, Gloeckner, 1925.

K. Walb, Die Erfolgsrechnung privater und öffentlicher Betriebe. Berlin, Spaeth & Linde, 1926.

Seguaci del realismo

F. Schmidt, Die organische Tageswertbilanz. Leipzig, Gloeckner, 1929.

Derselbe, Kalkulation und Preispolitik. Berlin, Spaeth & Linde, 1930.

Derselbe, Betriebswirtschaftliche Konjunkturlehre. Berlin, Spaeth & Linde, 1933.

W. C. Hauck, Bilanztheorien. Bühl-Baden, Konkordia, 1933.

W. C. Hauck, Der Betriebsvergleich. Bühl-Baden, Konkordia, 1933.

Seguaci del nominalismo

W. Rieger, Einführung in die Privatwirtschaftslehre. Nürnberg, Krische, 1928.

Derselbe, Schmalenbachs dynamische Bilanz. Stuttgart, Kohlhammer, 1936.

Derselbe, Über Geldwertschwankungen. Stuttgart, Kohlhammer, 1938.

E. Enderlen, Nominale und reale Bilanz. Stuttgart, Kohlhammer, 1936.

H. Holzer, Zur Axiomatik der Buchführungs- und Bilanztheorie. Stuttgart, Kohlhammer, 1936.

M. Miller, Die Berücksichtigung von Geldwertschwankungen in Buchhaltung und Bilanz. Nürnberg, Krische, 1932.

Altri campi della contabilità

K. Bores, Konsolidierte Erfolgsbilanzen. Leipzig, Gloeckner, 1935.

A. Hoffmann, Die Konzernbilanz. A. Deichert'sche Verlagsbuchhandlg. Dr. W. Scholl' Leipzig, 1930.

M. Lohmann, Das Rechnungswesen der Kartell- und Gruppenwirtschaft. Berlin, Springer, 1937.

R. Winkelmann, Die Gewinn- und Verlustrechnung in Konzernen. Berlin, Junker & Dünnhaupt, 1936.

M. Lohmann, Der Wirtschaftsplan der Unternehmung. Verlag Leopold Weiß, Berlin 1930.

K. Mellerowicz, Kosten- und Kostenrechnung. Berlin, de Gruyter, 1932 und 1936. 2 Teile in 3 Bänden.

E. Michel, Handbuch der Plankostenrechnung. Berlin, Eisner, 1937.

Prontuari

K. Meithner, Die Bilanzen der Unternehmungen. Berlin, Heymann, 1933.

K. Nicklisch, Handwörterbuch der Betriebswirtschaft. 5 Bände. Stuttgart, Poeschel, 1926—1928. Eine neue Auflage in Vorbereitung.

Riviste

Zeitschrift für handelswissenschaftliche Forschung. Leipzig, Gloeckner.

Die Betriebswirtschaft. Stuttgart, Poeschel.

Letteratura americana

Libri sulla teoria del bilancio

J. B. Canning, The Economics of Accountancy. New York, Ronald, 1929.

C. B. Couchman, The Balance Sheet. New York, The American Institute Publishing Company, 1924.

H. A. Finney, Principles of Accounting, I—II. New York, Prentice-Hall, mehrere Auflagen.

H. R. Hatfield, Accounting. New York, Appleton, 1927.

R. B. Kester, Accounting, I—III. New York, Ronald, mehrere Auflagen.

P. Mason, Principles of Public-Utility Depreciation. Chicago, American Accounting Association, 1937.

W. A. Paton, Accounting. New York, Macmillan, 1924.

W. A. Paton and R. A. Stevenson, Principles of Accounting. New York, Macmillan, 1921.

T. H. Sanders, H. R. Hatfield, and Moore, A Statement of Accounting Principles. New York, The American Institute Publishing Company, 1938.

Scott, Theory of Accounts. New York, Holt, 1925.

H. R. Sweeney, Stabilized Accounting. New York, Harper, 1936.

Libri tecnici e sulla teoria dei costi

E. Camman, Basic Standard Costs. New York, American Institute Publishing Company, 1933.

E. Chamberlin, The Theory of Monopolistic Competition. Cambridge, Mass., Harvard University Press, 1933.

A. H. Church, Overhead Expense. New York, Mc Graw-Hill, 1930.

J. M. Clark, The Economics of Overhead Costs. Chicago, Chicago University Press, 1923.

J. L. Dohr, Ingraham, and Love, Cost Accounting. New York, Ronald, 1935.

W. B. Lawrence, Cost Accounting. New York, Prentice-Hall, 1937.

C. Reitell and Johnston, Cost Accounting. Verlag ist unbekannt.

C. H. Scovell, Cost Accounting and Burden Application. New York, Appleton, 1917.

Prontuari

L. P. Alford, Cost and Production Handbook. New York, Ronald, 1934.

W. A. Paton, Accountants' Handbook. New York, Ronald, 1933.

Riviste

The Journal of Accountancy. 135 Cedar Street, New York City.

The Accounting Review. 6525 Sheridan Road, Chicago, Illinois.

German and American Theories on Accounting*)

When Pacioli wrote his famous treatise on the system of double-entry bookkeeping in the year 1494, it was not his intention to set forth new ideas on the principles of accounting; he merely wanted to describe the technique of accounting as it had developed in Italy at the time of the Renaissance. His book, however, was used for nearly two centuries as a model for all textbooks on double-entry bookkeeping; and its occasional references to balance sheet problems and to valuation problems influenced the theories of the accountants of that time to a very great extent.

The treatise deals with the fundamental problems of valuation actually very superficially because in Pacioli's time trading conditions were relatively simple. Most transactions were shorttermed; thus the need to prepare a balance sheet periodically did not arise, nor did the problems of valuation inherent in the preparation of a balance sheet make themselves felt. The increasing stability of political and economic institutions in the 16th and 17th centuries led to longer-termed relationship between local merchants and the great trading houses; goods were held in stock, perhaps for several years. As a consequence of this development the necessity of closing off the books at regular intervals became apparent during the 17th century, and on the heels of balance sheets followed the problems of valuation.

It was thus not a matter of chance that, firstly, the second important event in the history of accounting happened in the year 1675, and secondly, that it happened in the country in which organized state institutions and the theories of the Mercantilists had been most thoroughly developed. In 1675 there was published in France a book entitled "Le Parfait Négociant". The author was Count Savary**), who, as he tells us himself, was responsible for the Code de Commerce, which had been published two years previously. As this code had a very considerable influence on the jurisprudence of all European countries***), and as "Le

---

*) Translation of the German text.

**) Perhaps his son assisted him.

***) The Code de Commerce was the model for the Code Napoléon, which in consequence of Napoléon's military victories became the law of a great part of Europe. Probably the fundamental rules of the Code Napoléon were much in the minds of the authors of the German Commercial Code which again became the model for similar codes in other countries. I might mention, as evidence of the influence of the French law, that even so modern a law as the Finnish law on accounting of 1925 bears marked traces of being influenced by the Code de Commerce. The Code de Commerce probably had some influence on English and thus on American Common Law.

Parfait Négociant" was regarded as an authoritative commentary thereon, it acquired a predominating position in determining the theories of accounting. The book passed through several editions and his ideas were copied by other authors. It is, therefore, fair to say that Savary founded a school of thought which had a marked influence on the theory of balance sheets.

The accounting principles enunciated by Savary are of particular interest for the reason that their author, both in his commentary and in the law, laid down that the books must be closed off at regular intervals. He, therefore, laid special stress on the problems of the balance sheet. One matter must, however, be pointed out, which is often overlooked, namely, that Savary's teachings had mainly the interests of creditors at heart and assumed that economic and social conditions were relatively stable. For Savary the essential factor in matters of valuation was the question of liquidity; in his scheme of things the principles of valuation played a comparatively unimportant part in determining profit. Savary and his followers took, as we would say to-day, the "static" view of the balance sheet.

The dynamic view of the Balance sheet

The industrial revolution which began at the end of the 18th century and brought about farreaching changes in economic conditions generally, gave birth to a new form of undertaking, the industrial undertaking. Here profit-earning capacity was the essential matter; excess of assets over liabilities and liquidity were matters of relative unimportance. In contrast to merchanting businesses, where the capital of the business is turned over comparatively rapidly, the industrial undertaking reckons with a slow "turnover" of its capital assets and consequently the value of these assets for balance sheet purposes becomes a matter of secondary interest.

In spite of the fact that those responsible for the management of industrial undertakings were really confronted with an entirely new situation, accounting theory and the rules for drawing up balance sheets continued to be dominated by Savary's teachings. The text books treated all questions of valuation as though they were a matter of giving a "static" view of the financial position; accounting theory looked on the balance sheet as a statement of assets and liabilities and regarded the ascertainment of profit as a secondary consideration.

It is really surprising that until 1919 no one came forward with a new theory of accounting, which had regard to the new and changed economic conditions. An eminent German economist, Professor E. Schmalenbach of Cologne, was the first economist to face the new situation fairly and to suggest new lines of thought. He held the "static" theory of the balance

44

sheet as formulated by Savary, i. e. that it is merely a statement of assets and liabilities, to be wrong in principle; in his view the main purpose of a balance sheet was not the ascertainment of the excess of assets over liabilities but the determination of profit. All questions of valuation in regard to the balance sheet must in his view be discussed from the point of view of their effect on the profit and loss account.

Professor Schmalenbach put forward his new theory in two essays in his own journal „Zeitschrift für handelswissenschaftliche Forschung"*). The propositions which he put forward amounted to a complete revolution of the classical theory accounting: at one stroke he shifted the centre of interest from "property" to "yield".

In his essays Prof. Schmalenbach emphasised that under modern conditions with their very elastic standards of values no one has an interest in establishing the "property-value" of an undertaking, unless it be for some particular purpose. The value of an undertaking is not the sum of the individual assets of the undertaking less its liabilities; the value of an undertaking can only be ascertained by capitalising its net yield. On the other hand the yield, as disclosed in the profit and loss account, depends in part on items which find their place in the balance sheet; attempts to determine property and yield in the same account simply involve one in a vicious circle, and brings the problem no nearer to solution.

In Prof. Schmalenbachs view the only rational solution of the problem is to reject the balance sheet as a means of ascertaining the property of the undertaking entirely. The main purpose of the balance sheet is not to set forth the property of the undertaking, but to pick up those items which cannot be brought into the profit and loss account of the period in question. In this manner the balance sheet becomes a mechanism for regulating the profit and loss account; problems of valuations affecting the balance sheet must be judged from the point of view of their effect on the profit and loss account.

---

*) Schmalenbach had indeed hinted at his ideas in 1909, but it was not until 1919 that he produced them in the form of definite theses. The first essay was published under the title "Grundlagen dynamischer Bilanzauffassung" (the principles of the dynamic view of a balance sheet) in volume 2 (1919 series) of the "Zeitschrift für handelswissenschaftliche Forschung" (page 1). The second essay was published under the title "Selbstkostenrechnung" (cost accounting) in volume 7 (1919 series) of the "Zeitschrift für handelswissenschaftliche Forschung" (page 257). Not only the ideas to which expression was given in these two essays, but also the principles of dividing the whole problem into two parts, namely, the profits as shown by the financial books and cost accounting questions, were remarkable novelties.

The two essays were widely commented on, and this caused Prof. Schmalenbach to reproduce them in book form. Unfortunately the author has not paid such careful attention to matters of detail in his later editions, so that the progress of the argument in them is not so logical and easy to follow as was the case with the original essays.

The theory derived from Savary's teachings that the balance sheet is a photograph of the undertaking in repose, which was the basis of all earlier works on the subject, is rejected by Prof. Schmalenbach in principle as a fiction which has no relation to reality; the attention of economists should be concentrated on the undertaking in activity, as a going concern. What one should investigate is the economic basis of a business, not a "property", the value of which cannot be determined with exactitude unless it is sold.

To give expression to the principles he has enunciated Prof. Schmalenbach has invented a special terminology, which in Germany at any rate has deeply influenced the development of accounting theories. Prof. Schmalenbach lays down that the movements of money, that is to say the cash outgoings and incomings, are the matter of primary importance and determine the profit. But, as the cash end of a transaction often falls in another period than that covered by the profit and loss account, we require special words to define the negative and positive components, which determine the profit for a period. Prof. Schmalenbach calls the negative components "expenditure" (outlay) and the positive components "Ertrag" (revenue)*).

In his essay on the purposes and methods of cost accounting Prof. Schmalenbach emphasises that a special terminology, which in many respects differs from the expressions used in bookkeeping, is required for cost accounting. The purpose of bookkeeping is to show the profit of a period as a whole, the purpose of cost accounting is to analyse the result of a particular transaction. The negative components of profit are not identical in the financial accounts and in cost accounting; Prof. Schmalenbach reserves the word "Kosten" (costs) exclusively for cost accounting. On the other hand many items of expenditure (outlay) are recorded in the books which have nothing to do with production. Prof Schmalenbach has invented for them the expression "neutral expenditure" (neutral outlay)**). Finally there are costs which occur in cost accounting but cannot be recorded in the books; such costs Prof. Schmalenbach calls "Zusatzkosten" (supplementary costs).

The following diagram summarises Prof. Schmalenbach's terminological principles:—

Bookkeeping Records	Neutral Expenditure (neutral outlay)	Production Expenditure (at the same time) Costs	Supplementary Costs

*) Schmalenbach originally used the words "Aufwand" resp. "Leistung" (service). He later improved his terminology.

**) Neutraler Aufwand.

46

These terminological differentiations are of eminent theoretical and practic import.

The "Realistic" Theory of the balance sheet.

Prof. Schmalenbach's essays were written before the currency inflation in Germany which ended in completely chaotic conditions. In consequence of the general rise of prices in the inflation most undertakings were compelled to take steps to neutralise the losses arising from the fact that money itself lost its value. Few concerns, however, handled the problem systematically; and it ceased to be of practical interest directly Germany reverted to a new currency based on gold when balance sheets were established on a Rentenmark or Goldmark basis.

This problem caused much discussion among economists and many suggestions for its solution were canvassed. It appears, however, to have been generally felt that no radical cure was possible, all suggestions to segregate the "paper" profits of the inflation being mere palliatives. After the currency had been stabilised the problem ceased to have even a theoretical interest.

One German economist, Prof. F. Schmidt of Frankfurt, was so appalled by the results of an inflation of the currency that he took the view that the traditional system of accounting, based on money retaining its nominal value, could no longer hold the field. He recommended that the profit and loss account should be drawn up, not in the traditional manner, but in such a way as to show whether the substance ("quantitative capacity") of the undertaking was being preserved. In Prof. Schmidt's view the existing forms of profit and loss account were all based on the premise that the measure of values remains stable, and that this premise was not in accordance with facts. This stability is a myth even in periods when economic conditions are relatively untroubled. There is, therefore, a danger that an increase in the putative capital of the undertaking is really ascribable to fictious profits, and that a distribution of these profits will damage not only the undertaking but also the community generally. Prof. Schmidt's thesis is that only the undertaking which has contributed to an increase in the quantity of products available to the community can be looked on as producing profits*).

Prof. Schmidt holds that profit is not earned merely because the selling price exceeds the cost of acquisition. An undertaking should only take profit on a transaction when the difference between selling price and cost of replacement the sale shows a plus. He regards the fact that while the goods are stored the market value of them, expressed in units

---

*) This quasi-political attitude caused him to call his accounts "organic balance sheets". "Realistic" would be in my opinion a better word.

of currency, may have increased or decreased as irrelevant. So far as the profit arises from variations in price levels, or as Prof. Schmidt says, constitutes profit from the property of the undertaking ("Gewinn am ruhenden Vermögen"), it is completely foreign to the profit and loss account and should be credited to capital account or to a reserve for adjustment of values.

A rigid application of the "realistic" theory leads to startling results: If an undertaking sells its goods at a lower price than it paid for them, having purchased its stock at a time when prices were high, it has still earned a profit, if the selling price is above the cost of replacing the goods on the date of sale.

If one probes Prof. Schmidt's theory of profit deeply one finds that it breaks down on the treatment of speculative profits and speculative losses. In his view speculative deals lie altogether outside the scope of production and therefore do not interest an undertaking.

This view is scarcely tenable, chiefly for the reason that an undertaking and therefore its production cannot remain unaffected by the fact that the capital of the undertaking must be increased or decreased as a result of speculative deals, and it is immaterial whether they were intentionally entered upon or not. Such changes must affect its financial position and its earning power and must influence the conduct of the business. This argument may be countered with the argument that the science of business economics as a science should not treat of speculation, which is an irrational process, not explicable on rational grounds and not susceptible of theoretical analysis; this may be true, but it does not prove that the results of speculative activities should be excluded from theoretical consideration.

It is a fact, moreover, that all economic activity is based on planning and all planning rests on certain assumptions as to the future course of events, which may turn out to be right or wrong. The basis of all business activity, the dynamo of business life, is speculation. A business is not a mechanical apparatus. Foresight and the prophetic gift of reading the future aright play a decisive part in the success of a business and form an essential part of the functions of the management. To exclude the effects of speculation from the science of business economics and from accounting problems would be to restrict the field of investigation to the detriment of scientific investigation.

As an exercise in theory Prof. Schmidt's scheme to combine the "static" and the "dynamic" methods is doubtless very interesting. He suggests that the assets should be stated in the balance sheet at their actual or estimated cost of replacement on balance sheet date. As this would involve setting up reserves equivalent to the amount by which the assets were written up, it would have no effect on the profit and loss account. The statement of "property" would be correct and the profit and loss account would remain unaffected. I cannot unfortunately discuss the matter further in this Paper; I will only add that my personal view is that it is impossible to arrive at a true statement of property without taking into account the positive and negative goodwill factors and evaluating them in the balance sheet. Prof. Schmidt's scheme for balance sheets does not do this and he admits that this is so.

Prof. Schmidt is also an advocate of the idea that the value of an undertaking is to be measured by its capacity to return a dividend to the community and that it is the duty of the management to maintain the position of the undertaking which it already holds in the community. In my view it serves no useful purpose to apply politico-economic theories in discussions of "business economics". The two sciences must be kept separate if one is to pursue profitable investigations.

A further objection to this view is that the welfare of a community does not depend solely on material goods; we know that intangible factors such as the willingness of a people to work, its general level of ability and its capacity to organise its life successfully are just as important as the quantity of goods over which it disposes*).

The nominalistic Theory.

The principles on which the realistic theory of the balance sheet rests have so many weak spots that the whole theory formed an easy object of attack. During the inflation, when "values" almost ceased to exist, Prof. Schmidt's theory was very popular; but directly conditions were stabilised, its opponents began to put forward their criticism. The most damaging attack on the teachings of Prof. Schmidt came from Prof. Wilhelm Rieger of Nürnberg (he now holds a chair in Tübingen), who in 1928 launched his theory that the computation of profit must in principle be based on the assumption that money retains its nominal value. Prof. Rieger's theory is not merely a criticism of the realistic theory, it contains also many ideas of a constructive nature. I consequently feel constrained to deal with it in this Paper.

Prof. Rieger holds that all business transactions in the existing economic scheme of things are based on money as the common denominator for measuring the relative value of services and commodities. Without this standard of values, imposed with the authority of the State, an estimate of the value of anything for economic purposes would be impossible and consequently our present economic system could not be carried on.

---

*) The modern tendency to improve the financial position of the undertaking by systematically reducing stocks held may be noted. It is not definitely related to the ideas propagated by Prof. Schmidt.

It should be observed that this process of reducing everything to terms of money, which lies at the basis of all economic thinking, rests on the assumption that money has a stable value and is a definite, exchangeable commodity. It may happen that this assumption is not true in fact; but without it we can neither think nor compute in terms of money.

I cite here the following observations of Prof. Rieger as typical of his line of thought:—

"The business world, which includes those concerned with accounting and balance sheet problems, must make use of the system of money which the State has created; this applies whether the currency is actually sound or not and cannot be affected by the accountant's views as to the soundness of the currency."

"Mark equals Mark. This thesis is of such importance that if one admits it the whole structure of the theories designed to correct money values falls to pieces."

"If a profit and loss account is established in terms of money, the conclusion to be drawn from it can only be expressed in terms of money."

"If the assumption that Mark equals Mark is true, a profit shown by the books, expressed in money, is a genuine profit, even if the currency is being inflated.*)"

It is, of course, true that the undertaking of modern times, which operates entirely on the basis of earning money for the services and goods it sells, cannot escape the effect of oscillations in price-levels. If the level of prices rises generally a business which has borrowed money can repay the loan with less commodities than it purchased with the money it borrowed, and conversely the lender of money loses part of his former purchasing-power. That is the logical consequence of an economic mechanism which uses money as a measure of values and as a means of exchange.

Accounting on the basis of the "realistic" theories is, therefore, only possible in a "closed economy". The whole idea of a business is to produce a money-income for its proprietors and its servants and that can only be done by buying and selling, never by producing commodities solely for consumption within the business itself. The realistic theory of the balance sheet is, therefore, a contradiction in terms.

Apart from the theoretical arguments which the nominalists put forward against Prof. Schmidts theories, there are a number of practical difficulties in their application.

Firstly, the realistic theory is based on the assumption that all values recorded in the books can be revised continually. That is a practical impossibility; consequently the theory cannot be put into practice fully.

*) Rieger „Über Geldwertschwankungen" (oscillations in the value of money), pages 7, 47 and 71.

Secondly, the assumption that everything which a business sells is replaced as a matter of course is not true. Often in practice no replacement takes place. Technical developments make it necessary to acquire other commodities and plant than those replaced. But their value can only be computed in terms of currency.

Prof. Schmidt's theory that the maintenance of the "quantitative capacity" of the undertaking should be the aim of every business only applies in one very exceptional case, namely, when a sale is covered immediately by a purchase. In all other cases differences arise as a consequence of price-movements even when Prof. Schmidt's system is adopted. This observation applies not only to stocks but also to capital assets.

A simple example will show this; let us assume that a machine costs RM 10,000,—, and that it is to be written off at the rate of 20% per annum. At the end of five years it will be written off completely and the principal sum involved will have been accumulated. If prices rise, let us assume that they rise yearly in arithmetical progression, the undertaking will not have sufficient cash to buy a new machine if depreciation has been computed on the basis of nominal values of money. But Prof. Schmidt does not solve the problem either. On the assumed basis the replacement cost of the machine would be RM 160,000,— at the end of 5 years, but the accumulated depreciation would only amount to RM 62,000,—, as is shown by the following table:—

Year	Cost of Replacement	Depreciation for year (20% of replacement costs)	Accumulated Depreciation
	RM	RM	RM
1.	10,000	2,000	2,000
2.	20,000	4,000	6,000
3.	40,000	8,000	14,000
4.	80,000	16,000	30,000
5.	160,000	32,000	62,000

We see from this intentionally exaggerated example that an accountant cannot escape from the consequences of changes in price-levels, even if he follows Prof. Schmidt's instructions exactly. Our imaginary undertaking would have to issue fresh capital if it wanted to replace the machine.

I have unfortunately no time to draw a comparison between the realistic and the nominalistic theories. I will only state as my personal view that I am inclined to agree with the nominalistic theory as a whole, but I think that the realistic theory contains valuable ideas which are particularly worth consideration when pricelevel oscillate violently. But they must not be gerneralised and must not be applied indiscriminately without due consideration of the circumstances.

It would be unfair to Prof. Rieger to speak only of his criticism of the realistic theory and to omit all reference to his constructive ideas. Prof. Rieger has developed Prof. Schmalenbach's theory of the definitive balance sheet as being the only theoretically correct balance sheet to the point that he denies that any balance sheet, drawn up at the close of a period, can be really correct. In his view all balance sheets are based on assumptions as to the future course of events; no balance sheet can claim to correspond with reality, all balance sheets rest on personal ideas.

All annual balance sheets and the relative profit and loss accounts are, on this view based on hypotheses, which are often incorrect. The conclusion to be drawn from this theory is that philosophically determinable standards for the preparation of balance sheets do not exist; in the preparation of every balance sheet the opinion of the persons responsible as to the future course of events in the determining factor.

American theories on cost accounting

In comparison with the liveliness with which balance sheet problems are discussed in Germany American literature on the subject strikes one as being rather dogmatic. American writers are generally content to base their views on traditional principles or on general practice. "Conservative principles" is the usual motto in America. The reason for this is to some extent the typical American "practical" mentality which has no time for abstract definitions or ideas. Furthermore a number of matters peculiar to American economic conditions have directed the attention of American economists in other directions.

We must not forget that the United States of America, as compared with Europe, form one homogeneous sales territory extending over a continent; there are no political frontiers within the continent restricting the possibilities of sales expansion. The anti-trust laws in America make it impossible to form cartels or for all the undertakings in an industry to agree upon minimum selling prices. Consequently the main interest not only of persons engaged in industry, but also of the theorists is directed to cost accounting.

This state of affairs has been accentuated by the fact that official supervision of "public utilities" has brought into existence a carefully prescribed form of cost accounting. The Interstate Commerce Commission has played a great part in developing ideas on cost accounting*).

---

*) It is noteworthy that the greatest American thinker on the subject of cost accounting, Prof. J. M. Clark, gained his experience in his investigations of the costing and price problems af railways.

The remarks which follow are consequently restriced to a description of a few typically American ideas on cost accounting.

American and European theory and practice differ from each other most markedly in the treatment of interest for the purposes of cost accounting. It is usual in Europe to regard interest as one ingredient, among others, of "cost", in the same category in principle as, for example, depreciation. The American view is that interest is never an ingredient of "cost".

To European ideas this view is strange; nevertheless if one studies American literature on the subject one will find that there is much justification for this view. In my view the Americans have thrown a new light on some of the fundamental problems of cost accounting. The American view can be summarised as follows:— It is admitted by the Americans that interest is an important factor in costs, but only so long as the capital it represents is unallocated and the purchasing-power of the capital can still be used for any purpose. The purchasing power of capital is attracted always by the best possibility of yield; this potential income must be regarded during the planning period as a element of cost and the interest as a part of the cost of production. Directly the capital is invested in fixed assets or in stocks it loses its character as a factor in costs. It is then no longer a production expense, i. e. an ingredient of the costs. It can only be considered in connection with budgeted profit, i. e. the capitalist (the proprietor equally with the loan creditor) in computing the profit which he anticipates from the business must then make an allowance for interest.

It is out of the question, therefore, to load inventory values with interest. Where this is done the consequence is inflated iuventory values and paprer profits in the profit and loss account. In the American view the inclusion of interest in inventory values involves paper profits, even if the interest is payable to third parties.

This attitude to the interest question which is now universally taken in America, is of such importance in the analysis of the principles of cost-accounting that it is regrettable that more attention has not been paid in Europe to this departure from standard European practice. We Europeans have indeed much to learn from the Americans in this respect.

In another respect American thought has been more progressive than European. In America "standard costs" are universally employed.

The American ideas must be explained shortly:— Before an undertaking can produce it must usually make a number of preparations, which in turn involve an expenditure of capital resources. The expenditure so incurred must be divided by the number of articles, which, it is anticipated, will be produced and the appropriate fraction of the expanditure to be loaded on the cost of each article produced must be fixed in the original budget.

Under this method each unit produced is loaded with the same share of the expenditure in the costing records irrespective of the volume of production.

On the other hand in the financial books the expenditure (outlay) for the year (the "negative components of the profit and loss account") must be taken up irrespective of whether it has been absorbed in the cost records. In consequence, assuming that the volume of production does not exactly correspond with the volume of production budgeted for, there will always be differences, i. e. the financial books will show a debit balance, which means that the costs have not been covered, if the volume of production is less than anticipated, and a credit balance, which means that the costs have been more than covered, if the volume of production has exceeded that originally budgeted for. The Americans do not regard these differences as elements of cost at all, but treat them as expenditure (outlay) or revenue in the profit and loss account itself not applicable to production costs.

Under this method of costing oncost is proportional to the volume of production, which means in the last analysis that fixed costs do not appear in the cost accounts; they are only recorded in the financial accounts.

Probably the originator of this idea was A. Hamilton Church, who published his theories in 1910. Clinton S. Scovell developed the idea from the bookkeeping point of view in 1917, and J. M. Clark dealt with it in a scientific manner in his book "Economics of Overhead Costs", in 1923. It is now universally recognised in America.

The matter on which Americans are not unanimously agreed is the effect of J. M. Clark's ideas in the balance sheet. Should balance sheet values be adjusted for the differences or not ? In my view, if one is not prepared to recognise items of expenditure (outlay) as part of the costs and if one excludes them from the costs, one cannot adjust the balance sheet for them. This means that if the anticipated volume of production is not reached balance sheet values will be lower, and conversely, if the anticipated volume of production is exceeded, higher, than would be the case if the usual division method was employed. Of course, if they are higher, a reserve must be set up to prevent paper profits being shown.

These principles can be made clearer by giving an exampla. Let us assume that the fixed expenditure of an undertaking amounts to RM 200.000.— yearly and that the original budget provided for a production of 100.000 units. In the first year the undertaking produced only 50.000 units, while in the second year production rose to 200.000 units.

There were no sales of the years production in the year, so that the whoel production was in stock at the end of the year.

The traditional way of looking at the matter would be to say that he costs of production were RM 200.000.— in each of the two years, representing unit costs in the first year of RM 4,— per unit and in the second year of RM 1.— per unit. The "forecasting"*) method regards the unit costs as being RM 2.— per unit in both years, representing inventory values of RM 100.000,— and RM 400.000,— respectively. There would then be a loss of RM 100.000.— in the first year and an apparent profit of RM 200.000.— in the second year against which a corresponding reserve would have to be made.

The situation is set forth in accounts and diagrammatically in two appendices.

I am convinced that these American views are little known in Europe and yet as early as 1919 Prof. Schmalenbach showed that American practice and German theory were developing on parallel lines. Prof. Schmalenbach's three categories: neutral expenditure, production expenditure (outlay)**) and supplementary costs provides, in my view, the bridge between the two systems of thought. The expenses which, because the prearranged rate of production is not reached, cannot be brought into the cost accounts are "neutral expenditure" (neutral outlay); conversely, if the cost accounts allow for larger expenditure than the financial accounts show, a case of "neutral revenue" arises. Interest paid to third parties which is not taken up the cost accounts is "neutral expenditure" (neutral outlay) in the financial accounts, and the putative interest on the capital invested in the production of the goods forms an item of the "supplementary costs" in the cost accounts.

Thus the American view is not so far removed from the European view as is perhaps generally believed. The difference is merely that the Americans have reached their conclusion inductively by reasoning from the particular to the general and the Germans deductively by reasoning from the general to the particular; the conclusion, foreseen in 1919 by a German theorist, is the same, namely, the fundamental division of all bookkeeping into financial accounting and cost accounting. In my view this division is of the greatest practical and theoretical importance, unless it is recognised scientific investigation and the application of the discoveries of scientific investigation to practical purposes cannot be kept free from mere dogma.

---

*) What is meant by "forecasting" is explained at the end of this Paper.

**) Neutraler Aufwand — Zweckaufwand.

A comparison of German and American theories on Accounting.

A non-German or non-American who investigates the German and the American ideas on accounting problems will be surprised to find how typically German and how typically American the scientific methods of both countries are.

It has been said, and correctly said, that one is dealing here with two different systems of civilisation, which must both be approached differently. The German "science of business economics" (Betriebswirtschaftslehre), following German academic traditions, shows a markedly philosophical trend and endeavours to build up a rounded off body of thought without loose ends. One detects at times a tendency to metaphysical speculation.

One finds, moreover, in German literature on the subject a tendency to make use of ideas and theories taken from the science of economics which, however, should not be applied to the solution of business questions indiscriminately*).

The writer of this Paper cannot accept this view. In his view a science dealing with business should only seek out and investigate things as they are, it should not construct an imaginary world of business which perhaps reflects certain theories as to business morality but is far removed from conditions as they actually are. "Social" sciences must discover and set forth things as they are not as they should be. This rule applies to all investigation and thought in the science of business economics.

As compared with the German economist the American accountant is a typical "practical man", totally devoid of interest in definitions or subtle shades of meaning if they have no "practical" value. Naturally this attitude brings about a certain superficiality in attacking problems and a marked tendency to be dogmatic and rely on "axioms". Nevertheless the methods employed by the Americans are distinguished by a clarity of thought and a sense for the reality of things which can only be gained by actual contact with the problems of life and can never be acquired at the scientist's desk.

It is, therefore, impossible to draw comparisons between the work done by the two countries; we can only state that each in its way has achieved important results. Both countries have made valuable contributions to

---

*) A case in point is Prof. Schmalenbach. The following excerpt from the preface of his "Dynamische Bilanz" may be taken as typical of his views:—

"On the question of educating the business man to higher ideals I would state here that in my view it is fundamentally wrong to regard the business man as a mere profit-earning machine. In many cases he may be nothing else; but, even so, that does not influence my view. I regard the business man as a person whose duty it is to husband the resources placed at his disposal by the community".

our knowledge of accounting matters, though perhaps the most important thing has been the difference in methods of attacking the problems. The science of business economics would never have reached the scientific level according to European standards, which it has reached, without the aid of the systematic and logical thinking which is characteristic of German scientific work. On the other hand the inductive methods, employed by the Americans, have achieved much.

In the interests of the development of scientific knowledge it is, therefore, desirable that the economists of both countries should work more closely in contact. One can observe tendencies in this direction; evidence of this can be found in many articles appearing in technical journals*). But isolated articles cannot bridge the gulf between American and German scientists. To bridge this gulf a thorough study of each other's literature and an exchange of views from man to man are necessary. A German economist, Prof. Mellerowicz, has recently shown how valuable a synthesis of German and American views can be**).

In my view science can only progress if deductive and inductive methods are combined. We need the deductive method to establish the definitions on which our arguments rest, we need the inductive method to put before us the problem and the facts on which we have to work.

Logical thinking and systematised experience must go hand in hand if the maximum success is to be achieved. Both methods of investigation are complementary. It is no matter of chance that the two greatest thinkers on accounting matters, Prof. Schmalenbach and Mr. Clark, both obtained a valuable stimules for their work from a study of practical affairs.

The science of business economics, which is a social science, cannot stand still; the power of life is continually bringing forth fresh problems. Scientists have achieved much, much is still to be achieved. The definition of profit, which is by no means satisfactorily determined might be named as one of the basic problems for investigation. The question of "opportunity cost" as it is called by the Americans has not been sufficiently investigated by scientists; clarification of the relative problems woud throw new light on the theory of costs. The theory of budgeting-which is based on inductive experience, must be introduced into account ingtheory and made a part of it. As has already been said, business is

---

*) There are in Germany two good books describing American conditions. [A young American, Dr. Sweeney, has recently put before his countrymen the German theories on "Tageswertrechnung" ("stabilised accounting").

**) The last two volumes of his "Kostenrechnung".

planning, the past (the bookkeeping) must be linked up with the future (cost accounting) by means of the planning of business (budgeting)*).

It must be emphasised above all that the science of business economics is one of the "social sciences" and weight must be given equally to the words "social" and "science".

The scientist must always keep in touch with the everyday conditions of life in order to avoid constructing hypotheses which have no relation to reality. But the aim of all scientific work, to find the truth by systematic investigation, must never be forgotten. To seek truth is to find reality.

*) The writer of this Paper has attempted to incorporate the budget-idea in his theory of accounting. He therefore calls his theory "forecasting". The forecasting theory divides accounting into three subdivisions, the budget, bookkeeping and cost accounting, which are all linked with each other. The theory may be diagrammatically shown as follows:—

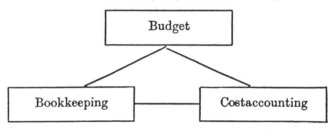

Prof. Mellerowicz suggested four subdivisions of accounting in his "Kostenrechnung", viz:— budget, bookkeeping, cost accounting and statistics. For pedagogic purposes this may be useful, seeing that statistical methods are often employed in practice to make clear bookkeeping and cost accounting figures. As a science statistics has nothing to do with accounting. The purpose of accounting is to investigate individual phenomena, not to draw deductions from mass phenomena.

Appendix 1

Comparison of the traditional method and the forecasting method of costing

A. *Traditional Method*

Year 1

Expenditure (Outlay)		Cost A/c. (Job)		Cost A/c. (Expense)		Balance Sheet	
From cash Depen. etc.						(50 000 ur its à RM 4,-)	
RM 200 000	RM 200 000	RM 200 000	RM 200 000	RM 200 000	RM 200 000	RM 200 000	RM 200 000
						P & L.	
						—	—

58

Year 2

Expenditure (Outlay)		Cost A/c. (Job)		Cost A/c. (Expense)		Balance Sheet
						(200 000 units à RM 1,-)
From cash Depen. etc.						
RM	RM	RM	RM	RM	RM	RM
200 000	200 000	200 000	200 000	200 000	200 000	200 000

P & L.

— | —

B. Forecasting Method

Year 1

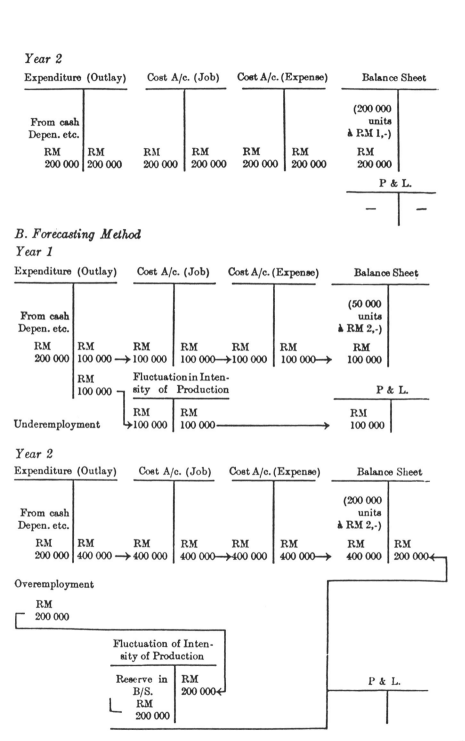

Expenditure (Outlay)		Cost A/c. (Job)		Cost A/c. (Expense)		Balance Sheet
						(50 000 units à RM 2,-)
From cash Depen. etc.						
RM	RM	RM	RM	RM	RM	RM
200 000	100 000 →	100 000	100 000→	100 000	100 000→	100 000
	RM 100 000 ⌐	Fluctuation in Intensity of Production				P & L.
		RM	RM			RM
Underemployment	↳	100 000	100 000 ──────────────→			100 000

Year 2

Expenditure (Outlay)		Cost A/c. (Job)		Cost A/c. (Expense)		Balance Sheet	
						(200 000 units à RM 2,-)	
From cash Depen. etc.							
RM	RM	RM	RM	RM	RM	RM	RM
200 000	400 000 →	400 000	400 000→	400 000	400 000→	400 000	200 000←

Overemployment

RM
⌐ 200 000

Fluctuation of Intensity of Production

Reserve in B/S.	RM
RM 200 000	200 000←

P & L.

59

Appendix 2
Diagrammatic description of the forecasting System

A. Expenditure (Outlay) not covered

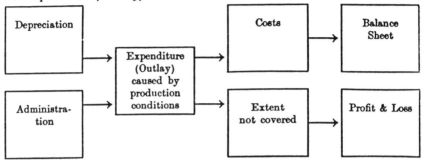

B. Expenditure more than covered

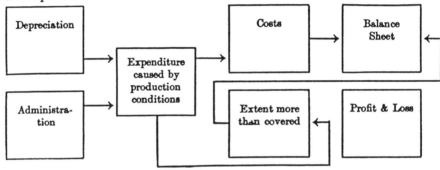

Literature

As it is impossible in a short Paper to give a full description of all the lines of thought current in both countries the following list of German and American books has been compiled in order to form an introduction to the subject for the reader. It is not claimed that the list is a complete bibliography, it is only intended to give a general indication.

German Literature
German Books on American Conditions

E. Studt, Die privatwirtschaftliche Erfolgsrechnung in den Vereinigten Staaten von Amerika. Bühl-Baden, Konkordia, 1935.

K. Schmaltz, Die Bilanz- und Betriebs-Analyse in Amerika. Stuttgart, Poeschel, 1927.

General Books on Accounting Questions

H. Großmann, Der Jahresabschluß der Aktiengesellschaft. Berlin, Spaeth & Linde, 1938.

K. Hax, Der Gewinnbegriff in der Betriebswirtschaftslehre. Leipzig, Gloeckner, 1926.

G. Krüger, Die Bewertung beim Jahresabschluß industrieller Unternehmungen. Stuttgart, Poeschel, 1937.

H. Nicklisch, Wirtschaftliche Betriebslehre. Stuttgart, Poeschel, 1922.

K. Schmaltz, Betriebsanalyse. Stuttgart, Poeschel, 1929.

F. Schönpflug, Das Methodenproblem in der Einzelwirtschaftslehre. Stuttgart, Poeschel, 1933.

H. Sieber, Objekt und Betrachtungsweise der Betriebswirtschaftslehre. Leipzig, Scholl, 1931.

E. Walb, Zur Dogmengeschichte der Bilanz von 1861—1919. In Festschrift für Eugen Schmalenbach. Leipzig, Gloeckner, 1933.

A. Speck, Grundsätze für die Berechnung der Rentabilität industrieller Unternehmungen. Berlin, Eisner, 1935.

Books on Accounting Theory

A. Hertlein, Die Kapital- und Erfolgsrechnung als Grundlage der Wirtschaftlichkeitsmessung. Stuttgart, Poeschel, 1929.

A. Hoffmann, Der Gewinn der kaufmännischen Unternehmung. Leipzig, Buske, 1929.

K. Lehrer, Der Bilanzvergleich. Berlin, Junker & Dünnhaupt, 1935.

F. Niederauer, Bilanzwahrheit und Bilanzdelikte. Berlin, Junker & Dünnhaupt, 1937.

K. Seidel, Grundlagen und Funktionen der Buchhaltung. Berlin, Heymann, 1933.

H. Trumpler, Die Bilanz der Aktiengesellschaft nach neuem Aktien- und Steuerrecht. Berlin, de Gruyter, 1937.

The Dynamic View of the Balance Sheet

E. Schmalenbach, Dynamische Bilanz. Leipzig, Gloeckner, mehrere Auflagen.

Derselbe, Selbstkostenrechnung und Preispolitik. Leipzig, Gloeckner, mehrere Auflagen.

Derselbe, Goldmarkbilanz. Berlin, Springer, 1922.

W. Mahlberg, Der Tageswert in der Bilanz. Leipzig, Gloeckner, 1925.

K. Walb, Die Erfolgsrechnung privater und öffentlicher Betriebe. Berlin, Spaeth & Linde, 1926.

The Realistic Theory

F. Schmidt, Die organische Tageswertbilanz. Leipzig, Gloeckner, 1929.

Derselbe, Kalkulation und Preispolitik. Berlin, Spaeth & Linde, 1930.

Derselbe, Betriebswirtschaftliche Konjunkturlehre. Berlin, Spaeth & Linde, 1933.

W. C. Hauck, Bilanztheorien. Bühl-Baden, Konkordia, 1933.

W. C. Hauck, Der Betriebsvergleich. Bühl-Baden, Konkordia, 1933.

The Nominalistic Theory

W. Rieger, Einführung in die Privatwirtschaftslehre. Nürnberg, Krische, 1928.

Derselbe, Schmalenbachs dynamische Bilanz. Stuttgart, Kohlhammer, 1936.

Derselbe, Über Geldwertschwankungen. Stuttgart, Kohlhammer, 1938.

E. Enderlen, Nominale und reale Bilanz. Stuttgart, Kohlhammer, 1936.

H. Holzer, Zur Axiomatik der Buchführungs- und Bilanztheorie. Stuttgart, Kohlhammer, 1936.

M. Miller, Die Berücksichtigung von Geldwertschwankungen in Buchhaltung und Bilanz. Nürnberg, Krische, 1932.

61

Other Accounting Questions

K. Bores, Konsolidierte Erfolgsbilanzen. Leipzig, Gloeckner, 1935.

A. Hoffmann, Die Konzernbilanz. A. Deichert'sche Verlagsbuchhandlg. Dr. W. Scholl, Leipzig, 1930.

M. Lohmann, Das Rechnungswesen der Kartell- und Gruppenwirtschaft. Berlin, Springer, 1937.

R. Winkelmann, Die Gewinn- und Verlustrechnung in Konzernen. Berlin, Junker & Dünnhaupt, 1936.

M. Lohmann, Der Wirtschaftsplan der Unternehmung. Verlag Leopold Weiß, Berlin 1930.

K. Mellerowicz, Kosten- und Kostenrechnung. Berlin, de Gruyter, 1932 und 1936. 2 Teile in 3 Bänden.

E. Michel, Handbuch der Plankostenrechnung. Berlin, Eisner, 1937.

Handbooks

K. Meithner, Die Bilanzen der Unternehmungen. Berlin, Heymann, 1933.

K. Nicklisch, Handwörterbuch der Betriebswirtschaft. 5 Bände. Stuttgart, Poeschel, 1926—1928. Eine neue Auflage in Vorbereitung.

Journals

Zeitschrift für handelswissenschaftliche Forschung. Leipzig, Gloeckner.

Die Betriebswirtschaft. Stuttgart, Poeschel.

American Literature

Books on Accounting Theory

J. B. Canning, The Economics of Accountancy. New York, Ronald, 1929.

C. B. Couchman, The Balance Sheet. New York, The American Institute Publishing Company, 1924.

H. A. Finney, Principles of Accounting, I—II. New York, Prentice-Hall, mehrere Auflagen.

H. R. Hatfield, Accounting. New York, Appleton, 1927.

R. B. Kester, Accounting, I—III. New York, Ronald, mehrere Auflagen.

P. Mason, Principles of Public-Utility Depreciation. Chicago, American Accounting Association, 1937.

W. A. Paton, Accounting. New York, Macmillan, 1924.

W. A. Paton and R. A. Stevenson, Principles of Accounting. New York, Macmillan, 1921.

T. H. Sanders, H. R. Hatfield, and Moore, A Statement of Accounting Principles. New York, The American Institute Publishing Company, 1938.

Scott, Theory of Accounts. New York, Holt, 1925.

H. R. Sweeney, Stabilized Accounting. New York, Harper, 1936.

Books on Costing Theories and Practice

E. Camman, Basic Standard Costs. New York, American Institute Publishing Company, 1933.

E. Chamberlin. The Theory of Monopolistic Competition. Cambridge, Mass., Harvard University Press, 1933

A. H. Church, Overhead Expense. New York, Mc Graw-Hill, 1930.

J. M. Clark, The Economics of Overhead Costs. Chicago, Chicago University Press, 1923.

J. L. Dohr, Ingraham, and Love, Cost Accounting. New York, Ronald. 1935.

W. B. Lawrence, Cost Accounting. New York, Prentice-Hall, 1937.

C. Reitell and Johnston, Cost Accounting. Verlag ist unbekannt.

E. A. Saliers, Depreciation, New York, Ronald, 1922.

C. H. Scovell, Cost Accounting and Burden Application. New York, Appleton, 1917.

Handbooks

L. P. Alford, Cost and Production Handbook. New York, Ronald, 1934.

W. A. Paton, Accountants' Handbook. New York, Ronald, 1933.

Journals

The Journal of Accountancy. 135 Cedar Street, New York City.

The Accounting Review. 6525 Sheridan Road, Chicago, Illinois.

Les théories de comptabilité en Allemagne et aux Etats-Unis*)

Lorsque Pacioli rédigea en 1494 son célèbre traité du système de la comptabilité en partie double, il n'eut nullement l'intention de formuler de nouvelles interprétations quelconques des principes de la tenue des livres; son but était uniquement de décrire la technique qui s'était dégagée en Italie à l'époque de la Renaissance. Néanmoins, ce précis fut utilisé pendant pres de deux siècles comme modèle pour tous les traités de la comptabilité en partie double, et ses explications sporadiques du bilan et des problèmes des évaluations exercèrent, par conséquent, une influence considérable sur l'appréciation théorique des comptables d'alors.

L'exposé en question ne contient, il est vrai, que fort peu de détails quant aux problèmes de principe des évaluations, parce que du temps de Pacioli, les circonstances étaient assez primitives. La plupart des affaires furent traitées à court terme, de sorte que la nécessité de l'établissement d'un bilan périodique, qui seul aurait dévoilé la présence de problèmes des évaluations, ne se fit pas sentir. La stabilisation progressive des conditions politiques et économiques au cours du XVIème et XVIIème siècle aboutit à des relations plus durables entre les différents négociants de la place et les grosses maisons de commerce; elles donnèrent lieu à un emmagasinage qui pouvait se prolonger durant plusieurs années. La nécessité des clôtures de comptes régulières apparaît au cours du XVIIème siècle comme conséquence de cette évolution. Du fait, les problèmes des évaluations dans le bilan sont mis à l'ordre du jour.

Ainsi, un deuxième événement important qui se produisit dans l'histoire de la technique des comptes en 1675, et ce précisément dans le pays où l'état unitaire et les théories mercantiles avaient obtenu le développement le plus logique, ne tint pas du hasard. En cette année. on publia en France un volume portant le titre «Le Parfait Négociant». Un Comte Savary¹) en fut l'auteur qui. de ses propres dires, fut également

---

*) Traduction du text allemand.

¹) Possible qu'il se soit fait aider par son fils.

l'auteur du Code de Commerce publié deux ans auparavant. Or, du fait que cette loi exerça une influence profonde sur l'interprétation du droit en Europe[2]) et que «Le Parfait Commerçant» fut considéré comme un commentaire autorisé à cette loi, cet ouvrage obtint une importance fondamentale dans la théorie de la tenue des livres. Le livre fut l'objet de plusieurs éditions et réimpressions et fut souvent imité par d'autres auteurs. Il n'est donc pas exagéré de dire que Savary a créé une école qui exerça une influence considérable sur la théorie du bilan.

Les principes de la tenue des livres énoncés par Savary offrent un intérêt spécial, parce que l'auteur exigea, tant dans le code que dans le commentaire, la clôture des comptes périodique et régulière. Par conséquent, les problèmes du bilan s'avancèrent au premier plan. Mais il y a lieu de remarquer — on l'oublie quelquefois — que les thèmes de Savary étaient influencés par l'intérêt des créanciers et étaient fondés sur des conditions économiques et sociales relativement stables. Chez Savary, les questions des évaluations étaient influencées à un degré très élevé par des considérations de liquidité, tandis que l'influence de l'évaluation sur le bénéfice fut reléguée au deuxième plan. Donc, par leur interprétation du caractère du bilan, Savary et ses adeptes furent ce que nous appellerions aujourd'hui des «statiques».

L'Interprétation du bilan dynamique

La révolution industrielle dont les débuts remontent à la fin du XVIIIème siècle et qui causa de profondes modifications de l'économie, donna naissance à un nouveau genre d'entreprises, les entreprises industrielles, pour lesquelles la situation de la fortune et la liquidité s'effacèrent par rapport au rendement. En opposition à l'entreprise commerciale marchande, dont le capital fut converti en un temps relativement court, l'entreprise industrielle compte avec un roulement lent des installations, dont les valeurs n'offrent par conséquent qu'un intérêt secondaire dans le bilan.

En dépit des circonstances changées pour le chef d'entreprise occupé dans l'exploitation industrielle, l'interprétation théorique des tâches de la comptabilité et du bilan n'en resta pas moins influencée par les thèmes de Savary. Dans les manuels, toutes les questions des évaluations furent traitées du point de vue de la balance économique: en théorie, le bilan

---

[2]) Le code de commerce fût un modèle (exemple) du code Napoléon, qui grâce aux victoires de Napoléon se propagea dans toute l'Europe. Il est possible, que les statuts du code Napoléon inspirèrent les auteurs du «code de commerce allemand», qui devint à nouveau modèle pour les lois analogues d'autres pays. Comme signe de l'influence des lois françaises, il reste à dire, qu'une loi aussi nouvelle que la loi finlandaise sur la tenue des livres de 1925, porte des traces bien distinctes de son modèle original. Il est possible, que le code de commerce ait exercé une influence sur le droit anglais et par là, sur le droit de coutume américain (Common Law).

fut considéré comme un bilan des biens et l'établissement des profits comme un fait d'ordre secondaire.

Il est étrange qu'une nouvelle théorie du bilan résultant des conditions économiques changées, n'ait été mise sur pied qu'en 1919. Un éminent savant allemand, le Professeur E. Schmalenbach à Cologne fut le premier économiste industriel qui tira les conséquences de la nouvelle organisation économique et qui engagea la science sur de nouvelles voies. En principe, il réprouve la théorie statique du bilan considéré comme état de fortune, formulée par Savary. A son avis, le but principal du bilan n'est pas l'établissement de l'état des biens, mais bien le calcul des résultats; les problèmes des évaluations du bilan doivent donc être analysés au point de vue de leurs répercussions sur le calcul des résultats.

Schmalenbach a exposé sa nouvelle théorie dans deux mémoires publiés dans sa revue «Zeitschrift für handelswissenschaftliche Forschung»[3]. Ses thèses constituent réellement une révolution de la théorie de la technique des comptes; d'un seul coup, l'intérêt fut reporté de la sphère de la fortune dans la sphère du bénéfice.

Schmalenbach insista, dans ses articles, sur le fait qu'il ne peut y avoir aucun intérêt à une détermination de la fortune sous les conditions modernes avec des étalons de comparaison très labiles, à défaut d'une raison objective pour le calcul des biens. D'après Schmalenbach, la valeur de l'entreprise globale ne peut être déterminée par l'addition des différents facteurs partiels de l'actif et du passif; la valeur de l'entreprise ne peut être déterminée que par une capitalisation du bénéfice net. Néanmoins, le résultat dans le calcul du rendement dépend également des valeurs du bilan, et par conséquent, l'essai de déterminer la fortune et le bénéfice dans un seul et même calcul serait un cercle vicieux qui ne donne pas la solution du problème.

D'après Schmalenbach, l'unique solution rationnelle du problème du bilan serait la réprobation conséquente du but de la détermination de la fortune par le bilan. Le but principal du bilan n'est pas de montrer la fortune, mais d'absorber les valeurs qui ne peuvent être assimilées dans le calcul des résultats pour la période envisagée. Du fait, le bilan devient

---

[3]) Schmalenbach avait en effet en 1909 fait allusion à ses idées; c'est en 1919 qu'il acheva sa théorie (thèse). Son premier article publié avait pour titre «Grundlagen dynamischer Bilanzauffassung» (ZfhF. 1919 S. 1 ff). Le second article fût imprimé avec titre «Selbstkostenrechnung» (ZfhF. 1919. S. 257 ff).

Non seulement les idées exprimées dans ces articles, mais aussi le dédoublement en principe du complexe problématique en deux domaines, c. à. d. le compte de résultats d'après le bilan et d'après la calculation, étaient une nouveauté d'une grande importance. Les deux articles de Schmalenbach furent beaucoup appréciées, ce qui le décida de les éditer en forme de livre. Malheureusement l'auteur ne travailla pas à fond les nouvelles éditions. C'est pour cette raison, que l'exposé dans les livres ne fut pas aussi conséquent, ni compréhensible que dans ses articles originaux.

un régulateur du calcul des résultats, et les problèmes des évaluations du bilan doivent être traités par conséquent au point de vue du calcul des résultats.

La théorie du bilan comme image instantanée de l'entreprise au repos, émise par Savary, et qui caractérise tous les ouvrages antérieurs, est donc rejetée en principe par Schmalenbach comme une fiction étrangère à la réalité. L'intérêt de l'examinateur doit porter non sur l'entreprise au repos, mais bien sur l'entreprise en action à titre de «Going concern». Les circonstances économiques de l'entreprise doivent être analysées et non une fortune dont la valeur ne peut être estimée exactement sans vente.

En raison de son interprétation de principe, Schmalenbach a développé également une terminologie qui a exercé une influence décisive sur les recherches de la science économique de l'exploitation de l'entreprise (du moins dans la langue allemande). Schmalenbach insista sur le fait que les mouvements d'argent (caisse), c'est-à-dire les dépenses et les recettes en argent, possèdent un intérêt primaire et sont décisifs pour le succès. Or, puisque les transactions en argent comptant ont fréquemment lieu au cours de périodes différentes de celles devant être considérées dans le calcul des résultats, nous avons besoin d'expressions spéciales pour représenter les composants négatifs et positifs formant le résultat pour une période donnée. Schmalenbach a adopté pour ces notions les expressions «Aufwand» (dépenses) pour les composants négatifs et «Ertrag» (bénéfice) pour les composants positifs des résultats [1]).

Dans son mémoire sur les buts et méthodes du calcul des frais, Schmalenbach démontre que le calcul des frais exige également une terminologie qui diffère, à maints points de vue, des notions de la tenue des livres et du bilan. Le bilan, en effet, a pour but de montrer le résultat d'une période donnée dans son ensemble, tandis que la tenue des livres tient compte de l'analyse du succès d'une transaction individuelle. Les composants de rendement négatifs de la comptabilité et du calcul des frais ne sont donc pas des notions identiques; pour cette raison, Schmalenbach applique l'expression «Kosten» (frais) uniquement pour le calcul des frais. D'autre part, la tenue des livres contient, dans la rubrique des «Aufwände» (dépenses), un grand nombre d'articles qui ne se trouvent pas en relation directe avec l'entreprise proprement dite, mais sont exogènes par rapport aux résultats de l'entreprise. Pour les articles de ce genre, Schmalenbach a créé l'expression «Neutraler Aufwand» (dépenses neutres). Enfin, il existe des frais qui, bien que paraissant dans le calcul des frais, ne peuvent être inscrits dans les livres; Schmalenbach a appelé ces frais: «Zusatzkosten» (frais additionnels).

---

[1]) La terminologie originale de Schmalenbach était: dépenses (Aufwand) — résultats (Leistung).

Les idées terminologiques de Schmalenbach sont groupées dans le diagramme suivant:

Comptabilité:	Dépenses neutres	Dépenses utiles en même temps frais	
Calcul des frais:			Frais additionnels

Ces différenciations terminologiques sont de la plus grande importance théorique et pratique.

Le réalisme théorique du bilan

Après que Schmalenbach eut écrit ses dissertations, l'Allemagne devint la proie d'une inflation qui finit dans des conditions chaotiques indescriptibles. Eu égard aux augmentations générales des prix, la majorité des entreprises se virent dans obligation de prendre des mesures destinées à compenser les conséquences négatives de la dévaluation de la monnaie. La plupart des mesures de ce genre furent cependant dictées par le hasard, en un mot des mesures de fortune, et elles perdirent leur raison d'être dès que l'Allemagne eut adopté une nouvelle monnaie sur la base or et que les bilans eussent été convertis sur la base du Rentenmark ou du mark-or.

Les théoriciens témoignèrent un vif intérêt à l'égard de ces questions et l'on fit de nombreuses propositions pour résoudre ce problème. Très probablement, on sentait quand même que toutes les mesures proposées pour la compensation des bénéfices fictifs causés par l'inflation n'étaient que des palliatifs. Après la stabilisation du mark, les théoriciens perdirent, eux aussi, pour la plupart tout intérêt à l'ensemble de ces problèmes.

Un économiste allemand, le Professeur F. Schmidt à Francfort, avait toutefois été tellement impressionné par les événements de l'inflation qu'il crut devoir rejeter la tenue des livres traditionnelle, basée sur la valeur nominale de l'argent. Au lieu du calcul traditionnel de rendement, il recommanda l'application d'un calcul visant la conservation de la capacité quantitative de l'entreprise. D'après Schmidt, les méthodes de calcul antérieures étaient basées sur une prémisse erronée de la stabilité de l'étalon. Cette stabilité est une chimère même aux époques d'un calme relatif économique. Dans ces conditions, le danger existe qu'une augmentation du capital nominal de l'entreprise n'est qu'un bénéfice fictif, dont la distribution par les dividendes nuit non seulement à l'entreprise, mais également à l'économie commune. Suivant la thèse de Schmidt, seule l'entreprise ayant contribué à un accroissement des biens se trouvant dans l'économie commune, peut être considérée comme créant des profits[5]).

---

[5]) Cette façon de penser socialement a été appliquée comme motif pour la dénomination «bilan organique», bien qu'à mon avis, le mot «réalisme» eut été une meilleure désignation.

D'après Schmidt, il ne peut être question de bénéfice lorsque le prix ed vente est simplement plus élevé que le prix d'achat initial. L'entreprise ne pourra enregistrer un bénéfice que lorsque la différence entre le prix de vente et le prix de réachat à la date de la transaction est positive. D'après Schmidt, il est indifférent que l'évaluation du marché exprimée en argent nominal ait augmenté ou perdu pendant l'emmagasinage de la marchandise. Les recettes provenant de fluctuations de prix ou, suivant l'expression de Schmidt, les «bénéfices sur la fortune immobile» sont complètement exogènes par rapport au calcul des résultats de l'entreprise et doivent donc être portées au crédit du compte capital (ou d'un compte spécial pour modifications de la valeur).

Quelle déduction étrange du réalisme qu'une entreprise, ayant effectué un achat défavorable à l'époque de prix élevés, et qui vend les articles à un prix moins élevé, ait néanmoins réalisé un bénéfice pour autant que le prix de vente soit plus élevé que le prix de réachat à la date de la vente!

En analysant l'interprétation de l'idée de bénéfice de Schmidt au point de vue de principe, on trouvera que Schmidt se trouve dans l'impossibilité d'assimiler les bénéfices et pertes spéculatifs dans son système. Les influences des mesures spéculatives d'une entreprise doivent donc être considérées comme des phénomènes sans connexion avec l'entreprise et, par conséquent, sans intérêt pour cette entreprise.

Cette interprétation est, du moins, discutable.

Avant tout, l'augmentation ou la réduction du capital résultant de mesures spéculatives (conscientes ou inconscientes) ne peuvent rester sans répercussions sur l'entreprise et par conséquent sur les services. Ces modifications de la puissance active ne peuvent évidemment rester sans influence sur les «earning power» de l'entreprise et par conséquent aussi sur l'administration des services. Certes, on pourra objecter que la science économique de l'exploitation de l'entreprise, en qualité de «science», ne tient pas à s'occuper de la spéculation, parce que nous nous trouvons ici en présence d'un facteur irrationnel, qui ne peut être expliqué par des considérations rationnelles ni par une analyse théorique. Nous admettons l'exactitude de ce raisonnement, mais ceci ne signifie pas que le succès d'une activité spéculative doive être rayé de la discussion sur l'exploitation économique de l'entreprise.

Mais il est un fait établi que toute activité économique est basée sur un projet et que celui-ci contient toujours la présomption d'un événement futur implicité, présomption pouvant être exacte ou erronée. L'idée spéculative est, en effet, le commencement de toute initiative d'entreprise et le moteur principal de la vie commerciale. L'entreprise n'est pas un appareil mécanique: la perspicacité et une aptitude visionnaire à juger l'avenir jouent un rôle décisif pour le succès de l'entreprise et constituent ainsi une partie intégrante de la mission de la direction. En éliminant le facteur spéculatif de la sphère de la science économique de l'exploitation de l'entreprise et de la science théorique du calcul, on procède à une limitation du domaine des recherches économiques au détriment de la science.

L'idée d'une fusion des théories «statique» et «dynamique» émise par Schmidt, présente, sans aucun doute, un intérêt de principe. Schmidt propose d'inscrire les actifs avec leurs valeurs de réachat réelles ou évaluées de la date du bilan dans le bilan, ce qui serait neutralisé au point de vue du résultat par une mise en réserve du côté du passif du bilan. Il serait possible ainsi d'obtenir un calcul exact de la fortune dans le bilan sans répercussion sur le calcul des résultats. Malheureusement, il m'est impossible d'entrer plus avant dans les détails de cette question; je me contenterai de dire, qu'à mon avis personnel, il est quand même impossible d'obtenir un calcul parfait de la fortune, sans incorporer dans le bilan les valeurs positives et négatives de Goodwill (valeurs de premier établissement de l'affaire). Or, le bilan de Schmidt ne le fait pas; Schmidt en convient lui-même que ces valeurs ne seraient pas prises en considération dans le calcul de la fortune.

Schmidt répand également la thèse qu'il faudrait calculer le succès d'une entreprise de manière à exposer la position de l'entreprise au sein de l'économie politique. La conservation relative de l'entreprise est une tâche incombant à la direction. A mon avis, il n'est pas utile d'intercaler des considérations d'ordre économique et politique dans une discussion de l'économie de l'entreprise. Les deux sciences doivent rester séparées pour pouvoir mener les recherches à bonne fin.

On pourrait objecter encore contre Schmidt que la prospérité d'un peuple ne dépend pas uniquement de biens matériels; notre expérience nous dit, en effet, que les impondérables tels que la volonté de travailler, les connaissances et le talent d'organisation du peuple sont, au moins, des facteurs aussi importants dans l'économie politique que les quantités de marchandises disponibles[6]).

La théorie nominaliste

Le réalisme théorique du bilan présente des points faibles de princiep tellement nombreux, qu'il est devenu une proie facile pour ses adversaires. La théorie de Schmidt, il est vrai, fut portée à son apogée à l'époque de l'inflation, alors que toutes les valeurs chancelaient, mais dès que la situation se fut stabilisée, l'opposition commença à critiquer cette théorie. L'attaque la plus méthodique contre le système de Schmidt

---

[6]) A remarquer cette apparition nouvelle, qui cherche à corriger la situation économique de l'entreprise par une réduction méthodique des stocks (existants) et qui ne peut, sans façon, être comparée aux thèses de Schmidt.

fut dirigée par le Professeur Wilhelm Rieger à Nuremberg (à présent à Tuebingen); il avança, en 1928, une théorie basant, en principe, le calcul des résultats sur la valeur nominale de l'argent. La théorie de Rieger n'étant pas seulement une critique du réalisme, mais contenant en outre beaucoup d'idées positives, il est de mon devoir de parler ici des opinions de son école.

D'après Rieger, toute opération économique à notre époque est basée sur l'argent à titre de dénominateur commun pour la mesure de la valeur relative des services et des biens. A défaut de cet étalon autorisé par l'Etat, toutes les évaluations économiques, et par conséquent notre système économique actuel, deviendraient impossibles. Il faut remarquer également que l'évaluation de la valeur en argent, qui est une composante de tout raisonnement économique, admet toujours une présomption implicite de la stabilité et de l'objectivité de la monnaie. Quelquefois, cette présomption ne correspond pas à la vérité, mais sans elle, il serait impossible de raisonner et de mesurer en monnaie.

Je reproduis ci-après quelques expressions typiques de Rieger:

«L'économie — et par conséquent ses moyens de calcul: la tenue des livres et le bilan — doit se servir de la monnaie créée par l'Etat, quelles que soient ses bases matérielles et quelles que soient les imperfections qu'elle comporte suivant l'avis d'un adepte de la comptabilité en partie double. — — — Mark vaut mark. Cette thèse est tellement importante que son approbation entraînerait l'écroulement de toute la correction de la valeur argent. — — — Lorsqu'il s'agit d'un calcul d'argent, le résultat ne peut se traduire qu'en un plus ou un moins d'argent. — — — Si l'on admet l'exactitude de l'axiome «mark vaut mark», tout bénéfice établi en argent doit être considéré comme réel, même pendant une inflation[7]).»

En vérité, il est un fait établi que l'entreprise moderne, qui a basé son exploitation entièrement sur la vente de ses services et des biens contre paiement en argent, ne saurait se libérer de l'influence des fluctuations de la valeur de l'argent. L'entreprise endettée sera réellement libérée en partie de ses dettes à l'époque d'une augmentation générale des prix, tandis que les créditeurs perdront une partie de leur pouvoir d'achat initial. C'est la conséquence logique d'un système économique utilisant la monnaie comme étalon et objet d'échange.

Pour ces raisons, l'application d'une comptabilité basée sur des idées réalistes n'est possible que dans une économie domestique isolée. Or, une entreprise commerciale n'est pas basée sur une économie personnelle, mais au contraire sur l'achat et la vente, afin d'assurer un revenu en argent à l'entrepreneur. Pour cette raison, le réalisme théorique du bilan est un «contradictio in adjecto».

---

[7]) Rieger, Balancement de la valeur argent. S. 7, 47 et 71.

En dehors des doutes de nature théorique que les nominalistes avancent contre les thèses de Schmidt, citons encore quelques restrictions de la possibilité d'application pratique du réalisme.

D'abord, le réalisme suppose que les valeurs retenues dans la comptabilité subissent des changements constants. Or, ceci est pratiquement impossible et, par conséquent, la théorie du réalisme ne peut être appliquée jusque dans ses dernières conséquences.

Deuxièmement, l'hypothèse d'un réachat continuel est fausse. En réalité, il n'y a pas de réachat quelquefois; l'évolution technique cause déjà une acquisition différente de matériel et d'installations. Mais dans ce cas, on ne peut compter qu'en argent nominal.

La thèse de Schmidt relative à la conservation de la puissance quantitative de l'entreprise ne peut être adoptée comme norme du commerce que dans un cas extrêmement rare: lorsqu'une vente est compensée immédiatement par un achat. Dans tous les autres cas, on se trouvera en présence de différences résultant des fluctuations des prix, également en adoptant le procédé de Schmidt. Ceci s'applique aussi bien pour les stocks de matériaux et de produits que pour les valeurs immobilisées.

Un simple exemple facilitera la compréhension de ces explications. Admettons qu'une installation ait coûté 10.000 RM. et que nous calculions un amortissement de 20 pour cent par an sur le prix d'achat; dans ce cas, l'installation entière serait complètement amortie en cinq ans et le capital serait rétabli en argent comptant. Lorsqu'il se produit une hausse des prix, à la suite de laquelle les prix augmentent d'année en année en une progression arithmétique, l'entreprise ne disposera pas des fonds nécessaires pour acheter une nouvelle installation lorsque l'amortissement est calculé en argent nominal. Or, ce problème n'est pas résolu non plus par Schmidt. Après écoulement de la période de cinq ans, le prix de réachat de l'installation serait de 160 000 RM., mais on n'aurait réservé pour l'amortissement qu'un montant de 62 000 RM. d'amortissements accumulés. D'après Schmidt, l'amortissement présente le tableau suivant:

Année	Valeur de réachat RM	Amortissement annuel (20% du prix de réachat) RM	Amortissement accumulé RM
1	10 000,—	2 000,—	2 000,—
2	20 000,—	4 000,—	6 000,—
3	40 000,—	8 000,—	14 000,—
4	80 000,—	16 000,—	30 000,—
5	160 000,—	32 000,—	62 000,—

Nous voyons par cet exemple, exagéré à dessein, qu'un comptable en saurait se soustraire aux conséquences des fluctuations des prix, même s'il se conforme rigoureusement aux théories de Schmidt. Cette entreprise devra, elle aussi, s'adresser au marché des capitaux, pour obtenir le capital nécessaire pour le réachat.

Malheureusement, il me manque le temps pour établir une comparaison entre le réalisme et le nominalisme. A titre de remarque personnelle, je tiens à dire que je suis porté à plaider la cause du nominalisme en ajoutant toutefois que le système du réalisme contient de nombreuses idées précieuses dont il y a lieu de tenir compte en cas de fluctuations de prix importantes. Mais elles ne peuvent être adoptées d'une manière générale et schématique; on devra les analyser individuellement quant à leur importance économique momentanée.

Nous commettrions une injustice envers Rieger si nous ne parlions que de sa critique du réalisme tout en ignorant ses idées positives. Il faut savoir que Rieger a poursuivi le développement de l'idée de Schmalenbach concernant le bilan total, comme unique bilan théoriquement exact, en ce sens qu'il nie en principe l'exactitude des bilans intermédiaires.

D'après Rieger, tous les bilans annuels sont basés sur des estimations de l'avenir, sans validité objective, mais reposant uniquement sur des présomptions subjectives. Tous les bilans annuels et par conséquent aussi les calculs des résultats annuels sont donc basés sur des hypothèses qui, quelquefois, sont erronées. La conséquence de cette thèse, c'est que nous ne trouvons pas de modules objectifs pour le dressement du bilan; le jugement personnel subjectif des événements futurs doit toujours avoir une importance essentielle.

Système américain de la théorie des frais

Alors qu'en Allemagne, toutes les questions ayant trait au dressement du bilan sont l'objet de vives discussions, la bibliographie américaine du bilan est assez dogmatique. En règle générale, les auteurs américains se contentent de s'en rapporter à des principes traditionnels ou à la pratique générale. «Conservative principles» est, en effet, un slogan courant en Amérique. La cause est, en quelque sorte, une conception typiquement américaine, pragmatique, n'admettant pas de réflexions ni de définitions abstraites. Mais il faut y ajouter encore quelques manifestations typiques pour l'économie américaine, qui ont dirigé l'intérêt des théoriciens américains sur d'autres domaines.

N'oublions pas, en effet, qu'à l'opposé des pays européens, les Etats-Unis forment un domaine de consommation homogène dans un continent où le recrutement de grosses masses d'acheteurs n'est pas entravé par des frontières politiques. Les lois antitrust américaines empêchent également la formation de cartels sur le marché et de contrôler les prix des entreprises d'une branche. Pour cette raison, l'analyse des frais et la politique des prix ont obtenu une importance dominante tant de la part des praticiens que des théoriciens.

Cet état des choses s'est accentué davantage du fait que le contrôle public des «Public Utilities» a exigé un calcul exact des frais, au cours duquel la «Interstate Commerce Commission» a joué un rôle important pour le développement des idées relatives aux frais[8]).

Les considérations suivantes sont concentrées, de ce fait, sur quelques idées typiques américaines sur les problèmes des frais.

La question du caractère de frais des intérêts est un domaine où l'on constate les plus grandes divergences entre les vues américaines et européennes. En Europe, il est d'usage de considérer les intérêts (du moins les intérêts payés) comme une catégorie de frais parmi les autres, rentrant dans la même catégorie de frais que les amortissements, par exemple. En Amérique, par contre, on est d'avis que les intérêts ne peuvent en aucune façon être considérés comme des frais.

Pour l'européen, cette conception américaine est absolument étrangère; mais en étudiant cette théorie américaine, on y trouvera des points de vue très justifiés. A mon avis, les américains ont, en effet, apporté de nouvelles lumières dans quelques problèmes de frais centraux. Je tiens à exposer succinctement le point de vue américain.

Les américains sont d'accord que les intérêts représentent un facteur de frais très important mais seulement pour autant que la disposition de capital soit libre et que le pouvoir d'achat du capital puisse se manifester dans beaucoup de sens. Le pouvoir d'achat du capital est alors attiré par l'application garantissant le plus grand bénéfice; au cours du projet, ce revenu potentiel est alors considéré comme un compte de frais, l'intérêt comme une partie des frais de l'entreprise. Mais dès que le capital est immobilisé dans des installations, dans des stocks de matières et de marchandises, l'intérêt perd son caractère de compte de frais. Il ne constitue plus alors une dépense nécessaire pour la fabrication; c'est pourquoi il ne doit être considéré comme une catégorie de frais ordinaire, mais comme une partie du bénéfice budgétaire que les capitalistes (les propriétaires aussi bien que les bailleurs de fonds) attendent de l'entreprise. Or, l'intérêt étant considéré comme revenu budgétaire, il en résulte qu'il ne peut être incorporé dans les valeurs du bilan. Un tel procédé constituerait en fait une inflation des valeurs du bilan, entraînant des bénéfices fictifs dans le calcul des résultats; d'après la théorie américaine, l'introduction d'intérêts étrangers dans les valeurs de bilan constitue également une inflation du bénéfice.

---

[8]) Il est à remarquer, que le plus grand spécialiste américain pour le calcul des frais le professeur J. M. Clark, précisément en examinant les problèmes des frais et des prix, des chemins de fer, ait fait ses propres expériences.

Cette conception américaine, qui est adoptée d'une manière générale aux Etats-Unis, offre une telle importance pour l'éclaircissement du problème des frais, qu'il est très regrettable que l'on n'ait pas plus tenu compte de cette variation en Europe. En fait, nous avons encore beaucoup à apprendre des américains, à ce point de vue.

Sous un autre rapport encore, on est plus avancé en Amérique que chez nous. Il s'agit du calcul des frais normaux, qui est appliqué actuellement d'une manière générale aux Etats-Unis.

Nous expliquerons en quelques mots la manière de voir américaine. D'une manière générale, la production d'une entreprise exige des travaux préparatifs. Cette préparation pour mettre l'entreprise en état de produire cause une dépense de capital. Sous ce rapport, il est important que la dépense de capital nécessaire pour rendre l'entreprise prête à produire soit mise dans une relation déterminée avec les productions définitives, que l'on attend en raison des prestations anticipées. La dépense de capital absorbée par les préparatifs doit donc être répartie sur la production en conformité du budget initial. Comme conséquence de cette interprétation, les frais additionnels sont répartis par montants égaux et indépendamment du degré d'occupation de l'entreprise sur la production et sont absorbés par les comptes de frais et les porteurs de frais.

Néanmoins, les dépenses annuelles pour rendre l'entreprise prête à la production sont retenues périodiquement comme composants négatifs des résultats de la comptabilité, sans considération de l'absorption des frais. Il en résulte des différences dans les comptes des dépenses dès que le degré d'occupation de l'entreprise ne correspond pas au degré d'occupation budgétaire, (c'est-à-dire un solde débiteur lorsque l'occupation est inférieure à l'intensité de production normale budgétaire, et un solde créditeur lorsqu'elle est supérieure à cette intensité de production). Les américains ne considèrent pas ces différences comme des frais; elles sont portées directement dans le calcul des résultats à titre de dépenses indépendantes du règlement de frais contre les recettes.

Le calcul des frais opère donc toujours avec des additions qui sont proportionnelles à l'importance de la production. Ainsi, la dernière conséquence de cette doctrine est que le calcul des frais ne connaît pas de frais fixes du tout; seule la tenue des comptes relève des dépenses fixes.

L'auteur de cette doctrine est peut-être A. Hamilton Church, qui publia ses thèses en 1910. En 1917, la théorie de Clinton S. Scovell fut incorporée dans la comptabilité, mais elle ne fut motivée scientifiquement qu'en 1923 par J. M. Clark dans son ouvrage «Economics of Overhead Costs». Elle est reconnue maintenant d'une façon générale en Amérique.

Uniquement au point de vue de l'influence de cette théorie sur les valeurs du bilan, on n'est pas complètement d'accord en Amérique. Les différences, doivent-elles, oui ou non, influencer les valeurs de bilan ? Il me semble que si l'on ne considère pas une dépense comme des frais et qu'on l'inscrit donc indépendamment du calcul de frais, on ne peut pas non plus la laisser agir sur les valeurs de bilan. Il en résulterait des valeurs de bilan moins élevées aux époques de sous-occupation et des valeurs de bilan plus élevées aux époques de suroccupation, que si nous adoptions le procédé de division traditionnel. En cas de suroccupation, les valeurs de bilan trop élevées devraient être neutralisées par des mises en réserve afin d'éviter les bénéfices fictifs.

Un exemple schématique facilitera la compréhension de ces considérations. Admettons qu'une entreprise ait des dépenses fixes annuelles de 200 000 RM., qui, d'après le budget initial, doivent être réparties sur une production de 100 000 unités de production. Or, au cours de la première année, l'entreprise ne produit que 50 000 unités de production tandis qu'au cours de la deuxième année, la production monte à 200 000 unités. Les produits ne sont pas vendus pendant les années correspondantes, mais se trouvent en stock à la fin de l'année.

Suivant la conception traditionnelle, les frais de fabrication s'élèvent à RM. 200 000 pour les deux années, ce qui revient à dire que les frais unitaires s'élèvent à 4 RM. par unité pendant la première année et à 1 RM. par unité pendant la deuxième année. Suivant l'interprétation prognostique[9]), les frais unitaires s'élèvent à 2 RM. par unité de production pendant les deux années, correspondant à des valeurs de bilan de 100 000 et de 400 000 RM. On aura ainsi pendant la première année une perte de 100 000 RM. et au cours de la deuxième année un bénéfice formel de 200 000 RM. qui sera neutralisé par une mise en réserve correspondante dans le bilan.

Les opérations en question sont représentées dans les deux annexes, une fois par la technique des comptes, une fois par la voie graphique.

Je suis persuadé que les interprétations americaines de l'idée de frais. sont peu connues encore chez nous en Europe et encore moins reconnues. Néanmoins, Schmalenbach a déjà montré en 1919 la possibilité d'une entente. La différenciation des expressions de Schmalenbach: Dépenses neutres — Dépenses utiles — Frais additionnels, fournit. à mon avis, la clef pour l'intelligence réciproque entre la théorie américaine et européenne de l'économie de l'exploitation de l'entreprise; les dépenses pour la capacité de production non absorbée restant comme solde débiteur en cas d'occupation insuffisante doivent être considérées comme «dépenses neutres», les frais mis en compte additionnellement pour la préparation

___

[9]) La dénomination «prognostique» est expliquée à la fin du discours.

absorbée en excès comme solde créditeur en cas de suroccupation, doivent être considérés comme «bénéfice neutre». Les intérêts payés (intérêts étrangers) doivent être inscrits en dehors des comptes de frais comme «Dépenses neutres» dans la comptabilité et les intérêts calculés (intérêts propres et étrangers) doivent être portés comme frais additionnels dans le calcul des frais.

Ainsi, la conception américaine ne diffère pas tant de la conception européenne que l'on serait peut-être tenté de le croire. La différence consiste uniquement en ce que les américains, comme praticiens, ont réalisé ce qu'un théoricien allemand avait prédit en 1919: le dédoublement systématique de la technique des comptes en science du bilan et science des frais. A mon avis, ce dédoublement est de la plus grande importance théorique et pratique, car lui seul permet de débarrasser les recherches scientifiques et l'application pratique des résultats des recherches d'appréciations dogmatiques.

Comparaison des théories de comptes allemandes et américaines

Lorsqu'un savant impartial compare les interprétations allemandes et américaines des problèmes des comptes, il sera étonné de constater à quel point la science de l'exploration est typiquement allemande et typiquement américaine dans les deux pays.

On a dit, et ce de plein droit, que l'on y rencontre deux sphères cuturelles qui doivent être considérées à des points de vue différents. Les allemands ont toujours été des constructeurs de systèmes et la science allemande de l'économie de l'exploitation d'une entreprise se distingue, en conformité des traditions académiques allemandes, par un cachet apparemment philosophique; elle prétend à un système d'idées et d'expressions parfaitement arrêtées. On y trouve même une tendance à spéculation métaphysique.

En outre, nous trouvons dans les ouvrages allemands une tendance à appliquer des idées et théories d'économie politique qui ne cadrent pas toujours avec l'économie de l'exploitation d'une entreprise[10]).

A la différence de l'économiste allemand, l'«accountant» américain est un pragmatique dans toute l'acceptation du mot, que les différenciations de notions et les définitions sans valeur «pratique» n'intéressent guère. Il découle évidemment de cette orientation une considération assez superficielle des problèmes et un penchant prononcé pour les

---

[10]) C'est par exemple le cas chez Schmalenbach. La déclaration suivante dans son «bilan dynamique» soit citée comme typique: «En considérant l'éducation idéaliste qui règne actuellement, je dois par principe refuser de me représenter le commerçant comme un profiteur; dans beaucoup de cas, il peut l'être, cela ne me regarde pas. Pour ma part, le commerçant est l'organe qui travaille pour la totalité économique.

principes dogmatiques et axiomatiques. Néanmoins, le système de recherches américain est caractérisé par une netteté et un sentiment de réalité qu'un contact vivant avec la vie pratique au dehors du cabinet d'étude est seul en mesure de donner.

Pour cette raison, il est impossible de mettre les deux domaines de recherches en rapports réciproques ; nous devons plutôt apprécier l'importance relative des deux. Tous deux ont largement contribué à faire avancer la science, l'orientation du problème ayant eu, dans ce cas, une très grande importance. Sans la systématique allemande avec son ensemble d'idées logique, la science de l'économie de l'exploitation de l'entreprise ne serait pas parvenue à un niveau scientifique d'après le standard européen. Mais les résultats de la méthode inductive américaine ne sont pas négligeables non plus.

Dans l'intérêt même de l'évolution scientifique, il serait désirable d'établir un contact plus étroit entre les économistes industriels des deux pays. Certes, des essais ont déjà été entrepris dans cet ordre d'idées, ainsi qu'il découle des nombreux articles parus dans les journaux professionnels[11]). Mais quelques articles disséminés ne sauraient toutefois combler l'abîme séparant les méthodes de recherches américaines et allemandes ; il faut pour cela une familiarisation par l'étude approfondie de la bibliographie et l'échange personnel des expériences acquises. Dernièrement, un savant allemand, le Professeur Mellerowicz a montré la grande valeur d'une synthèse des idées allemandes et américaines[12]).

Il me semble que notre science ne peut marcher de l'avant que par la collaboration de méthodes de recherches déductives et inductives. Nous avons besoin de la déduction pour arrêter les conceptions, mais il nous faut aussi l'induction pour trouver les problèmes et le matériel de recherche. Le raisonnement logique et l'expérience systématique doivent être réunis pour assurer le meilleur succès ; ainsi, les deux méthodes de recherches se complètent réciproquement. Il ne tient pas du hasard que les deux plus fortes têtes de la théorie des comptes, Schmalenbach et Clark, ont obtenu de précieuses inspirations par des études pratiques inductives.

En sa qualité de science sociale, la science de l'économie de l'exploitation de l'entreprise ne peut s'immobiliser ; la dynamique de l'économie présente sans cesse de nouveaux problèmes et de nouvelles hypothèses. Les résultats obtenus jusqu'à présent sont encourageants, mais il reste encore beaucoup à faire. Parmi les problèmes centraux de l'exploration, je citerai la conception du bénéfice qui n'a pas encore obtenu une défini-

---

[11]) Deux exposés sur la situation économique en Amérique ont paru en Allemagne en forme de livre. Un jeune américain, Dr. Sweeney, a récemment présenté à ses compatriotes les idées allemandes sur le calcul des valeurs quotidiennes.

[12]) Les deux derniers volumes de son ouvrage «frais et calcul des frais».

tion concrète. La question du revenu potentiel comme catégorie de frais dans l'économie de l'entreprise (appelé «opportunity cost» par les américains) n'a pas encore été suffisamment analysée et éclaircie par les savants; un éclaircissement et une mise au point de cet ensemble de problèmes contribuerait à concrétiser l'idée des frais.

L'idée du budget, qui se base sur une expérience inductive comme on sait, doit être incorporée dans le système théorique des comptes, dont elle constitue une part importante. Toute opération économique, nous le répétons, est un projet, le passé (tenue des livres) doit donc être uni à l'avenir (calcul des frais) par le plan économique (budget)[13].

Avant tout, nous devons insister sur le fait que la science de l'économie de l'exploitation de l'entreprise est une science sociale, en appuyant également sur les deux mots. Les économistes doivent rester en contact avec la vie, afin d'éviter l'énonciation d'hypothèses étrangères à la réalité. On ne devra jamais perdre de vue le but scientifique, soit de trouver la vérité par des recherches scientifiques. Chercher la vérité, c'est trouver la réalité.

---

[13]) Le rapporteur a essayé de reprendre l'idée budgétaire dans son système théorique de calculation. C'est pour cela, qu'il appelle sa théorie «prognostique».

En vertu de cette interprétation prognostique, il partage l'art des comptes en trois domaines, qui sont de nouveau mutuellement unis: budget, comptabilité et calcul des frais.

Ce partage en trois de la théorie générale des comptes en trois domaines de recherche, peut être représenté comme suit:

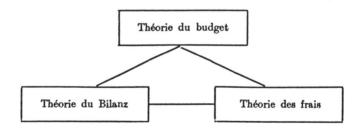

Mellerowicz a proposé un partage en quatre dans son ouvrage «calcul des frais», comme suit: budget, comptabilité, calcul des frais et statistique.

Ce partage en quatre peut être précieux pour des raisons didactiques, car en pratique, l'on a assez souvent recours à des statistiques dont les chiffres servent à élucider la comptabilité et le calcul des frais.

La statistique n'est pas une science telle que l'économie industrielle.

Le problème de l'art des comptes consiste dans l'analyse des cas isolés de l'économie industrielle et non dans une observation globale ou en masse.

Annexe I

L'interprétation traditionelle comparée à l'interprétation prognostique des frais

A. Conception traditionelle

1ère année

Dépenses		Compte de frais		Porteur de frais		Bilan	
de caisse, amortisse- ments, etc.						(50 000 unités à RM 4,-)	
RM 200 000	RM 200 000	RM 200 000	RM 200 000	RM 200 000	RM 200 000	RM 200 000	RM 200 000

Résultat

— | —

2ème année

Dépenses		Compte de frais		Porteur de frais		Bilan
de caisse, amortisse- ments, etc.						(200 000 unités à RM 1,-)
RM 200 000	RM 200 000	RM 200 000	RM 200 000	RM 200 000	RM 200 000	RM 200 000

Résultat

— | —

B. Conception prognostique

1ère année

Dépenses		Compte de frais		Porteur de frais		Bilan
de caisse, amortisse- ments, etc.						(50 000 unités à RM 2,-)
RM 200 000	RM 100 000 →	RM 100 000	RM 100 000→	RM 100 000	RM 100 000 →	RM 100 000
	RM 100 000	Fluctuations dans le degré d'occupation				Résultat
Sous-occupation	→ RM 100 000	RM 100 000			→	RM 100 000

2ᵉᵐᵉ année

Dépenses		Compte de frais		Porteur de frais		Bilan	
de caisse, amortissements, etc.						(200 000 unités à RM 2,-)	
RM 200 000	RM 400 000 →	RM 400 000	RM 400 000 →	RM 400 000 → 400 000	RM 400 000 →	RM 400 000	RM 200 000 ←

Suroccupation

RM 200 000

Fluctuations dans le degré d'occupation

Réserve an bilan RM 200 000	RM 200 000 ←

Résultat

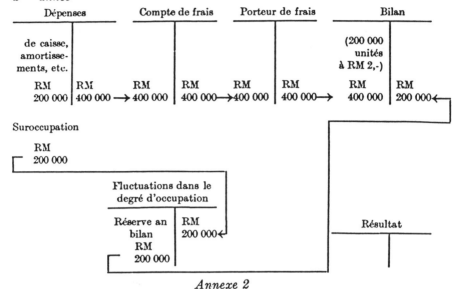

Annexe 2

La théorie prognostique des comptes représentée par la voie graphique

A. *Dépenses sans couverture*

B. *Dépenses surchargeés*

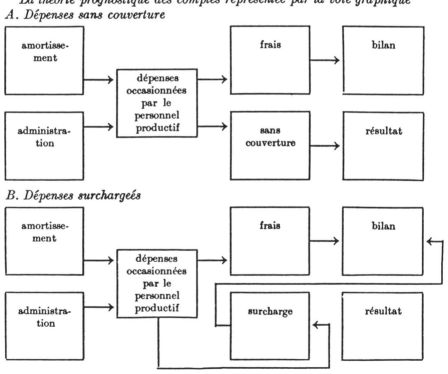

82

Littérature

Comme il est impossible de donner un aperçu complet des interprétations dans les deux pays en un court discours, le rapporteur a dressé une liste de quelques ouvrages allemands et américains, qui serviront de guide aux lecteurs intéressés.

Littérature allemande

Ouvrages allemands concernant les rapports en Amérique

E. Studt, Die privatwirtschaftliche Erfolgsrechnung in den Vereinigten Staaten von Amerika. Bühl-Baden, Konkordia, 1935.

K. Schmaltz, Die Bilanz- und Betriebs-Analyse in Amerika. Stuttgart, Poeschel, 1927.

Ouvrages concernant l'économie de l'entreprise

H. Großmann, Der Jahresabschluß der Aktiengesellschaft. Berlin, Spaeth & Linde 1938.

K. Hax, Der Gewinnbegriff in der Betriebswirtschaftslehre. Leipzig, Gloeckner, 1926.

G. Krüger, Die Bewertung beim Jahresabschluß industrieller Unternehmungen. Stuttgart, Poeschel, 1937.

H. Nicklisch, Wirtschaftliche Betriebslehre. Stuttgart, Poeschel, 1922.

K. Schmaltz, Betriebsanalyse. Stuttgart, Poeschel, 1929.

F. Schönpflug, Das Methodenproblem in der Einzelwirtschaftslehre. Stuttgart, Poeschel, 1933.

H. Sieber, Objekt und Betrachtungsweise der Betriebswirtschaftslehre. Leipzig, Scholl, 1931.

E. Walb, Zur Dogmengeschichte der Bilanz von 1861—1919. In Festschrift für Eugen Schmalenbach. Leipzig, Gloeckner, 1933.

A. Speck, Grundsätze für die Berechnung der Rentabilität industrieller Unternehmungen. Berlin, Eisner, 1935.

Ouvrages concernant la théorie des bilans

A. Hertlein, Die Kapital- und Erfolgsrechnung als Grundlage der Wirtschaftlichkeitsmessung. Stuttgart, Poeschel, 1929.

A. Hoffmann, Der Gewinn der kaufmännischen Unternehmung. Leipzig, Buske, 1929.

K. Lehrer, Der Bilanzvergleich. Berlin, Junker & Dünnhaupt, 1935.

F. Niederauer, Bilanzwahrheit und Bilanzdelikte. Berlin, Junker & Dünnhaupt, 1937.

K. Seidel, Grundlagen und Funktionen der Buchhaltung. Berlin, Heymann, 1933.

H. Trumpler, Die Bilanz der Aktiengesellschaft nach neuem Aktien- und Steuerrecht. Berlin, de Gruyter, 1937.

Partisans du bilan dynamique

E. Schmalenbach, Dynamische Bilanz. Leipzig, Gloeckner, mehrere Auflagen.

Derselbe, Selbstkostenrechnung und Preispolitik. Leipzig, Gloeckner, mehrere Auflagen.

Derselbe, Goldmarkbilanz. Berlin, Springer, 1922.

W. Mahlberg, Der Tageswert in der Bilanz. Leipzig, Gloeckner, 1925.

K. Walb, Die Erfolgsrechnung privater und öffentlicher Betriebe. Berlin, Spaeth & Linde, 1926.

6*

Partisans du réalisme

F. Schmidt, Die organische Tageswertbilanz. Leipzig, Gloeckner, 1929.

Derselbe, Kalkulation und Preispolitik. Berlin, Spaeth & Linde, 1930.

Derselbe, Betriebswirtschaftliche Konjunkturlehre. Berlin, Spaeth & Linde, 1933.

W. C. Hauck, Bilanztheorien. Bühl-Baden, Konkordia, 1933.

W. C. Hauck, Der Betriebsvergleich. Bühl-Baden, Konkordia, 1933.

Partisans du nominalisme

W. Rieger, Einführung in die Privatwirtschaftslehre. Nürnberg, Krische, 1928.

Derselbe, Schmalenbachs dynamische Bilanz. Stuttgart, Kohlhammer, 1936.

Derselbe, Über Geldwertschwankungen. Stuttgart, Kohlhammer, 1938.

E. Enderlen, Nominale und reale Bilanz. Stuttgart, Kohlhammer, 1936.

H. Holzer, Zur Axiomatik der Buchführungs- und Bilanztheorie. Stuttgart, Kohlhammer, 1936.

M. Miller, Die Berücksichtigung von Geldwertschwankungen in Buchhaltung und Bilanz. Nürnberg, Krische, 1932.

Divers ouvrages sur l'art des comptes

K. Bores, Konsolidierte Erfolgsbilanzen. Leipzig, Gloeckner, 1935.

A. Hoffmann, Die Konzernbilanz. A. Deichert'sche Verlagsbuchhandlg. Dr. W. Scholl, Leipzig, 1930.

M. Lohmann, Das Rechnungswesen der Kartell- und Gruppenwirtschaft. Berlin, Springer, 1937.

R. Winkelmann, Die Gewinn- und Verlustrechnung in Konzernen. Berlin, Junker & Dünnhaupt, 1936.

M. Lohmann, Der Wirtschaftsplan der Unternehmung. Verlag Leopold Weiß, Berlin 1930.

K. Mellerowicz, Kosten- und Kostenrechnung. Berlin, de Gruyter, 1932 und 1936. 2 Teile in 3 Bänden.

E. Michel, Handbuch der Plankostenrechnung. Berlin, Eisner, 1937.

Recueils

K. Meithner, Die Bilanzen der Unternehmungen. Berlin, Heymann, 1933.

K. Nicklisch, Handwörterbuch der Betriebswirtschaft. 5 Bände. Stuttgart, Poeschel, 1926—1928. Eine neue Auflage in Vorbereitung.

Révues

Zeitschrift für handelswissenschaftliche Forschung. Leipzig, Gloeckner.

Die Betriebswirtschaft. Stuttgart, Poeschel.

Littérature américaine

Ouvrages sur la théorie des bilans

J. B. Canning, The Economics of Accountancy. New York, Ronald, 1929.

C. B. Couchman, The Balance Sheet. New York, The American Institute Publishing Company, 1924.

H. A. Finney, Principles of Accounting, I—II. New York, Prentice-Hall, mehrere Auflagen.

H. R. Hatfield, Accounting. New York, Appleton, 1927.

R. B. Kester, Accounting, I—III. New York, Ronald, mehrere Auflagen.

P. Mason, Principles of Public-Utility Depreciation. Chicago, American Accounting Association, 1937.

W. A. Paton, Accounting. New York, Macmillan, 1924.

W. A. Paton and R. A. Stevenson, Principles of Accounting. New York, Macmillan, 1921.

T. H. Sanders, H. R. Hatfield, and Moore, A Statement of Accounting Principles. New York, The American Institute Publishing Company, 1938.

Scott, Theory of Accounts. New York, Holt, 1925.

H. R. Sweeney, Stabilized Accounting. New York, Harper, 1936.

Ouvrages concernant les frais théoriques et techniques

E. Camman, Basic Standard Costs. New York, American Institute Publishing Compan y 1933.

E. Chamberlin, The Theory of Monopolistic Competition. Cambridge, Mass., Harvard University Press, 1933.

A. H. Church, Overhead Expense. New York, Mc Graw-Hill, 1930.

J. M. Clark, The Economics of Overhead Costs. Chicago, Chicago University Press, 1923.

J. L. Dohr, Ingraham, and Love, Cost Accounting. New York, Ronald, 1935.

W. B. Lawrence, Cost Accounting. New York, Prentice-Hall, 1937.

C. Reitell and Johnston, Cost Accounting. Verlag ist unbekannt.

C. H. Scovell, Cost Accounting and Burden Application. New York, Appleton, 1917.

Recueils

L. P. Alford, Cost and Production Handbook. New York, Ronald, 1934.

W. A. Paton, Accountants' Handbook. New York, Ronald, 1933.

Revues

The Journal of Accountancy. 135 Cedar Street, New York City.

The Accounting Review. 6525 Sheridan Road, Chicago, Illinois.

Internationaler Vergleich der betriebswirtschaftlichen Forschung und Lehre

Inhaltsübersicht

Zusammenfassung

Die Betriebswirtschaftslehre hat, hauptsächlich in den letzten 20 bis 30 Jahren, in allen Kulturländern eine angesehene Stellung im Kreise der Wirtschaftswissenschaften erreicht. Die wissenschaftliche Bewegung der Betriebswirtschaftslehre — rein mengenmäßig betrachtet — weist in der Weltliteratur rund 40 Fachzeitschriften von wissenschaftlichem Niveau auf, ferner literarische Werke, die jährlich in die Hunderte gehen. Die Zahl der Hochschul- (Universitäts-) Professoren für Betriebswirtschaftslehre ist etwa 500; die Zahl der Studierenden der Betriebswirtschaftslehre erreicht in vielen Ländern der Welt die Zahl der Nationalökonomie-Studierenden. Wir leben jetzt im Zeitalter der betriebswirtschaftlich gefärbten Wirtschaftswissenschaften. Der kulturelle Wert der Betriebswirtschaftslehre besteht darin, daß sie der Wirtschaftspraxis, der Wirtschaftslenkung und dem Revisorenberuf wichtige Dienste leistet.

In der Weltliteratur der Betriebswirtschaftslehre unterscheidet man 4 Literaturen, die nach Umfang und Bedeutung eine Großmachtstellung einnehmen: die englisch-amerikanische, die deutsche, die italienische und die japanische Betriebswirtschaftslehre. Die englisch-amerikanische Fachliteratur zeichnet sich durch ihren großen Umfang und durch ihre Spezialisierung nach einzelnen Fachgebieten (Buchhaltung, Bilanz, Kosten, Revision, Absatzlehre) aus. Die deutsche Betriebswirtschaftslehre darf sich einer inneren Geschlossenheit und eines organisch-systematischen Gedankenbaues rühmen, die man sonst in dieser Form nicht wiederfindet. In der Betriebswirtschaftslehre des romanischen Kulturkreises spielt die italienische Betriebswirtschaftslehre, was Vergangenheit, Umfang und selbständigen Geist anlangt — die Führerrolle. Die japanische Betriebswirtschaftslehre in ihrer neuesten Entwicklung ist eine von Europa emanzipierte moderne und reiche Wissenschaft geworden. Die betriebswirtschaftliche Literatur der kleinen und mittleren übrigen Länder und der übrigen Kulturkreise unterscheidet sich weniger der Qualität als der Menge nach von den Großliteraturen.

Die internationale Beeinflussung ist in der Betriebswirtschaftslehre nicht groß. Unsere Fachdisziplin ist in gewisser Beziehung noch autarker, ihre Abgesondertheit größer als die der übrigen Wirtschaftswissenschaften. Zwar wird für die Entwicklung einer Wissenschaft die nationale Linie, das Milieu des betreffenden Kulturkreises maßgebend bleiben, es sollte aber doch eine gewisse internationale Zusammenarbeit zwischen den Vertretern und Organisationen desselben Faches organisatorisch und institutionsmäßig gesichert werden.

Die Zukunftsaufgaben der Betriebswirtschaftslehre mit Rücksicht auf eine internationale Zusammenarbeit werden u. a. folgende genannt:

1. Die internationalen Kongresse des Prüfungs- und Treuhandwesens sollten sich auch in Zukunft mit der Betriebswirtschaftslehre befassen.

2. Engere Zusammenarbeit zwischen Wirtschaftsprüferberuf und Betriebswirtschaftslehre.

3. Austauschdienst zwischen den Fachzeitschriften der verschiedenen Kulturkreise.

4. Zusammenarbeit zwischen den betriebswirtschaftlichen Instituten der Welt. (Enquête zwischen den Hochschulinstituten für Betriebswirtschaftslehre, Austauschprofessuren, gemeinsame Forschungen und Veröffentlichungen.)

5. Eingehendere Erforschung der größten Unternehmungen und Unternehmungsverflechtungen; Jahresabschlußvergleiche der Aktiengesellschaften auf nationaler oder international vergleichender Grundlage.

6. Errichtung betriebswirtschaftlicher Forschungsinstitute für den internationalen Vergleich.

Text des Vortrages

1. Allgemeines

Im Rahmen dieses Vortrages wird versucht, über den jetzigen Stand der betriebswirtschaftlichen Forschung und Lehre einen internationalen Querschnitt zu geben.

Die Betriebswirtschaftslehre ist der Zweig der Wirtschaftswissenschaften, der sich mit dem Betriebsleben, mit den privaten und öffentlichen Einzelwirtschaften eingehend befaßt.

In der Fachliteratur der Welt erscheint die Betriebswirtschaftslehre im allgemeinen in dreierlei Form. Erstens: als eine selbständige und einheitliche Wissenschaft mit deutlichen Grenzen gegen die anderen Wirtschafts- und Sozialwissenschaften: diese Form ist kennzeichnend für die deutsche Fachwissenschaft. Zweitens: als spezielle betriebswirtschaftlich - privatwirtschaftliche Betrachtungsweise der Forschung im Rahmen der einheitlichen Wirtschaftslehre: diese zweite, losere Form finden wir mehr oder weniger ausgebildet in manchen ausländischen Literaturen. Drittens: Die einzelnen betriebswirtschaftlichen Fächer sind mehr oder weniger selbständig; als lediglich verwandte Disziplinen haben sie untereinander nur lose Beziehungen. Diese Form tritt in erster Linie in der amerikanisch-englischen Fachdisziplin auf.

Alle drei Formen können ein hohes wissenschaftliches Niveau bedeuten.

Die betriebswirtschaftliche Fachdisziplin der Welt nimmt einen seriösen Platz im Kreise der Wissenschaften ein. Die Wirtschaftswissenschaften sind zu einem hohen Prozentsatz betriebswirtschaftlich gefärbt. Sie kommen in unseren Tagen — zwar langsam, aber überall — in ein Zeitalter hinein, das ihre betriebswirtschaftlich orientierte Periode genannt werden könnte. Schon heute sind die Wirtschaftswissenschaften in einem hohen Grade Betriebswirtschaftslehre! Diese These sei im folgenden näher begründet.

Die Fragen und Gegenstände der modernen Wirtschaftswissenschaften sind in hohem Maße Fragen und Gegenstände der Betriebswirtschaftslehre. Rein mengenmäßig betrachtet, erhalten wir bei einem Vergleich von Volkswirtschaftslehre und Betriebswirtschaftslehre folgendes Bild. Die Zahl der wissenschaftlichen Vertreter der Betriebswirtschaftslehre nimmt in immer stärkerem Maße zu. Heute beträgt die Zahl der betriebswirtschaftlichen Lehrstühle der Hochschulen der Welt ungefähr 500, bei einer Gesamtzahl der wirtschaftswissenschaftlichen Professuren (ohne die akademischen Vertreter der Statistik) von schätzungsweise 1000. Das Gesamtlehrpersonal der Betriebswirtschaftslehre an den Universitäten und Hochschulen der Welt (also Dozenten, Honorarprofessoren, Assistenten) beträgt etwa 2500 Köpfe. Es gibt schon rund

150 Hochschulanstalten, wo die Betriebswirtschaftslehre mit **mehreren Professoren** und Lehrstühlen vertreten ist.[1]) Betriebswirtschaftliche Lehrstühle gibt es heute in fast sämtlichen Kulturländern der Welt. Die Bücher- und Zeitschriftenproduktion der Betriebswirtschaftslehre macht — mengenmäßig gesehen — ein Drittel der Produktion der Volkswirtschaftslehre aus. Unser Fach verfügt schon über 40 betriebswirtschaftliche Zeitschriften von akademisch-wissenschaftlicher Bedeutung und außerdem über eine viel größere Anzahl Periodika für praktische Zwecke. In jedem Jahr erscheinen in der Welt mehrere Hundert seriöser Bücher über die Fragen der Betriebswirtschaftslehre. Und dieser hohe Anteil ist das Ergebnis lediglich der letzten 20—30 Jahre. Wenn sich dieser Prozeß in der Zukunft fortsetzt, dann können wir über die Periode der „Verbetriebswirtschaftlichung" der Wirtschaftswissenschaften sprechen.

Wenden wir uns nunmehr der **Frage der gegenseitigen geistigen Beeinflussung** der national verschiedenen betriebswirtschaftlichen Literaturen zu, so ist es eine international festgestellte wissenschaftshistorische und auch noch für die Gegenwart kennzeichnende Tatsache, daß besonders die größeren Kulturgebiete im allgemeinen fremdes Gedankengut nur in beschränktem Maße in sich aufnehmen. Der gegenseitige Einfluß und die Kenntnis der Forschungen der anderen Nationen ist bei dem jungen Fach der Betriebswirtschaftslehre noch etwas weniger ausgebildet als bei den übrigen Wirtschaftswissenschaften. Diese geistige Autarkie ist besonders kennzeichnend im Falle der betriebswirtschaftlichen Großliteraturen, also der englisch-amerikanischen, deutschen, italienischen und japanischen Betriebswirtschaftslehre. Wie mächtige erratische Blöcke leben diese nebeneinander, sie haben zwar einander entdeckt, aber nicht gründlich kennengelernt. Keine von den ausländischen betriebswirtschaftlichen Großliteraturen befaßt sich institutions- und planmäßig etwa durch Buchbesprechungen, bibliographischen Dienst und geistigen Austauschverkehr mit der Bekanntmachung der Hauptleistungen der fremden Fachliteratur. Fast ohne Ausnahme kann festgestellt werden, daß bisher in keiner Weltsprache eine größere Publikation über die betriebswirtschaftliche Literatur eines anderen Landes vorliegt.

---

[1]) Die 500 Professuren für Betriebswirtschaftslehre und die 1000 für die Volkswirtschaftslehre, also 1500 insgesamt, sind für eine so weitverzweigte und verhältnismäßig alte akademische Wissenschaft wie die gesamten Wirtschafts- und Sozialwissenschaften keineswegs hoch, wenn wir sie mit der Zahl der mehr als 2000 chirurgischen oder philosophischen Lehrstühle der Welt vergleichen. Ein anderes Zeichen für die relative Unentwickeltheit des Faches ist die Tatsache, daß betriebswirtschaftliche Ordinariate an den alten historischen Universitäten bisher sehr selten sind. Die Universitäten in Oxford und Cambridge in Großbritannien, die Sorbonne-Universität in Paris, die alten italienischen Universitäten, bis 1938 die Universität Berlin und andere alte Universitäten, weisen keine Lehrstühle für Betriebswirtschaftslehre auf. Die Fachlehrstühle werden im allgemeinen an den neueren Universitäten und an den Wirtschafts- und technischen Hochschulen errichtet.

Selbst die in den letzten 20 Jahren veranstalteten Studienreisen und internationalen Kongresse für Rationalisierung, für Prüfungs- und Treuhandwesen und für kaufmännisches Bildungswesen konnten kaum die Macht dieser nationalen Selbstgenügsamkeit brechen.

Allerdings ist die Abgesondertheit der Großliteraturen nicht vollständig. Den höchsten Grad nationaler Autarkie scheint das englisch-amerikanische Schrifttum aufzuweisen. In der italienischen Betriebswirtschaftslehre ist der Einfluß der deutschen und englisch-amerikanischen, aber auch der französischen Literatur leicht festzustellen. In der japanischen Fachliteratur erscheinen die meisten Übersetzungen ausländischer Autoren, und zwar Hunderte von Übersetzungen deutscher, amerikanischer, englischer Fachschriftsteller. Auch die Literatur der Mehrzahl der kleineren Länder bildet eine weitere erfreuliche Ausnahme von dieser geistigen Isoliertheit. Obzwar diese Literaturen auf ihren eigenen Wegen gehen, eigene Probleme zu lösen haben und auch schöpferisch auftreten, ist der mehr oder minder anlehnende Charakter des Schrifttums dieser mittleren und kleineren Länder an die Großliteraturen des Auslandes nicht zu leugnen.

Soweit überhaupt ein internationaler Einfluß besteht, ist er im allgemeinen mehrseitig. Auf dem europäischen Kontinent ist die Einwirkung der deutschen und der (englisch-)amerikanischen Literatur die gründlichste.

Die deutsche Betriebswirtschaftslehre bescherte dem Auslande ihren ausgezeichneten Begriffspark und einen einzig dastehenden systematisierenden Geist. Die deutsche Betriebswirtschaftslehre darf sich einer inneren Geschlossenheit und eines organisch-systematischen Gedankenaufbaus rühmen, die man sonst in dieser Form nicht wieder findet. Was den Gegenstand anbelangt, so hat das Ausland in erster Reihe von der deutschen Industriewirtschaft einschließlich der Kostenrechnung das meiste übernommen. Der englisch-amerikanischen Fachwissenschaft verdankt das Ausland vorwiegend den verrechnungstechnisch-statistischen Geist sowie den Gedanken und Bedeutung der Buchprüfung (Auditing), und neuestens manche Kapitel der modernen Betriebswirtschaftslehre (Scientific management, Absatzlehre, usw.). In Mittel- und Südamerika sowie in Kanada ist das Vordringen der Literatur der Vereinigten Staaten Nordamerikas zu bemerken, in den Ländern des britischen Imperiums (auch in Australien, Afrika, Indien) findet man überall den Geist der englischen Fachliteratur.

Im betriebswirtschaftlichen Schrifttum unterscheidet man vier Literaturen, die eine Großmachtstellung einnehmen: die englisch-amerikanische, die deutsche, die italienische und die japanische. Wir werden diese Literaturen etwas eingehender besprechen, das betriebswirtschaftliche Schrifttum des übrigen Auslandes dagegen aus Mangel an Zeit kursorisch behandeln.[2])

Man findet in den undurchsichtig mächtigen und weitverzweigten Waldungen unserer Fachliteratur recht verschiedene Leistungen: viele wertvolle und noch mehr solche, die nicht genügend fundiert und ausgereift sind. Die universelle Literaturgeschichte der Wissenschaften lehrt uns aber, daß die vorzüglichen Leistungen nicht immer den gebührenden Anklang finden und daß auch die qualitativ weniger bedeutenden Werke zur Belebung und zur weiteren Entwickelung eines Faches wertvolle Dienste leisten können.

2. Die englisch-amerikanische Betriebswirtschaftslehre

Über die umfangreichste und am meisten spezialisierte einzelwirtschaftliche Literatur der Welt verfügt die englisch-amerikanische Betriebswirtschaftslehre. Rein mengenmäßig steht ihr Schrifttum an der Spitze der betriebswirtschaftlichen Großliteraturen, und auch der Zahl der Fachschriftsteller nach ist sie die größte. Das reiche Wirtschaftsleben der Vereinigten Staaten von Nordamerika und des britischen Reiches sowie ungefähr 200 Hochschullehrstühle für Betriebswirtschaftslehre (in Amerika und in den Koloniestaaten Großbritanniens[3]) bilden den mächtigen Hintergrund der großartigen Produktion der betriebswirtschaftlichen Literatur in englischer Sprache. Ihr Einfluß macht sich in der ganzen Welt bemerkbar. Obzwar besonders in England, aber auch in Amerika, diese Fachwissenschaft schon seit zwei Jahrhunderten eine gewisse Blüte erreicht hat, ist die englisch-amerikanische Betriebswirtschaftslehre besonders in der Anwendung exakt wissenschaftlicher Methoden ein Produkt der letzten zwei Jahrzehnte.

Die britische Betriebswirtschaftslehre ist mengenmäßig bescheidener und ihrem Arbeitsfeld nach begrenzter als die amerikanische. Die moderne betriebswirtschaftliche Forschung Großbritanniens hat ihre höchste Blüte gewiß noch nicht erreicht. Die Betriebswirtschaftslehre im britischen Inselreich wird durch die alten und mächtigen Revisorenvereinigungen geistig und moralisch einigermaßen gefördert, die Fachwissenschaft der Vereinigten Staaten in erster Linie durch die Hochschulen unterstützt. Daher die vielen Lehrbücher (textbooks) in der amerikanischen betriebswirtschaftlichen Literatur. Die englisch-amerikanische

---

[2]) Im folgenden werden bedeutende Literaturen nicht behandelt. So z. B. die neuere russische Literatur, welche hauptsächlich einen arbeitswissenschaftlich-betriebsleitenden Charakter trägt, aber für das Nicht-Sowjet-Ausland von geringerer Wichtigkeit ist, dann die minder zugängliche, aber umfangreiche chinesische Betriebswirtschaftslehre, die größtenteils verrechnungstechnisch-kostenwirtschaftlich orientiert ist.

[3]) Das britische Inselreich ist mit betriebswirtschaftlichen Hochschullehrstühlen und Forschungsinstituten verhältnismäßig wenig versehen.

Betriebswirtschaftslehre ist eine typisch empirisch-realistisch-analytische Wissenschaft, beseelt von einer utilitaristischen Ethik und eingestellt hauptsächlich auf die praktischen Zwecke der Wirtschaft. Der „philosophisch-theoretisierende" Inhalt sowie die betriebs- und buchhaltungsgeschichtliche Richtung ist in dieser Fachwissenschaft verhältnismäßig klein und nicht wesenswichtig. Die Bedeutung eines theoretischen Überbaues, der dem ganzen Wissensgebiete den einheitlichen Wissenschaftscharakter verleihen soll, wird erst seit kurzem in der amerikanisch-englischen Betriebswirtschaftslehre betont. Zeichen dieser Wandlung sind die der Werke analytisch-theoretischen Charakters, die denen beschreibenden Charakters an die Seite treten.

Eine einheitliche Fachbezeichnung für die englisch-amerikanische Betriebswirtschaftslehre besteht ebensowenig wie eine einheitliche Fachwissenschaft überhaupt. Das bedeutende Stichwort „Accounting" bedeutet Rechnungswissenschaft, die anderen Ausdrücke, wie z. B. Business Economics, Private Economics, Business Administration sind weder inhaltlich noch bezüglich ihrer allgemeinen Verbreitung der deutschen Fachbezeichnung „Betriebswirtschaftslehre" gleichzusetzen. Es gibt einzelne Gegenstände und Gebiete (Accounting, Finance usw. — siehe unten —), die ihr eigenes Leben führen; sie sehen einander als Schwesterwissenschaften an; eine einheitliche Wissenschaft mit gemeinsamem Selbstgefühl und gemeinsamer Zielsetzung der betreffenden Gelehrten und daher mit deutlich abgesteckten Grenzen gegen andere Wissenschaften ist in England und Amerika eigentlich so wenig entwickelt wie vielleicht in keinem anderen Falle der betriebswirtschaftlichen Großliteraturen. Wenn also über die englisch-amerikanische Betriebswirtschaftslehre gesprochen wird, so nicht über eine in der Wirklichkeit existierende Einheit, sondern über eine Konstruktion für die Vergleichszwecke dieser Ausführungen.

Die wesentlichsten „Teil"gebiete der englisch-amerikanischen Fachwissenschaft sind:

a) Accounting. Diese behandelt sämtliche Probleme des Rechnungswesens. Die (englisch-)amerikanische Accounting ist die auf höchsten Niveau stehende und umfangreichste Rechnungswissenschaft, erfüllt mit modernem und realistischem Geist.

b) Marketing, d. h. Marktforschung und Vertriebslehre, eine auffallend reiche Literatur.

c) Scientific Management und damit im Zusammenhang Industrial Management, also die wissenschaftliche Betriebsführung, begründet vom Fr. W. Taylor, und die Wirtschaftslehre des Industriebetriebes (im allgemeinen einschließlich Kostenrechnung). Sie sind seit zwei Jahrzehnten eine Exportware für die ganze Welt geworden.

d) Auch die anderen Stichworte sind sehr bedeutend: Bussiness Statistics (Betriebsstatistik), Finance, Financial Management, Commercial-Bank-Management, Investment (betriebliche Finanzwirtschaft und Analyse) Public Utility (öffentliche Versorgungsunternehmen), Public Business Administration, Foreign Trade (Export- und Importhandel), Transportation (Verkehrswirtschaft).

Eine nicht zu unterschätzende Förderung erfährt die fachwissenschaftliche Forschung in der neueren Zeit in Amerika und in Großbritannien aus der Praxis. Ich meine hier in erster Linie: 1. die rege Aktivität des 50jährigen amerikanischen Revisorenvereins The American Institute of Accountants in New York, sowie der Vereinigung der amerikanischen Hochschullehrer für Betriebswirtschaftslehre; 2. The American Accounting Association in Chicago und 3. den britischen Verein für rechnungswissenschaftliche Forschung, The Accounting Research Association in London. Die Veranstaltung von fachwissenschaftlichen Tagungen und Diskussionen, die Herausgabe von Fachzeitschriften und Fachbücherserien, sowie die Durchführung von Fortbildungsfachkursen bedeuten, daß diese Organisationen — und auch andere, die hier nicht erwähnt werden können — auch als hochwichtige Forschungsstätten unserer Fachwissenschaft sich hervorgetan haben.

Bezeichnende betriebswirtschaftliche Fachzeitschriften des angelsächsischen Kulturkreises sind: The Accounting, London (erscheint wöchentlich, Gründungsjahr 1874); The Incorporated Accountings' Journal, London; The Journal of Accountancy, New York, seit 1905; Harvard Business Review, Cambridge U. S. A.; The Accounting Review, Chicago, seit 1926.

3. Die deutsche Betriebswirtschaftslehre

Die deutsche Fachdisziplin ist die logisch-systematisch und architektonisch schönste Betriebswirtschaftslehre der Welt. Die Betriebswirtschaftslehre deutscher Sprache und deutschen Geistes spielt eine wichtige und unter internationalem Aspekt gesehen einflußreiche Rolle auf dem Gebiete der Fachforschung. Die deutsche Betriebswirtschaftslehre ist die am meisten einheitliche Fachdisziplin unter den Großliteraturen. Kennzeichnend ist für sie die sich absetzende Haltung gegenüber der Volkswirtschaftslehre (eine Einstellung, die immerhin im letzten Jahrzehnt vielfach milder geworden ist), und die gründliche theoretische Fundierung dieses selbständigen Wissenszweiges. Nirgends wurde soviel über theoretische und praktische Richtungen, über theoretische und praktische Forschungsziele und Schulen gesprochen und geschrieben wie in der deutschen Betriebswirtschaftslehre. Die deutschsprachige Betriebswirtschaftslehre ist daher eine arteigene deutsche Wissenschaft. Nur in deutschsprachlichem Kulturraume tritt die Betriebswirtschaftslehre als eine selbständige und einheitliche Wissenschaft auf, die Betriebswirtschaftslehre als solche wird nur auf deutschem Kulturboden gepflegt; was im nichtdeutschsprachigen Auslande sich entwickelte, ist eigentlich „Betriebswirtschaftslehre im weiteren Sinne".

Warum gehört die deutsche Betriebswirtschaftslehre zu den Großliteraturen des Faches? Wegen ihres Reichtums an literarischer Produktion, an originellem Geist und an ausgezeichneten Forschungs- und Lehrheimstätten.

Die deutsche Betriebswirtschaftslehre ist in ihrer modernen Entwicklung etwa 40 Jahre alt. Mit ihrer großen Vorgängerin, der Kameralwissenschaft, hatte sie vor 40 Jahren wenig Anknüpfungspunkte. Entwicklungsgeschichtlich gesehen ist die moderne deutsche Betriebswirtschaftslehre vielmehr ursprünglich eine Handelswissenschaft, ohne die Vielseitigkeit dieses alten Begriffes des 19. Jahrhunderts; also ohne Technologie, Handelsgeographie, kaufmännische Arithmetik und Rechtslehre. Diese neue Disziplin wandelte sich in den letzten drei Jahrzehnten in eine verhältnismäßig selbständige Wirtschaftswissenschaft um, und es ist daraus eine rechnungswissenschaftlich gesinnte Lehre der Wirtschaftlichkeit und Rentabilität entstanden. Nicht das Wirtschaftsleben, sondern die Hochschulen haben die deutsche Betriebswirtschaftslehre begründet und großgezogen. Daher der akademische Charakter der deutschen Fachdisziplin. Ihre Schulen, die Leipziger, Berliner, Kölner, Frankfurter, und Richtungen, die Nürnberger, Königsberger usw., haben die deutsche Fachliteratur geschaffen. In den letzten 10—15 Jahren sehen wir dann auch andere frische Kräfte in der Werkstatt der Disziplin aufbauend mitwirken: die jüngere Generation unter den Absolventen jener Hochschulen: die Diplom-Kaufleute, die Männer der Rationalisierungsbewegung, und nicht zuletzt die Spitzengruppe des Revisorenberufs, also die Wirtschaftsprüfer. Damit ist der ursprünglich etwas einseitig akademische Charakter der deutschen Betriebswirtschaftslehre endgültig gesprengt. Überall zeigen sich Ansätze zu einer gesunden Zusammenarbeit der akademischen mit der nichtakademischen Welt.

Die Wege, die die deutsche Betriebswirtschaftslehre im einzelnen gegangen ist, führen uns in eine farbige Welt, in eine lange Ehrenhalle von Köpfen und Leistungen hinein. Es ist schwer, einige Namen und einige Werke herauszugreifen: wir würden in solcher Weise die Fülle nicht richtig genug schildern können. Das folgende ist kennzeichnend für die deutsche Fachdisziplin:

1. das Vorhandensein von zusammenfassenden Lehrbüchern für die gesamte Betriebswirtschaftslehre, „Handbücher" genannt. Sie bilden die System-Hochburgen der deutschen Fachwissenschaft.

2. die in verhältnismäßig großer Anzahl vorhandenen und von Hochschulprofessoren geleiteten Fachzeitschriften. Sie sind das Zeichen des

noch immer fühlbaren, aber gewiß nicht ungünstigen akademischen Zuges.

3. eine überaus reiche Anzahl von Werken über die Industriewirtschaft. Sie machen eine zweite Eigenschaft der deutschen Fachwissenschaft deutlich, die bleibend und dominierend ist: die industriewirtschaftliche Richtung, der gegenüber die Bank-, Handels- und Verkehrsbetriebslehren relativ vernachlässigt erscheinen.

4. die nationalsozialistische Ausrichtung, über die etwas ausführlicher gesprochen sei. Welches sind im nationalsozialistischen Zeitalter die Merkmale der Entwickelung? Die Zeit ist zu kurz, als daß zu allem, was auf deutschem Fachgebiete in den letzten Jahren geschah, endgültig Stellung genommen werden könnte. Die nationalsozialistische Betriebswirtschaftslehre ist mehr eine politisch-weltanschauliche Wissenschaft geworden; die soziale Seite der Disziplin wurde und wird an Stelle des Individuums betont; das Verhältnis des Einzelnen zur Gesamtheit wird hervorgehoben. An die Stelle des in der früheren deutschen Literatur vorherrschenden Gedankens der Rentabilität ist der Leistungsgedanke und der der Bedarfsdeckung getreten. Der Nationalsozialismus stellt die Betriebswirtschaftslehre in steigendem Maße in den Dienst der Wirtschaftspraxis. Die Hervorbringung grundlegender und zusammenfassender betriebswirtschaftlicher Theorien der nationalsozialistischen Weltanschauung bleibt die Aufgabe der (nahen) Zukunft. In ultima analisi scheint auch jetzt schon der nationalsozialistische Frontwechsel günstige Folgen und Früchte hervorzubringen.

Einige führende Zeitschriften: a) von mehr akademischem Einschlag: Die Betriebswirtschaft, Betriebswirtschaftliche Blätter, Handelswissenschaftliche Forschung, Zeitschrift für Betriebswirtschaft; b) mehr praktisch eingestellt: Der praktische Betriebswirt (das Organ des Verbandes Deutscher Diplom-Kaufleute), Der Wirtschaftstreuhänder (offizielles Organ des Instituts der Wirtschaftsprüfer).

4. Die Betriebswirtschaftslehre des romanischen Kulturkreises

Unter den romanischen Ländern spielt die Betriebswirtschaftslehre Italiens, was Vergangenheit und Gegenwart, Umfang und selbständigen Geist anbelangt, die Führerrolle. Das Verdienst des italienischen Geistes an der Entwicklung des Buchführungsgedankens für das Wirtschaftsleben Europas und Amerikas ist wohlbekannt[4]). Für die weiten Rahmen der Forschung sorgen in

---

[4]) Lucas Pacioli's Summa... Venezia 1494. J. A. Tajente, Luminario di aritmetica — libro ugnolo 1525; Giacomo della Gatta, Nuova pratica di aritmetica mercantile, Neapel 1774; Nicolo D'Anastasio, La scrittura doppia ridotta a scienza, Venedig 1803; L. G. Grippa, La scienza dei conti, Mailand 1838—1840; Pisani Statmografial 1886; Fr. Villa, La contabilità. Mailand 1840. Elementi di Amministratione Padua 1850; Tonzig, Trattato 1857.

erster Reihe die Professorenkörper der Fachhochschulen (Universitäts-fakultäten und Handelshochschulen in Genua, Neapel, Bari, Florenz, Palermo, Rom, Turin, Venedig, volkswirtschaftliche Universität in Triest, Handelsuniversität Luigi Bocconi in Mailand und katholische Universität in Mailand). Auch der alte italienische Revisorenberuf und die Absolven-ten der oben genannten Wirtschaftshochschulen bilden einen bedeu-tenden Hintergrund zurmächtigen Produktion der italienischen Betriebs-wirtschaftslehre. Der Umfang des italienischen Schrifttums nimmt besonders im letzten Jahrzehnt rapid zu.

Ragioneria und Tecnica commerciale, industriale, bancaria, professionale entsprechen ungefähr dem Inhalt der deutschen Fach-disziplin. Ragioneria bedeutet Rechnungswissenschaft, Tecnica commer-ciale etwa kaufmännische Betriebslehre. Es kommt auch die Benennung Economia aziandale (Betriebswirtschaftslehre) vor. Die Ragioneria spielt die größere historische Rolle in der Entwicklung der italienischen Fachwissenschaft; sie ist mehr theoretisch begründet als die Tecnica commerciale. Es soll betont werden, daß die neuere Ragioneria nicht eine Buchhaltungslehre bedeutet, sondern eine rechnungswissenschaftlich orientierte, beinahe vollständige Betriebswirtschaftslehre. Die italie-nische Betriebswirtschaftslehre der Vergangenheit und der Gegenwart ist eine typisch italienische Wissenschaft; besonders in ihrer letzten Phase befaßt sie sich eingehender und erfolgreich mit den Fragen der faschistischen Wirtschaft. Im Kreise der jüngeren Generation gibt es besonders viele, die die deutsche Betriebswirtschaftslehre und die englisch-amerikanische Fachwissenschaft gründlich studiert haben. In der moder-nen italienischen Betriebswirtschaftslehre kann also von einer nach-teiligen geistigen Autarkie nicht die Rede sein.

Der neuere Abschnitt der italienischen Betriebswirtschaftslehre fängt an mit den Namen G. Cerboni[5]), G. E. Rossi und Fabio Besta[6]) in den 80er Jahren des 19. Jahrhunderts. Cerboni, ein berühmter Vorkämpfer der personalistischen Theorie und der Begründer der „logismografia", betonte die Erweiterung der Aufgaben der Ragioneria, als allgemeine Ratgeberin der gesamten Betriebsführung. Rossi, ein Fortsetzer der Cerbonischen Gedankenrichtung, hat die mathematische Theorie be-gründet. Fabio Besta benützt einen realistisch absoluten Ragioneria-Begriff. Nach seiner Auffassung ist die Ragioneria die Auslegung absolut tatsächlicher und rechnungsmäßiger betriebswirtschaftlicher Erschei-nungen und Daten. Besta, gestorben 1925, gehört zu den hervorragend-sten Systematikern der Welt auf dem Gebiete der Buchhaltungslehre. Einige angesehene Vertreter der Schule von Besta sind: V. Alfieri, P. D'Alvise, Senatore Broglia, F. De Gobbis, B. Lorusso, P. Rigobon und F. Vianello.

---

[5]) Ragioneria scientifica, Primi saggi die logismografia. Venezia.

[6]) La Ragionera in drei Bänden, 1891.

In der modernen Entwicklung der italienischen Fachliteratur nimmt die Persönlichkeit und Schule Gino Zappa's[7]) eine hervorragende Stellung ein. Zappa scheint die herkömmlichen Grenzen der Ragioneria praktisch aufzulösen, besonders nach der Richtung der Volkswirtschaftslehre. Der betriebszentrale Standpunkt wird nahezu aufgehoben, die weiteren Zusammenhänge des Wirtschaftslebens werden untersucht und die italienische Betriebswirtschaftslehre erhält dadurch eine philosophisch-wissenschaftliche und volkswirtschaftliche Färbung. Auch die Bedeutung der betriebsstatistischen Forschungen wird im neueren Schrifttum hervorgehoben, und viele Probleme aus der Praxis werden wissenschaftlich bearbeitet. Als Vertreter der Zappa'schen Schule sind u. a. G. Dell'Amore, U. Borroni, U. Caprara, A. Ceccherelli, T. D'Ippolito, E. Lorusso, P. Onida, R. Roia, G. Zippel und G. Zunino zu nennen.

Betriebswirtschaftliche Fachzeitschriften: Rivista Italiana di Ragioneria, Rom, gegründet im Jahre 1908 (in einer anderen Form schon im Jahre 1901), Rivista Italiana di Scienze Commerciali, Mailand; Il Ragioniere Professionista.

Die französischsprachige Betriebswirtschaftslehre ist verhältnismäßig arm und unentwickelt. Zwar werden in der französisches-Fachliteratur seit mehreren Jahrhunderten, besonders was Buchhaltungs- und Bilanzwesen anbelangt, hervorragende Werke veröffentlicht, eine moderne, groß angelegte Entwicklung ist aber bisher ausgeblieben. Es erscheinen eher einzelne Werke über die Fragen der Industrie-, Bank- und Handelswirtschaft — ich nenne hier bloß den Namen von Fayol —, dann über das Rechnungswesen, aber einen einheitlichen Geist, wissenschaftliche Forschungs- und Schulrichtungen kann die französisch-sprachliche Literatur kaum aufweisen. In neuester Zeit ist das wissenschaftliche Niveau des französischsprachigen Fachzeitschriftwesens in stetem Steigen begriffen. Die schweizerische und belgische Literatur in französischer Sprache ergänzen glücklich die literarische Tätigkeit des französischen Reiches. Zwar hat diese Betriebswirtschaftslehre bisher keine moderne Großliteratur hervorgerufen. Wir können doch mit Sicherheit damit rechnen, daß der klare Rationalismus des französischen Geistes in der weiteren internationalen Entwicklung unseres Faches eine wichtige Rolle spielen wird.

Die spanische Fachliteratur in Europa und in Amerika steht auf dem Niveau der Handelswissenschaften.

Über die anderen Staaten des romanischen Kulturkreises sprechen wir im Abschnitt 6.

---

[7]) Tendenze nuove negli studi di ragioneria, Venedig 1926; La determinazione del Reddito nelle imprese commerciali, Rom 1920, Mailand 1937.

5. Die japanische Betriebswirtschaftslehre

Die Betriebswirtschaftslehre Japans ist ungemein stark entwickelt. Zunächst ist die sehr umfangreiche Literatur der letzten fünf Jahrhunderte zu erwähnen, die größtenteils in altjapanischer Sprache geschrieben ist. Diese alte Handelsliteratur befaßte sich unter chinesischem und koreanischem Einfluß mit Handelskorrespondenz, Buchhaltung, kaufmännischer Arithmetik und mit den Fragen der Kameralistik, letztere geschrieben für den Gebrauch der Herrscher. Systematische Buchhaltung ist in Japan 500 Jahre alt. Das moderne Zeitalter Japans beginnt im Jahre 1876 mit der Auflösung des Feudalsystems und mit der Eröffnung des Landes für den ausländisch-europäischen wirtschaftlichen und kulturellen Verkehr. Das agrarisch-handwerkliche Land beginnt seinen industriellen Aufschwung, der Kaufmannsstand wird mehr beachtet, neue Universitäten und Hochschulen werden gegründet. Diese Faktoren ziehen langsam eine gründliche kaufmännische Ausbildung und die Entwicklung der modernen japanischen Betriebswirtschaftslehre nach sich.

Die Zeit von 1876 bis 1907 ist die erste Epoche der modernen japanischen Betriebswirtschaftslehre, die Epoche der Handelswissenschaften. Die Zeit zwischen 1907 und 1920 kann als der Abschnitt der systematischen Untersuchung über die Unternehmung bezeichnet werden. Die Hauptfragen sind: Unternehmungsformen, Aktiengesellschaft, Genossenschaften, Funktionen des Handels usw. Als hervorragende Fachvertreter sind Ueda, Uchiike, Higachi, Simono, Watanabe usw. zu nennen. 1920 bis 1925 bildet eine Übergangszeit, während welcher die wissenschaftliche Untersuchung auf dem Gebiete der gesamten kaufmännischen Betriebswirtschaftslehre vollwertig anerkannt wird. Die Handelshochschule in Tokio wird in eine Handelsuniversität umgewandelt.

Die jüngste Phase („Nippon"-Periode) der japanischen Betriebswirtschaftslehre beginnt etwa im Jahre 1925 mit der Konstituierung der einflußreichen Organisation der japanischen Betriebswirtschaftler (Nippon Keiei Gakkai, Tokio, die Gründung angeregt von Professor J. Hirai, zur Zeit mit 700 Mitgliedern). Im Jahre 1929 werden die Handelshochschulen in Kobe und Osaka in Handelsuniversitäten umgewandelt. Eine enorm rege wissenschaftlich-literarische Tätigkeit kennzeichnet diese Periode. In den ersten Jahren wird zumeist die Frage der Einrichtungen für die höchste kaufmännische Ausbildung, die Methodik und Systematisierung der Betriebswirtschaftslehre, sowie die Fragen der Wirtschaftlichkeit und Rentabilität erörtert. Literaturgeschichtliche Aufarbeitungen erscheinen. Der Einfluß der deutschen Literatur seit Schär sowie der amerikanischen ist nicht zu verkennen. Später, und zwar bis 1935, stehen die folgenden Teilgebiete im Vordergrunde der wissen-

schaftlichen Erörterungen: Kostenlehre, Preispolitik, Beschäftigungsgrad, Finanzierungen, Bilanzanalyse (diese ist die Einflußzone der neueren
deutschen Betriebswirtschaftslehre und englisch-amerikanischer Arbeiten). In den letzten Jahren zeichnet sich eine andere, noch mehr japanisch
gefärbte Fachrichtung ab. Der fremde Einfluß ist noch immer stark, aber
für die weitere Entwicklung weniger wesentlich. Die japanische Fachliteratur unserer Tage arbeitet mehr mit eigenem heimischem Material
und trägt einen angewandten Charakter. Die japanische Betriebswirtschaftslehre ist zur Zeit mehr auf die Bearbeitung der japanischen Wirt-
schaftsverhältnisse eingestellt. Als ihre Hauptfragen stellen sich heraus:

1. Handelssysteme, Marktwesen, Einzelhandel und Kleingewerbe;

2. Fragen der gebundenen und der geregelten Wirtschaft;

3. Untersuchungen über die verschiedenen Industriezweige Japans
(Seiden, Wolle);

4. die Vollendung beinahe sämtlicher betriebswirtschaftlichen Sammlungen.

Umfang und Tiefe der japanischen Betriebswirtschaftslehre kann man
vielleicht am besten durch die großen betriebswirtschaftlichen Schriften-
reihen kennzeichnen. Diese Sammlungen sind beinahe alle beendet.
Die wichtigsten sind:

1. Shogaku Zenshu (Hrsg. Prof. Ueda, Tokio, Takidani Kobe),
d. h. Bibliothek der gesamten Handelswissenschaften in 42 Bänden.

2. Keieigaku Zenshu, Tokio: Betriebswirtschaftliche Bücherei in
24 Bänden.

3. Kwaikeigaku Zenshu, Tokio: Verrechnungswissenschaftliche
Bücherei in 24 Bänden.

4. Keieigaku Taikei, Chikurashobo: Systematische Sammlung der
Betriebswirtschaftslehre.

5. Kaikeigaku Sosho, Moriyamashoten: Sammlung der Verrech-
nungswissenschaft in 36 Bänden.

6. Keieigaku Sosho, Toyo-Shuppansha: Sammlung der betriebswirtschaftlichen Forschungen in 10 Bänden[8]).

---

[8]) Aus der Fülle der japanischen Fachliteratur seien hier nur 15 hervorragende Werke
aufgezählt: Ueda: Shoko Keiei (B. des Handels und der Industrie). Masuchi: Kabushiki
Gaisha Ron (Aktiengesellschaftswesen). Taniguchi: Shogyo Soshiki no Tokushu,
Kenkyu (Handelsorganisation). Takase: Goodwill no Kenkyu (Untersuchungen über
den Goodwill). Ueno: Tayshaku Taishohyo Ron (Bilanzwesen). Mukai: Kapitalistische
Organisation. Baba: Gijitsu to Keizai (Technik und Wirtschaft). Uchiike: Shogyo,
Gaku Gairon (Einführung in die Handelswissenschaften). Takidani: Kasai Hoken
Ryoritsu Ron (Tarifwesen der Feuerversicherung). Kojima: Kaiun, Royritsu Ron
(Tarifwesen des Seefrachtverkehrs). Yoshida: Kansetsuhi no Kenkyu (Studium über
Unkosten). Hiirai: Sangyo Gorika Zuroku (Industrie Rationalisierungs-Handbuch).
Muramoto: Keieigaku Genron (Theoretische Betriebswirtschaftslehre). Fukuda:
Shijo Haykin Ron (Warenmarktwesen). Nauanishi: Keiei Keizai Gagu (B.).

Es existiert bisher keine gründliche Einführung in die japanische Betriebswirtschaftslehre in einer europäischen Sprache. Einige wichtige Fachzeitschriften sind: Keiei Keizai Gagu Kenkyu, Tokio (vierteljährlich): Betriebswirtschaftliches Studium. — Kaikei, Tokio (gegründet 1912, monatlich): Rechnungswesen. — Die Jahrbücher der Nippon Keiei Gakkai (seit 1925). — Die Jahrbücher der Handelsuniversitäten usw.

6. Betriebswirtschaftslehre der übrigen Länder

Wenn die gemeinsamen Merkmale der betriebswirtschaftlichen Literatur der übrigen Länder aufgezählt werden sollen, so muß zuerst erwähnt werden, daß der Unterschied zwischen den Literaturen der großen und der kleineren und mittleren Staaten weniger in der Qualität, als in der Menge liegt. Hervorragende Köpfe sind manchmal am Werke, die in ihrer nationalsprachlichen Isoliertheit oft Bleibendes schaffen. Hierher gehören die folgenden Staaten: Bulgarien, Dänemark, Finnland, Griechenland, die Niederlande, Polen, Portugal, Rumänien, Schweden, die Schweiz, die Tschechoslowakei, Ungarn u. a. m.

Das Fachgebiet wird weniger lückenlos bearbeitet, da der Kreis der Betriebswirtschafter eng ist. Die Anfangsschwierigkeiten sind größer. In der Mehrzahl der hierher gehörigen Länder existiert nur eine Handelshochschule oder Universitätsfakultät für Wirtschaftswissenschaften. Das Hochschullehrpersonal für Betriebswirtschaftslehre ist auch sehr begrenzt; es besteht meist nur aus zwei bis fünf Personen. Die Frage des Nachwuchses ist wenig geregelt, und dies stört oft den stetigen Fortschritt der heimischen Forschung. Der mengenmäßige geringe Umfang des Faches tritt auch beim Leserkreis in Erscheinung. Im allgemeinen vertritt bloß eine Zeitschrift das Fach. Aus verlegerischen Gründen ist die Ausgabe rein wissenschaftlicher Werke äußerst schwer; von da erklärt sich der Lehrbuchcharakter der Literatur dieser Länder. Das wissenschaftliche Ansehen betriebswissenschaftlicher Forschungen ist dennoch in diesen Staaten in stetem Steigen begriffen. In manchen Ländern spielen in der Entwicklung der betriebswissenschaftlichen Literatur neben dem Hochschullehrpersonal die Lehrkräfte der Handelsschulen, prominente Persönlichkeiten des Revisorenstandes und leitende Männer der Wirtschaft eine bedeutende Rolle.

Inhaltlich ist diese Literatur in erster Reihe verrechnungswissenschaftlich ausgerichtet. Ein einheimischnationales Gepräge geben ihr die folgenden Fragen, die in sämtlichen Staaten mehr oder weniger behandelt werden: Buchhaltungsgeschichte, buchhaltungsdidaktische Fragen, Treuhandwesen, die Export- und Importtechnik des Landes usw. Die allgemeine Entwicklungstendenz, daß sich die betriebswirtschaftliche Forschung in steigendem Maße mit den betriebswirtschaftlichen Problemen der einheimischen Wirtschaft befaßt, macht sich auch in der Literatur dieser Länder bemerkbar. — Manchmal findet sich betriebswirtschaftliches Material im Rahmen der Literatur der Nachbarfächer (Nationalökonomie, Statistik, Handelsrecht, kaufmännisch-politische Arithmetik usw.).

Fragt man am Schluß dieses Überblicks, welches die aktuellsten Probleme der betriebswirtschaftlichen Weltliteratur sind, so wäre zu antworten: Vereinheitlichung des Rechnungswesens, Bewertung, Kosten- und Absatzlehre. Es sind, wie man sieht, keine neuen, sondern die beständigen alten Fragen unserer Disziplin. Überall in der Welt scheint sich im übrigen die Richtung durchzusetzen, die betriebswirtschaftlichen Probleme und ihre Behandlung näher an die Wirtschaftspraxis und in manchen Fällen an die Wirtschaftslenkung heranzubringen. Dieser Zug ist eine allgemeine, tiefwurzelnde Eigenschaft der Forschung und Lehre unseres Faches geworden.

7. Über einige Zukunftsaufgaben der betriebswirtschaftlichen Forschung

Zum Abschluß sei noch ein Wort über einige Zukunftsaufgaben der betriebswirtschaftlichen Forschung und Lehre gesagt. Ich lege dabei nur solche Gedanken vor, die aus internationalen Gesichtspunkten von Wichtigkeit sein können. Es sei mir gestattet, diese Gedanken in 6 programmatischen Punkten zusammenzufassen und für diese die Stellungnahme des Kongresses zu erbitten.

1. Die Internationalen Kongresse des Revisions- und Treuhandwesens mögen sich in Zukunft mit der Betriebswirtschaftslehre befassen.

2. Engere Zusammenarbeit von Wirtschaftsprüferberuf und Betriebswirtschaftslehre. Die Betriebswirtschaftslehre ist die Wissenschaft des Wirtschaftsprüferberufes. Darum darf die Betriebswirtschaftslehre nicht als eine enge akademische Wissenschaft weiterleben: sie soll vielmehr in erster Linie durch die Ergebnisse der Praxis und des Wirtschaftsprüferberufes befruchtet werden. Diesen geistigen Austauschdienst und die engere Zusammenarbeit zwischen den Berufsorganisationen der Revisoren und den wissenschaftlichen Forschungs- und Lehrstätten der Betriebswirtschaftslehre halte ich für äußerst wichtig.

3. Austauschdienst zwischen den Fachzeitschriften der verschiedenen Länder. Eine ausgewählte Bibliographie der besten Veröffentlichungen der anderen Länder sollte von Zeit zu Zeit in den führenden Fachzeitschriften erscheinen. Die führenden Vertreter des Faches sollten für die ausländischen Fachzeitschriften Aufsätze zur Verfügung stellen. Am besten wird dieser Austauschdienst von neutraler Seite organisiert und periodisch so durchgeführt, daß die betreffenden Fachzeitschriften nicht mit ausländischem Material überlastet werden. Eine solche literarische Zusammenarbeit kann dazu beitragen, daß später wieder eine internationale Fachzeitschrift ins Leben tritt. Ich habe eine entsprechende Aktion

schon zwischen den führenden Gelehrten des Faches in Europa, Amerika und Asien, sowie andererseits zwischen einigen amerikanischen Fachzeitschriften und der übrigen Welt schon in die Wege geleitet, so daß die internationale Zusammenarbeit zwischen den leitenden Fachzeitschriften voraussichtlich schon am Ende dieses Jahres beginnen kann.

4. Organisierung einer engeren Zusammenarbeit zwischen den betriebswirtschaftlichen wissenschaftlichen Instituten der Welt. Eine Enquete zwischen den betriebswirtschaftlichen Hochschullehrstühlen sowie zwischen anderen betriebswirtschaftlichen wissenschaftlichen Forschungsanstalten der Welt über ihre Organisation, Arbeitsweise und Personalausstattung soll von Zeit zu Zeit durchgeführt und ihr Ergebnis veröffentlicht werden. Ich habe eine solche internationale Enquete im Jahre 1937 beendet, sie wird in Kürze veröffentlicht werden. Es mangelt an einem systematischen Austauschverkehr von Hochschulprofessoren der Betriebswirtschaftslehre zwischen ausländischen Hochschulen.

5. Betriebswirtschaftliche Erforschung der Großunternehmungen und Unternehmungsverpflichtungen, die, obwohl sehr zeitgemäß, bisher weniger beachtet worden ist. Im Zusammenhange damit sollten die Jahresabschlüsse der Aktiengesellschaften auf betriebswirtschaftlich-vergleichender Grundlage ausgewertet werden. Diese Aktion kann sowohl auf nationaler wie auch auf internationaler vergleichender Grundlage verwirklicht werden.

6. Errichtung internationaler Forschungsinstitute. Die Arbeit der in mehreren Staaten bestehenden Forschungsinstitute am internationalen Vergleich sowie die Zusammenarbeit unter solchen Instituten würde die Ausgestaltung unseres Faches mächtig fördern können.

Einige Angaben und Anregungen zu diesem Aufsatz haben die Herren Professoren: R. Edwards, London School of Economics; J. Hirai, University Cobe, Japan; A. C. Littleton, University of Illionis U.S.A.; P. Onida Université Torino, Italien — geliefert, wofür ich ihnen auch an dieser Stelle herzlichst danke.

„Rassegna Internationali degli Studi e delle Dottrine di Economia Aziendale"

Indice

Sommario

La ragioneria ed economia aziendale hanno saputo guadagnarsi una posizione considerevole in tutti i paesi civili del mondo, specialmente negli ultimi 20 o 30 anni. La letteratura dei diversi paesi si compone di circa 40 periodici di valore accademico scientifico e della pubblicazione di centinaia di libri importanti ogni anno. Il numero delle cattedre universitarie e di scuole equivalenti esistente in tutto il mondo può essere stimato in circa 500; il numero degli studenti specializzatisi in ragioneria ed economia aziendale é in molti paesi equivalente el numero degli studenti di economia generale. Stiamo attraversando un periodo intenso per quanto riguarda la questione economia, specialmente dal punto di vista della ragioneria e dell'economia aziendale. Il valore culturale della ragioneria e dell'economia aziendale va ricercato nella loro utilità non solo quale economia privata ed assistenza allo stato nel regolamento di certi lati della vita economica, ma essenzialmente per l'uso della ragioneria professionale.

Nel mondo della letteratura riguardante la ragioneria e l'economia aziendale, noi possiamo rilevare 4 generi di letteratura che tengono una posizione prominente per la loro mole e per la loro importanza: vogliamo alludere a quella anglo-americana; quella tedesca, quella italiana e quella giapponese. La letteratura anglo-americana si caratterizza per la sua vastità e per i soggetti specializzati (ragioneria, bilanci finanziari, costi, compere e vendite, vendite all'incanto ecc). In Germania troviamo un ottimo esempio di concetto sistematico e razionale e scuole attive, pratiche e teoriche. Nella sfera latina della ragioneria e dell'economia aziendale, abbiamo la scienza italiana che occupa il posto predominante per il suo passato, e per la sua vastità e per lo spirito indipendente. La ragioneria e l'economia aziendale giapponesi sono, nella loro ultima forma, indipendente, moderne ed ambedue ricche di letteratura e di istituti di ricerche. La differenza esistente tra la letteratura dei grandi paesi e quella dei paesi medi e piccoli non é tanto da attribuirsi alla loro qualità quanto alla loro quantità.

Le letterature dei diversi paesi hanno ben poca influenza l'una sull'altra. La ragioneria e l'economia aziendale quale ramo abbastanza nuovo, bastano a loro stesse, forse anche più delle economie generali. La cornice entro la quale si sviluppa naturalmente la scienza rimane di carattere nazionale, ma sarebbe consigliabile organizzare una collaborazione internazionale tra rappresentanti ed istituzioni dello stesso ramo. Il compito che deve essere compiuto in avvenire, con riferimento speciale alla collaborazione internazionale nel nostro ramo, dovrebbe essere il seguente:

105

1. Per l'avvenire i congressi internazionali di ragioneria dovrebbero interessarsi della scienza della ragioneria e dell'economia aziendale.

2. Più intima collaborazione tra professione e scienza.

3. Sistematico scambio di periodici tecnici delle diverse sfere culturali.

4. Collaborazione tra gli istituti di ragioneria e di economia aziendale nei diversi paesi (inchieste e paragoni tra colleghi, cattedre ed istituti universitari e scuole equipollenti per ragioneria ed economia aziendale nei diversi paesi, scambio di professori, comuni ricerche e pubblicazioni).

5. Propagazione di una ricerca più dettagliata nei bilanci finanziari (di società per azioni) e tra le maggiori ditte fatta su di una base nazionale ed internazionale.

6. Fondazione di istituti di ricerche per la ragioneria ed economia aziendale per paragoni internazionali.

Testo del Relazione

1. Questioni Generiche

Con la presente conferenza si cerca di fare un raffronto internazionale sull'attuale stato dell'economia aziendale e delle relative ricerche scientifiche.

L'economia aziendale è un ramo delle scienze economiche che tratta dettagliatamente la questione della vita aziendale e dell'economia privata.

Nella letteratura mondiale di questa disciplina l'economia aziendale viene trattata sotto tre forme. *Primo*: come una scienza indipendente ed unitaria con limiti ben delineati nel campo delle scienze economiche e sociali: questa forma è una caratteristica della germanica. *Secondo*: come punto di vista speciale economico-aziendale ed economico-privato dello studio entro gli ambiti delle scienze economiche: questa seconda forma, più libera, noi la troviamo — più o meno sviluppata — in alcune letterature straniere. La *terza* forma è: singoli punti dell'economia aziendale mostrano, come discipline affini, uno spirito staccato e poco coesivo. Questo lo si verifica in primissimo luogo nella disciplina speciale americano-inglese. Tutte queste forme possono significare un livello altamente scientifico.

La disciplina speciale dell'economia aziendale occupa, in tutto il mondo, un posto prominente nella cerchia delle scienze, e le scienze economiche sono fino ad un'alta percentuale, infarcite di economia aziendale. Nei giorni nostri le scienze economiche penetrano — lentamente, ma ovunque — in un'epoca che potrebbe essere denominata il periodo delle scienze economiche orientate verso l'economia aziendale. Le scienze economiche sono oggi in proporzione grande un'economia aziendale e qui in seguito intendiamo sviluppare un po' meglio questa tesi.

Le questioni ed i punti delle moderne scienze economiche sono in forte misura questioni e punti dell'economia aziendale. Considerando la questione dal punto di vista puramente quantitativo, dal raffronto tra scienza economica politica ed economia aziendale, otteniamo il seguente quadro: il numero degli scienziati rappresentanti l'economia aziendale aumenta sempre più; il numero delle cattedre di economia aziendale nelle università e scuole superiori di tutto il mondo è di circa 500, il numero di professori di scienze economiche (senza contare i rappresentanti accademici della statistica) può essere stimato all'incirca in 1000. Il complesso d'insegnanti di economia aziendale nelle università e scuole superiori del mondo intero (quindi docenti, professori onorari assistenti) è di circa 2500. Esistono già circa 150 scuole superiori con diverse cattedre dove parecchi professori insegnano l'economia aziendale[1]). Oggi esistono cattedre d'economia aziendale in quasi tutti i paesi civili del mondo. Il numero di libri e di periodici che trattano in forma letteraria la questione dell'economia aziendale ammonta — quantitativamente — ad un terzo della produzione delle scienze economiche popolari. La nostra disciplina conta ormai già più di 40 periodici d'economia aziendale di significato accademico-scientifico, ed oltre a questo, un numero molto maggiore di periodici per scopi pratici. Ogni anno vengono pubblicati nel mondo parecchie centinaia di libri seri che trattano l'argomento dell'economia aziendale. E questa cifra così alta è il prodotto di soli 20—30 anni. Se in avvenire continua questo svolgimento, potremo allora parlare di un periodo di ,,economizzazione aziendale" delle scienze economiche.

E passiamo ora a trattare la *questione della reciproca influenza spirituale* delle letterature sull'economia aziendale che variano nelle diverse nazioni. E' un fatto scientifico-storico ed internazionalmente stabilito — ed è anche una caratteristica dei tempi — che le zone civili e specialmente quelle maggiori, accolgono di solito ben scarsamente il pensiero straniero. La reciproca influenza e la conoscenza degli studi fatti all'estero sono per questa giovane disciplina un po' meno sviluppate nel campo dell'economia aziendale che nello ambito delle altre scienze economiche. Questa autarchia intellettuale diventa specialmente caratteristica nel caso delle grandi letterature che si riferiscono all'economia aziendale, e quindi di quelle inglesi-americane, tedesche, italiane e giapponesi. Tutte queste letterature esistono l'una vicina all'altra come massicci blocchi erranti, e benché esse si siano reciprocamente svelate una all'altra, non si conoscono ancora a fondo. Nessuna di queste grandi letterature straniere che trattano l'argomento dell'economia aziendale si occupa sistematicamente e come istituzione (discussioni su libri, servizio bibliografico, scambio spirituale di pareri) della divulgazione di quanto di meglio possiede la letteratura straniera. Quasi senza eccezioni si può stabilire che fino ad ora in quasi nessuna lingua del mondo esisteva una vasta pubblicazione di un'altra letteratura sull'economia aziendale. I viaggi d'istruzione organizzati in questi 20 anni, i congressi internazionali per la razionalizzazione, gli enti fiduciari e gli enti di formazione commerciale, non hanno saputo rompere il potere di questa impostazione intellettuale.

---

[1]) Il numero di 500 professori per l'insegnamento dell'economia aziendale e di 1000 per quello dell'economia politica, quindi un totale di 1500, non è affatto esagerato per una scienza accademica così antica quale è il complesso delle scienze economiche e sociali, se lo paragoniamo p. e. al numero assai superiore delle 2000 cattedre di chirurgia e di filosofia. Un altro segno dello scarso sviluppo assunto da questa disciplina è che gli ordinariati d'economia aziendale sono molto raramente organizzati nelle vecchie università storiche. Le università di *Oxford* e *Cambridge* (Inghilterra), quella della *Sorbona* a Parigi, le *vecchie università italiane*, fino al 1938 le università di Berlino ed altre antiche università, non avevano cattedre d'economia aziendale, ma nelle nuove università e nelle moderne scuole superiori di economia e scuole tecniche si creano cattedre di questa disciplina.

Ma *l'isolamento* delle ricche letterature *non é completo*. Il grado massimo dell'autarchia nazionale sembra appartenere agli scritti inglese-americani; dall'economia aziendale italiana trapela facilmente l'influenza della letteratura inglese-americana e di quella francese. Nella letteratura giapponese si hanno le più numerose traduzioni di autori stranieri, e cioè centinaia di versioni di scrittori tedeschi, americani ed inglesi. Ed un' altra eccezione che deve far piacere è quella che anche la letteratura della *maggioranza dei paesi minori* si astiene da questo isolamento intellettuale. Anche se queste letterature seguono la propria strada, devono risolvere problemi loro propri ed hanno loro proprie creazioni, il carattere più o meno affine degli scritti di questi paesi piccoli e medi alle vaste letterature dell'estero non può essere negato.

L'influenza che esiste sotto certi punti, è di solito molteplice. Per il contingentamento europeo l'influenza della letteratura tedesca e di quella (inglese) americana è quella più fondamentale.

L'economia aziendale germanica ha dato all'estero i suoi concetti veramente ottimi ed uno spirito di sistemazione veramente unico. L'economia aziendale germanica può vantarsi di una coesione interna ed una edificazione organico-sistematica di idee e concetti che non è facile trovare in questa forma. Per quanto riguarda l'oggetto, l'estero ha assorbito dalla scienza industriale germanica e dal conteggio dei costi il massimo. L'estero deve alla scienza inglese-americana essenzialmente lo spirito delle statistiche tecnico-contabili, come pure il pensiero e l'importanza della revisione dei conti e recentemente anche alcuni capitoli della moderna economia aziendale (direzione scientifica, scienza del vendere ecc.) Nell'America Centrale e del Sud, come pure nel Canada si osserva la penetrazione della letteratura degli Stati Uniti del Nord America, e nei paesi dell'Impero Britannico (anche in Australia, Africa, India) trovasi ovunque lo spirito della letteratura inglese che tratta questa disciplina.

Tra gli scritti di economia aziendale si devono *distinguere quattro letterature che prendono un posto assai preminente: quelle inglese-americana, germanica, italiana e giapponese*. Ed in questa conferenza parleremo un po' più diffusamente di queste quattro letterature, mentre — per mancanza di tempo — tratteremo solo in forma generica gli scritti sull'economia aziendale degli altri paesi esteri[2]).

Nelle potenti foreste, fitte ed estesissime, della nostra letteratura che tratta l'argomento di questa disciplina si trovano molti insegnamenti, molti di gran valore ed altri che non sono ancora sufficientemente fon-

---

[2]) Qui in seguito non saranno trattate letterature importanti; p. e. la più recente letteratura *russa* che ha un carattere essenziale di scienza del lavoro e di direzione aziendale, che è di scarsa importanza per i paesi non sovietici, poi l'economia aziendale *cinese* che è meno accessibile ma molto ricca e che — per la massima parte — è orientata verso la tecnica dei conti e l'economia dei costi.

dati e maturati. La storia universale della letteratura scientifice c'insegna però che non sempre gli ottimi insegnamenti trovano il meritato favore e che anche le opere qualitativamente inferiori possono dare utili servizi per ravvivare e per sviluppare meglio la disciplina.

2. L'economia aziendale inglese-americana

E' l'economia aziendale inglese-americana quella che possiede la letteratura sulle questioni economiche più vasta e più specializzata. La divulgazione quantitativa degli scritti è all' apice delle grandi letterature su questo argomento dell'economia aziendale, ed il numero degli scrittori che trattano questa disciplina è il maggiore. Lo sfondo potente sul quale si appoggia la grandiosa produzione della letteratura in lingua inglese che tratta l'argomento dell' economia aziendale è la ricca vita economica degli Stati Uniti del Nord America e del Regno Britannico, come pure circa 200 cattedre nelle scuole superiori esistenti in America e negli stati coloniali inglesi[3]). Benché specialmente in Inghilterra, ma anche in America questa disciplina abbia raggiunto un certo sviluppo ormai già da due secoli, l'economia aziendale inglese-americana non è che un prodotto di questi due ultimi decenni, specialmente per quanto si riferisce all'applicazione di metodi esattamente scientifici.

L'economia aziendale *britannica*, dal punto di vista quantitativo, è più modesta e nel suo campo di lavoro anche più limitata di quella *americana*. E' certo che lo studio sulla moderna economia aziendale nonharaggiunto in Inghilterra ancora il suo massimo sviluppo; in questo paese tale disciplina viene in certo qual modo promossa spiritualmente e moralmente dalle vecchie e potenti compagnie di revisione, mentre negli Stati Uniti essa è fortemente aiutata dalle Scuole Superiori. Da questo i numerosi testi istruttivi esistenti nella letteratura americana. L'economia aziendale inglese-americana è una scienza tipicamente empirica-realistica-analitica, animata da etica utilistica ed essenzialmente impostata per gli scopi pratici dell'economia. Il contenuto „filosofico-teoretizzante" come pure l'indirizzo aziendale e contabile sono relativamente scarsi e non certo d'importanza capitale. Solo da poco tempo si riscontra nell'economia aziendale americano-inglese il significato di una superstruttura teoretica atto a dare a tutto l'intero campo scientifico un carattere unitario. Quale segno di questa trasformazione accenniamo al progresso delle opere a carattere analitico-teorico con svantaggio della letteratura anglo-sassone a carattere descrittivo.

Non esiste una *uniforme denominazione tecnica* per l'economia aziendale anglo-americana, cosi come non esiste in genere una disciplina uniforme

---

[3]) L'Inghilterra è relativamente scarsa di cattedre di economia aziendale nelle scuole superiori e di istituti di ricerche.

per questa materia. La parola più importante „accounting" (ragioneria) significa scienza dei conti, e le altre espressioni, quali p. e. „Business Economics" (economia aziendale) „Private Economics" (economia privata), „Business Administration" (amministrazione aziendale) non possono né per contenuto, né per la generale divulgazione essere paragonate al termine tedesco „Betriebswirtschaft" (economia aziendale). Vi sono singole materie e campi — „accounting" (ragioneria) „finance" (finanza) ecc. — che continuano una loro propria esistenza; esse si considerano tra loro come scienze affini, mentre una scienza unitaria con un comune sentimento e la persecuzione di una comune mira da parte dei rispettivi scienziati è assai poco sviluppata in Inghilterra od in America, e forse meno di tutto nel caso delle potenti letterature relative all'economia aziendale. Se dunque si parla dell'economia aziendale anglo-americana non si vuol alludere ad una *unità* effettivamente esistente, ma bensì ad una unità costruita per lo scopo del raffronto tra queste realizzazioni.

I più importanti punti singoli (campi „parziali") di questa disciplina anglo-americana sono: a) *ragioneria*, la quale tratta tutti i problemi della contabilità. La ragioneria (anglo)-americana è la scienza contabile più ricca e quella che è giunta al più alto livello, essa è piena di spirito moderno è realistico; b) *traffico di mercato* (marketing): lo studio dei mercati e la scienza del comperare e vendere, una letteratura straordinariamente ricca; c) *direzione scientifica* (scientific management) e di conseguenza la dipendente *direzione industriale* (industrial management), vale a dire la condotta scientifica di una azienda fondata da Fr. W. Taylor e l'economia nelle aziende industriali (in forma generale compreso il calcolo dei costi): tutti questi punti sono da due decenni divenuti una merce di esportazione in tutto il mondo intero. Ma anche le altre denominazioni sono molto importanti e significative: „business statistics" (statische aziendali), finance (finanza), financial management (direzione finanziaria) commercial-bank-management (direzione commerciale-bancaria) investment (amministrazione ed analisi delle finanze di un'azienda) public utility (enti finanziari a carattere pubblico): public business administration foreign trade (commercio di esportazione ed importazione); transportation (scienza dei trasporti).

Nei tempi recenti si può osservare in America ed in Inghilterra una attività non trascurabile dello studio delle diverse discipline, ed in primo luogo intendo alludere alla grande attività del consorzio americano di revisori che conta 50 anni, al *The American Institute of Accountants* (New York)-(Istituto Americano dei ragionieri) alla *Graduate School of Business Administration* (scuola superiore di economia aziendale) presso la *Università di Harvard*: al consorzio tra gli insegnanti americani delle scuole superiori per l'economia aziendale, *The American Accounting*

Association (Chicago) (l'associazione americana di ragioneria) al consorzio inglese per lo studio delle scienze contabili, *The Accounting Research Association* (London). La organizzazione di convegnie discussioni su questa disciplina, la pubblicazione di periodici che di essa parlano, o di serie di libri dello stesso soggetto, l'organizzazione di corsi di perfezionamento significano che queste — ed altre ancora che non sono menzionate qui organizzazioni sono emerse esse pure come le più importanti sedi di studio della nostra disciplina.

Periodici specifici del ramo economico aziendale della cerchia culturale anglo-sassone sono: *The Accountant* di Londra (La ragioneria) che compare settimanalmente, anno di fondazione 1874; *The Incorporated Accountings' Journal di Londra* (il giornale di ragioneria); *The Journal of Accountancy* di New York che esiste dal 1905; *The Accounting Review* che esiste dal 1926 Chicago; *Harvard Business Review*, Cambridge (S. U. A.).

3. *L'economia aziendale Germanica*

La disciplina tedesca dell'economia aziendale è la più bella dal punto di vista logico-sistematico ed costruttivo. L'economia aziendale di lingua tedesca e di spirito tedesco ha un ruolo importante e, visto sotto l'aspetto internazionale, anche ricco d'influenza nel campo dello studiodi questa speciale disciplina. L'economia aziendale tedesca è la disciplina gel genere più unitaria tra quelle delle grandi letterature. Sua caratteristica è il suo atteggiamento concentrato in sè (isolamento) nei rispetti delle scienze economiche popolari (comunque questo suo atteggiamento si è molto attenuato in questi ultimi decenni) e la base fondamentalmente teorica di questo ramo indipendente delle scienze. In nessun luogo si è tanto parlato di indirizzo teorico e pratico, degli scopi teorico-pratici, e delle scuole, ed in nessun luogo si è tanto scritto su questo argomento come nella economia aziendale germanica. Quindi l'economia aziendale a lingua tedesca è una specifica scienza tedesca. Solo negli ambienti culturali di lingua tedesca l'economia aziendale („Betriebswirtschaftslehre") emerge come una scienza indipendente ed unitaria, e l'economia aziendale come tale viene curata solo su terreno culturale tedesco; quello che si svolse nei paesi esteri di lingua non tedesca è veramente „Betriebswirtschaftslehre nel senso più lato."

Perché l'economia aziendale tedesca fa parte delle vaste e ricche letterature di questa disciplina ? per la sua ricchezza di produzione letteraria, ricchezza di spirito originale e ricchezza di ottimi istituti di studio ed insegnamento.

L'economia aziendale tedesca data, nel suo moderno capitale, da circa 40 anni; infatti quarant'anni or sono essa avea ben poca unione con le scienze camerali che l'hanno preceduta. Considerata dal punto di vista dello sviluppo storico, l'economia aziendale germanica moderna è una scienza commerciale, priva della molteplicità di questo vecchio concetto del 19° secolo; quindi senza tecnologia, senza geografia commerciale, senza aritmetica e diritto commerciale. Questa nuova disciplina si trasformò negli ultimi tre decenni in una scienza economica relativamente indipendente, ed è cosi sorta una dottrina ad indirizzo scientifico-contabile dell'economia e della produttività lucrosa. Non è stata la vita economica, la le scuole superiori che hanno fondata l'economia aziendale e che l'hanno sviluppata sempre più. E da questo si è avuto il carattere accademico della disciplina speciale germanica. Le scuole „di Lipsia", di „Berlino", di „Colonia", di „Francoforte", di „Norinberga", di „Koenigsberga", ed altre „tendenze" sono quelle che hanno dato vita a questa specifica letteratura tedesca. Solo *negli ultimi* 10—15 *anni* vediamo agire nell'officina di questa disciplina altre e fresche forze costruttrici: alludiamo alla nuova generazione, ai licenziati di queste scuole superiori; i commercianti diplomati, i movimenti di razionalizzazione, ed infine i revisori, vale a dire i controllori dell'economia. E con questo il carattere accademico ed un po' unilaterale dell'economia aziendale tedesca è stato definitivamente rotto. Oggi esistono ormai le possibilità perché il mondo accademico e quello non accademico possano collaborare tra loro in forma sana.

I singoli capitoli dell'economia aziendale tedesca ci portano in un mondo variopinto, in una lunga galleria d'onore di pensiero ed azione. E' difficile poter fare qui singoli nomi e nominare singole opere: in questo modo non sapremmo descrivere in giusto modo la pienezza di tali valori. E' caratteristico di questa speciale disciplina tedesca: 1. *l'esistenza di testi istruttivi che riassumono l'intera economia aziendale,* e che vengono chiamati „manuali"; essi costituiscono la *rocca forte del sistema* della disciplina tedesca. 2. Un'altra caratteristica è data dal numero relativamente grande dei *periodici* di questa materia che esistono e che sono diretti da professori di scuole superiori: è questo il segno della caratteristica tuttora visibile, e certo non sfavorevole, di carattere accademico. 3. Un numero molto ricco di opere sull'*economia industriale* come caratteristica costante e dominante dello spirito della disciplina tedesca: la direzione economico industriale (in paragone alla relativa incuria delle dottrine del traffico bancario-commerciale ed aziendale). 4. L'altra caratteristica è l'indirizzo nazional-socialista; ma su questo argomento dobbiamo dilungarci un poco di più.

Quali sono nell'*epoca del nazional-socialismo* le caratteristiche dello sviluppo? Il tempo è troppo breve per poter parlare in modo esauriente di tutto quanto avvenne negli ultimi anni nel campo speciale tedesco di questa materia. L'economia aziendale nazional-socialistica e diventata una scienza di opinione politica mondiale; il lato sociale della disciplina venne per il passato e continua ancora ora ad essere accentuato. Invece dell 'individuo singolo vengono fatte emergere le relazioni del singolo rispetto alla collettività. Invece del concetto della produttività che esisteva nella passata letteratura tedesca, si svolge il concetto della produzione e quello della copertura del fabbisogno. L'indirizzo social-nazionalistico mette in forte misura l'economia aziendale al servizio della pratica amministrativa. La creazione di teorie fondamentali e riassuntive sull 'economia aziendale da parte del social-nazionalismo è compito dell'avvenire (prossimo). In ultima analisi lo scambio di linee di condotta del social-nazionalismo sembra aver trovato ora già una favorevole continuazione e dare i suoi frutti.

Alcuni periodici più quotati sono: a) di carattere più accademico: Die Betriebswirtschaft (l'economia aziendale), Betriebswirtschaftliche Blätter (fogli sull 'economia aziendale), Handelswissenschaftliche Forschung (studio delle scienze commerciali), Zeitschrift für Betriebswirtschaft (periodico per l'economia aziendale). b) quelli altri di carattere più pratico sono: Der Praktische Betriebswirt (il padrone di azienda che è pratico) (è questo l'organo dell'associazione tra commercianti diplomati). Der Wirtschaftstreuhänder (il fiduciario amministrativo) (è l'organo ufficiale dell'istituto dei revisori amministrativi).

4. L'economia aziendale dei paesi latini

Tra i paesi romanici l'economia aziendale dell'Italia è quella che occupa il posto principale sia per il passato che per il presente, per la entità che per lo spirito d'indipendenza. Il merito che lo spirito italiano ha saputo acquistarsi per lo sviluppo della contabilità nella vita economica d'Europa e d'America è noto[4]). Per il vasto quadro di ricerche provvede anzitutto il corpo dei professori delle scuole superiori speciali (facoltà e scuola superiore commerciale di Genova, Napoli, Bari, Firenze, Palermo, Roma, Torino, Venezia, di Trieste, università commerciale Luigi Bocconi di Milano, l'università cattolica di Milano). Anche l'antica professione dei ragionieri di conti italiani ed i laureati delle suddette scuole di scienze economiche costituiscono uno sfondo importante per la grandiosa produzione dell'economia aziendale italiana. La massa degli scritti italiani aumentà rapidamente, specialmente in quest'ultimo decennio.

---

[4]) Summa di *Luca Pacioli*, Venezia 1494. *J. A. Tajente*, Luminario d'aritmetica — libro ugnolo 1525; *Giacomo della Gatta*, Nuova pratica d'aritmetica mercantile, Napoli 1774; *Nicolò D'Anastasio*, La scrittura doppia ridotta a scienza, Venezia 1803; *L. C. Grippa*, la scienza dei conti, Milano 1838—1840; *Pisani*, Statmografia, 1886; *Fr. Villa*, La contabilità, Milano 1840; Elementi d'amministrazione, Padova 1850; *Tonzig*, Trattato 1857.

La ragioneria, la tecnica commerciale, industriale, bancaria e professionale, corrispondono all'incirca al contenuto della disciplina tedesca di questo ramo. Ragioneria corrisponde all'incirca alla ,,Rechnungswissenschaft", la tecnica commerciale all'incirca al ,,Betriebslehre". Ma si trova anche l'economia aziendale ,,Betriebswirtschaftslehre". La ragioneria è quella che occupa il principale posto storico nello sviluppo della disciplina italiana, essa è più teorica della tecnica commerciale. Devesi dire che la moderna ragioneria non significa dottrina della contabilità, ma un'economia aziendale orientata sulla ragioneria L'economia aziendale del passato e del presente è una scienza tipicamente italiana e specialmente in quest'ultima sua fase essa si occupa dettagliatamente e con successo delle questioni dell'economia fascista. Tra la giovane generazione odierna vi sono molte persone che si sono dedicate allo studio a fondo dell'economia aziendale tedesca e inglese-americana, e quindi nell'economia aziendale italiana del giorno d'oggi non si può parlare di un'autarchia intellettuale dannosa.

La nuova parte dell'economia aziendale italiana comincia coi nomi di G. Cerboni[5]) G. E. Rossi e Fabio Besta[6]). Verso il 1890 *Cerboni*, un noto propugnatore della 'logismografia' dichiarò che l'allargamento dei compiti della ragioneria sarebbe stato un generale consigliere dell'intero metodo direttivo delle aziende. *Rossi*, un continuatore del concetto cerboniano, ha fondata la teoria matematica. Fabio *Besta* si serve di un concetto di ragioneria realistico-assoluto. Secondo lui la ragioneria è l'interpretazione di fatti e dati di economia aziendale assolutamente positivi e contabili. Besta, morto nel 1925, appartiene ai migliori sistematizzatori del mondo nel campo della contabilità. Alcuni stimati rappresentanti della scuola di Besta sono: V. Alfieri, P. d'Alvise, il senatore Broglia, F. de Gobbis, B. Lorusso, P. Rigobon, F. Vianello.

Nel moderno sviluppo della letteratura moderna italiana di questa speciale disciplina, è la scuola di Gino *Zappa*[7]) che occupa una posizione prominente. Zappa estende praticamente i limiti tradizionali della ragioneria, in aderenza piu stretta con il campo dell'economia generale. L'economia aziendale italiana viene cosi a prendere una colorazione filosofico-scientifica e di economia popolare. Negli scritti recenti si rileva anche l'importanza degli studi delle statistiche aziendali, e molti problemi sorti in pratica vengono trattati scientificamente. Tra i rappresentanti della scuola di Zappa vanno annoverati: G. Dell'Amore, U. Borroni, U. Caprara, A. Ceccherelli, T. D'Ippolito, E. Lorusso, P. Onida, R. Roia, C. Zippel, G. Zunino ed oltri ancora che costituiscono la piu parte dei giovani studiosi.

---

[5]) Ragioneria scientifica, primi saggi di logismografia, Venezia.

[6]) La ragioneria, in tre volumi, 1891.

[7]) Tendenze nuove negli studi di Ragioneria, Venezia 1926; La determinazione del reddito nelle imprese commerciali, Roma 1920, Milano, 1937.

Sono periodici ad argomento economico-aziendale: Rivista italiana di ragioneria, Roma, fondata nell'anno 1908 (ed in altra forma già nel l'anno 1901), Rivista italiana di scienze commerciali, Milano; Il Ragioniere Professionista.

L'economia aziendale di *lingua francese* è relativamente povera e poco sviluppata. E' vero che nella letteratura francese vengono pubblicate da parecchi secoli opere pregevoli, specialmente per quanto riguarda la contabilità ed i bilanci, ma tuttavia fino ad ora è mancato uno sviluppo moderno e vasto. Compaiono piuttosto singole opere che trattano la questione dell'amministrazione nelle industrie, nelle banche e nel commercio (ed a tale proposito mi limito a citare il nome di Fayol) e sulla computisteria, comunque la letteratura di lingua francese non sa dimostrare uno spirito, in certo qual modo, unitario e scarsamente una direttiva scientifica dello studio e delle scuole. Nei tempi recenti però il livello scientifico degli scritti su questo argomento in lingua francese presenta un continuo miglioramento. Questa economia aziendale non ha fino ad ora lanciato al pubblico alcuna ricca letteratura, ma si può contare con sicurezza che il chiaro razionalismo dello spirito francese assumerà un ruolo importante nell'ulteriore sviluppo internazionale della nostra disciplina speciale. La letteratura di lingua francese, svizzera e belga, completa felicemente l'attività letteraria della Francia.

La letteratura *spagnola* esistente in Europa ed in America su questo argomento si mantiene sempre al livello delle scienze commerciali.

Gli altri stati culturali neo-latini vengono trattati nel capitolo 6.

5. L'economia aziendale giapponese

L'economia aziendale del Giappone è enormemente sviluppata. Parleremo per primo della numerosissima letteratura degli ultimi cinque secoli pubblicata per la massima parte nell'antico giapponese —. Questa antica letteratura commerciale sorta in certo qual modo sotto l'influenza cinese e coreana, si occupava della corrispondenza commerciale, della contabilità, dell'aritmetica commerciale e di questioni di camerilistica, queste ultime descritte per l'uso del padrone. La contabilità sistematica conta in Giappone già 500 anni; l'epoca moderna comincia per il Giappone coll'anno 1876 con lo scioglimento del sistema feudale e con l'apertura del Paese al traffico economico e culturale dell'Europa. Il Paese, eminentemente agricolo-manuale, comincia il suo progresso industriale; il commercio guadagna stima; vengono fondate nuove università e scuole superiori. Questi fattori danno lentamente luogo ad una fondamentale istruzione commerciale la quale trascina dietro a sè lo sviluppo della moderna economia aziendale giapponese.

Tra il 1876 ed il 1907 si ha la prima epoca (moderna) dell'economia aziendale giapponese; l'epoca delle scienze commerciali. Il periodo tra il 1907 ed il 1920 può essere denominato il periodo dello studio sistematico sulle imprese. Le questioni principali sono: forme di impresa, società per azioni, associazione commerciale (consorzio); inoltre: funzioni del commercio ecc. (rappresentanti degni di nota: Ueda, Uchiike, Higachi, Simono, Watanabe ecc.) L'epoca dal 1920 al 1925 è un periodo di trapasso, durante il quale viene riconosciuto il valore dello studio scientifico nel campo del complesso dell'economia aziendale. La scuola superiore commerciale di Tokio viene trasformata in un'università commerciale.

La fase moderna (periodo „Nipponico") dell'economia aziendale giapponese comincia all'incirca nell'anno 1925 colla costituzione dell'organizzazione ricca d'influenze degli economisti aziendali giapponesi (Nippon Keiei Gakkai, Tokio; fondazione promossa dal prof. J. Hirai che conta attualmente 700 membri). Nell'anno 1929 le scuole commerciali di Kobe ed Osaka vennero trasformate in università commerciali. Una attività enormemente produttiva di letteratura scientifica è la caratteristica di questo periodo. Nei primi anni si trattano essenzialmente le questioni sull'ordinamento dell'istruzione commerciale al massimo grado, sui metodi sulla sistemazione dell'economia aziendale; vengono discusse le questioni del reddito e dell'economia, vengono pubblicati lavori di storia della letteratura. L'influenza della letteratura tedesca (iniziatasi con Schaer) e quella della letteratura americana non può essere negata. Più tardi, e precisamente fino al 1935, le discussioni scientifiche trattano principalmente le seguenti questioni; costi, politica dei prezzi, graduatoria d'impiego, finanziamento, analisi di bilanci (è questa la zona d'influenza della nuova economia aziendale tedesca e dell'influenza anglo-americana). Negli ultimi anni emerge una direttiva diversa ed ancor più specificamente giapponese. L'influenza straniera è ancora molto forte, ma meno importante per l'ulteriore sviluppo. La letteratura giapponese moderna su questo argomento si basa di più su materiale proprio e nazionale, ed assume un carattere concreto. L'economia aziendale giapponese è oggi giorno impostata maggiormente sulla trattazione di rapporti economici giapponesi. Quali sono i punti principali di questa direttiva?

1 — sistemi commerciali — condizione dei mercati — commercio privato e piccole industrie,

2 — questioni dell'economia legata e regolata,

3 — ispezioni sui diversi rami industriali del Giappone (seta, lana),

4 — completamento di quasi tutte le collezioni di economia aziendale.

L'entità e la profondita dell'economia aziendale giapponese possono essere caratterizzate meglio di tutto forse con le ricche collezioni di scritti che trattano l'argomento.

Tra essi i più importanti sono: 1. *Shogaku Zenshu* (Prof. Ueda, Tokio, e Takidani-Kobe) vale a dire biblioteca di tutte le scienze commerciali

117

in 42 volumi. — 2. *Keieigaku Zenshu*, Tokio: Libri sull'economia aziendale in 24 volumi. — 3. *Kwaigeigaku Zenshu*, Tokio: Libri di ragioneria in 24 volumi. — 4. *Keiegaku Taikei*, Chikurashobo: Collezione sistematica degli scritti. — 5. *Kaikeigaku Sosho*, Moriyamashoten: collezione della ragioneria in 36 volumi. — 6. *Keieigaku Sosho, Toyo Shuppanska*: Collezione degli studi sull'economia aziendale in 10 volumi[8]). — Fino ad ora non esiste alcuna introduzione fondamentale di una lingua europea nell'economia aziendale giapponese. Alcuni dei periodici importanti sono: *Keiei Gagu Kenkyu* (trimestrale, Tokio); studio dell'economia aziendale. — *Kaikei* (fondato nel 1912, mensile, Tokio): ragioneria. — Gli annali delle università commerciali ecc.

6. *Economia aziendale degli altri paesi*

Se si raccogliessero le caratteristiche comuni della letteratura sulla economia aziendale degli altri Paesi, si osserverebbe anzitutto che la differenza tra la letteratura degli Stati grandi, e quella degli Stati piccoli e medi, è *meno nella qualità che nella quantità*. Le opere sono alle volte scritte da autori prominenti che creano nel loro isolamento linguistico scritti destinati all'immortalità. Tra questi vanno annoverati i seguenti stati: Bulgaria, Cecoslovachia, Danimarca, Finlandia, Grecia, Polonia, Portogallo, Rumenia, Svezia, Svizzera, Ungheria ecc.

Questa disciplina viene trattata in forma meglio connessa perché la cerchia degli economisti aziendali è ristretta. Le difficolta iniziali sono maggiori. Nella maggioranza dei Paesi suindicati esiste una sola scuola superiore commerciale o facoltà universitaria per le scienze economiche. Il personale delle scuole superiori di economia aziendale è esso pure molto limitato — nella maggior parte dei casi si compone di sole due od al massimo cinque persone. La questione dello sviluppo è poco ordinata, e questo disturba spesso il progresso duraturo dello studio e delle ricerche nazionali. Il fattore quantitativo occupa il primo posto anche nella cerchia dei lettori. In genere è un solo periodico che rappresenta questa disciplina. Dal punto di vista editoriale la pubblicazione di opere puramente scienti-

---

[8]) Della ricchissima letteratura giapponese di questa materia enumeriamo qui solo 15 delle opere principali: *Ueda*, Shoko Keiei (economia aziendale del commercio ed industria). *Masuchi*, Kabushiki Gaisha Ron (società per azioni). *Taniguchi*, Shogyo Soshiki no Tokushu, Kenkyu (organizzazione del commercio). *Takase*, Goodwill no Kenkyu (ricerche sul Goodwill). *Ueno*, Tayshaku Taishohyo Ron (bilanci). *Mukai*, organizzazione capitalistica. *Baba*, Gijitsu to Kizai (tecnica ed economia). *Uchiike*, Shogyo, Gaku Gairon (introduzione nelle scienze commerciali). *Takidani*, Kasai Hoken Ryoritsu Ron (tariffe delle assicurazioni sull'incendio). *Kojima*, Kaiun, Royritsu Ron (tariffe dei noli marittimi). *Joshida*, Kansetsuhi no Kenkyu (studio sulle spese generali). *Hirai* Sangyo Gorika Zuroko (maniale sulla razionalizzazione industriale). *Muramoto*, Keieigaku Genron (economia aziendale teorica). *Fukuda*, Shijo Haykin Ron (mercati commerciali). *Nauanishi*, Keiei Keizai Gagu (economia aziendale).

fiche è assai difficile, e quindi si ha un carattere di letteratura composta di compendi e trattati. L'aspetto scientifico degli studi di economia aziendale è tuttavia in questi stati in continuo aumento. In alcuni paesi nello sviluppo della lettaratura sull'economia aziendale troviamo che occupano un posto prominente oltre al personale delle scuole superiori, anche il corpo insegnanti delle scuole commerciali, personalità prominenti della professione di revisore di libri, funzionari direttivi dell'economia.

Per contenuto questa letteratura è essenzialmente orientata verso la computisteria. Ad essa è data un'impronta indigeno-nazionale dalle seguenti questioni vengono trattate più o meno in tutti gli Stati: storia della contabilità, questioni didattiche di contabilità, enti fiduciari, tecnica delle importazioni ed esportazioni del paese ecc. La generale tendenza allo sviluppo che fa si che lo studio dell'economia aziendale si occupi in misura sempre maggiore dei problemi di economia aziendale nazionali, si rileva anche nella letteratura di questi paesi. Alle volte si trova un materiale relativo all'economia aziendale anche negli ambiti della letteratura che tratta le discipline affini (economia nazionale, statistica, diritto commerciale, aritmetica commerciale politica ecc.).

Quali sono i problemi attuali nella letteratura mondiale di economia aziendale? Unificazione della ragioneria, valutazione e dottrina dei costi e delle vendite. Non sono queste delle nuove questioni della nostra disciplina, ma bensi questioni costanti ed eterne.

Ovunque nel mondo trapela la tendenza di avvicinare maggiormente i problemi di economia aziendale ed il trattamento di questi problemi della pratica amministrativa ed in alcuni casi della condotta amministrativa. Questo indirizzo è generale ed è una proprietà profondamente radicata dello studio e della dottrina della nostra disciplina.

7. Alcuni futuri compiti dello Studio dell'Economia Aziendale

Vogliamo aggiungere ancora poche parole su alcuni compiti futuri dello studio e della dottrina dell'economia aziendale . Su questo soggetto mi propongo di trattare solo concetti che possano essere d'importanza per i punti di vista internazionali. Mi sia concesso di riunire le mie idee in 5 punti programmatici pregando il congresso di volermi dare su di essi il suo saggio avviso.

1. Che in avvenire i congressi internazionali della ragioneria si occupino dell'economia aziendale.

2. Una più intima collaborazione tra la professione dei revisori di conti e dei sindaci e l'economia aziendale. Quest'ultima è la scienza della professione dei revisori e dei sindaci, e per questo l'economia aziendale non deve continuare a vivere come una scienza accademica: essa deve essere fecondata in primo luogo dai risultati della esperienza pratica e da quelli ottenuti dai revisori e dai sindaci. Considero importante e consigliabile creare un servizio di scambi di idee ed una più stretta

collaborazione tra le organizzazioni professionali dei revisori e gli enti scientifici dello studio e delle ricerche dell'economia aziendale.

3. Servizio di scambio tra i periodici specializzati dei diversi Paesi. Inoltre di tanto in tanto si dovrebbero promuovere discussioni ed una scelta bibliografia sulle nuove pubblicazioni importanti e migliori del l'estero da pubblicarsi nei più importanti periodici di questa materia che vengono editi internazionalmente. I principali rappresentanti della nostra disciplina devono pubblicare articoli nei periodici stranieri che trattano questo argomento. E questo servizio di scambi dovrebbe essere organizzato da non interessati, ed essere attuato periodicamente, senza sovraccaricare i rispettivi periodici con troppo materiale straniero. Una simile collaborazione letteraria potrà chiamare in vita nell'avvenire un periodico internazionale che parli di questa disciplina. Il sottoscritto ha già iniziata una simile azione tra i principali scienziati d'Europa, America ed Asia, come pure tra alcuni dei più noti periodici del mondo, di modo che si può contare che questa collaborazione internazionale tra i principali periodici che trattano questa disciplina, possa aver inizio alla fine del corrente anno.

4. L'organizzazione di una più intima collaborazione tra gli istituti scientifici di economia aziendale del mondo intero. Si dovrà promuovere di tanto in tanto un'inchiesta tra le cattedre d'insegnamento di economia aziendale, come pure tra altri istituti di studio scientifico di economia aziendale del mondo, in merito all'organizzazione, al funzionamento, al personale di tali istituti, ed i risultati delle inchieste dovranno essere pubblicati. Il sottoscritto ha ultimata una simile inchiesta nel 1937, e la relativa pubblicazione sarà fatta quanto prima. Manca inoltre un sistematico scambio di idee da parte di professori d'economia aziendale presso le scuole superiori estere.

5. La divulgazione degli studi di economia aziendale delle grosse imprese e dei doveri delle imprese. Dovrà essere questo un compito attuale dello studio economico-aziendale, che fino ad ora è stato poco considerato. In dipendenza di questo si dovranno sfruttare i bilanci annuali delle società per azioni su di una base di paragone economico-aziendale. Questa azione potrebbe essere attuata tanto su di una base di paragone nazionale quanto internazionale.

6. Istituzione di istituti internazionali di studio. Il la voro di tali istituti creati in diversi Stati per un raffronto internazionale, come pure la collaborazione con tali istituti, significherebbe un potente aiuto per lo sviluppo della nostra disciplina speciale.

Parecchi dati e l'impulso a questa conferenza furono favoriti dai signori professori ri. *Edwards*, London School of Economics; *J. Hirai*, Università di Kobe, Giappone; *B. C. Littleton*, università di Illinois, S. U. A.; *P. Onida*, università di Torino, Italia, e li Angrazio qui tutti vivamente di questa loro cortese collaborazione.

International Comparison of Research into, and Study of Business Co-operation

Table of Contents

Summary

Accountancy and Business Administration have achieved a considerable position in all civilized countries especially in the last 20 or 30 years. The literature of the different countries consists of about 40 periodicals of scientific academic value and an annual output of hundreds of important books. The number of chairs of Universities and equivalent schools in the whole world can be estimated at about 500; the number of students specializing in Accountancy and Business Administration is in many countries equivalent to the number of students of General Economics. We are entering a period of Economics intensly coloured by the view point of Accountancy and Business Administration. The cultural value of Accountancy and Business Administration lies in its utility not only in private economics and assistance to the state in the regulation of certain fields of economic life, but last though not least, for the use of professional Accountants.

In the world literature of Accountancy and Business Administration we can point out 4 types of literature which hold a prominent position as to their extent and significance: Anglo-American, German, Italian and Japanese. The Anglo-American literature is characterised by a prolific output and by specialised subjects: accounting, financial statements, costing, marketing, auditing, etc. In Germany we find an excellent example of systematic and rational thought, and active practical and theoretical schools. In the Latin sphere of Accountancy and Business Administration the Italian science plays the foremost rôle according to past, extent and independent spirit. Japanese Accountancy and Business Administration is in its latest form independent, modern and rich both in literature and in institutes of research. The difference between the literature of large countries and that of the medium and smaller ones is not so much in quality as in quantity.

The literatures of the different countries have little influence upon each other. Accountancy and Business Administration as a farily new branch is even more selfsufficient than General Economics. The framework within which the science is developed naturally remains national in character, but it would be advisable to organize an international collaboration between representatives and institutions of the same branch. The task which must be done in the future with special reference to international collaboration in our branch should be the following.

121

1. I would suggest that the International Congresses of Accounting in the future should interest themselves in the science of Accountancy and Business Administration.

2. Closer collaboration between profession and science.

3. Systematic exchange of technical periodicals of the different spheres of culture.

4. Collaboration between the institutes for Accountancy and Business Administration in different countries (enquètes and comparisons between colleges, chairs and institutes of universities and equivalent schools for Accountancy and Business Administration in the different countries, the exchange of professors, common research and publications).

5. The propagation of a more detailed research in financial statements (of joint stock companies) and in the biggest concerns on a national or international basis.

6. Foundation of research institutes in Accountancy and Business Administration for international comparison.

Text of the Lecture

1. Introduction

Within the framework of this lecture I shall try to give a outline of the international position of Accountancy and Business Administration.

In the field of General Economics Accountancy and Business Administration is the science for research in the activities and organizations of private economics.

Accountancy and Business Administration generally appears in three forms in the literature of the world. *First:* as an independent and uniform science with distinct boundaries in the spheres of Political and Social Economics: this is very marked in the German literature of the branch. *Secondly:* as a scientific point of view and method. We find this less rigid form — more or less developed — in the publications of various countries. The *third* form is: a loosely integrated group of related doctrines: we find this form mainly developed in America and Great Britain. All these three forms can achieve a high niveau.

The research in Business Economics (Accountancy and Business Administration) plays an important part in the field of science throughout the whole civilized world. Economics in general is coloured to a great extent by Accountancy and Business Administration. Economic science is now entering — slowly, but universally — into an age which can be described as the period of General Economics influenced by Accountancy and Business Administration; Economics is therefore to a certain measure Accountancy and Business Administration. We must prove this thesis more conclusively.

The problems of modern Economics are to a great extent the problems of Accountancy and Business Administration. I give here some facts to prove my point. The number of scientific academic representatives of our branch is steadily increasing. There are about 500 full professors of Business Economics in colleges, universities and equivalent schools throughout the world, while the number of professors of General Economics can (without statistics) be roughly estimated at about 1,000. The entire instructional staff for Business Economics (assistants, lecturers, honorary, associate and full professors) is about 2,500. There are about 150 university institutes where Accountancy and Business Administration is represented by more than one professor (chair). At the present time there are university chairs representing our branch in practically every civilized country[1]).

It is very difficult to estimate, however roughly, the number of students of Accountancy and Business Administration at the various universities and equivalent schools, but I should judge it to be more than 40,000. The quantity of books and technical periodicals published on Business Economics is one third of the amount devoted to General Economics. Our branch has already more than 40 periodicals of academic scientific value, and a far greater number of publications for practical purposes. Every year hundreds of important books appear on this subject. This large proportion is the product of from 20 to 30 years. If this process continues in the future we can speak of the period of "Economics strongly influenced by Accountancy" ("Verbetriebswirtschaftlichisierung").

Now we can briefly describe *the mutual influence* — or lack of it — upon the various national types of literature. It is a widely established fact in the scientific world that foreign ideas are imported with reluctance especially in the large cultural spheres. The mutual influence and the information obtained by research in foreign countries is less developed in our still somewhat youthful science than in the field of General Economics. This self-sufficiency is particularly noticeable in the large national literatures of Business Economy, i. e. the Anglo-American, German, Italian and Japanese. They are like great neighbouring islands, aware of each other's existence, but with no real knowledge of each other's mode of life. None among the big foreign literatures has made itself familiar with the chief achievements of other countries (systematic reviews of books, bibliographical services, and intellectual exchange). It can be stated almost without exception that at present no great publication exists in any of the principal languages. In the last 15 years, in spite of travel for the purpose of study, International Congresses for scientific management and accounting, and commercial education, the power of this intellectual isolation is still scarcely broken.

The segregation of the great literatures *is*, however, *not complete*. The greatest degree of isolation appears in the Anglo-American doctrine. In Italian Business Economics the influence of Anglo-American, German

---

[1]) There are nearly 500 professors of Business Economics and about 1,000 professors of General Economics, making a total of 1,500 which is not a very high one for such a many-sided and comparatively old academic science as Economics, especially when we compare this number with about 2,000 chairs for Surgery or Philosophy. Another sign of this relative lack of development is in the scarcity of chairs for Business Economics at the old historical universities: the universities of *Oxford* and *Cambridge*, the *Sorbonne* in Paris, the *old Italian* universities, and until 1938 the Berlin University, have no chairs for Business Economics. The professorships of this subject have in general been organised at the newer universities or commercial and technical colleges.

and perhaps also of French literature is easy to trace. Numerous translations from German, American and English writers are published in the Japanese scientific literature. A happy exception to this intellectual isolation is found in the literatures of most of the *medium and smaller countries*, though these, too, have their own problems to solve and their own creative spirit. They have, however, a certain dependence on the literatures of the larger countries.

This superficial influence has in general many aspects. The German and Anglo-American literature is the most significant in Europe. The German doctrine sets an example to other countries in rational and systematic thought. Foreign countries have in particular adopted the German method of handling such subjects as industrial management and costing. We are indebted to the Anglo-American science for theories of accounting and business statistics, also some further modern chapters of our science (scientific management, marketing, etc.). In Central and South America, and in Canada, the literature of the United States has left its mark, while within the British Empire (Australia, Africa, India) the influence of the English literature is everywhere predominant.

In the field of Business Economics there are four principal types of literature which hold a prominent position: the Anglo-American, the German, the Italian and the Japanese. These literatures will be discussed in more detail in the course of this lecture, and those of other countries treated together in general[2]).

In the vast and dense forest of our scientific literature various achievements are to be found. Many are of value, and even more of lesser value owing to insufficiently sound foundations. The universal history of the literature teaches us that excellent works do not always earn the approval they merit, and that works of lesser quality can render important service in revitalizing and broadening the science.

2. Anglo-American Business Economics

The English-American literature on the science of Business Economics is the most ample and the most specialised literature this kind. Both the list of books published and the number of authors on this subject are larger in those countries than elsewhere. This fact may easily be explained by the extent of economic activities in the United States of North America and in the United Kingdom, and also by the nearly 200 University

---

[2]) In the subsequent pages we shall not deal with such significant literatures; for example (1) the modern *Russian* literature which contains labour saving and managerial problems but is of less importance to non-Soviet countries; (2) the Chinese literature of which there is a great quantity mainly oriented towards Accountancy and costing, but the difficulties of studying this are an obvious disadvantage.

chairs for Business Economics in America and in the Dominions of Great Britain[3]). The influence of this mighty English speaking literature on Business Economics spreads all the world over. Although that special literature began in Great Britain and North America nearly two centuries ago, it cannot be asserted that it has applied exact scientific methods for more than two decades.

As to the *British* literature, its publications are considerably fewer and the subjects treated are essentially narrower than those of America. The modern scientific research in Accountancy and Business Administration has not yet reached its maximum in Great Britain. While the intellectual and moral standards of English methods of Business Economics are to some extent influenced by the activity of the old and respected Societies of Chartered Accountants, this effect is chiefly accomplished in the United States by the Universities. This may be the reason for the many textbooks on Business Economics to be found in the American literature. Both the English and American doctrines of Business Economics represent the type of an empirical, realistic, analytical science, exclusively animated by utilitarian ethics and devoted to practical objects of business. A theorising philosophical orientation is scarcely to be found in this science, which, moreover, hardly concerns itself into the history of management or of book-keeping. It may be stated that the English-American science of Business Economics perhaps almost entirely lacks a coherent and uniform scientific character.

Thus we search in vain for a uniform special term which can be used to designate *exactly* the science of Business Economics, and further we cannot see from the literature the forms of a uniform science in the real sense of the word. While "Accounting", the most important technical term, signifies the science of keeping accounts and rendering financial reports, the rest of the technical terms on this subject, e. g. Business Economics, Private Economics, Business Administration, are neither from the point of view of exactitude, nor of that of general diffusion, equal to the German technical term of „*Betriebswirtschaftslehre.*" Evidently, there are various subjects and domains, Accounting, Finance, etc. (see below), which continue their evolution independently and are considered as allied sciences, but a uniform science marked by precise boundaries and cultivated by scholars, animated by a common consciousness and objects, is there hardly to be distinguished in this literature. Therefore, when speaking of the English-American science, it may be understood that there is no question of a real entirety, but only of an artificial construction formed in order to facilitate comparison in our analysis, and suggesting only a loosely integrated group of related disciplines.

[3]) The British Isles are comparatively less well equipped with chairs for Accountancy and Business Administration and with research institutes.

As to the most essential English-American branches in this *subject*, they are:

a) Accounting, treating all the problems of rendering accounts. It may be noticed that English-American Accounting represents a science of accounts which is inspired by a modern and realistic spirit.

b) Marketing, i. e. market-research and the science of selling, which contains an extremely rich literature.

c) Scientific Management, connected with Industrial Management, thus the scientific management founded by Fr. W. Taylor and the Science of Economics of Industrial Undertakings (generally including Costing), both of which have during the last two decades influenced the whole world. Just as important are other technical branches, e. g. Business Statistics, Finance, Financial Management, Commercial Banking, Bank Management, Investments, Public Utilities, Public Business Administration, Foreign Trade, Transportation.

An activity not to be underestimated for the furtherance of scientific research is noticeable at the present time in America and Great Britain. I mean in particular the activities of the 50 year old *American Institute of Accountants*, (New York), the *Graduate School of Business Administration* at Harvard University, the *American Accounting Association* (Chicago) and of the *Accounting Research Association* (London). The organising of meetings and discussions, the editing of scientific periodicals and series of technical books, and the organising of training courses signify that these societies — and others which cannot be mentioned through lack of space — stand out as important centres of research in our science. As remarkable examples of special journals of the Anglo-Saxon business civilisation may be mentioned: The Accountant (published weekly, founded in 1874); The Incorporated Accountants' Journal, London; The Journal of Accountancy, New York, from 1905; Harvard Business Review, Cambridge (U. S. A.); The Accounting Review, Chicago, from 1926.

3. German Business Economics

The German branch is the most logical, systematic and architecturally perfect in the world. The influence of German language and thought in the field of Business Economics is marked throughout the literature of the world. Among the great literatures the German is the most uniform science. It is characteristic of the German branch (a) that it has cut itself adrift from General Economics, although this tendency has become less marked during the last decade, (b) the fundamental theoretical foundation of this independent doctrine of Economic science. The theoretical and practical aims of research are nowhere so much discussed and written about than by the German scientists. Therefore Business Economics in the German language is a unique German product. It is only in the German cultural sphere that Accountancy and Business Administration appears as an indepedent and uniform science; the „Betriebswirtschaftslehre" is a plant cultivated exclusively on German soil; that which has developed in non-German speaking countries is actually „Betriebswirtschaftslehre" in a wider sense.

Why does the German doctrine belong to the principal literatures of the world ? On account of its wealth of literary production, originality of thought, and the excellence of its research institutes and centres of learning.

The modern phase of the German science is about 40 years old. It bears little relationship to its famous predecessor "Camaralistic" of 40 years ago. Watching the development of modern German Business Economics we note that it is actually a „Handelswissenschaft", but less manysided than the conception of the 19th century; therefore containing no technology, commercial geography, commercial arithmetic and law. In the last few decades this new doctrine has become a comparatively independent economic science, and has developed into a special accountancy filled with the principles of rational economy and productivity. It is not the economic life, but the universities which have created and developed German Business Economics. This accounts for the academic character of the German branch. The schools of Leipzig, Berlin, Cologne and Frankfort, and those of Nuremberg and Königsberg etc. created German Business Economics. It is only in the last ten or fifteen years that we find new and creative powers appearing in the field of the German science. Among these the younger generation, graduates of the above mentioned schools, the German Rationalisation Institute and the Accountants, so called „Wirtschaftsprüfer", played a leading part in braking down the somewhat narrow scholastic boundaries. A wholesame collaboration between the academic and the practical world can now be carried out.

The new chapters of German Business Economics lead us into a world of bright and varied colours, a long gallery of great intellects and achievements. It is difficult to pick out individual names and works: we should be unable to do them justice. We must try to summarise the characteristics of the German science:

1. *A large number of text books* on „Betriebswirtschaftslehre" called „Handbücher", which form the highest peak of systematisation (System-Hochburgen) in German literature.

2. A further characteristic is the relatively numerous amount of *academic periodicals* (Handelswissenschaftliche Forschung) Cologne; Die Betriebswirtschaft, Berlin; Zeitschrift für Betriebswirtschaft, Frankfort; Betriebswirtschaftliche Blätter, Vienna etc. and on a more practical line Wirtschaftstreuhänder, Berlin; Der praktische Betriebswirt, Berlin etc.).

This is significant and on the whole not unfavourable for the academic trend of the German science.

3. The increased number of works on *Industrial Administration*, which brings us to another charcteristic of the science: Industrial Administration is the most scientifically complete branch in German business literature. (Bank, commercial enterprise and transportation are less popular subjects in German research).

4. The next land mark is the National Socialist development.

Which are the significant points of the *National Socialist period*? It is untimely to pass a final judgment on all that has been done in the field of the German science during the last few years. National Socialistic Business Economics has become more a political philosophy, laying stress upon the social side of the branch. Instead of individual interests, it is the relation of the individual to the community which is accentuated. Instead of thinking in terms of profit, they concentrate upon efficiency and achievement. The National Socialist trend puts Business Economics more and more to the service of general practical economic life. The creation by National Socialist philosophy of great fundamental theories remains the task of the future. In conclusion, the National Socialist development seems to be a worthy successor of the previous period.

A few of the most prominent and leading books: a) of a more academic character: Die Betriebswirtschaft, Betriebswirtschaftliche Blätter, Handelswissenschaftliche Forschung Zeitschrift für Betriebswirtschaft. b) of a more practicate character; Der Praktische Betriebswirt (organ of the „Verband Deutscher Diplom Kaufleute), Der Wirtschaftstreuhänder (official organ of the „Institut der Wirtschaftsprüfer")

4. Business Economics in the Latin Countries

Among the Latin countries the Italian science plays the leading part as far as its past and present extent and independence of thought is concerned. The merit of Italian work in the development of accountancy for the Economic life of Europe and America is already well known[4]). The Academic personnel in the colleges for higher economic and commercial education (in Genoa, Naples, Bari, Florence, Palerm, Rome, Turin, Venice, Trieste, the Commercial University Luigi Bocconi and the Catholic University

---

[4]) *Lucas Pacioli's* summa ... Venice 1494. *J.A. Taigente*, Luminario di aritmetica — libro ugnolo 1525; Giacomo della Gatta, Nuova pratica del'aritmetica mercantile, Naples 1774; *Nicolo D'Anastasio*, La scrittura doppia ridotta a scienza, Venice 1803; L.G. *Crippa*, La scienza dei conti, Milan 1838—1840, *Pisani*, Statmografia 1886; *Fra Villa*, La contabilita ... Milan 1840. Elementi del Amministratione Padua 1850; *Tonzig*, Trattato 1857.

in Milan) is responsible for the fine work produced in the field of research. Also the ancient profession of Accountants (Ragioneria) and the graduates of the above mentioned schools form a significant background for the mighty production in the Italian science. The extent of the Italian literature has rapidly increased, particularly during the last ten years. Ragioneria and Tecnica commerciale (industriale, bancaria) more or less correspond to the German Betriebswirtschaftslehre. Ragioneria is accountancy, tecnica commerciale is Business Administration. The technical term Economia Aziendale is also used. Ragioneria which plays the principal historical part in the development of the Italian science has a more theoretical foundation than the tecnica commerciale. We should stress the fact that the modern ragioneria is not only book-keeping, but accountancy. Past and present Italian Business Economics is typical of its country, and particularly in ints last phase is especially connected with questions of Fascist economy. Among the younger generation there are many who have made a careful study of German and Anglo-American methods in Business Economics. Therefore the modern Italian science cannot be said to be entirely uninfluenced by foreign thought.

The later chapter of the Italian science is headed by such names as: G. Cerboni[5]), G. E. Rossi and Fabio Besta[6]) in the 'eighties of the 19th Century. Cerboni, a well-known scholar of book-keeping theories and the founder of "Logismografia", stresses the enlargement of the field of Ragioneria as a general guidance in business. Rossi, continuing the teaching of Cerboni, has founded a mathematical theory. Fabio Besta uses a realistic-absolute Ragioneria. In his opinion Ragioneria is an interpretation of absolute facts and data to be found in book-keeping. Besta (died 1925) ranks high among the great book-keeping theorists. Some prominent representatives of Besta's school are: V. Alfieri, P. D'Alvise, Senatore Broglia, F. de Gobbis, B. Lorusso, P. Rigobon, F. Vianello.

In the modern development of Italian literature the personality and school of Gino Zappa[7]) take a foremost part. Zappa seems to dissolve the traditional boundaries of Ragioneria especially in the direction of National Economics. The connection between private business and economic life in general is examined and the Italian science put on a philosophic-scientific basis coloured with political economy. The importance of business statistical research is accentuated and many practical problems scientifically treated. Dell'Amore, U. Borroni, U. Caprana,

---

[5]) Ragioneria scientifica, Primi saggi di logismografia, Venice.

[6]) La Ragioneria in three volumes 1891.

[7]) Tendenza nuove degli studidella ragioneria, Venice 1926; La determinazione del Reddito nelle imprese commerciali, Rome 1920, Milan 1937.

A. Ceccherelli, T. D'Ippolito, E. Lorusso, P. Onida, R. Roia, G. Zippel and G. Zunino etc. are repres entatives of the Zappa school.

Periodicals of Business Economics: Rivista Italiana della Ragioneria, Rome, founded in 1908 (already in another form in 1901); Rivista Italiano di Scienze Commerciali, Milan; Il Ragioniere Professionista.

Business economics in the *French-speaking countries* is comparatively poor and undeveloped. Although for many centuries the French literature has been rich in excellent works on book-keeping, accounting and balance-sheet problems, it is so far lacking in a development on a larger scale. There appear, however, single works on questions of Industry, Banking and Commerce. I would mention only Fayol — then on Accountancy, but the French literature is limited as to research work, and schools of thought. Nevertheless the Niveau of technical periodicals published in the French language is now on the upward grade. The French-Swiss and Belgian literatures fortunately supplement the literary activity of France. Though it is true that the above science has produced no leading literature, we can, however, be certain that the clear, rational French intellect will play an important role in the future international development of our branch.

The *Spanish* literature in Europe and America is on the level of a commercial science. For the literature of other Latin countries see Chapter 6.

5. Japanese Business Economics

Accountancy and Business Administration is highly developed in Japan. We must begin by mentioning the voluminous literature of the last five centuries written in the ancient Japanese language. There is a certain amount of Chinese and Kerean influence in the old commercial literature dealing with commercial correspondence, book-keeping, commercial arithmetic, and camerialistik, the latter compiled for the use of the governing princes. Systematic book-keeping is 500 years old in Japan. The modern period dates from 1896 when the Feudal System was abolished and the country opened to foreign-European commercial and cultural intercourse. This land of agriculture and small trading began its industrial development, the commercial class carried more weight and new universities and technical schools were founded. These factors gradually produced a substantial commercial education and the evolution of modern Japanese Business Economics.

Between 1876—1907 lies the first modern period of Japanese Accountancy and Business Administration: the epoch of commercial sciences. The years between 1907 and 1920 can be described as the period of systematic research in private business undertakings. The principal questions are those of private economics, Joint Stock Companies, Associations, the functions of commerce etc. (chief representatives Veda, Uckiike, Higachi, Simono, Watanabe etc.) From 1920—1925 was a transitional period during which Business Economics received full recognition as a science. The Commercial Academy in Tokio became a commercial university.

The modern phase ("Nippon" period) of Japanese Business Economics begins about the year 1925 with the formation of an influential organization representing the science. (Nippon Keiei Gakkai, Tokio, the foundation of which was inspired by Professor J. Hirai, now with a membership of 700.) In 1929 Commercial Academies in Kobe and Osaka became commercial universities. An enormous scientific literary activity characterises this period. During the first years questions of higher commercial education, the method and systemization of Business Economics, Rational Economy, and income were discussed and appear in the literature.

The most important are: 1. Shogaku Zenshu/Hrsg. Prof. Veda, Tokio, Takidani, Kobe, e. g. Library of the Commercial Sciences — 42 volumes. 2. Keieigaku Zenshu, Tokio: Books on Accountancy and Business Administration in 24 volumes. — Kwaikeigaku Zenshu, Tokio: Accountancy series in 24 volumes. — 4. Keieigaku Taikei, Chikurashobo: Systematic Collection on Accountancy and Business Administration. — 5. Kaikeigaku Sosho, Moriyamashoten: Collection of Accountancy in 36 volumes. — 6. Keieigaku Sosho, Toyo-Shuppansha: Collection of Research in Accountancy and Business Administration in 10 volumes.

So far there is no thorough introduction to the Japanese doctrine in any European language. Some important periodicals: Keiei Keizai Kenkyu (quarterly, Tokio): Study on Business Economics — Kaikei (founded 1912, monthly, Tokio): Accounting — The Year Book of Nippon Keiei Gakkai (1925). The Year Book of Commercial Universities etc.

From the wealth of Japanese scientific literature I have selected only 14 works: Veda: Shoko Keiei (Private Economics of Commercial and Industrial Undertakings). Masuchi: Kabushiki Gaisha Ron (Joint Stock Companies). Taniguchi: Shogyo Soshiki no Tokushu, Kenkyu (Organisation of Commerce). Takese Goodwill no Kenkyu (Researches on Goodwill). Veno: Tayshaku Taishonyo Ron (Financial Statements). Mukai: (Capitalistic Organisations). Baba: Gijitsu to Keizai (Technics and Economy). Uchiike: Shogyo, Gaku Gaiton (Introduction to the Commercial Sciences). Takidani: Kasai Koken Ryoritsu Ron (Tariffs of Fire Insurance). Kojima Kainu Ryoritsu Ron (Tariffs of Merchantile Insurance). Joshida; Kamsetsuhi no Kenkyu (Study on Costing). Hirai: Sangyo Gorika Zuroku (Manual of Scientific Management). Muramoto: Keieigaku Genron (Theoretical BusinessEconomics). Fukuda: Shijo Haykin Ron (Commodity Market). Nakanishi: Keiei Keizai Gagu (B).

The influence of German (beginning with Schär) and American litera-ture is noticeable. Later, particularly until 1935, the following problems were principally under discussion: Costing, price policy, finance and the analysis of financial statements (the influence of the new German and Anglo-American literature). In the last few years a more typically Japanese literature appears. The foreign influence is still apparent, but is less essential for the further development. The Japanese literature of the present day is of a national and practical character. Business Economics in Japan is nowadays based on the actual economic questions of the country. Which are the chief points of this development?

1. Commercial systems, marketing and retail trading.
2. Questions of planned and free economy.
3. Examination of the various Japanese industries (silk, wool).
4. The completion of almost all the technical collections.

The extensive and comprehensive quality of Japanese Business Econo-mics can best be estimated by these great technical collections.

6. Business Economics in other countries

In comparing the joint characteristics of Business Economics in other countries it is obvious that the difference between the larger territories and those of medium and smaller dimensions lies *less in the quality than in the quantity*. Pre-eminent brains are sometimes producing works of intrinsic and permanent value from their linguistically isolated countries. The following belong here: Bulgaria, Czecho-Slovakia, Denmark, Finland, Greece, The Netherlands, Hungary, Poland, Portugal, Rumania, Sweden and Switzerland etc. Not all the questions of the science are worked out intensively owing to the limited number of scientists. Pioneering is here more difficult. In the majority of these countries there is only one commercial academy or university faculty for Economics. The teaching staff for this subject is comparatively small — usually from 2 to 5 professors. The problem of successors is less regulated, a disturbing factor in the continuous progress of research in these countries. Here also the limited reading public is an obstacle. Usually there is only one technical periodical. From the publisher's point of view the publishing of purely theoretical scientific books is not a paying proposition, there-fore the production is confined to textbooks. A growing respect for research work in Business Economics is developing in these countries. In many states a significant part is played in the development of the science not only by the teaching staff of universities and commercial colleges, but also by prominent accountants and practical business men.

The *content* of these literatures is principally accountancy. The follow-ing questions are more or less treated in all these countries from the viewpoint of their national problems: history of book-keeping, instruction in accountancy, professional accountancy, questions of export and import of the country etc. The general tendency of research in Business Economics deals increasingly with questions of the practical business life of the country concerned; this is also apparent in the literature of these countries. Sometimes we find the problems of Business Economics dealt with in the literature of related sciences such as: political economy, statistics, commercial law, business mathematics etc.

Which are the actual problems most discussed at the present time? The unification of accountancy, valuation, costing and marketing. These are the perennial problems of research in the field of Business Economics.

7. Concerning the future of Research in Business Economics

I will here say a few words over the future research work in Business Economics. The following ideas classified in 6 points can be of considerable importance from an international point of view. I would put these before the Congress for the approval of its members.

1. The subsequent international Congresses should also discuss the science of Business Economics.

2. A closer collaboration between profession and science. Business Economics is *the* science of professional accountancy. For this reason it cannot exist as a narrow academic doctrine. It must above all be fertilized by the practical results of professional accountancy. I consider it advisable, and in fact most important, that there should be free intercourse and a closer collaboration between the organizations of professional accountants and the institutes of education and research.

3. A selected bibliography and reviews of the best publications of the various countries should appear from time to time in the most important foreign periodicals. The leading representations of our branch should produce articles for the publications of other countries. This exchange should be organized and periodically carried out by a neutral party, but the overloading of such periodicals with too great a quantity of foreign material must of course be avoided. Such a literary collaboration could develop into an international scientific publication. The writer has already set such a movement in motion among the scientists of Europe, America and Asia, and among the leading periodicals of the world. Therefore we can reckon that this international collaboration between the leading technical periodicals can commence at the end of this year.

4. Collaboration between the scientific institutes for Accountancy and Business Administration in the various countries. A comparison of the organization, activity and personnel in the various colleges, universities and equivalent schools throughout the world could be carried out and the

results published from time to time. The writer completed such an international Enquête in 1937, the result of which will shortly be published. There is also a lack of systematic exchange of (university) professors among foreign universities.

5. The propagation of a more detailed research in financial statements (of joint stock companies) and the biggest concerns on a national or international basis. This has been neglected hitherto and requires more careful attention.

6. The foundation of research institutes of Business Economy for international comparison. The activities of these institutes working in various countries, together with a free exchange of the experience gained by such research, should be of great value in the furtherance of our science.

Data and suggestions have been kindly supplied by Professor *R. Edwards*, London School of Economics; *J. Hirai*, Uniyersity of Kobe, Japan; *A. C. Littleton*, University of Illinois, U.S.A.; *P. Onida*, University of Turin, Italy, to whom I owe a debt of gratitude.

135

«Etude Comparative Internationale des Recherches et de l'Enseignement Relatifs à l'Economie des Entreprises dans les Différents Pays»

Résumé

La science commerciale et celle de l'économie privée ont pris une importance considé rable dans tous les Pays civilisés, spécialement au cours des 20 ou 30 dernières années La littérature des différents Pays comprend environ 40 publications périodiques ayant une valeur académique scientifique et, outre celles-ci, on publie chaque année plusieurs centaines de livres importants. On estime à 500 environ le nombre des chaires d'université et d'écoles équivalentes existant dans le monde entier; dans de nombreux pays, le nombre d'étudiants spécialisés dans ces sciences est égal à celui des étudiants d'économie genérale. Nous traversons actuellement une période intense en ce qui concerne la question de l'économie, spécialement au point de vue de la science commerciale et de celle de l'économie privée. La valeur culturelle de celles-ci consiste surtout en leur utilité, non seulement pour l'économie privée et pour l'aide qu'elles permettent d'apporter à l'Etat pour régulariser certains domaines de la vie économique, mais essentiellement pour l'exercice de la profession des experts comptables.

Dans la tittérature mondiale concernant la science commerciale et celle de l'économie privée, on peut distinguer 4 genres ayant une position prédominante, grâce à leur extension et à leur importance: l'anglo-américain, l'allemand, l'italien et le japonais. La littérature anglo-américaine est caractérisée par sa vastité et par les sujets spécialisés qu'elle étudie: science commerciale, bilans, prix de revient, transactions commerciales, ventes aux enchères, etc. En Allemagne, nous trouvons un excellent exemple de conception systématique et rationnelle et des écoles actives, pratiques et théoriques. Dans la littérature latine, celle de l'Italie occupe une place prépondérante, tant par son passé que par son indépendance d'esprit. Sous leur dernière forme, la plus récente, les sciences japonaises sont indépendantes, modernes et riches en littérature et en instituts de recherches. La différence qui existe entre les littératures des grands pays et celle des pays moyens et petits dépend beaucoup moins de la qualité que de la quantité de celles-ci.

Les littératures des différents pays ont peu d'influence l'une sur l'autre. La science commerciale et celle de l'économie privée, en tant que branches de création plutôt récente, se suffisent à elles-mêmes plus encore que celle de l'économie générale. Le cadre dans lequel elles se développent conserve un caractère national, mais il serait avantageux d'organiser une collaboration internationale entre les représentants et les institutions de la même branche. Cette collaboration devrait être organisée à l'avenir de la manière suivante:

1. Les Congrès internationaux de la Comptabilité devraient s'occuper également de la science commerciale et de celle de l'économie privée.

2. Collaboration plus étroite entre la profession et la science.

3. Echange systématique de publications périodiques techniques entre les différents centres de culture.

4. Collaboration entre les Instituts de science commerciale et d'économie privée des divers pays (enquêtes et comparaisons entre collèges, chaires et institutions universitaires et écoles équivalentes enseignant ces sciences dans les différents pays, échanges de professeurs, recherches et publications en commun).

5. Institution d'une recherche plus détaillée dans les bilans (des sociétés par actions réunies) et dans les consortiums à base nationale ou internationale.

6. Fondation d'instituts de recherches pour les sciences dont il s'agit, afin de faciliter les comparaisons sur le plan international.

Texte du Rapport

1. Généralités

Nous chercherons à faire dans ce rapport une étude comparative sur l'économie commerciale et la comptabilité et sur les recherches concernant ces sciences, en nous situant sur le plan international.

La science de l'économie commerciale constitue une branche des sciences économiques, qui s'occupe d'une manière particulière de l'existence des entreprises et de l'économie privée.

Dans la littérature technique mondiale, l'économie commerciale apparaît, d'une manière générale, sous trois formes: *Primo:* comme une science indépendante et unitaire ayant des limites définies dans le domaine des sciences sociales et de l'économie; cette forme caractérise la science allemande. *Secundo:* comme un point de vue spécial — concernant l'économie commerciale et l'économie privée — des recherches et des études dans le domaine de l'économie en général; nous trouvons cette seconde forme, plus libre, dans plusieurs littératures étrangères, et elle y est plus ou moins concrétée. La *troisième* forme est la suivante: des sujets économiques isolés, considérés comme sciences ayant une certaine affinité, constituant un ensemble sans grande cohésion; on la trouve principalement dans la littérature technique anglo-américaine. Toutes ces formes peuvent atteindre un niveau scientifique élevé.

La science mondiale de l'économie commerciale joue un rôle important dans le domaine scientifique. Les sciences économiques renferment une forte proportion d'économie commerciale, et nous arrivons actuellement, d'une manière lente, il est vrai, mais universelle, à une époque qu'on pourrait appeler celle de l'orientation vers l'économie commerciale; il en résulte que les sciences économiques deviennent de plus en plus des sciences d'économie commerciale. Nous développerons cette thèse par la suite.

Les questions et les sujets qui relèvent de l'économie moderne sont principalement des questions et des sujets de l'économie commerciale. Si l'on compare, dans l'ensemble, la science de l'économie politique et celle de l'économie commerciale, on a le tableau suivant: le nombre de ceux qui se dédient scientifiquement à l'économie commerciale augmente constamment. Le nombre des chaires d'économie commerciale dans les écoles supérieures du monde entier est de 500 environ, le nombre des professeurs de sciences économiques (sans compter les personnalités académiques de la statistique) peut être évalué à 1000 environ. L'ensemble du personnel affecté à l'enseignement de l'économie commerciale dans les Universités et les écoles supérieures du monde entier (professeurs, professeurs honoraires, professeurs auxiliaires) comprend environ 2500 personnes. Il y a déjà environ 150 écoles supérieures dans lesquelles l'enseignement de l'économie commerciale comporte plusieurs chaires et est confié à plusieurs professeurs[1]). Il existe aujourd'hui des chaires d'économie commerciale dans presque tous les pays civilisés. Les livres et les revues concernant cette science représentent, en bloc, un tiers des publications relevant de l'économie politique, et elle dispose déjà de plus de 40 revues spécialisées de caractère académique et scientifique, sans compter un nombre encore supérieur de publications périodiques de caractère pratique. Il parait chaque année plusieurs centaines de livres importants qui traitent les questions d'économie commerciale. Ce nombre fort élevé ne représente que la production de 20 ou 30 années seulement. Si cette tendance se maintient à l'avenir, nous pourrons parler de la période de la «commercialisation» des sciences économiques.

Examinons maintenant la question de *l'influence spirituelle réciproque* des différentes littératures nationales concernant l'économie commerciale. C'est un fait scientifique et historique, prouvé sur le plan international — et qui caractérise aussi l'époque présente — que les domaines culturels les plus importants sont ceux qui absorbent le moins les idées étrangères. L'influence réciproque et la connaissance des études faites à l'étranger sont moins concrètes dans le domaine de l'économie commerciale — science relativement jeune — que dans celui des autres sciences économiques. Cette autarcie (isolement) spirituelle est particulièrement caractérisée dans le cas des principales littératures spécialisées, c'est-à-dire l'anglo-américaine, l'allemande, l'italienne et la japonaise. Celles-ci vivent côte-à-côte comme de puissants blocs erratiques: elles se sont découvertes réciproquement, mais elles n'ont pas une connaissance fondamentale l'une de l'autre. Aucune des littératures concernant l'économie commerciale ne s'occupe d'une manière systématique (critique, service bibliographique, échange d'informations) de divulguer les publications principales de la littérature étrangère de la même spécialité.

---

[1]) Les 500 professeurs pour l'enseigment de l'économie commerciale et les 1000 professeurs pour l'économie politique, soit au total 1500 personnes, ne sont nullement nombreux pour une science académique relativement vieille, aussi étendue que l'ensemble des sciences économiques et sociales, si on les compare au nombre de 2000 chaires de chirurgie ou de philosophie du monde entier. Un autre symptôme du développement relativement faible de cette science est constitué par le fait que les vieilles Universités historiques ont rarement des chaires d'économie commerciale. Les Universités *d'Oxford* et de *Cambridge*, en Grande-Bretagne, de la *Sorbonne* à Paris, les vieilles *Universités italiennes*, l'Université de Berlin, jusqu'en 1938 et d'autres vieilles Universités n'en possèdent point. On trouve généralement ces chaires dans les Universités de création plus récente et dans les Ecoles supérieures techniques et d'économie politique.

On peut dire qu'à quelque exception près il n'existe jusqu'ici, dans aucune langue mondiale, une publication tant soit peu importante sur la littérature concernant l'économie commerciale d'un autre pays. Les voyages d'étude, les congrès internationaux pour la rationalisation et l'instruction commerciale organisés au cours des 20 dernières années n'ont pu modifier que fort peu cette disposition d'esprit.

L'isolement des principales littératures *n'est toutefois pas absolu.* C'est la littérature anglo-américaine qui semble avoir atteint le degré le plus élevé au point de vue de l'autarcie nationale. Il est facile de découvrir dans l'économie commerciale italienne l'influence des littératures allemande et anglo-américaine, ainsi que de la littérature française. Dans les publications japonaises apparaissent souvent des traductions d'auteurs étrangers et constituent des centaines de traductions des auteurs allemands, américains et anglais. La littérature de *la plupart des petits pays* constitue également une autre heureuse exception au point de vue de cet isolement spirituel. Bien que ces petites littératures suivent leur propre voie, qu'elles aient à résoudre des problèmes qui leur sont particuliers et qu'elles créent aussi dans une certaine mesure, on ne peut nier que dans son ensemble la production des petits pays et des moyens ne subisse l'influence de la littérature étrangère.

L'influence qui se manifeste dans certains cas a généralement des origines variées. En Europe, l'influence fondamentale est celle des littératures allemande et anglo-américaine.

La science de l'économie commerciale allemande a donné à l'étranger son excellente compréhension et un esprit systématique qui lui sont particuliers. Elle a le droit de se vanter d'un isolement intime et d'une conception organique et systématique qu'on chercherait en vain ailleurs sous cette même forme. En ce qui concerne la matière, l'étranger a emprunté surtout à la science industrielle allemande, y compris le calcul des prix de revient. Il est surtout redevable à la science anglo-américaine de l'esprit de calcul technique et statistique ainsi que de la conception et de la signification du contrôle des livres (Auditing) et, en ces derniers temps, de maint chapitre de la science de l'économie commerciale (Scientific Management, développement des affaires, etc.). Dans l'Amérique Centrale et dans l'Amérique du Sud, ainsi qu'au Canada, on remarque surtout la prédominance de la littérature des Etats-Unis d'Amérique, tandis qu'on trouve celle de la littérature anglaise dans les pays de l'Empire Britannique (ainsi qu'en Australie, en Afrique, dans l'Inde).

On distingue dans le domaine de l'économie commerciale quatre genres de littératures: l'anglo-américaine, l'allemande, l'italienne et la japonaise. Nous examinerons celles-ci d'une manière plus détaillée dans ce rapport, tandis que nous nous bornerons — faute de temps — à traiter d'une manière générale la littérature des autres pays étrangers[2]).

On trouve dans la masse de la littérature mondiale, extrêmement étendue, un grand nombre de productions. Il y en a beaucoup de grande valeur et d'autres, en plus grand nombre, qui ne sont pas assez fondées ni assez approfondies. L'histoire universelle de la littérature scientifique nous enseigne toutefois que les meilleures productions n'ont pas toujours la renommée qu'elles méritent et que les ouvrages de qualité moindre peuvent aussi rendre des services pour l'étude et le développement d'une science.

2. La science anglo-americaine de l'économie commerciale

La science anglo-américaine de l'économie commerciale domine dans la littérature mondiale fort étendue et spécialisée concernant l'économie. La littérature qui s'y inspire est à la tête de toutes les autres et le nombre de ses auteurs spécialistes est le plus élevé. L'intense vie économique des Etats-Unis d'Amérique et de l'Empire Britannique, ainsi qu'environ 200 chaires d'écoles supérieures pour l'enseignement de l'économie commerciale (en Amérique et dans les Colonies de la Grande-Bretagne)[3]) constituent la puissante fondation sur laquelle s'étaie la grandiose production littéraire de langue anglaise concernant l'économie commerciale. Bien qu'en Angleterre et, un peu moins, en Amérique, cette science ait atteint déjà une certaine importance depuis deux siècles, l'économie commerciale anglo-américaine est un produit des deux dernières décades, surtout quant à l'application des méthodes scientifiques exactes.

La science de l'économie commerciale anglaise, considérée dans son ensemble, est plus modeste et, en ce qui concerne le domaine du travail, plus limitée que l'américaine. La science britannique moderne n'a certes pas atteint encore son apogée. Dans les Iles Britanniques, cette science est alimentée en quelque sorte, au point de vue moral et spirituel, par les vieilles et puissantes Unions de censeurs, tandis qu'aux Etats-Unis d'Amérique, la science que nous étudions est puissamment soutenue, en premier lieu, par les Ecoles supérieures. De là le grand nombre de livres d'enseignement («textbooks») de la littérature américaine. La science anglo-américaine est typiquement empirique, réaliste et analytique, inspirée par une éthique utilitaire et ayant principalement en

---

[2]) Dans ce qui suit, nous laissons de côté des littératures importantes. Par exemple, la littérature russe la plus récente, qui a principalement un caractère scientifique appliqué au travail et à la conduite des entreprises, mais qui a peu d'importance pour les pays non soviétiques; il faut citer également la science chinoise, moins accessible, mais très vaste, qui est principalement orientée vers la technique des calculs des prix.

[3]) Les Iles Britanniques elles-mêmes comportent relativement peu de chaires d'écoles supérieures et de centres d'études consacrés à l'économie commerciale.

vue les buts pratiques de l'économie. Le contenu «philosophique et théorique» ainsi que l'orientation au point de vue de l'administration et de la comptabilité sont relativement faibles et n'ont pas une importance essentielle. Ce n'est que depuis peu qu'on a compris l'importance d'une superstructure théorique qui donne a tout le domaine de l'économie commerciale un caractère scientifique unitaire. On peut signaler comme preuve de ce changement la prédominance des travaux de caractère analytique et théorique aux dépens de la littérature descriptive anglosaxonne.

Il n'existe pas dans la science de l'économie commerciale angloaméricaine *une terminologie unitaire*, pas plus qu'il n'y a d'ailleurs de science unitaire. Le terme le plus important «Accounting» signifie science de la comptabilité, les autres expressions, telles que p. ex. Business Economics, Private Economics, Business Administration, ne peuvent être comparées ni pour le sens ni au point de vue de la vulgarisation générale au terme technique allemand: science de l'économie commerciale. Il y a des sujets et des domaines particuliers — Accounting, Finance, etc. (voir plus loin) qui continuent pour leur propre compte et qui se considèrent réciproquement comme des sciences de la même famille. Mais il n'existe pour ainsi dire pas en Angleterre ou en Amérique une science unitaire dont les adeptes aient une conscience commune et des objets communs, et peut-être existe-telle moins encore dans la littérature relative à l'économie commerciale. Lorsque nous parlons par conséquent de la science anglo-américaine de cette économie, il ne s'agit pas d'une *unité* existant en réalité, mais d'un concept échafaudé pour les buts comparatifs de cette étude.

Les parties essentielles de la science anglo-américaine sont les suivantes: a) *Accounting*, qui traite le problème général de la comptabilité. L'Accounting (anglo)-américain est la science de la comptabilité la plus étendue et celle dont le niveau est le plus élevé; elle est basée sur une conception moderne et réaliste. b) *Marketing*, qu'on pourrait traduire par trafic des marchés, qui est l'étude des marchés et la science des achats et des ventes; elle a une littérature extrêmement riche. c) *Scientific Management*, organisation scientifique du travail, et par conséquent *Industrial Management*, qui en dépend, qui concerne la conduite scientifique des affaires; fondée par *Fr. W. Taylor*, elle est relative à l'économie dans les entreprises industrielles (sous une forme générale, y compris le calcul des prix): toutes ces branches sont devenues, depuis deux décades déjà, une marchandise d'exportation dans le monde entier. Mais les autres dénominations sont également importantes et significatives: *business statistics* (statistique des entreprises), *finance* (finance), *financial management* (direction financière), *commercial-bank-management* (direction commerciale bancaire), *investment* (administration et analyse des finances d'une entreprise) *public utility* (institutions financières à caractère public), *public business administration foreign trade* (commerce d'exportation et d'importation), *transportation* (science des transports).

Dans ces derniers temps on peut observer en Amérique et en Angleterre une activité assez intense dans l'étude des différentes sciences dont il s'agit, et j'entends faire allusion en premier lieu à la grande activité du consortium américain des réviseurs qui compte 50 ans, au *TheAmerican Institute of Accountants* (New York) — Institut Américain des Comptables-; à la *Graduate School of Business Administration* (Ecole Superieur d'Economie Commerciale) auprès de *l'Université de Harvard;* à l'Association des professeurs américains des écoles supérieures d'économie commerciale, *The American Accounting Association* (Chicago) — association américaine d'économie commerciale—; à la Société Anglaise pour l'étude des sciences comptables, *The Accounting Research Association* (Londres). L'organisation de congrès et de discussions sur cette science, la publication de revues qui en parlent ou de séries de livres sur le même sujet, l'organisation de cours de perfectionnement, tout cela signifie que ces institutions — et d'autres encore que nous n'avons pas citées — sont devenues, elles aussi, des centres d'études importants pour notre science.

Dans le domaine culturel anglo-saxon, les publications périodiques principales relatives à l'économie commerciale sont les suivantes: *The Accountant*, de Londres (L'économie commerciale) hebdomadaire, fondé en 1874; *The Incorporated Accountings Journal*, de Londres (Le journal de l'économie commerciale), *The Journal of Accountancy*, de New York, qui existe depuis 1905; *Harvard Business Review*, Cambridge (E. U. A.); *The Accounting Review*, qui existe depuis 1926, Chicago.

3. La science allemande de l'économie commerciale

La science allemande est, au point de vue logique et systématique, ainsi qu'au point de vue architectural, la plus belle science de l'économie commerciale qu'il y ait dans le monde entier. La doctrine de langue allemande et inspirée par l'esprit allemand joue un rôle des plus importants et, si on l'examine sur le plan international, elle exerce une grande influence dans le domaine des études concernant cette spécialité. Elle est, parmi toutes les littératures principales, celle qui a la plus grande unité. Elle est caractérisée par son isolement par rapport à l'économie politique (isolement qui s'est toutefois beaucoup atténué au cours des dix dernières années), et par la base théorique fondamentale qu'elle donne a cette science indépendante. Nulle part, ailleurs que dans l'économie commerciale allemande, on n'a autant parlé et écrit sur l'orientation théorique et pratique, sur les objets des études et sur les écoles théoriques et pratiques. La science de l'économie commerciale de langue allemande est par conséquent typiquement allemande.

Pourquoi la science allemande de l'économie commerciale appartient-elle à la principale littérature de cette spécialité ? Grâce à sa richesse en production littéraire, à l'originalité de son esprit et à ses excellentes institutions pour l'enseignement et les études.

Sous sa forme actuelle, le science allemande de l'économie commerciale est âgés de 40 ans environ. Elle n'avait que peu de rapports, il y a 40 ans, avec son grand prédécesseur, la science de «Kameralwissenschaft». Considérée au point de vue de l'histoire de son développement, la science allemande moderne est une science commerciale, sans donner à ce terme l'étendue qu'il avait au XIX siècle: c'est-à-dire sans technologie, géographie commerciale, arithmétique commerciale ni enseignement du droit. Cette nouvelle science s'est transformée au cours des trois dernières décades en une science économique relativement indépendante, et il en est résulté une économie orientée vers la comptabilité. Ce n'est pas la vie économique, ce sont les écoles supérieures qui ont fondé et développé la science allemande de l'économie commerciale; de là son caractère académique. Les écoles: celle de Leipzig, de Berlin, de Cologne, de Francfort, de Nürenberg, de Koenigsberg et les autres «orientations» ont créé cette littérature technique allemande. Ce n'est que dans ces 15 dernières années que nous voyons aussi d'autres éléments agir sur cette science d'une manière efficace: la jeune génération, les candidats aux examens de sortie de ces écoles supérieures, les commerçants diplômés, le mouvement de rationalisation, sans oublier les censeurs, c'est-à-dire les réviseurs et contrôleurs de comptes. Le caractère uniquement académique de la science allemande de l'économie commerciale s'est ainsi définitivement modifié. Il existe actuellement des possibilités pour une collaboration efficace entre le monde académique et le monde non académique.

Les différents chapitres de l'économie commerciale allemande nous conduisent dans un monde bariolé, dans une grande galerie de bustes et de productions. Il est difficile de citer quelques noms et un certain nombre d'ouvrages seulement, car nous ne pourrions de la sorte mettre en évidence l'abondance de la littérature. Les caractéristiques de cette science allemande sont les suivantes: 1) *l'existence de livres d'enseignement abrégés concernant l'ensemble de la science*, appelés manuels; ils constituent les *chateau-forts* systématiques de la science allemande; 2) le nombre relativement grand de *revues techniques* dirigées par des professeurs des écoles supérieures: c'est là le signe de l'influence académique, encore sensible et certes non défavorable; 3) une collection extraordinairement riche d'ouvrages sur *l'économie industrielle* et tant que particularité durable et dominante de cette technique allemande: orientation vers l'économie industrielle (en comparaison de la décadence relative des sciences de la banque, du commerce et des transports); 4) la dernière caractéristique est l'orientation nationale-socialiste, sur laquelle il y a lieu de s'étendre un peu plus longuement.

Quels sont, à *l'époque nationale-socialiste,* les signes distinctifs du développement? Le temps fait défaut pour pouvoir prendre position d'une manière définitive au sujet de tout ce qui s'est passé dans ces dernières années dans le domaine de la technique allemande. La science de l'économie commerciale nationale-socialiste est devenue plutôt une science politique de caractère mondial; on en a accentué et on en accentue encore le caractère social. Au lieu de considérer l'individu, on étend les relations des particuliers à la collectivité; au lieu du concept de l'avantage économique qui prédominait dans la vieille littérature allemande, on développe le sentiment de la production et la nécessité de couvrir les besoins. L'orientation nationale-socialiste met principalement la science de l'économie commerciale au service de la pratique économique. L'énoncé de théories fondamentales sur l'économie commerciale, basées sur le concept universel de l'idée nationale-socialiste, constituera la tâche d'un avenir non éloigné. Il semble, en dernière analyse, que le changement d'orientation imposé par le national-socialisme ait déjà trouvé une continuation favorable et qu'il porte ses fruits.

Indiquons quelques revues: a) de caractère plutôt académique: Die Betriebswirtschaft, Betriebswirtschaftliche Blätter, Handelswissenschaftliche Forschung, Zeitschrift für Betriebswirtschaft; b) de caractère plutôt pratique: Der praktische Betriebswirt (organe de l'association des commerçants diplômés), Der Wirtschaftstreuhänder (organe officiel de l'Institut des contrôleurs de comptes).

4. La science de l'économie commerciale dans le domaine culturel latin

Dans les pays romans, la science italienne de l'économie commerciale joue un rôle prépondérant, aussi bien dans le passé qu'à l'époque présente, soit par son étendue, soit par l'indépendance de son esprit. On connait parfaitement les services rendus par l'esprit italien dans le développement du concept de comptabilité dans la vie économique de l'Europe et de l'Amérique[4]). En ce qui concerne les études, nous voyons au premier rang le corps des professeurs des écoles supérieures techniques (Universités et écoles supérieures de commerce à Gênes, Naples, Bari, Florence, Palerm, Rome, Turin, Venise, Trieste, Université commerciale Luigi Bocconi

---

[4]) *Lucas Pacioli's* Summa . . . Venise 1494. *J. A. Tajente,* Luminario di aritmetica — libro ugnolo 1525; *Giacomo della Gatta,* Nuova pratica di aritmetica mercantile, Naples 1774; *Nicolo D'Anastasio,* La scrittura doppia ridotta a scienza, Venise 1803; *L. G. Grippa,* La scienza dei conti, Milan 1838—1840; *Pisani,* Statmografial 1886; *Fr. Villa,* La contabilità, Milan 1840; Elementi di amministrazione, Padoue 1850; *Tonzig,* Trattato 1857.

à Milan, Université catholique à Milan). Le corps des censeurs italiens, qui existe de vieille date, et les candidats aux examens de sortie des écoles ci-dessus, constituent également une base importante pour la puissante production italienne dans cette science. Le patrimoine de cette littérature a augmenté d'une manière sensible au cours de la dernière décade.

«Ragioneria» et «Tecnica commerciale, industriale, bancaria, professionale» correspondent approximativement à la terminologie de la science allemande. Ragioneria signifie science de la comptabilité, tecnica commerciale se traduit par conduite des affaires. On trouve également la dénomination «Economia aziendale», qui traduit exactement le concept d'économie commerciale. La Ragioneria joue le rôle principal dans le développement de la science italienne, et a un fondement plus théorique que la tecnica commerciale. Il y a lieu de signaler que la Ragioneria la plus récente ne signifie pas science de la comptabilité; elle constitue une science d'économie commerciale presque complète, orientée vers la comptabilité. L'économie commerciale italienne du passé et du présent est une science typiquement italienne, et dans sa phase la plus récente, elle s'occupe d'une manière détaillée et avec succès de l'économie fasciste. Nombreux sont ceux de la jeune génération qui ont étudié à fond l'économie commerciale allemande et Anglo-américaine. On ne peut donc parler d'une autarcie spirituelle défavorable en ce qui concerne l'économie commerciale moderne de l'Italie.

L'ère nouvelle pour l'économie commerciale italienne commence avec G. Cerboni[5]), G. E. Rossi et Fabio Besta[6]). En 1880, *Cerboni*, célèbre créateur et défenseur de la «logismografia», soutint la nécessité d'étendre la Ragioneria, qui devait devenir, selon lui, une science embrassant l'ensemble de la conduite des affaires. *Rossi*, continuateur de l'orientation donnée par Cerboni, a fondé la théorie mathématique. Fabio *Besta* se base sur un concept réaliste et absolu de la Ragioneria. Selon lui, la Ragioneria est l'exposé de phénomènes et de données économiques absolument réels et susceptibles de mesure. Besta, mort en 1925, est un des plus éminents auteurs systématiques du monde entier dans le domaine de la comptabilité. Les membres le plus en vue de son école sont: V. Alfieri, P. D'Alvise, Senator Broglia, F. De Gobbis, B. Lorusso, P. Rigobon, F. Vianello.

Dans le développement moderne de la littérature italienne concernant l'économie commerciale, la personnalité et l'école de Gino *Zappa*[7])

---

[5]) Ragioneria scientifica, Primi saggi di logismografia, Venise.
[6]) La Ragioneria, en trois volumes, 1891.
[7]) Tendenze nuove negli studi di Ragioneria, Venise 1926; La determinazione del Reddito nelle Imprese commerciali, Rome 1920, Milan 1937.

occupent une place prépondérante. Il semble libérer la Ragioneria de ses limites traditionnelles, en l'orientant particulièrement vers l'économie politique. La science italienne prend de la sorte une tendance scientifico-philosophique qui la rapproche de l'économie politique. La littérature moderne signale aussi l'importance des études concernant la statistique économique et elle étudie scientifiquement de nombreux problèmes pratiques. A l'école de Zappa appartiennent, entre autres: G. Dell'Amore, U. Borroni, U. Caprara, A. Ceccherelli, T. D'Ippolito, E. Lorusso, P. Onida, R. Roia, G. Zippel, G. Zunino.

Parmi les publications périodiques concernant l'économie commerciale, on peut citer: Rivista Italiana di Ragioneria, Rome, fondée en 1908 (qui existait déjà sous une autre forme en 1901); Rivista Italiana di Scienze Commerciali, Milan; Il Ragioniere Professionista.

L'économie commerciale *de langue française* est relativement pauvre et peu développée. Il est vrai que la littérature française comprend depuis plusieurs siècles des ouvrages de premier ordre, notamment sur la comptabilité et les bilans, mais cette science n'a pas pris jusqu'ici un développement au sens moderne du mot. On publie bien quelques ouvrages sur des questions concernant l'économie industrielle, de la banque et commerciale (je citerai uniquement le nom de *Fayol*) et sur la comptabilité, mais on ne relève dans la littérature française aucun esprit unitaire et aucune tendance vers la recherche scientifique et doctrinaire. Dans ces derniers temps, le niveau scientifique des publications périodiques françaises s'est relevé d'un manière constante. Il n'y a pas eu jusqu'ici de littérature importante ayant pour objet cette science, mais il y a lieu de penser que le rationalisme si aigu de l'esprit français jouera un rôle de premier ordre dans le développement international futur de celle-ci. La littérature en langue française de la Suisse et de la Belgique complètent heureusement l'action de la littérature française proprement-dite.

La littérature technique *espagnole* en Europe est au niveau des sciences commerciales.

Pour les autres pays subissant l'influence de la culture romane, voir chapitre 6.

5. *La science japonaise de l'économie commerciale*

L'économie commerciale japonaise a un développement extraordinaire. Il faut signaler en premier lieu la vaste littérature des cinq derniers siècles, écrite en grande partie en vieux japonais. Cette vieille littérature commerciale, dûe à l'influence chinoise et coréenne, s'occupe de la correspondance commerciale, de la comptabilité, de l'arithmétique commerciale et de questions de «Kameralistik», ces dernières à l'intention des domina- teurs. La comptabilité systématique date au Japon de 500 ans. Pour ce pays, l'ère moderne commence en 1876 avec la suppression du régime féodal et la création de relations culturelles et commerciales avec les pays étrangers et européens. Il se crée une industrie dans le pays, qui était jusqu'alors agricole et artisanal; la considération envers les commerçants augmente rapidement, on fonde de nouvelles universités et d'autres écoles supérieures. Ces facteurs créent lentement une éducation commerciale et ils provoquent le développement de l'économie commerciale japonaise.

La première période moderne pour l'économie commerciale japonaise est située entre 1876 et 1907: c'est l'époque des sciences commerciales. La période entre 1907 et 1920 peut être considérée comme celle des recherches systématiques sur les entreprises. Les questions principales sont: formes des entreprises, sociétés par actions, corporations et, en outre, la fonction du commerce, etc. (les principaux auteurs sont: Ueda, Uchiike, Higachi, Simono, Watanabe, etc.). La période de 1920 à 1925 représente une époque de transition, dans laquelle on reconnait l'importance de la recherche scientifique dans le domaine de l'économie commerciale. L'école de commerce de Tokio se transforme en Université commerciale.

La phase moderne (Période «Nippon») de l'économie commerciale japonaise commence aux environs de l'année 1925 avec la constitution de l'Organisation des économistes japonais, dont l'influence s'est fait si fortement sentir (Nippon Keiei Gakkai, Tokio; la fondation a été préconisée par le Prof. J. Hirai, et elle compte actuellement 700 membres). En 1929, les écoles superieures commerciales de Kobé et d'Osaka furent transformées en Universités commerciales. Cette période est caractérisée par une formidable activité scientifico-littéraire. Dans les premières années, on discute surtout les questions concernant l'organisation de l'enseignement commercial, les méthodes et la systématisation de l'économie commerciale, l'économie proprement dite et les bénéfices, et on publie des ouvrages d'histoire de la littérature qui s'y rattache. On ne peut négliger l'influence de la littérature allemande (qui commence avec Schär) ainsi que de la littérature américaine. Plus tard, vers 1935, on voit au premier plan des discussions scientifiques les questions suivantes: prix de revient, politique des prix, degré d'occupation, commandites, analyse des bilans (on trouve ici l'influence de la nouvelle science allemande ainsi que celle de la science anglo-américaine). Dans les dernières années, on voit se profiler une nouvelle tendance encore plus nettement japonaise. L'influence étrangère est toujours forte, mais elle est moins essentielle en ce qui concerne le développement ultérieur. La littérature technique japonaise travaille aujourd'hui avec son propre matériel et elle a un caractère d'application; actuellement elle s'occupe surtout de l'étude des conditions de l'économie japonaise. Quelles sont les principales questions qui se posent pour cette étude ?

1. — Systèmes commerciaux, marchés, commerce en détail et petites entreprises.

2. — Questions de l'économie disciplinée et manoeuvrée.

3. — Etudes sur les différentes branches de l'industrie japonaise (soie, laine).

4. — Achèvement de presque tous les recueils concernant l'économie.

La profondeur et l'étendue de la science de l'économie commerciale japonaise peuvent être clairement mises en évidence par la citation des grandes publications auxquelles elle a donné lieu.

Les ouvrages les plus importants sont: 1. *Shogaku Zenshu* (Prof. Ueda, Tokio, Takidani-Kobe, c'est-à-dire bibliothèque de l'ensemble des sciences commerciales en 42 volumes. — 2. *Keieigaku Zenshu*, Tokio: Bibliothèque de l'économie commerciale en 24 volumes. — 3. *Kwaigeigaku Zenshu*, Tokio: Bibliothèque scientifique commerciale en 24 volumes. — 4. *Keieigaku Taikei*, Chikurashobo: Recueil systématique des publications. — 5. *Kaikeigaku Sosho*, Moriyamashoten: Recueil de la science commerciale en 36 vol. — 6. *Keieigaku Sosho, Toyo Shuppansha:* Recueil des études concernant l'économie commerciale en 10 vol.[8]). Il n'existe jusqu'ici aucune publication en langue européenne concernant l'économie commerciale japonaise.

Parmi les publications périodiques japonaises les plus importantes, on peut citer: *Keiei Gagu Kenkyu* (trimestriel, Tokio); Etudes sur l'économie commerciale. — *Kaikei* (mensuel, fondé en 1912): Comptabilité. — Les Annales du *Nippon Keiei Gakkai* (depuis 1925). — Les Annales des Universités commerciales, etc.

6. L'économie commerciale dans les autres Pays

Si l'on voulait examiner toutes ensemble les caractéristiques communes de la littérature des autres Pays concernant l'économie commerciale,

---

[8]) Dans la grande masse de la littérature japonaise relative à l'économie commerciale, nous citerons seulement 15 ouvrages de premier plan: *Ueda* Shoko Keiei (Economie commerciale du commerce et de l'Industrie). — *Masuchi*, Kabushiki Gaisha Ron (Les Sociétés par Actions). — *Taniguchi*, Shogyo Soshiki no Tokushu, Kenkyu (Organisation du commerce). — *Ueno*, Tayshaku Taishohyo Ron (Bilans). — *Takase*, Goodwill no Kenkyu (Recherches sur le Goodwill). — *Mukai*, Organisation capitaliste. — *Baba*, Gijitsu to Keizai (Technique et économie). — *Uchiike*, Shogyo, Gaku Gairon (Introduction aux sciences commerciales). — *Takidani*, Kasai Hoken Ryoritsu Ron (Tarifs de l'assurance contre l'incendie). — *Kojima*, Kaiun, Royritsu Ron (Tarifs des frets). — *Joshida*, Kansetsuhi no Kenkyu (Etude sur les dépenses). — *Hirai*, Sangyo Gorika Zuroku (Manuel de la rationalisation de l'industrie). — *Muramoto*, Keieigaku Genron (Economie commerciale théorique). — *Fukuda*, Shijo Haykin Ron (Marchés commerciaux). — *Nauanishi*, Keiei Keizai Gagu (Science de l'économie commerciale).

on verrait en premier lieu que la différence entre la littérature des grands pays et celles des Pays moyens et petits *réside moins dans la qualité que dans la quantité.* Il existe des auteurs de premier ordre qui en dépit de l'isolement auquel les contraignent leur langue et leur pays, créent souvent des oeuvres durables. A cette catégorie appartiennent les Pays suivants: Bulgarie, Danemark, Finlande, Grèce, Hollande, Hongrie, Pologne, Portugal, Roumanie, Suède, Suisse, Tchécoslovaquie, et autres.

La matière est fouillée d'une façon moins complète, étant donné que le cercle des économistes est étroit. Les difficultés du début sont aussi plus grandes. Dans la plupart des pays considérés, il n'existe pour les sciences commerciales qu'une seule école supérieure de commerce de la faculté de l'Université. Le personnel de cet enseignement est également très limité, et il comprend généralement de deux à cinq personnes. La question de l'avenir est peu considérée, ce qui dérange souvent le progrès continu des recherches locales. Le facteur quantitatif joue aussi un rôle pour le cercle des lecteurs. En général, il n'existe qu'une seule revue dédiée à cette branche. Au point de vue économique, la publication d'ouvrages purement scientifiques est très difficile, ce qui explique que la littérature de ces pays se compose uniquement de livres servant à l'en-seignement. Malgré tout, les études sur l'économie commerciale assument de plus en plus, dans ces pays, un caractère scientifique. Dans plusieurs pays, le développement de la littérature relative à l'économie commerciale est assuré non seulement par le personnel enseignant des écoles supérieures, mais aussi par les professeurs des écoles de commerce, par des personnalités de premier plan du corps des censeurs et par des fonctionnaires de l'économie.

Quant à son contenu, cette littérature est orientée en premier lieu vers la comptabilité. Elle subit une empreinte nationale grâce aux questions suivantes, qui sont plus ou moins traitées dans les divers pays: histoire de la comptabilité, questions concernant l'enseignement de la comptabilité, contrôle des comptes, technique de l'importation et de l'exportation du pays, etc. La tendance générale des études concernant l'économie commerciale à s'occuper des problèmes de la spécialité intéressant l'économie nationale se manifeste également dans ces pays. On trouve parfois des questions d'économie commerciale traitées dans la littérature des sciences voisines (Economie nationale, statistique, droit commercial, arithmétique commerciale et politique, etc.).

Quels sont les problèmes actuels de la littérature mondiale sur l'économie commerciale ? Unification de la comptabilité, science de l'évaluation, des prix de revient et du développement des affaires. Ce ne sont pas là des questions nouvelles, mais les thèmes constants et immuables de notre science.

Il semble qu'il se manifeste actuellement une tendance universelle à rapprocher les problèmes concernant l'économie commerciale, et l'étude de ces problèmes, de la pratique de l'économie et dans plusieurs cas de la direction de cette économie. Cette tendance est devenue une propriété générale et profondément enracinée des études et de l'enseignement de notre science.

7. *Considérations sur quelques objets futurs des études concernant l'économie commerciale*

Nous allons dire encore quelques mots sur certains objets futurs des études et de l'enseignement de l'économie commerciale. Je n'entends parler ici que de considérations pouvant avoir une importance au point de vue international. Qu'il me soit permis de les exposer en 5 points constituant un programme et de demander au Congrès de vouloir bien se prononcer à leur sujet.

1. Les Congrès Internationaux de contrôleurs des comptes devraient s'occuper à l'avenir de l'économie commerciale.

2. Collaboration plus étroite entre les catégories des examinateurs relevant de l'économie commerciale et les enseignants de cette science, qui est *la* science des premiers. C'est pour cela que l'économie commerciale ne doit plus subsister comme une science purement académique, mais qu'elle doit être fécondée par les résultats de la pratique et par la catégorie des examinateurs. J'estime qu'un service d'échanges et une collaboration plus étroite entre les organisations professionnelles des contrôleurs ou réviseurs et les centres d'étude et d'enseignement de l'économie commerciale donneraient d'excellents résultats.

3. Service d'échanges entre les revues périodiques techniques des différents pays. De temps en temps, on devrait également publier dans les revues internationales les plus importantes une bibliographie opportunément choisie concernant les meilleures publications récentes faites à l'étranger. Les personnalités dirigeantes de notre spécialité devraient publier des articles dans les revues étrangères. Ce service d'échanges devrait être organisé d'une manière neutre et avoir lieu périodiquement, sans que les revues considérées soient surchargées de matériel étranger. Une collaboration littéraire de ce genre pourrait permettre par la suite de créer une revue internationale. Le soussigné a déjà préparé le terrain pour une telle intervention de la part des hommes de science les plus réputés de notre spécialité en Europe, en Amérique et en Asie et, d'autre part, auprès de quelques-unes des principales revues du monde entier, de sorte qu'il y a lieu de croire que cette collaboration internationale entre les revues pourra commencer à la fin de l'année en cours.

4. L'organisation d'une collaboration plus étroite entre les Instituts scientifiques du monde entier qui s'occupent de l'économie commerciale. On devra faire de temps en temps une enquête auprès des professeurs d'économie commerciale des écoles supérieures, ainsi qu'auprès d'autres

centres d'études et de recherches relatives à cette science, au sujet de l'organisation, des méthodes de travail, de la dotation de personnel de ces Institutions et publier les résultats de ces enquêtes. Le soussigné a terminé une recherche de ce genre en 1937 et la publication en aura lieu sous peu. Ce qui fait défaut, c'ést précisément un service d'échanges systématiques entre les professeurs des écoles supérieures des différents pays étrangers.

5. La divulgation des études relatives à l'économie commerciale faites par les grandes entreprises et des obligations des entreprises. Elle devrait constituer un des objets de ces études qui serait approprié à notre époque et qui a été peu considéré jusqu'ici. En rapport avec ce qui précède, les bilans annuels des sociétés par actions devraient être évalués sur une base d'économie commerciale comparative. Cette initiative pourrait être réalisée sur une base comparative nationale et international.

6. La création des Centres d'Etudes internationales. La comparaison des centres d'études créés dans plusieurs pays, faite sur le plan international, et la collaboration avec ces mêmes centres constituerait un apport puissant pour le développement de notre science.

MM. Les Professeurs: *R. Edwards*, London School of Economics; *J. Hirai*, University Kobé, Japon; *A. C. Littleton*, University of Illinois U. S. A.; *P. Onida*, Université de Turin, Italie, ont fourni des quelques données et des renseignements pour cette monographie et je leur adresse également ici mes remerciements les plus sincères.

Preußische Druckerei- und Verlags-A.-G. Berlin

Accounting Books Published by Garland

New Books

Ashton, Robert H., ed. *The Evolution of Behavioral Accounting Research: An Overview.* New York, 1984.

Ashton, Robert H., ed. *Some Early Contributions to the Study of Audit Judgment.* New York, 1984.

*Brief, Richard P., ed. *Corporate Financial Reporting and Analysis in the Early 1900s.* New York, 1986.

Brief, Richard P., ed. *Depreciation and Capital Maintenance.* New York, 1984.

*Brief, Richard P., ed. *Estimating the Economic Rate of Return from Accounting Data.* New York, 1986.

Brief, Richard P., ed. *Four Classics on the Theory of Double-Entry Bookkeeping.* New York, 1982.

*Chambers, R. J., and G. W. Dean, eds. *Chambers on Accounting.* New York, 1986.
Volume I: Accounting, Management and Finance.
Volume II: Accounting Practice and Education.
Volume III: Accounting Theory and Research.
Volume IV: Price Variation Accounting.
Volume V: Continuously Contemporary Accounting.

Clarke, F. L. *The Tangled Web of Price Variation Accounting: The Development of Ideas Underlying Professional Prescriptions in Six Countries.* New York, 1982.

Coopers & Lybrand. *The Early History of Coopers & Lybrand.* New York, 1984.

---

*Included in the Garland series Accounting Thought and Practice Through the Years.

*Craswell, Allen. *Audit Qualifications in Australia 1950 to 1979*. New York, 1986.

Dean, G. W., and M. C. Wells, eds. *The Case for Continuously Contemporary Accounting*. New York, 1984.

Dean, G. W., and M. C. Wells, eds. *Forerunners of Realizable Values Accounting in Financial Reporting*. New York, 1982.

Edey, Harold C. *Accounting Queries*. New York, 1982.

*Edwards, J. R., ed. *Legal Regulation of British Company Accounts 1836–1900*. New York, 1986.

*Edwards, J. R., ed. *Reporting Fixed Assets in Nineteenth-Century Company Accounts*. New York, 1986.

Edwards, J. R., ed. *Studies of Company Records: 1830–1974*. New York, 1984.

Fabricant, Solomon. *Studies in Social and Private Accounting*. New York, 1982.

Gaffikin, Michael, and Michael Aitken, eds. *The Development of Accounting Theory: Significant Contributors to Accounting Thought in the 20th Century*. New York, 1982.

Hawawini, Gabriel A., ed. *Bond Duration and Immunization: Early Developments and Recent Contributions*. New York, 1982.

Hawawini, Gabriel, and Pierre Michel, eds. *European Equity Markets: Risk, Return, and Efficiency*. New York, 1984.

*Hawawini, Gabriel, and Pierre A. Michel. *Mandatory Financial Information and Capital Market Equilibrium in Belgium*. New York, 1986.

*Hawkins, David F. *Corporate Financial Disclosure, 1900–1933: A Study of Management Inertia within a Rapidly Changing Environment*. New York, 1986.

*Johnson, H. Thomas. *A New Approach to Management Accounting History* New York, 1986.

*Kinney, William R., Jr., ed. *Fifty Years of Statistical Auditing*. New York, 1986.

Klemstine, Charles E., and Michael W. Maher. *Management Accounting Research: A Review and Annotated Bibliography.* New York, 1984.

*Lee, T. A., ed. *A Scottish Contribution to Accounting History.* New York, 1986.

*Lee, T. A. *Towards a Theory and Practice of Cash Flow Accounting.* New York, 1986.

Lee, Thomas A., ed. *Transactions of the Chartered Accountants Students' Societies of Edinburgh and Glasgow: A Selection of Writings, 1886–1958.* New York, 1984.

*McKinnon, Jill L. *The Historical Development and Operational Form of Corporate Reporting Regulation in Japan.* New York, 1986.

Nobes, Christopher, ed. *The Development of Double Entry: Selected Essays.* New York, 1984.

*Nobes, Christopher. *Issues in International Accounting.* New York, 1986.

*Parker, Lee D. *Developing Control Concepts in the 20th Century.* New York, 1986.

Parker, R. H. *Papers on Accounting History.* New York, 1984.

*Previts, Gary John, and Alfred R. Roberts, eds. *Federal Securities Law and Accounting 1933–1970; Selected Addresses.* New York, 1986.

*Reid, Jean Margo, ed. *Law and Accounting: Pre-1889 British Legal Cases.* New York, 1986.

Sheldahl, Terry K. *Beta Alpha Psi, from Alpha to Omega: Pursuing a Vision of Professional Education for Accountants, 1919–1945.* New York, 1982.

*Sheldahl, Terry K. *Beta Alpha Psi, from Omega to Zeta Omega: The Making of a Comprehensive Accounting Fraternity, 1946–1984.* New York, 1986.

Solomons, David. *Collected Papers on Accounting and Accounting Education. (in two volumes)* New York, 1984.

Sprague, Charles F. *The General Principles of the Science of Accounts and the Accountancy of Investment.* New York, 1984.

Stamp, Edward. *Selected Papers on Accounting, Auditing, and Professional Problems.* New York, 1984.

*Storrar, Colin, ed. *The Accountant's Magazine—An Anthology.* New York, 1986.

Tantral, Panadda. *Accounting Literature in Non-Accounting Journals: An Annotated Bibliography.* New York, 1984.

*Vangermeersch, Richard, ed. *The Contributions of Alexander Hamilton Church to Accounting and Management.* New York, 1986.

*Vangermeersch, Richard, ed. *Financial Accounting Milestones in the Annual Reports of United States Steel Corporation—The First Seven Decades.* New York, 1986.

Whitmore, John. *Factory Accounts.* New York, 1984.

Yamey, Basil S. *Further Essays on the History of Accounting.* New York, 1982.

Zeff, Stephen A., ed. *The Accounting Postulates and Principles Controversy of the 1960s.* New York, 1982.

Zeff, Stephen A., ed. *Accounting Principles Through the Years: The Views of Professional and Academic Leaders 1938–1954.* New York, 1982.

Zeff, Stephen A., and Maurice Moonitz, eds. *Sourcebook on Accounting Principles and Auditing Procedures: 1917–1953 (in two volumes).* New York, 1984.

Reprinted Titles

American Institute of Accountants. *Fiftieth Anniversary Celebration.* Chicago, 1937 (Garland reprint, 1982).

American Institute of Accountants. *Library Catalogue.* New York, 1919 (Garland reprint, 1982).

Arthur Andersen Company. *The First Fifty Years 1913–1963.* Chicago, 1963 (Garland reprint, 1984).

*Bevis, Herman W. *Corporate Financial Reporting in a Competitive Economy.* New York, 1965 (Garland reprint, 1986).

*Bonini, Charles P., Robert K. Jaedicke, and Harvey M. Wagner, eds. *Management Controls: New Directions in Basic Research.* New York, 1964 (Garland reprint, 1986).

Bray, F. Sewell. *Four Essays in Accounting Theory.* London, 1953. *Bound with* Institute of Chartered Accountants in England and Wales and the National Institute of Economic and Social Research. *Some Accounting Terms and Concepts.* Cambridge, 1951 (Garland reprint, 1982).

Brown, R. Gene, and Kenneth S. Johnston. *Paciolo on Accounting.* New York, 1963 (Garland reprint, 1984).

*Carey, John L., and William O. Doherty, eds. *Ethical Standards of the Accounting Profession.* New York, 1966 (Garland reprint, 1986).

Chambers, R. J. *Accounting in Disarray.* Melbourne, 1973 (Garland reprint, 1982).

Cooper, Ernest. *Fifty-seven Years in an Accountant's Office. See* Sir Russell Kettle.

Couchman, Charles B. *The Balance-Sheet.* New York, 1924 (Garland reprint, 1982).

Couper, Charles Tennant. *Report of the Trial . . . Against the Directors and Manager of the City of Glasgow Bank.* Edinburgh, 1879 (Garland reprint, 1984).

Cutforth, Arthur E. *Audits.* London, 1906 (Garland reprint, 1982).

Cutforth, Arthur E. *Methods of Amalgamation.* London, 1926 (Garland reprint, 1982).

Deinzer, Harvey T. *Development of Accounting Thought.* New York, 1965 (Garland reprint, 1984).

De Paula, F.R.M. *The Principles of Auditing.* London, 1915 (Garland reprint, 1984).

Dickerson, R. W. *Accountants and the Law of Negligence.* Toronto, 1966 (Garland reprint, 1982).

Dodson, James. *The Accountant, or, the Method of Bookkeeping Deduced from Clear Principles, and Illustrated by a Variety of Examples.* London, 1750 (Garland reprint, 1984).

Dyer, S. *A Common Sense Method of Double Entry Bookkeeping, on First Principles, as Suggested by De Morgan. Part 1, Theoretical.* London, 1897 (Garland reprint, 1984).

*The Fifth International Congress on Accounting, 1938 {Kongress-Archiv 1938 des V. Internationalen Prüfungs- und Treuhand-Kongresses}. Berlin, 1938 (Garland reprint, 1986).

Finney, H. A. Consolidated Statements. New York, 1922 (Garland reprint, 1982).

Fisher, Irving. The Rate of Interest. New York, 1907 (Garland reprint, 1982).

Florence, P. Sargant. Economics of Fatigue of Unrest and the Efficiency of Labour in English and American Industry. London, 1923 (Garland reprint, 1984).

Fourth International Congress on Accounting 1933. London, 1933 (Garland reprint, 1982).

Foye, Arthur B. Haskins & Sells: Our First Seventy-Five Years. New York, 1970 (Garland reprint, 1984).

Garnsey, Sir Gilbert. Holding Companies and Their Published Accounts. London, 1923. Bound with Sir Gilbert Garnsey. Limitations of a Balance Sheet. London, 1928 (Garland reprint, 1982).

Garrett, A. A. The History of the Society of Incorporated Accountants, 1885–1957. Oxford, 1961 (Garland reprint, 1984).

Gilman, Stephen. Accounting Concepts of Profit. New York, 1939 (Garland reprint, 1982).

*Gordon, William. The Universal Accountant, and Complete Merchant . . . [Volume II]. Edinburgh, 1765 (Garland reprint, 1986).

*Green, Wilmer. History and Survey of Accountancy. Brooklyn, 1930 (Garland reprint, 1986).

Hamilton, Robert. An Introduction to Merchandise, Parts IV and V (Italian Bookkeeping and Practical Bookkeeping). Edinburgh, 1788 (Garland reprint, 1982).

Hatton, Edward. The Merchant's Magazine: or, Trades-man's Treasury. London, 1695 (Garland reprint, 1982).

Hills, George S. The Law of Accounting and Financial Statements. Boston, 1957 (Garland reprint, 1982).

*A History of Cooper Brothers & Co. 1854 to 1954. London, 1954 (Garland reprint, 1986).

Hofstede, Geert. *The Game of Budget Control.* Assen, 1967 (Garland reprint, 1984).

Howitt, Sir Harold. *The History of The Institute of Chartered Accountants in England and Wales 1880–1965, and of Its Founder Accountancy Bodies 1870–1880.* London, 1966 (Garland reprint, 1984).

Institute of Chartered Accountants in England and Wales and The National Institute of Economic and Social Research. *Some Accounting Terms and Concepts. See* F. Sewell Bray.

Institute of Chartered Accountants of Scotland. *History of the Chartered Accountants of Scotland from the Earliest Times to 1954.* Edinburgh, 1954 (Garland reprint, 1984).

International Congress on Accounting 1929. New York, 1930 (Garland reprint, 1982).

*Jaedicke, Robert K., Yuji Ijiri, and Oswald Nielsen, eds. *Research in Accounting Measurement.* American Accounting Association, 1966 (Garland reprint, 1986).

Keats, Charles. *Magnificent Masquerade.* New York, 1964 (Garland reprint, 1982).

Kettle, Sir Russell. *Deloitte & Co. 1845–1956.* Oxford, 1958. *Bound with* Ernest Cooper. *Fifty-seven Years in an Accountant's Office.* London, 1921 (Garland reprint, 1982).

Kitchen, J., and R. H. Parker. *Accounting Thought and Education: Six English Pioneers.* London, 1980 (Garland reprint, 1984).

Lacey, Kenneth. *Profit Measurement and Price Changes.* London, 1952 (Garland reprint, 1982).

Lee, Chauncey. *The American Accomptant.* Lansingburgh, 1797 (Garland reprint, 1982).

Lee, T. A., and R. H. Parker. *The Evolution of Corporate Financial Reporting.* Middlesex, 1979 (Garland reprint, 1984).

*Malcolm, Alexander. *A Treatise of Book-Keeping, or, Merchants Accounts; In *the Italian Method of Debtor and Creditor; Wherein the Fundamental Principles of That Curious and Approved Method Are Clearly and Fully Explained and Demonstrated . . . To Which Are Added, Instructions for Gentlemen of Land Estates, and Their Stewards or Factors: With Directions Also for Retailers, and Other More Private Persons.* London, 1731 (Garland reprint, 1986).

*Meij, J. L., ed. *Depreciation and Replacement Policy.* Chicago, 1961 (Garland reprint, 1986).

Newlove, George Hills. *Consolidated Balance Sheets.* New York, 1926 (Garland reprint, 1982).

*North, Roger. *The Gentleman Accomptant; or, An Essay to Unfold the Mystery of Accompts; By Way of Debtor and Creditor, Commonly Called Merchants Accompts, and Applying the Same to the Concerns of the Nobility and Gentry of England.* London, 1714 (Garland reprint, 1986).

Pryce-Jones, Janet E., and R. H. Parker. *Accounting in Scotland: A Historical Bibliography.* Edinburgh, 1976 (Garland reprint, 1984).

Robinson, H. W. *A History of Accountants in Ireland.* Dublin, 1964 (Garland reprint, 1984).

Robson, T. B. *Consolidated and Other Group Accounts.* London, 1950 (Garland reprint, 1982).

Rorem, C. Rufus. *Accounting Method.* Chicago, 1928 (Garland reprint, 1982).

*Saliers, Earl A., ed. *Accountants' Handbook.* New York, 1923 (Garland reprint, 1986).

Samuel, Horace B. *Shareholder's Money.* London, 1933 (Garland reprint, 1982).

The Securities and Exchange Commission in the Matter of McKesson & Robbins, Inc. Report on Investigation. Washington, D.C., 1940 (Garland reprint, 1982).

The Securities and Exchange Commission in the Matter of McKesson & Robbins, Inc. Testimony of Expert Witnesses. Washington, D.C., 1939 (Garland reprint, 1982).

*Shaplen, Robert. *Kreuger: Genius and Swindler.* New York, 1960 (Garland reprint, 1986).

Singer, H. W. *Standardized Accountancy in Germany. (With a new appendix.)* Cambridge, 1943 *(Garland reprint, 1982)*.

The Sixth International Congress on Accounting. London, 1952 (Garland reprint, 1984).

*Stewart, Jas. C. (with a new introductory note by T. A. Lee). *Pioneers of a Profession: Chartered Accountants to 1879.* Edinburgh, 1977 (Garland reprint, 1986).

Thompson, Wardbaugh. *The Accomptant's Oracle: or, Key to Science, Being a Compleat Practical System of Book-keeping.* York, 1777 (Garland reprint, 1984).

*Vatter, William J. *Managerial Accounting.* New York, 1950 (Garland reprint, 1986).

*Woolf, Arthur H. *A Short History of Accountants and Accountancy.* London, 1912 (Garland reprint, 1986).

Yamey, B. S., H. C. Edey, and Hugh W. Thomson. *Accounting in England and Scotland: 1543–1800.* London, 1963 (Garland reprint, 1982).